もくじ

この本の使い方 ………… 4

名前うらないってなに？…・6

友情(ゆうじょう)相性診断(あいしょうしんだん) ………………・7

恋愛(れんあい)相性診断(あいしょうしんだん) ………… 289

- みんなのおまじない …・10~219
- HAPPYジンクス …… 220~382
- 心理テストQ&A …… 383~446

・女の子の名前・

あ行 ……・ 9

は行 ……・ 169

か行 ……・ 49

ま行 ……・ 193

さ行 ……・ 81

や行 ……・ 241

た行 ……・ 121

ら行 ……・ 265

な行 ……・ 145

わ行 ……・ 287

名前うらない2500
トキメキコレクション

男の子の名前

- あ行 …… 291
- か行 …… 307
- さ行 …… 335
- た行 …… 355
- な行 …… 383
- は行 …… 391
- ま行 …… 407
- や行 …… 423
- ら行 …… 437
- わ行 …… 445

この本の使い方

あ行の女の子

天真爛漫タイプ
ちょっと天然ボケなところがあるけど、明るくて前向きながんばり屋さん。ときどききついことを言っちゃうみたい。

しっかり者タイプ
芯が強くてしっかり者。みんなからたよりにされるアネキ肌タイプ。男の子からも女の子からもしたわれているよ。

おてんばタイプ
おてんばであわてんぼうなところがあるの。お友だちを楽しませるのがじょうずだから、ムードメーカー的な存在。

♡ あおの ♡

性格 友だちといっしょに泣いたり感動したり、おおらかでやさしい女の子。

 おてんばタイプ

恋愛 ライバルがいても、自分らしさを大切に。

将来 かっこいい騎手。馬に乗る人のことだよ。

友情 遠慮しすぎず、時には本気で話して。

相性 あなたがつらいときに、はげましてくれる人。

性格はどっち？ 元気 ――― やさしい

ひとことで言うとどんなタイプ？ 名前のはじめの文字の行ごとに、3つのタイプに分かれるよ。まずはココをチェック！

みんなのおまじない

大好きなあの子と仲よくなりたい。そんなときにそっと使えるおまじない。

 幸せになるためのふしぎなジンクスをたくさん集めたよ。

  かんたんなテストであなたの心の中がまるわかり！

名前うらないってなに?

名前は、1人に1つずつ
だれもが持っているもの

お父さんやお母さんが
おじいちゃんやおばあちゃんが
もしかしたらお兄さんやお姉さんが
いろいろと考えてつけてくれたものかもしれません

そんな「名前」から、
いろんなことがわかってしまうのが
この「名前うらない」です

あなたのほんとうの性格や
どんな人と相性が良いのか

自分や家族だけでなく、友だちや気になるあの子
アイドルや有名人までわかっちゃいます

とっても奥が深くてとっても楽しい
「名前うらない」を始めましょう!

友情相性診断

◎ とても相性がいい　　○ 相性がいい

あなた＼あいて	♥あ行♥	♥か行♥	♥さ行♥	♥た行♥	♥な行♥
あ行	仲よくなれたらずっと親友でいられるかも。	相手のいいところを見つけてあげようね。	恋のライバルになっちゃうかも!	同じ意見じゃないのがいいこともあるよ。	素顔を出せるかけがえのない友だちだよ。
か行	おたがいのいいところを、まねしちゃおう!	何でも相談できてたよりになる友だちだよ。	何でも知ってる者同士、話が盛り上がるよ。	おしゃべりが楽しくって止まらなくなりそう!	仲がいいほどわがままになっちゃうかも。
さ行	同じ男子を好きになっちゃうかもしれないよ。	物知り同士だから刺激がいっぱいだね。	いつまでも話がつきないふたりになれるよ。	いっしょに楽しいことを探しに行こう!	仲よくなりたかったら話を聞いてあげようね。
た行	意見が合わないときはゆずってあげようね。	いつまでも楽しくおしゃべりしちゃいそうだよ。	ワクワクすることをいっしょに探してみてね。	いっしょに遊びにいくことが増えるよ!	恋の相談ができる信頼できる友だちだよ。
な行	ほんとの自分を出せるからホッとするよ。	仲がよくなるほどわがままを言っちゃうかも。	話をちゃんと聞いてあげると親友になるかも。	信頼できて恋の相談相手になってくれるよ。	性格が似ているから同じことで喜べそう。
は行	言葉に出さなくてもわかり合える関係のはず。	ひみつを打ち明けると、きずなが強くなるよ。	大変なことがあるときは協力し合おうね。	明るいからお互い元気をもらえそうだよ。	全然違う二人だから楽しくてしかたない!
ま行	ふたりだけのヒミツがたくさんできそうだね。	大人になってもずっと仲よくいられる関係だよ。	どんどん遊びに誘ってあげると喜ばれるよ。	いつでも助け合うのが理想の友だちだよ。	マメな連絡でどんどん仲よくなれちゃうよ。
や行	グループで遊ぶともっと楽しいと思うよ。	好きなところをたくさん見つけてほめてみて。	ファッションや恋の話でいつも大盛り上がり!	姉妹みたいだね。ケンカしてもすぐ仲直り!	あまえん坊同士だから頼りにくいかもね。
ら行	ホンネで話してみて! もっとわかり合えるよ。	おたがいえんりょしてゆずり合っちゃうかも。	他の人には言いにくいことも素直に言えるよ。	いっしょにいるとなんだか元気になれるよ。	ふたりで力を合わせれば何でもできちゃうよ。
わ行	面白い遊びにどんどんさそってあげてね。	スゴいところがあって何だか気になっちゃう。	あまり気を使わずにどんどん話しかけてみて。	えんりょしないで話せる友だちはいいね。	約束をちゃんと守れる人だから安心できるよ。

あなたとあの子の相性はどう？
相性がよければ、親友になれるかも。

◎ とても相性がいい　　○ 相性がいい

あなた\あの子	♥は行♥	♥ま行♥	♥や行♥	♥ら行♥	♥わ行♥
あ行	何も言わなくても気持ちがわかり合えるよ。	ふたりだけのヒミツがたくさん持てるよ。	グループで遊ぶともっと楽しいと思うよ。	ホンネで話そう！どんどんわかり合えるはず。	一緒に楽しいイベントに参加してみよう！
か行	こっそりヒミツを教えると親友になれちゃう！	ずっとずっと仲のいい友だちになるよ！	自分にないスゴいところをほめちゃおう！	えんりょしちゃって頼れないかもしれないね。	自分にないものを持ってて気になる存在。
さ行	苦しいときでも一緒にがんばれるよ！	どんどん面白い遊びにさそっちゃおう！	洋服や恋の話でもりあがっちゃうね！	他の人には言えないことも素直に言えるよ。	えんりょしないでどんどん話しかけてみよう。
た行	明るいから一緒にいるだけで楽しいね。	助け合おう。もっといい友だちになれるから。	すぐ仲直りできるなんて姉妹みたいだね。	つらいときもそばにいるだけで元気になれる！	何でも言えちゃう友だちっていいね。
な行	似ていないコンビだから分かりあえるんだね。	おしゃべりすればドンドン仲よしになるよ！	どっちも甘えたくてしょうがないみたい。	ふたりが協力すれば何でもうまくいきそう。	約束は守ってくれる、安心できる友だちだね。
は行	将来の夢をまじめに語り合える！	好きな洋服や食べ物が同じかもしれない！	勉強ではライバルかも。でも仲はいいよ。	思ったことはがまんせず言葉で伝えてあげて。	趣味や好きな芸能人の話で盛り上がりそう。
ま行	ファッションや食べ物の好みが似ているかも。	まるで家族みたいな友だちになれるはず。	何でもわかってくれる大切な友だちだね。	友情を深めるには手伝ってあげることだよ。	明るく応援してあげて。もっと仲よくなるよ。
や行	勉強ではライバルになりそうだけど仲よし！	気持ちを分かってくれる大切な友だちだね。	すぐ仲よしになってケンカしてもすぐ仲直り。	はじめて会ったのに気軽に話せちゃうね。	本当はもっと一緒におしゃべりしたいらしいよ。
ら行	いいたいことはきちんと言葉で伝えようね。	いろいろと手伝ってあげると友情が深くなるよ！	はじめて会ったときから何でも話せちゃう。	困ったときに最初に助けてくれる人だよ。	一緒にいれば全然さびしくないね。
わ行	好きなタレントの話がワイワイできそう。	前向きな言葉で応援してあげよう。	本当はもっと一緒にお話したいんだって。	さびしがりやさんどうし一緒にいたくなるよ。	笑いのツボが似てるから一緒にいて楽しいよ。

あ行の女の子

天真爛漫タイプ

ちょっと天然ボケなところがあるけど、明るくて前向きながんばり屋さん。ときどききついことを言っちゃうみたい。

しっかり者タイプ

芯が強くてしっかり者。みんなからたよりにされるアネゴ肌タイプ。男の子からも女の子からもしたわれているよ。

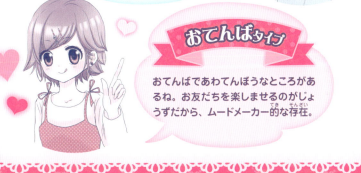

おてんばタイプ

おてんばであわてんぼうなところがあるね。お友だちを楽しませるのがじょうずだから、ムードメーカー的な存在。

あ

♡ あい ♡

性格 感性豊かで、ユーモアたっぷり。友だちや家族を笑わせたり喜ばせたりするのが大好き。

おてんばタイプ

恋愛 気分屋なところがあるけど、そこがミリョク。

将来 ヘアメイクとして大活躍するよ。

友情 性格がちがうタイプの友だちができそう。

相性 シャイでおとなしい人と、相性抜群です。

性格はどっち？ 元気 ─── ♡ ─── やさしい

♡ あいあ ♡

性格 好奇心が旺盛で、いろんなことに興味しんしん！それを友だちに面白く表現するのが得意。

おてんばタイプ

恋愛 男の子はあなたのステキな笑顔に、ひかれるよ。

将来 ヒット曲のある人気の歌手になりそう。

友情 存在をアピールしたい！目立ちたがり。

相性 会話上手で目立つ、お笑い系の人が合うよ。

性格はどっち？ 元気 ─── ♡ ─── やさしい

♡ あいか ♡

性格 ちょっとしたことで喜んだり悲しんだり、素直だね。ひとつにこだわらず何でも経験するよ。

おてんばタイプ

恋愛 ちょっとした気配りから、急激に恋するかも。

将来 つい泣ける小説を書く作家になるでしょう。

友情 ライバルがいつしか良い友だちになるよ。

相性 いやし系でホッとするタイプが合うよ。

性格はどっち？ 元気 ─── ♡ ─── やさしい

♡ あいき ♡

性格 だれとでもすぐに仲良くなれる、いつのまにかみんなのリーダーになってるよ。

しっかり者タイプ

恋愛 世話好きなあなたは幼い彼とうまくいくよ。

将来 よく話を聞く、親しみやすい政治家に。

友情 だれとでも上手に話を合わせられるよ。

相性 読書好きの落ち着いた彼とは相性いいよ。

性格はどっち？ 元気 ─── ♡ ─── やさしい

♡ あいく ♡

性格 他の人とくらべないでコツコツ努力する人だね。将来、成果をあげて大成功するタイプ。

天真爛漫タイプ

恋愛 自分とはちがう積極的な男の子にひかれるよ。

将来 人と競わずにコツコツ、マイペースに働く。

友情 人をほうっておけないやさしい子だね。

相性 グイグイ引っぱってくれる情熱的な人にひかれるよ。

性格はどっち？ 元気 ─── ♡ ─── やさしい

♡ あいこ ♡

性格 だれとでも仲良くできるので、信用されて頼りにされます。自然にみんなのリーダーに。

しっかり者タイプ

恋愛 真剣に恋愛するので失恋が痛手に。

将来 高級官僚や政治家などがいいかもね。

友情 しっかりしていて、いつも頼りにされるね。

相性 口下手で不器用だけどやさしい人がいいね。

性格はどっち？ 元気 ─── ♡ ─── やさしい

みんなのおまじない ★ 好きな人の机に月を、自分の机に星を描くと、席が近くなる。

♡ あいさ ♡

性格 親や先生の言うことはしっかり聞いて、とても素直な良い子。友だちの前では明るく積極的。

おてんばタイプ

恋愛 ロマンチックな出会いを求めているね。

将来 しっかりしたカウンセラーになりそう。

友情 自分と対照的なタイプの人と友だちになるよ。

相性 素直に気持ちを表現する、まっすぐな人。

性格はどっち？ 元気 ♥——— やさしい

♡ あいじ ♡

性格 慎重で現実的。あまり調子にのったり、はしゃいだりしないので、大きな失敗がなさそう。

しっかり者タイプ

恋愛 しっかり者なので、年下からモテモテ！

将来 日本舞踊など、古風な習い事の先生。

友情 みんなが話しかけやすい。聞き上手だね。

相性 おっちょこちょいで、面倒を見てあげたい人。

性格はどっち？ 元気 ♥——— やさしい

♡ あいじゅ ♡

性格 好きな人の言うことはとても素直に聞くけど、自分の意見もちゃんと持っているね。

天真爛漫タイプ

恋愛 友だちと思っていた男子と恋におちるかも！

将来 個性あふれる作品を生み出す芸術家。

友情 断れないので、みんなが甘えてくるよ。

相性 知りたがり、知識欲がおうせいな人と相性◎。

性格はどっち？ 元気 ———♥— やさしい

♡ あいす ♡

性格 困った人がいたら見すごせない、ついつい手だすけしてしまうやさしい性格。

天真爛漫タイプ

恋愛 仲の良い友だちから恋に発展するかも。

将来 パイロットになって、世界中を飛び回るよ。

友情 冗談も本気で受け止めると……。気をつけて！

相性 あなたのがんばりを認めてくれる人。

性格はどっち？ 元気 ——♥— やさしい

♡ あいせ ♡

性格 自分のことよりも相手のことを考えるのでだれからも好かれるまじめな人だよ。

天真爛漫タイプ

恋愛 静かに思い続けるね。少し積極的になって！

将来 似合うヘアスタイルを見つける美容師に！

友情 ファッションセンスが良く、みんなのお手本に。

相性 お祭りや行事が好きな行動的なタイプ。

性格はどっち？ 元気 ——♥— やさしい

♡ あいな ♡

性格 運動神経が良く、団体競技ではチームをまとめることが得意。年下からあこがれの存在。

おてんばタイプ

恋愛 考えすぎず一歩踏み出して！前向きに！

将来 スマートな競艇などの選手に向いているよ。

友情 趣味が同じ友だちとはきっとうまくいくよ。

相性 空気を読める、気づかってくれる人。

性格はどっち？ 元気 ♥——— やさしい

みんなのおまじない ★ 木の根元にピンクのビーズを3つ埋めてから告白すると成功する。

♡ あいね ♡

性格 スポーツより、手芸やお菓子作りが好き。ふわっとしたおしとやかムードの女の子。 天真爛漫タイプ

恋愛 一途な人から、とことん大切にされそう。

将来 お花屋さんのかわいい店員になりそう。

友情 にぎやかで積極性のある友だちが増えそう。

相性 あなたよりもずっと背の高いやせ型の人。

 元気 ♡——— やさしい

♡ あいの ♡

性格 消極的なところがあるけど、緊急事態になっても、あわてないよ。芯のしっかりした人。 しっかり者タイプ

恋愛 世話好きなので、恋人をリードするかも。

将来 ベストセラー作家になって、大成功しそう！

友情 信頼されていて、よく相談事をされるね。

相性 家族思いで、みんなを大切にするまじめな人。

 元気 ♡——— やさしい

♡ あいは ♡

性格 新しい機械でもマニュアルなしで理解できてしまう秀才タイプ。とてもカンがいいよ。 おてんばタイプ

恋愛 愛されるよりも追いかける恋愛が好きみたい。

将来 海外を飛び回る仕事が向いているよ。

友情 性格が似ていないタイプの友だちができるよ。

相性 あなたの話をちゃんと聞いてくれるやさしい人。

 元気 ♡——— やさしい

♡ あいみ ♡

性格 どんなタイプの子でもみんなと仲良くなれるよ。リーダーシップを発揮！ 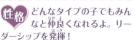しっかり者タイプ

恋愛 真剣に恋愛するので、失恋のショックも大きい。

将来 ブライダルプランナーとしてイキイキ働くよ。

友情 だれとでも気軽に話せるよ。

相性 時間をきっちり守る人がおすすめ。

 元気 ♡——— やさしい

♡ あいら ♡

性格 プライドが高く負けずぎらいなあなたはリーダー向き。みんなを引っぱっていけるよ。 おてんばタイプ

恋愛 好きなタイプが決まらずにいろいろ恋するよ。

将来 TVやマスコミの仕事で活躍しそう。

友情 相手を笑わせたり、楽しませることが好き。

相性 考えのわかる純粋な彼があなたにはいいかも。

 元気 ♡——— やさしい

♡ あいり ♡

性格 ピンチをチャンスにかえる人だね。大変なことがあってもくじけないがんばりやさん。 しっかり者タイプ

恋愛 軽い人がニガテ。真剣に恋愛するタイプ。

将来 みんなに人気の警察官になりそうだね。

友情 真の親友はけんかの後に見つかるよ。

相性 男らしく、グイグイとリードしてくれる人。

 元気 ♡——— やさしい

みんなのおまじない ★ 4月1日に鏡に好きな人の悪口を3つ言うと同じクラスになれる。

♥ あいる ♥

性格 落ち込んでいる友だちをなぐさめたり、はげましたり。やさしくて明るい太陽のようだね。

天真爛漫タイプ

恋愛 好きになったら手に入れないとダメなタイプ。

将来 飲食店の店長としてバリバリ働くよ。

友情 人とぶつかることをきらう、おだやかな性格だよ。

相性 ちょっと強引で、できれば年上がいいね。

性格はどっち？　元気 ――♥―― やさしい

♥ あお ♥

性格 とても負けずぎらいでがんばりや。がんこなところもあるけどみんなの人気者。

しっかり者タイプ

恋愛 いやしてくれる、やさしくておだやかな人が◎

将来 とても気の利く、キャビンアテンダントに。

友情 口がかたいので、ナイショの相談もよく聞くよ。

相性 文句を言わずつくしてくれる人と相性抜群。

性格はどっち？　元気 ―――♥ やさしい

♥ あおい ♥

性格 決めたことは最後までがんばるよ。女子からも男子からも頼りにされちゃうリーダー！

しっかり者タイプ

恋愛 目立たず、おとなしい人と相性がいいよ。

将来 数字を扱う事務、経理のような仕事が向くよ。

友情 正直でうそをつかないので、信頼があるね。

相性 シャイでうまく話を合わせてくれる人が合うよ。

性格はどっち？　元気 ―♥――― やさしい

♥ あおの ♥

性格 友だちといっしょに泣いたり感動したり、おおらかでやさしい女の子。

おてんばタイプ

恋愛 ライバルがいても、自分らしさを大切に。

将来 かっこいい騎手。馬に乗る人のことだよ。

友情 遠慮しすぎず、時には本気で話して。

相性 あなたがつらいときに、はげましてくれる人。

性格はどっち？　元気 ―――♥― やさしい

♥ あおば ♥

性格 ニガテなこともいっしょうけんめい最後までやりぬく、がんばり屋さん。

しっかり者タイプ

恋愛 おとなしくて、派手じゃない人が合うよ。

将来 銀行員などお金を扱う仕事がピッタリ。

友情 ケンカしたら、すぐ「ゴメン」で仲直り！

相性 うそがだめな正直な人と長く続くよ。

性格はどっち？　元気 ――――♥ やさしい

♥ あかね ♥

性格 正義感が強いので、まちがったことをしている人を見るとはっきり注意できるよ。

しっかり者タイプ

恋愛 好きなのに、冷たくしてしまう。素直にね！

将来 消防士や救急救命士として大活躍するよ！

友情 信頼感があり、よく相談されるでしょう。

相性 見た目じゃなく、性格重視で選ぶといいよ。

性格はどっち？　元気 ――♥―― やさしい

みんなのおまじない　ハート型の雲を携帯の待ち受け画面にすると願い事がかなう。

♡ あかり ♡

性格 明るく何にでも興味をもってチャレンジしちゃう。どきどきわくわくすることが大好き!　*おてんばタイプ*

恋愛 いつも笑顔の人に自然とひかれているよ。

将来 てきぱきした芸能人のマネージャーに。

友情 グループを仕切るのが好きで、方針を決める。

相性 あなたの話を聞き、よく笑う反応の良い人。

性格はどっち? 元気 ♡──┼──┼── やさしい

♡ あき ♡

性格 絵を描いたり、歌を歌ったりすることがとても上手く、将来は芸術の分野で活躍しそう。　*おてんばタイプ*

恋愛 理想が高く、運命的な出会いを求めてるね。

将来 デザイナーとして、いろんな分野で活躍!

友情 思いやりがあるけど、人の好ききらいも多い。

相性 わがままを言っても許してくれる我慢強い人。

性格はどっち? 元気 ♡──┼──┼── やさしい

♡ あきえ ♡

性格 グループ内では中心にいて、時にいたずらを仕掛けたり、相手をびっくりさせて喜ぶよ。　*天真爛漫タイプ*

恋愛 王子様のような美形の男子に強くひかれそう。

将来 サービス業やショップスタッフ向きだよ。

友情 いっしょにいて楽しい人!って思われているよ。

相性 あたたかい心を持ち、人の痛みがわかる人。

性格はどっち? 元気 ──┼─♡┼── やさしい

♡ あきか ♡

性格 気まぐれだけど、みんながそれを許しちゃう。そんなミリョクを持っているよ。　*おてんばタイプ*

恋愛 ステキな彼とファッションの話で盛り上がる。

将来 締め切りをきっちり守れる作家・小説家に。

友情 人見知りだけど、仲よくなると積極的に。

相性 自己中男子はNG!興味が同じ人がベスト。

性格はどっち? 元気 ♡──┼──┼── やさしい

♡ あきこ ♡

性格 目標を持つと努力をおしみません。コツコツとがんばって成功するよ。　*しっかり者タイプ*

恋愛 心配性なあなた、やさしい人がいいね。

将来 何でもチャレンジして!きっとうまくいく!

友情 しっかり者でいつもみんなに頼りにされる。

相性 時間、約束をちゃんと守れる人がいいよ。

性格はどっち? 元気 ♡──┼──┼── やさしい

♡ あきさ ♡

性格 あらそいが大きらい。まわりの人みんなに気をつかって話を合わせることが得意だね。　*おてんばタイプ*

恋愛 趣味の合う男子と自然につきあえそう。

将来 華道・茶道など、習い事の先生。

友情 自分とは対照的な子と友だちになるよ。

相性 気持ちをストレートに表現する素直な人。

性格はどっち? 元気 ♡──┼──┼── やさしい

みんなのおまじない　12時ちょうどに、音楽室で願い事を3回唱えると、願いがかなう。

♡ あきな ♡

性格 ファッションセンスがバツグン！人とのちがいをさらっと表現することが得意なおしゃれさん。

おてんばタイプ

恋愛 遠回しにさりげなく好意を気づかせる天才。

将来 ジュエリーデザイナーとして有名になる。

友情 人と人を結びつける橋渡しの役割をするね。

相性 普通の話も楽しく聞こえるタイプがいいね。

性格はどっち？ 元気 ——♡—— やさしい

♡ あきの ♡

性格 目標に向かってがんばるキミ。興味がないこともやってみると新しい発見があるかもね。

しっかり者タイプ

恋愛 積極的なので、恋人を引っ張っていくよ！

将来 こだわりを持つ作家としてがんばるよ。

友情 まじめで誠実な人が友だちになるよ。

相性 言いにくいことも指摘してくれる人が◎。

性格はどっち？ 元気 ♡—————— やさしい

♡ あきは ♡

性格 友だちの気持ちがよくわかっちゃう、やさしい人だね。人を喜ばせるのが大好き！

おてんばタイプ

恋愛 気分屋だけどそこがミリョク。モテる要素にも。

将来 栄養士として、やりがいを感じます。

友情 目立ちたがりで、注目を集めたいタイプ。

相性 ミステリアスな雰囲気を持つ人にひかれそう。

性格はどっち？ 元気 —♡———— やさしい

♡ あきほ ♡

性格 難しいことも最後まであきらめずにがんばる、我慢強いタイプ。

しっかり者タイプ

恋愛 目立つ人よりも、おとなしい人がいいな。

将来 キャビンアテンダントになり笑顔を配るよ。

友情 ケンカをしたら、あなたからすぐに謝って。

相性 まじめでピュアな人と相性がいいよ。

性格はどっち？ 元気 ———♡— やさしい

♡ あきよ ♡

性格 時間に厳しく待ち合わせにおくれるなんて許せない！だから約束は必ず守るよ。

しっかり者タイプ

恋愛 しっかりしているので、年下からモテるよ。

将来 心理カウンセラーとして人の役に立つよ。

友情 相手をほめるとドンドン仲よくなれる。

相性 ちゃんと主役を立てられる人。

性格はどっち？ 元気 —♡——— やさしい

♡ あきら ♡

性格 イザという時、本番に強いタイプ。ここぞという時に成功する強運の持ち主だよ。

おてんばタイプ

恋愛 キラキラしているのでいつもモテるよ。

将来 芸能人などマスコミ関連がグッド！

友情 泣いている子に一番に気づく、やさしい子だね。

相性 考えのわかりやすい純粋な人と合うよ。

性格はどっち？ 元気 ♡———— やさしい

みんなのおまじない ☆ 好きな人の写真の胸のところを3回ノックすると思いが通じる。

♡ あくあ ♡

性格 ユーモアたっぷり！他の人が思いつかない面白いことを考えちゃうユニークな面も。

タイプ: おてんばタイプ

恋愛 気分屋なところもあなたのミリョク。自信をもって。

将来 てきぱき仕事をこなすキャビンアテンダント。

友情 自分と性格がちがうタイプの友だちができそう。

相性 会話上手で、お笑い系の楽しい人が◎。

性格はどっち？ 元気 ―――♡――― やさしい（やさしい寄り）

♡ あげは ♡

性格 人に甘えたり頼ったりすることがニガテ。職人のようにこだわりが強いところもあるよ。

タイプ: しっかり者タイプ

恋愛 刺激ではなくいやしてくれる人が好みみたい。

将来 科学者など分析するような仕事がいいね。

友情 がんこで意見をゆずらないことに注意して！

相性 他人とちがう能力を持つ、天才肌の男の子。

性格はどっち？ 元気 ―♡――――― やさしい（元気寄り）

♡ あけみ ♡

性格 困ったときには周囲が協力してくれるトクなタイプ。いつも人が集まってくるよ。

タイプ: 天真爛漫タイプ

恋愛 ワイルドでかっこいい男の子に弱いみたい。

将来 世界中を飛び回るツアーコンダクター。

友情 世話好きで、年下からしたわれることも多い。

相性 困ったときに頼りになる。守ってくれる人。

性格はどっち？ 元気 ―♡――――― やさしい

♡ あこ ♡

性格 みんなに平等にで、大人しい子にもどんどん話しかけちゃう。自然とリーダーになってる。

タイプ: しっかり者タイプ

恋愛 悩みを本気で考えてくれる人にひかれるよ。

将来 芸能人・アイドルとして活躍するよ。

友情 しっかり者でみんなに頼られるタイプ。

相性 自己中じゃなく、あなた中心の人がいいね。

性格はどっち？ 元気 ―――――♡― やさしい

♡ あさ ♡

性格 思い切りがよくサバサバしているタイプ。その効果で、うまく行くこともたくさん。

タイプ: 天真爛漫タイプ

恋愛 誘われたら、勇気を出して受け入れて！

将来 遊園地やテーマパークのスタッフに！

友情 成績が同じ位の友だちと相性がいいよ。

相性 新しいもの好きで、知識欲がおうせいな人。

性格はどっち？ 元気 ――♡―――― やさしい

♡ あさえ ♡

性格 存在感があるね。そのため自然と目立って、大きな役割を任されることもあるよ。

タイプ: しっかり者タイプ

恋愛 自分の意見に反対しない人を選ぶよ。

将来 銀行員などお金を扱う、仕事を任される。

友情 1人で悩まず、どんどん友だちに相談を！

相性 外見じゃない！内面重視で選ぶのがいいよ。

性格はどっち？ 元気 ―――♡――― やさしい

みんなのおまじない: 探し物が見つからないとき、手首に星を描いてから探すと見つかる。

16

♡ あさか ♡

性格 人なつっこくて、いつもにこにこ。グループの中でもちょっぴり天然の愛されキャラ。 　*天真爛漫タイプ*

恋愛 甘えん坊なので年上の彼にひかれそう。

将来 人と競わずにマイペースに働く。

友情 決断力がある、頼りになるリーダー的存在。

相性 イケメン。見た目を重視するでしょう。

性格はどっち？　元気 ―――♡―― やさしい

♡ あさき ♡

性格 集中して勉強＆頭の回転が速いので成績◎。目上の人からいろんなことを学べる子。 　*おてんばタイプ*

恋愛 思いをはっきり言えない＆素直になれないね。

将来 ジャーナリストの才能が開花しそう。

友情 友だちになるのは元ライバルかも……。

相性 ウジウジしない。立ち直りの早い男の子。

性格はどっち？　元気 ―♡――――― やさしい

♡ あさこ ♡

性格 だれにも同じように接し、好ききらいもないので信用され、いつの間にかリーダーに。 　*しっかり者タイプ*

恋愛 心配性だから、自分だけにやさしい人が◎。

将来 政治家としてリーダーシップを発揮。

友情 みんなに平等なので、これからも好かれるよ。

相性 えらそうにしない。あなたを立ててくれる人。

性格はどっち？　元気 ――――♡―― やさしい

♡ あさな ♡

性格 うそのつけない正直者だよ。手芸やおかし作りが大好きなほんわかタイプだね。 　*天真爛漫タイプ*

恋愛 好きな人を独りじめしたいタイプだね。

将来 特技を仕事にして、小さなお店を開くよ。

友情 いつも笑える、楽しい友だちができるよ。

相性 大人のミリョクを感じる彼と気が合うよ。

性格はどっち？　元気 ―――♡――― やさしい

♡ あさね ♡

性格 ちょっぴりがんこでしっかり者。人に頼らない面もあるけどだれとでも仲よしになれちゃう。 　*しっかり者タイプ*

恋愛 思い切り笑う元気な人にひかれるよ。

将来 みんなを守る、消防士などになるかも。

友情 困ったら助けてくれる友だちが多いよ。

相性 記念日を覚えていて、大切にする人。

性格はどっち？　元気 ――♡――――― やさしい

♡ あさの ♡

性格 目立つことがちょっとニガテだよ。ピンチの時にもあわてない、頼れる一面もあるね。 　*しっかり者タイプ*

恋愛 わざと冷たくしないで、素直になって！

将来 決断力のある裁判官として活躍するかも。

友情 まじめな人が、友だちになるでしょう。

相性 記念日を覚えている演出が上手な人。

性格はどっち？　元気 ―――――♡― やさしい

みんなのおまじない ☆ だれにもばれずに、好きな人のくつで3歩歩くと両思いになれる。

17

♡ あさひ ♡

性格　ほかの人と発想がちがう、ユニークな女の子。ユーモアたっぷりで、人を笑顔にするのが好き。　*おてんばタイプ*

恋愛　好きな人をつい、いつも目で追ってしまう。
将来　面白いゲームを制作して発表するよ。
友情　あの手この手で、注目を集めるタイプ。
相性　話をしっかり聞いてくれるやさしい人。

性格はどっち？　元気 ——♡——————— やさしい

♡ あさみ ♡

性格　頭の回転が速く理科や算数が得意！集中して勉強もできるキミは成績バツグンだね。　*おてんばタイプ*

恋愛　気まぐれなので相手をふりまわしてしまいそう。
将来　ちょっとガンコな和菓子職人になりそう。
友情　人見知りだけど、打ち解けると積極的になる。
相性　あなたとの用事を優先してくれる人がいいね。

性格はどっち？　元気 ——♡——————— やさしい

♡ あさよ ♡

性格　時間にきっちりしていて、約束を破るなんてことは絶対にないよ。とてもまじめな子。　*しっかり者タイプ*

恋愛　好きな人ができても、だれにも話さない！
将来　犯人を追いつめる刑事の仕事に没頭するよ。
友情　みんなが話しかけやすい、聞き上手さん。
相性　みんながノーマークでも自分がいいと思った人！

性格はどっち？　元気 ———————♡——— やさしい

♡ あず ♡

性格　やさしいから、みんなに気をつかいすぎて、少しつかれることも。もっと甘えても大丈夫！　*おてんばタイプ*

恋愛　彼のギャップや意外なところにひかれるよ。
将来　子供たちに人気の絵や書道などの先生。
友情　自分と反対のタイプの人と友だちになりそう。
相性　けっしてうそをつかない、誠実な人がいいね。

性格はどっち？　元気 ———————♡——— やさしい

♡ あすか ♡

性格　自分では意識しなくても、自然な言葉づかいやしぐさで、男の子にいつもモテモテ！　*おてんばタイプ*

恋愛　少し良いところがあったら好きになっちゃう。
将来　アパレル関係の仕事で自分をみがきます。
友情　自然体でいられる友だちがいいよね。
相性　小さいことを気にせずウジウジしないタイプ。

性格はどっち？　元気 —————♡————— やさしい

♡ あずさ ♡

性格　心配性だけど、とっても素直だね。親や友だちをとても大切にする思いやりの人だよ。　*おてんばタイプ*

恋愛　意外性を見つけたら好きになるかも。
将来　相談に耳を傾け、困った人を助ける仕事。
友情　いつもだれかといっしょにいないと不安だね。
相性　いちいち言わなくても、わかってくれる人。

性格はどっち？　元気 ———————♡——— やさしい

みんなのおまじない　タンポポの綿毛を一息で全て吹き飛ばせれば願いがかなう。

♥ あすな ♥

性格 何事も直感で行動するタイプ。失敗しても、立ち直りが早いのがいいところだね。

おてんばタイプ

恋愛 アタックするとき、失敗を考えない！前向きに。

将来 感性を生かして流行を発信する仕事が。

友情 時間や約束をしっかり守るので信頼されるよ。

相性 大きな夢を語る、自信家の人だと楽しい。

性格はどっち？ 元気 ――❤―― やさしい

♥ あずな ♥

性格 友だちの名前をおぼえたり、性格を当てたりするのが得意！頼られるお姉さんタイプだね。

おてんばタイプ

恋愛 好きな人に告白されるよう、アピールできる。

将来 楽しい旅を計画するガイドの仕事がピッタリ。

友情 気づかいでつかれるかも。自分の意見も言って！

相性 気づかいができて、ちゃんと空気の読める人。

性格はどっち？ 元気 ―――❤― やさしい

♥ あすは ♥

性格 繊細で、物事の好ききらいがはっきりしているね。大切な友だちには必ず味方するよ。

おてんばタイプ

恋愛 男子はあなたの笑顔を好きになっちゃうかも。

将来 気づかいのできるヘアメイクアーティストに。

友情 得意分野を持つ、目立つ人を友だちに選ぶね。

相性 ニックネームで呼ぶ、人なつっこい人。

性格はどっち？ 元気 ――❤―― やさしい

♥ あずは ♥

性格 とても几帳面できっちりしているタイプ。ちらかっているのがきらいで、整理整頓が得意。

おてんばタイプ

恋愛 自分が相手を追いかける恋愛が好きかな。

将来 ばっちりかっこいいスタイリストになってる！

友情 勉強やスポーツのできる友だちを選ぶよ。

相性 いつもホッとさせてくれる雰囲気の人がいい。

性格はどっち？ 元気 ―――❤― やさしい

♥ あすみ ♥

性格 親しみやすく、みんなと仲良くなれるタイプだよ。いつも友だちに囲まれているかな。

天真爛漫タイプ

恋愛 甘えん坊なので、年上の彼だとうまくいくかも。

将来 旅の楽しさを伝えられるツアーコンダクター。

友情 頼れて決断力のあるリーダータイプ。

相性 困ったときにいつも自分を守ってくれる人。

性格はどっち？ 元気 ――❤―― やさしい

♥ あずみ ♥

性格 友だち思いでとても素直。でも、少し神経質なところもあるよ。時にはすねてみてね。

天真爛漫タイプ

恋愛 とにかく強引な人を好きになっちゃうみたい。

将来 親切でよく気がついてくれるバスガイドさん。

友情 自分で決められて、リーダーになることも多い。

相性 態度が堂々としている自信家の彼と相性◎。

性格はどっち？ 元気 ――❤―― やさしい

みんなのおまじない ★ 猫の貯金箱をプレゼントしてもらうと、近いうちに恋が実る。

♥ あつえ ♥

性格 曲がったことが大きらい。がんこなところもあるけれど、人気と信頼があるよ。
しっかり者タイプ

恋愛 反対されても好きな人とつきあうよ。

将来 ペットなどの動物とふれあう仕事がいいよ。

友情 がんこなので意見を通そうとしてしまうことも。

相性 文句を言わず、つくしてくれる人がいいね。

性格はどっち？ 元気 ——♥—— やさしい

♥ あつき ♥

性格 友だち思いでとてもやさしい子だよ。時々すねたり、意地を張ってしまうかな。
天真爛漫タイプ

恋愛 手料理やおかしなどで喜ばせるのが好き。

将来 うでのいい建築士として、人気が出るよ。

友情 決断力がある、とても頼りになるリーダー。

相性 友だちが多くてみんなの人気者と相性がいいよ。

性格はどっち？ 元気 ——♥—— やさしい

♥ あつこ ♥

性格 自分のペースでコツコツと努力をするタイプ。時間をかけて、大きな成果を上げるよ。
天真爛漫タイプ

恋愛 年上で包容力のあるタイプがいいよ。

将来 建築デザイナーとして人気が出てくるよ。

友情 とても頼りになるリーダー。決断力もある。

相性 みんなから愛されていて、友だちも多い人。

性格はどっち？ 元気 ——♥—— やさしい

♥ あづさ ♥

性格 人とあらそうことがきらいなタイプ。安心感があっていっしょにいるとホッとするよ。
おてんばタイプ

恋愛 趣味の合う人とつきあうことができるかも。

将来 器用なので物を作る仕事に向いているよ。

友情 さみしがり屋でだれかといっしょにいたい。

相性 どんなときもこまめに連絡をくれる人が◎。

性格はどっち？ 元気 ————♥ やさしい

♥ あつね ♥

性格 責任感が強くて、しっかりとした性格だよ。だから、いつもみんなに頼られているよ。
しっかり者タイプ

恋愛 つきあうと独占欲が強くなるので注意して！

将来 しっかりした秘書や受付として頼られるよ。

友情 お互いにいい影響を与えてくれる友だちが◎。

相性 いろんなことを楽しめる心を持っている人が◎。

性格はどっち？ 元気 ——♥—— やさしい

♥ あつの ♥

性格 マイペースでのんびり屋。競争がきらいで、自分のしたいことをしているときが一番充実。
天真爛漫タイプ

恋愛 一途に思われて、きっと大切にされるよ。

将来 女優になって劇団員としてひっぱりだこに！

友情 みんながきらいなことも、進んで自分からするよ。

相性 ひっぱってくれる、決断力があるタイプ。

性格はどっち？ 元気 ————♥ やさしい

みんなのおまじない ★ 5月1日にスズランの花をもらうと幸せになれる。

♡ あつみ ♡

性格 素直でとても友だち思い。でも、気がのらないときには意地を張ってしまうことも。

天真爛漫タイプ

恋愛 失恋しても、いつも前向き！立ち直りが早い。

将来 建築デザイナーとして世界中を飛び回るよ。

友情 人がいいから、だれからも話しかけられるよ。

相性 友だちがたくさんいて、みんなの人気者が◎。

性格はどっち？　元気 ——♥—— やさしい

♡ あづみ ♡

性格 とても人なつっこくほんわかしたところがあるよ。いつの間にか人が集まる愛されキャラ。

天真爛漫タイプ

恋愛 やさしくされるとすぐに大好きになっちゃう。

将来 おもしろい企画で人気のツアーコンダクター。

友情 恋愛より友情が大事。友だちたくさん。

相性 みんなをまとめて引っ張るリーダータイプ。

性格はどっち？　元気 ——♥—— やさしい

♡ あつよ ♡

性格 友だちに頼られる人気者！たのまれるとうれしくて断れないからいつもいそがしくなっちゃう。

天真爛漫タイプ

恋愛 はずかしくて、告白を待っているタイプ。

将来 とても気が利くやさしい看護師になるよ。

友情 素直すぎて友だちの冗談も本気にしちゃう。

相性 見ていて楽しくて、笑い顔がかわいい人。

性格はどっち？　元気 —♥—— やさしい

♡ あのん ♡

性格 なぜか自然と目立ってしまうタイプかな。存在感があり、頼りにされることも多いよ。

しっかり者タイプ

恋愛 向上心があり、がんばっている人を好きに。

将来 キャビンアテンダントになって活躍するよ。

友情 口がかたいので相談事もよく聞いてあげるよ。

相性 言葉、行動、気持ちが一致する正直な人。

性格はどっち？　元気 ———♥— やさしい

♡ あまね ♡

性格 まがったことがきらいな、正義感の強い女の子。どちらかをはっきりさせたいタイプ。

しっかり者タイプ

恋愛 好きな人ができると、それで頭がいっぱい！

将来 消防士、救急救命士として現場で大活躍。

友情 困ったら助けてくれる友だちがたくさん！

相性 勉強もクラブも手をぬかない人がグッド。

性格はどっち？　元気 ——♥—— やさしい

♡ あみ ♡

性格 いつも笑顔で、明るくかがやいているね。自分の考えをもっているしっかりものだよ。

おてんばタイプ

恋愛 相手に気持ちをストレートに伝えてみて！

将来 アパレル関係のアドバイザーとして大活躍。

友情 やさしいけれど人の好ききらいが多いかな。

相性 自分と成績が同じくらいの彼と気が合うかな。

性格はどっち？　元気 —♥——— やさしい

みんなのおまじない ★ 東京タワーのライトアップが点灯する瞬間に願い事をするとかなう。

♡ あみか ♡

性格 気まぐれな性格で、まわりをふりまわしてしまっちゃうこともある小あくま系。でも、そこがミリョク。 〈おてんばタイプ〉

恋愛 いいところを見て好きになっちゃうタイプ。

将来 かわいくて愛されるアイドルになるかも。

友情 ライバルがいつの間にか親友になるかも。

相性 自分を女王様のように立ててくれる人が◯。

性格はどっち? 元気 ♡——— やさしい

♡ あみこ ♡

性格 うっかり屋のあわてんぼう。年上から好かれやすく、つい守ってあげたくなるキャラ。 〈しっかり者タイプ〉

恋愛 はじめてつきあった彼と大恋愛から結婚も。

将来 どんなことでもチャレンジすればうまくいく。

友情 いいところをほめてあげれば友情が深まるよ。

相性 お金持ちのお坊ちゃまタイプがベスト。

性格はどっち? 元気 ♡——— やさしい

♡ あみさ ♡

性格 両親のことが大好きで、言うことをしっかり聞くおりこうさんタイプだよ。とっても素直! 〈おてんばタイプ〉

恋愛 オクテなので、積極的になるのも必要かな。

将来 美容アドバイザーが向いているよ。

友情 自分と似ていない人と友だちになるかも。

相性 あまりうるさくなく、自慢話をしない人。

性格はどっち? 元気 ——♡— やさしい

♡ あみな ♡

性格 友だちに気をつかいすぎて遠慮しちゃうこともあるよ。だれにでもやさしい人だね。 〈おてんばタイプ〉

恋愛 自分らしさを大切に。ライバルは気にしない。

将来 外資系の仕事でやりがいを感じてるよ。

友情 友だちは自分とちがう才能を持った人だよ。

相性 大きな夢を語る、夢見がちで自信家の人。

性格はどっち? 元気 ♡——— やさしい

♡ あみは ♡

性格 細かなことを気にする性格かな。そのため、好きときらいがハッキリしているタイプ。 〈おてんばタイプ〉

恋愛 好きな人を見つけるとつい見とれてしまう。

将来 感性を生かした音楽プロデューサーなど。

友情 自分とはちがう性格の友だちができそうだよ。

相性 自分の話をしっかり聞いてくれる人が◯。

性格はどっち? 元気 —♡—— やさしい

♡ あみり ♡

性格 モデルやタレントなど、かっこいい人にあこがれている。自分も近づくために努力するタイプ。 〈しっかり者タイプ〉

恋愛 好きになったら、積極的になるタイプだよ。

将来 歌手や演奏家などの音楽関係で花開くよ。

友情 本気のケンカをしたあとで親友になれるよ。

相性 どんなものでも、物を大切にする人が◯。

性格はどっち? 元気 ♡——— やさしい

みんなのおまじない ★ 先生がうつっているプリクラを持っていると成績が良くなるよ。

♡ あむ ♡

おてんばタイプ

性格 手先が器用だから、どんなことでも簡単にできてしまうよ。ワイワイさわぐのはニガテ。

恋愛 思った気持ちを素直に表現すればいいかも。

将来 作家としてしずかに人生を送るでしょう。

友情 ちょっと人見知りするところがあるかもね。

相性 立ち直りがはやく、ウジウジしない人。

性格はどっち？ 元気 ─────♡── やさしい

♡ あや ♡

しっかり者タイプ

性格 守ってあげたい妹系の雰囲気で、男子にモテるよ。でも、相手はちゃんと選んでね！

恋愛 誘われても断わらず、勇気を出して！大丈夫！

将来 絵もお話もかわいい、絵本作家になるよ。

友情 早とちりで、友だちの冗談も本気にしがち。

相性 マナーがよく、ごはんの食べ方もきれいな人。

性格はどっち？ 元気 ───♡────── やさしい

♡ あやえ ♡

しっかり者タイプ

性格 がんこで人の意見には流されない、自分の考え方を信じているタイプ。信頼されてるよ。

恋愛 つきあうのは、相手をよく知ってからかな。

将来 人の上に立つ仕事。社長に向いてるかも。

友情 正直でうそをつかないから、信頼されるね。

相性 言葉、行動、気持ちが一致している人。

性格はどっち？ 元気 ───♡────── やさしい

♡ あやか ♡

天真爛漫タイプ

性格 自然な感じの天然愛されキャラ。グループの中にいるだけで、みんな自然と笑顔になるよ。

恋愛 手料理やお菓子をさし入れ喜ばせるのが好き。

将来 どの仕事でも人と競わずにマイペースに働くよ。

友情 警戒されず、話しかけられやすいかな。

相性 見た目を重視。自慢したくなるイケメン。

性格はどっち？ 元気 ──────♡── やさしい

♡ あやこ ♡

しっかり者タイプ

性格 とってもマジメなタイプだよ。目標に向かって、一生けんめいにコツコツがんばれる性格。

恋愛 自分だけにやさしくしてくれる人が好き！

将来 どんなことでもチャレンジ！うまくいくよ！

友情 友だちの長所をほめるともっと仲よくなるよ。

相性 あなたのアドバイスを聞いてくれる人が◎。

性格はどっち？ 元気 ──────♡── やさしい

♡ あやさ ♡

天真爛漫タイプ

性格 守ってあげたくなる感じで、男子にモテるよ。でも、友だちのことばには耳を傾けてね。

恋愛 かっこいい男子、やさしい男子は大好き！

将来 イラストレーターとして注目されるよ。

友情 まわりのみんなに甘えられるタイプかな。

相性 あなたをしっかり見てほめてくれる人が◎。

性格はどっち？ 元気 ─────♡── やさしい

みんなのおまじない ☆ 運気アップしたい時に「クリンサンサマン」と唱える。

♡ あやせ ♡

性格: 今流行りのものにはあまり興味をもたないタイプ。そこが個性となってミリョク的かな。 (しっかり者タイプ)

恋愛: 好きな人ができても、絶対だれにも話さない。

将来: 華道や茶道など、古風な習い事の先生かな。

友情: とても聞き上手。みんなが話しに来るよ。

相性: 体が大きくて、たのしそうな人が相性◎。

性格はどっち？ 元気 ——♡—— やさしい

♡ あやな ♡

性格: いつものんびり屋さんだけど、いざという場面に出くわすと力を発揮するタイプだよ。 (天真爛漫タイプ)

恋愛: 意識していなかった人とつきあうかも。

将来: ずっと女優さんとして活躍していくよ。

友情: 嫌がることも進んでやるから信頼されるよ。

相性: グチを言ったりしない、前向きで忍耐強い人。

性格はどっち？ 元気 ————♡ やさしい

♡ あやね ♡

性格: 好きなことは夢中になって取り組むタイプ。少し視野を広くして、いろんな体験をしてね。 (しっかり者タイプ)

恋愛: 自分から告白できる勇気のあるタイプ。

将来: 作家として、いろんなところへ行くよ。

友情: 互いのいいところを見て、支え合う友だちができる。

相性: 勉強や運動、どんなことも一生けんめいな人。

性格はどっち？ 元気 —♡———— やさしい

♡ あやの ♡

性格: 自分の成長をいつも意識している。今の楽しみよりも将来の目標のために努力してるね。 (しっかり者タイプ)

恋愛: 冷たくするのは好きだから！素直になって！

将来: 人を助ける救急救命士になって大活躍する。

友情: 友だちになるのはまじめで誠実な人かな。

相性: 性格を重視してくれる、見た目じゃない人。

性格はどっち？ 元気 ————♡ やさしい

♡ あやは ♡

性格: 友だちの気持ちがわかって、一緒に泣いたり笑ったり。自分のことのように感じちゃう！ (天真爛漫タイプ)

恋愛: 「いっぱいほめて！」彼に要求するタイプ。

将来: 接客が上手でおしゃれなショップスタッフ。

友情: 口が軽く、友だちの秘密をしゃべってしまう。

相性: 趣味をいっしょに楽しめる彼が相性抜群！

性格はどっち？ 元気 ——♡—— やさしい

♡ あやほ ♡

性格: 自然と目立ってしまうオーラがあるよ。みんなから頼りにされるリーダータイプ。 (しっかり者タイプ)

恋愛: 何かに夢中でがんばっている子が気になるね。

将来: 海外を飛び回るキャビンアテンダント。

友情: ケンカは、キミがあやまると友情が深まるよ。

相性: 正直でピュアな子と驚くほどうまくいくよ。

性格はどっち？ 元気 ————♡ やさしい

24　みんなのおまじない　新しい消しゴムに願い事を書いてばんそうこうをはるとかなうよ。

♡ あやみ ♡

性格 何でもきっちりさせたいあなた。はっきりものを言ってしまう、厳しい一面もあるね。 **おてんばタイプ**

恋愛 理想が高く、運命の出会いを待ってるね。

将来 パティシエや和菓子職人で人を笑顔にさせるよ。

友情 ライバルでも気づくと友だちになってるよ。

相性 落ち込んでもすぐに立ち直れる強い人が◎。

性格はどっち? 元気 ——♡—— やさしい

♡ あやめ ♡

性格 うっかりすることが多い、あわてんぼう。でも先生や年上の人からとくに好かれるよ。 **しっかり者タイプ**

恋愛 自分だけにやさしい人を好きになるよ。

将来 みんなから相談される、心理カウンセラー。

友情 頼りにされる、おねえさんのような存在だよ。

相性 自分だけをずっと愛してくれる人がいいね。

性格はどっち? 元気 ——♡—— やさしい

♡ あやり ♡

性格 本番に強いタイプだよ。ここぞというときには、成功を勝ち取ってしまう強運の持ち主。 **おてんばタイプ**

恋愛 好きになったら待ったなし。自分から告白!

将来 子どもたちから人気の小中学校の先生。

友情 サービス精神があり人を楽しませるのが好き。

相性 言葉や行動がハキハキしたテンポのいい人。

性格はどっち? 元気 ——♡—— やさしい

♡ あゆ ♡

性格 いつも最悪のことを考えて準備する人。大きな失敗はないけれど、時には大胆になって! **おてんばタイプ**

恋愛 長い友だちが自然と恋愛関係になるよ。

将来 雑誌の編集者となっていて活躍してるよ。

友情 自分とはちがう対照的な子と友だちになる。

相性 いつも前向きな発言をして、自信をくれる人。

性格はどっち? 元気 ——♡—— やさしい

♡ あゆか ♡

性格 将来は芸術の分野で活躍するタイプだよ。よく観察していて、表現力がある人だよ。 **おてんばタイプ**

恋愛 映画のような運命的な出会いを待ってる。

将来 芸術的なお菓子を作るパティシエになってる。

友情 人見知りがあるけど打ち解けると、積極的に。

相性 友だちよりも彼女のことを優先してくれる人。

性格はどっち? 元気 ——♡—— やさしい

♡ あゆこ ♡

性格 ほうっておけなくて、いつも自然に友だちが集まってきてくれる。まわりが助けてくれるよ。 **天真爛漫タイプ**

恋愛 自分とはちがう「ちょいワル」に好かれそう。

将来 建築士として、名を残すことができるよ。

友情 恋より友だち!友だちがたくさんできるよ。

相性 ワンパクな彼といるととっても楽しいよ!

性格はどっち? 元気 ——♡—— やさしい

みんなのおまじない 両足の裏にペンで星マークを描いてばんそうこうをはると速く走れる。

♡ あゆさ ♡

性格 合わせ上手で人の世話をするのが好きなやさしい人だね。年上の人にかわいがられちゃうよ。

おてんばタイプ

恋愛 服やクツ、小物などおしゃれな人が好き！

将来 カウンセラーなど困った人を助ける仕事。

友情 いつも気にしてほしい、さみしがり屋さん。

相性 うそをつかなくて、とても誠実な人が◎。

性格はどっち？ 元気 ーーーー♡ やさしい

♡ あゆな ♡

性格 自分だけのお気に入りやこだわりを持っているよ。また、それを友だちに見せるのが好き。

おてんばタイプ

恋愛 好きな人との間を友だちにたのむのがOK。

将来 味のある作詞家としてヒットメーカーに。

友情 好きな芸能人の話から友だちができるかも。

相性 笑顔で楽しそうに話をする人と相性が◎。

性格はどっち？ 元気 ーーーー♡ やさしい

♡ あゆね ♡

性格 現実的で芯のしっかりした人。緊急事態になっても、あわてずにおちついて行動できるよ。

しっかり者タイプ

恋愛 好きな人ほど、そっけなくする。素直になって！

将来 映画監督として名作を残すことができるよ。

友情 まじめで誠実な人が友だちになるかも！？

相性 親や兄弟を大切にし、家族思いのまじめな人。

性格はどっち？ 元気 ーーーー♡ やさしい

♡ あゆは ♡

性格 よく気がついて、思いやりのある人。少しのことで喜んだり落ち込んだりするところも。

おてんばタイプ

恋愛 熱しやすく冷めやすい。恋多き人生かも。

将来 するどい言葉を言う名物コラムニストに。

友情 勉強やスポーツができる目立つ人が友だちに。

相性 平凡な人は物足りない感じ。個性的な人が◎。

性格はどっち？ 元気 ーーーー♡ やさしい

♡ あゆみ ♡

性格 かわいい物で部屋も持ち物も統一していやされてる。しっかり者に見えて、甘えん坊。

天真爛漫タイプ

恋愛 やさしい言葉や親切で好きになっちゃうよ。

将来 バス会社の名物バスガイドになってる。

友情 恋より友だちを優先するから友だちが多い。

相性 おしの強い、情熱的な人にひかれるよ。

性格はどっち？ 元気 ーー♡ーー やさしい

♡ あゆり ♡

性格 サバサバしてさっぱりした性格のあなた。同じ年の友だちはおさなく見てしまうかも？

天真爛漫タイプ

恋愛 勉強ができる頭のいい人が好きみたい。

将来 アナウンサーにぴったりの美声の持ち主。

友情 世話好きのあなたは困った人をほっとけない。

相性 年上の人でグイグイひっぱってくれる人。

性格はどっち？ 元気 ーー♡ーー やさしい

みんなのおまじない ☆ 右手人差し指にばんそうこうをはると、授業中に指名されるよ。

♡ あり ♡

性格 一人でいることがきらいなさみしがり屋さん。友だち同士だとテンションが上がっちゃう。

おてんばタイプ

恋愛 本命でない男子から好かれちゃうかも。

将来 メカに強いので自動車関係の仕事がいいよ。

友情 友だちと友だちをつなげるキューピッド役!

相性 いつもはげましの言葉をくれる人がいいよ。

性格はどっち? 元気 ♡———— やさしい

♡ ありあ ♡

性格 友だちが悲しんでいると、自分も悲しくなっちゃう。とても思いやりがあるあなた。

おてんばタイプ

恋愛 ミリョクがあるので、いつでもモテモテだよ。

将来 一人で集中して仕事ができるプログラマー。

友情 グループで注目をあびていたい目立ちたがり。

相性 お笑いが大好きな楽しい人と意気投合!

性格はどっち? 元気 ———♡— やさしい

♡ ありか ♡

性格 絵を描いたり歌を歌ったりするのが上手。大人になったら芸術家になれるタイプだよ。

おてんばタイプ

恋愛 いいところを見つけると、すぐ好きになっちゃう。

将来 カフェやレストランを経営して成功するよ。

友情 一度仲よくなると、正直に意見を言うよ。

相性 友だちよりあなたを優先させてほしい。

性格はどっち? 元気 ——♡—— やさしい

♡ ありさ ♡

性格 シーンとしちゃうと、おどけてグループを盛り上げちゃうよ。だれにでもやさしいんだね。

おてんばタイプ

恋愛 ロマンチックな出会いを求めているよ。

将来 困っている人を助ける仕事をしているよ。

友情 グループ内で盛り上げ上手なムードメーカー。

相性 にぎやかすぎる人はちょっとニガテかも。

性格はどっち? 元気 —♡——— やさしい

♡ ありす ♡

性格 自分の意思が強くてしっかり者だけど、好きな人の言うことは素直に聞いちゃうかな。

天真爛漫タイプ

恋愛 メンクイのあなた、とにかくイケメンが好き!

将来 医師として人のために働くことができるよ。

友情 あなたのファッション、みんな見ているよ。

相性 笑顔がすてきな人。見ているだけで幸せ!

性格はどっち? 元気 ———♡— やさしい

♡ ありな ♡

性格 いつもまわりを気にしちゃうタイプ。でも、みんなと仲良くできるやさしい心の持ち主。

おてんばタイプ

恋愛 言わなくても、気持ちをわかってほしい。

将来 ヒット曲を連発する作曲家が向いているかも。

友情 自分にないものを友だちに求めているよ。

相性 笑顔がすてきで、おしゃべりすると楽しい人。

性格はどっち? 元気 ————♡ やさしい

みんなのおまじない 左小指の爪にピンクのペンでスマイルマークを描くと人気者になる。

27

♥ あるる ♥

性格 ピンチのときほど燃え上がるタイプの人。自分に厳しくて、何でも一生けんめい。

恋愛 好きになったらまっしぐら。失敗も多いかも？

将来 警察官になって、みんなを守ってあげてね。

友情 親友にだけは、悩みをうちあけようよ、ネ。

相性 リアクションが大きい人とは相性バツグン。

 性格はどっち？ 元気 ─── やさしい ♥

♥ あれん ♥

性格 いつでも正々堂々としていてみんなのお手本。何にでも白黒つけたがるまっすぐな性格。 しっかり者タイプ

恋愛 やさしい、おだやかな人に心ひかれちゃう。

将来 英語もペラペラなあなた。バリバリ働きそう。

友情 もしケンカしちゃっても、意地をはらないで。

相性 相手を自分のペースに合わせちゃうよ。

 性格はどっち？ 元気 ♥─── やさしい

♥ あろは ♥

性格 曲がったことがきらいなまっすぐな性格。ガンコだけど男子からも女子からも好かれるよ。 しっかり者タイプ

恋愛 前向きで上を目指している人にひかれちゃう。

将来 算数が得意なので、お金を扱う仕事がいいよ。

友情 みんながあなたに相談したがっているよ。

相性 見た目は関係ナシ！性格が大事だよね。

 性格はどっち？ 元気 ─── ♥ やさしい

♥ あん ♥

性格 おしゃべりが大好き！友だちの会話に口出ししてしまったり、ついはばってしまうときも。 天真爛漫タイプ

恋愛 友だちよりも恋愛を大事にするタイプだよ。

将来 スポーツ選手として、活躍しているよ。

友情 悩みを友だちにどんどん相談しちゃうよ。

相性 趣味の話が合う人と会話を楽しめるよ。

 性格はどっち？ 元気 ─── ♥ やさしい

♥ あんじ ♥

性格 友だちに気を配ることができるやさしい人。人の意見に合わせられるのであらそいごとがないよ。 おてんばタイプ

恋愛 オクテなので片思いの時間が長いかも？

将来 人気マンガの編集の仕事がおすすめだよ。

友情 いつでもだれかに見ていてもらいたいね。

相性 自分の気持ちをストレートに表す人が◎。

 性格はどっち？ 元気 ♥───♥ やさしい

♥ あんじゅ ♥

性格 ノリのいいあなたはどんな場面でもへっちゃら。まわりに合わせるのがとても上手な人。 おてんばタイプ

恋愛 みんなあこがれる人を好きになっちゃいそう。

将来 本を作る編集者の仕事が向いているよ。

友情 グループに欠かせない、ムードメーカーだよ。

相性 自分の気持ちを素直にストレートに出す人。

 性格はどっち？ 元気 ───♥── やさしい

みんなのおまじない　テストのとき心の中で「ルルンパテテカア」を3回唱えると答えがひらめく。

♡ あんず ♡

性格 人前に出るより、かげでがんばる縁の下の力持ちタイプ。友だちのお世話をするのが好き。　*おてんばタイプ*

- **恋愛** 恋のライバルは、いつでも多いみたい。
- **将来** エステティシャンが向いているみたい。
- **友情** 自分と似ていないタイプと友だちになるよ。
- **相性** 言葉にしなくてもわかってくれる人が◎。

性格はどっち？　元気　——♡———　やさしい

♡ あんな ♡

性格 ふわっとしたイメージがあり、やわらかくおしとやかで女の子らしさがあふれているよ。　*天真爛漫タイプ*

- **恋愛** 相手からまじめに思われ大切にされるよ。
- **将来** あなたのセンスが光るインテリアデザイナー。
- **友情** マイペースな友だちにふりまわされちゃう。
- **相性** 年上で大人っぽい感じの人がお似合いだよ。

性格はどっち？　元気　———♡——　やさしい

♡ あんね ♡

性格 さわやかな印象のあなた。めんどうなことも引き受けてくれるたのもしい存在！　*しっかり者タイプ*

- **恋愛** 好きな人ほど冷たくしちゃう。素直になって！
- **将来** 物事をはっきりさせたい、裁判官向き。
- **友情** お互いのいいところをのばせる友だちができるよ。
- **相性** 親や兄弟を大切にするやさしい人だと◎。

性格はどっち？　元気　—♡♡—｜——　やさしい

♡ あんり ♡

性格 練習のときよりも本番に強いタイプ。チャンスをものにしてしまう強運の持ち主だよ。　*おてんばタイプ*

- **恋愛** ノリのいい男子だと◎。自然とひかれるよ。
- **将来** 保育士や幼稚園の先生など、教えるのが得意。
- **友情** みんなで何かを決めるとき、あなたが中心に。
- **相性** 会話の反応がいい人。反応がないと不安。

性格はどっち？　元気　—♡——｜——　やさしい

♡ いあ ♡

性格 友だちの行動や気持ちがとても気になるタイプ。友だちの長所を見つけるのが得意だよ。　*おてんばタイプ*

- **恋愛** 好きな人ができると、他のことが手につかない。
- **将来** プロデューサーなど音楽関連の世界で大活躍！
- **友情** 自分とはちがう性格の友だちができるよ。
- **相性** 相手の話をちゃんと聞いてくれる人が◎。

性格はどっち？　元気　—♡—｜—♡—　やさしい

♡ いお ♡

性格 人の意見に流されない自分の考えをしっかり持った人。でも、ちょっとガンコな一面も。　*しっかり者タイプ*

- **恋愛** まじめなあなたは、相手につくしちゃう。
- **将来** 数字が好きなあなた、経理などがぴったり。
- **友情** うそをつかないので信頼されているよ。
- **相性** つくすより、つくされる方がいいみたい。

性格はどっち？　元気　—♡——｜——　やさしい

みんなのおまじない　★　赤いフルーツを食べると元気になれる。

29

♡ いおか ♡

性格 ルールをキチンと守れるあなた。友だちとの約束も守るので、信用されているよ。 **しっかり者タイプ**

恋愛 オタクな人を好きになっちゃうかも？

将来 チャレンジすれば、何にでもなれるよ！

友情 友だちをほめると、もっと仲よくなれるよ。

相性 約束や時間をきっちりと守る人が合うよ。

性格はどっち？ 元気 ♡ やさしい

♡ いおと ♡

性格 言葉づかいや行動が大胆で、まわりをヒヤヒヤさせちゃうけど、なぜか嫌味がなく得な性格。 **天真爛漫タイプ**

恋愛 スポーツ万能な彼を好きになりそう。

将来 資格が必要な専門的な仕事につきそう。

友情 友だちの意見をしっかり聞いてあげる人気者。

相性 みんなをまとめるリーダー的な人がいいよ。

性格はどっち？ 元気 ♡ やさしい

♡ いおな ♡

性格 目立つことが好きではないひかえ目タイプ。いざという時あわてずに対処する力あり！ **しっかり者タイプ**

恋愛 つきあいだすと、ひとりじめしたくなるかも？

将来 消防士として、人の役に立ち幸せを感じるよ。

友情 友だちを助けたり助けられたりするよ。

相性 あなたの外見ではなく、心を見てくれる人。

性格はどっち？ 元気 ♡ やさしい

♡ いおり ♡

性格 記念日やお祭りが大好きだよ。にぎやかなあなたは楽しまなきゃ損と考えているよ。 **天真爛漫タイプ**

恋愛 あなたの話を聞いてくれる人がいいみたい。

将来 ホテルでの仕事など人をもてなす仕事が合う。

友情 自分が楽しいと友だちにすすめたくなっちゃう。

相性 理想を高くもった、向上心のある人。

性格はどっち？ 元気 ♡ やさしい

♡ いく ♡

性格 いつでもキチンとしていたいきれい好き。でも少し神経質になりすぎちゃう時もあるよ。 **天真爛漫タイプ**

恋愛 ちょっとワルぶった彼が気になっちゃう。

将来 ガイドなど旅行に関係した仕事がいいみたい。

友情 話しかけられやすく友だちがたくさんできるよ。

相性 まわりに自慢したくなっちゃうイケメン。

性格はどっち？ 元気 ♡ やさしい

♡ いくえ ♡

性格 友だちからの信頼が厚いあなたは、クラスやグループのリーダー的存在になれるかも。 **しっかり者タイプ**

恋愛 相手のことをよく知ってからアタックしてね。

将来 お金の管理はまかせて！銀行が向いてるよ。

友情 グループの中で自分の意見を変えないときも。

相性 話をしても緊張しなければ、相性がいいよ。

性格はどっち？ 元気 ♡ やさしい

♡ いくこ ♡

性格 人が見ていなくてもコツコツと努力できるがんばり屋。家族や友だちを大事にしているよ。 — しっかり者タイプ

恋愛 趣味のちがう人を好きになり、世界が広がる。

将来 持ち前のがんばりでアイドルを目指そう。

友情 みんなに平等なので、好感度はアップ！

相性 ゲームより、勉強や読書が好きな人。

性格はどっち？ 元気 ――――♡―― やさしい

♡ いくな ♡

性格 普段は落ち着いているので大人っぽく見えるよ。追いつめられると力を発揮するタイプ。 — 天真爛漫タイプ

恋愛 好きな人をひとりじめしたいと思っているよ。

将来 みんなに注目され光るファッションモデル。

友情 おしゃべりが好きなにぎやかな友だちが多いよ。

相性 年が離れたしっかりした人と気が合うよ。

性格はどっち？ 元気 ――♡―――― やさしい

♡ いくの ♡

性格 大人っぽくしっかりしている人。だれとでもすぐに打ち解けて仲よしになっちゃう。 — しっかり者タイプ

恋愛 笑顔がステキな男子に自然とひかれるよ。

将来 命を救う救急救命士を目標にがんばれ！

友情 困ったとき助けてくれる友だちが多いよ。

相性 大人になっても少年のような人が合うよ。

性格はどっち？ 元気 ―――♡― やさしい

♡ いくほ ♡

性格 目立つつもりじゃないのに、自然と目立ってしまうバツグンの存在感を持っているよ。 — しっかり者タイプ

恋愛 まわりが反対しても、一途に好きになっちゃう。

将来 みんなをまとめる力を生かし社長になれるよ。

友情 もしケンカしちゃったら自分からあやまって！

相性 言ったことは実行に移すタイプの人。

性格はどっち？ 元気 ――――♡― やさしい

♡ いくみ ♡

性格 思い込んだら一直線！好きなことにねばり強く取り組み、その道をきわめることができるよ。 — おてんばタイプ

恋愛 いろいろなタイプの人とおつきあいしそう。

将来 ファッション関係の仕事で成功するよ。

友情 打ち解けたら、すごく積極的になるよ！

相性 みんなをなごますいやし系の人が合うよ。

性格はどっち？ 元気 ―♡―――― やさしい

♡ いくよ ♡

性格 自分の考えをしっかり持っているのに、それを人におしつけない広い心の持ち主だよ。 — しっかり者タイプ

恋愛 一途なあなたは同じ人に片思いを続けるよ。

将来 カメラマンになって、好きなものを撮ってね。

友情 親友になると、一生のつきあいができる。

相性 みんながノーマークでもあなたが良ければ◎。

性格はどっち？ 元気 ―――♡― やさしい

みんなのおまじない ★ ピンク色のものを服や小物に取り入れて恋愛運アップ！

♡ いくる ♡

性格 明るく元気いっぱい。だけどさみしがり屋の面もあってまわり気をつかいすぎちゃうかも。

おてんばタイプ

恋愛 みんなから好かれたい八方美人タイプだよ。

将来 子どもに大人気、幼稚園の先生がいいよ。

友情 知らぬ間に友だちがどんどん増えちゃうよ。

相性 あなただけにやさしくしてくれる人。

性格はどっち？ 元気 ——♡—— やさしい

♡ いこい ♡

性格 目立ちたがり屋の性格。友だちにいたずらをして相手をびっくりさせちゃうこともあるよ。

天真爛漫タイプ

恋愛 笑いのツボが同じ人と仲良くなれるよ。

将来 ショップの店員になり人との会話を楽しもう。

友情 サプライズ好き。友だちをびっくりさせちゃう。

相性 たのみごとを気持ちよく引き受けてくれる人。

性格はどっち？ 元気 ————♡— やさしい

♡ いさ ♡

性格 素直でまっすぐな性格なので、親や先生のいうことをしっかり聞いているタイプだよ。

おてんばタイプ

恋愛 友だちづきあいから自然と恋愛へ発展しちゃう。

将来 手先が器用なので、職人に向いているよ。

友情 いつでもだれかといっしょにいたいタイプ。

相性 いつでもマメに連絡を取り合っていたい。

性格はどっち？ 元気 —♡——— やさしい

♡ いさき ♡

性格 友だちとの約束をキチンと守れるまじめな人。そんなあなたをみんな信頼しているよ。

しっかり者タイプ

恋愛 失恋すると立ち直りに時間がかかるんだ。

将来 結婚式をプロデュースするアドバイザー向き。

友情 だれとでも友だちになれるうらやましい性格。

相性 お金持ちでお坊ちゃまタイプが合うよ。

性格はどっち？ 元気 ———♡— やさしい

♡ いすず ♡

性格 友だちと楽しくおしゃべりできるけど、もともと人見知りなので引っ込み思案なときもあるよ。

おてんばタイプ

恋愛 相手をよく観察し、新たな発見をするよ。

将来 カウンセラーになって、悩みを聞いてあげて。

友情 友だちの良いところをすぐに見つけちゃう天才！

相性 自分の自慢話ばかりしない人がいいね。

性格はどっち？ 元気 ————♡ やさしい

♡ いずな ♡

性格 お世辞を言うのも言われるのもニガテ。自分の気持ちに素直でうそがつけない正直な人。

天真爛漫タイプ

恋愛 ワイルドで元気な男子にあこがれちゃう。

将来 きれいな花に囲まれて幸せな花屋の店員。

友情 グループの中で、ほんわかしたいやし系。

相性 なんでもすぐに決めてくれる人が合うよ。

性格はどっち？ 元気 ———♡— やさしい

32　みんなのおまじない　鏡に左手の人差し指で大きく「♀」マークを描くとかわいくなれる。

♡ いずみ ♡

性格 毎日コツコツがんばるタイプ。ムリはしないけど、サボったりしないとてもまじめな子。

おてんばタイプ

恋愛 理想が高く、すぐに恋心がめばえちゃう。

将来 ありのままを伝えるジャーナリスト向き。

友情 グループ内で、好ききらいがはげしいかも？

相性 同じような成績の人はフィーリングが合うよ。

性格はどっち？ 元気 ♡――――― やさしい

♡ いちか ♡

性格 うっかりミスが多いあわてんぼう。でも年上から好かれる、守ってあげたくなるキャラ。

しっかり者タイプ

恋愛 心配性なため、彼のうわきが気になっちゃう。

将来 世界中の人々と交渉する外交官になれるよ。

友情 だれとでも気軽に話せて友だちになれるよ。

相性 自分中心な彼とは相性が合わないよ。

性格はどっち？ 元気 ♡――――― やさしい

♡ いちこ ♡

性格 あなたが困っていると、どんどんまわりが助けてくれるとってもおトクな性格だよ。

天真爛漫タイプ

恋愛 不良っぽい人や大人びた人を好きになりそう。

将来 あなたの明るさはバスガイド向きだよ。

友情 あなたの雰囲気にみんな心をゆるしちゃう。

相性 いつでも自信満々な人が似合っているよ。

性格はどっち？ 元気 ―♡―――― やさしい

♡ いちご ♡

性格 話しかけやすい雰囲気のあなたのまわりは、いつでも友だちがいっぱい集まってきちゃうよ。

天真爛漫タイプ

恋愛 自分とはちがうタイプの人を好きになりそう。

将来 マイペースに進められる仕事が好きみたい。

友情 グループをまとめることができるセンスあり！

相性 頼りになる人。困ったとき守ってくれる。

性格はどっち？ 元気 ―♡―――― やさしい

♡ いちは ♡

性格 まわりの意見を聞かないときもあるよ。でもがんばり屋なので決めたことはあきらめない。

しっかり者タイプ

恋愛 夢に向かっている人に心うばわれちゃう。

将来 あなたがリーダーになって仕事を進めるよ。

友情 うそをつかない性格。友だちもわかっているよ。

相性 責任感を持ったまじめタイプがいいよ。

性格はどっち？ 元気 ♡――――― やさしい

♡ いつか ♡

性格 グループの中にあなたがいると、みんないやされちゃう。人を引きつける力があるよ。

天真爛漫タイプ

恋愛 少しの親切でも、すぐ好きになっちゃうよ。

将来 世界を旅してまわるツアーコンダクター。

友情 気さくな雰囲気のため話しかけられやすいよ。

相性 だれからも好かれる人気者との相性がいいよ。

性格はどっち？ 元気 ―♡―――― やさしい

みんなのおまじない 好きな人とすれちがうとき、こっそりウインクをすると両思いになれる。

♡ いつき ♡

性格 頭の回転がとても速く、集中して勉強ができるので成績もバツグン！理科や算数が得意。

おてんばタイプ

恋愛 クラスでも目立つ存在を好きになるよ。

将来 フレンチ？イタリアン？シェフが向いてるよ。

友情 気をつかわない友だちを選んでいるよ。

相性 自分の話ばかりしない人が似合いそう。

性格はどっち？ 元気 ―♥――― やさしい

♡ いつこ ♡

性格 まじめな性格だけど、少し不器用に見られちゃうかも。目標があると一直線に進むよ。

しっかり者タイプ

恋愛 悩みごとの相談にのってくれる人が好き。

将来 国を動かすことのできる政治家を目指してみて。

友情 友だちのことを知れば知るほど友情が深まるよ。

相性 あなたのアドバイスを素直に聞く人だよ。

性格はどっち？ 元気 ―――♥― やさしい

♡ いつみ ♡

性格 手先が器用で何でも簡単にこなしちゃう。大人しい性格なので友だちとワイワイはニガテ。

おてんばタイプ

恋愛 恋に発展するのに、時間がかからないよ。

将来 ファッションセンスがデザイナーに役立つよ。

友情 仲良くないと思っていても、友だちになれるよ。

相性 少しのことでクヨクヨしない人がいいよ。

性格はどっち？ 元気 ―♥――― やさしい

♡ いと ♡

性格 アイデアが豊富なあなたは、いつでも自信満々。反対のことを言われたりするのはニガテ。

おてんばタイプ

恋愛 本命に出会うまで、少し時間がかかるかも？

将来 流行にびんかんなマスコミ関係が向いてるよ。

友情 物知りな友だちからの刺激が必要かも？

相性 うわきはぜったいしない、一途な人。

性格はどっち？ 元気 ―♥――― やさしい

♡ いのり ♡

性格 楽しいことが大好きで、どんどんまわりを巻き込んじゃうあなた。明るい太陽のような存在！

天真爛漫タイプ

恋愛 好きな人には、素直に気持ちをぶつけるよ。

将来 レストランの店長として力をあらわすよ。

友情 何をするのも友だちといっしょがいいね。

相性 年上だったり、ちょっと強引な人が合うよ。

性格はどっち？ 元気 ―♥――― やさしい

♡ いぶき ♡

性格 色々な考えを持ち、想像力が豊か。ささいなことで悲しんだり、喜んだりしそう。

おてんばタイプ

恋愛 気配りのできる人を好きになりそう。

将来 あなたのセンスを生かしてデザイナー。

友情 ライバルだと思っていても友だちになれちゃう。

相性 多少のことでは動じない、忍耐力がある人。

性格はどっち？ 元気 ―♥――― やさしい

みんなのおまじない ☆ 学校にある一番大きな木の下に青色のビーズを3個埋めるとモテる。

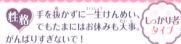

♡ いまり ♡

性格 手を抜かずに一生けんめい、でもたまにはお休みも大事。がんばりすぎないで！

しっかり者タイプ

恋愛 好きになったら、友だちの意見も聞いてみて！

将来 アイデア勝負、ネット企業も夢じゃない。

友情 本気のケンカの後にきずなが生まれるよ。

相性 男らしくあなたをリードしてくれる人。

性格はどっち？ 元気 ❤━━━━━━ やさしい

♡ いよ ♡

性格 人づきあいのバランス感覚が良いので友だちの輪がひろがるよ。年上からも好かれちゃう。

しっかり者タイプ

恋愛 しっかりものだけど、彼の前では甘えん坊。

将来 人の心が読める占い師に向いているよ。

友情 人を裏切らないあなたは信用されているよ。

相性 あなたにヤキモチを焼いちゃう人がいいね。

性格はどっち？ 元気 ┝━━━━❤━━ やさしい

♡ いより ♡

性格 あっけらかんとした性格で、まわりからほほえましく思われているよ。大きな夢があるよ。

天真爛漫タイプ

恋愛 勉強ができる彼に一目ぼれしちゃう。

将来 専業主婦としてダンナさんを支えそう。

友情 友だちとのケンカやあらそいごとはニガテ。

相性 勉強が得意で、あなたにも教えてくれる人。

性格はどっち？ 元気 ┝━❤━━━━ やさしい

♡ いりあ ♡

性格 みんなの前で発表したりするのはニガテなのに、みんなからは頼りにされちゃう存在。

しっかり者タイプ

恋愛 自分の言うことを聞く人を、えらびそう。

将来 外国人を相手に仕事ができる才能があるよ。

友情 自分の意見ばかり言わないよう注意してね。

相性 静かで大人しい人なら相性ばっちり。

性格はどっち？ 元気 ┝━❤━━━━ やさしい

♡ いろ ♡

性格 常に一番を目指しライバルがいると燃えるタイプ。勝負では絶対に負けたくないよ。

しっかり者タイプ

恋愛 いつでも本気なので自分から告白しちゃう。

将来 テレビ局での仕事が合っているみたい。

友情 頭の良い友だちといると世界が広がるよ。

相性 おおらかで、あまり怒らない人が合うね。

性格はどっち？ 元気 ┝━❤━━━━ やさしい

♡ いろな ♡

性格 いつでも目標に向かい努力をすることができるすごい人。がんばっている自分が大好き！

しっかり者タイプ

恋愛 好きな人には自分から告白しちゃうよ。

将来 しっかり者のあなたに秘書はぴったり。

友情 マジメでせいじつな友だちが多いでしょう。

相性 一生けんめいな人なら長続きするよ。

性格はどっち？ 元気 ❤━━━━━━ やさしい

みんなのおまじない ★ アゲハチョウの写真を携帯電話の待ち受け画像にすると金運アップ。

35

♡ いろは ♡

しっかり者タイプ

性格 負けずきらいでがんばり屋。友だちからの信頼があり、グループの中心にいることも。

恋愛 一度つきあうと、長く続くことができるよ。

将来 社長になって、どんどん会社を大きくしよう。

友情 口のかたいあなたは、信用されているよ。

相性 わかりやすいくらい正直な人がいいよ。

性格はどっち？ 元気 ─♡─── やさしい

♡ いわ ♡

おてんばタイプ

性格 何をするのも慎重。でも慎重になるのが楽しいので少しくらい大変なことも平気だよ。

恋愛 特別あつかいされると、恋に落ちちゃうかも。

将来 世界デビューも夢じゃない！映画監督はどう？

友情 友だちづきあいに、時々つかれてしまうかも。

相性 大きな夢を持った自信に満ちあふれた人。

性格はどっち？ 元気 ─♡─── やさしい

♡ うい ♡

天真爛漫タイプ

性格 一番になるのが好きで負けずきらいな性格。おしゃべり好きで話し出したら止まらない。

恋愛 クラブ活動がいっしょの男子と仲よくなれる。

将来 ダンサーなど体を動かす仕事がいいみたい。

友情 いっしょにいると楽しい人と思われているよ。

相性 きれい好きで、さわやかな人が合うよ。

性格はどっち？ 元気 ──♡── やさしい

♡ ういか ♡

天真爛漫タイプ

性格 初めて会う人には、しっかりした人に見られちゃう。女の子らしくかわいい物が好き。

恋愛 やさしくされると、一目ぼれしちゃう。

将来 ステキな建物をつくる建築士がいいよ。

友情 友だちづきあいが大事！いつでも友だちが多いよ。

相性 元気いっぱいで少しやんちゃな人がいいよ。

性格はどっち？ 元気 ───♡─ やさしい

♡ ういな ♡

しっかり者タイプ

性格 自分の気持ちに正直な人、うそはつかないよ。でも感情が顔に出てしまうこともあるかも。

恋愛 好きじゃなかった人と、つきあうかも？

将来 自分の得意なことを仕事にすると成功するよ。

友情 友だちにふりまわされても、楽しめちゃう。

相性 スリムな体型で、背の高い人が合うよ。

性格はどっち？ 元気 ──♡── やさしい

♡ うか ♡

おてんばタイプ

性格 好奇心がいっぱいなあなたは、楽しいことが大好き！それを友だちに教えてあげるのも好き。

恋愛 いつでも運命的な出会いを待っているよ。

将来 おしゃれなショップの店員さんがいいみたい。

友情 とても思いやりがあり、友だち思いだよ。

相性 いつでもあなたとの用事が一番の人。

性格はどっち？ 元気 ────♡ やさしい

♡ うき ♡

性格 とても純粋できれいな心をもつあなた。友だちへの思いやりの心を忘れないよ。 **天真爛漫タイプ**

恋愛 いつでも前向き、相手はすぐに見つかるよ。
将来 どんな家でもつくっちゃう建築デザイナー。
友情 恋愛よりも友だちづきあいを大切にするタイプ。
相性 情熱的でおしが強いタイプと相性。

性格はどっち？ 元気 ――♡―― やさしい

♡ うさぎ ♡

性格 みんなをなごませるいやし系キャラだね。話しかけやすいので友だちがたくさんできるよ。 **天真爛漫タイプ**

恋愛 少し強引なアプローチを待っているみたい。
将来 自分も旅した気分になるツアーコンダクター。
友情 まわりの友だちがほうっておかない存在だよ。
相性 自分に自信を持った正々堂々とした人。

性格はどっち？ 元気 ――♡―― やさしい

♡ うた ♡

性格 大人っぽいあなたは流行にビンカンでおしゃれ大好き。みんながお手本にしているかも？ **おてんばタイプ**

恋愛 人気があるので本命にゴカイされるかも。
将来 教えることが得意なので学校の先生向き。
友情 グループ内でのまとめ役。仕切るのが得意。
相性 せっかちなあなた、テンポが遅い人はニガテ。

性格はどっち？ 元気 ――♡―― やさしい

♡ うたえ ♡

性格 自分に厳しく、いつでも上を目指すがんばり屋。ニガテなことも最後までやり遂げるよ。 **しっかり者タイプ**

恋愛 一途なあなたは、相手につくしちゃう！
将来 まじめなあなたには経理の仕事が向いてるよ。
友情 困ったときは友だちといっしょに乗りこえよう。
相性 シャイな人を自分のペースに合わせたい。

性格はどっち？ 元気 ――♡―― やさしい

♡ うたこ ♡

性格 何をするのもマイペース。時間がかかってもコツコツと努力ができ最後には成功するよ。 **天真爛漫タイプ**

恋愛 ちょっとしたきっかけで恋に落ちるかも？
将来 世界中の旅を企画して、みんなに喜ばれるよ。
友情 いつも自然とグループの中心になっているよ。
相性 見た目重視なので、イケメンがいいよ。

性格はどっち？ 元気 ――♡―― やさしい

♡ うたな ♡

性格 自分で決めることがニガテでいつも迷っちゃう。よく考えて行動するから失敗も少ないね。 **おてんばタイプ**

恋愛 言わなくてもわかってくれる人が好きみたい。
将来 みんなには無い発想を生かして発明家。
友情 自分にない才能を持った友だちができるよ。
相性 気づかいができる人となら相性がいいよ。

性格はどっち？ 元気 ――♡―― やさしい

みんなのおまじない　星の形のシールを自分と相手の机の裏側に貼ると仲直りできる。

♡ うたの ♡

性格 どちらかといえば受け身の性格だけど、気がつくとみんなの先頭に立っているかも？ 〈天真爛漫タイプ〉

恋愛 いしきしていなかった人を好きになりそう。

将来 どんな役でもこなしてしまう女優さん。

友情 グループにあなたがいないと、さみしくなるよ。

相性 我慢ができ、いつでも前向きな人。

性格はどっち？ 元気━━━━━♡━やさしい

♡ うたは ♡

性格 活発だけど、あきっぽいところもあるかも？他人とちがった発想ができるユニークな人。〈おてんばタイプ〉

恋愛 あなたの笑顔に、ひかれる男子は多いはず。

将来 あなたの歌声に、みんながいやされちゃう。

友情 仲の良い友だちのことをとても大事にするよ。

相性 ミステリアスな雰囲気の人が気になるよ。

性格はどっち？ 元気━━━━━♡━やさしい

♡ うたよ ♡

性格 守ってあげたくなるような妹系キャラを持つあなた。あらゆる男子からもてちゃうぞ！〈天真爛漫タイプ〉

恋愛 自分から告白できない待つタイプの女の子。

将来 人のためにつくせるあなたは介護士向き。

友情 いっしょに勉強できる人と友だちになるよ。

相性 ご飯の食べ方がきれいな、マナーの良い人。

性格はどっち？ 元気━━━━━♡━やさしい

♡ うづき ♡

性格 何でもきっちりしていないと気が済まない。まちがいをはっきり言う厳しい一面も。〈おてんばタイプ〉

恋愛 何とも思ってない人が運命の人になるかも？

将来 デザイナーになって世界中の有名人に！

友情 友だちになるまで、少し時間がかかるかも？

相性 あなたのわがままを受け止めてくれる人。

性格はどっち？ 元気━━━━━♡━やさしい

♡ うの ♡

性格 友だちの話を否定せず受け入れられる広い心を持っている。そんなあなたは人気者だよ。〈天真爛漫タイプ〉

恋愛 ヤキモチ焼きのあなた、ほどほどにね。

将来 小さなお店を開き、自分好みの店にしてみて。

友情 積極的な友だちがたくさん増えそうだよ。

相性 弱音を言わない、いつでも前向きな強い人。

性格はどっち？ 元気━━━━━♡━やさしい

♡ うみ ♡

性格 とても人なつっこく愛嬌のあるあなたのまわりには、自然と友だちが集まってきちゃう。〈天真爛漫タイプ〉

恋愛 お菓子など差し入れして相手を喜ばせて！

将来 だれからも好かれるバスガイドが向いてるよ。

友情 頼れるリーダー的存在になれそう。

相性 いざというとき頼りになる人が合うよ。

性格はどっち？ 元気━━━━━♡━やさしい

みんなのおまじない ★ くしを3回ふってから使うと両思いになれるよ。

♡ うみか ♡

性格 ほんわかした雰囲気で友だちが自然にあなたのまわりに集まってくるよ。いやし系だね。

天真爛漫タイプ

恋愛 あなたのことを包み込んでくれる人が好き。

将来 楽しい旅を企画できるツアーコンダクター。

友情 いつでもグループの中心に自然といるよ。

相性 だれもがうらやましがるかっこいい人。

性格はどっち？ 元気 ——♡—— やさしい

♡ うみこ ♡

性格 友だちに好ききらいをつけないのでだれとでも平等につきあえる。みんなあなたを信用してるよ。

しっかり者タイプ

恋愛 マジメなあなたは、失恋を引きずるタイプかも。

将来 マルチな才能を生かせる芸能人になれる。

友情 友だちに対する態度はだれからも好かれるよ。

相性 不器用で無口だけどやさしい人が合うよ。

性格はどっち？ 元気 ——♡—— やさしい

うみな

性格 他の人とのあらそいごとはニガテ。自分のしたいことをしているときが一番の幸せ。

天真爛漫タイプ

恋愛 好きじゃないと思っていた人とつきあうかも？

将来 特技を生かし小さなショップを開きそう。

友情 お笑い系で楽しいタイプの友だちができるよ。

相性 ちゃんと注意してくれる人が合うよ。

性格はどっち？ 元気 ——♡—— やさしい

♡ うらら ♡

性格 チャンスをものにし成功できる人。普段から人にやさしくしていると、さらに運気アップ！

おてんばタイプ

恋愛 困っているときはげましてくれる人にひかれるよ。

将来 生徒からの信頼があつい大学教授向きだよ。

友情 落ち込んでいる人をほうっておけないよ。

相性 言葉や行動がハキハキしている人がいいね。

性格はどっち？ 元気 ——♡—— やさしい

♡ うらん ♡

性格 好ききらいがはげしく、それを友だちに言ってしまうことも。でも味方のことは絶対に守るよ。

おてんばタイプ

恋愛 思われるより、相手を追いかける恋愛が好き。

将来 よく気がつくのでキャビンアテンダント向き。

友情 勉強ができスポーツ万能な人が友だちになるよ。

相性 話が盛り上がっちゃう、会話がうまい人。

性格はどっち？ 元気 ——♡—— やさしい

♡ うる ♡

性格 つらいことでも負けない心をもっているあなた。最後まであきらめない強さがあるよ。

しっかり者タイプ

恋愛 相手からそくばくされたいと思っているよ。

将来 税理士や会計士で得意の算数を生かそう。

友情 広く浅いうわべだけのつきあいができない。

相性 人見知りしない、だれにでも明るい態度の人。

性格はどっち？ 元気 ——♡—— やさしい

みんなのおまじない ビー玉に自分のイニシャルを書いて毎日持ち歩くと、友達ができる。

♥ うるあ ♥

性格 礼儀正しい正義のヒーロータイプだね。グループの中ではまとめ役に向いているよ。 ＜しっかり者タイプ＞

恋愛 ドキドキじゃなく、いやされる恋愛が好き。

将来 海外を飛び回って世界中で仕事をしそう。

友情 ひとりで悩まず、友だちに相談してみて！

相性 気持ちと行動が一致している正直な人。

性格はどっち？ 元気────♥────やさしい

♥ うるは ♥

性格 感情豊かでユーモアたっぷり、友だちを笑わせたり喜ばせたりするのが大好きだよ！ ＜しっかり者タイプ＞

恋愛 夢中でがんばっている彼にひかれちゃう。

将来 世界中を飛び回るキャビンアテンダント。

友情 少しガンコだけど、友だちからの信頼が厚い！

相性 うそをつかない人とは長続きするよ。

性格はどっち？ 元気────────♥やさしい

♥ うるみ ♥

性格 一人でじっくり考えごとをするのが好き。だから友だち同士ワイワイさわぐのはニガテかも？ ＜おてんばタイプ＞

恋愛 クラスで目立つにぎやかな男子が好き。

将来 コツコツと記事を書く新聞記者が向いているよ。

友情 本当の自分を見せられる友だちを選ぶよ。

相性 いつまでもウジウジしている人はきらい。

性格はどっち？ 元気──────♥─やさしい

♥ えあ ♥

性格 一度こうと決めたら決して心を動かさない、人の意見に流されない信念を持っているよ。 ＜しっかり者タイプ＞

恋愛 やさしい彼となら、長くつきあえるよ。

将来 きっちりした性格が生かせる銀行員。

友情 たまには友だちに頼ることも大事だよ。

相性 相手からの反対意見は聞きたくない！

性格はどっち？ 元気─♥──────やさしい

♥ えい ♥

性格 知らないことがあると調べずにはいられないので知識が豊富。得意な科目は成績が伸びるよ。 ＜天真爛漫タイプ＞

恋愛 友だちが多いクラスの人気者を好きになりそう。

将来 ペット関連の仕事をして大成功しそう。

友情 友だちの秘密はぜったい言っちゃダメだよ。

相性 あなたがしてあげたことに感謝できる人。

性格はどっち？ 元気──♥────やさしい

♥ えいか ♥

性格 まわりの友だちを笑顔にしちゃう、少し天然な愛されキャラ。持ち物などかわいい物が好き！ ＜天真爛漫タイプ＞

恋愛 たとえ失恋しちゃっても、立ち直りが早い！

将来 女性も増えてるよ、バスや電車の運転手。

友情 悩んだとき、決めることができるたのもしい存在。

相性 元気すぎるくらいの人がお似合いだよ。

性格はどっち？ 元気──♥──────やさしい

黄色い紙に招き猫を書いてお財布に入れておくと金運アップ。

♡ えいこ ♡

性格 ちょっと意地っ張りなところもあるけど、自分と他人を比べたりせずマイペースだよ。

おてんばタイプ

恋愛 気まぐれなあなたは、相手をふりまわしちゃう。

将来 パティシエになって夢のあるお菓子を作ろう。

友情 仲良くなると、相手をふりまわしちゃうかも?

相性 あなたの話に興味を持ってくれたら◎。

性格はどっち? 元気 ♡———|———|——— やさしい

♡ えいな ♡

性格 女の子らしい手芸やお菓子作りに興味あり。マイペースでのんびりした性格だよ。

天真爛漫タイプ

恋愛 気さくに話せる男子とうまくいくよ。

将来 弁護士になって困った人を助けてあげて。

友情 みんながいやがることも進んで引き受けちゃう!

相性 ロマンチストな雰囲気の人と気が合うよ。

性格はどっち? 元気 |———|———♡——— やさしい

♡ えいみ ♡

性格 笑顔をふりまきまわりを幸せにしちゃうぞ。でもまちがったことを注意する厳しい一面も。

おてんばタイプ

恋愛 気まぐれなあなたに、相手はつかれちゃうかも。

将来 伝統を守る和菓子職人が向いているよ。

友情 友だちになると、まずは相手に合わせるよ。

相性 同じくらい勉強のできる人が合っているね。

性格はどっち? 元気 ♡———|———|——— やさしい

♡ えこ ♡

性格 純粋な心を持ち、いつでも友だちのことを考えているあなたに、みんな引きつけられるよ。

天真爛漫タイプ

恋愛 相手が喜んでくれるのがうれしい!

将来 制服姿がかっこいい電車の運転手がいいね。

友情 困っている友だちの世話を焼くのが大好き!

相性 大人しい人だと、自分が暗くなっちゃいそう。

性格はどっち? 元気 |———|———♡——— やさしい

♡ えつこ ♡

性格 猫のように気まぐれで友だちをふりまわしてしまいそう。でもそれがミリョク的に見えるよ。

おてんばタイプ

恋愛 さみしがり屋なので、すぐ好きになっちゃうよ。

将来 あなたの性格なら政治家が向いているよ。

友情 たまに人見知りになっちゃうときがあるよ。

相性 すこしぽっちゃりした安定感がある人。

性格はどっち? 元気 |———|———♡——— やさしい

♡ えつほ ♡

性格 とても活発で何でもどんどん行動に移しちゃう。でもあきっぽい一面も持っている子だよ。

おてんばタイプ

恋愛 熱しやすく冷めやすい、恋多き女の子です。

将来 自分の趣味や好きなことを仕事にしてみて!

友情 友だちに見てもらいたい、目立ちたがり屋。

相性 個性的で面白い人とならうまくいくよ。

性格はどっち? 元気 |———|———♡——— やさしい

みんなのおまじない ★ グレープフルーツの香りのリップをつけると恋愛運アップ。

♡ えつみ ♡

性格 コツコツ努力をするのが得意なあなた。時間がかかるかもしれないけど、将来が楽しみ！

しっかり者タイプ

恋愛 初めてつきあった人とけっこんしちゃうかも！

将来 ブライダルプランナーになって幸せのお手伝い。

友情 しっかり者だから友だちから頼りにされるよ。

相性 自分よりもあなたのことを一番に考えてくれる人。

性格はどっち？　元気 ♡ やさしい

♡ えな ♡

性格 好きなことにまっしぐら！休む間もなく夢中になれる。でも好きでないと見向きもしない。

しっかり者タイプ

恋愛 世話好きで、彼をいつでもリードするよ。

将来 売れっ子小説家になって活躍しそう。

友情 あなたを信用して相談してくる人は多いよ。

相性 記念日を忘れないサプライズ好きな人。

性格はどっち？　元気 ♡ やさしい

♡ えね ♡

性格 他人のことがとにかく気になっちゃう。相手の性格を分析することができる力があるよ。

おてんばタイプ

恋愛 相手から告白されるように仕向けちゃう天才！

将来 ネットを使い流行を発信する仕事がいいね。

友情 たまには自分の気持ちを素直に伝えてみて！

相性 いつでも笑顔で楽しそうに会話する人。

性格はどっち？　元気 ♡ やさしい

♡ えま ♡

性格 感謝の気持ちを忘れない思いやりのある人。家族が好きでだれよりも親孝行をしているよ。

しっかり者タイプ

恋愛 自分だけにやさしくしてくれる人が好き。

将来 あきらめなければ、何にでもなれるよ。

友情 友だちの良いところ、どんどんほめちゃおう！

相性 あなたを、お姫様のように扱ってくれる人。

性格はどっち？　元気 ♡ やさしい

♡ えみ ♡

性格 自然と人を集める力を持っています。困ったことがあってもまわりが助けてくれちゃうよ。

天真爛漫タイプ

恋愛 相手が喜んでくれると自分もうれしい。

将来 コツコツと積み上げていく仕事がいいみたい。

友情 決断力があるので、クラスでも中心人物。

相性 いつでも人が集まる、友だちの多い人が合うよ。

性格はどっち？　元気 ♡ やさしい

♡ えみか ♡

性格 周りを笑顔にできるお茶目な人だよ。かわいい物が大好き！女の子らしくて甘えん坊。

天真爛漫タイプ

恋愛 甘えん坊なので、包容力がある人が好き。

将来 他の人とあらそわず、マイペースにできる仕事。

友情 彼よりも友だち優先！友情を大事にするよ。

相性 何にでも本気で取り組む情熱的な人。

性格はどっち？　元気 ♡ やさしい

みんなのおまじない ☆ ハートの模様のリップケースを持っていると恋愛運アップ。

♡ えみこ ♡

性格 親しみやすい雰囲気があふれるあなたのまわりには、自然と友だちが集まってきちゃう。

おてんばタイプ

恋愛 思っていることを相手に素直に言えないよ。

将来 みんなの健康を考える栄養士が向いてるよ。

友情 人見知りで、友だちになるまで時間がかかるよ。

相性 ホッとする安心感がある人ならうまくいくよ。

性格はどっち？ 元気 ♡———— やさしい

♡ えみさ ♡

性格 人からたのまれるといやと言えないお人よし。自分より相手のことを考えるやさしい人。

天真爛漫タイプ

恋愛 おぼっちゃまタイプの彼を好きになるよ。

将来 大人気のカリスマ美容師になれるかも。

友情 断れないあなたに、みんなが甘えちゃう。

相性 あなたのがんばりを認めてほめてくれる人。

性格はどっち？ 元気 ———♡— やさしい

♡ えみな ♡

性格 うそのつけない正直な性格のあなた、感情が顔に出ちゃうかも？基本的に受け身の性格。

天真爛漫タイプ

恋愛 彼が他の子といるとヤキモチを焼いちゃう。

将来 人の心にいやしを与えるフラワーデザイナー。

友情 グループの中で、なくてはならない存在に。

相性 決断力があり、行動力がある人がいいよ。

性格はどっち？ 元気 —♡——— やさしい

♡ えみゆ ♡

性格 流行りを追うよりスタンダードを好む人。男子にはそんなあなたがミリョクに見えるかも？

しっかり者タイプ

恋愛 しっかり者なので、年下からも好かれるよ。

将来 子供たちの習い事の先生が合っているよ。

友情 聞き上手なあなた。話かけやすいみたい。

相性 おっちょこちょいで、ほうっておけない人。

性格はどっち？ 元気 ——♡—— やさしい

♡ えみり ♡

性格 頭の回転が速い研究者タイプ。プライドが高く自分のペースにみんなを巻き込むよ。

おてんばタイプ

恋愛 目立つので異性から一目ぼれされやすいよ。

将来 車の整備士やエンジニアなどが向いているよ。

友情 サービスで相手を楽しませるのが大好き！

相性 にこやかで、楽しそうに話を聞いてくれる人。

性格はどっち？ 元気 ♡———— やさしい

♡ えみる ♡

性格 負けずぎらいで一番が大好きながんばり屋さん！流行にも敏感でみんなのあこがれのまと。

しっかり者タイプ

恋愛 好きな人には告白せずにいられないよね？

将来 正義の味方の婦人警官なんて似合うよ！

友情 親友とは大人になってもずっと仲良し！

相性 さばさばとした男らしい人、やさしい人が◎。

性格はどっち？ 元気 ♡———— やさしい

みんなのおまじない ★ 好きな人を見かけたら3回まばたきをすると目が合う。

♡ えむ ♡

性格 あわてんぼうだけど人に好かれる。努力家で目標に向かってまっしぐら。将来は大物！ **しっかり者タイプ**

恋愛 一人の人を思い続けちゃうんだよね。

将来 夢をかなえるブライダルプランナーがステキ。

友情 友だちから頼りにされてだれとでも仲良し。

相性 時間を守る人、やさしい人とピッタリだよね。

性格はどっち？ 元気 ——♡— やさしい

♡ えめ ♡

性格 流行に敏感！絵や歌、勉強も得意だね。少しきまぐれだけど、そこがまたミリョク的なの。 **おてんばタイプ**

恋愛 理想は高いのにすぐに好きになってしまう。

将来 おしゃれなカフェの経営ができるかも！

友情 仲良しには正直に言いすぎちゃう！注意ね。

相性 ホッとするいやし系のあたたかい人が合うよ。

性格はどっち？ 元気 —♡—— やさしい

♡ えり ♡

性格 楽しいこと大好き！明るい性格で大人っぽいサバサバ系。太陽みたいな女の子だね。 **天真爛漫タイプ**

恋愛 勉強やスポーツが得意な人に一目ぼれしやすい。

将来 テレビで人気のアナウンサー、ステキだよね。

友情 人とぶつからずおだやかな性格、世話好き。

相性 人見知りしないリアクションの大きい人。

性格はどっち？ 元気 ——♡— やさしい

♡ えりい ♡

性格 整理整頓が得意で、カンが良い秀才タイプ。好奇心おうせいで人を笑わせるのも大好き。 **おてんばタイプ**

恋愛 自分から追いかけるの苦手なんだよね！

将来 人気スタイリストになって大いそがしかも！

友情 注目されるのが好き。性格がちがう友だちと。

相性 平凡は物足りない！お笑い系がいいよね。

性格はどっち？ 元気 —♡—— やさしい

♡ えりか ♡

性格 かわいいもの大好き。ほんわかした甘えん坊さん。困ったときはみんなが助けてくれるよ。 **天真爛漫タイプ**

恋愛 失恋しても大丈夫！立ち直りが早いよね。

将来 ツアーコンダクター、最高の旅のお手伝い。

友情 世話好きで頼られるお姉さんタイプ。

相性 おしが強く情熱的な自信家でイケメンが◎。

性格はどっち？ 元気 —♡—— やさしい

♡ えりこ ♡

性格 さわぐのはニガテで考えるのが好き。勉強も得意で手先も器用！異性にもてるタイプだよ。 **おてんばタイプ**

恋愛 素直に気持ちを言えないさみしがり屋さん。

将来 自分でデザインした服を作るのってステキ！

友情 気をつかわず自然体でいられる友だちを選ぶ。

相性 立ち直りの早いサッパリとした人がグッド。

性格はどっち？ 元気 ——♡— やさしい

みんなのおまじない ラメ入りの赤いピンを持っていると好きな人との会話が盛り上がる！

♡ えりさ ♡

性格 たのまれたら断れないお人好しさん。あらそいごとがきらいで、占いやおまじないが大好き。 （天真爛漫タイプ）

恋愛 告白なんて恥ずかしいけど時には積極的に！

将来 やさしい心のあなたは看護師を目指してみて。

友情 ファッションセンスはみんなのあこがれだよ。

相性 がんばっているのをちゃんとほめてくれる人。

性格はどっち？ 元気 ♥────── やさしい

♡ えりす ♡

性格 調子にのったりはしゃいだりしない、自分の意見をしっかり持っているリーダータイプ。 （しっかり者タイプ）

恋愛 長い片思いにさよなら、積極的にアタック！

将来 古風な習い事の先生なんていいかもね！

友情 なんでもがんばる姿に友だちから尊敬されるよ。

相性 オクテだけど素直で純粋な一途な人。

性格はどっち？ 元気 ──♥─── やさしい

♡ えりな ♡

性格 普段はのんびり屋さんだけど、いざとなったら頼れる存在。うそはつけない正直者だね。 （天真爛漫タイプ）

恋愛 好きではない人とおつきあいしちゃうかも！

将来 ファッションモデルでひっぱりだこかも！

友情 積極的なお友だちがたくさんできそうだよ。

相性 やせ形で背の高い人がピッタリだよ！

性格はどっち？ 元気 ─♥──── やさしい

♡ えりん ♡

性格 人に気軽に頼れる世わたり上手。言葉づかいに気をつけて信用を無くさないように注意！ （天真爛漫タイプ）

恋愛 王子様のような美形が好きなタイプ！

将来 動物関係の仕事、飼育員、訓練士

友情 約束を守って友だちとの信頼を深めようね。

相性 たのまれごとを気持ちよく引き受けてくれる人。

性格はどっち？ 元気 ──♥─── やさしい

♡ える ♡

性格 自由な発想でみんなをあっとおどろかす力があるよ。かなりの負けずぎらいでがんばり屋さん。 （しっかり者タイプ）

恋愛 好きな気持ちが態度に出てしまってるよ！

将来 マスコミ関係で、いそがしく働いてるかも。

友情 秘密主義！たくさんの友だちより親友だね。

相性 物を大切にする人、まじめな人がいいね。

性格はどっち？ 元気 ───♥── やさしい

♡ えるさ ♡

性格 友だちよりも家族を一番に考える人。人に合わせるのは得意で、影響もされやすいよね。 （しっかり者タイプ）

恋愛 好きな人ができても、内緒にしちゃう人。

将来 心理カウンセラーになり人を助けてあげて。

友情 聞き上手！人が話しかけやすいタイプだよ。

相性 まわりの人を引き立てているまじめな人。

性格はどっち？ 元気 ─────♥ やさしい

みんなのおまじない ☆ 小指の先に好きな色でクローバーを書くと友情運があがるよ。

♡ えるな ♡

性格 しっかりした落ち着いたタイプ。目立つのはニガテ、だれとでもすぐに仲良くなれちゃう！ 〈しっかり者タイプ〉

恋愛 自分から告白できちゃう勇気のある人。

将来 しっかり者の秘書がいたら喜ばれるよ！

友情 困ったときに助けてくれる友だちがたくさん！

相性 勉強、スポーツを一生けんめいにがんばる人。

性格はどっち？ 元気 ├─┼─┼─♡ やさしい

♡ えれな ♡

性格 涙もろくて心やさしい性格。本音を話すのはニガテだけど、心はとってもあたたかい人！ 〈おてんばタイプ〉

恋愛 失敗をおそれないで！アタックしてみよう。

将来 ビビッとひらめく発明家になれるかも！

友情 勇気を出して自分の意見を言ってみよう！

相性 空気の読める気づかいのできるタイプ。

性格はどっち？ 元気 ├─♡─┼─┤ やさしい

♡ える ♡

性格 サバサバしていて言葉づかいや行動が大胆！将来は海外で活躍しちゃうかもしれないよ。 〈天真爛漫タイプ〉

恋愛 勉強ができて、物知りな男の子がいいよね。

将来 旦那さんをしっかりと支える専業主婦も◎。

友情 ケンカするのはイヤ。おだやかな友だちが◎。

相性 芸術家タイプで勉強家の人がステキよね。

性格はどっち？ 元気 ├─┼─♡─┤ やさしい

♡ えれん ♡

性格 思いやりがあってやさしいあなた。自分の気持ちがすぐに顔に出ちゃうことも時々あるよね。 〈おてんばタイプ〉

恋愛 気分屋さんもミリョク。そこがいいという人も！

将来 歌手、スタイリスト、ヘアメイク、評論家。

友情 自分と同じ目立ちたがりの友だちが多いね。

相性 会話が楽しいお笑い系の人がグッド。

性格はどっち？ 元気 ├─♡─┼─┤ やさしい

♡ おうか ♡

性格 初対面はしっかりさんだけど、実は甘えん坊。まわりを笑顔にする天然な愛されるタイプ。 〈天真爛漫タイプ〉

恋愛 強引なアプローチに根負けしてしまうかも。

将来 マイペースな建築デザイナー、建築士。

友情 リーダー的存在で友だちを引っ張っていくよ！

相性 大人しい人よりも元気でワンパクタイプが◎。

性格はどっち？ 元気 ├─┼─♡─┤ やさしい

♡ おうじゅ ♡

性格 受け身の性格であらそいごとは大きらい。相手に安心感を与えるけど、実は人見知りなんだよね。 〈おてんばタイプ〉

恋愛 ライバルが多い王子様を好きになりそう。

将来 子どもといっしょに遊んであげる幼稚園の先生。

友情 だれかといっしょにいないとダメなさみしがり屋。

相性 ストレートに気持ちを表す素直な人。

性格はどっち？ 元気 ├─┼─┼─♡ やさしい

みんなのおまじない ☆ 手のひらに人を3回書いて飲むと緊張しないよ。

♡ おうな ♡

性格 さわやかな雰囲気。決断力、行動力がある頼れる存在で面倒なたのみごとも笑顔でOK。　**天真爛漫タイプ**

恋愛 好きな人には、ついつい嫉妬しちゃうよね。

将来 センスを生かしてフラワーデザイナー。

友情 積極的でおしゃべりな女の子とピッタリ。

相性 言いにくいことでも指摘してくれる人。

性格はどっち？ 元気 ――――♡―― やさしい

♡ おうら ♡

性格 将来は大物！と信じて大きな夢を持つようになるよ！記念日やお祭りごとが大好き。　**天真爛漫タイプ**

恋愛 聞き上手で大人しい勉強好きな人が好き！

将来 特技を生かしてお店を開くかもしれない！

友情 友だちの意見をしっかり聞いてあげられるね。

相性 口うるさくなくアッサリとしたタイプが◎。

性格はどっち？ 元気 ――――♡―― やさしい

♡ おと ♡

性格 ハキハキと話すので強そうに見えるけど、本当は繊細でさみしがりのところがあるよね。　**おてんばタイプ**

恋愛 存在感の強いあなたに一目ぼれする子も！

将来 教えるのが上手！小中学校の先生がいいね。

友情 人と人を結びつける役割。友だちが大勢だね！

相性 いつでも前向きな言葉をかけてくれる人。

性格はどっち？ 元気 ――――♡―― やさしい

♡ おとえ ♡

性格 裏表がなく正々堂々として、曲がったことは大きらい！まっすぐな性格の持ち主だね。　**しっかり者タイプ**

恋愛 まわりの友だちが反対しても好きなものは好き！

将来 しっかり者のあなたは銀行員がお似合い。

友情 正直で口がかたいので信頼されているよ。

相性 言葉、行動、気持ちが似ている正直者。

性格はどっち？ 元気 ――――♡―― やさしい

♡ おとか ♡

性格 いつも笑顔がステキ！絵や歌が得意なあなたは頭の回転も速く、勉強もできちゃうね。　**おてんばタイプ**

恋愛 理想が高くてドラマのような出会いに期待！

将来 小説家を目指して、今から書き始めてみて！

友情 ライバルと思っていてもいつのまにか親友。

相性 自己中はNG！テストの点が同じくらいの人。

性格はどっち？ 元気 ――――♡―― やさしい

♡ おとね ♡

性格 曲がったことまちがったことは大きらいな正義の味方！でも、時には大目に見てあげてね！　**しっかり者タイプ**

恋愛 好きな人ができると何も手につかない。

将来 困った人の味方！弁護士が合ってる！

友情 相談にのることが多いのは信頼されてるの。

相性 見た目ではなく性格を重視する人が◎。

性格はどっち？ 元気 ――――♡―― やさしい

みんなのおまじない★　湯船の中で好きな人の名前の文字数だけお湯を混ぜると両想い！

♡ おとは ♡

性格 非常にカンがいい秀才タイプ。感性も豊かで、人を笑わせたりするのが大好きだよね。

`おてんばタイプ`

- **恋愛** 追いかける恋が好き！恋が実ると冷めちゃう？
- **将来** 素晴らしい頭脳を使って評論家はいかが？
- **友情** 味方してくれた友だちは絶対に守るよね！
- **相性** ミステリアスな雰囲気が気になるよね。

性格はどっち？ 元気 ——|——|——♡— やさしい

♡ おとみ ♡

性格 時々意地っ張りだけど、普段はほんわかしていて純粋な友だち思いのマイペースさん。

`天真爛漫タイプ`

- **恋愛** 包容力のあるやさしい人に甘えたいよね。
- **将来** 人と競わずにマイペースに働くタイプ。
- **友情** 恋よりも友だちが優先！友だちがたくさんだね。
- **相性** 友だちが多くて、愛されキャラの人気者。

性格はどっち？ 元気 —♡—|——|—— やさしい

♡ おとめ ♡

性格 ちょっぴりガンコなところもあるけど、好きなことはじっくり取り組んで成功するよ。

`しっかり者タイプ`

- **恋愛** 悩みを一生けんめい聞いてくれる人が◎。
- **将来** いろんな人を演じる、才能あふれる大女優！
- **友情** 誰とでも気軽に話せて、誰からも好かれるよ。
- **相性** 口下手で不器用だけど誰よりもやさしい人。

性格はどっち？ 元気 ——|——|—♡— やさしい

♡ おとわ ♡

性格 心やさしくて敵を作らないタイプ。遠慮して本音を言えないこともある気づかい屋さん。

`おてんばタイプ`

- **恋愛** 気持ちを察してくれる機転の利く人。
- **将来** 感性をいかして流行を発信する仕事。
- **友情** 自分とちがう才能を持った子と友だちになるよ。
- **相性** 落ち込んだときに気づき、はげましてくれる人。

性格はどっち？ 元気 ——|——|——♡ やさしい

♡ おりえ ♡

性格 後で困らないように計画的に物事を進めるしっかり者。整理整頓も得意だよね！

`おてんばタイプ`

- **恋愛** ステキな笑顔に男の子は一目ぼれするかも！
- **将来** ゲーム製作など、趣味が仕事になるかも。
- **友情** 勉強やスポーツが得意な子と仲良しだね。
- **相性** かざらない自分でいられるホッとできる人。

性格はどっち？ 元気 —♡—|——|—— やさしい

♡ おりか ♡

性格 友だちと比べることなく、コツコツと努力できるあなたはきっとすごいことができる！

`しっかり者タイプ`

- **恋愛** ちょっと不良っぽい子が気になってしまう。
- **将来** 電車やバスの運転手さんが似合っているよ。
- **友情** 決断力があるのでみんながついてくるよ！
- **相性** 友だちのたくさんいる人気者がいいよね。

性格はどっち？ 元気 ——|——♡—|—— やさしい

みんなのおまじない ☆ テルテル坊主を逆さに干すとデートの日に雨が降るらしいよ。

か行の女の子

人見知りタイプ
本当はとっても人見知り。でもお友だちの前ではものすごくおしゃべりになっちゃうタイプ。内べんけいなのかな？

まじめタイプ
曲がったことが大きらいなまじめさん。落ちついた大人っぽいファッションがすごく似合うから、チャレンジしてみて。

魅力的タイプ
感受性が強くてあれこれ夢みがちな女の子。ステキな笑顔にミリョクを感じている男の子がたくさんいるよ。

♡ かい ♡

性格 人の長所を発見するのが得意！発想が人とちがっていてとてもユニークで感性が豊か。

魅力的タイプ

恋愛 自分のミリョクをちゃんとアピール！モテモテ！

将来 ステージで歌っておどってみたいよね！

友情 私を見て〜！注目をあびるのが大好き！

相性 普通なんてつまらない！面白い人が好き。

性格はどっち？ 元気 ♡ーーーーーー やさしい

♡ かいと ♡

性格 いつでも手を抜かないがんばり屋さん。人の意見もきちんと聞くように気をつけようね！

まじめタイプ

恋愛 好きになったら、自分から告白できちゃう！

将来 税理士に向いてるよ。目指してみたら？

友情 勇気を出して悩みを打ち明けてみよう！

相性 すぐ感動しちゃうリアクションの大きい人。

性格はどっち？ 元気 ♡ーーーーーー やさしい

♡ かいな ♡

性格 直感で行動するタイプ。立ち直りが早いのが長所。熱いハートをもってる人だね！

魅力的タイプ

恋愛 失敗をおそれず前向きになって！アタックだ！

将来 おしゃれなジュエリーデザイナーを目指して！

友情 約束を守ろう！信頼されて仲よしになるよ。

相性 気づかいができ、がんこではない融通が利く人。

性格はどっち？ 元気 ♡ーーーーーー やさしい

♡ かいら ♡

性格 チャレンジすることが大好きな明るい人！練習より本番に強い運を持っているからね。

魅力的タイプ

恋愛 好みが決まってないのでどんなタイプもOK！

将来 テレビ局で番組製作なんていいかも！

友情 友だちを元気にするのが得意！やさしいね！

相性 テンポがあう言葉や行動がハキハキした人。

性格はどっち？ 元気 ♡ーーーーーー やさしい

♡ かいり ♡

性格 常識にしばられない自由な発想ができる人。はなやかなのでみんなのあこがれの的なんだよ！

まじめタイプ

恋愛 軽い人は苦手。恋はいつでも真剣だよね！

将来 自分のアイデアでネットで起業しちゃう！？

友情 ケンカした相手とは後に親友になれる。

相性 おおらかな人、あまり怒らなそうな人。

性格はどっち？ 元気 ♡ーーーーーー やさしい

♡ かえ ♡

性格 難しくニガテなことも最後までやるがんばり屋さん。人の意見もきちんと聞くといいよ。

まじめタイプ

恋愛 刺激的ではなくやさしいおだやかな人が◎

将来 人の上に立つ、リーダー・社長向きだね！

友情 一人で悩まず友だちに相談することも大切。

相性 文句を言わずに同意してくれるタイプ。

性格はどっち？ 元気 ♡ーーーーーー やさしい

寝れない夜は羊を100匹数えると眠りの神様が眠らせてくれるよ。

♡ かえで ♡

性格 ワクワクすることをいつも探しているよね！オシャレも大好きで大人っぽい雰囲気だね。

魅力的タイプ

恋愛 ノリが良くて話上手な人に恋しちゃう！

将来 ゆかいな小学校の先生を目指してみない？

友情 グループを仕切るのが好き！みんな集まれ！

相性 記念日を大切にするサプライズ好きな人。

性格はどっち？　元気 ――♡――――― やさしい

♡ かえら ♡

性格 ライバルには絶対に負けない！ピンチのときほど燃えちゃうよね。将来はビッグな人だよ。

まじめタイプ

恋愛 隠そうとしても好きな気持ちが出ているよ！

将来 テレビ局！熱い思いで番組をつくってみて。

友情 友だちを信頼して秘密を打ち明けても大丈夫。

相性 浮気をしないまじめな人がピッタリだよ。

性格はどっち？　元気 ―♡――――――― やさしい

♡ かお ♡

性格 自然と目立つ存在感があるよ。人前で話すのはニガテだけど、みんなは頼りにしているよ。

まじめタイプ

恋愛 夢中で何かをがんばっている人を好きになる。

将来 世界を飛び回るキャビンアテンダント！

友情 ケンカしたらすぐ謝ろうね！仲直りできる。

相性 話していて気楽なフィーリングの合う人。

性格はどっち？　元気 ―――♡――――― やさしい

♡ かおり ♡

性格 かっこいい人にあこがれて努力する人。自分に厳しくがんばりすぎるときも。休息も大切だよ。

まじめタイプ

恋愛 友だちの意見も参考に、つっぱしらないで！

将来 マイペースにできる仕事が合っているよ。

友情 物知りな人と友だちになり刺激をもらおう。

相性 男らしくリードできるさっぱりタイプの人。

性格はどっち？　元気 ―――――♡――― やさしい

♡ かおる ♡

性格 細かいことは気にしない豪快で明るいあなたは、嫌味がなくみんなを明るくさせるよ。

人見知りタイプ

恋愛 気持ちを隠すなんて無理！アタック攻撃よ！

将来 資格をとって専門的な職業がいいかも！

友情 困っている人は助けちゃう！世話好きさん。

相性 年上で強引なところもあるリーダー的な人。

性格はどっち？　元気 ―――――♡――― やさしい

♡ かおるこ ♡

性格 うっかりしてもまわりの人が守ってくれるから大丈夫！家族や友だちを大切にするのは◎。

まじめタイプ

恋愛 真剣に恋するので、失恋は長引きそう。

将来 政治家、高級官僚。チャレンジが成功する！

友情 しっかりさんは友だちから頼りにされるね！

相性 アドバイスを素直に聞いて実行する人。

性格はどっち？　元気 ――――――♡―― やさしい

みんなのおまじない　テスト用紙を左手で受け取ると点数がよくなる。

♡ かおん ♡

性格 いつもにぎやか、だまっているなんてできない！グループでもいつも中心にいるタイプだね。

まじめタイプ

恋愛 反対意見を言わないやさしい人がいいね。

将来 数字に強いから経理のプロを目指してみて。

友情 正直者のあなたは信頼されているよ。

相性 内面が大切！見た目にまどわされないのが◎。

性格はどっち？ 元気 ——————♡— やさしい

♡ かがり ♡

性格 さみしがり屋だけどひとりの時間も大切なタイプ。友だちの前ではテンション高めになるね。

魅力的タイプ

恋愛 一目ぼれされやすいほどキラキラしてる！

将来 教えることが上手！大学教授や先生が◎。

友情 相手を楽しませるためにサービスしちゃう！

相性 純粋でどこか単純な、うそがつけない人。

性格はどっち？ 元気 ——————♡— やさしい

♡ かぐや ♡

性格 合わせ上手で、仲良しの前では積極的！その場の雰囲気でキャラ変更できちゃう。

魅力的タイプ

恋愛 ロマンチックな恋愛にあこがれる乙女です！

将来 人をきれいにするエステやメイク関係が◎。

友情 盛り上げ上手！グループのムードメーカー！

相性 うそをつかなくて、マメに連絡をくれる人。

性格はどっち？ 元気 —|—|—|—♡— やさしい

♡ かぐら ♡

性格 覚えが早く物知りの研究者タイプ。強そうに見られるけど実は繊細でさみしがりやだね。

魅力的タイプ

恋愛 いつもはげましてくれる彼が好きになるよ。

将来 教えることが上手だよ。先生がピッタリ。

友情 グループの方針を決めるのはあなただね！

相性 自信を持てる言葉をかけてくれる人が◎。

性格はどっち？ 元気 —|—|—|—♡— やさしい

♡ かこ ♡

性格 まじめで、努力家。人の好ききらいが少なくていつも平等なので友だちから信用されるよ。

まじめタイプ

恋愛 オタクの人を好きになりそう！楽しいかも！

将来 幸せなカップル作ろう、結婚アドバイザー！

友情 だれとでも気軽に話ができるってステキだよ。

相性 話は上手ではないけれどやさしい人がいいね。

性格はどっち？ 元気 —|—|—|—♡— やさしい

♡ かさね ♡

性格 我慢しても目標に向かって努力できる人。興味のないこともチャレンジするとハマるかも！

まじめタイプ

恋愛 勉強ができないほど夢中に！！注意だよ！

将来 救急救命士、命を救う素晴らしい仕事だね。

友情 信頼されているから相談事が多いね。

相性 記念日を忘れないサプライズ好きな人。

性格はどっち？ 元気 —|—|—|—♡— やさしい

みんなのおまじない 席替え日のカレンダーに青ペンで好きな人と自分の名前を書くと◎。

♡ かざね ♡

性格 目立つのはニガテ。緊急事態でもあわてずに対処できる、芯のしっかりとしたタイプ。 **まじめタイプ**

恋愛 独占したくなる気持ちが強すぎるのは注意！

将来 最近流行の映像作家なんて面白そう！

友情 信頼できるまじめで誠実な友だちができるよ。

相性 大きくなっても少年の心をもっている人。

性格はどっち？ 元気 ——♡—— やさしい

♡ かず ♡

性格 親や先生の言うことを素直にきけるし友だちに合わせることも得意。あらそい事は大きらい。 **魅力的タイプ**

恋愛 思ってるだけでは伝わらないよ。積極的に！

将来 困った人を助ける仕事があなたにピッタリ。

友情 対照的なタイプが友だちになると楽しいよね。

相性 うるさいのはイヤ！謙虚な人がステキだよね。

性格はどっち？ 元気 ———— ♡ やさしい

♡ かずえ ♡

性格 人の評判が気になるけど、頼ったり甘えるのはニガテ。向上心が高く努力を続けるよね。 **まじめタイプ**

恋愛 一途にずっと思うと大恋愛に発展するよ！

将来 なんでもがんばれる人！いろいろチャレンジ！

友情 良いところを認め合って親友になろう。

相性 いっしょに努力できる気持ちが通じる人が◎。

性格はどっち？ 元気 ——♡—— やさしい

♡ かずき ♡

性格 人と比べずに自分のペースでがんばれる人。純粋で友だち思いで実は甘えん坊な一面も！ **人見知りタイプ**

恋愛 甘えられる年上の人を好きになりそう！

将来 素敵な家を考える建築デザイナーがいいね。

友情 話しかけやすいので友だちができやすいよ。

相性 友だちの多い人気者で頼れる人がおすすめ。

性格はどっち？ 元気 ———♡— やさしい

♡ かずこ ♡

性格 潔癖で神経質なところもあるけれど、雰囲気がやわらかいのでまわりはいやされているはず。 **人見知りタイプ**

恋愛 自慢の手料理やお菓子でハートをつかもう！

将来 バスガイドさんになって旅を盛り上げよう！

友情 話題の中心にいるかも！みんなのアイドル。

相性 情熱的なおしの強さにグッときてしまう！

性格はどっち？ 元気 ———♡— やさしい

♡ かずさ ♡

性格 人見知りしちゃう受け身の性格。かげになって支えるから友だちからの信頼も厚いよ。 **魅力的タイプ**

恋愛 趣味の合う人とは緊張せずに仲良くなれる。

将来 物を作る仕事が器用なあなたにピッタリ！

友情 自分とちがったタイプの人といっしょにいたいね。

相性 言葉に出さなくてもわかってくれる人が◎。

性格はどっち？ 元気 ———♡— やさしい

みんなのおまじない ★ 右の上履きに友達の名前、左にハートを書くと同じクラスになれる。

か

53

♡ かずな ♡

性格 運動神経バツグン！チームをまとめるのも得意だね。涙もろくて人情味あふれる人。 魅力的タイプ

恋愛 友だちに協力してもらい好きな人に近づこう！
将来 ジュエリーデザイナーとして流行発信するよ。
友情 気をつかいすぎないで。正直でOKだよ。
相性 心が広く、柔軟性のあるがんこではない人。

性格はどっち？　元気 ——♡—— やさしい

♡ かずね ♡

性格 特定のグループには属さないけれど、困ったときにはみんなが助けてくれるからね！ まじめタイプ

恋愛 失恋してもへこたれず再告白の勇気がある！
将来 救急救命士になって命を救ってほしいな。
友情 お互いに支え合える友だちができるでしょう。
相性 家族思いでまじめな人があなたにピッタリ。

性格はどっち？　元気 ——♡—— やさしい

♡ かずの ♡

性格 正直なのでうそがニガテ、顔に出ないように気をつけてね。マイペースでのんびりやさん。 人見知りタイプ

恋愛 ワイルドな男子を好きになってしまいそう。
将来 フラワーデザイナーがむいているよ。
友情 みんながいやがる仕事をやり、信頼されてるよ！
相性 やせ型のかなり背の高い男の子がグッド！

性格はどっち？　元気 ——♡—— やさしい

♡ かずは ♡

性格 几帳面で整理整頓が得意。後で困らないように計画的に物事を進めていけるタイプ。 魅力的タイプ

恋愛 恋多き女子のわけはすぐに冷めちゃうから♪
将来 テレビコメンテーターに向いているよ。
友情 たくさんアピールして注目を浴びたいよね！
相性 すぐにニックネームで呼ぶ、人なつっこい人。

性格はどっち？　元気 ——♡—— やさしい

♡ かずほ ♡

性格 いつもグループの中心でおしゃべり大好き！だれよりも一番になりたい負けずぎらいだよ。 人見知りタイプ

恋愛 友だちの多い人気者の人間性にひかれちゃう。
将来 起業して大成功！大金持ちになれるかも！！
友情 口が軽いのはダメ！友だちの秘密は内緒だよ！
相性 天才肌の人！他人にはない能力ってステキ！

性格はどっち？　元気 ——♡—— やさしい

♡ かすみ ♡

性格 時間がかかってもあきらめずに努力できるあなたは、他人と比べないところがグッド！ 人見知りタイプ

恋愛 強引なアプローチって、実はうれしいよね。
将来 マイペースでできる仕事が合っているよ。
友情 決断力があり世話好き！リーダー的存在。
相性 グイグイおしてくる情熱的な人がピッタリ！

性格はどっち？　元気 ——♡—— やさしい

みんなのおまじない　好きな彼の写真に思いを込めて、胸の所を3回ノック。両思いに。

♥ かずみ ♥

性格 友だち思いで純粋なあなた。自然と人が集まって困ったときにはみんなが協力してくれるよ。

人見知りタイプ

恋愛 得意なお菓子を差し入れして喜ばせたいね！

将来 人と競争しない、マイペースな仕事が◎。

友情 まわりの人の気になる存在、中心人物だよ！

相性 静かな人よりにぎやかな人が合っているよ。

性格はどっち？ 元気 ──♥── やさしい

♥ かずよ ♥

性格 頼まれたら断れないお人好しの性格だね！もてるけど、ちゃんと相手を見ないとダメよ。

人見知りタイプ

恋愛 育ちの良いお金持ちの子を好きになりそう！

将来 美容師になってみんなをおしゃれに変身！

友情 みんなのファッションのお手本になりそう。

相性 笑顔がかわいくて、気持ちが明るくなる人。

性格はどっち？ 元気 ─────♥ やさしい

♥ かづき ♥

性格 愛嬌があるので自然とまわりが笑顔になるよ。持ち物や部屋をかわいくしていやされよう。

人見知りタイプ

恋愛 見た目重視！自慢したくなるイケメン好き。

将来 世界を旅するツアーコンダクターはどう？

友情 友だち大好き！恋愛より優先したくなるよね。

相性 何か困ったときに、頼れる人がいいよね。

性格はどっち？ 元気 ─♥──── やさしい

♥ かつこ ♥

性格 時々すねてしまうけど、純粋でかわいらしい友だち思いのあなた。みんなが集まってくるよ。

人見知りタイプ

恋愛 好きだと言われ続けると好きになるかも！

将来 電車・バスの運転手さんを目指してみたら？

友情 お姉さんタイプで年下からもしたわれるよ！

相性 堂々としている男っぽい人を好きになるよ。

性格はどっち？ 元気 ─────♥ やさしい

♥ かつみ ♥

性格 グループにあなたがいるだけでほんわかするいやし系のキャラ。マイペースで努力家だね。

人見知りタイプ

恋愛 失恋なんて平気だよね！立ち直りが早い。

将来 建築士になって、素敵な家をつくろう！

友情 頼りになるリーダーだと思われているよ。

相性 静かな人とだと暗くなるよ！ワンパクが◎。

性格はどっち？ 元気 ───♥── やさしい

♥ かつら ♥

性格 単調なことがニガテ。飽き性なところもあるけれど、本番に強く成功しちゃう強運あり！

魅力的タイプ

恋愛 他の子と仲良しすぎて本命が誤解しちゃう！

将来 芸能人のマネージャーで走り回ってるかも！

友情 悲しんでいる友だちを元気にできるやさしい人。

相性 自分だけにやさしくしてくれる人が◎。

性格はどっち？ 元気 ─────♥ やさしい

彼、自分、ライバルの名前を紙に書いてライバルを遠くに埋めると勝ち。

♡ かな ♡

性格 正直者のあなたは普段はのんびり屋さんでさわやかな雰囲気。友だちから頼られる存在。

人見知りタイプ

恋愛 相手があなたを大好き!大切にされるよ。

将来 カリスマファッションモデルで人気者!

友情 おしゃべりで積極的な友だちが多いかも。

相性 細身のかなり背の高い人とお似合いだよ。

性格はどっち? 元気———♡———やさしい

♡ かなえ ♡

性格 目立とうとしていなくても自然と目立つ存在感があるよ!人気と信頼があるしっかり者。

まじめタイプ

恋愛 やさしくておだやかな人がタイプだよね。

将来 郵便局などお金を扱う仕事に向いている。

友情 悩みごとは友だちに頼ったり相談してみて!

相性 自分のペースでつきあえるシャイな人。

性格はどっち? 元気———♡———やさしい

♡ かなこ ♡

性格 うっかりが多いあわてんぼうなところもあるけどだれにでも平等!信頼されているよ。

まじめタイプ

恋愛 しっかりしてないコが気になっちゃうよ!

将来 たくさん勉強して高級官僚を目指してみて!

友情 人見知りがなくてだれとでも仲良くなれる。

相性 お姫さま扱いをしてくれるやさしい子♡。

性格はどっち? 元気——♡————やさしい

♡ かなで ♡

性格 自由な発想で新しいものを生み出す力があるよ!時には人の意見もきちんと聞いてね!

まじめタイプ

恋愛 好きになったら行動でわかってしまうよ。

将来 パワフルにネットで起業も夢じゃない!

友情 本気でケンカした後、親友になるかもね。

相性 リアクションの大きい人が好みだよね。

性格はどっち? 元気———♡——やさしい

♡ かなは ♡

性格 じっとしているのはニガテでこわいもの知らず!一番が大好きで何でもがんばっちゃうよね。

人見知りタイプ

恋愛 笑いのツボが同じ人を好きになるよ。

将来 パワフルに活動して大成功しているかも!

友情 みんなに楽しい人だと思われているよ。

相性 趣味や音楽をいっしょに楽しめる人がいいよね。

性格はどっち? 元気———♡———やさしい

♡ かなみ ♡

性格 猫のように気まぐれなところも、男の子にはミリョク的!絵や歌が得意でマメな一面も!

魅力的タイプ

恋愛 お笑い系の目立つ人に恋しちゃうかも。

将来 各地を駆け回るジャーナリストがいいかも。

友情 仲良くなるとふりまわしちゃう?注意してね。

相性 興味を持って話を聞いてくれる人がステキ!

性格はどっち? 元気———♡———やさしい

みんなのおまじない 登校前に鏡に「ハッピーフレンド」と3回書くと友達と仲良くなれる。

♡ かなん ♡

性格 こわいものしらずでいつも前向き！負けずぎらいで得意科目では絶対一番を目指すよね！ 〈人見知りタイプ〉

恋愛 友だちよりも恋が大切？夢中になりすぎ注意！

将来 おしゃべり上手はセールスレディがグッド！

友情 あなたの話を聞いてくれる友だちが多いよね！

相性 人の痛みがわかるあたたかい心の人が◎。

性格はどっち？ 元気 ───♡─── やさしい

♡ かの ♡

性格 責任感が強いしっかり者。消極的なところがあるけど、だれとでも仲よくなれるよね。 〈まじめタイプ〉

恋愛 恋人をリードする世話好きさんだね。

将来 秘書や受付で縁の下の力持ちになりそう。

友情 困った時に助けてくれる友だちが多いね！

相性 少年の心を持ち続ける無邪気な人が◎。

性格はどっち？ 元気 ───♡─── やさしい

♡ かのあ ♡

性格 ちょっぴりがんこでまっすぐな人。礼儀正しくて正々堂々としていて男前な性格！ 〈まじめタイプ〉

恋愛 まわりに反対されても恋をつらぬくタイプ。

将来 会社を作って、社長を目指してみよう！

友情 悩みごとは友だちに話してみて！解決するかも！

相性 責任感があるしっかり者がぴったりだよ！

性格はどっち？ 元気 ───♡─── やさしい

♡ かのえ ♡

性格 グループでは中心にいる目立ちたがり屋。まわりに助けられながら成功するタイプだよ！ 〈人見知りタイプ〉

恋愛 クラブや行事で仲良くなって恋しちゃう。

将来 ブリーダーなどの動物と接するのが◎。

友情 頼るのが上手。悩みを解決してもらおう。

相性 頼まれごとを快く引き受ける心の広い人。

性格はどっち？ 元気 ───♡─── やさしい

♡ かのこ ♡

性格 理科、算数が得意でコツコツとがんばるタイプ。手先も器用で何でもサラリとできちゃう。 〈魅力的タイプ〉

恋愛 理想が高くドラマのような出会いにあこがれる。

将来 おしゃれなアパレル関係がやりがいあるよ。

友情 始めは人見知りでも仲よくなれば積極的に。

相性 少しぽっちゃりとしたいやし系の人が合う！

性格はどっち？ 元気 ───♡─── やさしい

♡ かのは ♡

性格 甘えたり頼ったりがニガテながばり屋さん。向上心が高いので将来はお金持ちかも！ 〈まじめタイプ〉

恋愛 何かを目指してがんばっている人が好き！

将来 数字を扱って、分析するような仕事が◎。

友情 口がかたいあなたは、相談役が多いよね！

相性 正直者で責任感があり、価値観が同じ人。

性格はどっち？ 元気 ───♡─── やさしい

みんなのおまじない ★ 苦手科目のテスト前に、得意な子とペンを交換すると点数アップ。

♡ かのん ♡

性格 人に頼るのがニガテなちょっぴりがんこな女の子。自分に厳しいので将来は大物になれそう。

まじめタイプ

恋愛 じっくり相手をみていく慎重派だよね！

将来 外資系の会社で世界を駆け回っているかも。

友情 正直でうそをつかないので信頼されているよ。

相性 心のピュアな人とは長続きしそうだよ。

性格はどっち？　元気 ——————— やさしい

♡ かほ ♡

性格 頼りにされやすいので大きな役割を任されることもあるよ。リーダーもしっかりできる！

まじめタイプ

恋愛 まわりに反対されても好きな人に夢中に！

将来 分析をするような仕事が向いているよ。

友情 口がたいので友だちに相談されやすいよ。

相性 見た目よりフィーリングが合う人がいいね！

性格はどっち？　元気 ——————— やさしい

♡ かほこ ♡

性格 好奇心がおうせいで、ひとつのことを極めるよりもいろいろチャレンジするタイプだね。

魅力的タイプ

恋愛 いろいろなタイプとおつきあいするかも！

将来 パティシエなど食に関する仕事がいいね。

友情 自然体でいられる友だちが多くなるよ。

相性 わがまま言っても許してくれる忍耐強い人。

性格はどっち？　元気 ——————— やさしい

♡ かほり ♡

性格 かっこいい人にあこがれて自分もそうなりたいと努力するので、はなやかで人気者になるよ。

まじめタイプ

恋愛 突っ走りがちだから、友だちの意見を参考に！

将来 音楽関係がグッド！プロデューサーも。

友情 広く浅くより特定の友だちと仲が良いタイプ。

相性 男らしくリード上手な人がかっこいいよね。

性格はどっち？　元気 ——————— やさしい

♡ かほる ♡

性格 大胆で細かいことは気にしないね。自信がある態度はみんなから頼りにされるよ。

人見知りタイプ

恋愛 勉強ができる人を尊敬して好きになるよ。

将来 人をもてなす仕事が似合っているね。

友情 人の意見を聞いてあげることで好かれるよ。

相性 ユーモアセンスがある退屈しない人が。

性格はどっち？　元気 ——————— やさしい

♡ かや ♡

性格 神秘的な占いやおまじないが大好き！守ってあげたくなる妹みたいな雰囲気だよ。

人見知りタイプ

恋愛 誘われたら断らないで！勇気をだそう！

将来 人が楽しむ場所のスタッフなんてどう？

友情 素直すぎて冗談を本気にしてしまいそう！

相性 なんでも知っている情報通な人がいいかも。

性格はどっち？　元気 ——————— やさしい

みんなのおまじない　皮ベルトの裏にヘビの絵を描いて締めるとウエストが細くなるよ。

♡ かやな ♡

性格 人の評判を気にしがち。女の子らしい雰囲気で気持ちに正直だから顔にでやすいね！ 人見知りタイプ

恋愛 好きな人を独占したい気持ちが強いタイプ。

将来 小さくても特技を生かしてお店を開きそう。

友情 いやし系でグループではなくてはならない存在。

相性 ストレートに指摘してくれる人がグッド！

性格はどっち？ 元気 ——♡—— やさしい

♡ かやの ♡

性格 将来の目標のために努力できるしっかり者。好きなことには時間を忘れて夢中になるね。 まじめタイプ

恋愛 好きなのに冷たくふるまってはダメだよ。

将来 裁判官や弁護士を目指してみたらどうかな？

友情 お互い参考にしたり支え合う友だちができる！

相性 外見で判断せず、性格を重視してくれる人。

性格はどっち？ 元気 —♡——— やさしい

♡ かよ ♡

性格 やさしくて世わたり上手！時間や約束を守るまじめなあなたを友だちはとても信頼しているよ。 まじめタイプ

恋愛 何年も同じ人に片思いしちゃうかも。

将来 古風な習いごとの先生が似合っているよ。

友情 何でも手を抜かないので尊敬されているよ。

相性 オクテだけど素直で純粋な人がいいよね。

性格はどっち？ 元気 ———♡— やさしい

♡ かよこ ♡

性格 集中力があってマメなので勉強も得意。常に笑顔で明るいオーラでしっかり者だね。 魅力的タイプ

恋愛 ささいな気配りをされて恋しちゃうかも。

将来 栄養士など食に関する職業が合っているよ。

友情 ライバルと思っていたらいつのまにか親友！

相性 友だちよりも優先してくれる人がいいよね！

性格はどっち？ 元気 ————♡ やさしい

♡ から ♡

性格 パワフルでサバサバ系の太陽みたいな女の子。将来は海外で活躍しちゃうかもね！ 人見知りタイプ

恋愛 スポーツが得意な人にときめいちゃうね！

将来 資格をとって専門的な仕事で大いそがしだよ。

友情 困った人はほっておけない世話好きさん。

相性 理想を高くもっている向上心のある人。

性格はどっち？ 元気 ——♡—— やさしい

♡ からん ♡

性格 いたずらで友だちをおどろかせたりするお茶目さん！目立ちたがりで中心人物だね！ 人見知りタイプ

恋愛 クラブや行事が同じ人と仲よくなりそう。

将来 動物といっしょにいられる仕事がいいね。

友情 頼り上手！悩みを友だちにどんどん話すよね！

相性 人の痛みのわかる心のあたたかい人が◎。

性格はどっち？ 元気 ———♡— やさしい

みんなのおまじない　彼は私が好き？と考えながら本を開いてみて。あ行始まりなら◎。

♡ かりな ♡

性格 人とちがうコーディネートが得意。運動神経が良くて団体競技で人をまとめていけるよ！

魅力的タイプ

恋愛 失敗をおそれず前向きにアタックしてみて！

将来 センスを生かして流行を作っていく仕事。

友情 意見をはっきり言うことも大切だよ。

相性 大きな夢をみている自信家の人ってステキ。

性格はどっち？ 元気 ♡ やさしい

♡ かりん ♡

性格 友だちの行動や気持ちを細かくチェックしているね。思いやりがありユーモアもたっぷり！

魅力的タイプ

恋愛 恋をしても熱しやすく冷めやすいタイプ。

将来 演奏家などの好きなことが仕事になるよ！

友情 自分と性格がちがう友だちと仲よくなるよ。

相性 平凡では物足りない！面白いキャラが◎。

性格はどっち？ 元気 ♡ やさしい

♡ かれん ♡

性格 大勢の前で話すのがニガテなのに、なぜか頼られてしまって大きな係りをやっているね！

まじめタイプ

恋愛 目立たず、やさしくておだやかな人が好き！

将来 お金を扱う銀行員が似合うと思うよ！

友情 グループではみんなの意見を聞くのも大事！

相性 文句を言わないでつくしてくれる人が。

性格はどっち？ 元気 ♡ やさしい

♡ かんな ♡

性格 人と競うより、自分の好きなことをしているのか楽しいマイペースなタイプだよね！

人見知りタイプ

恋愛 気さくでワイルドな男の子にひかれちゃう。

将来 センスを生かしたインテリアデザイナー。

友情 積極的でにぎやかな友だちが増えてくるよ！

相性 決断力があってひっぱってくれる人が。

性格はどっち？ 元気 ♡ やさしい

♡ きあ ♡

性格 物事の好ききらいがはっきりしているね。感性豊かで何でもこなせちゃう秀才タイプだよ！

魅力的タイプ

恋愛 ボディタッチで好きにさせるのが得意だね！

将来 時代の最先端のスタイリスト目指しちゃお！

友情 性格がちがっても何故か気が合う子がいるよ。

相性 ミステリアスな雰囲気の人が気になるよね。

性格はどっち？ 元気 ♡ やさしい

♡ きあら ♡

性格 実はさみしがり屋さん。的確なアドバイスができるので、大人っぽい雰囲気と言われるね。

魅力的タイプ

恋愛 いつもにこやかなノリの良い人が好きだね。

将来 わかりやすく人に教えられるので先生は？

友情 友だちを楽しませることで自分も楽しいよね！

相性 楽しそうに話を聞いてくれる反応が良い人。

性格はどっち？ 元気 ♡ やさしい

みんなのおまじない ★ スカートの前のウエスト中心にハートの刺繍をすると彼ができる。

♡ きい ♡

性格 人の意見に流されず、自分を信じるタイプ。みんなに頼りにされてグループの中心に。

 まじめタイプ

恋愛 目立つ人よりちょっとおとなしい人が好み。

将来 人の上に立つ、リーダー・社長向き。

友情 秘密を守るのでよく相談されるタイプだよ。

相性 自分の言ったことを必ずやる人と合うよ。

性格はどっち？ 元気 ♡━━━━ やさしい

♡ きいこ ♡

性格 とっても人なつっこいから親しみやすい！まわりを自然と笑顔にする、愛されキャラ。

人見知りタイプ

恋愛 やさしくされると、すぐに好きになっちゃう。

将来 親しみやすいあなたはツアコンがぴったり。

友情 よく世話をするから、年下から好かれそう。

相性 みんなから好かれている友だちの多い人。

性格はどっち？ 元気 ━♡━━━ やさしい

♡ きいな ♡

性格 今を楽しむよりも、夢に向かってがんばれる人だよ。自分が成長したかいつもチェック！

まじめタイプ

恋愛 自分から告白するグイグイおすタイプ。

将来 小説家など物を書く仕事がぴったり。

友情 困ったときに助けてくれる友だちが多いかも。

相性 勉強や習いごとにがんばっている人がいいよ。

性格はどっち？ 元気 ━━━♡ やさしい

♡ きえ ♡

性格 とにかくにぎやかで目立ちたがり屋。グループ内ではいつでも中心にいるタイプだよ。

人見知りタイプ

恋愛 王子様みたいにかっこいい人がタイプ。

将来 パワフルにおどれるダンサーが向いてるよ。

友情 友だちをびっくりさせ楽しむところがあるよ。

相性 あなたがしてあげたことにお礼を言える人。

性格はどっち？ 元気 ♡━━━ やさしい

♡ きき ♡

性格 ルールや友だちとの約束をしっかり守るから、まわりのみんなから信頼されているよ。

まじめタイプ

恋愛 ちょっとオタクっぽい人を好きになりそう。

将来 色々チャレンジしてみて。上手くいくよ。

友情 友だちの良いところをどんどんほめてあげて。

相性 お金持ちのおぼっちゃまタイプがバッチリ。

性格はどっち？ 元気 ━━━♡ やさしい

♡ ききょう ♡

性格 とっても礼儀正しく、正義感が強いんだね。物事をハッキリとさせたがるタイプかも。

まじめタイプ

恋愛 スポーツなどに夢中でがんばっている人。

将来 数字に強いキミは、お金をあつかう仕事が◎。

友情 自分の意見だけでなく相手の意見も聞こう。

相性 話していて楽しくとっても気の合う人。

性格はどっち？ 元気 ━━━♡ やさしい

みんなのおまじない 消しゴムに緑ペンで彼の名前を書き、一人で使い切ると両思いに。

♡ きくえ ♡

性格 とても負けずぎらいのがんばり屋。人に甘えたり頼ったりすることがちょっとニガテ。

まじめタイプ

恋愛 相手をよく知ってからつきあうタイプだよ。

将来 海外を飛び回る素敵なキャビンアテンダント。

友情 意見をゆずらないことアリ。注意してね！

相性 文句を言わずにあなたに合わせる人と。

性格はどっち？ 元気 ———♡——— やさしい

♡ きくこ ♡

性格 友だちとの約束を守る信頼できる人。人が見ていないところでもコツコツと努力ができる。

まじめタイプ

恋愛 初めての彼氏と大恋愛して結婚することも。

将来 アイドルなどTVで活躍する仕事がぴったり。

友情 だれにでもやさしいから、みんなに好かれるよ。

相性 あなたを女王様のように思ってくれる人！

性格はどっち？ 元気 —♡——————— やさしい

♡ きくの ♡

性格 目立つことが好きではなくちょっぴりおとなしめ。だけどピンチに強いしっかり者だよ。

まじめタイプ

恋愛 元気いっぱいの人に自然とひかれるみたい。

将来 人のお世話をする秘書が向いてるよ。

友情 良いところを認め合う友だちができるよ。

相性 家族を大切にするまじめな人と相性◎

性格はどっち？ 元気 ————♡—— やさしい

♡ きこ ♡

性格 家族や友だちを大切にして、とっても思いやりがある。記念日のプレゼントも忘れないよ。

まじめタイプ

恋愛 自分だけにやさしい人を好きになっちゃう。

将来 ブライダルプランナーとして活躍するよ。

友情 しっかりしているから、頼りにされるよ。

相性 あなたのアドバイスを素直に聞ける人と。

性格はどっち？ 元気 ——————♡— やさしい

♡ きさ ♡

性格 友だちに合わせるのが上手で、意見もちゃんと聞くことができるよ。とってもノリがいい！

魅力的タイプ

恋愛 みんながあこがれる人を好きになるかも。

将来 漫画や雑誌・本の編集者がおすすめかも。

友情 自分と似ていないタイプと友だちになりそう。

相性 素直に気持ちを出せる、ストレートな人。

性格はどっち？ 元気 ——♡——————— やさしい

♡ きさき ♡

性格 自分の考えを通す、とてもガンコな人だよ。やりたいことをきわめることができるかも。

まじめタイプ

恋愛 悩み相談にのってくれる人にひかれそう。

将来 外交官として世界にでるのもいいかも。

友情 まわりから頼りにされるしっかり者だね。

相性 話したりするのはニガテだけどやさしい人。

性格はどっち？ 元気 —————♡—— やさしい

みんなのおまじない☆ 手を3回たたいて「行ってきます」を言うと好きな人と話せるよ。

♡ きさこ ♡

性格 うっかりすることが多い、あわてんぼう。ついつい守ってあげたくなるキャラだね。

まじめタイプ

恋愛 まじめなので失恋すると長く引きずりそう。

将来 日本の大切な決まりを作る政治家が◎。

友情 人見知りしないから、だれとでも話せるよ。

相性 約束や時間を守る、きちんとした人と。

性格はどっち？ 元気 ——♡—|— やさしい

♡ きさら ♡

性格 さみしがり屋。でもひとりの時間も必ずほしい。人前ではとってもテンションが高い！

魅力的タイプ

恋愛 にこやかなため対象外の子からもモテそう。

将来 小さい子が大好きな幼稚園の先生が◎。

友情 人と人を結びつけ、友だちを増やすのが得意。

相性 話を楽しそうに聞き、よく笑ってくれる人。

性格はどっち？ 元気 |—♡——|— やさしい

♡ きずな ♡

性格 ウソのつけない正直者。自分の気持ちに正直なため、思わず顔に出てしまうことも。

人見知りタイプ

恋愛 野性味あふれるワイルドな男子がタイプ。

将来 花をアレンジするフラワーデザイナー。

友情 あなたはグループの中のいやし系だね。

相性 やせ型で、あなたよりもかなり背の高い人。

性格はどっち？ 元気 ——|—♡— やさしい

♡ きせき ♡

性格 ちょっとしたことでも喜んだり悲しんだり、いろんなことに感動できるピュアな人だよ。

魅力的タイプ

恋愛 ちょっとしたやさしさで、急に好きになるよ。

将来 ステキな洋服を作るデザイナーがおすすめ。

友情 ライバルだと思っていた人と、友だちに。

相性 ホッとするいやし系。ぽっちゃりした人。

性格はどっち？ 元気 —♡—|—|— やさしい

♡ きっか ♡

性格 絵を描いたり、歌を歌ったりすることがとっても上手！芸術の分野の仕事がいいかも。

魅力的タイプ

恋愛 ドラマみたいな出会いを期待してるよ。

将来 みんなが大好きなお菓子を作るパティシエ。

友情 思いやりはあるが、好きキライが多いかな。

相性 わがままを言っても許す、我慢強い人。

性格はどっち？ 元気 ——|♡—|— やさしい

♡ きな ♡

性格 遠慮してしまうため本音を言えないことも。敵を作らない、こころやさしい性格だよ。

魅力的タイプ

恋愛 言わなくても気持ちをわかってくれる人。

将来 すてきな歌や曲を作る作詞家・作曲家。

友情 自分にない才能を持った友だちができるかも。

相性 笑顔で楽しげに話をする人と相性バッチリ！

性格はどっち？ 元気 ——|—♡— やさしい

みんなのおまじない 隣になりたい子がいたら、席替えの直前に自分の名札を3回なでよう。

63

♡ きぬえ ♡

性格 曲がったことが大キライな、まっすぐな性格だね。ガンコだけど、みんなからは人気。 **まじめタイプ**

恋愛 夢中でがんばっている人を好きになるよ。

将来 みんなの大切なお金にかかわる銀行員。

友情 ウソをつかないから、頼りにされそう。

相性 見た目ではなく、内面を重視するといいよ。

性格はどっち？ 元気 ─♡──┼──┼──┼─ やさしい

♡ きぬよ ♡

性格 自分の意見はちゃんと持っているけど、相手におしつけず認める、心の広い人だよ。 **まじめタイプ**

恋愛 何年も同じ人に片思いしそう。早めに告白！

将来 お世話好きなあなたにピッタリな占い師。

友情 親友になった人とは、一生つきあえそう！

相性 何となく心配で、お世話したくなる人と◎。

性格はどっち？ 元気 ─┼──┼──┼──♡─ やさしい

♡ きほ ♡

性格 大勢の前で話すことはニガテだけど、なぜかみんなからいつも頼りにされちゃうタイプ。 **まじめタイプ**

恋愛 相手をよく知ってからつきあうタイプだよ。

将来 世界でがんばる海外を飛び回る仕事が◎。

友情 ひとりで悩まず、もっと友だちに相談しよう！

相性 正直な人、ピュアな人と長く続くかも。

性格はどっち？ 元気 ─┼─♡┼──┼──┼─ やさしい

♡ きみ ♡

性格 とってもまじめで、目標にまっすぐながんばりやさん。大人になったら大物になるかも。 **まじめタイプ**

恋愛 やんちゃな男子を好きになっちゃうかも。

将来 みんなから大人気の芸能人・アイドルで◎。

友情 だれに対しても同じ態度だから、好かれるよ。

相性 ゲームより勉強や読書が好きな人がいいね。

性格はどっち？ 元気 ─┼──┼─♡┼──┼─ やさしい

♡ きみえ ♡

性格 好奇心がいっぱいで、いろいろなことにチャレンジするよ。あきっぽいけど、行動的！ **魅力的タイプ**

恋愛 あなたのすてきな笑顔に、ときめくみたい。

将来 アイドルをすてきに変身！スタイリスト。

友情 自分の味方は、とっても大事にするね。

相性 ミステリアスな感じの人が気になるみたい。

性格はどっち？ 元気 ─♡──┼──┼──┼─ やさしい

♡ きみか ♡

性格 ガンコでプライドが高いところもあるけれど、やりたいことにはとことん取り組めるよ。 **まじめタイプ**

恋愛 心配性だから、自分だけにやさしい人が◎。

将来 日本を良くするためにはたらく政治家。

友情 だれでも話せるから、みんなから好かれそう。

相性 オレ様タイプはちょっと向いていないかも。

性格はどっち？ 元気 ─┼──┼──┼─♡─ やさしい

みんなのおまじない 寝る前に、枕を3回たたきながら彼の名前を唱えると夢が見られる。

♡ きみこ ♡

性格 しっかり者に見えるけど、甘えんぼう。持ち物はかわいいものにしていやされてるよ。

人見知りタイプ

恋愛 得意なお菓子をあげて喜ばせるのが好き。

将来 ステキな建物を考える建築デザイナー。

友情 親しみやすいから、話しかけられやすいよ。

相性 自信マンマンの俺様タイプと相性ピッタリ！

性格はどっち？ 元気 ——♡—— やさしい

♡ きみよ ♡

性格 好きな人の言うことは素直に聞けるよ。ニガテな人の前ではあまりしゃべらないかも。

人見知りタイプ

恋愛 告白ははずかしくてムリかも。待つタイプ。

将来 かわいい髪型をたくさん知ってる美容師。

友情 ファッションをみんな参考にしてるみたい。

相性 声が大きく、にぎやかで人をひきつける人。

性格はどっち？ 元気 ——♡—— やさしい

♡ きよ ♡

性格 現実的で、あまりはしゃいだりしないかも。大きな失敗はないけど、ときには大胆にね！

まじめタイプ

恋愛 だれかに取られる前に先に告白しちゃおう！

将来 華道・茶道・日本舞踊などを教える先生。

友情 聞き上手。みんなが話しかけやすいよ。

相性 みんながノーマークの人と合いそうだよ。

性格はどっち？ 元気 ———♡— やさしい

♡ きょうか ♡

性格 とてもピュアで、友だち思い。気分が乗らないとすねたり、意地を張っちゃうことも。

人見知りタイプ

恋愛 ふられてもすぐに立ち直れるタイプだよ。

将来 電車やバスの運転手。女の子でも大活躍！

友情 はっきり決められる、頼りになるリーダー。

相性 みんなに自慢したくなるイケメンが◎。

性格はどっち？ 元気 ———♡ やさしい

♡ きょうこ ♡

性格 好きキライが少なくて、だれにでも同じように接するから、まわりから頼りにされるよ。

まじめタイプ

恋愛 悩みを聞いてくれる人を好きになりそう。

将来 恋人作りのお手伝い！結婚アドバイザー。

友情 良いところをほめると友情が深まるよ！

相性 ちょっと不器用だけどやさしい人と合うよ。

性格はどっち？ 元気 ————♡ やさしい

♡ きよえ ♡

性格 考えることが人とちがう、ユニークな人。人を笑わせたり喜ばせたりするのが大好き。

魅力的タイプ

恋愛 恋すると他のことが手につかなくなりがち。

将来 好きなことを仕事にするとうまくいくよ。

友情 目立つ人を友だちに選ぶところがあるよ。

相性 個性的で面白い人と相性バッチリだよ。

性格はどっち？ 元気 ———♡— やさしい

みんなのおまじない　利き手じゃない手で願いごとを書くとかなう。

♡ きよか ♡

性格 先生や年上の人から好かれやすいよ。ボーイッシュだけど、守ってあげたくなるキャラ。 **まじめタイプ**

恋愛 恋愛にはまじめ。ふられると引きずるかも。

将来 芸能人・アイドルをめざして有名になろう！

友情 だれとでも話せる、人見知りが少ないタイプ。

相性 おぼっちゃまタイプと相性がいいみたい。

性格はどっち？ 元気 ——♡—— やさしい

♡ きよこ ♡

性格 人と自分を比べず、自分のペースでコツコツと物事を進めていくことができちゃう人。 **人見知りタイプ**

恋愛 少し親切にされると、すぐに好きになるね。

将来 楽しい旅を考えるツアーコンダクター。

友情 恋よりもまず友だちを大切にするタイプだよ。

相性 グイグイとおしの強い情熱的な人と合うね。

性格はどっち？ 元気 ——♡—— やさしい

♡ きよね ♡

性格 じっくり考えるため、すぐに決められないことも。いつも一番いい方法を考えているよ。 **魅力的タイプ**

恋愛 あなたの気持ちを察してくれる人が好き。

将来 宝石をすてきにするジュエリーデザイナー。

友情 友だちに意見をストレートに言うことも大切。

相性 落ち込むと、気づいてはげましてくれる人。

性格はどっち？ 元気 ——♡—— やさしい

♡ きよの ♡

性格 ふわっとしてやわらかくおしとやか。運動よりも、手芸やお菓子作りのほうが好きかも。 **人見知りタイプ**

恋愛 一途な人からとことん大切にされそうだよ。

将来 自分の特技を仕事にすると大せいこう！

友情 お笑い系の楽しいタイプの友だちができそう。

相性 やせてて、あなたよりずっと背の高い人。

性格はどっち？ 元気 ——♡—— やさしい

♡ きよみ ♡

性格 とっつきやすい性格だから、自然と人が集まり、困ったときにはまわりが助けてくれるよ。 **人見知りタイプ**

恋愛 ちょっと不良っぽい人を好きになりそう。

将来 みんなが住みやすい建物を考える建築士。

友情 まわりがほうっておけない気になる存在！

相性 元気でやんちゃな人だと盛り上がりそう。

性格はどっち？ 元気 ——♡—— やさしい

♡ きよら ♡

性格 自分にきびしく、手を抜くことがキライ。がんばりすぎるので、ときには休もうね！ **まじめタイプ**

恋愛 つっ走りやすいから、友だちの意見を聞いて。

将来 いろいろなお金の使い道にくわしい税理士。

友情 まじめで誠実な人と友だちになれるよ。

相性 感動しやすい、リアクションの大きい人。

性格はどっち？ 元気 ——♡—— やさしい

みんなのおまじない　赤いハートを10個書いて、ポケットに入れると良いことが起こる。

♡ きら ♡

性格 明るくて、ハキハキとしゃべる人。強そうに見えるけど、実はさみしがりなところも。

魅力的タイプ

恋愛 みんなに好かれようとする本命に誤解される?

将来 みんなの大好きな頼れる小中学校の先生。

友情 相手を楽しませることが大好きなんだね。

相性 言葉や行動がハキハキしたテンポのいい人。

性格はどっち? 元気 ——♥—— やさしい

♡ きらら ♡

性格 まわりからどう見られているのかとっても気になっちゃう。相手の表情や態度に敏感かも。

魅力的タイプ

恋愛 困ったとき、気にかけてくれると好きに。

将来 好きなことをとことん調べる研究員。

友情 グループを仕切り、引っ張るのが好き。

相性 いつも前向きな言葉をかけてくれる人が◎。

性格はどっち? 元気 ————♥— やさしい

♡ きらり ♡

性格 みんながあっとおどろくような新しいものを生み出す力、自由な考えを持ってるよ。

まじめタイプ

恋愛 好きになったら待てずに告白しちゃう。

将来 人気の音楽番組を作る音楽プロデューサー。

友情 仲の良い友だちを、ずっと大切にしていくよ。

相性 物を大切にする、ちょっぴりケチな人。

性格はどっち? 元気 ♥———— やさしい

♡ きり ♡

性格 アイデア豊富で、自分の考えに自信アリ。もう少し人の意見を聞いたり甘えてみよう!

まじめタイプ

恋愛 遊びや軽い恋はしないよ。軽い人がニガテ。

将来 テレビやラジオ局のいろいろな仕事に挑戦。

友情 もっと友だちを信じて、悩みを打ち明けたら?

相性 男らしく、リードしてくれる人がバッチリ。

性格はどっち? 元気 ——♥—— やさしい

♡ きりか ♡

性格 人が見ていなくてもコツコツと努力ができるがんばり屋。いやなことを引きずらないよ。

まじめタイプ

恋愛 心配だから自分だけにやさしい人がいいね。

将来 日本と外国をつなぐ外交官をめざそう。

友情 いつもまわりに頼りにされる、しっかり者。

相性 他の人を好きにならない一途な人と合うよ。

性格はどっち? 元気 ——♥—— やさしい

♡ きりこ ♡

性格 グループの中にいるだけでみんなをいやせる、ほんわかとした感じを持っている人だね。

人見知りタイプ

恋愛 甘えられる、心の広い人にひかれそう。

将来 人ときそわずにマイペースに働くと◎。

友情 いつもみんなの話題の中心に自然といるよ。

相性 困ったときに守ってくれる、頼りになる人。

性格はどっち? 元気 ———♥— やさしい

みんなのおまじない ☆ 帰宅時、左足から玄関に入ると、気になる人から連絡がくるよ。

♡ きわ ♡

性格 ほかの人のことが気になってしまうところがあるよ。相手の名前を覚えるのが得意だね。

魅力的タイプ

恋愛 キラキラしたあなたは、一目ぼれされそう。

将来 いろんなアイデアがたくさん！発明家！

友情 自分にない才能を持った友だちができそう。

相性 よく笑ってくれる反応がいい人とピッタリ。

性格はどっち？ 元気 ─── やさしい

♡ きわこ ♡

性格 約束を守るからまわりに信用されて頼られちゃうね。いつの間にかみんなのリーダーに。

まじめタイプ

恋愛 初めて付き合った彼とは大恋愛になるかも。

将来 大好きな科目なら何でも知ってる大学教授。

友情 良いところを認めると、友情が深まるよ。

相性 素直にあなたのアドバイスを聞ける人。

性格はどっち？ 元気 ─── やさしい

♡ くう ♡

性格 まがったことがきらいな正義の味方。まじめなキミは男子からも女子からも大人気。

まじめタイプ

恋愛 まじめで一途。相手につくしちゃいそう。

将来 空の旅をおもてなしキャビンアテンダント。

友情 口がかたいから、打ち明け話をよく聞くよ。

相性 自分のペースに持っていける人と合うよ。

性格はどっち？ 元気 ─── やさしい

♡ くおん ♡

性格 おしゃべりが大好きで、話し始めたら止まらない！すぐ人の話に口をはさんじゃう。

人見知りタイプ

恋愛 笑いのツボが同じような人にひかれるよ。

将来 自分の会社を作ると大成功まちがいなし！

友情 悩みをどんどん打ち明けられる、頼り上手。

相性 人にはない能力を持つ、天才肌な人がイイ。

性格はどっち？ 元気 ─── やさしい

♡ くにえ ♡

性格 難しそうなことやニガテなことでもにげ出さず、できるまでがんばるよ。大物になるかも。

まじめタイプ

恋愛 いやされたくて、おだやかな人にひかれそう。

将来 数字を扱う事務や経理の仕事をめざそう！

友情 ケンカしたら、意地を張らずに折れようね。

相性 見た目ではなく、内面を重視するといいよ。

性格はどっち？ 元気 ─── やさしい

♡ くにか ♡

性格 人に合わせられるし、とっても話しかけやすいから、まわりに自然に人が集まるね。

人見知りタイプ

恋愛 なりふりかまわず強引な人にひかれそう。

将来 ステキな場所を案内するバスガイド。

友情 世話好きだから、年下にモテる人が多い。

相性 おしの強い情熱的な人と相性バツグン。

性格はどっち？ 元気 ─── やさしい

みんなのおまじない　親指にばんそうこうをつけていると、好きな人をライバルにとられない。

♡ くにこ ♡

性格 あったかい性格のあなたは、家族や友だちを大切にする、とっても思いやりのある子だよ。 **まじめタイプ**

恋愛 オタクな人によって世界観が変わりそう。

将来 どんなこともチャレンジすればうまくいく。

友情 友情を深めるためにも友だちをほめよう！

相性 あなたの意見にいつも賛成してくれる人。

性格はどっち？ 元気 ——♡—— やさしい

♡ くによ ♡

性格 大事なことは口にしない、秘密主義。時間にきびしくて、友だちとの約束はやぶらない！ **まじめタイプ**

恋愛 しっかり者だけど、恋人には甘えんぼう。

将来 市や町や村、国のためにはたらく公務員。

友情 何事にも手を抜かない姿は、尊敬されるよ。

相性 目立たないけど、まわりを立てている人。

性格はどっち？ 元気 ——♡—— やさしい

♡ くみ ♡

性格 とっても純粋であたたかく、友だち思い。ちょっと潔癖で気にしすぎちゃうところも。 **人見知りタイプ**

恋愛 プレゼントなどをして、喜ばせるのが好き。

将来 楽しい旅行を考えるツアーコンダクター。

友情 みんなの話題の中心にいつも自然といる人だね。

相性 みんなから愛されている人気者と相性。

性格はどっち？ 元気 ——♡—— やさしい

♡ くみえ ♡

性格 ちょっとガンコでプライドも高め。人の意見に流されず、自分の考えを信じているよ。 **まじめタイプ**

恋愛 よく知ってからつきあいを始めるタイプ。

将来 お金の管理をする経理の仕事をめざそう。

友情 正直だから、友だちに信頼されているよ。

相性 言葉と行動が一致している正直な人。

性格はどっち？ 元気 ——♡—— やさしい

♡ くみか ♡

性格 時間はかかるけど、コツコツと努力して大きな成果を上げることができちゃいそう。 **人見知りタイプ**

恋愛 普通の人ではちょっと物足りないみたい。

将来 素敵な建物を考えちゃう建築士がおすすめ。

友情 彼氏より友だちづきあいを大切にするタイプ。

相性 困ったときに守ってくれる人がおすすめ！！

性格はどっち？ 元気 ——♡—— やさしい

♡ くみこ ♡

性格 やさしくて、ガマン強い性格だね。うっかりすることが多く、あわてんぼうなところも。 **まじめタイプ**

恋愛 いつも真剣だから、フラれると長引くかも。

将来 芸能人・アイドルになってテレビに出よう。

友情 同じ態度でいるから、だれからも好かれるね。

相性 勉強や読書が好きな人と気が合いそう。

性格はどっち？ 元気 ——♡—— やさしい

みんなのおまじない　人差し指にばんそうこうをつけていると、好きな人にふられる。

♡ くらら ♡

性格 大人っぽくって、流行に敏感で、おしゃれだね。だからみんながお手本にすることも。

 魅力的タイプ

恋愛 いろいろなタイプの人を好きになっちゃうよ。

将来 小さい子が大好きな保育士がおすすめ。

友情 落ち込んでいる人に気がつくやさしい人。

相性 だれにでもやさしいタイプとはダメだよ。

性格はどっち？ 元気 ——♡—— やさしい

♡ くるみ ♡

性格 頭の回転が速く、集中して勉強をするから、成績も◎。いろいろ学び成長していけるよ。

 魅力的タイプ

恋愛 気まぐれなあなたは相手をふりまわすことも。

将来 こだわりのカフェ、レストランをひらこう！

友情 自然体でいられる友だちを選んでいくよ。

相性 テストの点数が同じくらいの人と合うよ！

性格はどっち？ 元気 ——♡—— やさしい

♡ くれあ ♡

性格 人に決められるより自分で決めたい！一度決めたら曲げない、ガンコなところがあるね。

まじめタイプ

恋愛 やさしくっておだやかな人がタイプだよ。

将来 結婚式を演出するブライダルプランナー。

友情 ひとりで悩まない！友だちに相談してみて。

相性 言ったことは必ずやる、有言実行タイプ。

性格はどっち？ 元気 ——♡—— やさしい

♡ くれな ♡

性格 好きなことには夢中だけど、興味がないことはしない。もう少し視野を広くすると◎。

まじめタイプ

恋愛 つきあうと独占したいタイプ！注意してね！

将来 会社などの入口でお客様をご案内する受付。

友情 信頼されているから、よく相談されるね。

相性 記念日を忘れないロマンチストな男子。

性格はどっち？ 元気 ——♡—— やさしい

♡ くれは ♡

性格 わからないことがあると、自分でどんどん調べるなど勉強熱心。とっても根性があるよ！

まじめタイプ

恋愛 目立つ人はニガテ。おだやかな人がタイプ。

将来 人の上に立つ、リーダー・社長になって◎。

友情 意見をゆずらないことが。気をつけてね！

相性 ウソをつかない正直な人とは長続きしそう。

性格はどっち？ 元気 ——♡—— やさしい

♡ くろえ ♡

性格 相手の悲しい顔を見ると心が痛み、助けたくなる思いやりがあるやさしい人なんだよ。

魅力的タイプ

恋愛 あなたのステキな笑顔に、男子はくぎづけ。

将来 アイドルをかわいく変身！ヘアメイクさん。

友情 存在をアピールしたい！目立ちたがりかも。

相性 気さくで人なつっこい人と相性がいいよ。

性格はどっち？ 元気 ——♡—— やさしい

みんなのおまじない ☆ 小指にばんそうこうをつけていると、好きな人に会える。

♡ けい ♡

性格 だまっていることやじっとしているのが大のニガテ。グループ内のいつもにぎやかな人。

人見知りタイプ

恋愛 友だちよりも恋愛を優先しちゃうタイプだよ。

将来 良い所をアピールするセールスレディ。

友情 いつも聞き役になってくれる人と仲良しに。

相性 音楽の話が合う、いっしょに楽しめる人。

性格はどっち? 元気 ───♥─┼─── やさしい

♡ けいか ♡

性格 いろいろ言われたくないタイプ。他人と自分を比べず、自分のペースで進められる人だね。

人見知りタイプ

恋愛 あなたはまわりがほうっておけない存在だよ！

将来 建物をステキにつくる建築デザイナー。

友情 大切にするから友だちがたくさんできるよ。

相性 元気でやんちゃな男子と相性バッチリ！

性格はどっち? 元気 ───♥─┼─── やさしい

♡ けいこ ♡

性格 とってもマメで、地道にコツコツがんばれるタイプだよ。理科や算数が得意なところも。

魅力的タイプ

恋愛 理想が高く、運命的な出会いを期待してる！

将来 情報をキャッチ！記者・ジャーナリスト。

友情 人見知りが強いけど、うちとけると正直に。

相性 自分の話ばかりせず、あなたの話を聞く人。

性格はどっち? 元気 ──♥┼──── やさしい

♡ けいと ♡

性格 練習の時よりも本番に強いタイプ。ここぞという時に成功する強運の持ち主なんだよ。

魅力的タイプ

恋愛 つきあうまでに時間がかかるタイプかも。

将来 大人気の芸能人のマネージャーが◎。

友情 相手を楽しませたり喜ばせるのが大好き！

相性 うそをついてもすぐにわかる、単純な人。

性格はどっち? 元気 ──┼♥──── やさしい

♡ けいな ♡

性格 あなたはマイペースでのんびりタイプ。急いで！と言われるのがニガテなんだよね。

人見知りタイプ

恋愛 あまりタイプではない人とつきあうことも。

将来 困っている人を言葉で助ける弁護士。

友情 嫌なこともしてくれるから、頼りになる。

相性 グチを言わない前向きでガマン強い人。

性格はどっち? 元気 ────┼♥── やさしい

♡ こあ ♡

性格 うそがきらいでまじめにがんばるよ。嫌なことからもにげない所は、大物になる予感！

まじめタイプ

恋愛 上を目指してがんばっている人が好き。

将来 みんなの仕事のサポートをする事務が◎。

友情 正直でうそをつかないから、信用されるよ。

相性 わかりやすくまじめな人と長く続きそう。

性格はどっち? 元気 ─────┼─♥ やさしい

みんなのおまじない　薬指にばんそうこうをつけていると、好きな人と両思いになる。

♡ こいか ♡

性格 家族や友だちを大切にする、思いやりのあったかい子。両親をとっても大切にするよ。 **まじめタイプ**

恋愛 ちょっとやんちゃな男子を好きになりそう。

将来 チャレンジすればきっと何でもできるよ。

友情 しっかり者だから、頼りにされやすいね。

相性 あなたを女王様あつかいしてくれる人！

性格はどっち？ 元気 ♡——————やさしい

♡ こいと ♡

性格 サバサバしているから、同い年の子が子どもっぽく見えるかも。年上の人と気が合いそう。 **人見知りタイプ**

恋愛 物知りな人を尊敬し、好きになりそう。

将来 資格をとって専門的な職業を目指してみる？

友情 人とぶつかることをきらう、おだやかな人。

相性 勉強が得意で、やさしく教えてくれる人！

性格はどっち？ 元気 ♡——————やさしい

♡ こいろ ♡

性格 太陽のように明るくパワーあふれる人。困っている人をほうっておけないやさしい面も。 **人見知りタイプ**

恋愛 スポーツが得意な人にひかれるみたいよ。

将来 ホテルや旅館で、人をもてなす仕事がいいね。

友情 友だちの意見をしっかり聞くと好かれるよ。

相性 年上で、ちょっと強引なところがある人。

性格はどっち？ 元気——♡———やさしい

♡ こう ♡

性格 こわいもの知らずで、いつでも前向き！あまり落ち込まず、立ち直りも早い性格だよ。 **人見知りタイプ**

恋愛 友だちの多い人気者を好きになりそうかな。

将来 かわいい動物と接する仕事がおすすめ。

友情 つい友だちの秘密を話すかも。気をつけてね！

相性 人の心の痛みがわかるあったかい人。

性格はどっち？ 元気——————♡やさしい

♡ こうき ♡

性格 とってもまじめ。少し不器用に見られそう。目標を持つとがんばるから大物になるかも。 **まじめタイプ**

恋愛 ちょっとやんちゃな男子にひかれそう。

将来 日本と外国の間で仕事をする外交官。

友情 友だちの良いところを認めて友情を深めて！

相性 約束や時間を守る、きっちりした人と♡。

性格はどっち？ 元気——♡———やさしい

♡ こうこ ♡

性格 うっかりであわてんぼう。にくめないキャラは年上の人がつい守ってあげたくなるみたい。 **まじめタイプ**

恋愛 相談に乗ってくれる人を好きになりそう。

将来 大人気のアイドルになれちゃうかも。

友情 みんなに同じ態度だから、好かれるよ。

相性 話すのがニガテで不器用だけどやさしい人。

性格はどっち？ 元気——————♡やさしい

みんなのおまじない 中指にばんそうこうをつけていると、好きな人と仲良くなれる。

♡ こうみ ♡

性格 いつでもコツコツと努力するがんばり屋さん。家族や友だちにいつも感謝しているね。 —— まじめタイプ

恋愛 真剣だから失恋すると長く引きずるかも。

将来 みんながあこがれる、アイドル、芸能人。

友情 人見知りがないから、だれとでも話せるね。

相性 あなたのアドバイスを聞いて実行する人。

性格はどっち? 元気 ――――♡―― やさしい

♡ こうめ ♡

性格 手先が器用で、どんなことも簡単にできちゃう。友だちとワイワイさわぐのはニガテかな。 —— 魅力的タイプ

恋愛 気持ちをなかなか素直に言えないところが。

将来 みんなが元気になれるご飯を考える栄養士。

友情 気をつかわなくてすむ友だちを選んでいきそう。

相性 友だちよりもあなたを優先してくれる人。

性格はどっち? 元気 ―――――♡― やさしい

♡ こお ♡

性格 友だちの気持ちに気づけるやさしい人だよ。人の良い所を見つけるのが得意だよね。 —— 魅力的タイプ

恋愛 正直、気分屋なところがミリョクなんだよ。

将来 コラムニストになっていろんな関心を。

友情 性格がちがうタイプの友だちができそう。

相性 ホッとする感じを持っている人と合うよ。

性格はどっち? 元気 ――♡――――― やさしい

♡ こぎく ♡

性格 好ききらいがなく人と接することができるね。だからまわりはとても信用しているよ。 —— まじめタイプ

恋愛 心配性だから、自分だけにやさしい人が◯。

将来 明るくて可愛いあなたは芸能人かアイドル。

友情 だれにでも同じように接するから人気だよ。

相性 あなたを立ててくれる人と相性ピッタリ。

性格はどっち? 元気 ―――――♡― やさしい

♡ ここ ♡

性格 笑顔がいっぱい明るいオーラを持った人。でも、まちがったことははっきり言う一面も。 —— 魅力的タイプ

恋愛 少しでも良いところを見つけると好きに。

将来 評判の美味しいコーヒーの飲めるカフェ経営。

友情 仲良くなると友だちをふりまわしてしまうかも。

相性 あなたの話に興味を持ってくれる人と◯。

性格はどっち? 元気 ――――♡―― やさしい

♡ ここあ ♡

性格 他人と発想の仕方がちがう、ユニークな女の子。笑わせたり喜ばせたりするのが大好き。 —— 魅力的タイプ

恋愛 好きな人ができるとずっと見つめちゃうよ。

将来 センスのいいあなたならスタイリストが◯。

友情 味方になってくれる人を、とっても大事にするね。

相性 お笑い系の楽しい男子と相性バツグン。

性格はどっち? 元気 ―――――♡― やさしい

みんなのおまじない ☆ 家を出るとき、くつ底を合わせて三回こすってはくと、彼と会える。

♡ ここな ♡

性格 何事も直感で行動するタイプ。失敗することもあるけど、立ち直りが早いのが良いところ。

魅力的タイプ

恋愛 特別あつかいされるとすぐに好きになるよ。

将来 すてきな曲を作る人気作曲家も夢じゃない!

友情 好きな芸能人が同じ人と友だちになりそう。

相性 大きな夢を語る、夢見がちな自信家の人。

性格はどっち? 元気 ───♡─── やさしい

♡ ここね ♡

性格 責任感が強く人に頼らないキミ。興味がないことにもトライしたら新しい発見があるかも。

まじめタイプ

恋愛 元気いっぱいの人に自然とひかれるよ。

将来 正義感のあるあなたは、裁判官が似合う。

友情 良いところを参考にしあう友だちができるよ。

相性 見た目ではなく、性格を重視してくれる人。

性格はどっち? 元気 ──────♡ やさしい

♡ ここは ♡

性格 面白キャラで、友だちを楽しませることが大好きだね。キチンとした性格で片づけ上手。

魅力的タイプ

恋愛 相手を追いかける恋愛が好きなんだよ。

将来 音楽プロデューサーになってヒット曲を出すよ。

友情 勉強や、スポーツができる人と友だちに。

相性 お笑い系の目立つ楽しい人と相性が合うよ。

性格はどっち? 元気 ───♡── やさしい

♡ ここみ ♡

性格 プライドが高く負けずぎらいだけど、甘えん坊だよね。自分の意見をおさえる面も。

人見知りタイプ

恋愛 失恋しても前向きで、立ち直りが早いね。

将来 ステキな声の持ち主のあなたは、バスガイド。

友情 ほうっておけないみんなが気になる存在。

相性 どちらかというと見た目を重視するよ。

性格はどっち? 元気 ──♡──── やさしい

♡ こころ ♡

性格 お祭りごとが大好きな、にぎやかな子。自分だけではなく、まわりといっしょに楽しみたい!

人見知りタイプ

恋愛 絶対に両思いにならないと気がすまない!

将来 人気アニメの声優になってテレビで有名に。

友情 楽しいことは友だちといっしょにしたいんだよね。

相性 口うるさくなく、あっさりしたタイプ。

性格はどっち? 元気 ──♡──── やさしい

♡ こずえ ♡

性格 人が思いもつかないアイデアがあふれちゃうね。ユーモアたっぷりでいつも仲間の中心。

魅力的タイプ

恋愛 熱しやすく冷めやすいよ。恋多き人生かも。

将来 美しい音楽を奏でるオーケストラの演奏者。

友情 自分の味方は大切にし、何があっても信じるよ。

相性 おしゃべりが上手で目立っている男子!

性格はどっち? 元気 ─────♡ やさしい

みんなのおまじない ★ お財布にきれいな五円玉を下げておくと金運アップ。

♡ こすず ♡

性格 とってもノリが良く、その場の空気に合わせるよ。いろんなキャラを持ってる！

魅力的タイプ

恋愛 いつもロマンチックな恋を求めているよ。

将来 人を美しく変身させる美容アドバイザー。

友情 だれかといっしょにいないと不安なさみしがり屋。

相性 素直に気持ちをあらわしてくれる人が◎。

性格はどっち？ 元気 ──♥── やさしい

♡ こだま ♡

性格 人が見ていないところでもがんばることができる人。あっさりしていて、ボーイッシュ。

まじめタイプ

恋愛 あなたの悩みの相談にのってくれる人。

将来 政治家になって、みんなが幸せな世の中に。

友情 だれとでも気軽に話ができちゃう人だね。

相性 約束や時間をきちんと守ることができる人。

性格はどっち？ 元気 ───── やさしい♥

♡ こと ♡

性格 物事をいろんなところから見れる、研究者タイプ。おぼえが早く、とっても物知りだね。

魅力的タイプ

恋愛 存在感が強いから、一目ぼれされやすいよ。

将来 研究員になって、ノーベル賞も夢じゃない。

友情 グループのことを決め、仕切るタイプ。

相性 自信をつけさせてくれる人がいいかな。

性格はどっち？ 元気♥ ───── やさしい

♡ ことあ ♡

性格 一を知って十を知る、とってもカンが良い人。知らないことでもすぐ理解できる秀才。

魅力的タイプ

恋愛 人をひきつけるあなたは、常にモテモテ。

将来 こつこつまじめなあなたは、プログラマー。

友情 存在をアピールするため、注目を集めたい！

相性 すぐにあだ名で呼ぶ、気さくなタイプ。

性格はどっち？ 元気 ───── やさしい♥

♡ ことえ ♡

性格 裏表がなく、まっすぐな性格。男子、女子両方から信用されているよ。

まじめタイプ

恋愛 相手にとことんつくし、長くつきあいそう。

将来 世界を飛びまわるキャビンアテンダント。

友情 正直でウソをつかないから、信用されるよ。

相性 見た目ではなく、気楽で気が合う人と◎。

性格はどっち？ 元気 ───♥── やさしい

♡ ことか ♡

性格 ネコのように気まぐれで、まわりをふりまわしちゃうこともあるけど、それがミリョク。

魅力的タイプ

恋愛 相手のささいなやさしさに、急に恋心が。

将来 すてきな洋服を販売するアパレル関係が◎。

友情 最初は合わせるよ。しだいにふりまわすかも。

相性 ふりまわしても許してくれるガマン強い人。

性格はどっち？ 元気 ───── やさしい♥

みんなのおまじない ★ ポインセチアの葉に彼の名前を書いて持っていると思いが叶う。

♡ ことこ ♡

性格 グループの中にいるだけで好かれる、愛されキャラ。みんなを幸せにする力があるね！ 〈人見知りタイプ〉

- **恋愛** 自分とちがう人。普通だと物足りないかも。
- **将来** ユニークな企画で人気のツアーコンダクター！
- **友情** ビシッと決められるリーダー的なところが。
- **相性** ドンドンおしてくる熱い男子と相性◎。

性格はどっち？ 元気 ─── やさしい

♡ ことな ♡

性格 ファッションセンスがとっても高くて、人とのちがいをさりげなく表すことができるよ。 〈魅力的タイプ〉

- **恋愛** ライバルを気にしがち。自分らしくいこう！
- **将来** バツグンのセンスをいかした宝石デザイナー。
- **友情** 勇気を出して自分の意見を言ってみようね。
- **相性** ガンコで決めつける人とは合わないよ。

性格はどっち？ 元気 ─── やさしい

♡ ことね ♡

性格 責任感が強く、簡単に人を頼らないしっかり者。人からどう見られるか気にしすぎないで！ 〈まじめタイプ〉

- **恋愛** ダメでもアタックし続ける勇気があるよ。
- **将来** 弁護士になって、いろいろな事件を解決。
- **友情** よく相談される、信用できる人なんだね。
- **相性** 見た目より内面を見ることができる人！

性格はどっち？ 元気 ─── やさしい

♡ ことの ♡

性格 とっても行動力があるね。めんどうなことでも、いやがらずに引き受ける、頼りになる人！ 〈人見知りタイプ〉

- **恋愛** 好きな人をひとりじめしたいタイプ。
- **将来** かわいいあなたは、ファッションモデル。
- **友情** マイペースな友だちにふりまわされちゃうかも。
- **相性** 言いにくいこともはっきり言ってくれる人。

性格はどっち？ 元気 ─── やさしい

♡ ことは ♡

性格 ユーモアたっぷりで、人を笑わせたり喜ばせるのが大好き。いつもドキドキしたい人！ 〈魅力的タイプ〉

- **恋愛** 男子がドキッとする笑顔の持ち主だよ。
- **将来** 好きなことを仕事にするのがいいみたい。
- **友情** ほかの人より目立つ人を友だちにするね。
- **相性** ちょっと何を考えているのかわからない人。

性格はどっち？ 元気 ─── やさしい

♡ ことみ ♡

性格 そばにいるだけで、みんなを笑顔にできる人なんだよ。思いきって自分の考えも言ってみて！ 〈人見知りタイプ〉

- **恋愛** 心の広い、年上の人を好きになりそう。
- **将来** 楽しい旅行を計画するツアーコンダクター。
- **友情** いろんな人から声をかけられるタイプ。
- **相性** 一緒に明るくなれる気さくでにぎやかな人。

性格はどっち？ 元気 ─── やさしい

みんなのおまじない 六芒星のカードを紫のハンカチで包んで持っていると、魔除けに。

♡ ことり ♡

性格 言葉づかいなどが大胆で、まわりをびっくりさせることも。でもみんなに好かれる得な性格。

人見知りタイプ

恋愛 好きな気持ちをかくさず、相手に伝えるよ。

将来 声のきれいなあなたはナレーターがいいよ。

友情 おだやかで、人ともめるのがいやなタイプ。

相性 頭の回転が速く、お笑いセンスのある人。

性格はどっち？　元気 ──♡── やさしい

♡ こな ♡

性格 女の子らしく、ふわっとしてやわらかな感じ。自分の気持ちを言葉に出さないところが。

まじめタイプ

恋愛 好きすぎて冷たくしちゃうかも。素直にね！

将来 人のために、がんばるあなたは、秘書が◎。

友情 おたがいに支え合う友だちができそうだよ。

相性 大人になってもずっと少年のような人。

性格はどっち？　元気 ──♡── やさしい

♡ こなつ ♡

性格 パワーあふれるたくましい女の子。あまり細かいことは気にせず、いつも自信マンマン。

人見知りタイプ

恋愛 いろんなことを知っている人を好きに。

将来 声のステキなあなたは、ニュースキャスター。

友情 人の意見をしっかり聞いてあげるといいよ。

相性 あっさりしていて、くどくどしていない人。

性格はどっち？　元気 ──♡── やさしい

♡ こなみ ♡

性格 ちょっとボーイッシュな女の子。自分の意見をつらぬき通す、とてもガンコなところも。

まじめタイプ

恋愛 世話好きだから、ちょっと頼りない子が◎。

将来 どんなことでもチャレンジすればうまくいくよ。

友情 いろんな人と態度を変えずに話せるよ。

相性 おしゃべりじゃないけどやさしい人と◎。

性格はどっち？　元気 ──♡── やさしい

♡ この ♡

性格 今を楽しむよりも、未来の目標に向かって努力して、自分を成長させたいタイプだよ。

まじめタイプ

恋愛 好きな人ができると、勉強が手につかない！

将来 わくわくするようなお話を書く小説家に。

友情 まじめにあなたと向き合う人と友だちに。

相性 親や兄弟を大切にする人と相性がいいね。

性格はどっち？　元気 ──♡── やさしい

♡ このか ♡

性格 毎日時間と量を決めて少しずつがんばることができるね。とてもマジメな女の子。

魅力的タイプ

恋愛 思っていることをはっきり言えないかも。

将来 ジャーナリストに向いてるね、頑張って。

友情 人見知りが強いけど、打ち解けると積極的。

相性 同じくらいの成績の人ととっても気が合うよ。

性格はどっち？　元気 ──♡── やさしい

みんなのおまじない　ばんそうこうに相手の名前を書いて3日間はがさなければ両思いに！

77

♡ このは ♡

性格 喜ばせることが大好きなあなたはクラスの盛り上げ役に◎。プライドが高い一面も。

魅力的タイプ

恋愛 あなたのステキな笑顔でモテモテ！

将来 ファッションセンスを生かせるスタイリスト。

友情 自分とはタイプのちがう友だちができそう！

相性 会話上手で、おもしろい人と相性◎。

性格はどっち？ 元気 ――――♡―― やさしい

♡ このみ ♡

性格 少し天然な愛されキャラ。みんなのいやし系だけど、ちょっとガンコな一面もあるみたい。

人見知りタイプ

恋愛 ちょいワルな雰囲気の人を好きになりそう！

将来 ツアーコンダクターやバスガイドが◎。

友情 勇気を出せば友だちがたくさんできるよ！

相性 あなたを守ってくれる頼りになる人が◎。

性格はどっち？ 元気 ―――――♡ やさしい

♡ こはく ♡

性格 しっかり者に見えるけど、ホントは甘えん坊。いやし系キャラで自然と人が集まっちゃう。

人見知りタイプ

恋愛 強引にアプローチしてくる人にひかれそう。

将来 持ち前のキャラを活かしてバスガイドが◎。

友情 恋愛よりも友だちづきあいを優先するタイプ。

相性 みんなから愛される人気者の彼と相性抜群！

性格はどっち？ 元気 ―――――♡ やさしい

♡ こはな ♡

性格 目立つことがニガテなおとなしい子だね。まさかの時に力をだして、ビックリってことも！

まじめタイプ

恋愛 独占欲が強くなっちゃいそう。気を付けて！

将来 困っている人を助ける弁護士が向いてるよ。

友情 相談を持ちかけられることが多くなりそう。

相性 ロマンチストで記念日を忘れない彼と相性◎

性格はどっち？ 元気 ―――――♡ やさしい

♡ こはね ♡

性格 友だちの話をきちんと聞いて、分かってあげる思いやりのあるやさしい女の子だよ。

人見知りタイプ

恋愛 あまり好みではなかった人とつきあいそう。

将来 みんなのあこがれの的、ファッションモデル。

友情 気まぐれな友だちにふりまわされてしまいそう。

相性 グイグイ引っ張ってくれるタイプと相性◎。

性格はどっち？ 元気 ―――♡――― やさしい

♡ こはる ♡

性格 あまり細かいことは気にしないタイプ。自信のある態度はみんなから頼りにされるよ。

人見知りタイプ

恋愛 スポーツが得意な人にひかれるかも。

将来 声やしゃべることを生かす仕事がいいよ。

友情 人とぶつかることがきらいな、おだやかな性格。

相性 口うるさい人ではなくあっさりした人が◎。

性格はどっち？ 元気 ―――――♡ やさしい

みんなのおまじない 好きな人の写真を枕の下に入れて寝ると夢で会える。

♡ こふゆ ♡

性格 あとで困らないように準備をしっかりするタイプだね。少し柵がりなところがあるかも。 　魅力的タイプ

恋愛 あなたはオクテで一途。積極的になって！
将来 カウンセラーなど、困った人を助ける仕事。
友情 いつもだれかといないと不安になっちゃう。
相性 うそをつかない誠実な人が相性ぴったり。

性格はどっち？　元気 ――●― やさしい

♡ こまき ♡

性格 コツコツ努力家。友だちとの約束もしっかり守るから、友だちからの信頼も厚いよ！ 　まじめタイプ

恋愛 オタク系の人を好きになっちゃうかも！
将来 チャレンジすれば、きっとうまくいくよ！
友情 人見知りなくだれとでも気軽に話せるタイプ。
相性 約束や時間を守る、きっちりした人が相性◎。

性格はどっち？　元気 ―♥―― やさしい

♡ こまち ♡

性格 何でも1番になりたいって、がんばっちゃうね。知らない間にみんなのあこがれのまとだよ。 　まじめタイプ

恋愛 好きになったら自分から告白しちゃうかも！
将来 キッチリとした税理士や会計士がおすすめ。
友情 もっと友だちを信用して相談事をすると◎。
相性 浮気しない一途でまじめな人と相性抜群！

性格はどっち？　元気 ―♥―― やさしい

♡ こまり ♡

性格 自由な発想の持ち主。みんながおどろくような新しいものを作り出す才能を持ってるよ！ 　まじめタイプ

恋愛 そくばくされないと不安になっちゃうかも？
将来 アイデアを生かしてネットで起業！
友情 物知りな人と友だちになると視野が広がって◎。
相性 男らしくリードしてくれる彼だと相性◎。

性格はどっち？　元気 ―♥―― やさしい

♡ こむぎ ♡

性格 目標を見つけると努力をおしまないね。大器晩成型で、大人になったら成功しそうだよ。 　まじめタイプ

恋愛 ちょっとやんちゃな男子の世話をやきたい。
将来 どんなこともうまくいく。チャレンジして！
友情 しっかりしているから頼りにされているよ。
相性 約束や時間をちゃんと守る人が相性◎。

性格はどっち？　元気 ――●― やさしい

♡ こもも ♡

性格 人なつっこい愛されキャラだよ。お部屋にももち物も大好きなかわいいものでいっぱい。 　人見知りタイプ

恋愛 普通の人では物足りないタイプだよ。
将来 旅を企画する、ツアーコンダクターが◎。
友情 世話好きだから年下からしたわれるよ。
相性 みんなから愛されている人気者と相性抜群。

性格はどっち？　元気 ――●― やさしい

みんなのおまじない　パジャマを裏返しに着て寝ると両思いになれる。

♡ こゆ ♡

性格 心やさしい正義感あふれるタイプ。人から頼まれごとをされたら断れないんだよね。

人見知りタイプ

恋愛 親しい友だち関係から恋に発展するかも！

将来 看護師や医師など、人につくす仕事が◎。

友情 勉強の成績の近い人と友だちになるかも。

相性 新しいもの好きで情報通な人がぴったり。

性格はどっち? 元気 ——♡—— やさしい

♡ こゆき ♡

性格 ちょっとあわてんぼうだけど、家族や友だちを大事にするやさしい思いやりがあるタイプ。

まじめタイプ

恋愛 真剣に相談に乗ってくれる人にひかれそう。

将来 外交官になって色んな国に行けちゃうよ！

友情 友だちの良いところをほめて認めてあげると◎。

相性 お金持ちのお坊ちゃまタイプが相性◎。

性格はどっち? 元気 ————♡ やさしい

♡ こゆみ ♡

性格 とてもまじめな性格でちょっと不器用？がんばり屋さんだから、必ず成功するよ。

まじめタイプ

恋愛 自分だけにやさしくしてくれる人が好き！

将来 大人気アイドルになれるのも夢じゃないよ。

友情 しっかり者だから頼りにされることが多いよ。

相性 あなたのことを先に考えられるやさしい人。

性格はどっち? 元気 ———♡— やさしい

♡ こゆり ♡

性格 自分に厳しくて手を抜かない努力家。がんばりすぎてつかれないように気をつけて！

まじめタイプ

恋愛 友だちの意見を聞いて参考にすると◎。

将来 テレビやラジオ局での仕事が向いてるよ。

友情 仲よしの友だちのことをずっと大切にするよ。

相性 物を粗末にしない節約家・倹約家な人が◎。

性格はどっち? 元気 ————♡ やさしい

♡ こよみ ♡

性格 ほんわかとした雰囲気を持っているから、話しかけやすく、自然と人が集まってくるよ。

人見知りタイプ

恋愛 大人びた雰囲気の人にひかれちゃうかも。

将来 人と競わず、マイペースにできる仕事が◎。

友情 恋愛よりも友だちつきあいを優先するタイプ。

相性 困ったときに守ってくれる頼りになる人が◎。

性格はどっち? 元気 ———♡— やさしい

♡ こより ♡

性格 楽しんでこそ人生！みんなを巻き込んで楽しむことがだ～い好き。記念日やお祭りごとが好き。

人見知りタイプ

恋愛 自分の話を常に聞いてくれる人が◎。

将来 ホテルなどで人をもてなす仕事が◎。

友情 楽しいことはみんなで共有したいタイプ。

相性 みんなのリーダー的存在な人がピッタリ。

性格はどっち? 元気 ———♡— やさしい

みんなのおまじない 好きな人の名前を手に書いてこっそりキスすると両思い。

さ行の女の子

太陽タイプ

自然とまわりから注目されちゃう太陽のように明るい人。ハデなファッションでも似合うから試してみて。

モテモテタイプ

存在感がバツグンで、とにかくモテる！白黒はっきりさせたいタイプだから、いつも意見をきちんと言える人。

おしゃれタイプ

おしゃれ上級者で、みんなのお手本になっている人。頭の回転が速いから、いつもアイデアをいっぱい持ってるね。

♡ さあ ♡

性格 おしゃべりが大好きなにぎやかタイプ。何でも1番になりたい、負けずぎらいな面もあるよ。

太陽タイプ

恋愛 笑いのツボがいっしょな人を好きになりそう。

将来 接客向きタイプ。ショップスタッフとか。

友情 いつでも聞き役になってくれる友だちと◎。

相性 清潔感があるさわやかな人と相性ピッタリ！

性格はどっち？　元気 ♡ やさしい

♡ さあや ♡

性格 自分のことよりも相手のことを考えられるタイプ。あらそいごとがきらいな平和主義者だよ。

太陽タイプ

恋愛 仲の良い友だち関係から恋へ発展の予感！

将来 センスをいかして美容師として活躍！

友情 素直すぎちゃうから、冗談も本気にしそう。

相性 お祭りや行事が大好きなにぎやかな人と◎。

性格はどっち？　元気 ♡ やさしい

♡ さあら ♡

性格 言葉づかいや行動が大胆。でも態度に嫌味がないからみんなから頼りにされるよ。

太陽タイプ

恋愛 スポーツが得意な人を好きになりそう。

将来 資格を取って専門的な職業につくと◎。

友情 友だちの意見をしっかり聞くと好かれるよ。

相性 ユーモアのセンスがある人と相性ピッタリ。

性格はどっち？　元気 ♡ やさしい

♡ さい ♡

性格 人の良いところを発見するのが得意。とても繊細で感受性が豊かなところもあるよ。

おしゃれタイプ

恋愛 自分のみせ方をよく知ってるからモテモテ！

将来 ゲーム制作などをする仕事が向いてるよ。

友情 自分の存在をアピール！目立ちたがり屋。

相性 ミステリアスな雰囲気な人にひかれるかも。

性格はどっち？　元気 ♡ やさしい

♡ さいか ♡

性格 笑顔がたえない、明るいオーラを持っている人。何事もキッチリとさせたい性格だよ。

おしゃれタイプ

恋愛 ドラマのような出会いを想像している。

将来 シェフやパティシエがおすすめだよ。

友情 自分をさらけだせる友だちを選んでいくよ。

相性 自分の話ばかりしない人。自己中な人はダメ。

性格はどっち？　元気 ♡ やさしい

♡ さいこ ♡

性格 自分の意見をはっきり言えるしっかりした人だね。何でもあきらめずにやりとげるよ。

モテモテタイプ

恋愛 しっかりしていない男子にひかれちゃう。

将来 ブライダルプランナーとして大活躍。

友情 友だちをほめてあげることで友情が深まるよ。

相性 口下手で不器用だけど、やさしい人が相性◎。

性格はどっち？　元気 ♡ やさしい

みんなのおまじない　ピンクのペンで好きな人の名前を書いて筆箱に入れると両思い。

♡ さえ ♡

性格 曲がったことが大きらいな、まっすぐな性格。みんなから人気と信頼を集めるタイプ。

モテモテタイプ

恋愛 一途なタイプ。相手にとことんつくしちゃう！

将来 銀行員など、お金を扱う仕事が向いてるよ！

友情 友だちからの相談を受けることが多いかも。

相性 うそをつかない有言実行なタイプな人と相性◎。

性格はどっち？ 元気───♡───やさしい

♡ さえか ♡

性格 先生や年上の人から好かれるタイプだよ。ちょっとあわてんぼうなところもあるよ。

モテモテタイプ

恋愛 自分とちがう世界観を持つ人にひかれそう。

将来 政治家や高級官僚として大活躍かも！

友情 友だちから頼りにされることが多いかも。

相性 口下手で不器用だけどやさしい人と相性抜群！

性格はどっち？ 元気─♡─────やさしい

♡ さえき ♡

性格 人なつっこくて愛嬌がある。自然とみんなを笑顔にしちゃう、天然系の愛されキャラだよ。

太陽タイプ

恋愛 強引にアプローチしてくる人にひかれそう。

将来 ステキな家やお店をつくる建築デザイナーに。

友情 恋愛より友だち優先。たくさん友だちができる！

相性 おしが強くて情熱的な人と相性ピッタリ！

性格はどっち？ 元気──♡────やさしい

♡ さえこ ♡

性格 初対面ではしっかり者にみられるけど、本当は甘えん坊。かわいいものが大好き。

太陽タイプ

恋愛 手料理などで相手を喜ばせるのが好き。

将来 時刻に正確な電車やバスの運転手が◎。

友情 世話好きだから年下から好かれるよ。

相性 おとなしい人じゃなくて、元気な人と相性◎。

性格はどっち？ 元気───♡───やさしい

♡ さえな ♡

性格 だれとでもすぐに打ち解けて仲よくなれる性格だよ。困ったときには味方がたくさんいるよ。

モテモテタイプ

恋愛 好きなのに冷たい態度をとってしまうよ。

将来 救急救命士など、人を助ける仕事が。

友情 困ったときに助けてくれる友だちが多いよ。

相性 家族思いでまじめな人が相性ピッタリ。

性格はどっち？ 元気──♡────やさしい

♡ さえみ ♡

性格 グループ内のいやし系キャラ。やさしい雰囲気から、自然にまわりに人が集まってくるよ。

太陽タイプ

恋愛 年上の包容力がある人にひかれそう。

将来 元気なツアーコンダクターになると◎。

友情 警戒されずにみんなから話しかけられるよ。

相性 みんなから愛されている人と相性抜群！

性格はどっち？ 元気───♡───やさしい

みんなのおまじない ピンクのマニキュアで鏡に好きな人の名前を書くと両想い。

♡ さえら ♡

性格 自分の考えに自信を持っているタイプ。人の意見を聞いたり甘えたりすると◎。

 モテモテタイプ

恋愛 好きな人の前だと自然と笑顔になっちゃう。

将来 街の安全を守る警察官になって大活躍！

友情 本気のケンカの後に真の友情が芽生えるよ！

相性 さばさばして男らしい人とうまくいきそう。

性格はどっち？ 元気 —♡———— やさしい

♡ さえり ♡

性格 ここぞというときに力を発揮できる強運の持ち主！人にやさしくするとさらに運気アップ！

 おしゃれタイプ

恋愛 モテるから、本命の人に誤解されそう！

将来 小中学校の先生やトレーナーが向いてるよ。

友情 グループを仕切ってみんなのまとめ役に！

相性 いつも前向きな言葉をかけてくれる人が◎。

性格はどっち？ 元気 ——♡——— やさしい

♡ さお ♡

性格 大勢の前で話すのはニガテ。でもみんなから頼りにされて、大きな役割を任されるかも。

モテモテタイプ

恋愛 何かに夢中でがんばってる人にひかれそう。

将来 経理などの分析する仕事が向いてるよ。

友情 ケンカしたら意地をはらずに仲直りが◎。

相性 シャイでおとなしい人が相性ピッタリ！

性格はどっち？ 元気 ————♡— やさしい

♡ さおり ♡

性格 とても粘り強くてピンチのときほど燃えるタイプ。将来は大きなことを成し遂げるよ。

モテモテタイプ

恋愛 好きになったら待つことができないタイプ。

将来 マスコミ関連の仕事がおすすめだよ。

友情 物知りな人と友だちになると視野が広がるよ。

相性 ささいなことで感動してくれる人と相性◎。

性格はどっち？ 元気 ——♡——— やさしい

♡ さかえ ♡

性格 自分の考えを信じて、人の意見に流されないよ。自然とグループの中心人物になるよ。

モテモテタイプ

恋愛 やさしくておだやかな人を好きになるよ。

将来 世界の空を職場に。キャビンアテンダント。

友情 ウソをつかない性格だから信頼を得るよ。

相性 文句を言わずに同意してくれる人が◎。

性格はどっち？ 元気 ♡———— やさしい

♡ さき ♡

性格 気まぐれな行動で友だちをびっくりさせちゃう。思いがけない態度に男の子はドキドキ？

おしゃれタイプ

恋愛 いろんなタイプの人とおつきあいしそう。

将来 おしゃれなカフェの経営者として大活躍。

友情 気をつかわなくていい友だちを選んでいくよ。

相性 気まぐれにふりまわしても許してくれる人。

性格はどっち？ 元気 ———♡—— やさしい

赤いペンで左足の小指にハートを描くと告白される。

♡ さきえ ♡

性格 困ったら、すぐまわりに相談して解決するよ。少しちゃっかりしてるところも憎めない。

太陽タイプ

恋愛 友だちよりも恋愛に夢中になっちゃいそう。

将来 みんなの注目を集めるダンサーがおすすめ。

友情 親身になって話を聞いてくれる人が◎。

相性 人とちがう天才肌な彼と相性ピッタリ！

性格はどっち？ 元気 ─♡─┼─┼─ やさしい

♡ さきこ ♡

性格 見えないところでコツコツ努力する努力家だよ。約束もちゃんと守るから信頼されるよ。

モテモテタイプ

恋愛 やんちゃな男子にひかれちゃうかも。

将来 社交性を生かせる外交官が向いてるよ！

友情 しっかり者だからみんなから頼られる存在に！

相性 セレブなお坊ちゃまタイプな彼と◎。

性格はどっち？ 元気 ─┼─♡─┼─ やさしい

♡ さきな ♡

性格 思ったことをなかなか口に出せないおとなしいタイプ。どんな子とも、仲よくできるよ。

おしゃれタイプ

恋愛 気持ちをわかってくれるような人が◎。

将来 作詞家になってヒット曲を作っちゃおう。

友情 友だちに気をつかいすぎてつかれちゃうかも。

相性 空気を読んで気づかいのできる人が相性抜群。

性格はどっち？ 元気 ─┼─♡─┼─ やさしい

♡ さきの ♡

性格 好きなことしか目に入らないみたい。もっと色んなことにチャレンジしてみて。

モテモテタイプ

恋愛 自分で告白できる勇気をもってるよ。

将来 秘書や受付などの仕事が向いてるよ。

友情 お互いに支えあう友だちができるかも。

相性 勉強やクラブ活動に一生けんめいな人が相性◎。

性格はどっち？ 元気 ─♡─┼─┼─ やさしい

♡ さきほ ♡

性格 負けずぎらいのがんばりやさんだね。あまり人の意見を聞かないところがあるから注意。

モテモテタイプ

恋愛 向上心があってがんばる人にひかれそう。

将来 外資系企業で海外を飛び回る仕事がいいよ。

友情 悩んだら友だちを信じて相談してみると◎。

相性 正直な人とおつきあいが長続きするよ。

性格はどっち？ 元気 ─┼─♡─┼─ やさしい

♡ さきよ ♡

性格 相手のことを考えられる心の広い人。見えないところで努力しているがんばり屋さん。

モテモテタイプ

恋愛 恋より友情を取ってしまうことがあるかも。

将来 古風な日本舞踊や茶道の先生に向いてるよ。

友情 親友になった人とは深い友情で結ばれるよ。

相性 少し手がかかるような人と気が合うかも！

性格はどっち？ 元気 ─♡─┼─┼─ やさしい

みんなのおまじない ★ 左手の小指に指輪をすると両思いになれる。

♡ さく ♡

性格 集中して勉強ができるタイプ。少し内気なところもあるからワイワイさわぐのはニガテかも。

おしゃれタイプ

恋愛 相手のささいな気配りから好きになりそう。

将来 おしゃれなカフェの経営者がおすすめ。

友情 気をつかわない自然体でいられる友だちが◎。

相性 ホッとするいやし系の人。クマさんタイプ。

性格はどっち？ 元気 ─┼─┼─♡─┼─ やさしい

♡ さくと ♡

性格 太陽のように明るく元気。自分だけでなく、まわりも巻き込んで楽しむのが大好き！

太陽タイプ

恋愛 好きになったら気持ちが態度にでちゃうね。

将来 元気で明るい飲食店の店長が向いてるよ！

友情 なんでも友だちといっしょにやりたいタイプだよ。

相性 ユーモアのセンスがある人と相性バツグン！

性格はどっち？ 元気 ─♡─┼─┼─┼─ やさしい

♡ さくの ♡

性格 とてもマイペースでのんびり。自分のしたいことをしている時が一番充実しているね。

太陽タイプ

恋愛 一途な人から思われて、大切にされそう。

将来 フラワーデザイナー、花に関する仕事が◯。

友情 にぎやかで積極的な友だちが増えそうだよ！

相性 言いにくいこともハッキリと言ってくれる人。

性格はどっち？ 元気 ─┼─┼─┼─♡─ やさしい

♡ さくは ♡

性格 勉強でもスポーツでも、コツをつかむのが早くてすぐに上達しちゃう秀才タイプ！

おしゃれタイプ

恋愛 愛されるよりも追いかける恋愛をしそう。

将来 好きなことや趣味を仕事にする。

友情 自分と性格のちがう友だちができそうだよ。

相性 話をしっかり聞いてくれるやさしい人が相性◎。

性格はどっち？ 元気 ─┼─┼─┼─♡─ やさしい

♡ さくや ♡

性格 グループのムードメーカー。みんなを喜ばせたくて、ちょっぴりムリしちゃうことも。

おしゃれタイプ

恋愛 オクテ。両思いになるには積極的になって！

将来 子供の塾や体操など習いごとの先生が◯。

友情 ホントは気にされたがりのさみしがり屋。

相性 話さなくてもわかってくれる人と合うよ。

性格はどっち？ 元気 ─┼─┼─♡─┼─ やさしい

♡ さくら ♡

性格 みんなの前ではハイテンション。仲の良い友だちにはわがままを言っちゃうこともあるよ。

おしゃれタイプ

恋愛 八方美人だから、本命の人に誤解されそう。

将来 芸能人のマネージャーとして大活躍。

友情 人を結びつける橋渡し的な役割が得意。

相性 自分を特別扱いしてくれる人が合うよ。

性格はどっち？ 元気 ─┼─┼─┼─♡─ やさしい

みんなのおまじない　好きな人の後ろでこっそり「パンダ」と唱えると両思いに。

♡ さくらこ ♡

性格　話しかけやすい雰囲気を持ってるから、自然に人が集まってくるよ。みんなのいやし系。　**太陽タイプ**

恋愛　強引にアプローチしてくる人にひかれそう。

将来　マイペースに働く仕事が向いてるよ。

友情　愛されキャラだから友だちがたくさんできる。

相性　困ったときに助けてくれる人と相性◎。

性格はどっち?　元気━━━♡━━やさしい

♡ さくらな ♡

性格　直感で行動するタイプ。人と同じは嫌で、少し変わった子と思われちゃうかも。　**おしゃれタイプ**

恋愛　特別扱いされるとすぐに好きになっちゃう！

将来　ジュエリーデザイナーになって流行を発信。

友情　趣味や好きなことがいっしょな友だちができそう。

相性　いつも笑顔で楽しそうに話をする人と◎。

性格はどっち?　元気━━━━━♡やさしい

♡ さこ ♡

性格　人の好ききらいが少なくて、平等に接するから、自然とリーダー役になるよ。　**モテモテタイプ**

恋愛　悩みごとなどを真剣に聞いてくれる人。

将来　国民の信頼を得る政治家や高級官僚。

友情　人見知りせずにだれとでも気軽に話せるね。

相性　勉強や読書が好きな人が相性ピッタリだよ。

性格はどっち?　元気━━♡━━━やさしい

♡ ささ ♡

性格　人から頼まれると断れない。用事が多くなっていそがしくなっちゃう。だれからも好かれるよ。　**太陽タイプ**

恋愛　イケメンとのデートにあこがれているよ。

将来　人のためにつくす仕事が向いてるよ。

友情　素直で真に受けやすい。早とちりしそう。

相性　がんばりをしっかり認めてくれる人が◎。

性格はどっち?　元気━━━━♡━やさしい

♡ さしゃ ♡

性格　清く正しい心を持っていて、人と誠実に接しているよ。占いやおまじないなどが大好き。　**太陽タイプ**

恋愛　親しい友だち関係が恋に発展するかも！

将来　元気いっぱい遊園地のスタッフがおすすめ。

友情　断れない性格がみんなに甘えられちゃう。

相性　がんばったところをほめて認めてくれる人。

性格はどっち?　元気━━♡━━━やさしい

♡ さち ♡

性格　大人っぽくて、流行に敏感。おしゃれだから、みんながお手本にするよ。　**おしゃれタイプ**

恋愛　落ち込んだ時にはげましてくれる相手が◎。

将来　先生など、人に教える仕事が向いてるよ。

友情　グループの中心になって仕切るのが好き。

相性　前向きで自信をつけてくれる人と相性抜群。

性格はどっち?　元気━━━♡━━やさしい

みんなのおまじない　好きな人の持ち物をもらい大切にすると両思いに。

♡ さちえ ♡

性格 知識欲がおうせいで自分でどんどん調べていく。得意科目では絶対に負けたくない。 太陽タイプ

友だちの多い人気にひかれちゃうかも。
かわいい動物と接する仕事が向いてるよ。
友だちに悩みを相談するなど頼り上手な面も。
趣味が合っていっしょに楽しめる人が相性抜群。

♡ さちか ♡

性格 いつも笑顔で、明るいオーラを持ってるよ。ちょっと気まぐれだけど、そこがミリョク的。 おしゃれタイプ

思ったことを言えない。素直になって！
おしゃれなアパレル関係の仕事がおすすめ。
仲が良くなると相手をふりまわしちゃうかも。
気まぐれも許してくれる心の広い人が◎。

♡ さちこ ♡

先生や年上の人から好かれるタイプ。ちょっとうっかり者で、あわてんぼうな面も。 モテモテタイプ

心配性だから自分だけにやさしい人がいいよ。
チャレンジすればどんな仕事もうまくいく。
友だちの良いところを認めてあげると◎。
キチンと約束や時間を守る人と相性抜群！

♡ さちな ♡

性格を分析することが得意。グループ内では人間関係の調整役として活躍。 おしゃれタイプ

ライバルの存在がやたらと気になっちゃう。
感性を発揮できる仕事がおススメだよ。
意見をストレートに言うことも大切だよ。
大きな夢を語る自信家でビッグマウスな人。

♡ さちの ♡

人の意見を聞く柔軟性があるけど、自分の意見は簡単には譲らないガンコな面もあるよ。 モテモテタイプ

積極的に恋人をリードするようになるよ。
公平公正な裁判官になれるよ。
信頼して相談されることが多くなるよ。
明るくてピュアな男の子とうまくいきそう。

♡ さちほ ♡

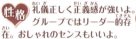礼儀正しく正義感が強いよ。グループではリーダー的存在。おしゃれのセンスもいいよ。 モテモテタイプ

刺激よりもいやしを求めているタイプ。
リーダーとして人の上に立つ仕事がいいよ。
正直でウソをつかないから信頼されているよ。
自分のペースに持っていけそうなタイプの人。

みんなのおまじない　金色の折り鶴に好きな人の名前を書き夕日に当てると両思いに。

♡ さちよ ♡

性格 どんなタイプの人とも上手につきあえる女の子だね。まじめなので年上から好かれるよ。 モテモテタイプ

 好きな人ができても話さない秘密主義。

 茶道や日舞などの習いごとの先生がおすすめ。

 親友になったら一生のつきあいができそう。

 一途で独占欲の強い人と相性ピッタリ。

 性格はどっち? 元気———♡———やさしい

♡ さつき ♡

性格 とても友だち思いなあなた。ちょっと神経質なところもあるよ。おしゃれのセンスも抜群！ 太陽タイプ

 甘えん坊だから年上で包容力のある人が◎。

 世界各地を旅するツアーコンダクター。

 自然とみんなの話題の中心になってるよ。

相性 自信家のオレ様タイプにひかれちゃうかも。

 性格はどっち? 元気———♡———やさしい

♡ さと ♡

性格 自分に厳しく、手を抜くことをきらうタイプ。たまには休憩することも大切だからね。 モテモテタイプ

 そくばくするタイプに愛情を感じやすいかも。

 税理士や会計士などお金に関する仕事を。

 あなたは秘密主義。もっと友だちを信用して。

 一途でまじめ、浮気をしない人と相性抜群。

 性格はどっち? 元気———♡———やさしい

♡ さとえ ♡

性格 だまっていることやじっとしていることがニガテ。グループ内ではにぎやかな人だね。 太陽タイプ

 王子様のような美系の男子にひかれてる。

 接客向きだよ。ショップスタッフなど。

 いっしょにいて楽しい人だと思われてるよ。

 してあげたことにちゃんと感謝する人が◎。

 性格はどっち? 元気———♡———やさしい

♡ さとか ♡

性格 ちょっとうっかり者で、先生や年上の人から好かれるよ。守ってあげたくなるキャラ。 モテモテタイプ

 初めてつきあった人と大恋愛しそう。

 社交性を活かして外交官になれるよ。

 人見知りしないからだれとでも気軽に話せるよ。

 不器用だけど、とてもやさしい人と相性◎。

 性格はどっち? 元気———♡———やさしい

♡ さとこ ♡

性格 友だちとワイワイさわぐことがニガテで、考えごとをすることが好き。少し内向きな性格かも。 おしゃれタイプ

 小さな気配りから、好きになっちゃうかも。

 シェフなど食にかかわる仕事に向いてるよ。

友情 思いやりはあるけど、人の好ききらいが多い。

 成績が同じくらいの人とフィーリングが◎。

 性格はどっち? 元気———♡———やさしい

みんなのおまじない ★ 黒いリボンを、三つあみにあみこむとすぐに両思いになれるよ！

♡ さとの ♡

性格 ちょっと優柔不断だけれど、涙もろく人情味あふれるアツいハートを持っているよ。

おしゃれタイプ

恋愛 告白されるようにアピールするのが得意。

将来 アイデアをいかして発明家を目指して！

友情 気をつかいすぎて時々つかれちゃうかも。

相性 落ち込んだ時にはげましてくれる人が◎。

性格はどっち？ 元気 ――――♡― やさしい

♡ さとみ ♡

性格 努力をおしまず目標に向かうため、将来は大物になる可能性が！大器晩成型。

モテモテタイプ

恋愛 失恋すると長く引きずっちゃいそう。

将来 幸せのお手伝い、結婚アドバイザー。

友情 平等に接するから、みんなから好かれるよ。

相性 アドバイスを素直に聞いて実行してくれる人。

性格はどっち？ 元気 ―――――♡ やさしい

♡ さとり ♡

性格 ルールや常識にとらわれない自由な発想を持ってる。みんながおどろくものを生み出すかも。

モテモテタイプ

恋愛 好きなのに冷たくしちゃう。素直になって。

将来 アイデアをいかしてネットで起業するかも。

友情 浅く広い友だちつきあいはしないタイプ。

相性 大らかであまり怒らなさそうな人と相性◯。

性格はどっち？ 元気 ―♡―――― やさしい

♡ さな ♡

性格 思ったことがすぐ顔に出ちゃう、うそのつけない子だね。おせじを言われるのがニガテ。

太陽タイプ

恋愛 野性味あるワイルドな男子にひかれそう。

将来 特技を仕事に、小さな店を開くといいかも。

友情 グループの中ではいやし系の存在だよ。

相性 大きく歳の離れた彼にミリョクを感じるよ。

性格はどっち？ 元気 ―――♡―― やさしい

♡ さなえ ♡

性格 難しそうなことやニガテなことでもにげ出さず、がんばる人だよ。将来は大物になりそう。

モテモテタイプ

恋愛 シャイだけどやさしい男の子にトキメクよ。

将来 事務などで数字を扱う仕事が向いてるよ。

友情 ケンカしたら、すぐに仲直りするといいよ。

相性 おとなしいけど、まじめな感じの人がピッタリ。

性格はどっち？ 元気 ―♡―――― やさしい

♡ さなみ ♡

性格 何にでも感動できるゆたかな心の持ち主だね。将来は芸術の分野で活躍するかも。

おしゃれタイプ

恋愛 お笑い系でにぎやかな人を好きになりそう。

将来 ベストセラー作家になるのも夢じゃないよ。

友情 ライバルと思っていた人と友だちになるかも。

相性 少しぽっちゃり目でいやし系の人が相性抜群。

性格はどっち？ 元気 ――♡――― やさしい

みんなのおまじない ★ ぶどうの種2つをビンに入れ、部屋の東に置くと両思いに。

♡ さなり ♡

性格 友だちの前では明るくてテンションが高いけど、繊細でさみしがり屋なところがあるよ。

おしゃれタイプ

恋愛 目立つ存在だから一目ぼれされちゃうかも？

将来 小学校や中学校の先生が向いてるよ。

友情 友だち同士をつないで、輪を広げる役割をするよ。

相性 ポジティブな言葉をかけてくれる人が◎。

性格はどっち？　元気 ── ♡ ── やさしい

♡ さふぁいあ ♡

性格 とても几帳面で細かく、整理整頓が得意。物ごとを計画的に進めていけるタイプだよ。

おしゃれタイプ

恋愛 熱しやすくて冷めやすい。恋多き人生かも。

将来 歌手や演奏者などの音楽関連の仕事が◎。

友情 自分と性格がちがうタイプの友だちができそう。

相性 気さくで人なつっこい人と相性ピッタリ！

性格はどっち？　元気 ── ♡ ── やさしい

♡ さほ ♡

性格 目立つ気持ちはなくても、自然と目立つ存在感がある人。みんなから頼りにされるよ。

モテモテタイプ

恋愛 自分の意見に反対しない人を選ぶよ。

将来 人の上に立つ仕事。リーダーや社長など。

友情 秘密を守るから信用されて相談にのることも。

相性 責任感があり正直な人。有言実行タイプ。

性格はどっち？　元気 ──── ♡ やさしい

♡ さほこ ♡

性格 無理せずサボらず、地道にコツコツがんばるタイプ。理論派で理科や算数が得意だね。

おしゃれタイプ

恋愛 色んなタイプの人とおつきあいしそう。

将来 アパレル関係。販売やデザイナーが◎。

友情 人見知りだけど仲良くなると積極的になる。

相性 テストの点数が同じくらいの人が合うよ。

性格はどっち？　元気 ──── ♡ やさしい

♡ さほり ♡

性格 芯があって粘り強い。困った状況になってもあきらめない強い気持ちを持ってるよ。

モテモテタイプ

恋愛 好きな人の前だと態度にあらわれちゃう。

将来 税のプロフェッショナル、税理士を目指そう。

友情 本気でケンカしたあとに、真の友情が。

相性 人見知りをしない社交的な人が相性ピッタリ。

性格はどっち？　元気 ── ♡ ── やさしい

♡ さみ ♡

性格 新しいことにチャレンジするのをこわがらないね。次々に色んなことに挑戦していくよ。

おしゃれタイプ

恋愛 気持ちを素直に言えないところがあるよ。

将来 冷静に社会を見つめるジャーナリスト。

友情 仲良くなっていくとふりまわすことも。

相性 わがままを聞いてくれる人が相性ピッタリ。

性格はどっち？　元気 ── ♡ ── やさしい

みんなのおまじない　鏡の左下に好きな人の名前を赤いマニキュアで書くと両思い。

♡ さや ♡

性格 好きな人の言うことは素直に聞いちゃう。でもニガテな人の前だと口数が減ってしまうよ。

太陽タイプ

恋愛 恥ずかしくて告白できないから待っちゃう！

将来 絵本作家など、絵を描く仕事が向いてるよ。

友情 ファッションセンスをみんながマネしそう。

相性 常識的でマナーの良い人とピッタリ！

性格はどっち？ 元気 ――♡―― やさしい

♡ さやか ♡

性格 人と比べないで自分のペースで物ごとを進めていける人だよ。合わせ上手な面もあるよ。

太陽タイプ

恋愛 やさしくされるとすぐに好きになっちゃう！

将来 マイペースでできる仕事が向いてるよ。

友情 あなたは頼りになるリーダー的存在！

相性 どうしても見た目を重視しちゃうね。

性格はどっち？ 元気 ――――♡ やさしい

♡ さやこ ♡

性格 ルールを守り友だちとの約束も守るから信頼されるよ。見てないところでコツコツ、努力家。

モテモテタイプ

恋愛 オタクを好きになって世界観が変わるかも。

将来 政治家や高級官僚になれちゃうかも。

友情 だれに対しても平等だからだれからも好かれる。

相性 お金持ちのお坊ちゃまタイプと相性◎。

性格はどっち？ 元気 ―――♡― やさしい

♡ さやな ♡

性格 決断力と行動力があって、面倒な頼みごとも嫌な顔ずに引き受けてくれる頼れる存在。

太陽タイプ

恋愛 好きになったら独占したくなっちゃう！

将来 女優や劇団員など、表現する仕事が。

友情 にぎやかで積極的な友だちが増えそう。

相性 やさしく愛を語るロマンチストな男性が◎。

性格はどっち？ 元気 ―――♡― やさしい

♡ さやの ♡

性格 消極的なところもあるけど、現実的で芯のしっかりした人だね。目立つことがニガテ。

モテモテタイプ

恋愛 豪快で元気いっぱいの人にひかれそう。

将来 映像作家や映画監督などの仕事がいいよ。

友情 相談を持ちかけられることが多くなりそう。

相性 見た目ではなく性格を重視する人が相性◎。

性格はどっち？ 元気 ――♡―― やさしい

♡ さゆ ♡

性格 素直で親や先生の言うことをしっかり聞くタイプ。引っ込み思案なところもあるよ。

おしゃれタイプ

恋愛 ライバルが多い人を好きになっちゃうかも。

将来 マンガや雑誌、本の編集の仕事が向いてるよ。

友情 自分と反対のタイプの人と友だちになりそう。

相性 みんなの評判より、自分のトキメキを信じて。

性格はどっち？ 元気 ―――♡― やさしい

みんなのおまじない ★ 左手首に青いペンでハートを書き3日間おくと両思いになれる。

♡ さゆか ♡

性格 センスがよくて、おしゃれ上手な女の子！自由に思いついたまま動くのが大好きだよ。 （おしゃれタイプ）

- **恋愛** ドラマティックな出会いを想像しているね。
- **将来** 感性をいかせるデザイナーがおすすめ。
- **友情** 今までライバルだった人と友だちになるかも。
- **相性** わがままを許してくれる忍耐強い人が◎。

性格はどっち？ 元気 ── ♥ ── やさしい

♡ さゆき ♡

性格 自然と人が集まってくるよ。困ったときはまわりの人が協力してくれて、助けてくれるよ。 （太陽タイプ）

- **恋愛** 失恋しても前向きで、立ち直りが早いよ。
- **将来** いろいろ旅するツアーコンダクターがよさそう。
- **友情** とても頼りになるリーダー的存在だよ。
- **相性** 自信家で態度が堂々としている人と相性◎！

性格はどっち？ 元気 ── ♥ ── やさしい

♡ さゆこ ♡

性格 マイペースな性格だよ。コツコツ努力を重ねて、大きな成果をあげることができるよ。 （太陽タイプ）

- **恋愛** 甘えたいタイプ。包容力のある相手が◎。
- **将来** 建築デザイナーや建築士が向いてるよ。
- **友情** とても頼りになるリーダー的存在だよ。
- **相性** 見た目重視で、イケメンにひかれそう。

性格はどっち？ 元気 ── ♥ ── やさしい

♡ さゆな ♡

性格 何事も直感で行動するタイプ。失敗しても立ち直りが早いのが良いところだよ。 （おしゃれタイプ）

- **恋愛** 自分の好意を相手に気づかせるのが得意。
- **将来** 作曲家になって名曲を作っちゃおう。
- **友情** 自分にない才能を持った友だちができるよ。
- **相性** 白黒つけない柔軟性のある心の広い人。

性格はどっち？ 元気 ── ♥ ── やさしい

♡ さゆみ ♡

性格 初対面ではしっかりものに見られちゃうけど、実は甘えたがり。かわいいものが大好き。 （太陽タイプ）

- **恋愛** 自分とちがう、ちょいワルな人にひかれそう。
- **将来** 笑顔のステキなバスガイドがおすすめ。
- **友情** あなたはいつも話題の中心にいる存在だよ。
- **相性** 強引で情熱的な人と相性ピッタリだよ。

性格はどっち？ 元気 ── ♥ ── やさしい

♡ さゆり ♡

性格 パワーみなぎる、細かいことは気にしないタイプ。みんなから頼りにされているよ。 （太陽タイプ）

- **恋愛** いつも話を聞いてくれる人がピッタリ。
- **将来** 主婦になってダンナさんの仕事を支えると◎。
- **友情** おだやかな性格で、友人との意見の衝突をきらうよ。
- **相性** 年上で強引なところがある人がピッタリ。

性格はどっち？ 元気 ── ♥ ── やさしい

みんなのおまじない★ 好きな人の名前を手首に書きばんそうこうを3日間貼ると両思いに。

♡ さよ ♡

性格 自分の意見を持っているけど、相手におしつけない広い心を持ってるよ。世渡り上手。

モテモテタイプ

恋愛 一途に何年も同じ人を片思いしちゃいそう。

将来 探偵になって困っている人を助けちゃおう。

友情 裏表がないから、みんなから信頼されるよ。

相性 素直で純粋なオクテなタイプと相性ピッタリ！

性格はどっち？ 元気 ─♡─ やさしい

♡ さよか ♡

性格 家族や友だちを大切にするタイプ。いつも感謝の気持ちを忘れずに親孝行をしているね。

モテモテタイプ

恋愛 初めてつきあった人と結婚しちゃうかも！

将来 どんな仕事もうまくいくよ！がんばって！

友情 人見知りをしないからだれとでも仲良くなれるよ。

相性 女王様のように立ててくれる人と相性抜群！

性格はどっち？ 元気 ──♡ やさしい

♡ さよこ ♡

性格 頭の回転が速く集中して勉強できるタイプ。色々学んでどんどん成長していくよ。

おしゃれタイプ

恋愛 ドラマみたいな運命的な出会いを待ってる。

将来 書く仕事。ベストセラー作家になれるよ。

友情 思いやりはあるけど人の好ききらいが多いよ。

相性 少しのことではくよくよしないタイプが◎。

性格はどっち？ 元気 ──♡── やさしい

♡ さより ♡

性格 かっこいい人にあこがれ、自分も努力するよ。だんだんとみんなのあこがれの存在になるよ。

モテモテタイプ

恋愛 真剣に恋愛をするよ。軽い恋愛はしない。

将来 街の頼れる警察官として大活躍しそう。

友情 秘密主義の性格。友だちをもっと信用して。

相性 サバサバして男らしくリードしてくれる人。

性格はどっち？ 元気 ──♡── やさしい

♡ さら ♡

性格 考え方が大人っぽくていつもどこかクールだよ。大きくなったら外国で活躍しそうだね。

太陽タイプ

恋愛 好きな人には気持ちを隠さずに行動しそう。

将来 ステキなニュースキャスターを目指して。

友情 友だちの話を聞いてあげると好かれるよ。

相性 勉強が得意でやさしく教えてくれる人が◎。

性格はどっち？ 元気 ─♡── やさしい

♡ さらさ ♡

性格 守ってあげたくなる妹系の雰囲気があるからモテちゃう。友だちの意見も参考にすると◎。

太陽タイプ

恋愛 面食い。とにかくイケメンが好きなタイプ。

将来 看護師など人につくす仕事が向いてるよ。

友情 友だちの言う冗談を本気にしちゃうかも。

相性 笑った顔がかわいい人と相性ピッタリ。

性格はどっち？ 元気 ──♡── やさしい

みんなのおまじない　左手小指の爪を7ミリ伸ばし願いごとを思いながら切るとかなう。

♡ さらら ♡

性格 友だちより先生や大人の人と話す方が楽ちん。まわりをどっきりさせることをたまにする。

太陽タイプ

恋愛 スポーツが得意な人がどうしても気になる！

将来 みんなをまとめる司会者がぴったりだよ。

友情 ケンカしないようううまくバランスがとれるよ。

相性 パパっと問題を解決できる賢い人がおすすめ。

性格はどっち？　元気 ——♥——— やさしい

♡ さらん ♡

性格 人に相談や頼ることも上手にできちゃう。いばるときらわれちゃうから気をつけてね。

太陽タイプ

恋愛 クラスやクラブが同じ人を好きになるよ。

将来 おしゃれなお店のカリスマ店員にむいてるよ。

友情 隠しごとをしないでなんでも友だちに言える人。

相性 趣味や好きな音楽が同じ人とうまくいく。

性格はどっち？　元気 ♥————— やさしい

♡ さり ♡

性格 練習より本番に強いタイプだよ。ここぞっ！てときに結果が出せるラッキーな人だね。

おしゃれタイプ

恋愛 男の子があなたに一目ぼれしてるかも！？

将来 保育士や幼稚園でやさしい先生になれるよ。

友情 さみしそうにしている子に声をかけてあげて。

相性 あなたのことだけ特別扱いしてくれる人が◎。

性格はどっち？　元気 ——♥——— やさしい

♡ さりあ ♡

性格 人とはちがう考え方ができるユニークな人。人を笑わせたり喜ばせるのが大好きだよ。

おしゃれタイプ

恋愛 あなたの笑顔にキュンキュンする男子急増中！

将来 ヘアメイクなどおしゃれに関わる仕事がいい！

友情 自分の味方になってくれる子を大切にしてね。

相性 ちょっとヘンだけどおもしろい人がおすすめ。

性格はどっち？　元気 ——♥——— やさしい

♡ さりい ♡

性格 こだわりの強いおしゃれさん。でも時には人の話もちゃんと聞いた方がいいよ。

モテモテタイプ

恋愛 サプライズよりほっこりする恋があうかも。

将来 海外から新しいものをもってくると成功する！

友情 いろんな面でちょっとすごいと思われてるよ。

相性 気持ちが顔にでちゃうピュアな人がおすすめ。

性格はどっち？　元気 ———♥—— やさしい

♡ さりな ♡

性格 きっぱりと物事を決める力があるよ。まっすぐすぎてちょっとガンコなところも。

おしゃれタイプ

恋愛 自分の味方になってくれる人を好きになる。

将来 社長など人を動かすような働き方がグッド。

友情 ちょっと強気でたまに面倒と思われるかも。

相性 言葉は少ないけど、行動でしめしてくれる人。

性格はどっち？　元気 ♥————— やさしい

みんなのおまじない　オレンジ色のスニーカーをはくと楽しさがアップしちゃうよ！

♡ さわ ♡

性格 すごく素直でうそをつくのがニガテ。普段はのんびりしてるけど、ときにはピシッと決める。

太陽タイプ

恋愛 好きな人をひとりじめしたい気持ちが強そう。

将来 きれいなお花に囲まれたフラワーデザイナー。

友情 自分勝手な友だちにふりまわされないよう注意！

相性 やせていて背の高い人と相性ぴったり！

性格はどっち？ 元気 ♡―――― やさしい

♡ さわこ ♡

性格 人の好ききらいがなく、みんなと仲よくできるよ。家族も友だちも大事にするあたたかい子。

モテモテタイプ

恋愛 やんちゃな子を世話してるうちにラブに！？

将来 みんなに見られる芸能人で成功するかも。

友情 しっかりしているから頼りにされてるよ。

相性 アドバイスを素直にきくような人がいいよ。

性格はどっち？ 元気 ――――♡ やさしい

♡ しあ ♡

性格 苦しんでいる人を放っておけない、やさしく思いやりのある人。直感で動いていいよ。

おしゃれタイプ

恋愛 どんどん好きな人が変わるかも。恋多き女子。

将来 好きなことを仕事にすると充実できるよ。

友情 勉強ができる子と仲良くすると高めあえるよ。

相性 お笑い系の楽しい人と相性ピッタリだよ。

性格はどっち？ 元気 ♡―――― やさしい

♡ しあら ♡

性格 練習よりも本番に強く、ここぞという時に決める力のある子。かげのリーダータイプ。

おしゃれタイプ

恋愛 好きなタイプがなく、いろんな人に恋するよ。

将来 教えることが上手だから先生があうよ。

友情 みんなからやさしい人って思われてるよ。

相性 いつでも前向きで性格の明るい人がおすすめ。

性格はどっち？ 元気 ――――♡ やさしい

♡ しあん ♡

性格 人のいいところを見つけるのが得意。前向きに、計画的に考えることができるよ。

おしゃれタイプ

恋愛 好きって言われるより自分から言いたいかも。

将来 洋服のセンスをいかしてスタイリストが◎。

友情 けっこう目立ちたがりでがんばってない？

相性 わかりやすい話のできる人と相性グッド。

性格はどっち？ 元気 ―♡――― やさしい

♡ しい ♡

性格 機械につよくて、パソコンやスマホいじりが得意そう。ちょっとやればすぐできちゃう子。

モテモテタイプ

恋愛 さりげなく体にさわってアピールしてみて。

将来 自分の考えを言葉で伝えるコラムニスト。

友情 スポーツの得意な子と仲よくするといいよ！

相性 苗字じゃない呼び方を気軽にできる人。

性格はどっち？ 元気 ――――♡ やさしい

みんなのおまじない 授業中に好きな人の背中をばれずに5分間みつめると両思いに。

♥ しいか ♥

性格 少し不器用だけど、人の見ていないところでコツコツがんばる努力家。そのままがんばれ！

モテモテタイプ

恋愛 意外な人を好きになってとまどいそう。

将来 がんばれば何でもなりたいものになれるよ。

友情 友だちのいいところを探してあげるといいよ。

相性 支える人よりいっしょにがんばれる人がいいよ。

性格はどっち？ 元気 ♥————— やさしい

♥ しいな ♥

性格 好きなことはがんばるけど、きらいなことにはさっぱり。いろんなことに興味をもつといいよ！

モテモテタイプ

恋愛 恋にも積極的！自分から告白するタイプ。

将来 映画づくりに関係する仕事がむいてるよ。

友情 まじめできちんとした友だちと仲良くすると◎。

相性 家族や友だち、人とのつきあいを大事にする人。

性格はどっち？ 元気 ♥————— やさしい

♥ しう ♥

性格 グループの中心になるリーダー的存在。でも言葉で人を傷つけないよう気をつけて！

太陽タイプ

恋愛 恋に夢中すぎて他が見えなくなっちゃう。

将来 世界的なダンサーになって成功するかも！？

友情 ちょっぴりやんちゃで楽しませるのが上手！

相性 おだやかで心のあたたかい人がピッタリ！

性格はどっち？ 元気 —♥— やさしい

♥ しえ ♥

性格 男の子っぽいところもあるかっこいい子。つらいことがあってもすぐに立ち直れるよ。

太陽タイプ

恋愛 いっしょに行動してるといつしか恋に発展！？

将来 かっこいいスポーツインストラクターに！

友情 悩みは友だちに相談すると解決できそう。

相性 同じところで笑える楽しい人とうまくいくよ。

性格はどっち？ 元気 —♥— やさしい

♥ じぇしか ♥

性格 自分のペースで一歩一歩ゆっくり進むタイプ。そのがんばりはいつか夢につながるよ。

太陽タイプ

恋愛 ちょっと普通じゃない子が気になりがち。

将来 みんなから信頼されるバスや電車の運転手。

友情 びしっと物事を決めるリーダーと思われてる。

相性 イケメン。いっしょにいると自分もみがかれるよ。

性格はどっち？ 元気 —♥— やさしい

♥ しえな ♥

性格 部屋も持ち物もかわいいものが大好き！好きをずっと続けると、みんなに尊敬されるよ。

太陽タイプ

恋愛 手作りお菓子でアピールの効き目バツグン！

将来 こだわりセンスをいかしておしゃれな建築家。

友情 年下からも気軽に話しかけられるやさしい子。

相性 堂々とした人とバランスがとれてよさそう。

性格はどっち？ 元気 —♥— やさしい

みんなのおまじない　お昼の12時に、音楽室で願い事を3回唱えると願いがかなう。

97

♡ しえら ♡

性格 びっくりすることを言っても、のほほんとしてるから、みんなニコニコあなたを見てるよ。

太陽タイプ

恋愛 ビビビッと直感で、いきなり恋におちるかも。

将来 家族をやさしくたのしく支えるお母さん。

友情 お世話するのが得意で、みんな助かってるよ！

相性 大きな夢を追いかける人と相性バッチリ。

性格はどっち？　元気 ♥──┼──┼──┼── やさしい

♡ しえり ♡

性格 チャレンジ精神モリモリ！いつも楽しいことを探してて、それが見つかるラッキーな人。

おしゃれタイプ

恋愛 意外な人から告白されておどろくことがあるかも。

将来 車関係の仕事男性に負けずバリバリ働く。

友情 友だち同士を結びつけ輪を大きくできる人だね。

相性 ことばや行動がハキハキした人と相性ピッタリ。

性格はどっち？　元気 ──♥─┼──┼──┼── やさしい

♡ しえる ♡

性格 理想の人に近づけるようがんばる！そのうちにあなたがみんなのあこがれの人になるよ。

モテモテタイプ

恋愛 時には友だちの意見もきくと恋も成長するよ。

将来 パソコンを使って会社をつくる。社長になる！

友情 物知りな子と友だちになると新しい発見が！

相性 物を大事にする人だと相性バッチリ。

性格はどっち？　元気 ──┼──♥──┼── やさしい

♡ しお ♡

性格 まちがったことを見逃さない正義の人。そのまっすぐな気持ちを大事にしていってね。

モテモテタイプ

恋愛 一度好きになると、すごく長い間好きが続く。

将来 信頼と感謝を運ぶ郵便局の人がおすすめ。

友情 どんどん友だちに相談するとうまくいくよ。

相性 「よし、やろう！」とすぐ行動にうつす人。

性格はどっち？　元気 ──┼──┼──♥── やさしい

♡ しおか ♡

性格 思いやりのあるやさしい子。いつも感謝の気持ちを忘れず、親孝行も自然とできちゃう。

モテモテタイプ

恋愛 自分だけにやさしくしてくれるのに弱い。

将来 なんでもできるからチャレンジ精神を大切に！

友情 人見知りしないでどんどん話しかけてみて！

相性 話し下手だけど心のやさしい人がいいよ。

性格はどっち？　元気 ──┼──┼──♥──┼── やさしい

♡ しおな ♡

性格 だれとも同じように話せるから、みんなに信用されて、リーダーになれると思われてるよ。

モテモテタイプ

恋愛 思いもしなかった人を好きになるかも！？

将来 結婚式にまつわるアドバイザーやプランナー。

友情 自分からいろんな人に話しかけてみて！

相性 とにかくやさしくって大事にしてくれる人。

性格はどっち？　元気 ──┼──┼──┼──♥ やさしい

みんなのおまじない　携帯の上にローズクオーツを置くとメールがくる。

♡ しおね ♡

性格 遠慮しちゃって、あまり本当の気持ちを伝えられないかも。心がやさしく、涙がでやすい人。

おしゃれタイプ

恋愛 特別扱いしてくれる人を好きになりそう。

将来 宝石を輝かせるジュエリーデザイナー。

友情 時には自分の意見をストレートに伝えてみて。

相性 笑顔で楽しそうに話をする人がいいよ。

性格はどっち？ 元気———♡——やさしい

♡ しおの ♡

性格 人から言われて動くことが多いけれど、自分の意見をちゃんともったしっかりもの！

太陽タイプ

恋愛 あなたのことをすごく好きな人が近くに！？

将来 おしゃれなファッションリーダーになるかも。

友情 にぎやかでどんどんひっぱってくれる子と。

相性 すごく年上の大人っぽい人とうまくいきそう。

性格はどっち？ 元気———♡——やさしい

♡ しおみ ♡

性格 ほんわかしていて、人が自然と集まるよ。いっしょにいるとだんだん笑顔になれちゃう。

太陽タイプ

恋愛 ちょいワルな男の子につい目がいっちゃう！

将来 みんなを楽しませるバスガイドさん。

友情 決断力があってみんなから頼られてるよ。

相性 ピンチを助けてくれる人こそ運命の人！

性格はどっち？ 元気—♡———やさしい

♡ しおり ♡

性格 好きなことに周りを巻き込んで、みんなでハッピーになれちゃう。明るい太陽みたい！

太陽タイプ

恋愛 どうしても両思いにならないと気が済まない！

将来 家族でお店をやると楽しくしむいてるよ。

友情 好きなことをどうしても友だちと共感したい。

相性 年上のちょっと強気なひととお似合いだね。

性格はどっち？ 元気———♡——やさしい

♡ しおん ♡

性格 人前で話すのはニガテだけど、みんなから頼りにされて代表に選ばれることがあるかも！？

モテモテタイプ

恋愛 やさしくっておだやかな人にひかれそう。

将来 銀行や郵便局で働くとすごく信頼されるよ。

友情 ケンカしたら素直に「ごめんね」を伝えて。

相性 見た目より気持ちを好きになってくれる人。

性格はどっち？ 元気—♡———やさしい

♡ しき ♡

性格 つらいこと、難しいことからもにげ出さず、最後までやり通せるがんばりやさん！

モテモテタイプ

恋愛 好きな人につくしすぎてウザがられ注意！

将来 外国の大きな会社でバリバリ働けるよ。

友情 クールな子って思われてるよ。リラックス！

相性 約束をちゃんとまもる人がおすすめだよ。

性格はどっち？ 元気♡————やさしい

みんなのおまじない 月の光に当てたピンクのリボンを身につけるとかわいくなれる。

99

♡ しげこ ♡

性格 とてもマメで少しずつコツコツがんばれるタイプ。ちょっとずつでも絶対成長しているよ。

おしゃれタイプ

恋愛 ふとした時にやさしくされると恋に発展！

将来 正確な情報を発信する新聞記者がピッタリ。

友情 ライバルと思ってた人と大親友になるかも。

相性 少しぽっちゃりした体型の人がおすすめ。

性格はどっち？ 元気 ♡———————— やさしい

♡ しげの ♡

性格 ビビビときた直感で動くタイプ。たまに大失敗しちゃうけどめげずに、立ち直りが早いよ。

おしゃれタイプ

恋愛 友だちに協力してもらうと恋も発展するかも！？

将来 ひらめきとアイデアが勝負の発明家。

友情 約束を守らないと、友だちがはなれちゃうよ。

相性 大きな夢があってキラキラな目をした人。

性格はどっち？ 元気 ———♡———— やさしい

♡ しげみ ♡

性格 笑顔がかわいく、明るいかんじがみんなに好かれてるよ。男の子にも注目されてるぞ。

おしゃれタイプ

恋愛 いろんなタイプの人とおつきあいするかも。

将来 レストランをひらくとみんなに喜ばれそう。

友情 仲よくなるとだんだん友だちをふりまわすかも。

相性 ドンとした男らしさがある人がおすすめ。

性格はどっち？ 元気 ♡———————— やさしい

♡ しず ♡

性格 人の好ききらいが多い。けどないしょにしてるでしょ！？ いつもいそがしそうに見られてるよ。

太陽タイプ

恋愛 イケメンとのデートに強いあこがれがある。

将来 人の役にたつお医者さんや薬剤師がおすすめ。

友情 成績が同じくらいの子と仲よくしやすい。

相性 あなたのがんばりをしっかりほめてくれる人。

性格はどっち？ 元気 —————♡—— やさしい

♡ しずえ ♡

性格 自分の考えをうまく言えないけど、すごく強く思ってる。ちゃんと言えると大物になるぞ。

モテモテタイプ

恋愛 一生けんめいな男の子の姿にときめいちゃう。

将来 お金の計算など数字をつかう仕事がおすすめ。

友情 人の話を聞くだけでなく自分からも言ってね！

相性 家の中で遊ぶのが好きな子の方が気が合うよ。

性格はどっち？ 元気 ————♡—— やさしい

♡ しずか ♡

性格 目立とうとしなくてもなぜか注目されてるよ。隠れててもバレちゃうから気をつけてね。

太陽タイプ

恋愛 何かに夢中な人を支えたくなっちゃうの。

将来 もてなしのプロ！キャビンアテンダント。

友情 人の意見をきくとこからはじめると◎。

相性 顔を見れば考えてることがわかる人が合うよ。

性格はどっち？ 元気 ————♡—— やさしい

みんなのおまじない ☆ 寝る前に枕を3回叩きながらもてますようにと唱えるともてる。

♡ しずく ♡

性格 頭がよくてパッパッと物事を判断できちゃう人。先生や年上からも頼りにされてるよ。

おしゃれタイプ

恋愛 ドラマチックな運命の恋にあこがれている。

将来 流行のファッション関係の仕事がむいてるよ。

友情 気をつかわない、自然でいられる友だちが◎。

相性 わがままもニコニコ笑ってくれる人がいいよ。

性格はどっち？ 元気 ——♥—— やさしい

♡ しずこ ♡

性格 好きなことにはものすごい集中力！それをずっと続けていれば、いつか実を結ぶかも。

モテモテタイプ

恋愛 オタクっぽい人とつきあうと世界が広がるよ。

将来 人の結婚をお世話する仕事がピッタリだよ。

友情 はじめての人とも楽しく話せて友だちたくさん！

相性 お金持ちのお坊ちゃまタイプがおすすめ。

性格はどっち？ 元気 ————♥ やさしい

♡ しずな ♡

性格 友だちは友だち。自分は自分。まわりに流されずに自分のやりたいことをちゃんと言えるね。

太陽タイプ

恋愛 ぜんぜん好みじゃない人が運命の人かも！？

将来 個性を強調した女優さんになると人気者に！

友情 あなたがいないとみんなさみしくなっちゃう！

相性 ロマンチックな言葉を毎日言う人がおすすめ。

性格はどっち？ 元気 —♥—— やさしい

♡ しずね ♡

性格 みんながパニックになるような場面でも、落ち着いてしっかり考えられるクールな子。

モテモテタイプ

恋愛 恋すると、勉強が手につかなくなるかも。

将来 弁護士や裁判官など正義に関する仕事が。

友情 ほめあったり、はげましあえる友だちができるよ。

相性 見た目より気持ちを好きになる人。

性格はどっち？ 元気 —♥—— やさしい

♡ しずは ♡

性格 こわいもの知らずでなんでもできちゃう。そしておしゃべり大好き！話しすぎに気をつけて。

太陽タイプ

恋愛 みんなの人気者を好きになっちゃいそう。

将来 物を売るお店屋さんで人に喜ばれるよ。

友情 約束をまもるとみんなから信頼されるよ。

相性 さっぱりしたきれい好きな人と相性よし。

性格はどっち？ 元気 ——♥— やさしい

♡ しずほ ♡

性格 得意なものでは人に絶対負けたくない、根性のある人。一番が大好きながんばり屋さん。

モテモテタイプ

恋愛 ただの友だちが突然、恋の相手に変わるかも。

将来 かっこいいビジネスウーマンになるでしょう。

友情 友だちの輪の中心にいて、信頼されてるよ。

相性 あなたのことを思ってくれるやさしい人が吉。

性格はどっち？ 元気 ———♥ やさしい

みんなのおまじない ハートの形に切った紙に好きな人の名前を書いて持つと両思いに。

101

♡ しずよ ♡

性格 人のかげですごくがんばってるけど、あまりうまくいかないことも。だけどあきらめないで！

モテモテタイプ

恋愛 ながーい片思いをしそう。告白しちゃえば？

将来 心理カウンセラーで人の心をいやしてあげて。

友情 親友になった人とは一生友だちでいられるよ。

相性 ついお世話したくなっちゃうかわいい人。

性格はどっち？ 元気 ――♡― やさしい

♡ しづ ♡

性格 細かいことは気にしないで、ズバッと行動にうつす人。自信があって頼りにされてる。

太陽タイプ

恋愛 勉強ができるクラスの優等生を好きになる！？

将来 声を生かしたナレーターで人気者になる！

友情 なんでも友だちといっしょがいい！トイレも！？

相性 うるさい人はダメ！静かであっさりした人が◎

性格はどっち？ 元気 ―♡―― やさしい

♡ しづか ♡

性格 はじめて会った人にはしっかり者に見られるけど、実は甘えん坊。かわいいもの大好き！

太陽タイプ

恋愛 お菓子やプレゼントで心が動いちゃいそう。

将来 みんなに頼られる電車やバスの運転手。

友情 やさしい雰囲気で、話しかけられやすい性格。

相性 たくましくって、ちょっとワンパクな人。

性格はどっち？ 元気 ――♡― やさしい

♡ しづく ♡

性格 毎日時間や量を決めてコツコツ何かをやり続けて、いつか大きな成果をあげそうだよ。

おしゃれタイプ

恋愛 思い描いた恋の相手を探すのは大変だよ。

将来 食べ物に関係する仕事につくといいよ。

友情 仲良くなるまでソワソワするけど大丈夫だよ！

相性 あんまりクヨクヨしない、男らしい人が◎

性格はどっち？ 元気 ―――♡ やさしい

♡ しなの ♡

性格 目の前の大変なことも夢につながっていればがんばれる！あなたの味方はたくさんいるよ。

モテモテタイプ

恋愛 好きな人をひとりじめしないよう気をつけて。

将来 いろんな世界を書き上げる作家が向いてるよ。

友情 人を助けると、自分も助けてもらえるよ。

相性 ワンパクでやんちゃな人がおすすめだよ。

性格はどっち？ 元気 ―♡―― やさしい

♡ しの ♡

性格 人の意見をきちんと聞くけど、自分の言い分も簡単にはあきらめないガンコなところも。

モテモテタイプ

恋愛 好きな人に冷たくしちゃうかも。素直にね！

将来 小説を書いて人気作家になるかもよ！？

友情 しっかり者と思われてて、頼られてるよ。

相性 ロマンチックなことをしてくれる人と長続き。

性格はどっち？ 元気 ――♡― やさしい

102　みんなのおまじない　左手の甲にハートを書いてばんそうこうをはって告白すると成功する。

♡ しのぶ ♡

性格 責任感のあるリーダータイプ。でも一人でがんばりすぎるとつかれちゃうから気をつけて。 —— モテモテタイプ

恋愛 好きになったら、すごーく好きを突き通すよ。

将来 空飛ぶキャビンアテンダントがおすすめ！

友情 素直で一生けんめいなあなたをみんな大好き！

相性 いっしょにいてドキドキするより落ち着く人が◎。

性格はどっち？ 元気 ———♡——— やさしい

♡ しのり ♡

性格 記念日やお祭りが大好き！にぎやかに楽しむことが生きる幸せ。いっぱい笑っちゃえ！ —— 太陽タイプ

恋愛 物知りな賢いタイプを好きになるかも。

将来 かわいい声を聞かせて！声優がおすすめ。

友情 困ってる人はあなたの助けを期待してるよ。

相性 みんなをまとめるリーダータイプがおすすめ。

性格はどっち？ 元気 ———♡——— やさしい

♡ しのん ♡

性格 挨拶や決まりごとをきちんとするしっかり者。「しのんなら大丈夫」って思われてるよ。 —— モテモテタイプ

恋愛 びっくりする相手より落ち着く人が好き。

将来 調べたり考えたり、なにか分析する仕事。

友情 内緒をちゃんと守れるから信頼されてるよ。

相性 ガツガツした人より、おとなしい人が合うよ。

性格はどっち？ 元気 —♡——— やさしい

♡ しほ ♡

性格 やさしいけど自分の考えをしっかり持ったリーダー。自信もってみんなを引っ張って！ —— モテモテタイプ

恋愛 がんばる人を応援するうちに好きになりそう。

将来 リーダーや社長になってみんなを束ねる仕事。

友情 大変なことは友だちに頼ると相手も喜ぶよ。

相性 責任感があり同じ意見をもった人と相性良し！

性格はどっち？ 元気 ———♡ やさしい

♡ しほこ ♡

性格 みんなから好かれて守ってもらえるタイプ。ちょっとボーっとしたところもかわいい！ —— 太陽タイプ

恋愛 愛するよりも愛されたい気持ちが大きいかも。

将来 ツアーコンダクターになって旅を盛り上げて！

友情 知らず知らずに友だちがたくさんできちゃう！

相性 自分に自信のあるオレ様タイプと相性いいかも。

性格はどっち？ 元気 ———♡——— やさしい

♡ しほみ ♡

性格 人なつっこくて、みんなに好かれるおもしろキャラ。あなたのおかげで笑顔になっちゃう。 —— 太陽タイプ

恋愛 親切な人をすぐ好きになっちゃいそう！

将来 他にはない新しく特別な仕事に出会うかも。

友情 悩みを打ち明けられることが多いかも。

相性 しつこいくらい好きって言ってくれる人。

性格はどっち？ 元気 ———♡——— やさしい

みんなのおまじない メールで告白するときは利き手とは反対でうつと成功する。

103

♡ しほり ♡

性格 大きな夢があって、将来の自分はきっと成功する！と信じている。すごくパワーがある人。

太陽タイプ

恋愛 控えめなちょっと地味な子が気になっちゃう。

将来 アナウンサーなど人に何かを伝える仕事。

友情 友だちの意見をしっかり聞いてあげると◎。

相性 勉強が得意なやさしい子とうまくいくよ。

性格はどっち？　元気　──♥──　やさしい

♡ しま ♡

性格 友だちとワイワイさわぐより、大人といる方がラクに感じるかも。ひとりで考えるのが好き。

おしゃれタイプ

恋愛 意外な人のふとしたやさしさにひかれそう。

将来 こまかくてかわいいお菓子をつくる職人さん。

友情 友だちづきあいのバランスを大事にしてね。

相性 友だちとの約束よりあなたを優先してくれる人。

性格はどっち？　元気　──♥──　やさしい

♡ しゅう ♡

性格 負けずぎらいのがんばりやさん。職人さんのようにこだわりをもって突き進めるよ。

モテモテタイプ

恋愛 どっちかというと地味目な人が好みかな。

将来 海外でバリバリ働くのがしゅうにピッタリ！

友情 友だちの相談はよく聞いてあげるといいよ。

相性 あなたのしたいことをわかってくれる人が◎。

性格はどっち？　元気　──┼──♥　やさしい

♡ しゅうか ♡

性格 すごくまじめで一生けんめいだからみんなに好かれてるよ。きっと立派な大人になるね。

モテモテタイプ

恋愛 困ってる時助けてくれた人を好きになるよ。

将来 日本をひっぱっていくエライ人になりそう。

友情 友だちのいいところを伝えると友情が深まるよ。

相性 性格も生活もきっちりした人と相性ぴったり。

性格はどっち？　元気　──┼──♥　やさしい

♡ しゅうこ ♡

性格 ひとつのことをじっくりやるより、いろんなことを試すやり方があなたにむいてるよ。

おしゃれタイプ

恋愛 恋にロマンチックな想像し過ぎないように！

将来 店をよくするアドバイザーで力を発揮しそう。

友情 仲のいいグループ内では積極的に行動するよ。

相性 なんとなく気が合うフィーリングが大事。

性格はどっち？　元気　──┼──♥　やさしい

♡ しゅか ♡

性格 手先が器用で、細かい作業が得意。自分の意見をはっきり、たまに厳しく言うタイプだね。

おしゃれタイプ

恋愛 さびしがりで、恋人がいない時期はない。

将来 伝統とオリジナルを大切にした職人向き。

友情 意外な人と友だちになると世界が広がるよ。

相性 自分の話ばかりする人はやめた方がいいかも。

性格はどっち？　元気　──┼──♥　やさしい

みんなのおまじない　左手の小指に赤いマニキュアを塗って告白すると成功するよ。

♡ じゅな ♡

性格 運動神経がよく、チームでやるスポーツで力を発揮するよ。かっこいいって思われてるよ。 〈おしゃれタイプ〉

恋愛 好きな人にさりげなくアピールするのが上手。

将来 動物と気持ちを合わせる騎手がおすすめ。

友情 時間や約束をきちんと守ると信頼されるよ。

相性 いろんな考え方のできる人がおすすめだよ。

性格はどっち？ 元気 ──┼──┼──♥─┼── やさしい

♡ じゅね ♡

性格 ちゃんとがんばれたか、人からどう思われたかなど、自分自身のことをよく考えてるよ。 〈モテモテタイプ〉

恋愛 笑顔にキュンときて恋に落ちるかも！？

将来 秘書や受付など会社であこがれの女子に。

友情 相談されることが多いからよく聞いてあげて。

相性 クラブの部長など、何かに一生けんめいな人が。

性格はどっち？ 元気 ──┼──┼──┼──♥ やさしい

♡ しゅの ♡

性格 なにかを決めたり、新しいことをはじめたり、行動力バツグン！みんなから頼られてるよ。 〈太陽タイプ〉

恋愛 ワイルドでガツガツした人が気になりそう。

将来 新しいタイプのインテリアデザイナーが◎。

友情 お笑い系の楽しいタイプの友だちがおすすめ。

相性 簡単に物事をあきらめない人と気が合うよ。

性格はどっち？ 元気 ──♥──┼──┼── やさしい

♡ じゅら ♡

性格 人の考えをいろんな見方で考えられる子。物知りだからみんなにアドバイスしてあげて。 〈おしゃれタイプ〉

恋愛 笑顔がかわいいから、モテすぎて困るかも？

将来 大学や会社で研究する仕事が向いてるよ。

友情 何で遊ぶか決定してまとめるのあなた。

相性 あなたの話を笑って聞いてくれる楽しい人。

性格はどっち？ 元気 ──┼──┼──┼─♥─ やさしい

♡ しゅり ♡

性格 笑い方がカラっと気持ちよくって、まわりの人まで前向きにしてくれる、にぎやかな人。 〈太陽タイプ〉

恋愛 好きになったらすぐ人にバレちゃうでしょ。

将来 ホテルとかで人をもてなし喜ばせる仕事が◎

友情 あらそいがイヤで、おだやかにつきあいたい。

相性 おもしろくっておしゃれな人とうまくいくよ。

性格はどっち？ 元気 ──┼──♥──┼──┼── やさしい

♡ じゅり ♡

性格 年上とのつきあいが上手で、さっぱりしてるけど、落ち込んでる人をいやせるやさしい子。 〈太陽タイプ〉

恋愛 堂々と好きをアピール！まったく隠さない！

将来 レストラン！あなたのお店にみんな夢中！

友情 話をよく聞いてあげると友だちに好かれるよ。

相性 あっさり、さっぱりした人と相性バッチリ。

性格はどっち？ 元気 ──┼──┼──♥──┼── やさしい

みんなのおまじない　左足の小指に赤いマニキュアを塗ると告白されるかも！？

♡ じゅりあ ♡

性格 みんなで協力してバランスをとるのが得意。グループで大きな成功をつかめるかもよ。 `太陽タイプ`

- **恋愛** 顔がかっこいい人を好きになりやすいかも！？
- **将来** 自分で会社をつくってお金持ちになるかも！
- **友情** 友だちをびっくりさせて楽しんでないかな？
- **相性** ありがとうをちゃんと言える人とうまくいく。

性格はどっち？ 元気 ♡ やさしい

♡ じゅりあん ♡

性格 じっとしてるのがニガテでなんでもチャレンジ！わからないことはどんどん調べる勉強家。 `太陽タイプ`

- **恋愛** 好きな人にいっぱいほめてもらいたいタイプ。
- **将来** ペット屋さんと動物に関わる仕事がグッド！
- **友情** よく話を聞いてくれる人と仲よくなれそう。
- **相性** さわやかでかっこいい人がピッタリだよ。

性格はどっち？ 元気 やさしい ♡

♡ じゅりな ♡

性格 困った時に力を発揮するヒロイン！ギリギリでヤバイときこそみんなをひっぱっていけるよ。 `太陽タイプ`

- **恋愛** 好きな人をひとりじめしたくてがんばりすぎ。
- **将来** きっちりしっかり信頼される弁護士がにあう。
- **友情** 目立つわけではないけど、いないとさみしい。
- **相性** 大人っぽい落ち着いた人だと素直でいられる。

性格はどっち？ 元気 ♡ やさしい

♡ じゅん ♡

性格 人から言われたちょっとのことで喜んだり落ち込んだり、傷つきやすいハートの持ち主。 `おしゃれタイプ`

- **恋愛** あなたのコロコロ変わる表情が男子ウケ◎。
- **将来** TVにでるコメンテーターとかむいてるよ。
- **友情** あんまりがんばりすぎなくても大丈夫だよ。
- **相性** 不思議な雰囲気の気になる人とうまくいく。

性格はどっち？ 元気 やさしい ♡

♡ しゅんか ♡

性格 ワイワイさわぐことより、一人で静かに考えごとをするのが好き。ちょっとミステリアス。 `おしゃれタイプ`

- **恋愛** すぐ人を好きになっちゃう自分自身におどろくよ。
- **将来** 栄養士になるとみんなのハッピーに役立つよ。
- **友情** 思いやりがあるけど、たまに自分勝手な時も。
- **相性** あなたの話をよく聞いてくれる人がいいよ。

性格はどっち？ 元気 やさしい ♡

♡ じゅんか ♡

性格 無理もしないけど、サボりもしない。自分のペースがわかって、それを大事にできる人。 `おしゃれタイプ`

- **恋愛** 気持ちを素直に言えず、モヤモヤするかも。
- **将来** あなたの書く言葉にみんな夢中に！小説家。
- **友情** 仲良くなるまで時間がかかるけど大丈夫だよ。
- **相性** 体が大きくクマさんみたいな雰囲気の人。

性格はどっち？ 元気 やさしい ♡

みんなのおまじない ☆ 筆箱の裏に猿のシールを貼ると好きな人のそばの席になれる。

♡ じゅんこ ♡

性格 人よりきれい好きで細かいことが気になるよ。自分のペースを大事にするといいよ。 太陽タイプ

恋愛 やさしい言葉を言われるとすぐ好きになる。
将来 細かい気配りができるツアーコンダクター。

友情 年下からも好かれるやさしいお姉さんタイプ。
相性 元気でやんちゃなタイプがおすすめ！

性格はどっち？ 元気 ─── やさしい

♡ じゅんな ♡

性格 人の名前をすぐ覚えられ、人を観察するのも得意。うまくバランスをとって生きていける。 おしゃれタイプ

恋愛 恋するとライバルを気にし過ぎちゃうかも。
将来 作曲家になって美しい音をつむいでみて。

友情 勇気をだして本当の気持ちを伝えてみて。
相性 常に前向きで明るい考え方の人と相性◎。

性格はどっち？ 元気 ─── やさしい

♡ しょう ♡

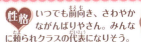
性格 いつでも前向き、さわやかながんばりやさん。みんなに頼られクラスの代表になりそう。 太陽タイプ

恋愛 友だちよりも好きな人に一生けんめいになっちゃう！
将来 人に喜んでもらえるサービス業が向いてくるよ。

友情 友だちを楽しませるのが得意で、自分も楽しい！
相性 自分にはない特別な才能をもった人がグッド。

性格はどっち？ 元気 ─── やさしい

♡ しょうか ♡

性格 すごくピュアで友だち思いのやさしい子。だけどいろんなことの考えすぎには気をつけて。 太陽タイプ

恋愛 落ち着いた雰囲気の子を好きになりそう。
将来 建築デザイナーになって世界の注目に！？

友情 まわりがほおっておけない気になる存在。
相性 困ったときに守ってくれる、頼りになる人。

性格はどっち？ 元気 ─── やさしい

♡ しょうこ ♡

性格 友だちの誕生日や家族の記念日を忘れない、マメでいろんな気のきく子。芸術的なところも。 モテモテタイプ

恋愛 「私がいないとダメね」と思う子を好きに！？
将来 みんなに注目されるアイドルや芸能人むき！

友情 いろんな人と気軽に話すことができるよ。
相性 ゲームより勉強や読書が好きな人と相性良し。

性格はどっち？ 元気 ─── やさしい

♡ しん ♡

性格 目標を持つとにかく一生けんめいがんばれる。いつかなにかの達人になるかもしれないよ。 おしゃれタイプ

恋愛 すぐ心配するから恋するとソワソワしちゃう。
将来 日本と世界をつなぐ素晴らしい仕事につくよ。

友情 みんなからしっかりした子と思われてるよ。
相性 てれ屋だけどしんを大事に思ってくれる人。

性格はどっち？ 元気 ─── やさしい

みんなのおまじない　席替えの朝にさくらんぼの絵に好きな人の名前を書くととなりに。

♡ しんこ ♡

性格 うっかりが多いあわてんぼう。だけどルールをしっかり守るから大人にかわいがられるよ。

モテモテタイプ

恋愛 初めてつきあった人と結婚するかも！？

将来 愛されキャラでアイドルに向いてるかも。

友情 だれとも仲よくできるから友だちいっぱい！

相性 お姫さま扱いしてくれる人がおすすめ。

性格はどっち？　元気 ──♥───── やさしい

♡ すい ♡

性格 好奇心おうせいで、新しいことにもどんどん挑戦。大人になってもずーっとつづくよ。

太陽タイプ

恋愛 笑いのツボが同じで楽しい人を好きになるよ。

将来 特技を生かしてスポーツ選手やダンサーに！

友情 友だちからいっしょにいて楽しいって思われてるよ。

相性 なんでもサラリとこなすスマートな人が吉。

性格はどっち？　元気 ──♥───── やさしい

♡ すいか ♡

性格 いるだけでほんわかしちゃういやしの存在。でも機嫌が悪い時の態度には気をつけて。

太陽タイプ

恋愛 失恋しても立ち直りが早い前向きさ！

将来 建築士になってステキな家を建てるかも！

友情 いつもみんなの話題の中心に自然といる人。

相性 おとなしい人はダメ。とにかく元気がいい！

性格はどっち？　元気 ────♥── やさしい

♡ すいな ♡

性格 うそがニガテで、人に気に入られるためにヘラヘラするのもニガテ。マイペースな正直者。

太陽タイプ

恋愛 やきもちのやきすぎに注意！リラックスして。

将来 お花屋さんになってみんなに笑顔を届けて！

友情 グループの中でみんなをなごますいやし担当。

相性 言いにくいこともズバッと言えちゃう人が◎。

性格はどっち？　元気 ─────♥ やさしい

♡ すいれん ♡

性格 人に甘えたりお願いしたりすることがニガテ。自分だけで抱え込まないよう注意して。

モテモテタイプ

恋愛 一人の人のことだけをひたすらに好きになる。

将来 銀行などでテキパキ計算するのが似合うよ。

友情 みんなあなたのことが好きだから安心してね。

相性 自分の味方になってくれる人とうまくいくよ。

性格はどっち？　元気 ─♥──── やさしい

♡ すう ♡

性格 曲がったことが大きらいな正義感の強い子。人の意見もよく聞くようにするとグッド。

モテモテタイプ

恋愛 一目ぼれなんて絶対無理！リサーチ重視の恋。

将来 郵便局で地域の信頼と笑顔をふりまいて。

友情 内緒の相談はすぐにしよう！って思われてる。

相性 いっしょにがんばろう！と高めあえる人がいいよ。

性格はどっち？　元気 ─────♥ やさしい

みんなのおまじない　好きな人と目があったら「エナエナエナ」と心で唱えると両思い。

♡ すず ♡

性格 失敗しないように、いつも慎重に注意しながら行動してるね。ときには大胆になってみて！ — モテモテタイプ

恋愛 好きな人を家族や友だちにも内緒にしちゃう。

将来 みんなのために働く公務員がベストよ。

友情 友だちに遠慮があるけど、遠慮し過ぎに注意！

相性 あんまり目立たないけど、実はやさしい人。

性格はどっち？ 元気——————♡やさしい

♡ すずえ ♡

性格 なんでも自分からやりたがるしっかり者。人のことにもつい口出ししたくなっちゃう。 — 太陽タイプ

恋愛 ちゃんと言葉で好きって言われることが安心。

将来 動物のしつけや飼育の仕事がむいてるよ。

友情 友だちのひみつを話さないよう気をつけて！

相性 同じことで盛り上がる人がおすすめ！

性格はどっち？ 元気——————♡やさしい

♡ すずか ♡

性格 先生や先輩など年上に気に入られるよ。困っていると助けてもらえる愛されキャラ。 — モテモテタイプ

恋愛 心配性で好きな人に連絡せずにいられない。

将来 国のためみんなのために働く仕事につくよ。

友情 人の悪いところより良いところを探してみて。

相性 あなたの言うことを何でもきく人がおすすめ。

性格はどっち？ 元気——————♡やさしい

♡ すずこ ♡

性格 パキっと答えがわかる理科や算数が得意そう。「なんとなく」で決まることはニガテ。 — おしゃれタイプ

恋愛 あなたの気まぐれに、相手をふりまわしそう。

将来 見たことを社会に発信するジャーナリスト。

友情 きらいなタイプの子と、突然超仲良くなるかも。

相性 成績が同じくらいの人とうまくいくよ。

性格はどっち？ 元気——————♡やさしい

♡ すずな ♡

性格 あまり目立たないタイプだけど、いざというときには落ち着いてみんなをリードできる人。 — モテモテタイプ

恋愛 告白してダメでも、何度でもチャレンジ！

将来 消防士や救急救命士など命にかかわる仕事。

友情 友だちのいいなと思うところはマネしてみよう！

相性 家族仲よしで家族を大事にしてる人がいいよ。

性格はどっち？ 元気——————♡やさしい

♡ すずね ♡

性格 だれとでもすぐ仲良くなれて、どのグループに入ってもなじめるナチュラルな存在感。 — 太陽タイプ

恋愛 恋に夢中になりすぎないよう気を付けて！

将来 きれいな映像を作る人。みんなきっと喜ぶよ。

友情 まじめでしっかりした子と友だち相性。

相性 まじめで勉強家な彼とお似合いのカップルに。

性格はどっち？ 元気——————♡やさしい

みんなのおまじない ☆ 紙飛行機に好きな人の名前を書いてキスし飛ばすと両思いに。

♡ すずの ♡

性格 人の痛みがわかって、いっしょに泣いてあげられるやさしい人。自分なりのこだわりもあるよ。

おしゃれタイプ

恋愛 失恋をおそれてなかなか前に進めないかも。

将来 勝負の世界で大金をつかむボートレーサー。

友情 好きな芸能人が同じ子と仲良くなるよ。

相性 あなたが落ち込んだとき、はげましてくれる人。

性格はどっち? 元気 ——————— やさしい♡

♡ すずは ♡

性格 自分の意見をしっかり持っているね。たまには友だちのアドバイスも聞いてみよう。

モテモテタイプ

恋愛 相手をよく知らないと踏み出せない。慎重派。

将来 テキパキ確実な仕事する銀行員が向いてるよ。

友情 ケンカのときは意地をはらず謝っちゃうとラク。

相性 文句を言わないおとなしい人がおすすめ。

性格はどっち? 元気 ——————— やさしい♡

♡ すずほ ♡

性格 新しいもの好きで、いろんなことを知りたくなっちゃう。ちょっとあきやすいところも。

おしゃれタイプ

恋愛 授業中とか好きな人を見すぎてるかもよ!

将来 パソコン操作が得意で、ブログラマーとか。

友情 自分とはカンジのちがう友だちをつくってみて。

相性 話がおもしろくいっしょにいて楽しい人がいいよ。

性格はどっち? 元気 ——————— やさしい♡

♡ すずみ ♡

性格 猫みたいに気まぐれでいろんな表情をするのがステキ。ついみんなあなたを気にしちゃうの。

おしゃれタイプ

恋愛 お笑い系でにぎやかな人が気になりそう。

将来 デザイナーになってファッションリーダーに!

友情 全員と仲良くでなく、友だちは選んでる。

相性 いっしょにいてホッとするいやし系の人がおすすめ。

性格はどっち? 元気 ——————— やさしい♡

♡ すずよ ♡

性格 その場のノリを意識して、楽しくふるまえる人。でも無理してつかれちゃうこともあるかも。

おしゃれタイプ

恋愛 クラスで一番人気の子を好きになりそう。

将来 幼稚園の先生になって子供たちを楽しませて!

友情 一人でいるのが苦手なさみしがりやさん。

相性 気持ちを言葉でちゃんと言う素直な人が◎。

性格はどっち? 元気 ——————— やさしい♡

♡ すずらん ♡

性格 とても活発でいろんな場面で活躍するよ。そしてどこでもみんなを盛り上げる楽しい人。

モテモテタイプ

恋愛 いつも楽しそうなあなたを好きになる人続出。

将来 趣味から発展して仕事になりそうだよ。

友情 目立つ子といっしょにいるとあなたも目立つよ。

相性 いっしょにいて落ち着く人とうまくいくよ。

性格はどっち? 元気 ——————— やさしい♡

みんなのおまじない ばんとうこうの真ん中に好きな人の名前を書いて胸にはると両思い。

♡ すてら ♡

性格 がんばり屋で辛い時程燃えるタイプ。でもがんばりすぎるとつかれちゃうから休憩も大事よ。

モテモテタイプ

恋愛 好きになったら一直線！どっぷりハマる。

将来 みんなに発信！テレビやラジオのお仕事。

友情 友だちに心を開いていろいろ相談してみて。

相性 浮気をしないまじめな人がおすすめだよ。

性格はどっち？　元気 ——♡—— やさしい

♡ すばる ♡

性格 今までのことにしばられず、新しい発想ができるアイデアマン。みんなをおどろかせるよ。

モテモテタイプ

恋愛 好きな人から指示されることがうれしい。

将来 歌手など音楽関係のアーティストがぴったり！

友情 友だちは多くはないけどどっぷり仲よし。

相性 リアクションが大きく、やさしく素直な人。

性格はどっち？　元気 ———♡— やさしい

♡ すみ ♡

性格 みんなを笑顔にできちゃう愛されキャラ。困ったときにはだれかがなぜかたすけてくれる。

太陽タイプ

恋愛 好きって言われるとその気になっちゃう。

将来 自分なりの新しい働き方に出会いそう。

友情 恋よりも友だちが大事。だから友だちたくさん！

相性 友だちが多いみんなの人気者と相性ばっちり。

性格はどっち？　元気 ——♡—— やさしい

♡ すみえ ♡

性格 だれに対しても同じように接することができる素直でまっすぐな性格。自然と目立ってるよ。

モテモテタイプ

恋愛 人からどう言われても好きな人に自信あり。

将来 数字に強く、お金や計算の仕事が向いてるよ。

友情 秘密を守れるあなたはすごく信頼されてるよ。

相性 うそをつかない正直な人だと長続きするよ。

性格はどっち？　元気 ———♡— やさしい

♡ すみか ♡

性格 ちょっと天然でみんなを笑顔にさせるよ。クラスのほんわかキャラ。笑顔のみなもと。

太陽タイプ

恋愛 「俺にまかせとけ」って言われると弱い。

将来 バスガイドになって素敵な笑顔をふりまいて！

友情 みんな注目してるから、言動には気をつけて。

相性 見た目重視！かっこいい人がおすすめ！

性格はどっち？　元気 ——♡—— やさしい

♡ すみこ ♡

性格 物事をコツコツ努力できるがんばりやさん。しっかりしない人を怒ることがあるかも。

モテモテタイプ

恋愛 好きな人にはかわいくあまえたいタイプ。

将来 人から感謝される建築デザイナーがいいね！

友情 あなたのおしゃれセンスが注目されてるよ。

相性 男らしくて尊敬できる人がお似合いよ。

性格はどっち？　元気 ———♡— やさしい

みんなのおまじない　四つ葉のクローバーを持って好きな人の名前を言うと両思いに。

♡ すみな ♡

性格 うれしいやかなしいと思っていることが全部顔にでちゃう、うそをつけない正直な人だよ。

`太陽タイプ`

恋愛 上品ではなく、ワイルドな男子がタイプ。

将来 とくぎを生かして！花屋さん、デザイナー。

友情 気まぐれな友だちにふりまわされないように。

相性 あなたよりもかなり背が高く、やせ形な人。

性格はどっち？ 元気 ───♡─ やさしい

♡ すみほ ♡

性格 目立とうとしなくても自然と目立ってしまう、そんざいかんがあり、頼りにされる人。

`モテモテタイプ`

恋愛 いやしを求めるタイプ。やさしい人が好き。

将来 自分の考えを持ち、リーダー的な社長向き。

友情 信頼されて、友だちの相談を聞くでしょう。

相性 文句を言わずに、つくしてくれる人と◎。

性格はどっち？ 元気 ─────♡ やさしい

♡ すみよ ♡

性格 自分の考えを強く持つあなた。ただ友だちにおしつけず、みとめられる心の広い性格。

`モテモテタイプ`

恋愛 恋人の前では、甘えん坊になってしまう。

将来 約束や正義感が強いので、刑事、探ていに。

友情 手を抜かないのでまわりからそんけいされる。

相性 大きくてガッチリした、たのもしそうな人。

性格はどっち？ 元気 ──♡── やさしい

♡ すみれ ♡

性格 かっこいい人にあこがれ、なれるよう努力してる。自然と身につきあこがれの的に。

`モテモテタイプ`

恋愛 本気な人が現れると一生大切にするタイプ。

将来 自由なはっそうをいかしてマスコミ関連に。

友情 友だちを信用して、悩みを話してみて！

相性 物をそまつにせず、大切にする倹約家な人。

性格はどっち？ 元気 ─────♡ やさしい

♡ すもも ♡

性格 ガンコだけど好きなことに対して、根気よく取り組めてきわめることができるよ。

`モテモテタイプ`

恋愛 世話好きなあなた。やんちゃな男子が好み。

将来 人柄で信用ある、ブライダルプランナーに。

友情 人見知りが少ないので、気軽に話せるね。

相性 時間や約束を守る、きっちりした人。

性格はどっち？ 元気 ─────♡ やさしい

♡ すわ ♡

性格 感動したり、くやしい、悲しいときにはすぐなみだしてしまうハートがアツい女の子。

`おしゃれタイプ`

恋愛 特別あつかいされると、好きになりやすい。

将来 熱いハートのあなた。作詞家、作曲家に！

友情 友だちにえんりょしないで勇気出して話して。

相性 じゅうなんな対応ができる人。ガンコは×。

性格はどっち？ 元気 ─────♡ やさしい

みんなのおまじない 金星を手で包み込むようにして願いごとを言うとかなう。

♡ せあ ♡

性格 負けずぎらいでがんばり屋さん。甘えたりおねがいすることがニガテで、がんこな所も。

モテモテタイプ

恋愛 相手にとことんつくし、まじめでいちず。

将来 事務や経理など、数字をあつかう仕事むき。

友情 正直でうそをつかないので、信頼されるよ。

相性 有言実行タイプ。責任感があり正直な人。

性格はどっち？ 元気 ♥ やさしい

♡ せあみ ♡

性格 しっかり者に見られる女の子！実は甘えん坊な所も。なんでもマイペースに進められる。

太陽タイプ

恋愛 少しでも親切にされると、すぐ好きになる。

将来 えがおでみんなに人気があるバスガイド。

友情 リーダー的なそんざいで、頼りになるよ。

相性 友だちが多く、みんなから愛される人気者。

性格はどっち？ 元気 ♥ やさしい

♡ せあら ♡

性格 アイデアがたくさんあり、自分に自信がある女の子。友だちの話も聞いてみてね。

モテモテタイプ

恋愛 好きな気持ちが声や表情にはっきりと出る。

将来 ねばり強さを生かして税理士や会計士など。

友情 物知りな子と友だちに。刺激をもらって。

相性 人見知りしない、社交的な人が合ってるよ。

性格はどっち？ 元気 ♥ やさしい

♡ せい ♡

性格 分からないことがあるとどんどん調べていく、知りたいという気持ちがとても強いタイプ。

太陽タイプ

恋愛 恋人には、たくさんほめてほしいあなた。

将来 動物とかかわる仕事、ブリーダーや飼育係。

友情 友だちのひみつを話さないよう気をつけよう。

相性 気持ちがあたたかく人のいたみがわかる人。

性格はどっち？ 元気 ♥ やさしい

♡ せいあ ♡

性格 じっとしていることやだまっているのがニガテなタイプ。とにかく目立つのが大好き。

太陽タイプ

恋愛 クラブ活動で同じになった人と仲よしに。

将来 セールスレディで活躍、大金もちに。

友情 約束を守ることで、みんなから信頼されるよ。

相性 いっしょに楽しめる、趣味や音楽が合う人。

性格はどっち？ 元気 ♥ やさしい

♡ せいか ♡

性格 はじめて会った人にはしっかり者に見られるけど実は甘えん坊で少し天然。愛されタイプ。

太陽タイプ

恋愛 自分とちがうタイプに心がかたむくタイプ。

将来 人をいやすタイプで、ツアーコンダクターに。

友情 きさくな雰囲気で、話しかけられやすい。

相性 元気で自信家のオレ様タイプ。ワンパクな人。

性格はどっち？ 元気 ♥ やさしい

みんなのおまじない　昭和64年硬貨を財布に入れておくと、おこづかいが増える。

♡ せいこ ♡

性格 ちょっとしたことで、喜んだり悲しんだりする、感受性の強い女の子だね。

おしゃれタイプ

恋愛 相手の気配りで、きゅうげきにひかれそう。

将来 想像をふくらませる力で作家や小説家に！

友情 ライバルだと思った子と友だちになるかも？

相性 いやし系。あなたがホッと安心できる人。

性格はどっち？ 元気 ──♡── やさしい

♡ せいな ♡

性格 のんびり屋さん。こまった時こそ大きな力をはっき。おいつめられると強いタイプ。

太陽タイプ

恋愛 いちずな人から、とっても大切にされそう。

将来 自分を表現できる女優をめざすのもいいよ！

友情 なくてはならない、いやし系のあなただよ。

相性 弱音やグチを言わない、我慢強い人。

性格はどっち？ 元気 ──♡── やさしい

♡ せいの ♡

性格 心やさしい女の子だね。他の人を観察してよい関係をつくっちゃうよ。相談役が◎。

おしゃれタイプ

恋愛 告白前に失敗を考えてしまいがち。前向きに。

将来 ストレートな表現で。作詞家・作曲家向き。

友情 自分にない才能ある友だちができるでしょう。

相性 楽しそうに、えがおで話してくれる男の子。

性格はどっち？ 元気 ──♡── やさしい

♡ せいら ♡

性格 だいたんな行動や言葉使いでビックリさせちゃうことも。でも、嫌味がなく好かれる。

太陽タイプ

恋愛 自分から告白できず、まっているタイプ。

将来 太陽のように明るいあなたは、司会業向き。

友情 友だちの話を聞いてあげるとこっちを向いてくれるよ。

相性 理想が高く向上心があり、夢を持ってる子。

性格はどっち？ 元気 ──♡── やさしい

♡ せしる ♡

性格 手をぬくことがきらいなので、がんばりすぎないように。休むこともひつようだよ。

モテモテタイプ

恋愛 好きになったら、自分から告白するタイプ。

将来 ラジオやテレビ局で新しいものを提案して。

友情 マジゲンカの後は真の友情がめばえるかも。

相性 小さなことでもおおげさに感動してくれる人。

性格はどっち？ 元気 ──♡── やさしい

♡ せつこ ♡

性格 少し内気な性格。友だちとワイワイするのはニガテ。考えごとをするのが好きなタイプ。

おしゃれタイプ

恋愛 なかよくなると相手をふりまわすかも？

将来 手先が器用なので、シェフ、パティシエに。

友情 人の好ききらいが多くなりがち。自然体で。

相性 くよくよしないで、立ち直りが早い人。

性格はどっち？ 元気 ──♡── やさしい

♡ せつな ♡

性格 目立つことがニガテだけど、どんな時でもあわてず落ち着けるあなたは現実的。 **モテモテタイプ**

恋愛 自分から告白し、ダメでもめげずにアタック。

将来 責任感が強いあなた。裁判官、弁護士向き。

友情 まじめで正直な人と友だちになるでしょう。

相性 まじめ。勉強もクラブ活動も手をぬかない。

性格はどっち? 元気 ——————♡— やさしい

♡ せとか ♡

性格 人なつっこく、あいきょうがある女の子。話しかけやすいため人が自然に集まるよ。 **太陽タイプ**

恋愛 お菓子作りや手料理で、相手を喜ばせる。

将来 ひとなつっこいあなたは、バスガイド向き。

友情 年下から好かれるし、世話好きさんだよ。

相性 さわやかで、せいけつ感がある人と合うよ。

性格はどっち? 元気 ——————♡— やさしい

♡ せな ♡

性格 人の話に耳をかたむけるけど、自分の意見をゆずらないガンコなところも持ってるよ。 **モテモテタイプ**

恋愛 おつきあいが進むとひとりじめしたくなる。

将来 だれとでも仲良くできるので秘書、受付向き。

友情 こまった時、たすけてくれる友だちが多い。

相性 記念日を忘れず、とてもロマンチストな人と◎。

性格はどっち? 元気 —♡——————— やさしい

♡ せのか ♡

性格 グループの中にいるだけで、いやすことができる、ほんわかとした雰囲気を持つタイプ。 **太陽タイプ**

恋愛 失恋しても前向き。相手はすぐできそう。

将来 自分のペースで働く仕事。建築士など。

友情 めんどう見がよく、友だちがたくさんできる。

相性 やんちゃな人。おとなしいと暗くなるよ。

性格はどっち? 元気 ♡——————— やさしい

♡ せら ♡

性格 負けずきらいな性格。ライバルをいしきし、勝つことが力になって生きていくタイプ。 **モテモテタイプ**

恋愛 遊びや軽い恋愛はしない。軽い人がニガテ。

将来 手ぬきができないあなた。警察官向きだよ。

友情 ひみつ主義でも、もっと友だちを信用して。

相性 うわきをせず、とても一途でまじめな人。

性格はどっち? 元気 ——♡—————— やさしい

♡ せり ♡

性格 明るい性格。元気ない友だちを見つけると手をさしのべてあげたくなるやさしさもあるよ。 **太陽タイプ**

恋愛 頭が良くて、スポーツが得意な男子が好き。

将来 もてなす仕事が◎。ホテルや旅館で働く。

友情 楽しいと感じることを、すすめるタイプ。

相性 あっさりタイプ。口うるさいひとはダメ。

性格はどっち? 元気 ♡——————— やさしい

みんなのおまじない　髪型を変え午前中に10人以上が気づいたらついてる1日になる。

♡ せりあ ♡

性格 こわいもの知らずで思い切りがある女の子！いつでも前向きであまり落ちこまないタイプ。 太陽タイプ

笑いのツボが似た人に、ひかれそう。 おしゃべり好きなあなたはショップ店員に。

サプライズや、ビックリさせることが好き。 あなたがやったことに、きちんと感謝する人。

♡ せりか ♡

性格 とっつきやすい性格と雰囲気な女の子。困ったときにはまわりが協力してくれる得する性格。 太陽タイプ

甘えんぼうなので、年上にあこがれそう。 人ときそわずマイペースに建築デザイナー。

まわりがほっとけないくらい、気になる人よ。 気持ちよく引き受けてくれる、心の広い人。

♡ せりな ♡

性格 マイペースで、友だちときそうよりも自分のしたいことをしている時が一番好きな女の子。 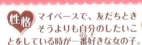太陽タイプ

好みではなかった人とおつきあいしそう。 感情ゆたかなので劇団員や女優をめざして！

進んで引き受けるので、しんらいされるよ。 決断力があって、ひっぱってくれる人。

♡ せれな ♡

性格 ちょっかんで行動するタイプ。しっぱいしても、立ち直りが早いのがいいところだよ。 おしゃれタイプ

友だちに仲を取り持ってもらう。 運動神経◎。騎手、けいりんの選手向き！

やくそくを守ることで、しんらいされるよ！ とても気づかいができて、空気を読める人。

♡ せれん ♡

性格 あとでこまらないように、物事をきちんと進めていける、整理整頓がとくいな女の子。 おしゃれタイプ

ステキなえがおのあなた。常にモテモテ。 歌手、演奏者に。豊かな感受性をいかして。

性格が、ちがうタイプの友だちができそう。 自分を受け入れてくれる、ほんわかした人。

♡ せんり ♡

性格 細かいことは気にせず行動はだいたんでごうかい！みんなから、たよりにされるタイプ。 太陽タイプ

好きになったら、気持ちのままに表現する。 行動力があるので飲食店の店長向きだよ。

なんでも、いっしょにやりたいタイプだね。 リーダー格でみんなをまとめる人がいいよ。

♡ そあ ♡

性格 れいぎ正しく、せいぎかんの強い女の子。グループの中ではリーダーてきなそんざい。

モテモテタイプ

恋愛 長くおつきあいできそう。とてもいちず。

将来 銀行員や郵便局員。お金にかかわる仕事を。

友情 意見をゆずらないときがあるから気をつけて。

相性 行動、言葉、気持ちが一致している正直者。

性格はどっち？ 元気 ——————♡— やさしい

♡ そあら ♡

性格 ルールにしばられず、友だちがあっとおどろくような新しいものを生み出せる女の子。

モテモテタイプ

恋愛 そくばくされないと、不安で仕方ないかも。

将来 アイデアをいかしテレビやマスコミ関連に。

友情 本気でケンカした後は真の友情がめばえる。

相性 物を大切にする、せつやく家、けんやく家。

性格はどっち？ 元気 ———♡———— やさしい

♡ そう ♡

性格 負けずぎらいで一番が大好きな女の子！得意な科目は絶対に負けたくない根性あるタイプ。

太陽タイプ

恋愛 たくさん友だちがいる人気者にひかれそう。

将来 セールスレディーとして、売上トップクラスに。

友情 オープンな性格。悩みを友だちに話す。

相性 さわやかで、せいけつ感がある人と合うよ。

性格はどっち？ 元気 —♡—————— やさしい

♡ そうあ ♡

性格 一人で抱えず、人に相談し頼ることができるタイプ。物事をやりとげることができるよ。

太陽タイプ

恋愛 人気者やかっこいい男子に強くひかれる。

将来 体で表現。ダンサー、スポーツ選手むき。

友情 友だちをビックリさせて楽しむことが好き。

相性 他にはない能力の持ち主の人と相性いいよ。

性格はどっち？ 元気 —————♡— やさしい

♡ そうか ♡

性格 とても人なつっこく、まわりを自然と笑顔にできる、ちょっと天然な愛されキャラタイプ。

太陽タイプ

恋愛 心の広い、ほうよう力のある人にひかれる。

将来 人ときそわない仕事。バスや電車の運転手。

友情 リーダータイプなので、年下にしたわれる。

相性 みんなから愛される人気者タイプの人。

性格はどっち？ 元気 —————♡— やさしい

♡ そうこ ♡

性格 ルールを守るしっかりした性格。約束を守るため、友だちからしんらいされる女の子だよ。

モテモテタイプ

恋愛 いちずに恋愛するため失恋すると引きずる。

将来 約束を守るあなたは、政治家や高級官僚に。

友情 友情を深めるなら、良いところをほめてあげて。

相性 おぼっちゃまタイプ。オレ様タイプはニガテ。

性格はどっち？ 元気 —————♡— やさしい

みんなのおまじない ★ 自分の机右側と好きな男子の机左側にハートを指で書くと近い席に！

♡ そな ♡

性格 決まったグループに入らないけど、八方美人でもない、困ったときは味方がたくさん。

モテモテタイプ

恋愛 世話好きなあなたは、恋人をリードするよ。

将来 落ちついて対応できるので、秘書や受付に。

友情 しんらいされている。よくそうだんされる。

相性 勉強もクラブ活動も、一生けんめいな人。

性格はどっち？ 元気 ── やさしい

♡ そなた ♡

性格 興味のあることで常に一番をめざしていける、ひじょうに負けずぎらいな女の子。

モテモテタイプ

恋愛 失敗しやすいため友だちの意見を聞いてね。

将来 テレビやラジオ局で、アイデアを出して！

友情 物知りな子と友だちになると世界が広がる。

相性 サバサバして男らしくリードしてくれる人。

性格はどっち？ 元気 ── やさしい

♡ そなみ ♡

性格 あわてんぼうで不器用に見られがち。でも、まじめでつい守ってあげたくなるキャラ。

モテモテタイプ

恋愛 心配性なあなた。自分だけ見てほしいかも。

将来 粘り強い性格をいかして政治家や外交官に。

友情 だれにでも平等にせっするため、好かれるよ。

相性 あなたのアドバイスを聞き実行できる人。

性格はどっち？ 元気 ── やさしい

♡ その ♡

性格 少し変わってると人に見られそう。自分だけのこだわりや、お気に入りを持っているよ。

おしゃれタイプ

恋愛 言わなくても、さっしてくれる人を求めてるね。

将来 独特の感性をいかし発明家になれるかも！

友情 好きな芸能人や、趣味が合う人と友だちに。

相性 落ちこんだとき、一番にはげましてくれる人。

性格はどっち？ 元気 ── やさしい

♡ そのえ ♡

性格 まちがったことが大きらい！ガンコすぎるところもあるけど、人気と信頼は人一倍だよ。

モテモテタイプ

恋愛 好きになったらとことんつくしちゃう。

将来 思いやりがあるのでペット関連が向いてるよ。

友情 軽はずみに友だちのヒミツを話さないでね。

相性 気持ちを受け止めてくれる心の広い人が◎。

性格はどっち？ 元気 ── やさしい

♡ そのか ♡

性格 喜んだり悲しんだり表情がころころ変わって素直だね。コツコツがんばるまじめな面も！

おしゃれタイプ

恋愛 ドラマのような出会いを期待してるかも。

将来 物事はきっちり。記者、ジャーナリスト向き。

友情 なかよくなると、相手をふり回してしまうかも！？

相性 テストの点数が同じくらいの人と合うよ。

性格はどっち？ 元気 ── やさしい

みんなのおまじない 髪の毛に結び目を見つけたらだれかに思われているっていうメッセージ。

♡ そのこ ♡

性格　ほんわかした雰囲気を持ち、とても話しかけやすい女の子！少し天然キャラな所がある。

タイプ：太陽タイプ

恋愛　やさしい言葉をかけられると、すぐ好きに。

将来　天然キャラをいかしてツアーコンダクター。

友情　気さくなふんいき。話しかけられやすい。

相性　見た目重視。じまんしたくなるイケメン！

性格はどっち？　元気 ——♡—— やさしい

♡ そのみ ♡

性格　他人と自分を比べることなく、物事を進めていく女の子。努力で大きな成果があがるよ。

タイプ：太陽タイプ

恋愛　強引に近づいてくる人にひかれちゃうかも。

将来　建築士はどう？コツコツタイプならでは。

友情　あなたは、いつもみんなの話題の中心人物。

相性　自分に自信のある人。どうどうとしたいけど

性格はどっち？　元気 —♡—— やさしい

♡ そふぃあ ♡

性格　そんざいかんのあるタイプ。おおぜいの前で話すのはニガテだけど、友だちから頼られる。

タイプ：モテモテタイプ

恋愛　あなたの意見に反対しない人をえらんでね。

将来　お金に関係ある仕事。銀行員、郵便局員！

友情　悩みは抱えずに、友だちにたよってみて。

相性　うそをつかない正直者。外見より内面重視。

性格はどっち？　元気 ♡——— やさしい

♡ そよ ♡

性格　親をそんけいし、気配りができるやさしい女の子。ささいなことを気にかけてしまうときも。

タイプ：おしゃれタイプ

恋愛　意外性や、ギャップにひかれるね！

将来　器用さをいかして。エステ、メイク関連はどう？

友情　自分と反対のタイプの子と友だちになりそう。

相性　うるさいのはニガテ。マメな男の子と◎

性格はどっち？　元気 ——♡— やさしい

♡ そよか ♡

性格　えがおで明るいオーラがあるよ。でも、まちがったことを注意できる厳しい一面も。

タイプ：おしゃれタイプ

恋愛　タイプじゃなくても、いい所があれば好きに。

将来　栄養士や和菓子職人など食に関する仕事。

友情　人見知りだけど、打ちとければ意見を言える。

相性　あなたとの用事をゆうせんしてくれる人。

性格はどっち？　元気 ———♡ やさしい

♡ そら ♡

性格　自分に厳しく、大変なときでもあきらめないがんばり屋さん。時には休みもとって。

タイプ：モテモテタイプ

恋愛　相手から、そくばくされていないと不安に。

将来　歌手や演奏家向き。豊かなはっそうを表現。

友情　視野が広がる、物知りな子と友だちに。

相性　ミスしてもあまり怒らない、おおらかな人。

性格はどっち？　元気 ———♡ やさしい

みんなのおまじない　星のピンを髪にとめながらジュピターの輪と言うと友だちができる。

♥ そらな ♥

性格 せいぎかんが強い女の子。白黒にこだわるので、相手を許してあげることもしてね。

モテモテタイプ

恋愛 彼を好きなほど、つめたくしてしまうかも。

将来 夢中で取り組むタイプ。映像監督や作家に。

友情 おたがいに良いところを参考にしてみて！

相性 見た目ではなく、性格を重視してくれる人。

性格はどっち？ 元気 —— やさしい♥

♥ そらね ♥

性格 友だちの意見を受け入れてあげられる広い心を持っているあなたは人気者！たよれる存在。

太陽タイプ

恋愛 あなたは好きな人をひとりじめしたい人よ。

将来 正直者のあなたは弁護士に向いているかも。

友情 話し好きでせっきょく的な友だちが増える。

相性 言いにくいこともはっきり言ってくれる人。

性格はどっち？ 元気 ♥ やさしい

♥ そらの ♥

性格 他人が気になるタイプ。えんりょして本音をストレートにいうことができない時も。

おしゃれタイプ

恋愛 ライバルを気にせず、自分らしさを大切に。

将来 センスが良いあなたはジュエリーデザイナーに。

友情 気をつかいすぎてつかれそう。正直に話して。

相性 自信家で、大きなゆめを持っている男の子。

性格はどっち？ 元気 —— やさしい

♥ そらみ ♥

性格 先生や年上から好かれやすい人。だれよりも親孝行をしていて思いやりのある女の子。

モテモテタイプ

恋愛 悩みなど相談にのってくれる人がタイプ。

将来 人と人の縁結びを。結婚アドバイザーなど。

友情 しっかり者のあなた。たよりにされそう。

相性 不器用で口下手だけど、やさしい人が合う。

性格はどっち？ 元気 —— やさしい♥

♥ そらん ♥

性格 曲がったことが大きらいで、がんこなところがたまにキズ。でも人気がありしんらいされる。

モテモテタイプ

恋愛 反対されても自分が良いと思った人にアタック！

将来 まっすぐな性格なので事務や経理向きだよ。

友情 ウソをつかず正直な性格。信用されているね。

相性 おとなしくシャイでピュアな人だと長続き。

性格はどっち？ 元気 —— やさしい♥

♥ そわ ♥

性格 好きなことは夢中でできちゃう。興味のないことにもチャレンジすると新しい発見が！

モテモテタイプ

恋愛 元気いっぱい笑う人に、ひかれていくよ。

将来 裁判官、弁護士として責任感をいかして！

友情 あなたはせいじつでまじめな人と友だちに。

相性 親を大切にする家族思いで、まじめな人。

性格はどっち？ 元気 —— やさしい♥

た(行)の女の子

前向きタイプ

こわいもの知らずで、目立ちたがり屋な人。前向きにあれもこれもドンドン進んでいけちゃう人。

正義感タイプ

直感で行動し、一か所にとどまっていない活発な人。正義感が強く、まわりから信用されて人の上に立つタイプ。

ノリノリタイプ

ノリが良くって存在感がバツグンにあるね！グループの中では知らず知らずのうちに中心になっちゃうみたいだよ。

♡ だいや ♡

性格 前で目立つよりも、かげでささえるタイプ。世話好きでとても頼りにされてる！

ノリノリタイプ

恋愛 みんながあこがれる人を好きになってしまう。

将来 困った人を助ける仕事に。カウンセラー。

友情 盛り上げ上手なあなた。反面、さみしがり屋。

相性 気持ちが素直でストレートな男の子。

性格はどっち？ 元気 ——♡—— やさしい

♡ たえ ♡

性格 自分の考えかたを信じ、人の意見に流されにくいタイプ。とてもがんばり屋さんだね。

正義感タイプ

恋愛 やさしくて、おだやかやな男子がタイプ。

将来 努力家なので社長向き。信頼と人気を集めるよ。

友情 ケンカのとき、あなたから折れて仲直りしてね。

相性 見た目より、内面重視。うそをつかない人。

性格はどっち？ 元気 —♡——— やさしい

♡ たえこ ♡

性格 少し潔癖で神経質なところもあるかも？しっかり者にみられるけど実は甘えんぼう。

前向きタイプ

恋愛 普通では物足りなく自分とちがう人が好き。

将来 話しかけやすいあなたは、バスガイドに！

友情 きさくな感じ。友だちがたくさんできるよ。

相性 態度がどうどうとしていて、オレ様タイプ。

性格はどっち？ 元気 ——♡—— やさしい

♡ たお ♡

性格 まっすぐな性格の女の子で、人から信頼されやすく、気づくとグループの中心に。

正義感タイプ

恋愛 目立つ人はニガテ。おとなしい人がタイプ。

将来 がんばり屋なあなたは、社長で大活躍。

友情 あなたは口がかたいので、信頼されるよ！

相性 気がねなく話せる、フィーリングの合う人。

性格はどっち？ 元気 ————♡ やさしい

♡ たか ♡

性格 雰囲気がほんわかしていて話しかけやすい女の子。困ったときにはまわりが協力もしてくれる。

前向きタイプ

恋愛 包容力のある人に、ひかれるタイプ。

将来 愛されキャラのあなたはバスガイド向き。

友情 決断力があり、年下にしたわれるよ。

相性 頼りになる人。困ったときに助けてくれる。

性格はどっち？ 元気 ——♡—— やさしい

♡ たかえ ♡

性格 たくさんの人の前で話すのはニガテ。でも、みんなから頼られてしぜんと中心人物に。

正義感タイプ

恋愛 おとなしく少し地味な男子にひかれそう。

将来 向上心があり、がんばり屋。リーダーや社長に！

友情 ガンコなあなた。時には意見をゆずってね。

相性 反対意見を言わずに、みとめてくれる人。

性格はどっち？ 元気 ———♡— やさしい

テストに名前を書き、上に小さくウサギの絵を描くと緊張しない。

♡ たかこ ♡

性格 友だちとの約束をきちんと守るから、信頼される。まじめで思いやりのある性格。

正義感タイプ

恋愛 オタク好きなあなた。世界かんが広がるよ。

将来 芸能人、アイドルに。チャレンジしてみて！

友情 友だちの良い部分をほめて友情が深まるよ。

相性 オレ様は×。お金持ちおぼっちゃまタイプが。

性格はどっち？ 元気 ── やさしい

♡ たかね ♡

性格 きさくで、だれとでも仲よくなれる女の子。責任感が強くてしっかりもの。

正義感タイプ

恋愛 好きな人ができると何も手につかなくなる。

将来 消防士や救急救命士で、持ち前の正義感を。

友情 信頼され、支えあう友だちができるよ。

相性 いつでも楽しむことを忘れないゆかいな人。

性格はどっち？ 元気 ── やさしい

♡ たかみ ♡

性格 手先が器用で何でもこなせる。友だちとさわぐのがニガテで考えごとが好きなタイプ。

ノリノリタイプ

恋愛 気まぐれなあなた。相手をふりまわすかも。

将来 シェフ、パティシエ！食で感性を生かして。

友情 自然体でいられる友だちを選ぶといいね。

相性 我慢強く、あなたのわがままをゆるせる人。

性格はどっち？ 元気 ── やさしい

♡ たから ♡

性格 イベントが大好きで、にぎやかな女の子。友だちもまきこんで楽しむのが好きなタイプ。

前向きタイプ

恋愛 物知りで勉強ができる人を好きになりそう。

将来 アナウンサーや声優など声を生かしてみて。

友情 人とぶつかることをきらう、おだやかな性格。

相性 得意な勉強を、やさしく教えてくれる人。

性格はどっち？ 元気 ── やさしい

♡ たき ♡

性格 言葉づかいやふるまいが色っぽい女の子。きまぐれ屋さんで、まるでネコのよう。

ノリノリタイプ

恋愛 ほれやすいタイプ。それに、きまぐれ屋さん。

将来 販売、デザイナーなどアパレル関係向き。

友情 人見知りが強い。打ち解ければ意見を言えるよ。

相性 いやし系。ウジウジした男の子はダメ。

性格はどっち？ 元気 ── やさしい

♡ たきこ ♡

性格 目標に向かってコツコツと努力をおしまないため、将来は大物になる可能性も！

正義感タイプ

恋愛 一途だから、失恋すると長く落ちこんじゃう。

将来 コツコツ努力すれば、アイドルや芸能人に。

友情 あまり人見知りをしないので気軽に話せる。

相性 あなたを立ててくれる、やさしい人。

性格はどっち？ 元気 ── やさしい

みんなのおまじない 姿が映る度にリリルエ・リリルエ・リリルエと唱えると笑顔美人に。

♡ たきよ ♡

性格 用心深くて小さなことではくじけないね。リーダータイプで、年下の子から好かれるよ。 　正義感タイプ

恋愛 同じ人に何年も片思い？思いは早く伝えて。

将来 伝統ある、お花、お茶、おどりの先生に。

友情 聞き上手なあなた。話しかけられやすいよ。

相性 一途でヤキモチやきで独占欲の強い人。

性格はどっち？　元気 ——♡—— やさしい

♡ たつき ♡

性格 とっても友だち思いのやさしい子だね。雰囲気もやわらかいので自然に人が集まるよ。 　前向きタイプ

恋愛 ちょいワル、不良タイプにひかれそう。

将来 いやし系の電車やバスの運転手はどうかな。

友情 決断力があり、恋愛より友だちを優先に。

相性 おしが強くて自信家。熱いオレ様タイプ。

性格はどっち？　元気 ——♡—— やさしい

♡ たつこ ♡

性格 持ち物をかわいいものでそろえた、ほんわかとした雰囲気の女の子。まわりが自然と笑顔に。 　前向きタイプ

恋愛 前向きで、失恋しても立ち直りが早いよ。

将来 建築デザイナーや建築士でステキな家を。

友情 ほうっておけない気になる存在で中心人物。

相性 イケメン好き。見た目を重視するね。

性格はどっち？　元気 —♡——— やさしい

♡ たつの ♡

性格 おしとやかで運動するよりも、女の子らしい手芸やおかし作りなどに興味あり。 　前向きタイプ

恋愛 彼をひとりじめしたいし、しっと心も強い。

将来 女優やファッションモデルで自分を表現して。

友情 お笑い系の楽しいタイプの友だちができる。

相性 年の差がある彼に大人を感じ、気が合うよ。

性格はどっち？　元気 ———♡— やさしい

♡ たつみ ♡

性格 少し神経質なところもあり意地をはってしまうことも。でも、純粋で友だち思いだよ。 　前向きタイプ

恋愛 とても前向き。失恋してもすぐ次に！

将来 マイペースな仕事が◎。建築デザイナー。

友情 頼れるし、友だちがたくさんいるよ。

相性 友だちが多い。おしが強く情熱的な人。

性格はどっち？　元気 ——♡— やさしい

♡ たまえ ♡

性格 向上心の強い人。ニガテなこと、難しいことからにげないがんばり屋さん。 　正義感タイプ

恋愛 いつもがんばってる人に、心うばわれそう。

将来 海外をとび回るキャビンアテンダント！

友情 口がかたくだちの悩みを良く聞くはず。

相性 気をつかわず話のフィーリングが合う人。

性格はどっち？　元気 ——♡— やさしい

みんなのおまじない　中指と人差し指をクロスして願いごとを唱え息を吐くとかなうよ。

♡ たまお ♡

性格 こだわりが強く、あまり人の意見を聞かないところも。自分に厳しく向上心のある女の子。

正義感タイプ

恋愛 しんちょうで相手を知ってからつきあう。

将来 海外で活躍！キャビンアテンダント。

友情 口がたいので信用されやすいはずだよ！

相性 シャイな人。自分のペースに持っていける。

性格はどっち？ 元気 — やさしい

♡ たまき ♡

性格 コツコツがんばるタイプ。むりやサボリもせず、毎日少しずつ進めることができるよ。

ノリノリタイプ

恋愛 にぎやかで目立つ、お笑い系の人を好きに。

将来 小説家や作家で、豊かな想像力を表現して。

友情 はじめ合わせても、だんだんふりまわすかも。

相性 わがままを言っても、許してくれる人。

性格はどっち？ 元気 — やさしい

♡ たまこ ♡

性格 だれにも公平で人の好ききらいが少ない。友だちから信用されてリーダーになるかも。

正義感タイプ

恋愛 自分だけにやさしい人が好き。心配性。

将来 芸能人やアイドルになってはなやかな世界に。

友情 平等にせっするあなたはだれからも好かれる。

相性 意見を素直に聞き、実行してくれる人。

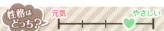性格はどっち？ 元気 — やさしい

♡ たまみ ♡

性格 頭の回転が速く、集中して勉強できるあなたは、成績もいいはず。

ノリノリタイプ

恋愛 あなたは気持ちを素直に言えない。

将来 芸術の分野に向いてる。小説家、作家など。

友情 気をつかわなくてすむ子を選ぶでしょう。

相性 ぽっちゃりとした、クマさんタイプの人。

性格はどっち？ 元気 — やさしい

♡ たまよ ♡

性格 時間、約束を守るタイプ。まじめな性格で友だちはあなたに気をゆるし、頼りにしてる。

正義感タイプ

恋愛 好きなひとができても、話さずヒミツ主義。

将来 ヒミツを守る占い師や心理カウンセラーに。

友情 人を裏切らないあなたは、信頼されるよ。

相性 オクテだけど、素直で純粋な人が合いそう。

性格はどっち？ 元気 — やさしい

♡ たみ ♡

性格 ものごとを計画的に進められるタイプ。理論派で、理科や算数が得意！

ノリノリタイプ

恋愛 理想が高く、思ったことを言えない。

将来 明るい笑顔のあなたで販売、アドバイザー。

友情 人見知りだけどとても思いやりあるあなた。

相性 自己中な男の子はダメ。ホッとできる人。

性格はどっち？ 元気 — やさしい

みんなのおまじない ★ 財布に洗った十円を白い布に包んで入れるとお金がたまるよ。

♡ たみえ ♡

性格 とにかく目立ちたがり屋な女の子！グループ内ではいつでも中心にいるタイプでしょ？

 前向きタイプ

恋愛 王子様のようなハンサムな男子がタイプ。

将来 えがおで人と会話するショップ店員はどう？

友情 いっしょにいて、楽しいと思われているよ。

相性 音楽や趣味がぴったり合う、楽しめる人。

性格はどっち？　元気 ——♡—— やさしい

♡ たみこ ♡

性格 自分の意見をなかなか曲げないよ。そのガンコさが得意なことで成功する力になりそう。

 正義感タイプ

恋愛 彼に一途。初めての人と結婚するかも。

将来 ルールを守る人だね。政治家、官僚向き。

友情 友だちの良いところをみとめれば友情が強くなるよ。

相性 あなたを女王様のように立ててくれる人。

性格はどっち？　元気 ♡—————— やさしい

♡ たみよ ♡

性格 調子にのったり、はしゃいだりはしない。人づきあいはバランス良く、世わたり上手。

 正義感タイプ

恋愛 しっかり者のあなたは、年下から好かれる。

将来 現実的、しんちょうなあなたは公務員向き。

友情 親友になった人とは一生つきあえそうだよ。

相性 あまり目立たず、まわりを立てている人。

性格はどっち？　元気 ———♡—— やさしい

♡ だりあ ♡

性格 思いやりがあり、感受性が強い女の子。物事の好ききらいがはっきりしているよ。

 ノリノリタイプ

恋愛 恋多き人生。熱しやすく冷めやすいあなた。

将来 好きなことを仕事に。プログラマー、SE。

友情 いろいろ手をつかい注目を集めようする人。

相性 やさしくてしっかり話を聞いてくれる人。

性格はどっち？　元気 ——♡—— やさしい

♡ たんぽぽ ♡

性格 人のいいところを見つけるのが得意で、笑わせたり、喜ばせたりするのが大好きだね。

 ノリノリタイプ

恋愛 気分屋なところも、ミリョクてきなあなた。

将来 スタイリスト、ヘアメイクさん趣味を生かして。

友情 勉強やスポーツで目立つ友だちが多いね。

相性 会話上手、個性的、おもしろい人と合うよ。

性格はどっち？　元気 ————♡— やさしい

♡ ちあき ♡

性格 家族や友だちを大切にし、思いやりのある性格。記念日のプレゼントも忘れないよ。

 正義感タイプ

恋愛 悩みごとにのってくれる人にひかれそう。

将来 ねばり強さを生かし架け橋になれる外交官に。

友情 頼られる方が多いあなたは、しっかり者。

相性 ゲームするよりも勉強や読書が好きな人。

性格はどっち？　元気 ♡————— やさしい

みんなのおまじない　テスト前日、普段の消しゴムを冷蔵庫に入れ当日も使うと成績アップ！

♡ ちあり ♡

性格 ねばり強く、大変なことがおきてもあきらめないタイプ。自由なアイデアも持ってる。

正義感タイプ

恋愛 そくばくされることに、愛情を感じちゃう。

将来 あこがれに対し努力できるあなたは警察官に。

友情 仲よしの友だちをずっと大切にするタイプ。

相性 おおらかでミスをしても怒らなさそうな人。

性格はどっち？ 元気 ♡――|――|―― やさしい

♡ ちい ♡

性格 難しいことやニガテなことにもにげ出さず、できるまでがんばるので、将来大物に。

正義感タイプ

恋愛 夢中でがんばっている人にときめくよ。

将来 外資系で海外を飛び回る仕事が向いてるよ。

友情 自分の意見をゆずらないことがあるかも。

相性 正直者でピュアな人とは長続きしそうだよ。

性格はどっち？ 元気 ♡――|――|―― やさしい

♡ ちえ ♡

性格 おしゃべりが大好きで人の話に口をはさまずにはいられない！グループ内の中心的人物。

前向きタイプ

恋愛 言葉に出してくれないと、ふまんが増える。

将来 負けずぎらいを生かしてスポーツアスリート。

友情 話を聞いてくれる人と仲よくなるといい。

相性 気持ちよく引き受けてくれる、心の広い人。

性格はどっち？ 元気 |―♡|――|―― やさしい

♡ ちえか ♡

性格 グループの中にいるだけで、いやすことができる、ほんわかとした雰囲気を持っているよね。

前向きタイプ

恋愛 相手を喜ばせることが好きなタイプ。

将来 電車やバスの運転士でかっこよく働いて！

友情 自然と、みんなの話題の中心にいるあなた。

相性 自信家でオレ様タイプ。態度もどうどう。

性格はどっち？ 元気 ――|――|―♡― やさしい

♡ ちえこ ♡

性格 無理をせず毎日ものごとを進めていける。頭の回転が速く考えてから行動するタイプ。

ノリノリタイプ

恋愛 いろいろなタイプの人とつきあいそう！

将来 記者やジャーナリストとして情報発信者に。

友情 打ち解ければ積極的に意見を言える。

相性 ウジウジした男は×。いやし系がいいよ。

性格はどっち？ 元気 ――|―♡―|―― やさしい

♡ ちえの ♡

性格 相手の名前をおぼえるのが得意。グループ内ではまとめやくとして活躍するタイプ。

ノリノリタイプ

恋愛 告白されるようにアピールが得意なあなた。

将来 感性が強いので作詞家、作曲家で成功。

友情 信頼されるには、時間、約束を守って。

相性 融通が利き、はば広い考えができる人。

性格はどっち？ 元気 ――|――|―♡― やさしい

みんなのおまじない ★ テストの朝とテスト直前に両耳をひっぱるだけで良い成績に！

♡ ちえみ ♡

性格 歌ったり、お絵かきがとても上手な子。将来は、芸術の分野で活躍しそう。 *ノリノリタイプ*

- **恋愛**：理想が高くドラマのような出会いを期待！
- **将来**：想像力を生かして小説家、作家に向いてる。
- **友情**：思いやりがあるけど、好ききらいが多い……。
- **相性**：やせ形ではなく、少しぽっちゃりさん。

性格はどっち？ 元気 ♡────┼────┼──── やさしい

♡ ちえり ♡

性格 さみしがり屋だけど一人の時間もほしいタイプ。おしゃれに興味がある女の子。 *ノリノリタイプ*

- **恋愛**：八方美人。一目ぼれされやすいタイプ。
- **将来**：物事の分析が得意。大学教授や研究員に。
- **友情**：仕切り屋さんで、友だちをふやすのが得意。
- **相性**：聞き上手で記念日を大切にしてくれる人。

性格はどっち？ 元気 ♡────┼────┼──── やさしい

♡ ちおり ♡

性格 同い年の子が幼く見えてしまうくらいサバサバした女の子。行動はだいたんでごうかい。 *前向きタイプ*

- **恋愛**：好きになりやすいのは、勉強ができる男子。
- **将来**：明るい専業主婦で、家庭に笑顔を。
- **友情**：世話好きで、困った人を助けてあげる人。
- **相性**：ちょっと強引なところがある人。年上かな。

性格はどっち？ 元気 ────♡────┼──── やさしい

♡ ちか ♡

性格 ネコのように気まぐれで周りをふりまわしちゃうことも。でも、そこがミリョクてき。 *ノリノリタイプ*

- **恋愛**：さみしがり屋なあなた。理想も高いです。
- **将来**：レストラン経営などで、頭の回転の速さを生かして。
- **友情**：自分をさらけ出せる友だちを選ぶでしょう。
- **相性**：ぽっちゃりとした、クマさんタイプの人。

性格はどっち？ 元気 ────┼────♡──── やさしい

♡ ちかえ ♡

性格 思い切りがあり、どんな時でも落ち込まず、前向きに取りくめるタイプの女の子だね！ *前向きタイプ*

- **恋愛**：笑うポイントが同じ人に、ひかれるよ！
- **将来**：笑顔で接客。カリスマ店員になれるかも。
- **友情**：友だちのヒミツは、話さず心の中にね！
- **相性**：人の気持ちがわかる、心があたたかい人！

性格はどっち？ 元気 ────┼──♡─┼──── やさしい

♡ ちかこ ♡

性格 うっかりしたり、あわてんぼうな性格。でも、とてもマジメで思いやりのある女の子。 *正義感タイプ*

- **恋愛**：世話好き。頼りない男子が気になるかも。
- **将来**：男子からも女子からも人気者。アイドルに！
- **友情**：しっかりしている性格。頼りにされるよ。
- **相性**：きっちりしていて約束や時間を守る人。

性格はどっち？ 元気 ────┼──♡─┼──── やさしい

みんなのおまじない ☆ テスト前に小指の爪に青で星を書くと実力発揮で良い点が取れるよ。

♡ ちかぜ ♡

性格　たのまれると断れないから、用事が多くなってしまっていつもいそがしくなっちゃうタイプ。　*前向きタイプ*

恋愛　仲の良い友だち関係から恋に発展しそう！

将来　介護士など人につくす仕事が向いてるよ。

友情　ファッションセンスをマネされちゃうかも。

相性　食べ方がきれいなマナーの良い人が◎。

性格はどっち？ 元気 ━━━♡━━━ やさしい

♡ ちかの ♡

性格　正義感が強いから、曲がったことをしている人をみるとついカッとなっちゃうかも。　*正義感タイプ*

恋愛　積極的だから彼をリードするようになるよ。

将来　正義感を生かして、弱者を救う弁護士が◎。

友情　お互いに支えあえる友だちができそうだよ。

相性　ロマンチストで記念日を大切にする人が◎。

性格はどっち？ 元気 ━━━♡━━━ やさしい

♡ ちぐさ ♡

性格　困った人をほうっておけない、やさしい正義感を持ってるよ。みんなから好かれるタイプ。　*前向きタイプ*

恋愛　気持ちが伝わりにくいく。積極的になって！

将来　絵が好きならイラストレーターがおすすめ。

友情　素直すぎるから早とちりしちゃうかも。

相性　お祭り好きでにぎやかな人と相性ピッタリ！

性格はどっち？ 元気 ━♡━━━━ やさしい

♡ ちこ ♡

性格　目標を持って努力するタイプだよ。大器晩成型。マジメで不器用に見られることも。　*正義感タイプ*

恋愛　相談に真剣にのってくれる人にひかれそう。

将来　目標を持ってチャレンジ！うまくいくよ。

友情　しっかり者だからみんなに頼りにされるよ。

相性　あなたのアドバイスを実行する人が相性◎

性格はどっち？ 元気 ━♡━━━━ やさしい

♡ ちさ ♡

性格　かげでだれかを支える、縁の下の力持ちのような存在。世話好きで頼りになるタイプだよ。　*ノリノリタイプ*

恋愛　相手のギャップを知ると好きになっちゃう。

将来　困った人を支えるカウンセラーがおすすめ。

友情　だれかといっしょにいないと不安になっちゃう。

相性　言わなくても気持ちを察してくれる人が◎。

性格はどっち？ 元気 ━━━♡━━━ やさしい

♡ ちさき ♡

性格　どんな人にも態度を変えないから信用されているよ。人のうえに立つリーダータイプ。　*正義感タイプ*

恋愛　真剣に恋愛するタイプ。失恋は長引きそう。

将来　信頼される政治家や高級官僚になれるよ。

友情　人見知りしないでだれとでも気軽に話せるよ。

相性　口下手で不器用だけどやさしい人と相性抜群！

性格はどっち？ 元気 ━━━♡━━━ やさしい

みんなのおまじない　丸い小石を洗い、ピンクのペンでハートを書き、持って告白すると◎。

♡ ちさこ ♡

性格 人が見てなくてもコツコツ努力する努力家。ルールをしっかり守るから信頼されてるね。

正義感タイプ

恋愛 一番最初につきあった人と結婚するかも。

将来 どんな職業でもチャレンジすればうまくいく。

友情 友達の良いところをほめて友情を深めよう。

相性 時間や約束をきっちり守ってくれる人。

性格はどっち？ 元気 ♡——— やさしい

♡ ちさと ♡

性格 自分に厳しいがんばり屋さん。たまにはお休みしてね。あきらめないから成功するよ。

正義感タイプ

恋愛 相手にそくばくされていないと不安を感じちゃう。

将来 マイペースに進められる仕事がぴったり。

友情 視野を広げるなら物知りの友達をみつけよう。

相性 リードしてくれ、さばさばとした男らしい人。

性格はどっち？ 元気 ♡——— やさしい

♡ ちさの ♡

性格 あわてずさわがずとってもクール。目立つことは好きじゃないけど、頼れるリーダーだね。

正義感タイプ

恋愛 好きな相手に冷たくしちゃう一面あり。

将来 映画監督や映像作家が向いているかも。

友情 困ったときに助けてくれる友達が多いかも。

相性 選ぶのは見た目じゃなく性格重視の人。

性格はどっち？ 元気 ♡——— やさしい

♡ ちず ♡

性格 自分より相手のことを考えちゃう、やさしい子。人のお世話でいつもいそがしそうだね。

前向きタイプ

恋愛 イケメン大好き。イケメンとデート希望！

将来 絵本作家やイラストレーターがぴったり。

友情 断れない性格だから友達から頼られるよ。

相性 がんばりや成果、容姿などをほめてくれる人。

性格はどっち？ 元気 ———♡ やさしい

♡ ちずこ ♡

性格 とても思いやりがあって気配りできるよね。ありがとうの気持ちを大切にするよ。

正義感タイプ

恋愛 悩みごとを真剣に聞いてくれる人にほれちゃう。

将来 外交官など海外で活躍する仕事向き。

友情 みんなに平等だからあなたを好きな人は多いかも。

相性 遊びより勉強や本を読むことを選ぶ人。

性格はどっち？ 元気 ———♡ やさしい

♡ ちせ ♡

性格 とても清らかな心をもっているよ。占いなども好き。正しい行動を心がけている女の子。

前向きタイプ

恋愛 友達だと思っていた相手が恋人になるかも。

将来 ケアマネージャーなど人のためになる仕事が◎。

友情 勉強のレベルが同じタイプの友達ができるよ。

相性 知識欲おうせいで新しもの好きで情報通な人。

性格はどっち？ 元気 ———♡ やさしい

みんなのおまじない 昼間見える月に向かってシャボン玉を飛ばすと恋の味方が現れるよ。

♡ ちづえ ♡

性格 難しいことやニガテなことにもにげ出さず、最後までがんばれるしっかり者だよ。

正義感タイプ

恋愛 相手につくすマジメで一途なタイプだよ。

将来 マジメなあなたはお金を扱う経理事務向き！

友情 うそをつかないあなたは友だちから信頼されるよ。

相性 正直者のあなたには同じくうそをつかない人。

性格はどっち？　元気——♡——やさしい

♡ ちづる ♡

性格 おしゃれに興味があり、大人っぽい雰囲気なお姉さんタイプ。でも実はさみしがり屋。

ノリノリタイプ

恋愛 みんなに好かれたいタイプ。誤解に注意！

将来 人を引きつけるあなたは幼稚園の先生！

友情 いつでも友だちを楽しませるのが大好き。

相性 自分の話を楽しそうに聞いてくれる人。

性格はどっち？　元気———♡—やさしい

♡ ちとせ ♡

性格 目立つことよりもだれかを支えるほうが好き。あらそいがきらいでまわりに合わせるタイプ。

ノリノリタイプ

恋愛 趣味の合う人を探そう！うまくいくよ。

将来 子どもたちの夢を応援する習いごとの先生！

友情 さみしがりやでだれかといっしょにいたいタイプ。

相性 言葉にしなくても気持ちを分かってくれる人。

性格はどっち？　元気—♡——やさしい

♡ ちな ♡

性格 人とはちがったセンスをもったふしぎちゃん。自分だけのこだわりを持っている人だよ。

ノリノリタイプ

恋愛 好きな人にはさりげなくアピールするタイプ。

将来 発明家になって世の中を便利にしよう！

友情 趣味や好きな芸能人が同じ人と仲よくなるよ。

相性 夢をいっしょに語りあえる自信たっぷりな人。

性格はどっち？　元気—♡——やさしい

♡ ちなつ ♡

性格 太陽のように明るい人。落ち込んでいる人を見ると声をかけるやさしいところがあるよ。

前向きタイプ

恋愛 ひとめぼれしやすいタイプ。積極的だよ。

将来 世話好きなあなたは旅館のおかみさん。

友情 困っている友だちをほうっておけない世話好きだよ。

相性 理想が高く、夢に向かってがんばっている人。

性格はどっち？　元気—♡——やさしい

♡ ちなみ ♡

性格 あわてんぼうな人。少し不器用に見えるけど目標ができるとがんばって努力できる！

正義感タイプ

恋愛 自分だけにやさしくしてくれる人が好き。

将来 外交官になって世界を飛び回ろう！

友情 人見知りがなくだれとでも気軽に話せるタイプ。

相性 あなたをお姫様のように扱ってくれる人。

性格はどっち？　元気——♡—やさしい

みんなのおまじない　寝るときに、小指に赤いリボンをつけると恋愛運アップ！

♡ ちの ♡

性格 自分の意見を簡単には曲げない頑固なところがあるよ。責任感が強いしっかり者だよ。

正義感タイプ

恋愛 好きな人ができると勉強どころではないかも。

将来 自分の意見を持っているあなたは裁判官に。

友情 友だちに信頼されて相談されることが多いよ。

相性 なんでも一生けんめいなマジメくんがピッタリ。

性格はどっち？ 元気 ♡ やさしい

♡ ちは ♡

性格 繊細で感受性が豊か。困っている人を見るとほうっておけない思いやりのある人だよ。

ノリノリタイプ

恋愛 気持ちに正直で気分屋なところもミリョクだよ。

将来 ユニークなセンスを生かしてスタイリスト！

友情 自分とちがうミリョクを持った人と友だちになるよ。

相性 お笑い系のいっしょにいて会話の弾む人。

性格はどっち？ 元気 ♡ やさしい

♡ ちはや ♡

性格 ノリが良く、ほかの人に気を配れるやさしい人。かげで支える縁の下の力持ちタイプだよ。

ノリノリタイプ

恋愛 幼なじみなど友だちから恋に発展するよ。

将来 明るいあなたは体操の先生で子供達の人気者！

友情 明るくムードメーカータイプ。盛り上げ担当！

相性 うそをつかない、裏おもてのない誠実な人。

性格はどっち？ 元気 ♡ やさしい

♡ ちはる ♡

性格 サバサバしていてお祭りが大好きなにぎやかな人。行動が大胆でみんなをおどろかせるよ。

前向きタイプ

恋愛 勉強やスポーツ、何でもできる人が好きだよ。

将来 太陽のようにあったかいあなたはお母さん。

友情 友だちとケンカをすることがニガテなおだやかな人。

相性 頭の回転が速いユーモアセンスのある人。

性格はどっち？ 元気 ♡ やさしい

♡ ちひろ ♡

性格 サバサバしていてパワーあふれる明るい人。行動が大胆で将来は海外で活躍するかも。

前向きタイプ

恋愛 一目ぼれしやすく、好きになったら一直線。

将来 情報をみんなに伝えるニュースキャスター。

友情 楽しいことを友だちにすすめたいタイプだよ。

相性 頭の回転が速い、話の上手な人が合うよ。

性格はどっち？ 元気 ♡ やさしい

♡ ちふゆ ♡

性格 計画的に物事を進められるしっかりタイプ。余裕をもって慎重に取り組めてエライ！

ノリノリタイプ

恋愛 好きな人ができたら積極的にアタック。

将来 慎重さと器用さを生かして物づくりの職人に！

友情 友だちのいいところを見つけて仲よくなるよ。

相性 思ったことを素直に表現できるまっすぐな人。

性格はどっち？ 元気 ♡ やさしい

みんなのおまじない ★ ピンクの色鉛筆をいつもの筆箱に入れておくと恋愛運アップ。

♡ ちほ ♡

性格 人に甘えることがニガテ。一度こうと決めたら曲げない人の意見に流されにくい人だよ。

正義感タイプ

恋愛 いやし系が好き。おだやかな人がいいよ。

将来 信用第一。お金を扱う銀行員が向いてるかも。

友情 秘密を守るあなたは友だちに信用されるよ。

相性 うそをつかない素直な正直者とうまくいくよ。

性格はどっち？ 元気 ―♡――― やさしい

♡ ちほこ ♡

性格 初対面ではしっかり者に見えるのに実は甘えん坊な人。みんなから愛される愛されキャラ。

前向きタイプ

恋愛 自分とはまったくちがうタイプが好きだよ。

将来 愛されキャラでみんなのアイドルバスガイド！

友情 ほんわかした雰囲気で話しかけられやすいよ。

相性 みんながうらやむイケメン君。見た目重視！

性格はどっち？ 元気 ―――♡― やさしい

♡ ちほみ ♡

性格 まわりを自然に笑顔にする愛きょうがあるよ。ほんわかした雰囲気でいつも人が集まるよ。

前向きタイプ

恋愛 やさしくされると、すぐに好きになっちゃう。

将来 ツアーコンダクターで世界の国を旅しよう！

友情 年下から好かれることが多いお姉さんタイプ。

相性 元気で友だちが多いみんなの人気者タイプ。

性格はどっち？ 元気 ―♡――― やさしい

♡ ちほり ♡

性格 落ち込んでいる人をほうっておけない、やさしい人。まわりを巻き込んでみんなで楽しめるよ。

前向きタイプ

恋愛 いつでも聞き役になってくれる人が好きだよ。

将来 専門的な資格を取ってプロを目指そう！

友情 友だちの意見はちゃんと聞いてあげよう。

相性 しっかりタイプでうるさくない人。

性格はどっち？ 元気 ――♡―― やさしい

♡ ちゆき ♡

性格 何でもはっきりさせたい性格。まちがっていることはまちがっているとはっきり言えるよ。

ノリノリタイプ

恋愛 理想が高くドラマのような恋を夢見てるよ。

将来 手先の器用さを生かしてパティシエに挑戦！

友情 ライバルだった人といつの間にか友だちに！

相性 少しぽっちゃりのホッとするいやし系の人。

性格はどっち？ 元気 ―♡――― やさしい

♡ ちゆり ♡

性格 周りから自分がどう見られているのか気になるよね。強そうに見えて実はさみしがり屋。

ノリノリタイプ

恋愛 ノリが良くいつも笑顔のあなたは人気者！

将来 教えるのが得意なあなたは学校の先生！

友情 グループのまとめ役。リーダー的存在だよ。

相性 前向きで応援してくれる人。自信が持てるよ。

性格はどっち？ 元気 ――♡―― やさしい

みんなのおまじない ☆ 好きな人の名前を鉛筆で百回書き消しカスを大事に持ち歩くと両思い。

♡ ちよ ♡

性格 約束をきちんと守る人だよ。調子に乗ったりはしゃいだりしないおとなしいタイプだよ。 　正義感タイプ

恋愛 好きな人の前でだけは甘えん坊になるよ。

将来 古風なあなたは茶道や華道の家元を目指そう。

友情 いつでもがんばるあなたはみんなから尊敬の的。

相性 体が大きく頼れるマッチョタイプがいいかも。

性格はどっち？　元気 ─♡──── やさしい

♡ ちょうこ ♡

性格 とてもマジメで不器用に見えるけど、目標を持つと努力をおしまない芯の強い子だよ。 　正義感タイプ

恋愛 悩みごとを真剣に聞いてくれる人が好きだよ。

将来 意見をしっかり持っているあなたは政治家！

友情 友だちをほめてあげよう。友情が深まるよ。

相性 あなたの意見を聞いてくれる素直な人。

性格はどっち？　元気 ─♡──── やさしい

♡ ちよこ ♡

性格 友だち思いのやさしい子。ちょっとお天気屋さんなところも。天然系愛されキャラ。 　前向きタイプ

恋愛 なんでも甘えさせてくれる大人っぽい人。

将来 みんなの注目の的！電車の女性運転士。

友情 決断力がある頼れるリーダータイプ。

相性 困ったときに助けてくれる頼りになる人。

性格はどっち？　元気 ──♡─── やさしい

♡ ちよの ♡

性格 女の子らしい落ち着いたのんびり屋さんだよ。マイペースで自分の好きなことに一生けんめい。 　前向きタイプ

恋愛 元気なワイルド系男子を好きになるかも。

将来 自分で小さなお花屋さんを開いてみて！

友情 みんなが嫌がることも進んでやるタイプ。

相性 あなたをグイグイ引っ張ってくれる大人な彼。

性格はどっち？　元気 ──♡── やさしい

♡ ちよみ ♡

性格 まわりを笑顔にしてしまう天然愛されキャラ。話しかけやすくて自然に人が集まるタイプ。 　前向きタイプ

恋愛 強引な人に弱く、好きになってしまうかも。

将来 建築デザイナーでみんなが喜ぶ家をつくる！

友情 話しかけやすく、年下から好かれる人だよ。

相性 自信たっぷりのオレさまタイプのイケメン。

性格はどっち？　元気 ──♡── やさしい

♡ ちより ♡

性格 自分だけではなく、まわりを巻き込んで盛り上がる楽しくにぎやかな太陽のような人だよ。 　前向きタイプ

恋愛 好きになったらすぐに気持ちを伝えるタイプ。

将来 人に喜んでもらう旅館のおかみさん。

友情 楽しいことは友だちといっしょにしたいタイプ。

相性 あまり口うるさくない、落ち着いた人。

性格はどっち？　元気 ─♡──── やさしい

みんなのおまじない　好きな人の名前を紙に書き、星を見てその人の名前を言うと急接近。

♡ ちりこ ♡

性格 サバサバさっぱりとした性格だね。先生や先ぱいなど年上の人とお話してる方が楽みたい。 *前向きタイプ*

- **恋愛** 物知りな人や勉強できる人が好きだね。
- **将来** ホテルや旅館の接客業に向いてるようよ。
- **友情** 困ってる人をみるとほうっておけないね。
- **相性** 勉強が得意でやさしく教えてくれる人。

性格はどっち？ 元気 ——♡——— やさしい

♡ ちわ ♡

性格 一人でいるのがきらいなさみしがり屋さんだけど、ひとりの時間も大事にする人。 *ノリノリタイプ*

- **恋愛** 好きでもない人から告白されちゃいそう。
- **将来** 面倒見がいいので保育士に向いてるよ。
- **友情** 自然と人と人と結ぶ役割をしちゃうかも。
- **相性** 言葉や行動がハキハキした人と相性バッチリ。

性格はどっち？ 元気 ——♡——— やさしい

♡ つかさ ♡

性格 なにかワクワクすることがないかといつも探してるね。いつも同じことはニガテかな？ *ノリノリタイプ*

- **恋愛** 相手の人に一目ぼれされやすいみたい。
- **将来** 研究好きなあなたは、研究員に向いてるよ。
- **友情** 決められるあなたは、グループの中心だね。
- **相性** サプライズ好きな彼と趣味も合うかもしれる。

性格はどっち？ 元気 ———♡— やさしい

♡ つき ♡

性格 記念日やお祭りが大好きで、みんなで楽しくワイワイさわぐのが好きな明るい女の子。 *前向きタイプ*

- **恋愛** いつも話を聞いてくれる人が好きになっちゃう。
- **将来** 人をもてなすのが上手だから旅館で働こう。
- **友情** 自分が楽しいことを友だちにすすめてみよう。
- **相性** 意外にもあっさりしたタイプとお似合いかな。

性格はどっち？ 元気 ———♡— やさしい

♡ つきえ ♡

性格 負けずぎらいなので何かで一番を目指したい人。競争好きでライバルには負けないよ。 *正義感タイプ*

- **恋愛** 好きな人に自分からアタックするでしょう。
- **将来** 正しいことをつらぬく警察官に向いてるよ。
- **友情** 本気のケンカのあとにより仲よくなれるよ。
- **相性** おおらかな、あまり怒らなそうな人と相性◎

性格はどっち？ 元気 —♡——— やさしい

♡ つきこ ♡

性格 自分に厳しくて何でも一生けんめいやる人。がんばりすぎてつかれてしまうことも。ほどほどにね。 *正義感タイプ*

- **恋愛** 友だちの意見も聞いてから決めるといいよ。
- **将来** 縁の下の力持ち、テレビ局の仕事に合うよ。
- **友情** 秘密主義なところがあるね。親友が大事！
- **相性** 男らしい俺についてこいタイプが頼れるわ。

性格はどっち？ 元気 ———♡— やさしい

みんなのおまじない　緑のペンで好きな人の名前を書いて持っているとその人と話せるよ。

♡ つきな ♡

性格 うそをつかない正直者。気持ちは顔を見てるとすぐ分かってしまう、つきあいやすい人だね。

前向きタイプ

恋愛 物知りで勉強が得意な人を好きになるよ。

将来 おしゃべりなところを仕事にするといいかも。

友情 友だちとケンカしないおだやかな平和主義者。

相性 ユーモアのセンスが同じ人だと楽しいよ。

性格はどっち？　元気 ——♡—— やさしい

♡ つきの ♡

性格 あこがれの人をめざしてがんばるあなたは、かっこいい。まわりも、あなたにあこがれるでしょう。

正義感タイプ

恋愛 好きな人ができると、突っ走っちゃう。

将来 難しい資格が必要な専門職に向いてそう。

友情 物知りな人との会話は、世界が広がるよ。

相性 リアクションが大きい人といると楽しくて◎。

性格はどっち？　元気 ——♡—— やさしい

♡ つきは ♡

性格 同い年より年上のお友だちが多いあなた。年上の人とのつきあいの方が楽なのかな。

前向きタイプ

恋愛 好きな人には、気持ちをズバリ伝えます。

将来 だんなさんや子供を支える主婦もいいよ。

友情 友だちの意見をしっかり聞くと好かれるよ。

相性 年上で、ちょっと強引なところがある人が◎。

性格はどっち？　元気 ——♡—— やさしい

♡ つきみ ♡

性格 流行にびんかんで、とてもおしゃれな人。まわりのみんなも、お手本にしているよ。

ノリノリタイプ

恋愛 いろいろなタイプの人を好きになっちゃうかも。

将来 教えるのが上手！小学校の先生がいいね。

友情 落ちこんでいる人を元気づけてあげよう。

相性 うそがつけない純粋な人と合いそうだよ。

性格はどっち？　元気 ——♡—— やさしい

♡ つくし ♡

性格 練習より本番に強いタイプだね。ここぞというときには力を出せる運が強く落ち着いた人。

ノリノリタイプ

恋愛 笑顔でノリの良い人を好きになりそう。

将来 細かい仕事が得意！エンジニアがいいよ。

友情 グループを仕切るセンスあり。中心人物？

相性 自分だけを大事にしてくれる人とお似合い！

性格はどっち？　元気 ——♡—— やさしい

♡ つぐみ ♡

性格 プライドが高くてグループの中で自分ペースが多いよ。何となくリーダーになってそう。

ノリノリタイプ

恋愛 慎重だから好きになるのに時間がかかる？

将来 頭がいいので、大学教授を目指してみては？

友情 悲しんでる友だちを助けてあげられる人だね。

相性 よく笑い、感情表現が豊かな人がいいね。

性格はどっち？　元気 ——♡—— やさしい

みんなのおまじない　朝鏡を見て深呼吸を2回するとラッキーなことが起こるかも。

♡ つづみ ♡

性格 自分のことを友だちはどう思っているのかが気になっちゃう。きらわれたくないと思ってる。 *ノリノリタイプ*

- **恋愛** だれからも好かれたいけど、本命は大事にね。
- **将来** 人に何か教える職業につくといいかもね。
- **友情** おしゃべりの相手を楽しませるのが大好き！
- **相性** ほめてくれる人は、自信をつけてくれそう。

性格はどっち？ 元気 ——— やさしい♡

♡ つばき ♡

性格 大胆で豪快な元気いっぱいの人。自信たっぷりなので、みんなに頼りにされているね。 *前向きタイプ*

- **恋愛** 自分の話を聞いてくれる人にひかれそう。
- **将来** 元気なあいさつでレストランの店長に◯。
- **友情** 困ってる人を助けるやさしさをもっているね。
- **相性** 大きな夢を持ち、向上心がある人がステキ。

性格はどっち？ 元気♡ ——— やさしい

♡ つばさ ♡

性格 物事をいろんなところから見られる、研究者タイプ。人から相談されることが多そう。 *ノリノリタイプ*

- **恋愛** あなたの応援をしてくれる人が好き！
- **将来** 研究に打ち込む大学の研究員もお似合い。
- **友情** みんなを見てるから友だちを増やすのが得意！
- **相性** うそをつかない純粋な人とお似合いかも。

性格はどっち？ 元気 ——— やさしい♡

♡ つぶら ♡

性格 ピンチの時ほどがんばってチャンスに変えちゃうよ。将来はビッグチャンスをつかむかも。 *前向きタイプ*

- **恋愛** みんながうらやましいと思う本気の恋をしそう。
- **将来** 難しい資格がとれるから会計士を目指そう。
- **友情** 特定の友だちができ、ずっと大事にするね。
- **相性** 自分だけが好きなまじめな男子を選ぼう。

性格はどっち？ 元気 ——— やさしい♡

♡ つぼみ ♡

性格 常識を気にしない自由な心を持っているよ。みんながおどろくような新しいものを作るかも。 *正義感タイプ*

- **恋愛** 好きな心は隠せません！顔がほころぶ？
- **将来** アイデアを生み出しマイペースでやる仕事が◯
- **友情** 友だちに悩みを打ち明けると仲良くなるかも。
- **相性** 人見知りせず、物おじしない人と合うよ。

性格はどっち？ 元気 ——— やさしい♡

♡ つむぎ ♡

性格 ハキハキしゃべる気持ち良い人。気が強そうだけど実は、傷つきやすく繊細な面もあり。 *ノリノリタイプ*

- **恋愛** 好きな相手を観察しすぎてつかれないでね。
- **将来** やさしいので、幼稚園の先生が似合いそう。
- **友情** グループを仕切り、まとめるのも大得意！
- **相性** サプライズパーティーをしてくれる人が◯。

性格はどっち？ 元気 ——— やさしい♡

みんなのおまじない　試験前に5を書くと無事合格できるよ！

♡ つやこ ♡

性格 とても純粋で友だち思いだよ。こまかいところまできちんとしていないと気になるタイプ。 —— 前向きタイプ

- **恋愛** やさしい言葉をかけてくれた人を好きになるよ。
- **将来** ツアーコンダクターやバスガイドに向きそう。
- **友情** 気やすく話しかけやすいので友だちが増える。
- **相性** いっしょにいて自慢したくなるイケメン。

性格はどっち？ 元気 ——♥—— やさしい

♡ てぃあら ♡

性格 覚えが速くてとても物知りな研究者タイプ。人になにかアドバイスするのが向いているかも。 —— ノリノリタイプ

- **恋愛** じっくり時間をかけて観察してから近づくよ。
- **将来** 大学の先生や研究員として道をきわめそう。
- **友情** 落ち込んでいる人にすぐ気づくやさしさが◎。
- **相性** 話を楽しそうに聞いて笑ってくれる人がいい。

性格はどっち？ 元気 ——♥—— やさしい

♡ てぃな ♡

性格 人とのちがいをさりげなく表現するのが上手なおしゃれさん。人と同じなのは嫌かも。 —— ノリノリタイプ

- **恋愛** 好きな人に告白されるようにアピールできる。
- **将来** 女優やファッションモデルになっているかも。
- **友情** 自分にない才能をもった友だちができそうだよ。
- **相性** どんな話をしても楽しく聞こえるタイプの人。

性格はどっち？ 元気 ——♥—— やさしい

♡ てつこ ♡

性格 何かを感じて表現する力、観察して見ぬく力があるよ。芸術的なセンスもバツグン！ —— ノリノリタイプ

- **恋愛** 仲良くなると気まぐれで相手をふりまわす。
- **将来** ファッションの関係のお店やコーディネート。
- **友情** 最初は合わせて仲良くなるまで本音はかくす。
- **相性** 友だちよりもあなたの用事を優先してくれる人。

性格はどっち？ 元気 ——♥—— やさしい

♡ てら ♡

性格 自分がこうと決めたら、あきらめず、困難に負けずにがんばれるねばり強い女の子。 —— 正義感タイプ

- **恋愛** 好きな気持ちが表情や声にはっきりと出る。
- **将来** テレビ局やラジオ、マスコミ関係がおすすめ。
- **友情** 秘密主義なので友だちにたまには悩みを話そう。
- **相性** 浮気をしないで一途にあなたを愛する人。

性格はどっち？ 元気 ——♥—— やさしい

♡ てる ♡

性格 はなやかな女の子。かっこいい人にあこがれ、自分もそうなりたいと努力してる！ —— 正義感タイプ

- **恋愛** 真剣に恋愛をするので軽い男子はニガテかも。
- **将来** 音楽プロデューサーやバンドで活躍しそう。
- **友情** 特定の仲が良い子を家族のように大切にする。
- **相性** さばさばして男らしく、リードしてくれる人。

性格はどっち？ 元気 ——♥—— やさしい

みんなのおまじない ★ お守り袋にパワーストーンと願いごとのメモを入れ見える場所に置く。

♡ てるえ ♡

性格 困った時は友だちに助けを求めて解決するよ。グループの中で協力するのが得意だね。 **前向きタイプ**

恋愛 笑いのツボが同じような人にひかれそうだよ。

将来 お店でお客さんとやりとりが多い仕事が◎。

友情 友だちをびっくりさせて楽しむところがあるよ。

相性 あなたがしてあげたことをありがたがる人。

性格はどっち？ 元気 ——♡—— やさしい

♡ てるこ ♡

性格 なにごともきっちりとさせておきたくて、まちがったこともはっきり言う。笑顔がステキ！ **ノリノリタイプ**

恋愛 ドラマのような運命的な出会いがあるかも。

将来 ファッション関係のお店のカリスマ店員かも。

友情 思いやりはあるけど好ききらいが多くなりがち。

相性 わがままを言っても許してくれる忍耐強い人。

性格はどっち？ 元気 ——♡—— やさしい

♡ てるな ♡

性格 今を楽しむよりも、将来の目標に向かって努力することができる、成長のはやいタイプ。 **正義感タイプ**

恋愛 自分からアタックして告白できる勇気がある。

将来 裁判官や弁護士など先生と呼ばれる資格仕事。

友情 信頼されていて相談されることが多そうだよ。

相性 勉強やクラブ活動に一生けんめいな熱血タイプ。

性格はどっち？ 元気 —♡——— やさしい

♡ てるみ ♡

性格 人の好ききらいが少なくみんなに平等。そんな人柄が好かれて、まとめ役になることが多い。 **正義感タイプ**

恋愛 自分だけにやさしくしてくれる人が◎だよ。

将来 芸能人やアイドルになるのも夢じゃない。

友情 友だちの良いところをほめると友情が深まるよ。

相性 あなたを女王様のように立ててくれる人。

性格はどっち？ 元気 ———♡— やさしい

♡ てんか ♡

性格 家族や友だち思いで、記念日のプレゼントなどをよくわたす。思いやりにあふれるタイプ。 **正義感タイプ**

恋愛 しっかりしていないやんちゃな人を好きに！

将来 どんなことでもチャレンジすればうまくいく。

友情 みんなに平等なのでだれからも好かれるよ。

相性 口下手で不器用だけど心がやさしい人がいい。

性格はどっち？ 元気 ——♡—— やさしい

♡ とあ ♡

性格 とても礼儀正しく正義感が強い。白黒はっきりさせるリーダーになるタイプが多いよ。 **正義感タイプ**

恋愛 地味でおとなしい人がめだつ人より好きかも。

将来 数字を扱って分析する経理や事務の仕事向き。

友情 ケンカしたら意地をはらずに仲直りすると◎。

相性 シャイであなたのペースに合わせてくれる人。

性格はどっち？ 元気 ————♡ やさしい

満月の日に月に向かってお財布をふると金運が良くなる。

♡ とうか ♡

性格 ものごとに時間はかかるけれど、コツコツ努力して大成功するタイプ。マイペース。

前向きタイプ

恋愛 少しでも親切にされるとすぐ好きになりそう。

将来 電車やバス、乗り物の運転手が向いていそう。

友情 けいかいされずにだれからも話しかけられる。

相性 男友だちが多くて、わいわい集まる人気者が◎。

性格はどっち？ 元気 ——♥—— やさしい

♡ とうこ ♡

性格 うっかりあわてんぼうでも、つい守ってあげたくなるキャラ。先生や年上から好かれるよ。

正義感タイプ

恋愛 はじめての人と長いおつきあいになりそう。

将来 結婚アドバイザーや式のプランニングが向く。

友情 だれにたいしても平等でだれからも好かれる。

相性 お金持ちのおぼっちゃまタイプの人と相性◎。

性格はどっち？ 元気 ————♥ やさしい

♡ とうな ♡

性格 うそがつけないのでおせじがニガテ。気持ちに正直で感情が顔に出てしまうタイプだよ。

前向きタイプ

恋愛 上品でなくやんちゃでワイルドな男子が好き！

将来 フラワーショップやデザインのお店に向いてる。

友情 よくしゃべる、にぎやかな友だちが増えそう。

相性 スラッとしたあなたよりもかなり背の高い人。

性格はどっち？ 元気 —♥——— やさしい

♡ とうり ♡

性格 自分のアイデアと考えに自信を持っている。人からあれこれ指図されるのがニガテかも。

正義感タイプ

恋愛 本気になれる人はなかなかいないけど待とうね。

将来 アイデアを生かしてネットで起業しそう。

友情 本気でけんかした後にもっと仲よくなれるよ。

相性 おおらかで、ミスをしても怒らなそうな人。

性格はどっち？ 元気 ——♥—— やさしい

♡ とおこ ♡

性格 純粋で友だち思いなので、親友がはなれないタイプ。気分がのらないからって、すねちゃダメ。

前向きタイプ

恋愛 甘えたがりでそれをきいてくれる人が◎。

将来 旅行ガイドや旅行会社で世話をする仕事向き。

友情 恋愛よりも友だちづきあいを優先してあそぶよ。

相性 いっしょにいて自慢したくなるイケメン。

性格はどっち？ 元気 ——♥—— やさしい

♡ とき ♡

性格 ルールや約束をしっかり守って信頼されている。人が見ていないところでも努力できるね。

正義感タイプ

恋愛 失恋するとショックが長い。真剣に恋愛する。

将来 政治家や官僚、世の中を良くする仕事向き。

友情 しっかりしていて頼りにされることが多い。

相性 ゲームをするよりも勉強や読書が好きな人。

性格はどっち？ 元気 ———♥— やさしい

と

140　みんなのおまじない　ヘリコプターを見ず飛行機だけを100回連続で見たら願いがかなう。

♡ ときえ ♡

性格 相手の悲しい顔を見るとなんとかしてあげたくなる思いやりがある。感じる力が強いよ。

ノリノリタイプ

恋愛 熱しやすく冷めやすいので恋多き人生かも。

将来 取材をして文章を書くコラムニストで活躍。

友情 あなたとは性格がちがう友だちと仲良くなりそう。

相性 話をしっかり聞いてくれるやさしい人がいい。

性格はどっち？ 元気 ——♥—— やさしい

♡ ときこ ♡

性格 とっつきやすい性格とふんいきに、人がしぜんに集まってきて協力してくれるタイプだよ。

前向きタイプ

恋愛 失恋しても前向きなので次はすぐにできそう。

将来 人と競わずにマイペースにものづくりの仕事。

友情 決断力がある頼りになるリーダーになれそう。

相性 元気でわんぱく、やんちゃすぎるくらいの人。

性格はどっち？ 元気 ♥———— やさしい

♡ としえ ♡

性格 ほかの人と考え方がちがって個性的。ユーモアがあってみんなを笑わせるのが大好きだよ。

ノリノリタイプ

恋愛 あなたのステキな笑顔に男子はドキドキ。

将来 好きなこと、趣味を仕事にすると◎だよ。

友情 勉強やスポーツのできるめだつ人が友だちに！

相性 無理なくかざらない自分を受け入れてくれる人。

性格はどっち？ 元気 ——♥—— やさしい

♡ としこ ♡

性格 かわいいものを集めるのが好き。しっかり者によく見られるが実は甘えん坊でかわいい。

前向きタイプ

恋愛 ふつうの人ではものたりないと思っている。

将来 部屋づくりや収納アドバイスなど家関係が◎。

友情 世話好きで年下からしたわれることが多そう。

相性 おしが強くてあなたに何度もアタックする人。

性格はどっち？ 元気 ——♥—— やさしい

♡ としみ ♡

性格 こまかいところが気になるきれい好き。友だちに「ちゃんとしてるね」と言われやすい。

前向きタイプ

恋愛 手料理やお菓子で相手を喜ばせると進展する。

将来 人と競わずにマイペースにものづくりをする。

友情 友だちが自然とかまってくれる存在感があるよ。

相性 堂々としていて自信がある態度で行動する人。

性格はどっち？ 元気 ——♥—— やさしい

♡ とな ♡

性格 だれとでもすぐに打ち解けて仲良くなれる人。特定のグループに属さないのに友だちは多いよ。

正義感タイプ

恋愛 ダメでもアタックし続けて最後はつきあうよ。

将来 作家や小説家、ものを書く仕事につきそう。

友情 お互い刺激をうけて成長しあう友だちができる。

相性 親や兄弟を大切にする家族思いでまじめな人。

性格はどっち？ 元気 ——♥—— やさしい

みんなのおまじない ☆ 左手の薬指を右手で軽くつまんでもむとテストで緊張しない。

となこ

性格 無理せずサボらず、毎日時間と量を決めてコツコツがんばれる。マメだから信頼される。

ノリノリタイプ

恋愛 思ったことを相手に素直に伝えられないかも。

将来 洋服やアクセサリーのデザインや販売向き。

友情 人見知りが強いけどいったん仲よくなれば◎。

相性 ホッとするいやし系でぽっちゃり体型の人。

性格はどっち? 元気 ——♡—— やさしい

とみえ

性格 きちょうめんで整理整とんがトクイ。物事を計画的に進めるので後で困ることが少ないよ。

ノリノリタイプ

恋愛 好きな人ができると目でずっと追ってしまう。

将来 システムエンジニア、インターネット関係。

友情 味方になってくれる人をとことん大切にする。

相性 個性的でおもしろい人。普通だとつまらない。

性格はどっち? 元気 ——♡—— やさしい

とみこ

性格 ほかの人と自分を比べずに、マイペースでものごとを進めていくタイプ。コツコツ努力型。

前向きタイプ

恋愛 なりふりかまわず強くせまられると弱いかも。

将来 マイペースに家でできる仕事でうまくいく。

友情 恋愛より友だちづきあいを優先するタイプだよ。

相性 自信があるオレ様タイプで、堂々とした人。

性格はどっち? 元気 ——♡—— やさしい

とむ

性格 困ったときはだれかが助けてくれるお得な性格。さっぱりしていて人が集まりやすいよ。

前向きタイプ

恋愛 やさしくされるとその人を好きになってしまう。

将来 建築デザインやまちづくりで活躍しそう。

友情 受け入れてくれそうな雰囲気に人が集まる。

相性 地味に見えても困ったときに助けてくれる人。

性格はどっち? 元気 ——♡—— やさしい

とも

性格 手先が器用で、難しいこともするりとこなしてしまう。静かにしているのが好きかも。

ノリノリタイプ

恋愛 いろいろなタイプの人とおつきあいをしそう。

将来 カフェやレストランの人気店を経営しそう。

友情 いったん打ち解けると正直に意見を言える。

相性 テストの点が同じくらいの人と気が合いそう。

性格はどっち? 元気 ——♡—— やさしい

ともえ

性格 負けずぎらいでがんばり屋。友だちや家族の話を聞いてみるとヒントが見つかるかもね。

正義感タイプ

恋愛 反対されても自分がいいと思えばつきあうよ。

将来 人の上に立つリーダーや社長になっていそう。

友情 友だちを頼って相談することを大切にすると◎。

相性 うそをつかない正直者。わかりやすい人。

性格はどっち? 元気 ——♡—— やさしい

みんなのおまじない 席替えのとき左手にピンクのハンカチを握ると好きな人の隣に！

♡ ともか ♡

性格 頭がいいから、勉強もスポーツも友だちより短い時間でものにできるよ。成績も◎。

ノリノリタイプ

恋愛 相手のちょっとした気配りに急に恋しちゃう。

将来 新聞雑誌の記者やジャーナリストの仕事向き。

友情 ライバルだと思っていた人と仲良くなりそう。

相性 ほんわかしたおおきなクマさん体型の人。

性格はどっち？ 元気 ー やさしい♡

♡ ともこ ♡

性格 初対面でしっかり者に見られるけれど、実は甘えん坊でかわいいところも。ギャップが◎。

前向きタイプ

恋愛 年上っぽくて包容力がある相手にひかれる。

将来 家の設計やインテリアデザインなど建築系。

友情 みんなの話題の中心に自然といることが多い。

相性 見た目がけっこう大事でイケメンがいいかも。

性格はどっち？ 元気 ー やさしい♡

♡ ともな ♡

性格 人の性格をすばやく見ぬき、結びつけるのがトクイ。グループの調整役として活躍するよ。

ノリノリタイプ

恋愛 ライバルの存在が気になってしかたがない。

将来 作詞家や作曲家、音楽に関する仕事がいい。

友情 友だちに遠慮して言いたいことが言えないかも。

相性 大きな夢があって語る自信家タイプの男子。

性格はどっち？ 元気♡ ー やさしい

♡ ともね ♡

性格 好きなことは夢中でやるけど、きらいなことはやる気が出ない。はっきりした性格だね。

正義感タイプ

恋愛 積極的にアタックして恋人をリードしそう。

将来 秘書や受付できばきば仕事をこなしそうだよ。

友情 お互い良いところを認め支え合う友ができる。

相性 見た目でなく性格を重視してくれる人が◎。

性格はどっち？ 元気 ー やさしい♡

♡ ともの ♡

性格 友だちの話を反対しないで聞くことができるよ。心が広いのでみんなに好かれる。

前向きタイプ

恋愛 意識していなかった人とおつきあいしそう。

将来 インテリアデザイナーとしてセンスが花開く。

友情 気まぐれでマイペースな友だちがけっこう好き。

相性 言いにくいこともはっきりと言ってくれる人。

性格はどっち？ 元気 ー♡ー やさしい

♡ ともは ♡

性格 自分の味方はどんなことがあってもかばう友だち思い。好ききらいははっきり言っちゃう。

ノリノリタイプ

恋愛 気分屋なところがみりょくで好かれやすいよ。

将来 スタイリストやヘアメイクで成功しそうだよ。

友情 味方になる人とグループを作ることが多そう。

相性 ミステリアスなふんいきの人が気になりそう。

性格はどっち？ 元気 ー♡ー やさしい

みんなのおまじない　満月の夜にアクセサリーを月の光にあてるといいことがある。

♡ ともみ ♡

性格 話しかけやすいほんわかしたふんいきがあって、自然に人が集まってくる。いやし系だよ。　**前向きタイプ**

- **恋愛** 手作りのお菓子などで相手を喜ばせると◎。
- **将来** 人と競わずにマイペースで働ける仕事がいい。
- **友情** まわりがほうっておけない存在感があるよ。
- **相性** 困ったときに守ってくれる頼りがいのある人。

性格はどっち？　元気 ――♥――― やさしい

♡ ともよ ♡

性格 しっかりした意見をもち、好きな人の言うことは素直に聞ける。ニガテな人の前では無口。　**前向きタイプ**

- **恋愛** 育ちの良いおぼっちゃまタイプを好きになる。
- **将来** マンガ家やイラストレーターなど絵を描く仕事。
- **友情** 勉強の成績の近い人と友だちになりそうだよ。
- **相性** 笑顔がかわいくて見ているとなごむ相手が◎。

性格はどっち？　元気 ――♥――― やさしい

♡ とよみ ♡

性格 人なつっこくだれにでも甘えられる。周りを自然に笑顔にする、少し天然な愛されキャラ。　**前向きタイプ**

- **恋愛** ちょいワルに見える人を好きになってしまう。
- **将来** 旅行のガイドやバスガイドなどでとびまわる。
- **友情** 気やすいふんいきで、話しかけられやすいよ。
- **相性** おしの強い、情熱的な人との相性がいいよ。

性格はどっち？　元気 ――♥――― やさしい

♡ どれみ ♡

性格 絵を描いたり、歌を歌ったりすることがとても上手な人。芸術のセンスは生まれつき！　**ノリノリタイプ**

- **恋愛** お笑い系でにぎやかな人を好きになりそう。
- **将来** 歌手やオーケストラ、音楽に関する仕事向き。
- **友情** 自分をさらけ出せる友だちを選んでいくと◎。
- **相性** あまりくよくよしない、立ち直りの早い人。

性格はどっち？　元気 ――♥――― やさしい

♡ とわ ♡

性格 まがったこと、まちがったことにはカッとする正義感が強い子。白黒にけっこうこだわる。　**正義感タイプ**

- **恋愛** 好きな人ができると勉強なんて手につかない。
- **将来** 消防関係や救急関係の仕事で人助けをしそう。
- **友情** まじめで誠実な人が、友だちになりそうだよ。
- **相性** ロマンチストで記念日を盛り上げるような人。

性格はどっち？　元気 ――♥――― やさしい

♡ とわこ ♡

性格 考えごとをしてると、いつの間にか空想して夢の世界に。何にでもチャレンジすると◎。　**ノリノリタイプ**

- **恋愛** 理想が高くステキな出会いを待っているよ。
- **将来** 個性的なカフェを開いて人気になりそうだよ。
- **友情** 仲良くなって本音で話すまで時間がかかる。
- **相性** 自分の話ばかりしない、聞き上手な人がいい。

性格はどっち？　元気 ――♥――― やさしい

みんなのおまじない　いつも使う手鏡に一晩月光をあててみよう。きれいになれるよ。

な行の女の子

感動屋タイプ

何かと感動しやすい人。明るくってしぐさがかわいいから、人から話しかけられることがたくさんあるはずだよ。

人気者タイプ

見た目も性格も品が良くって存在感がある人。だから男の子からも女の子からもモテるし、どこへ行っても人気者！

人情派タイプ

夢いっぱいでいつも楽しいことをさがしているね。友だち思いでにんじょう派。涙もろいタイプかもしれないね。

♡ なう ♡

性格 経験したことがないことにも、思い切ってチャレンジできる、カンが良いタイプが多いよ。

人情派タイプ

恋愛 自分のミリョクがよくわかっていてモテるよ。

将来 ゲームアプリの開発や制作の仕事が向きそう。

友情 存在をアピールして注目を集めてしまうかも。

相性 話が上手でめだつ、お笑い系の楽しい人。

性格はどっち？ 元気 ──♥── やさしい

♡ なえ ♡

性格 一度こうと決めたらつっぱしるがんこさがある。芯があるので、みんなから信頼される。

人気者タイプ

恋愛 まじめで一途。相手にとことんつくすよ。

将来 銀行や郵便局、お金をあつかう仕事に向くね。

友情 グループで自分の意見をたまにゆずると◎。

相性 責任感があって、言葉と行動が一致する人。

性格はどっち？ 元気 ─♥──── やさしい

♡ なえこ ♡

性格 友だちをとても大切にする思いやりあふれる人。気分がのらないと意地をはっちゃうことも。

感動屋タイプ

恋愛 自分とはちがうタイプを求めてしまうかも。

将来 電車やバス、乗り物関係の仕事につきそう。

友情 恋愛より友だちで、友だちがたくさんできそう。

相性 おとなしいより、にぎやかでやんちゃがいい。

性格はどっち？ 元気 ──♥── やさしい

♡ なお ♡

性格 めだとうとしなくても自然にめだつ存在感がある人。本当は大勢の前で話すのはニガテ。

人気者タイプ

恋愛 何かに夢中でがんばっている人にひかれる。

将来 外国企業に勤めて海外をとびまわりそうだよ。

友情 ひとりで悩まず友に相談すると友情運がアップ。

相性 考えていることがわかりやすくピュアな人。

性格はどっち？ 元気 ───♥─ やさしい

♡ なおえ ♡

性格 わからないことは自分で調べてグングン吸収するね。得意科目では負けたくないと思ってる。

感動屋タイプ

恋愛 クラスのアイドル的な男子にトキメキ。

将来 ペットショップや飼育員、動物と関わる仕事。

友情 かくしごとができず、人にどんどん話すかも。

相性 趣味の話が合っていっしょに楽しめる人。

性格はどっち？ 元気 ──♥── やさしい

♡ なおか ♡

性格 不器用でよく失敗してしまうかな。でも、目標に向かってがんばるから将来大物？

人気者タイプ

恋愛 オタクの人を好きになって世界が広がるよ。

将来 外交官として、世界の国の人とわたりあう。

友情 友だちの良いところをどんどんほめると◎。

相性 約束や時間を守る、きっちりした人がいい。

性格はどっち？ 元気 ──♥── やさしい

みんなのおまじない ─ 一晩月光を浴びて魔力を宿した水を飲むときれいになれるよ。

♡ なおこ ♡

性格 笑顔がステキ。友だちとワイワイするより一人で考えるのが好き。コツコツがんばる性格。 **人情派タイプ**

恋愛 やさしさに気づき好きになる？素直になろう。

将来 好きなことを仕事に。歌手、ゲーム制作。

友情 ライバルと友だちになれそう。人見知りがち。

相性 ほっとする感じの人。自己中な人はNG。

性格はどっち？ 元気 ーーー♡ーー やさしい

♡ なおは ♡

性格 自分の考え方を信じ人の意見に流されないしっかりさん。ガンコにならず意見を聞いて。 **人気者タイプ**

恋愛 向上心のあるがんばり屋さんを好きになる。

将来 信頼があつい あなたはリーダーや社長向き。

友情 うそをつかず正直なあなたは信頼されてる。

相性 文句を言わずつくしてくれる人と相性が◎。

性格はどっち？ 元気 ーーーー♡ やさしい

♡ なおみ ♡

性格 自分の意見をしっかり持ち、目標が決まるとだれより努力するから将来えらくなるかも。 **人気者タイプ**

恋愛 オタクの人を好きになり趣味が広がる。

将来 世界でもリーダーシップを取れる大物政治家。

友情 しっかり者のあなたは友だちに頼られるね。

相性 お金持ちのおっちゃまタイプと相性が◎。

性格はどっち？ 元気 ♡ーーー やさしい

♡ なぎ ♡

性格 イラストを描いたり歌を歌うのがとても上手。想像力もゆたかでまめにコツコツがんばる人。 **人情派タイプ**

恋愛 気配りの出来る男子にあなたの心がキュン。

将来 想像力ゆたかなあなたはベストセラー作家に！

友情 ありのままを見せられる友だちを選びそうね。

相性 友だちよりあなたの用事を優先してくれる人。

性格はどっち？ 元気 ーーーー♡ やさしい

♡ なぎこ ♡

性格 まじめで少し不器用に見られがちだけど、目標に向かって努力する人。おどろくような大物に？ **人気者タイプ**

恋愛 悩みごとに相談に乗ってくれる人を好きに。

将来 外交官になって海外でバリバリ活躍しそう。

友情 みんなから頼りにされちゃうしっかり者ね。

相性 ゲームより読書が好きな知的な人と相性◎。

性格はどっち？ 元気 ー♡ーーー やさしい

♡ なぎさ ♡

性格 いくつものキャラを持つつかみどころのない人。だれかを支えることが好きな縁の下の力持ち。 **人情派タイプ**

恋愛 意外なところを見つけ、思わず好きになる？

将来 歴史を大事にするあなたは茶道の先生向きね。

友情 あなたにないものを持つ人と友だちになれるよ。

相性 こまめに連絡をくれるまめな人と相性が◎。

性格はどっち？ 元気 ーーー♡ー やさしい

みんなのおまじない ☆ 新月の日、手帳に10個願いごとを書き、翌月見返すとかなう。

147

♡ なこ ♡

性格 約束を守れてやさしい性格。みんなから信頼されているよ。でも、あわてんぼうさんかな。

人気者タイプ

恋愛 自分だけにやさしいやんちゃな男子を好きに？

将来 チャレンジすることが大事。アイドルも◎。

友情 だれからも好かれ、みんなに頼りにされる。

相性 勉強や読書が好きで不器用だけどやさしい人。

性格はどっち？　元気 ——♡—— やさしい

♡ なごみ ♡

性格 人の好ききらいがなくだれとでも同じように接する。思いやりがあり守ってあげたくなる子。

人気者タイプ

恋愛 あなたの悩みを真剣に考えてくれる人が◎。

将来 結婚アドバイザーで幸せ探しのお手伝いを。

友情 人見知りが少なくだれとでも仲よくなれるよ。

相性 無口だけどやさしい人。オレ様タイプはNG。

性格はどっち？　元気 ———♡ やさしい

♡ なさ ♡

性格 自分の意見をしっかり持っているタイプ。ニガテな人とは話さず、好きな人には素直かな。

感動屋タイプ

恋愛 イケメンとのデートにあこがれちゃうね。

将来 得意の絵で大人気マンガ家になれるかも。

友情 断れない性格のあなたに甘える人も多いえる。

相性 笑顔のかわいい楽しい気分になれる人が◎。

性格はどっち？　元気 —♡—— やさしい

♡ なずな ♡

性格 気をつかうタイプで敵を作らない心やさしい性格ね。ファッションセンスがバツグン。

人情派タイプ

恋愛 さりげなくアピール、告白をし向けようね。

将来 世界に流行を発信するデザイナー一目指して。

友情 自分にはない才能を持ったお友だちができそう。

相性 落ち込むあなたをはげましてくれる人が◎。

性格はどっち？　元気 ——♡— やさしい

♡ なずみ ♡

性格 とっつきやすくあなたのまわりには自然と人が集まってくるわ。やさしい雰囲気の子。

感動屋タイプ

恋愛 あなたのことが大好きで、もうアピールの男子。

将来 かわいくて歌が上手なバスガイドさんが◎。

友情 面倒見がいいので年下の子に好かれてるわ。

相性 やんちゃな人が◎。おとなしい人とはNG。

性格はどっち？　元気 ——♡— やさしい

♡ なたりー ♡

性格 自分がどう見られているか気になるタイプ。強く見られがちだけど実はさみしがり屋さん。

人情派タイプ

恋愛 キラキラした雰囲気で一目ぼれされそう。

将来 笑顔がかわいい人気者。保育士にピッタリね。

友情 楽しませ上手、盛り上げ上手で友だちも多いね。

相性 しゃべるテンポがいいよく笑う人と相性◎。

性格はどっち？　元気 ———♡ やさしい

148　みんなのおまじない　探し物をするときになくしたものの名前を逆に言うと見つかるかも。

♡ なち ♡

性格 大人っぽく流行に敏感。物知りで人にアドバイスすることが多くリーダーに向いてるよ。

人情派タイプ

恋愛 あなたに一目ぼれする男の子は多いかも。

将来 教え上手。保育士や小学校の先生向きかも。

友情 友だち作りが得意で人を喜ばせるのが大好き。

相性 あなたを特別扱い、大事にしてくれる人。

性格はどっち？　元気 ●———|———|———|———| やさしい

♡ なちか ♡

性格 まめな性格で地道にコツコツがんばり成績もよいあなた。ワイワイさわぐのはニガテかな？

人情派タイプ

恋愛 お笑い系のにぎやかな人を好きになるかも。

将来 見抜く力があり記者やジャーナリスト向き。

友情 人の好ききらいが多いのが欠点。広い心で。

相性 立ち直りの早い人。ウジウジした人はNG。

性格はどっち？　元気 ●———|———|———|———| やさしい

♡ なつ ♡

性格 明るくてチャレンジ精神おうせいな女の子。でも実はさみしがり屋さん。友だちにやさしくね。

人情派タイプ

恋愛 好みのタイプはなく、いろんな人を好きに。

将来 子どもに人気の幼稚園の先生になりそうよ。

友情 サービス精神おうせいで楽しませ上手だね。

相性 あなたの話を笑って聞いてくれるやさしい人。

性格はどっち？　元気 |———|———●———|———| やさしい

♡ なつえ ♡

性格 自分でこうと決めたら曲げないガンコな性格。男女どちらにも信頼される人気者だよ。

人気者タイプ

恋愛 やさしくておだやかないやし系男子が◯。

将来 大変なこともチャレンジする名物社長かな。

友情 自分の意見を曲げず、ケンカも。注意が必要よ。

相性 あなたに文句を言わずつくしてくれる人。

性格はどっち？　元気 |———|———|———●———| やさしい

♡ なつお ♡

性格 みんなのリーダー的な存在となっているかな。でも、おしゃべりには気をつけようね。

感動屋タイプ

恋愛 クラブ活動でいっしょになった人とつきあえる？

将来 世界に羽ばたく国際的ダンサーになれそう！

友情 おしゃべり好きがたまにきず。約束は守ろうね。

相性 清潔感のあるさわやかな人と相性バツグン。

性格はどっち？　元気 |———|———|———|———● やさしい

♡ なつか ♡

性格 お友だちと大はしゃぎするよりも一人で物思いにふけるのが好きね。想像力がとても豊かよ。

人情派タイプ

恋愛 思いをストレートに言えず素直になれないの。

将来 繊細な季節の美しさを形にする和菓子職人。

友情 自分をさらけ出せる人と友だちになれそうよ。

相性 いっしょにいるとホッとするいやし系の人。

性格はどっち？　元気 |———|———|———●———| やさしい

みんなのおまじない ☆ 誕生年コインを財布に入れておく。増えたらビンに入れると幸せに！

な

♡ なつき ♡

性格 少し天然な愛されキャラでかわいいものが大好き。マイペースだけど努力して成功するよ。

タイプ：感動屋タイプ

恋愛 年上や大人っぽいタイプの人を好きになる?

将来 マイペースに働く建築デザイナーや建築家が◎。

友情 みんなが話しかけやすく、輪の中心にいる人。

相性 友だちの多い人気者の男の子、イケメンかも?

性格はどっち? 元気―♥―やさしい

♡ なづき ♡

性格 とてもピュアな気持ちを持った友だち思いの人。困ったときはだれかがきっと助けてくれるよ。

タイプ：感動屋タイプ

恋愛 包み込むようなやさしさのある年上の人が◎。

将来 自分のペースで物事を進める建築家向きよ。

友情 いつの間にか話題の中心になっているよ。

相性 みんなから愛される人気者と相性ぴったり。

性格はどっち? 元気――♥やさしい

♡ なつこ ♡

性格 人なつっこくあいきょうのあるあなた。親しみやすいあなたのまわりにはいつも友だちが。

タイプ：感動屋タイプ

恋愛 甘えん坊のあなたは年上の人が好みかな。

将来 マイペースでじっくりできる仕事向きかも。

友情 なんとなくあなたはほうっておけない人。

相性 困っているときにいつも助けてくれる人が◎。

性格はどっち? 元気――♥やさしい

♡ なつな ♡

性格 名前を覚えるのが得意。みんなの良さを認めるあなたのおかげでグループはいつも平和ね。

タイプ：人情派タイプ

恋愛 告白前にしりごみせず、前向きに行こうね。

将来 あなたの思いを歌にして。作詞、作曲家が◎。

友情 気をつかいすぎちゃう。気持ちを伝えては。

相性 いろいろな考え方を持っていて心の広い人。

性格はどっち? 元気――♥やさしい

♡ なづな ♡

性格 決してあせらずマイペースで物事を進めるタイプ。時間はかかっても必ず大成功するよ。

タイプ：人情派タイプ

恋愛 特別扱いしてくれる人が好きみたい。

将来 発明家。大ヒットして大金持ちになっちゃう?

友情 同じアイドルを好きな子と友だちになりそう。

相性 大きな夢を語る自信たっぷりの人と相性◎。

性格はどっち? 元気――♥やさしい

♡ なつね ♡

性格 だれとでもすぐに打ち解けて仲よくなれる気さくな人。ピンチの時は自然と味方がまわりに!

タイプ：人気者タイプ

恋愛 好きなのに冷たくしちゃう。もっと素直に。

将来 みんなの心に残る感動作を、映画監督向きね。

友情 あなたを頼りにして悩みを打ち明ける人も。

相性 あなたとの記念日を忘れないロマンチスト。

性格はどっち? 元気――♥やさしい

150　みんなのおまじない　寝る前にスリッパのつま先を自分に向けておくと幸せに!

♡ なつの ♡

性格 うそがつけない正直でマイペースな人。面倒なこともいやがらず引きうける頼れる存在。　**感動屋タイプ**

恋愛 ワイルド男子にひかれ、意外な人が恋人に？

将来 女優や劇団員、表現する仕事が向いてるよ。

友情 にぎやかなお笑い系の友だちができる予感。

相性 やせ形で背が高い、ロマンチストな男の子。

性格はどっち？　元気 ―――♡――― やさしい

♡ なつは ♡

性格 繊細な心の持ち主で、ユニークな発想ができる人。きちょうめんで整理せいとんも得意。　**人情派タイプ**

恋愛 あなたの笑顔に男の子はキュンとしちゃう。

将来 雑誌で話題。オシャレな人気スタイリストに。

友情 性格がちがうタイプの子と友だちになれそうよ。

相性 ミステリアスな雰囲気の男子が気になるわ。

性格はどっち？　元気 ――――――♡ やさしい

♡ なつひ ♡

性格 じっとしているのがニガテなタイプ。友だちをおどろかせるのが大好きなおちゃめさん！　**感動屋タイプ**

恋愛 王子様のようなイケメン男子がお気に入り。

将来 お話し上手でカリスマショップスタッフに！

友情 あなたの相談にのってくれる子と仲よしに。

相性 あなたと同じ趣味で楽しく盛り上がる人。

性格はどっち？　元気 ――♡――― やさしい

♡ なつほ ♡

性格 分からないことがあるとすぐに調べる知りたがり屋さん。得意科目は負けたくないわ。　**感動屋タイプ**

恋愛 性格がよくて友だちの多い人気者と相性が吉。

将来 起業して大成功。お金持ちになれちゃうかも。

友情 かくしごとをしないので悩みを全部話しちゃう。

相性 人にはない能力を持っている天才肌の人。

性格はどっち？　元気 ―――――♡― やさしい

♡ なつみ ♡

性格 まわりを自然と笑顔にしてしまう愛されキャラね。協力したくなるお得な性格だよ。　**感動屋タイプ**

恋愛 みんなの前であなたにアピールする人が◎。

将来 ツアーコンダクターで日本の名所はお任せ。

友情 話しかけやすい雰囲気でみんなに愛される。

相性 態度がどうどうとしている、オレ様タイプ。

性格はどっち？　元気 ―――♡―― やさしい

♡ なつめ ♡

性格 まじめで努力家のあなた。興味のあることにねばり強く取り組みいつかはその道のプロに。　**人気者タイプ**

恋愛 一生けんめい悩みに答えてくれる人が◎。

将来 得意なケーキ作りで世界的有名パティシエに。

友情 だれでも態度を変えないあなたは人気者ね。

相性 約束を決して破らない、きっちりとした人。

性格はどっち？　元気 ―――――♡ やさしい

みんなのおまじない　★　イチゴ飴を目的地までになめ終わり深呼吸すると人気者に！

151

♡ なつよ ♡

性格 きれいな心の持ち主であらそいやケンカがきらい。自分よりも相手のことを考えるやさしい人。

感動屋タイプ

- **恋愛** 育ちの良いおぼっちゃまを好きになりそう。
- **将来** 絵本作家やマンガ家、得意な絵を生かして。
- **友情** 成績が同じくらいの人と友だちになりそう。
- **相性** マナーがよくご飯の食べ方がきれいな人。

性格はどっち？ 元気 ———♡— やさしい

♡ なな ♡

性格 手芸やお料理が得意でおしとやかな雰囲気の人。気持ちが顔に出ちゃうのは正直だから。

感動屋タイプ

- **恋愛** 一途な人からとっても大事にされる予感。
- **将来** 花屋さん、特技を生かしたお店を開くと◎。
- **友情** よくしゃべるにぎやかなお友だちが増えそう。
- **相性** やさしくてロマンチストな男子と相性が吉。

性格はどっち？ 元気 ——♡—— やさしい

♡ ななえ ♡

性格 曲がったことが大きらいでまっすぐな性格。自分に厳しくニガテなこともきちんとやりきる人。

人気者タイプ

- **恋愛** まじめなあなたはおつきあいも慎重だよ。
- **将来** きちんとした性格でお金を扱う仕事向きだよ。
- **友情** 正義者のあなたは友だちに信頼されてるわ。
- **相性** うそをつかない正直でピュアな人と相性◎。

性格はどっち？ 元気 —♡—— やさしい

♡ ななお ♡

性格 れいぎ正しくて正義感の強いあなたは頼りにされそう。ちょっぴりガンコが玉にきず。

人気者タイプ

- **恋愛** やさしくておとなし目の男子。目立つ人は×。
- **将来** れいぎ正しいあなたは社長秘書に向いてそう。
- **友情** 決してうそをつかないあなたは信頼されるわ。
- **相性** 正直で思ったことが顔に出やすい人が◎。

性格はどっち？ 元気 ———♡ やさしい

♡ ななか ♡

性格 グループの中にいるだけでみんなをいやすことのできるほんわかした雰囲気の女の子。

感動屋タイプ

- **恋愛** やさしい言葉をかけてくれる男子が気になる。
- **将来** 趣味のお店を開いてマイペースに働いては？
- **友情** 友だちを大事にするので恋愛よりも友だちかな？
- **相性** みんなから愛されている人気者と相性が◎。

性格はどっち？ 元気 ——♡—— やさしい

♡ ななこ ♡

性格 友だちとの約束を守り信頼されてるあなた。あわてんぼうなところが玉にきず、気をつけて。

人気者タイプ

- **恋愛** 世話好きだからやんちゃ男子が気になるね。
- **将来** あなたのがんばりならどんなことも成功する。
- **友情** みんなのいい所を認めると友情が深まるよ。
- **相性** あなたの話をすなおに聞いて、実行する人。

性格はどっち？ 元気 ———♡ やさしい

152　みんなのおまじない　黄色いヘアピンを頭の上の方につけると人気者に！

♡ ななさ ♡

性格　困った人を見ると助けてあげたくなるやさしい人。だれとでも仲良く、だれからも好かれるわ。

感動屋タイプ

恋愛　告白できずに待つタイプ。もっと積極的に。

将来　かんご師や医師など人のためにつくす仕事。

友情　友だちのじょうだんも本気にしがち。気楽に。

相性　あなたのがんばりに気づき、ほめてくれる人。

性格はどっち？　元気 ――♡―― やさしい

♡ ななり ♡

性格　流行に詳しくておしゃれ大好き。大人びた雰囲気だけれど、ちょっとさみしがり屋？

人情派タイプ

恋愛　笑顔でノリのいい男の子を好きになりそう。

将来　わだいの最先端にいるあなたはマスコミ関係。

友情　相手を楽しませるのが得意で友だちも多いよ。

相性　あなたとの記念日を大切にする人と相性◎。

性格はどっち？　元気 ♡―――― やさしい

♡ ななせ ♡

性格　古風に見られるあなたはそのミリョクを生かして。年上、年下のどちらからも好かれるわ。

人気者タイプ

恋愛　しっかり者のあなたは年下から好かれそう。

将来　伝統を大事にする茶道や日本舞踊の先生向き。

友情　親友になった人と一生のつきあいができそう。

相性　何となく心配で世話を焼いてあげたい男子。

性格はどっち？　元気 ――♡―― やさしい

♡ ななね ♡

性格　将来の目標に向かって地道に努力しているね。自分の成長を楽しみにがんばっていける人。

人気者タイプ

恋愛　思いっきり笑う元気いっぱいな人を好きに。

将来　弁護士で困っている人の味方になりそう。

友情　信頼されてるあなたは相談にのることが多そう。

相性　ずっと少年の心を持った無邪気な人が◎。

性格はどっち？　元気 ―♡――― やさしい

♡ ななの ♡

性格　好きなことは夢中で取り組むけれどそれ以外は見向きもしない。もう少し広い目で見て。

人気者タイプ

恋愛　つきあいだすとわがままが。注意が必要よ。

将来　好きなことを突きつめて本を出すのはいかが？

友情　友だちのいいところをまねして支え合うと◎。

相性　決断力がありくいくい引っ張ってくれる人。

性格はどっち？　元気 ――――♡ やさしい

♡ ななは ♡

性格　覚えたばかりのことをすぐみんなに見せたがるにぎやかな人。話し出したら止まらないね。

感動屋タイプ

恋愛　王子様のようなイケメンの男子に胸キュン。

将来　動物好きのあなたは飼育員や訓練士に。

友情　友だちの秘密は絶対ナイショだよ。注意して。

相性　なんでも気持ちよく引き受ける心の広い人。

性格はどっち？　元気 ―――♡― やさしい

みんなのおまじない　「ナルケマレバンガカピカッピ」と3回唱えると元気になれる！

♡ ななほ ♡

性格 だれにも負けたくない気持ちが強いがんばり屋さん。男子からも女子からも人気者だよ。

人気者タイプ

恋愛 何かに夢中でがんばっている人にひかれる。

将来 海外を飛び回るキャビンアテンダントなど。

友情 ケンカしたら意地を張らずにすぐ仲直りを！

相性 責任感がある有言実行タイプと相性が◯。

性格はどっち？ 元気 ——|——|——♡—— やさしい

♡ ななみ ♡

性格 先生や年上の人からいろいろ学びどんどん成長する人。気まぐれなところもミリョク的。

人情派タイプ

恋愛 良い所を見つけると好きになりがちね。

将来 想像力があり、作家や小説家に向いていそう。

友情 仲よくなると素直な気持ちを伝えられるわ。

相性 少しぽっちゃりした熊さんタイプ、いやし系。

性格はどっち？ 元気 ——|——♡——|—— やさしい

♡ ななよ ♡

性格 かげで一生けんめい努力している姿は必ずだれかが見ているわ。きっと大成功まちがいなし。

人気者タイプ

恋愛 何年も同じ人に片思い。早く思いを伝えて。

将来 地味な尾行もがんばれる刑事や探偵向きよ。

友情 聞き上手なあなたにみんなが話しかけるわ。

相性 体が大きくがっちりした頼もしい人が◯。

性格はどっち？ 元気 ——|——|——♡—— やさしい

♡ なの ♡

性格 友だちの意見に耳をかたむけることができるけれど自分の考えは簡単にはゆずれないよね。

人気者タイプ

恋愛 好きな人ができると何も手につかなくなる？

将来 映画監督になって自分の思いを形にするよ。

友情 まじめで誠実なお友だちができそうな予感。

相性 記念日を決して忘れないロマンチストが◯。

性格はどっち？ 元気 ——|——|——♡—— やさしい

♡ なのか ♡

性格 明るいオーラでいつも笑いがたえない人。まちがいははっきり指摘する、厳しいところも。

人気者タイプ

恋愛 初めてつきあった人と結婚まで進む可能性が。

将来 いつも笑顔のあなたはアイドル向きかもね。

友情 長所探しが上手。ほめると友情が深まるよ。

相性 あなたをプリンセスあつかいしてくれる人。

性格はどっち？ 元気 ——|——|——♡—— やさしい

♡ なのは ♡

性格 堂々として曲がったことがきらいな性格のあなたは存在感バッチリ。大物になれる予感が。

人気者タイプ

恋愛 あなたの意見に反対しない人を選びそうね。

将来 堂々とアピールできるあなたは社長向きね。

友情 少しガンコなあなた。友だちの意見も聞こうね。

相性 責任感があってうそをつかない人と相性◯。

性格はどっち？ 元気 ——|——|——♡—— やさしい

みんなのおまじない ☆ 白い紙に「ストロベリーブッチ」と書いて毎日持ち歩くと両思いに。

♡ なのり ♡

性格 自分に厳しく、大変なときも決してあきらめず一番を目指してがんばる人。ときには休んで。

人気者タイプ

恋愛 顔に出やすく好きな人の前で自然と笑顔に。

将来 責任感が強いので警察官に向いているよ。

友情 本気でケンカをした人と親友になるかも。

相性 大らかで、ミスしてもあまり怒らない人。

性格はどっち？ 元気 ─♥─┼───┼─ やさしい

♡ なほ ♡

性格 曲がったことが大きらいで物事を白黒はっきりしたいタイプ。ガンコにならないように。

人気者タイプ

恋愛 やさしくおだやかでいやしてくれる人がタイプ。

将来 数字をあつかう仕事できっちりデータ管理。

友情 口がかたく友だちは安心して相談できそう。

相性 一度やると決めたら必ずやりとげる人が◎。

性格はどっち？ 元気 ─┼───┼─♥─ やさしい

♡ なほこ ♡

性格 猫のように気まぐれで相手をふりまわしてしまうかも。でもそこがあなたのミリョク的なところ。

人情派タイプ

恋愛 お笑い系でにぎやかな男の子を好きになる？

将来 落ち着けるカフェやレストランを開いては？

友情 思いやりがあるけど好ききらいが多いので注意。

相性 少しのことではくじけない立ち直りの早い人。

性格はどっち？ 元気 ─┼───┼─♥─ やさしい

♡ なほみ ♡

性格 だれにでも同じように接するあなたは信用されてるわ。努力をおしまぬ大器晩成タイプね。

人気者タイプ

恋愛 自分だけを見てくれる人で不安かいしょう。

将来 結婚アドバイザーで縁結びのカリスマに。

友情 だれにでもやさしいあなたはだれからも好かれるわ。

相性 勉強やクラブに手をぬかずにがんばり屋が◎。

性格はどっち？ 元気 ─┼───┼───♥ やさしい

♡ なみ ♡

性格 頭が良くて集中して勉強できるよ。絵を描くのが上手。理科や算数も得意だね。

人情派タイプ

恋愛 タイプじゃなくてもよい所を見たら好きに！？

将来 たくさんわきだすアイデアで小説が書けそう。

友情 最初は合わせても仲よくなるとふりまわしそう。

相性 わがままもゆるしてくれるガマン強い人。

性格はどっち？ 元気 ─♥─┼───┼─ やさしい

♡ なみえ ♡

性格 目立ちたがり屋でいつもグループの中心にいるあなた、いたずら好きでおちゃめな人だね。

感動屋タイプ

恋愛 いつも同じ趣味で盛り上がることができる人。

将来 気持ちをダンスで表して国際派ダンサーに。

友情 話をきちんと聞いてくれる人と仲よくなれる。

相性 してもらったことにきちんと感謝できる人。

性格はどっち？ 元気 ─┼───┼─♥─ やさしい

みんなのおまじない ☆ 部屋の西側に黄色い物を置くと、おこづかいアップ！

♡ なみか ♡

性格 小さなことでも喜んだり悲しんだりする感受性が豊かな人。頭の回転も良く成績もいいね。 人情派タイプ

理想が高く、ドラマみたいな出会いを期待。 おいしいものを作るシェフ、パティシエ向き。

素直な自分を見せられる友だちを選ぶよ。 友だちよりあなたのことを優先してくれる人。

♡ なみき ♡

性格 感謝の気持ちを忘れない家族思いのやさしい子。だれとでも仲よくできて信頼される。 人気者タイプ

あなただけを見つめてくれる人を好きに？ 外交官など難しい仕事にもチャレンジ。

気楽におしゃべりできてみんなに好かれる。 勉強や読書が好きなものしりな人がいいかも。

♡ なみこ ♡

性格 自分の考えをしっかり持っているよ。好きなことは一生けんめい取り組んでがんばるよ。 人気者タイプ

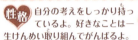

やんちゃな男の子の世話をやきそうな感じ。 芸能人やアイドルにもなれちゃうかもよ。

しっかりしてるからすぐに頼りにされちゃう。 アドバイスを素直に聞いてくれる人が◯。

♡ なみの ♡

性格 まちがったことがきらいで、気になるみたい。いろんな考え方があることもみとめよう。 人気者タイプ

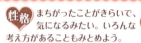

好きすぎて冷たくしちゃう。素直になって。 毎日の訓練もがんばれる。消防士向きかも。

長所を見つけて支え合う友だちができそうよ。 ロマンチックでえんしゅつ上手な男子が◯。

♡ なみよ ♡

性格 秘密主義で大事なことはかくしたりするかな。時間に厳しく約束は絶対にやぶらない。 人気者タイプ

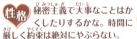

好きな人のことはみんなには絶対ナイショ。 あなたの雰囲気から原宿の人気占い師に。

親友になったら一生の友だちになれそう。 縁の下の力持ち的なサポート上手な人が◯。

♡ なゆ ♡

性格 プライドが高くて自分のペースにまわりをまきこんでしまうタイプ。リーダー向きかな。 人情派タイプ

同じ趣味の人と自然におつきあいするよ。 美しいものが大好き、美容アドバイザー向き。

さみしがり屋で友だちとはいつもいっしょが。 言わなくても気づいてくれる人と相性が◯。

みんなのおまじない ☆ 左手の小指をもむと、緊張が落ち着いて集中できる。

♡ なゆき ♡

性格 しっかりして見えるけど実は甘えん坊。自分の気持ちと反対のことをしちゃう時も。 *感動屋タイプ*

恋愛 やさしい言葉を言われると好きになりやすい。

将来 名所を上手に案内するバスガイド向きだよ。

友情 やさしいので年下の子からも人気があるよ。

相性 困っている時に守ってくれる頼れる人。

性格はどっち？ 元気 ——♡—— やさしい

♡ なゆこ ♡

性格 自分のペースを守りコツコツ努力する人。あなたのまわりにはいつもお友だちが集まるね。 *感動屋タイプ*

恋愛 あなたにアピールしてくる男の子によわい？

将来 コツコツと大きなことをなしとげる建築家。

友情 話しかけやすい雰囲気で友だちも多いね。

相性 元気でやんちゃなオレ様タイプと相性◎。

性格はどっち？ 元気 ———♡— やさしい

♡ なゆた ♡

性格 スポーツが得意でみんなのリーダー的存在。かっこいい先輩としてあこがれの的かも。 *人情派タイプ*

恋愛 いつも笑顔で話のおもしろい人と相性◎。

将来 テレビやマスコミ関係で大活躍する可能性大。

友情 グループを仕切るのが得意。リーダー的存在。

相性 前向きな言葉で自信をつけてくれる人が◎。

性格はどっち？ 元気 ————♡ やさしい

♡ なゆみ ♡

性格 初対面ではしっかり者にみられるけど実は甘えん坊なところも。コツコツ努力家タイプ。 *感動屋タイプ*

恋愛 前向きなあなた。相手はすぐできる予感が。

将来 マイペースなあなた。自分のお店を開いては。

友情 決断力があり頼りにされるリーダー的存在。

相性 友だちが多く頼りがいのある人と相性が◎。

性格はどっち？ 元気 ———♡— やさしい

♡ なりみ ♡

性格 人を見た目で判断せずだれにでも同じように接するタイプ。とても信用されてるよ。 *人気者タイプ*

恋愛 オタクの人を好きになり世界が広がるかも。

将来 幅広い見方ができどんなしごともうまくいく。

友情 人見知りしないので友だちがふえそうだよ。

相性 ちょっとリッチなおぼっちゃまタイプが◎。

性格はどっち？ 元気 ♡———— やさしい

♡ なる ♡

性格 一人で考えごとをしたり何かを作るのが好き。手先が器用で感性がとても豊かな子だよ。 *人情派タイプ*

恋愛 いつも笑顔でノリのいい人が気になりそう。

将来 器用さを生かして芸術家や職人向きかな。

友情 いつもはげましてくれるあなたに感謝してるよ。

相性 よく笑ってオーバーアクションな人が◎。

性格はどっち？ 元気 ————♡ やさしい

みんなのおまじない ★ テストが始まる前と後にガッツポーズをすると、良い成績に。

♡ なるえ ♡

性格　人に頼ることがニガテで存在感のある人。まっすぐな性格で信頼されリーダー的存在だね。

人気者タイプ

恋愛　まじめひとすじ、長いおつきあいができる。

将来　銀行員やお金を扱う仕事。社長向きかも。

友情　悩みをかかえず友だちに相談するといいよ。

相性　うそをつかない正直な人との相性ピッタリ。

性格はどっち？　元気―――♡やさしい

♡ なるは ♡

性格　好奇心のかたまりでいろんなことに興味を持つ。盛り上げて、みんなを笑わせたりする。

人情派タイプ

恋愛　ミリョク的なあなたは男子にいつもモテるね。

将来　自分の趣味や好きなことがしごとになるよ。

友情　勉強やスポーツができる人と友だちになるよ。

相性　おしゃべり上手な目立つ男の子と相性が◎。

性格はどっち？　元気―――♡やさしい

♡ なるみ ♡

性格　かわいいものが大好きな天然キャラ。人とくらべるよりマイペースでコツコツ努力するよ。

感動屋タイプ

恋愛　強引にアプローチしてくる人にキュンとする。

将来　マイペースにおうちで教室を開いてみては。

友情　恋より友だち優先。友だちがたくさんできる。

相性　おしの強い情熱的な男の子と相性◎。

性格はどっち？　元気―♡―やさしい

♡ にあ ♡

性格　友だちの行動や気持ちがよく分かるよ。友だちを笑わせたり喜ばせたりするのが大好き。

人情派タイプ

恋愛　好きな人ができるといつも見つめているよ。

将来　感性豊かなあなたは自分の趣味をしごとに。

友情　味方である友だちを大切にして守ってあげる。

相性　個性的な人。普通の人じゃものたりないよ。

性格はどっち？　元気―――♡やさしい

♡ にいな ♡

性格　目立つのはあまり好きじゃないけど、どんな時でもあわてず落ち着いているしっかり者。

人気者タイプ

恋愛　好きな人しか見えない？勉強もきちんとね。

将来　落ち着きのあるあなたは秘書さん向きだよ。

友情　頼りにされてて自然と相談を受けそうだよ。

相性　親を大切にする家族思いでまじめな人が◎。

性格はどっち？　元気♡――やさしい

♡ にか ♡

性格　歌ったり絵を描いたりするのがとても上手。とてもまじめにコツコツがんばるタイプ。

人情派タイプ

恋愛　運命の出会いをゆめ見て理想が高めかな？

将来　絵が上手なあなたはたちまち人気デザイナー。

友情　ライバルだと思っていたらいつしか親友に。

相性　あなたのわがままを笑って許してくれる人。

性格はどっち？　元気―♡―やさしい

みんなのおまじない　学校にオレンジ色のスニーカーをはいていくと楽しさがアップ。

♡ にこ ♡

性格 ルールを守り、家族や友だちを大切にする思いやりのある子。将来は大物になる予感が!?

人気者タイプ

恋愛 はじめてつきあった人と結婚しちゃうかも。

将来 日本を動かす政治家。大物になれる予感大。

友情 友だちのいいところをほめると友情運アップ。

相性 約束や時間をきっちりと守れる人との相性◎。

性格はどっち？ 元気 —♥—|—|— やさしい

♡ にこな ♡

性格 好きなことに関してはとことん夢中になってがんばれる人。曲がったことがキライかな。

人気者タイプ

恋愛 自分から告白することできる勇気のある人。

将来 消防士や救急救命士など人を助ける仕事。

友情 困ったときに助けてくれるお友だちが多そう。

相性 勉強やクラブ活動を一生けんめいやる子。

性格はどっち？ 元気 —♥—|—|— やさしい

♡ にこら ♡

性格 自分をしっかり持ちねばり強くあきらめないタイプ。将来は大きなことを成しとげそう。

人気者タイプ

恋愛 好きになると一直線。友だちのアドバイス◎。

将来 ひみつを守り、頼れるあなたは警察官向き。

友情 秘密主義なあなた。友だちに悩みをうちあけて。

相性 浮気をしないあなたは一途な人と相性◎。

性格はどっち？ 元気 —|—♥—|— やさしい

♡ にこり ♡

性格 いつもパワフルで太陽のように明るい人。こまかいとは気にせずいつも自信たっぷりね。

感動屋タイプ

恋愛 好きになったら気持ちをかくさずアピール。

将来 声優になって人気アニメの主人公にばってき！

友情 友だちの意見をしっかり聞くので好かれるよ。

相性 ユーモアセンスで絶対たいくつさせない人。

性格はどっち？ 元気 —|—♥—|— やさしい

♡ にこる ♡

性格 とっても負けずぎらいでいつも一番を目指している人。時には休けいすることも大切だよ。

人気者タイプ

恋愛 気持ちが顔に出やすく、ばれちゃうかもね。

将来 歌手やプロデューサーなど音楽のしごとが◎。

友情 物知りなお友だちと話すと世界が広がりそう。

相性 ささいなこともオーバーに感動してくれる人。

性格はどっち？ 元気 —|—|—♥— やさしい

♡ にじ ♡

性格 友だちよりも家族を大切にするよ。昔からの言い伝えや決まりをいつも守っているよ。

人気者タイプ

恋愛 恋人の前ではすっかり甘えん坊に変身。

将来 伝統を大切にするあなたは日本舞踊の先生に。

友情 どんなことにも手をぬかずそんけいされてる。

相性 あなたがいいと思った人ならきっと大丈夫。

性格はどっち？ 元気 —♥—|—|— やさしい

「ランドン…」と心の中で何回も唱えると、先生にあてられない。

♡ にじか ♡

性格 一度きめると目標に向かって努力するがんばり屋さん。あわててうっかりミスに要注意。

人気者タイプ

恋愛 あなただけにやさしくしてくれる人を好きに。

将来 結婚式をお手伝いするブライダルプランナー。

友情 しっかり者のあなた、頼りにされてるよ。

相性 あなたをお姫様扱いしてくれる人が相性◎。

性格はどっち？ 元気 ♡———————— やさしい

♡ にじこ ♡

性格 親しみやすい雰囲気と性格で、いつも自然とまわりに友だちが集まってくるような人。

感動屋タイプ

恋愛 甘えたがりのあなたは年上の人がタイプ。

将来 旅好きなあなたはバスガイドが向いてるよ。

友情 恋愛よりもお友だちりもうせん、人気者だね。

相性 じまんしたくなるようなイケメンと相性◎。

性格はどっち？ 元気 ♡———————— やさしい

♡ にちか ♡

性格 友だちの意見より自分の意見を信じて、物事が良い方向に進んでいくことを考えてるよ。

人気者タイプ

恋愛 一途なあなたは初恋の人と結婚するかも。

将来 将来大物になる予感。もしかして総理大臣？

友情 相手の良い所をほめると友情が深まる予感。

相性 勉強や読書好きな優等生タイプと相性◎。

性格はどっち？ 元気 ♡———————— やさしい

♡ にな ♡

性格 自分だけのお気に入りやこだわりを持つ独特のセンスの持ち主。個性的な人に見られそう。

人情派タイプ

恋愛 ライバルが気になるけど自分らしくいこう。

将来 センスを生かしてジュエリーデザイナーに。

友情 時間や約束を守るあなたは信頼されてるよ。

相性 どんな話でも楽しそうに話す人と相性が◎。

性格はどっち？ 元気 ♡———————— やさしい

♡ にの ♡

性格 昨日より今日、今日より明日と目標に向かって努力する人。いつも成長を意識しているよ。

人気者タイプ

恋愛 恋人になるとやきもちやきに。おおらかに。

将来 ゆうかんなあなたは消防士が向いているよ。

友情 おたがいに協力しあえる友だちができるかも。

相性 あなたの性格を一番大切に思ってくれる人。

性格はどっち？ 元気 ♡———————— やさしい

♡ ぬくみ ♡

性格 おとなしい性格のあなた。ムリをせずに毎日時間を決めて少しずつ進めていくタイプだよ。

人情派タイプ

恋愛 予想外の人も長所を見つけて好きになりそう。

将来 人気店のシェフになりミシュランにのるかも。

友情 自然体なあなたでいられるお友だちと相性◎。

相性 ぽっちゃりとしたいやし系の人と相性◎。

性格はどっち？ 元気 ♡———————— やさしい

みんなのおまじない ☆ 好きな人の影を踏むと両思いになれる。

♡ ねあ ♡

性格 ニガテなことからにげないあなた。友だちに信頼され、グループの中心的存在になってるね。 *人気者タイプ*

- **恋愛** やさしくておだやかな男子が好みのタイプ。
- **将来** まじめで数字やお金に関することが◎。
- **友情** 自分の意見だけでなく友だちの話も聞こう。
- **相性** シャイでおとなしい男子と相性バツグン！

性格はどっち？ 元気 ━━♡━━ やさしい

♡ ねい ♡

性格 いつも明るく前向きでおしゃべりが大好き。話し始めたら止まらないおちゃめな女の子。 *感動屋タイプ*

- **恋愛** 同じクラブの子と自然に仲よくなりそう。
- **将来** 動物の訓練士はあなた向きの仕事だよ。
- **友情** 友だちのひみつは必ず守って！信頼されるよ。
- **相性** 人の痛みのわかるやさしい心の持ち主が◎。

性格はどっち？ 元気 ━━♡━━ やさしい

♡ ねいあ ♡

性格 こわいもの知らずで思いきりの良さがいい所。上から目線はケンカのもとだよ。気をつけて！ *感動屋タイプ*

- **恋愛** あなたをたくさんほめてくれる人が好き。
- **将来** 人の喜ぶ顔が見たいからサービス業向き。
- **友情** 友だちに悩みをどんどん話すので頼り上手。
- **相性** 見た目より中身が大切。話が合う人とか◎。

性格はどっち？ 元気 ━♡━━━ やさしい

♡ ねいか ♡

性格 純粋で友だち思いだけど、すねたり意地をはってしまうことも。マイペースな人。 *感動屋タイプ*

- **恋愛** ちょいワルなど自分とちがうタイプが好み。
- **将来** だれも気にせずマイペースに働けるしごと。
- **友情** あなたは自然と話の中心にいるような人気者。
- **相性** 見た目バッチリのイケメンと相性バツグン。

性格はどっち？ 元気 ━━♡━ やさしい

♡ ねいろ ♡

性格 さみしがり屋なのに一人の時間もほしい人。どこか大人びた雰囲気でおしゃれ好き。 *人情派タイプ*

- **恋愛** だれからも愛される人。本命に誤解される？
- **将来** おしゃれなあなたはエステやメイク関連が◎。
- **友情** 友だちどうしを結び付ける役わりになりそう。
- **相性** あなただけ大切にする人。八方美人はダメ。

性格はどっち？ 元気 ━━♡━━ やさしい

♡ ねお ♡

性格 おしゃべり大好き。他の友だちの話の中にも入っちゃう。話す時は言葉に気をつけよう！ *感動屋タイプ*

- **恋愛** 友だちよりも恋愛を優先しちゃいそうな予感。
- **将来** 運動神経のいいあなたはアスリート向きかも。
- **友情** かくしごとがニガテなタイプ。約束は守ろう。
- **相性** 人の痛みのわかるあたたかい心の持ち主。

性格はどっち？ 元気 ━━♡━━ やさしい

みんなのおまじない 緑の紙に、緑色のペンで相手の名前を100回書くと恋が実る。

♡ ねおん ♡

性格 負けずぎらいで根性があるよ。おしゃべりが大好きで話し出したら止まらない女の子。

感動屋タイプ

恋愛 笑いのツボが同じでいつも盛り上がるよ。

将来 ショップスタッフなど人と接するしごとが◎。

友情 聞き上手な人と仲よしに。秘密は守ろうね。

相性 趣味がピッタリでいっしょにいて楽しい人。

性格はどっち？ 元気 ——♥—— やさしい

♡ ねこ ♡

性格 あなたといると自然と笑顔になっちゃう天然キャラ。困った時はみんなが助けてくれる。

感動屋タイプ

恋愛 あなたに親切にしてくれる男子を好きに。

将来 マイペースでアイデアを形にする建築家など。

友情 ほうっておけなくて気になる存在。人気者。

相性 ピンチの時に守ってくれる頼りになる人。

性格はどっち？ 元気 ——♥—— やさしい

♡ ねづ ♡

性格 アイデアがたくさん浮かび自分の考えに自信がある。みんなの意見を聞いて甘えてみて。

人気者タイプ

恋愛 軽い人がニガテ。つきあうと一生大切に。

将来 たくさんのアイデアでネットのしごとをする。

友情 親しい友だちを家族のように大切にするよ。

相性 頭の回転がはやくユーモアのセンスがある人。

性格はどっち？ 元気 ——————♥ やさしい

♡ ねな ♡

性格 どんな時も落ち着いていて、しっかり行動できるタイプ。責任感が強く、人に頼らない。

人気者タイプ

恋愛 積極的なあなたは相手をリードするタイプ。

将来 映像作家になって超人気CMを作っちゃう。

友情 困った時いつも助けてくれる友だちが多いよ。

相性 家族を大切にするまじめな人と相性ピッタリ。

性格はどっち？ 元気 ————♥— やさしい

♡ ねね ♡

性格 えんりょがちなあなたは本音をストレートに伝えることがニガテかな。おしゃれな人だよ。

人情派タイプ

恋愛 言わなくても気持ちがわかる相手が相性◎。

将来 あなたのセンスでアクセサリーデザイナーに。

友情 あなたとちがう才能を持つ友だちができるよ。

相性 空気を読むのが得意で気づかいのできる人。

性格はどっち？ 元気 ——♥—— やさしい

♡ ねねか ♡

性格 明るくて笑顔がたえない人。きっちりさせたい性格でまちがいははっきり言ってしまう。

人情派タイプ

恋愛 ささいなことで胸キュン。恋しちゃうかも。

将来 得意のおしゃれと絵で有名なデザイナーに。

友情 思いやりがあってやさしいけどニガテな人も？

相性 あなたの話に興味をもって聞いてくれる人。

性格はどっち？ 元気 ——♥—— やさしい

みんなのおまじない ピンク色の物を身に着けたり、小物に取り入れると恋愛運アップ。

♡ ねねこ ♡

性格 興味のあることにコツコツ一生けんめい取り組んで、自分のものにすることができる人。

人気者タイプ

恋愛 めずらしい趣味の男子を好きになる予感が。

将来 どのしごともチャレンジしたらうまくいくよ。

友情 だれにでも態度が変わらないあなたは人気者。

相性 アドバイスを素直に聞いて実行する人が◎。

性格はどっち？ 元気———♥——————やさしい

♡ ねみ ♡

性格 いやし系でほっとする雰囲気のあなた。実はけっぺき症なところも。意地っ張りに注意。

感動屋タイプ

恋愛 立ち直りが早く、すぐに相手が見つかるよ。

将来 乗り物好きで電車やバス運転手さん向きかな。

友情 あなたの持つ雰囲気から話しかけやすい。

相性 おとなしいよりも元気でわんぱく男子が◎。

性格はどっち？ 元気—♥——————————やさしい

♡ ねむ ♡

性格 家族や友だちを大切にしてだれよりも親孝行。記念日のプレゼントも忘れないタイプだよ。

人気者タイプ

恋愛 あなたを大切にしてくれる人と相性が◎。

将来 ブライダルプランナーで結婚式のお手伝い。

友情 人見知りしないのでだれとでも仲よし。

相性 口下手だけどあなたを大切にするやさしい人。

性格はどっち？ 元気——————————♥—やさしい

♡ のあ ♡

性格 目立とうとしなくても自然と目がいく存在感のある人。グループでもいつしか中心人物に。

人気者タイプ

恋愛 目立つタイプよりおとなしくてやさしい人。

将来 いろんな国に行くキャビンアテンダントに。

友情 悩んだ時は相談したり友だちに頼ってみてね。

相性 シャイでおとなしい人があなたに合いそう。

性格はどっち？ 元気———————♥———やさしい

♡ のあん ♡

性格 正義感が強くれいぎ正しい人。友だちに頼ることがニガテ。何にでもこだわるタイプ。

人気者タイプ

恋愛 １つのことに熱中している人にひかれそう。

将来 集中力が高く分析をする仕事が向いてる。

友情 ケンカしたらあなたからあやまると◎。

相性 いつも自然体で話ができ、気があう人が◎。

性格はどっち？ 元気———————♥———やさしい

♡ のい ♡

性格 自分にきびしく向上心のある人。難しそうなことやニガテなことでもにげ出さないよ。

人気者タイプ

恋愛 夢中で何かに打ち込んでいる人に恋しそう。

将来 きちょうめんなので分析をする仕事が向いてる。

友情 口がかたいので友だちの相談をよく聞くよ。

相性 言ったことは必ずきちんとやりとげる人。

性格はどっち？ 元気——♥————————やさしい

ね〜の

みんなのおまじない　幸運をまねくネコの絵をハガキのすみに描くとプレゼントに当たる。

♥ のえ ♥

性格 いつも前向きであまり落ち込まず立ち直りも早い！大きな成功が待っているかもしれない。

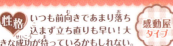
感動屋タイプ

恋愛 笑いのツボが同じような人にひかれそう！

将来 接客業などのサービス業がぴったりだよ。

友情 友だちをおどろかせるやんちゃな所があるよ。

相性 してあげたことに、感謝してくれる人。

性格はどっち？　元気 ——♥—— やさしい

♥ のえみ ♥

性格 心がとても豊かな人。ひとつのことだけに集中しないで、いろんなことを経験してみよう。

人情派タイプ

恋愛 相手の小さな気くばりで急に恋に落ちそう。

将来 おしゃれなアパレル関係を目ざすと◎。

友情 ライバルと思っていた人と友だちになるよ。

相性 いやし系でぽっちゃりしたクマさんタイプ。

性格はどっち？　元気 ———— やさしい

♥ のえる ♥

性格 人前ではとっても元気なあなた。でも、親しい人にはついわがままを言ってしまうかも。

人情派タイプ

恋愛 知らない人からも好かれちゃうかもね。

将来 しっかりしたあなたは保育士がぴったり！

友情 仕切るのが大好きで何でも決めちゃうよ。

相性 記念日やサプライズを大切にする人。

性格はどっち？　元気 ———♥— やさしい

♥ のか ♥

性格 友だちとの約束を守るから信頼されているよ。いつもコツコツと努力をしているタイプ。

人気者タイプ

恋愛 オタクの人との出会いで世界観が広がるかも！

将来 かわいくてモテモテのアイドルをめざそう！

友情 しっかりしているから頼りにされちゃう。

相性 お金持ちのお坊ちゃまタイプの人が◎。

性格はどっち？　元気 ————♥ やさしい

♥ のぎく ♥

性格 家族に感謝の気持ちを忘れず、親孝行をしているよ。記念日のプレゼントも忘れない！

人気者タイプ

恋愛 はじめて好きになった人と結婚しちゃうかも。

将来 どんなことでも挑戦すればうまくいくよ。

友情 だれとでも気軽に話せて人見知りもしないよ。

相性 あなたを女王さまのように扱ってくれる人！

性格はどっち？　元気 ———♥— やさしい

♥ のこ ♥

性格 頭の回転が速くて成績もいい！先生や年上の人から学んでどんどん成長するよ。

人情派タイプ

恋愛 思いをストレートに言えない。素直にね。

将来 かしこいあなたは作家や小説家がぴったり。

友情 気をつかわなくてもいい友だちができそう。

相性 少しのことで悩まず、立ちなおりの早い人。

性格はどっち？　元気 ————♥ やさしい

の

164　みんなのおまじない　★苦手な食べ物の名前を反対から3回となえると好ききらいがなおるよ。

♡ のぞみ ♡

性格　みんなをいやす、ほんわかとした雰囲気をもっているよ。話しかけやすいから人が集まる！

感動屋タイプ

恋愛　やさしくされるとすぐ好きになっちゃうかも。

将来　旅行の達人！ツアーコンダクターがぴったり！

友情　けいかいされず、話しかけられやすいよ。

相性　いっしょにいてじまんしたくなるイケメン。

性格はどっち？　元気　―♡――　やさしい

♡ のどか ♡

性格　マメで地道にコツコツがんばる努力家。毎日少しずつでも物事を進めることができるよ。

人情派タイプ

恋愛　ドラマのような出会いが好き！理想も高いよ。

将来　かっこいいジャーナリストを目指してみては？

友情　思いやりがあるけど人の好ききらいが多い？

相性　わがままを言っても許してくれる人。

性格はどっち？　元気　――♡―　やさしい

♡ のの ♡

性格　つい遠慮して本音をはっきりと言えないあなた。敵を作らない、心やさしい性格だね。

人情派タイプ

恋愛　自分の気持ちを考えてくれる人に出会える？

将来　繊細な所がジュエリーデザイナーにぴったり。

友情　約束を守ることで信頼される人になるよ。

相性　落ち込んだときに、はげましてくれる人が◎。

性格はどっち？　元気　―――♡　やさしい

♡ ののあ ♡

性格　あなたは感性豊かでユニークな人だよ。人を笑わせたり喜ばせたりするのが大好き。

人情派タイプ

恋愛　かわいい笑顔に、みんなはひかれちゃうよ。

将来　歌手、演奏者など注目されるしごとが◎。

友情　自分とはちがう性格の友だちができそう！

相性　ミステリアスな雰囲気の人が好きだよ。

性格はどっち？　元気　――♡―　やさしい

♡ ののか ♡

性格　マメでコツコツがんばるタイプ。ムリせず、サボらず、ものごとを進めるのが得意。

人情派タイプ

恋愛　仲よくなると相手をふりまわしてしまうかも？

将来　おしゃれなカフェをしっかり経営してるよ。

友情　すこし人見知りするけど、すぐになかよしに！

相性　テストの点数が同じくらいの人がぴったり！

性格はどっち？　元気　―――♡　やさしい

♡ ののこ ♡

性格　ほかの人とくらべず、マイペースでコツコツと努力をする人。大きな成功をめざしてね。

感動屋タイプ

恋愛　どんどんアプローチしてくる人にひかれそう。

将来　おしゃれな建築デザイナーをめざそう。

友情　恋より友だち！だから友だちがいっぱいだよ！

相性　堂々としていて自信家でオレ様タイプの人。

性格はどっち？　元気　――♡―　やさしい

みんなのおまじない　くつを左右逆にして5日間しまうと好きな男の子と出会える。

165

♡ ののは ♡

性格 悲しんでいる人を見ると、助けてあげたくなっちゃう。思いやりがあり感受性が強いよ。 【人情派タイプ】

恋愛 熱しやすく冷めやすい！恋いっぱいの人生？

将来 自分が好きなことを仕事にするといいよ。

友情 目立ちたがりで存在をアピールしたい！

相性 話をしっかり聞いてくれるやさしい人。

性格はどっち？ 元気 ー やさしい ♡

♡ ののみ ♡

性格 とても純粋で友だち思いのあなた。でも少し神経質なところがあって、時々意地っぱりに。 【感動屋タイプ】

恋愛 自分とちがうタイプの人を好きになるかも。

将来 あせらずマイペースに働く仕事がいいよ。

友情 気づけばみんなの話題の中心にいるよ。

相性 グイグイとおしが強く、情熱的な人。

性格はどっち？ 元気 ー ♡ やさしい

♡ のぶえ ♡

性格 好奇心が強いけど、その分あきっぽいところがあるかも？とても活発で行動範囲が広いよ。 【人情派タイプ】

恋愛 自分のミリョクを分かっているから常にモテモテ！

将来 探究心が深いあなたはシステムエンジニアに！

友情 味方になってくれる人をとても大切にするよ。

相性 会話上手で目立つ人。お笑い系の楽しい人。

性格はどっち？ 元気 ー ♡ やさしい

♡ のぶか ♡

性格 人と自分を比べずにマイペースに進んでいくよ。コツコツと努力ができる人だね。 【感動屋タイプ】

恋愛 失恋しても大丈夫！立ち直りが早いよ。

将来 頼れるツアーコンダクターになろう。

友情 とっても頼りになるリーダーみたいな人！

相性 堂々とした自信家の俺様タイプの人。

性格はどっち？ 元気 ー ー ♡ やさしい

♡ のぶこ ♡

性格 自分の意見を持ったってもがんこな人だね。興味のあることには集中して取り組むよ。 【人気者タイプ】

恋愛 やんちゃな男子を好きになっちゃうかも。

将来 信頼される結婚アドバイザーになろう。

友情 だれに対しても平等で好かれているね。

相性 あなたのアドバイスを素直に聞く人。

性格はどっち？ 元気 ー ♡ やさしい

♡ のぶな ♡

性格 行動力や決断力があり、頼みごとも嫌な顔をしないで引き受ける。頼れる存在だね。 【感動屋タイプ】

恋愛 意外な人と付き合うことになるかも！

将来 センスを生かしてインテリアデザイナーに！

友情 おしゃべりがはずむにぎやかな友だちが増えそう！

相性 決断力があり、グイグイ引っ張ってくれる人。

性格はどっち？ 元気 ー ♡ やさしい

みんなのおまじない ☆ 小指に星を描きそっとキスをすると好きな子と両想いになれる。

♡ のぶよ ♡

性格 意見をはっきり言うけれど相手のことも大事にできる。年上の人からも好かれそう！ **人気者タイプ**

恋愛 長い間同じ人に片思いをしてしまいそう。

将来 信念を持ったカメラマンになろう！

友情 親友とは一生の付き合いができそう。

相性 何となく面倒を見てあげたくなる人。

性格はどっち？ 元気 ——————♡ やさしい

♡ のみ ♡

性格 どんなことがあっても、あわてずに落ち着いていられる人。芯がしっかりしているね。 **人気者タイプ**

恋愛 好きな人に冷たくしちゃうかも。素直に！

将来 じっくりと作家や小説家をめざそう！

友情 お互いに支えあえる友だちができそう。

相性 見た目ではなく、性格を重視してくれる人。

性格はどっち？ 元気 —♡—————— やさしい

♡ のり ♡

性格 負けずぎらいでいつも一番を目指しているね。友だちに勝つことを目標にしているよ。 **人気者タイプ**

恋愛 本気になれる人と出会うと一生大切にするよ。

将来 まじめなあなたは税理士、会計士をめざして！

友情 もっと友だちを信用して悩みを相談してみよう。

相性 大まかで、ミスをしてもあまり怒らないような人。

性格はどっち？ 元気 —♡—————— やさしい

♡ のりえ ♡

性格 ユニークでユーモアがたっぷり！人を喜ばせるのが好きな盛り上げ役だね。 **人情派タイプ**

恋愛 熱しやすく冷めやすい！いつも恋しているよ。

将来 個性的なあなたは趣味を仕事に。

友情 注目されたい！目立ちたい！いつもアピール！

相性 話をしっかり聞いてくれるやさしい人。

性格はどっち？ 元気 ——♡————— やさしい

♡ のりか ♡

性格 ちょっとあわてんぼうな人。年上の人から好かれるタイプでつい守ってあげたくなるよ。 **人気者タイプ**

恋愛 悩みを聞いてくれた人を好きになるかも？

将来 幸せを演出するブライダルプランナーに！

友情 みんなに平等だから好かれているよ。

相性 あなたのアドバイスを素直に実行する人。

性格はどっち？ 元気 —♡—————— やさしい

♡ のりこ ♡

性格 とても人なつっこくて愛嬌があるね。まわりを笑顔にしてしまう愛される性格だよ。 **感動屋タイプ**

恋愛 ぐいぐいアプローチしてくる人にひかれそう！

将来 人と競争しないでマイペースに働くと◎。

友情 世話好きなあなたは年下から好かれるよ！

相性 みんなに自慢したくなるようなイケメン！

性格はどっち？ 元気 —————♡— やさしい

みんなのおまじない ★ 5円玉に赤い糸を巻いておサイフに入れるとおこづかいがふえるよ。

♡ のりな ♡

性格 将来の目標に向かってがんばることが好き！自分の成長をいつも意識しているよ。

人気者タイプ

恋愛 告白する勇気があるよ。ダメでもめげない！

将来 コツコツとがんばるあなたは秘書がぴったり。

友情 まじめで誠実な友だちとの出会いがありそう。

相性 何事にも手を抜かないで一生懸命な人。

性格はどっち？　元気 ——♥—— やさしい

♡ のりみ ♡

性格 友だちを大切にする人。だけど少し神経質なところもあり、たまに意地っぱりになっちゃう。

感動屋タイプ

恋愛 失恋しても大丈夫！次の恋がすぐ見つかるよ。

将来 世話好きなあなたはバスガイドに！

友情 世話好きだから、年下から好かれそう！

相性 友だちが多くみんなから愛されている人気者。

性格はどっち？　元気 ——♥—— やさしい

♡ のりよ ♡

性格 人に誠実に接するあなたは、占いやおまじないなど神秘的なことが気になるみたい。

感動屋タイプ

恋愛 告白は恥ずかしくて待っているタイプだね。

将来 介護士など人につくす仕事がぴったり。

友情 あなたのファッションセンスにみんなが注目！

相性 芸術家タイプの人がおすすめだよ！

性格はどっち？　元気 ——♥—— やさしい

♡ のわ ♡

性格 曲がったことがきらいな正義感の強いあなた。相手がちゃんとあやまったら許してあげてね。

人気者タイプ

恋愛 豪快に笑う元気いっぱいの人にひかれそう。

将来 正義感が強いあなたは裁判官がぴったり。

友情 良い所を見習い、支え合う友だちができそう。

相性 勉強もクラブも手を抜かず、一生けんめいな人。

性格はどっち？　元気 ——♥—— やさしい

♡ のん ♡

性格 裏表がないまっすぐな性格で、がんこな所もあるみたい。人気と信頼を集めるよ。

人気者タイプ

恋愛 反対されても、好きになったら一直線！

将来 信頼される社長さんをめざしてみよう！

友情 口がたいから信用されてるよ。相談が多いね！

相性 責任感があり言ったことは実行する人。

性格はどっち？　元気 ——♥—— やさしい

♡ のんの ♡

性格 どことなく大人びた雰囲気のあなた。おしゃれなあなたをみんながお手本にするよ。

人情派タイプ

恋愛 言わなくてもわかってくれる人が好き！

将来 おしゃれなジュエリーデザイナーになろう。

友情 約束をしっかり守って信頼されよう。

相性 ふつうの話をしていても楽しい話に聞こえる人。

性格はどっち？　元気 ——♥—— やさしい

168　みんなのおまじない　★　赤い糸をちょう結びにして電話の下に置くと彼から電話が来るよ。

は行の女の子

愛されタイプ

不器用でおっちょこちょい。でも友だちを大切にするから、どんなときもみんなに協力してもらえる愛されキャラ。

中心タイプ

天然そうだけど実はしっかり者。だからいつもグループの中心にいるタイプ。年上から好かれることが多いみたい。

こだわりタイプ

みんなとはちょっとちがうこだわりの趣味をもっているプライドが高い人。情報通ではなやかな雰囲気があるね。

♡ はあと ♡

性格 ねばり強く、あきらめないでがんばれる人。将来は大きなことに成功しちゃうかも？ 　**中心タイプ**

恋愛 相手からしばられることをうれしく感じるよ。

将来 まじめな税理士や会計士がぴったり！

友情 友だちは少なくても家族のように大切にするよ。

相性 おおらかで、心の広い人が合ってるよ。

性格はどっち？ 元気 ─┼─┼─♡─┼─ やさしい

♡ はいね ♡

性格 ひかえめだけど自然と注目される人。相手の意見をきちんと聞けるから人気なんだね。　**愛されタイプ**

恋愛 相手からとことん大切にされそってす。

将来 センスを生かしてフラワーデザイナーに！

友情 お笑い系の楽しい友だちができそうだよ。

相性 決断力がありグイグイ引っ張ってくれる人。

性格はどっち？ 元気 ─┼─┼─♡─┼─ やさしい

♡ はく ♡

性格 頭の回転が速く、成績も◎。先生や年上の人からいっぱい学んで成長できるよ。　**こだわりタイプ**

恋愛 相手の小さな気配りから恋が芽生えそう！

将来 おしゃれなデザイナーをめざそう。

友情 ライバルと思う人とだんだん友だちになれそう。

相性 クマさんタイプのホッとするいやし系の人。

性格はどっち？ 元気 ─┼─┼─♡─┼─ やさしい

♡ はぐみ ♡

性格 話しやすい雰囲気だから、自然と人が集まるよ。困っているとみんなが助けてくれる！　**愛されタイプ**

恋愛 年上の包容力のある人にひかれちゃうかも。

将来 気さくなあなたはバスガイドがぴったり！

友情 恋よりも友だちが◎。だから友だちがいっぱい！

相性 友だちが多く、みんなの人気者になっている人。

性格はどっち？ 元気 ─┼─┼─♡─┼─ やさしい

♡ はこ ♡

性格 とてもまじめで不器用に見えちゃう。でも、将来は大物になる可能性を秘めているよ。　**中心タイプ**

恋愛 相談にのってくれた人と恋に落ちるかも？

将来 しっかりしたあなたは高級官僚になろう。

友情 しっかりしているから頼りにされちゃうね。

相性 ゲームをするよりも勉強や読書が好きな人。

性格はどっち？ 元気 ─┼─┼─♡─┼─ やさしい

♡ はずき ♡

性格 自分のペースで物事を進める人。時間がかかってもコツコツと努力を重ねていくよ。　**愛されタイプ**

恋愛 大人びた自分とはちがうタイプが好き！！

将来 ステキな旅を考えるツアーコンダクター。

友情 お世話をするのが好き。年下から人気だよ。

相性 困ったときに守ってくれる頼りになる人が◎。

性格はどっち？ 元気 ─┼─┼─♡─┼─ やさしい

みんなのおまじない　夜の12時にかがみを見ると未来の結婚相手がうつる。

♡ はすな ♡

性格 おしゃれで人とちがうところを表現したいタイプ。人と同じような生き方では物足りないかも！

こだわりタイプ

恋愛 好きな人ができると友だちに協力してもらうよ。

将来 独創的なあなたは発明家がぴったり。

友情 自分にない才能を持った友だちができそう。

相性 笑顔で楽しそうに話をする人がぴったり。

性格はどっち？ 元気 —————♡——— やさしい

♡ はすみ ♡

性格 いるだけで、まわりを自然と笑顔にしちゃう人。少し天然だけど愛されるキャラ。

愛されタイプ

恋愛 プレゼントをして相手が喜ぶと自分もうれしい！

将来 人と競わずにマイペースにできる仕事がいいよ。

友情 なぜかあなたはほうっておけない存在だよ！

相性 元気でやんちゃな人。おとなしい人はNGだよ。

性格はどっち？ 元気 —————♡——— やさしい

♡ はつえ ♡

性格 目立つ方だけど大勢の前で話すのはニガテ。でも、なぜか大きな役割を任されることも。

中心タイプ

恋愛 自分の意見を聞いてくれる人を選びそう。

将来 はなやかなあなたはキャビンアテンダントに！

友情 ズルをしない正直さで友だちの信頼を得るよ。

相性 話していてフィーリングの合う人がいいね。

性格はどっち？ 元気 ———♡————— やさしい

♡ はつか ♡

性格 猫みたいに気まぐれなところがミリョク！女の子らしいところが男子をひきつけちゃう。

こだわりタイプ

恋愛 おもしろくてにぎやかな人を好きになりそう。

将来 おしゃれなカフェやレストランを経営して！

友情 仲が良くなると相手をふりまわしてしまうかも。

相性 立ち直りの早い人。ウジウジした男子はNG。

性格はどっち？ 元気 ———♡————— やさしい

は

♡ はつき ♡

性格 しっかり者に見えるけど、甘えん坊なところもあるよ。実はかわいいものが大好きみたい。

愛されタイプ

恋愛 失恋してもすぐに立ち直り、次の恋へ！

将来 発想豊かな建築デザイナーになろう。

友情 世話好きで年下からしたわれているよ。

相性 困ったときに守ってくれる、頼りになる人。

性格はどっち？ 元気 ——♡—————— やさしい

♡ はづき ♡

性格 しっかり者に見えても、実は甘えん坊？家ではかわいいものに囲まれていやされているよ。

愛されタイプ

恋愛 料理を差し入れて喜ばれると自分もうれしい！

将来 センスを生かして建築デザイナーになろう。

友情 あなたは気になる人。話題の中心になりそう。

相性 自信家で態度が堂々としている人。

性格はどっち？ 元気 —————♡——— やさしい

みんなのおまじない ★ 黒い糸に黄色いビーズのアンクレットをつけると新しい友だちが！

171

♡ はつこ ♡

性格 あなたのまわりには自然と人が集まっちゃう。困った時には友だちが助けてくれるよ。

愛されタイプ

恋愛 あなたは好きな人を喜ばせるのが好き!

将来 人と競わず、マイペースに働く仕事がぴったり。

友情 なぜかだれからでも話しかけられちゃう。

相性 友だちの多い、人気者同士のカップルだね。

性格はどっち？ 元気 ——————♡— やさしい

♡ はつね ♡

性格 だれとでもすぐに仲良くなれる人。困ったときには味方がいっぱいであなたを助けてくれる!

中心タイプ

恋愛 好きな人をひとり占めしたくなるかも。注意!

将来 正義の味方、裁判官や弁護士になろう。

友情 困ったときに助けてくれる友だちがいっぱい!

相性 無邪気で天真爛漫な男の子がったり。

性格はどっち？ 元気 ——♡———— やさしい

♡ はつみ ♡

性格 とても純粋で友だち思い。でも少し神経質なところもあるね。ついすねちゃう時もあるよ。

愛されタイプ

恋愛 少しでも親切にされると好きになっちゃう。

将来 こまめだからツアーコンダクターに!

友情 恋愛よりも友だちを大切にするタイプだね。

相性 いっしょにいて自慢したくなるイケメンの人。

性格はどっち？ 元気 ——♡———— やさしい

♡ はつよ ♡

性格 清く正しい心を持ち、人にもまじめに接するあなた。占いやおまじないごとが大好きだね。

愛されタイプ

恋愛 告白は恥ずかしくて、待っているタイプだね。

将来 人に親切にするテーマパークのスタッフに!

友情 あなたのファッションセンスがみんなに人気!

相性 育ちが良くて、マナーの良い人がいいね。

性格はどっち？ 元気 ————♡— やさしい

♡ はな ♡

性格 おしとやかな雰囲気の人。女の子らしい手芸やお菓子作りなどが好きみたいだね。

愛されタイプ

恋愛 野性的でワイルドな男子にひかれそう!

将来 センスの良いフラワーデザイナーになろう。

友情 嫌なことも引き受けるから、信頼されているね。

相性 やせ形で、あなたよりもかなり背の高い人。

性格はどっち？ 元気 ——♡———— やさしい

♡ はなえ ♡

性格 とってもがんばりやな女の子!困った時は友だちに相談してみるとうまくいくよ。

中心タイプ

恋愛 相手をよく知ってからつき合いが始まるよ。

将来 まじめな性格は、銀行員がぴったり。

友情 ケンカをしたら自分から謝って仲直りしよう。

相性 責任感があって正直、言ったことはやる人。

性格はどっち？ 元気 —♡————— やさしい

は

みんなのおまじない　テスト用紙の上で「イアオ、イアオ」と唱えるとテストもばっちり。

♡ はなか ♡

性格 みんなをいやすことができる、ほんかかとした人。気がつくとまわりに人が集まっているよ！

愛されタイプ

恋愛 自分とちがうタイプの人を好きになりそう。

将来 個性豊かな建築デザイナーとして活躍！

友情 恋よりも友だちが大事、だから友だちが多い！

相性 困ったときに守ってくれる、頼りになる人。

性格はどっち？　元気 ├──♡──┤ やさしい

♡ はなこ ♡

性格 約束を守るから友だちから信頼されているよ。何でもコツコツと努力をしているね。

中心タイプ

恋愛 びっくり！オタクの人を好きになるかも？

将来 どんなことでも挑戦すればうまくいくよ。

友情 友だちの良いところをどんどんほめてあげて。

相性 お金持ちのお坊ちゃまタイプの人がいいね！

性格はどっち？　元気 ├─♡───┤ やさしい

♡ はなの ♡

性格 将来の目標に向かい努力しているあなた。自分がどれだけ成長したかを大事にしているね。

中心タイプ

恋愛 自分から告白できる勇気のある人だね。

将来 人を助ける消防士、救急救命士をめざすか。

友情 困った時に助けてくれそうな友だちが多いよ。

相性 年上でも、無邪気な彼がいいみたい。

性格はどっち？　元気 ├─♡───┤ やさしい

♡ はなび ♡

性格 好ききらいがはっきりしていて人にもそれを言える性格。でも、自分の味方は大切にするよ。

こだわりタイプ

恋愛 あなたの笑顔に、男子はひかれちゃうよ。

将来 演奏者など音楽関係がぴったりだよ。

友情 味方になってくれる人をとても大事にするよ。

相性 話が上手でお笑い系の楽しい人がいいね。

性格はどっち？　元気 ├──♡──┤ やさしい

は

♡ はなよ ♡

性格 流行の物よりも昔からの伝統を大切にする人。そこが個性になってミリョク的に見えるよ。

中心タイプ

恋愛 友だちと同じ人を好きになると遠慮するかも。

将来 まじめなあなたは公務員がぴったり。

友情 何事にも手を抜かないから尊敬されちゃう！

相性 何となく心配で面倒を見てあげたくなる人。

性格はどっち？　元気 ├─────♡┤ やさしい

♡ はる ♡

性格 明るくハキハキしゃべる人。強そうだけど、本当はナイーブでさみしがりなところもあるよ。

こだわりタイプ

恋愛 かがやいてるあなたは一目ぼれされちゃうかも。

将来 明るいあなたは幼稚園の先生に向いているよ。

友情 悲しんでいる友だちを元気づけてあげてね！

相性 記念日を忘れずに大切にしてくれる人。

性格はどっち？　元気 ├────♡─┤ やさしい

みんなのおまじない　彼の名前を書いた紙を彼の姿を見たときにさわると話しかけられる。

173

♡ はるあ ♡

性格 繊細で人のことを細かくチェックしちゃう。その分、人の良いところを見つけるのが得意！

こだわりタイプ

恋愛 愛されるよりも追いかける恋愛が好き。

将来 細やかな性格がスタイリストに向いているね。

友情 自分と性格がちがう友だちができそう！

相性 ありのままの自分を受け入れてくれる人。

性格はどっち？ 元気 ——♡—— やさしい

♡ はるえ ♡

性格 ちょっとがんこなあなた。でも、まわりからの信頼が厚く、気づけばグループの中心に！

中心タイプ

恋愛 まじめなあなた。とことんつくしちゃう。

将来 まじめなあなたは数字を扱う仕事が◎。

友情 正直なあなたは友だちに信頼されているね。

相性 責任感があり、正直な人がおすすめだよ。

性格はどっち？ 元気 ——♡—— やさしい

♡ はるか ♡

性格 手先が器用でどんなこともこなせるよ。性格はおとなしめで考えごとをするのが好き！

こだわりタイプ

恋愛 ドラマのような運命の出会いを待っているね。

将来 じっくりと仕事ができるジャーナリストに！

友情 思いやりがあるけど人の好きぎらいが多いかも。

相性 わがままを言っても許してくれるやさしい人。

性格はどっち？ 元気 ——♡—— やさしい

♡ はるき ♡

性格 そこにいるだけでみんなをいやす、ほんわかとした雰囲気の人。自然に人が集まるよ。

愛されタイプ

恋愛 親切にされると、すぐ好きになっちゃうよ。

将来 のんびりとマイペースに働くのがぴったり。

友情 みんなが気軽に話しかけてくれるよ。

相性 まわりに自慢したくなっちゃうイケメンの人。

性格はどっち？ 元気 ——♡—— やさしい

♡ はるこ ♡

性格 マイペースに物事を進めていくよ。コツコツと努力を重ねたら将来成功しそう。

愛されタイプ

恋愛 年上で包容力のある人にひかれちゃうかも。

将来 独創的な建物をつくる建築士をめざそう！

友情 世話好きで年下からしたわれることが多いよ。

相性 困ったときに守ってくれる、頼りになる人。

性格はどっち？ 元気 ——♡—— やさしい

♡ はるな ♡

性格 自分のこだわりが強く、それをまわりに見せるのが好き。こり性だけどあき性という反対の面も。

こだわりタイプ

恋愛 告白の前には失敗を考えず、前向きになろう。

将来 こだわる気持ちを生かして発明家に！

友情 時には意見をストレートに言うことも大切！

相性 空気を読むのが得意でまわりを気づかえる人。

性格はどっち？ 元気 ——♡—— やさしい

みんなのおまじない　両手を重ね「リーフ・エルームド」と3回となえると大人っぽさアップ！

♡ はるね ♡

性格 好きなことには夢中になるけど、興味がないとしらんぷり。色々な物を見てみよう！ 中心タイプ

 好きな人をくいくいひっぱっていくよ。
 映像作家として活躍できるかもしれないね！
 友だちから相談されることが多いかも。
 親や兄弟を大切にする家族思いでまじめな人。

♡ はるの ♡

性格 正直者だからお世辞は言うのも言われるのも嫌！感情がつい顔に出てしまうかも。 愛されタイプ

 まわりもおどろくような人を好きになるかも。
 特技を生かし小さなショップをオープンして。
 楽しくて積極的な友だちが増えそうだよ。
 やさしくてロマンチストの人がいいよ。

♡ はるひ ♡

性格 一人で悩まずに人に相談したり頼ったりするよ。人づきあいがうまく、世わたり上手だね。 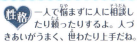愛されタイプ

 友だちがいっぱいいる人気者にひかれちゃう。
 人と接するセールスレディが向いてるね。
 聞き上手の人と良い友だちになれそう。
 人の痛みのわかるあたたかい心の持ち主。

♡ はるほ ♡

性格 気になることはとことん調べるがんばり屋。得意科目は負けたくないという根性があるよ。 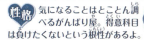愛されタイプ

 王子様のような男子に強くひかれそう！
 やさしいあなたは動物と接する仕事をめざそう。
 聞き役になってくれる人と仲良くなりそう。
あたたかい心を持っている、人の痛みがわかる人。

♡ はるま ♡

性格 絵を描いたり、歌を歌ったりすることが上手！将来は芸術の分野で活躍しちゃうかも。 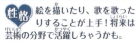こだわりタイプ

仲良くなると相手をふりまわしてしまうかも。
個性を生かしてデザイナーをめざそう。
思いやりはあるけど、好ききらいが多いかも？
わがままを言っても許してくれる我慢強い人。

♡ はるみ ♡

性格 話しやすい雰囲気で、気づけば人が集まってくるよ。困っていたらみんなが助けてくれそう。 愛されタイプ

 やさしくされるとすぐに好きになっちゃうかも。
 頼れるあなたはツアーコンダクターに！
 おおらかなあなたにみんなが話しかけるよ。
 くいくいとおしが強くて情熱的な人。

は

みんなのおまじない　鉛筆に黄色の糸を3重巻にして筆箱にいれておくと大親友ができる。

♡ はるよ ♡

性格 自分の意見をはっきり言えるあなた。でも、好きな人の言うことは素直に聞けちゃうよ。

愛されタイプ

恋愛 お坊ちゃまタイプを好きになりそう。

将来 看護師など人のためにつくす仕事が◎。

友情 断れない性格のあなたにみんなが甘えちゃう。

相性 笑顔を見ているだけでこちらも楽しくなる人。

性格はどっち？ 元気 ――― やさしい

♡ はるる ♡

性格 きらっと光るユニークなセンスを持った女の子。個性的だからとても目立つよ。

中心タイプ

恋愛 好きになったら自分から告白しちゃう！

将来 発想豊かなあなたはマスコミ関連へGO！

友情 物知りな人と友だちに！世界が広がるね。

相性 さばさばして男らしく、リードしてくれる人。

性格はどっち？ 元気 ――― やさしい

♡ はれる ♡

性格 自由な発想の持ち主！みんながおどろくような新しいものを生み出す能力を持っているよ。

中心タイプ

恋愛 好きになったら待っていることができないよ！

将来 豊かな発想を生かしてテレビ局で働こう！

友情 仲直りをした後に本当の友情が芽生えそう！

相性 浮気をしない一途でまじめな人が◎。

性格はどっち？ 元気 ――― やさしい

♡ はんな ♡

性格 とてもさわやかな人。面倒なお願いでも嫌な顔をしないで引き受ける、頼れる存在だね。

愛されタイプ

恋愛 一途な人からとことん大切にされそう。

将来 おしゃれなインテリアデザイナーをめざそう。

友情 お笑い系の楽しい友だちができそうだよ。

相性 言いにくいこともきちんと言ってくれる人。

性格はどっち？ 元気 ――― やさしい

♡ ひいな ♡

性格 どんなおどろくことがおこっても、あわてずに落ち着いているよ。心のしっかりした人だね。

中心タイプ

恋愛 相手を独り占めしたくなるよ！注意してね！

将来 作家になってじっくりと仕事に取り組もう！

友情 困った時に助けてくれる友だちがいっぱい！

相性 親や兄弟を大切にする家族思いでまじめな人。

性格はどっち？ 元気 ――― やさしい

♡ ひいろ ♡

性格 つい大きなことを言っちゃっても、まわりはあたたかく見守っているよ。夢は大きく！

愛されタイプ

恋愛 好きになったら一直線にアタックしちゃうよ！

将来 ホテルや旅館でおもてなしをしよう。

友情 友だちの意見をしっかり聞いてあげると◎。

相性 理想が高く、夢を抱き、向上心がある人。

性格はどっち？ 元気 ――― やさしい

みんなのおまじない 好きな彼のイニシャルの形のクリップを持っていると彼と話せる。

♡ ひおり ♡

性格 さっぱりした性格で、同じ年の人が幼く見えちゃうかも。将来は海外で活躍しそう。

愛されタイプ

恋愛 勉強ができる人を好きになりそう！

将来 資格をとって専門的な仕事を目指そう。

友情 困っている人を助けるやさしい性格だね。

相性 白がにあう笑顔がステキな、さわやかな人。

性格はどっち？　元気 ──♥── やさしい

♡ ひかり ♡

性格 自分に自信があるんだね。友だちの意見に耳をかたむけると、もっとうまくいくよ。

中心タイプ

恋愛 軽い人はきらい！恋はいつも真剣だね。

将来 個性を生かして歌手や演奏家をめざそう！

友情 ケンカするほど仲が良いって言うよね。

相性 人見知りをしない、友だちの多い人。

性格はどっち？　元気 ♥──── やさしい

♡ ひかる ♡

性格 サバサバした性格で、年上の人とつき合う方が楽チン！将来は海外で活躍できるかも。

愛されタイプ

恋愛 スポーツが得意な人を好きになるかも。

将来 てきぱきとした性格は飲食店の店長向上に◎。

友情 友だちに情報を提供していっしょに楽しめそう。

相性 年上でも、ちょっと強引なところがある人。

性格はどっち？　元気 ──♥── やさしい

♡ ひさ ♡

性格 目立たなくても、見えないところでがんばる人。世話好きで、とても頼りになる人だね。

こだわりタイプ

恋愛 昔からの友だちが恋人に変わるかも？

将来 縁の下の力持ち。漫画や雑誌の編集者に！

友情 グループ内の盛り上げ役になりそう！

相性 素直な気持ちをきちんと伝えてくれる人。

性格はどっち？　元気 ──♥── やさしい

♡ ひさえ ♡

性格 明るくて前向きだね。思いついたことはすぐ実行しないと気がすまないみたい。

愛されタイプ

恋愛 言葉に出してほめてくれないとおこっちゃう。

将来 活動的なスポーツインストラクターになろう！

友情 口が軽いところに注意しよう。約束も守ろうね。

相性 趣味がぴったり合い、いっしょに楽しめる人。

性格はどっち？　元気 ──♥── やさしい

♡ ひさこ ♡

性格 ルールをきちんと守るから友だちからも信頼されているね。コツコツと努力も忘れないよ。

中心タイプ

恋愛 失恋すると長く引きずってしまいそう。

将来 信頼されるブライダルプランナーになろう。

友情 しっかりしているから、頼りにされちゃうよ。

相性 口下手で不器用、だけどやさしい人がいいね。

性格はどっち？　元気 ──♥── やさしい

みんなのおまじない　青いリボンを結んだフォークで果物を食べると嫌なことを忘れられるよ。

♡ ひさな ♡

性格 なかなか決められないのは慎重だから。もっと良い選択がないかとしっかり考えているよ。

こだわりタイプ

恋愛 アタックする前に失敗を考えず前向きに！

将来 繊細なあなたは作詞家や作曲家をめざそう！

友情 友だちにも勇気を出して意見を言ってみよう。

相性 空気を読むのが得意な気づかいのできる人。

性格はどっち？ 元気 ——♡———— やさしい

♡ ひさね ♡

性格 ひかえめだけど気づくと注目されているあなた。人の意見を聞けるから人気があるね。

愛されタイプ

恋愛 野性的でワイルドな男子を好きになりそう。

将来 おしゃれなあなたはファッションモデルに！

友情 嫌なことも進んで引き受けると信頼されるよ。

相性 たくさん年が離れた落ち着いた人と相性◎。

性格はどっち？ 元気 ——♡———— やさしい

♡ ひさの ♡

性格 好きなことは夢中、興味のないものは見向きもしない？視野を広げると、いいコトあるかも？

中心タイプ

恋愛 好きな人について冷たくなるね。素直になろう。

将来 落ち着いた性格は秘書にぴったりだね。

友情 信頼されているから、相談ごとが多くなるよ。

相性 親や兄弟を大切にする家族思いでまじめな人。

性格はどっち？ 元気 ———♡——— やさしい

♡ ひさみ ♡

性格 友だち思いのあなた。時々すねたり、意地を張っちゃうことがあるみたい。

愛されタイプ

恋愛 料理を差し入れて相手が喜ぶと自分もうれしい！

将来 マイペースに働ける仕事がぴったり！

友情 決断力があり頼りになるリーダー的存在だよ。

相性 いっしょにいて自慢したくなるかっこいい人。

性格はどっち？ 元気 ——♡———— やさしい

♡ ひさよ ♡

性格 かげで努力していれば、きっと最後には認めてくれる人が現れるよ。がんばって！

中心タイプ

恋愛 恋よりも友だちが大切だって思っちゃうね。

将来 落ち着いた華道などの習いごとの先生に。

友情 何にでも手を抜かない姿が尊敬されているよ。

相性 ちょっとオクテだけど素直で純粋な人。

性格はどっち？ 元気 —♡————— やさしい

♡ ひじり ♡

性格 太陽のように明るく、落ちこんでいる人がいるとすぐに助けてあげたくなるよ。

愛されタイプ

恋愛 じっくりと聞き役になってくれる人が◎。

将来 お母さんになるかだんなさんの仕事を支えよう。

友情 人とぶつかることは嫌！やさしい性格だね。

相性 勉強が得意で、あなたにも教えてくれる人。

性格はどっち？ 元気 ——♡———— やさしい

みんなのおまじない ★ 親の写真をおいて「ラピラ」と3回唱えると親とケンカしなくなる。

♡ ひすい ♡

性格 まじめできれい好きなあなた！お部屋はいつもピカピカだね。計画を立てるのも得意。

こだわりタイプ

恋愛 恋をすると他のことが手につかなくなるかも。

将来 几帳面なあなたは評論家がぴったり。

友情 スポーツができ目立つ人を友だちに選びそう。

相性 すぐにニックネームで呼ぶ、気さくな人。

性格はどっち？　元気 ♡ やさしい

♡ ひづき ♡

性格 笑顔がたえない明るいあなた。まちがいははっきり言う厳しいところもかっこいい。

こだわりタイプ

恋愛 良いところを見つけるとすぐに好きになっちゃう。

将来 笑顔のステキなパティシエをめざそう。

友情 自分が自然体でいられる友だちを選びそう。

相性 あなたの話に興味を持ってくれる人。

性格はどっち？　元気 ♡ やさしい

♡ ひでか ♡

性格 しっかり者に見えるけど、実は甘えん坊なところもあるよ。かわいいものが大好き！

愛されタイプ

恋愛 失恋しても次の恋がすぐに見つかるよ。

将来 個性を生かして建築デザイナーになろう。

友情 世話好きだから年下から好かれちゃうかも。

相性 元気でやんちゃな人。おとなしい人はNG。

性格はどっち？　元気 ♡ やさしい

♡ ひでみ ♡

性格 まるで猫のように気まぐれなところがミリョク。女の子っぽいところが男子をひきつけるよ。

こだわりタイプ

恋愛 気持ちをうまく言えないね。素直になろう。

将来 記者になって色々な情報を発信しよう！

友情 自分をさらけ出せるような友だちを選びそう。

相性 友だちよりもあなたを優先してくれる人。

性格はどっち？　元気 ♡ やさしい

♡ ひでよ ♡

性格 その場に合わせて、自分を演じることができるよ。ちょっとつかみどころがない人かも？

こだわりタイプ

恋愛 みんながあこがれる人を好きになりそう。

将来 器用さを生かして物を作る仕事がぴったり。

友情 いつもだれかがいないと不安になっちゃう。

相性 こまめに連絡をしてくれるマメな人。

性格はどっち？　元気 ♡ やさしい

♡ ひとは ♡

性格 曲がったことがきらいでまっすぐな性格。ちょっとがんこだけどまわりから信頼されているよ。

中心タイプ

恋愛 いやされたいあなたはおだやかな人が好き。

将来 てきぱきとかっこよく外資系で働こう！

友情 グループではがんこすぎないように注意してね！

相性 おとなしい人。自分のペースにできる人。

性格はどっち？　元気 ♡ やさしい

みんなのおまじない　1円玉を持ち東の方角をむき願うとおこづかい運がアップ！

179

♡ ひとみ ♡

性格 しっかり者に見えても、実は甘えん坊なところもありそう。かわいいものがだ〜い好き！ **愛されタイプ**

恋愛 失恋してもすぐ立ち直り次の恋を見つけるよ。

将来 建築デザイナーや建築士をめざそう。

友情 とても頼りになるリーダー的存在だね。

相性 いっしょに楽しめる元気でやんちゃな人。

性格はどっち？ 元気 ——♡—— やさしい

♡ ひな ♡

性格 何事も直感で行動するタイプ。失敗しても立ち直りが早い！不思議ちゃんって言われない？ **こだわりタイプ**

恋愛 特別扱いをされると好きになってしまうかも？

将来 感性を生かして流行を発信する仕事をしよう。

友情 趣味や好きな芸能人が同じ友だちができるよ。

相性 大きな夢を語るビッグマウスで自信家の人。

性格はどっち？ 元気 —♡——— やさしい

♡ ひなこ ♡

性格 まじめで不器用に見えても、目標に向かってがんばる女の子。将来は大物になる可能性アリ。 **中心タイプ**

恋愛 相談にのってくれる人にひかれそうだよ。

将来 人気者のあなたはアイドルになれそう！

友情 だれに対しても平等で、だれからも好かれるね。

相性 ゲームをするよりも勉強や読書が好きな人。

性格はどっち？ 元気 ——♡—— やさしい

♡ ひなた ♡

性格 チャレンジ精神がいっぱいの明るい人。ワクワクすることをいつも探しているよ。 **こだわりタイプ**

恋愛 色々なタイプの人を好きになっちゃうかも。

将来 好奇心いっぱいのあなたは研究員に！

友情 サービス精神があり楽しませることが好き！

相性 いつも前向きな言葉をかけてくれる人。

性格はどっち？ 元気 ——♡—— やさしい

♡ ひなつ ♡

性格 お祭りごとが大好きなにぎやかな人！太陽のような存在で、明るくまわりを照らしているよ。 **愛されタイプ**

恋愛 スポーツが得意な人を好きになりそう！

将来 専業主婦かだんなさんの仕事を手伝うと◎。

友情 困った人を助ける世話好きさんだね！

相性 あっさりしたタイプ。口うるさい人はNG。

性格はどっち？ 元気 ——♡—— やさしい

♡ ひなの ♡

性格 人の意見は聞くけど、自分の意見も簡単にゆずれないがんこなタイプ。責任感が強いね。 **中心タイプ**

恋愛 元気いっぱいで笑顔の人に自然とひかれそう。

将来 責任感のある救急救命士をめざそう。

友情 友だちとお互いの良いところを参考にしよう。

相性 見た目じゃなく、性格を大切にしてくれる人。

性格はどっち？ 元気 ——♡—— やさしい

みんなのおまじない ☆ 手のひらに当という字を書き手を2回たたくと当選率がアップ！

♡ ひなみ ♡

性格 人の好ききらいをせずに、だれにでも平等。そんなあなたをみんなが信用しているよ。

中心タイプ

恋愛 自分だけにやさしい人をつい求めちゃう。
将来 信頼される外交官になろう！
友情 友だちの良いところをほめると友情が深まる！
相性 ゲームよりも勉強や読書が好きな人。

性格はどっち？　元気 ——————— やさしい

♡ ひばり ♡

性格 あこがれの人を目指してがんばるあなた。気づいたらみんなのあこがれの的になっているかも。

中心タイプ

恋愛 好きな人を見かけると笑顔になっちゃうね。
将来 一人でマイペースにやる仕事が向いてるよ。
友情 もっと友だちを信用して悩みを相談してみて。
相性 物を粗末にせず大切にする人と相性○。

性格はどっち？　元気 ——————— やさしい

♡ ひびき ♡

性格 純粋で友だち思い。でも気分が乗らないとすねたり、意地を張ってしまうこともあるよ。

愛されタイプ

恋愛 強引にアプローチする人を好きになりそう。
将来 世話好きなあなたはツアーコンダクターに！
友情 いつもみんなの話題の中心にいるよ。
相性 態度が堂々とした自信家のオレ様タイプ。

性格はどっち？　元気 ——————— やさしい

♡ ひまり ♡

性格 自分に厳しく手を抜くのがきらい！でもあんまりがんばりすぎて燃えつきないようにね。

中心タイプ

恋愛 好きになったらすぐに自分から告白しちゃう！
将来 努力家のあなたは歌手や演奏家はいかが？
友情 ケンカの後に本当の友情が芽生えそうだよ。
相性 大らかでミスをしてもあまり怒らなそうな人。

性格はどっち？　元気 ——————— やさしい

♡ ひまわり ♡

性格 負けずぎらいで絶対に一番になりたい人。いつもライバルへの対抗意識を燃やしているね。

中心タイプ

恋愛 好きになると絶対に手に入れたくなっちゃう。
将来 向上心が強いあなたはアナウンサーに！
友情 物知りな人と友だちになり視野を広げよう！
相性 浮気をしないであなたに一途なまじめな人。

性格はどっち？　元気 ——————— やさしい

♡ ひみこ ♡

性格 自然と周りに人が集まるよ。困ったときはみんなが協力してくれる！得な性格だね。

愛されタイプ

恋愛 まわりもおどろくような意外な人にひかれそう。
将来 センスのよい建築デザイナーをめざそう。
友情 なぜか気になる存在！話題の中心にいるよ。
相性 友だちが多くみんなから好かれている人気者。

性格はどっち？　元気 ——————— やさしい

みんなのおまじない　スカートの前後を逆にはくと好きな人と2人だけのヒミツがもてる。

♡ ひめ ♡

性格 ほんわかやさしい感じに見えるけれど言葉や行動で示していくかっこいいところもあるね。

愛されタイプ

恋愛 ちょっと悪そうな年上の彼がお似合いかも。

将来 家族が幸せにくらせる家を。建築家が◎。

友情 年下の人にしたわれるよ。お友だちが多いね。

相性 いっしょにいて自慢したくなる彼が相性ばつぐん。

性格はどっち？ 元気 ——♡—— やさしい

♡ ひめか ♡

性格 とても人なつっこくて、かわいらしいところがあり、みんなを和ませるお友だち思いの人。

愛されタイプ

恋愛 やさしい言葉にすぐ好きになっちゃうかも。

将来 かわいらしいあなたは、バスガイドがいいよ。

友情 彼よりも友だちづきあいが大切な人。

相性 みんなに自慢したくなるようなイケメン。

性格はどっち？ 元気 —♡——— やさしい

♡ ひめこ ♡

性格 喜んだり悲しんだり想像をふくらませたり、心豊かな人だね。明るい笑顔がステキだよ！

こだわりタイプ

恋愛 やさしい言葉で好きになるタイプだよ。

将来 パティシエになってお菓子のお店をもつ。

友情 ライバルと思っていた人と友だちになるかも。

相性 あなたのことを先に考えてくれる人。

性格はどっち？ 元気 —♡——— やさしい

♡ ひめな ♡

性格 うそのつけない正直者で広い心を持ってるね。普段はのんびり屋さんだね。

愛されタイプ

恋愛 あなたを思う人から大切にされるよ。

将来 美しい花に囲まれるステキな花屋になろう。

友情 お笑い系の楽しい友だちが君に似合うよ。

相性 背の高い人があなたにお似合いだよ。

性格はどっち？ 元気 ——♡—— やさしい

♡ ひめの ♡

性格 気をつかいすぎて、気持ちと言葉があわず本当のことを話せないやさしい性格の人だね。

こだわりタイプ

恋愛 言わなくても気持ちをわかってほしい！

将来 宝石のデザイナーで世界がおどろく作品を。

友情 自分にない才能を持った人と友だちになるよ。

相性 笑顔で楽しそうに話をする人がいいよ。

性格はどっち？ 元気 ——♡—— やさしい

♡ ひよこ ♡

性格 初対面では、しっかり者に見えるけど実は甘えんぼう。純粋でお友だち思いでやさしい。

愛されタイプ

恋愛 あなたの自慢の料理やお菓子を作ると◎。

将来 かわいい制服のバスガイドがいいね。

友情 友だちに頼りにされるよ。リーダー向きだね。

相性 いっしょにいてみんなに自慢したくなるイケメン。

性格はどっち？ 元気 ——♡—— やさしい

みんなのおまじない　彼の写真の裏に彼と自分のあいあいがさを描くと告白される。

♡ ひより ♡

性格 よく年上に見られる、おおらかで大胆な性格だね。太陽のような明るい人だよ。 **愛されタイプ**

恋愛 勉強、スポーツが得意な人を好きになるよ。

将来 やさしいあなたは人をもてなす仕事がいい。

友情 自分の意見よりもお友だちの意見を聞こう。

相性 勉強がとくいで君にもやさしく教えてくれる人。

性格はどっち？　元気 ——♡—— やさしい

♡ ひらり ♡

性格 ルールや常識にしばられない、自由な発想を持ってるね。アイデア豊富で自信がある。 **中心タイプ**

恋愛 好きになったら、自分から告白すると。

将来 歌が上手なあなたは、歌手になろう。

友情 物知りな友だちとなら世界が広がるよ。

相性 せっかちなのであなたに似ている人。

性格はどっち？　元気 —♡——— やさしい

♡ ひろ ♡

性格 自分の考えをしっかり持ちねばり強く、競争や勝ち負けにこだわる情熱家の女の子だね。 **中心タイプ**

恋愛 好きになったらずっと思い続けるかも。

将来 あなたが歌を歌うことでみんなが幸せ。

友情 仲の良い数人のお友だちを大切にするよ。

相性 大らかでだいたいのことなら怒らない人。

性格はどっち？　元気 ♡———— やさしい

♡ ひろえ ♡

性格 相手の気持ちのわかるやさしい人。ほんの少しのことで喜んだり悲しんだりする人だね。 **こだわりタイプ**

恋愛 熱しやすく冷めやすいたくさん恋愛している人。

将来 人気のゲームを開発してみんなをおどろかせよう。

友情 あなたと性格がちがう人とお友だちになるかも。

相性 話をしっかり聞いてくれる人がいいね。

性格はどっち？　元気 ——♡—— やさしい

♡ ひろか ♡

性格 友だちとの約束を守るため、お友だちからも人気者だね。家族や友だちを大切にする人だね。 **中心タイプ**

恋愛 自分だけにやさしくしてくれる人がいいよ。

将来 アイドルがいいよ。みんなの人気者になる。

友情 友だちのよいところをどんどんほめて認めてね。

相性 話し上手ではないけれどやさしい人。

性格はどっち？　元気 ——♡—— やさしい

♡ ひろこ ♡

性格 グループのみんなを和ませるほんわかしたあなた。お友だちが自然と周りに集まるね。 **愛されタイプ**

恋愛 失恋しても大丈夫、すぐに相手ができるよ。

将来 芸能人やアイドルでテレビに出よう。

友情 年下のお友だちにしたわれるお姉さんだね。

相性 元気でわんぱくな人で静かな人はニガテ。

性格はどっち？　元気 ——♡—— やさしい

パープルのハンカチをカバンに結んででかけると人気運アップ！

♡ ひろな ♡

性格 未来に向かってがんばる、マジメなタイプ。困った時は、みんなに助けてもらえるよ。

中心タイプ

恋愛 元気な彼氏がお似合い。告白してみれば！？

将来 たくさんの本を書く仕事で人を喜ばせて。

友情 まじめな性格のお友だちがあなたに似合うよ。

相性 熱心に勉強やスポーツをがんばるまじめな人。

性格はどっち？ 元気 ———♡——— やさしい

♡ ひろね ♡

性格 考えるより先に行動しちゃうタイプ。お友だちの意見を参考にするとうまくいくよ。

こだわりタイプ

恋愛 はずかしいなら、友だちに伝えてもらおう。

将来 すてきな歌を作ってみよう。才能があるよ。

友情 自分にないものを持ってる人がいいかも。

相性 笑顔で楽しそうに話をしてくれる人が◎。

性格はどっち？ 元気 ———♡——— やさしい

♡ ひろの ♡

性格 ピュアで思ったことがすぐ顔に出ちゃうよ。友だちの意見も受け入れる心の広い人。

愛されタイプ

恋愛 好きな人を独り占めするタイプかも。

将来 世界に羽ばたくファッションモデル。

友情 お笑いの楽しいお友だちができるかもよ。

相性 勉強やクラブ活動を熱心にがんばる人。

性格はどっち？ 元気 ———♡——— やさしい

♡ ひろは ♡

性格 かげひなたのないまっすぐな人。れいぎ正しいから年上の人から気に入られるみたい。

中心タイプ

恋愛 マジメで相手にとことんつくしちゃう。

将来 人の上に立ちがんばる大きなお店の社長に。

友情 友だちに相談したり頼ったりすることも大切。

相性 おとなしい人。心の美しい人がいいな。

性格はどっち？ 元気 ———♡——— やさしい

♡ ひろみ ♡

性格 ほんわかタイプで、みんなの気持ちを、なごませてくれるよ。しっかり者だけど甘えん坊。

愛されタイプ

恋愛 ちょい悪タイプの年上の人が似合うよ。

将来 みんながあっとおどろく家を建ててみよう。

友情 世話好きなので、年下からしたわれるよ。

相性 いっしょにいて自慢したくなるイケメン。

性格はどっち？ 元気 ———♡——— やさしい

♡ ひわ ♡

性格 良く考えてから行動する人。決めるまで時間はかかるけど失敗は少ないよ。

こだわりタイプ

恋愛 好きな人に声をかけられるようアピール。

将来 歌の詩を作ったり、曲を書いて大ヒット。

友情 まじめでウソをつかない友だちと仲がいいね。

相性 笑顔がステキな人。楽しそうに話す人がグッド。

性格はどっち？ 元気 ———♡——— やさしい

みんなのおまじない ☆ 緑のペンでラブレターを書くと両思いになれる。

♡ ふう ♡

性格 自分に厳しく曲がったことが大きらいなアナタは男子からも女子からも好かれるよ。

中心タイプ

恋愛 つくすタイプ。大人しい人が好きみたい。

将来 お金を扱う仕事で銀行員や社長が向いてる。

友情 信頼されるあなた。時には、頼ってみて。

相性 人の悲しみがわかるあたたかい心の持ち主。

性格はどっち？　元気 ──┼──┼──┼── やさしい♡

♡ ふうあ ♡

性格 とてもれいぎ正しく、正義感のある人。目だとうとしなくても目立つはなやかさがあるね。

中心タイプ

恋愛 好きになったら、反対されても好き！

将来 世界が近くなるよ、キャビンアテンダントが◎。

友情 味方になってくれるお友だちを大切に。

相性 見た目より性格がいい人が好きかも。

性格はどっち？　元気 ──┼──┼──┼── やさしい♡

♡ ふうか ♡

性格 約束をきちんと守るのでお友だちから信頼されるよ。家族、友だち思いのやさしい人だね。

中心タイプ

恋愛 年上の不良っぽい男子を好きになるかも。

将来 有名なアイドルになって人気者になろう。

友情 年下から人気があるね。みんなの中心だよ。

相性 話し上手じゃなくてもやさしい人。

性格はどっち？　元気 ──┼──┼──┼── やさしい♡

♡ ふうこ ♡

性格 喜んだり悲しんだり想像する力のある人だね。毎日コツコツとがんばるタイプの人だよ。

こだわりタイプ

恋愛 好きでもない相手のやさしさに恋心が……！？

将来 みんなが美味しいと喜ぶレストラン経営者に。

友情 ライバルと思っていた人と友だちになるよ。

相性 いやし系な人であなたのわがままを聞く人。

性格はどっち？　元気 ──┼──┼──┼── やさしい♡

♡ ふうな ♡

性格 未来に向かって、コツコツと努力するね。曲がったことが大きらいなマジメな性格だね。

中心タイプ

恋愛 好きな人ができたら告白してみよう◎。

将来 裁判官になって困っている人を助けよう。

友情 マジメで正直な人がお友だちになるよ。

相性 親や兄弟を大切にするマジメな人。

性格はどっち？　元気 ──┼──┼──┼── やさしい♡

♡ ふうね ♡

性格 活発に運動するよりも、手芸やお菓子づくりなど女の子らしいことに興味があるね。

愛されタイプ

恋愛 気さくな人が好き。好きな人をひとりじめ！

将来 美しい花に囲まれたフラワーデザイナー。

友情 みんなのいやし系。いるだけで幸せかも。

相性 やせていて背が高い人がお似合いだよ。

性格はどっち？　元気 ──┼──┼──┼── やさしい♡

みんなのおまじない　願いを込めて作ったミサンガを足首に結び、切れたら願いがかなうよ。

♡ ふうり ♡

性格 難しいことも最後まであきらめないがんばり屋さんだね。みんなのあこがれの的だよ。

こだわりタイプ

恋愛 いろんなタイプの人から告白されるかも。

将来 小中学校の先生や保育士が似合うあなた。

友情 困った人を助けると友だちがいっぱいできるよ。

相性 話を楽しそうに聞いてくれ、よく笑ってくれる人。

性格はどっち？ 元気 ――――♡―― やさしい

♡ ふきこ ♡

性格 家族やお友だちを大切にし、いつもみんなに感謝の心を忘れない、思いやりのある人だよ。

中心タイプ

恋愛 自分にだけやさしい子が好きになっちゃう。

将来 どんなことでもチャレンジすればうまくいく。

友情 ほめてほめまくる、友情が深まるよ。

相性 あなたのこと大切にしてくれる人が◎。

性格はどっち？ 元気 ―――――♡ やさしい

♡ ふくこ ♡

性格 絵や歌が上手なアーティストタイプ！マイペースだから一人でいるのが好きかも。

中心タイプ

恋愛 ドラマのようなロマンチックな恋かも。

将来 料理やお菓子作りでみんなを幸せに。

友情 自分を素直に出せる友だちがお似合いだよ。

相性 ほっとするぽっちゃり型のタイプ。

性格はどっち？ 元気 ――――♡― やさしい

♡ ふくみ ♡

性格 頭の回転が速くて、毎日コツコツと物事を進めていける人だね。少しはずかしがり屋だよ。

こだわりタイプ

恋愛 ドラマのような運命的な恋が理想かも。

将来 和菓子職人で日本の伝統を世界に伝えよう。

友情 友だちになるのは今までのライバルだった人。

相性 少しぽっちゃりしたクマさんタイプの人。

性格はどっち？ 元気 ――――♡― やさしい

♡ ふくよ ♡

性格 人の話に合わせることができ、その時のふんいきにも合わせられるとても素直な人だね。

こだわりタイプ

恋愛 長い友だちづき合いから恋愛に発展。

将来 洋服のデザイナーや販売でおしゃれに。

友情 自分に似ていない反対の人と友だちになるよ。

相性 おっちょこちょいで手がかかる男のコ。

性格はどっち？ 元気 ―――♡―― やさしい

♡ ふじえ ♡

性格 とても負けずぎらい。一度決めたら曲げないがんこな性格で表裏のないマジメな人。

中心タイプ

恋愛 マジメで好きになったらその人だけ。

将来 海外を飛び回る仕事で英語もマスター。

友情 ケンカしたら、意地を張らずあやまろう。

相性 責任感がありマジメでおとなしい人が◎。

性格はどっち？ 元気 ―――――♡ やさしい

みんなのおまじない ☆ 机に好きな人のイニシャルを書くと恋がかなうよ。

♡ ふじこ ♡

性格 きまりをきちんと守るまじめな人。友だちはもちろん、先生からも信頼されてるみたい。

中心タイプ

恋愛 どこか頼りない男の子が好きかもね。

将来 海外を飛び回る仕事でインターナショナルに。

友情 友だちをほめてあげると友情が深まるかも。

相性 ゲームをするより読書好きな静かなやさしい人。

性格はどっち？ 元気 ーーー♡ー やさしい

♡ ふたば ♡

性格 お友だちを喜ばせたり笑わせたりが大好き！人のいいところを見つけるのが得意だね。

こだわりタイプ

恋愛 自分が好きな人をその気にさせられるよ。

将来 君のステキな歌を歌手になって聞かせて。

友情 お勉強やスポーツができるお友だち◎。

相性 影のあるふんいきを持った人が好き。

性格はどっち？ 元気 ーー♡ーー やさしい

♡ ふぶき ♡

性格 想像力、物事をとらえる力はばつぐん。無理せずコツコツがんばる君は勉強熱心だね。

こだわりタイプ

恋愛 さみしがり屋だから、好きな子がいっぱいかも。

将来 お菓子職人になってみんなを幸せに。

友情 思いやりはあるが、好ききらいが激しいね。

相性 わがまま言っても許してくれる人がいいね。

性格はどっち？ 元気 ーーーー♡ やさしい

♡ ふみ ♡

性格 ほんわかした感じがかわいくて、みんなに好かれるよ。少し天然キャラかな。

愛されタイプ

恋愛 大人びたちょい悪タイプが好きかも。

将来 家をデザインして多くの人に喜ばれよう。

友情 世話好きで、年下からしたわれることが多い。

相性 友だちの多い人、みんなの人気者がいいかも。

性格はどっち？ 元気 ーー♡ーー やさしい

♡ ふみえ ♡

性格 おしゃべりが大好きで、にぎやかな人！いつもたくさんの友だちといっしょだよ。

中心タイプ

恋愛 初めておつきあいした人と大恋愛かも。

将来 人と競わないマイペースな仕事でハッピー。

友情 友だちの相談や恋の相談にのってあげてね。

相性 見た目より真面目でうそをつかない人。

性格はどっち？ 元気 ー♡ーーー やさしい

♡ ふみか ♡

性格 とても純粋で友だち思い、少し神経質できれい好き。男子からも女子からも好かれてる。

愛されタイプ

恋愛 ちょい悪タイプの男の子にミリョクを感じる。

将来 人と競わずマイペースで働く仕事がいい。

友情 物事を決める力があるよ。リーダータイプ。

相性 友だちが多くだれからも好かれる人がいいよ。

性格はどっち？ 元気 ーー♡ーー やさしい

みんなのおまじない　席替えの日に好きな人の後ろ姿に3回ウインクすると隣になれる。

♡ ふみこ ♡

性格 約束をきちんと守る友だち、家族思いの人。ねばり強く努力をおしまないまじめな性格だね。

中心タイプ

恋愛 好きな子がいたら友だちに相談してみる？

将来 人の上に立つリーダーがにあっているよ。

友情 友だちの良いところをどんどんほめてみよう。

相性 静かなやさしいタイプであなた思いの人。

性格はどっち？　元気 ――――♡― やさしい

♡ ふみな ♡

性格 うそのつけないあなた。お世辞を言われるのも言うのもきらいなまっすぐな人だよ。

愛されタイプ

恋愛 彼をだれにも取られたくない。心配しすぎ。

将来 美しくミリョク的なあなたは女優が◎。

友情 おしゃべりで盛り上がるお友だちが◎。

相性 弱音や、グチを言わず忍耐強い人が◎。

性格はどっち？　元気 ――――♡― やさしい

♡ ふみの ♡

性格 好きなことに熱中するとごはんを食べるのも忘れちゃうね。少し内気かも。

中心タイプ

恋愛 告白してみよう。好きな子に素直にね。

将来 ステキな映画を作ってみんなを感動させよう。

友情 まじめで誠実な人がお友だちになるかも。

相性 勉強やクラブ活動を熱心にする人がいいね。

性格はどっち？　元気 ―――♡―― やさしい

♡ ふみよ ♡

性格 大人しいけど、しっかりしているよ。自然とみんながついていくよ。年下から大人気。

中心タイプ

恋愛 何年も同じ人に恋するタイプかもしれないね。

将来 占い師になって幸せな方向にアドバイス。

友情 あなたは、みんなのファッションリーダー。

相性 何となく心配で面倒を見てあげたい人。

性格はどっち？　元気 ――――♡― やさしい

♡ ふゆえ ♡

性格 行動的でとってもパワフルな女の子！人づきあいが上手なので友だちも多いよ。

愛されタイプ

恋愛 同じ話題で盛り上がる似ている人がいい。

将来 動物園の飼育員はかわいい動物に会える。

友情 相談できる友だちに悩みを打ち明けよう。

相性 人の痛みが分かるあたたかな心の人。

性格はどっち？　元気 ―――♡―― やさしい

♡ ふゆか ♡

性格 自分の意見をつらぬき通す。約束をきちんと守りお友だち、家族を思うまじめなやさしい人。

中心タイプ

恋愛 しっと深いので自分だけにやさしい人が◎。

将来 結婚式を手伝う仕事であなたもハッピー。

友情 友だちをほめて上げて。友情が深まるかも。

相性 あなたを大切にしてくれる人、やさしい人。

性格はどっち？　元気 ――――♡ やさしい

みんなのおまじない　ばんそうこうのガーゼに友と書いて右手中指に巻くと友達が増えるよ。

♡ ふゆこ ♡

性格 小さなことで喜んだり、悲しんだり、想像をふくらませることができる心豊かな人だよ。

こだわりタイプ

恋愛 お笑い系でにぎやかな人がお似合いだよ。

将来 センスのいい君は、洋服のデザイナーに。

友情 人見知りのあなた。思い切って声をかけよう。

相性 ほっとした、いやし系の。がまん強い男の子。

性格はどっち？ 元気 ──┼──┼──┼──♡ やさしい

♡ ふゆね ♡

性格 マイペースでおっとりしてるね。ピンチになると意外な力を発揮するかも！？

愛されタイプ

恋愛 かざらない彼があなたを大切にするよ。

将来 お花をデザインしてみんなを喜ばせよう。

友情 おしゃべり上手な友だちと気が合うよ。

相性 言いにくいこともストレートに言える人。

性格はどっち？ 元気 ──┼──┼──┼──♡ やさしい

♡ ふゆの ♡

性格 えんりょがちで、敵を作らない心やさしいあなた。失敗してもくよくよしないね。

愛されタイプ

恋愛 あなただけを見つめてくれる人を探そう。

将来 ステキな宝石デザイナーになり有名に。

友情 自分にない才能を持った人が友だちかも。

相性 笑顔で楽しそうに話をする人がいいかも。

性格はどっち？ 元気 ──┼──┼──┼──♡ やさしい

♡ ふゆみ ♡

性格 絵を描いたり歌を歌ったりすることが上手だね。コツコツと勉強する君は先生からも好かれるよ。

こだわりタイプ

恋愛 やさしく気配り上手な人が好きかも。

将来 国を動かす若手政治家になって世を変えよう。

友情 人見知りが激しく好ききらいが多い人だね。

相性 友だちよりもあなたを大切にする人。

性格はどっち？ 元気 ──┼──┼──┼──♡ やさしい

♡ ふわ ♡

性格 やさしくて思いやりがあって人の心がわかるから、素直な気持ちをなかなか言えないかも。

こだわりタイプ

恋愛 言わなくても気持ちをわかってくれる人。

将来 カフェやレストランの店長でお店を持とう。

友情 自分にない才能を持った人と友だちになるよ。

相性 にこにこで楽しそうに話をする人。

性格はどっち？ 元気 ──┼──┼──┼──♡ やさしい

♡ ふわり ♡

性格 思い切った行動でまわりをドキドキ、ハラハラさせるよ。なぜかにくめないね。

愛されタイプ

恋愛 ひとめぼれで好きになったらアタック。

将来 アナウンサーで朝のニュースの司会者。

友情 困った人を助けよう。人のためにがんばってね。

相性 理想が高くて、夢を持ち、くよくよしない人。

性格はどっち？ 元気 ──┼──┼──┼──♡ やさしい

みんなのおまじない　好きな人に向かって「パンダ」と繰り返し唱えると隣の席になれる。

189

♡ べに ♡

性格 うそのつけないまじめな君、ふわっとしていておしとやか。お菓子作りがラッキー。

 愛されタイプ

 恋愛 ワイルドな男の子を好きになっちゃうかも。

 将来 フラワーデザイナーは、花に囲まれて幸せ。

 友情 マイペースな人よりお笑い系の友だちがいい。

 相性 やせ型であなたより背が高い男の子が◎。

 性格はどっち？ 元気 —— やさしい

♡ べにか ♡

性格 かわいいものが大好きな女の子！キャラものに弱いよ。ちょっと天然かも？

 愛されタイプ

 恋愛 甘えたがりなあなただから年上がいいよ。

 将来 家をデザインしたり建てる仕事でハッピー。

 友情 いつもあなたをみんなが注目してる。

相性 困ったとき頼りになる、友だちの多い人。

 性格はどっち？ 元気 —— やさしい

♡ べにこ ♡

性格 頭が良くて集中力もあるので成績はトップクラスかな？先生に期待されてるみたい。

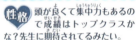 こだわりタイプ

 恋愛 気まぐれなあなたは彼をふりまわすかも。

 将来 小説家、作家になって賞をめざそう。

 友情 気をつかわず自然でいられるお友だちが◎。

 相性 ほっとするぽっちゃり型のタイプがいいかも。

 性格はどっち？ 元気 —— やさしい

♡ ほうか ♡

性格 みんなを和ませ、ほんわかした感じを与える人。しっかりものに見えるけど実は甘えん坊。

 愛されタイプ

 恋愛 大人ぴたちょい悪タイプが好きかも。

 将来 旅行に関する仕事で多くの人を楽しい旅に。

 友情 世話好きなので年下からしたわれるね。

 相性 イケメンでみんなに愛される人気もの。

 性格はどっち？ 元気 —— やさしい

♡ ほしか ♡

性格 みんなが嫌がる係も進んで引き受けるまじめな人。守ってあげたくなるタイプだよ。

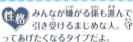 中心タイプ

 恋愛 世話好きなので、やんちゃな子がいいよ。

 将来 地震にびくともしない家を建てて喜ばれよう。

 友情 友だちの良いところをどんどんほめて認めてね。

 相性 話上手ではないけれどやさしい人がいいね。

 性格はどっち？ 元気 —— やさしい

♡ ほしこ ♡

性格 そこにいるだけで空気がなごむ、いやし系女子。人なつっこくてかわいいんだよね。

 愛されタイプ

 恋愛 甘えたがりのあなたは、年上の男の子。

 将来 地震に耐えられる頑丈な家をつくる設計するよ。

 友情 恋愛よりも友だちを選ぼう。良いことがあるよ。

相性 自信家で堂々とした態度で目立つ人。

 性格はどっち？ 元気 —— やさしい

ハートのシールに好きな人の名前を書いてノートに貼ると両思い。

♡ ほしな ♡

性格 先のことを考えて計画的に毎日を過ごせる人。テスト前にあわてたりしないよ。

中心タイプ

恋愛 元気な彼氏がいいよ。夢中になるかも。

将来 正義感のあるあなたは、裁判官が似合うよ。

友情 まじめで正直な人が友だちならラッキー。

相性 やさしく愛を語るロマンチストな男の子が♡。

性格はどっち？ 元気 ――♡―― やさしい

♡ ほしの ♡

性格 困ったときには、いつも以上の力をはっき！追い詰められると力を出すことができる人だね。

愛されタイプ

恋愛 あなたと彼は両思いかも。お互い大好き。

将来 ファッションモデルをして有名になろう。

友情 お笑い系のお友だちと楽しい毎日だよ。

相性 勉強やクラブ活動をがんばってやる人。

性格はどっち？ 元気 ――♡―― やさしい

♡ ほずみ ♡

性格 お友だちとの待ち合わせには5分前に着いていたいタイプ。とてもしっかりした子だよ。

愛されタイプ

恋愛 悩みを真剣に聞いてくれる人がラッキー。

将来 アイドルになって有名人になれるかも。

友情 友だちのいいところをほめてあげてね。

相性 お坊ちゃんタイプで、やさしい人が♡。

性格はどっち？ 元気 ――♡―― やさしい

♡ ほたる ♡

性格 サバサバしていて同い年の人よりも上の学年に見えるアネゴ肌。太陽のように明るい人。

愛されタイプ

恋愛 勉強、スポーツができる人がいいよ。

将来 アナウンサーで人気NO.1になってひっぱりだこ。

友情 友だちの意見をしっかり聞くと好かれるよ。

相性 年上でちょっと強引なところのある人。

性格はどっち？ 元気 ――♡―― やさしい

♡ ぼたん ♡

性格 一度決めたら曲げない、がんこな性格。れいぎ正しいからお友だちから人気があるね。

中心タイプ

恋愛 相手のことをよく知ってからつきあう人。

将来 スポーツ選手でオリンピックに行けるかも。

友情 友だちに頼ったりするのもときには大切だよ。

相性 まじめではずかしがり屋の人がいいよ。

性格はどっち？ 元気 ――♡―― やさしい

♡ ほな ♡

性格 好きなことには休憩もせずにひたすら夢中になって取り組むよ。目立つことはニガテみたい……。

中心タイプ

恋愛 自分から告白、アタックしてみるといいよ。

将来 罪のない人を弁護する正義感のある人に。

友情 お友だちと良いところをわかりあってね。

相性 自分の家族を大切にするまじめな人。

性格はどっち？ 元気 ――♡―― やさしい

みんなのおまじない ★ 花占いで最後の一枚が好きだったら両思いになれる。

♡ ほなみ ♡

性格 友だちや家族を大切にする思いやりがあるよ。少しあわてんぼうなところがあるかも？ 〔中心タイプ〕

恋愛 初めてつきあった人と大恋愛しちゃうかも。

将来 女の子らしいあなたは結婚式を手伝う仕事。

友情 ほめてあげよう。頼りにされたら親切に。

相性 お金持ちのお坊ちゃんタイプでやさしい男の子。

性格はどっち？ 元気 ーーー♥ーーー やさしい

♡ ほの ♡

性格 好奇心おうせい。いろんなことに興味を持つと、おもしろい発見があるかも!?ユーモアもあるね。 〔こだわりタイプ〕

恋愛 あなたの気持ちを受け止めてくれる人。

将来 発明してみんなをあっとおどろかせよう。

友情 好きな芸能人やアイドルが同じあの子が◎。

相性 みんなの気持ちが分かる気づかいの人。

性格はどっち？ 元気 ーー♥ーーーー やさしい

♡ ほのか ♡

性格 心豊かなあなた。まじめにコツコツ努力できるね。集中力もあって勉強もできるタイプ。 〔こだわりタイプ〕

恋愛 ドラマのようなロマンチックな恋かも。

将来 料理で三ツ星レストランのシェフかも。

友情 ライバルと思っていてもお友だちになるね。

相性 ぽっちゃり型でやさしい人。

性格はどっち？ 元気 ーーー♥ーーー やさしい

♡ ほのみ ♡

性格 やさしい雰囲気で話しかけやすい女の子。だれともうまくやっていけるよ。 〔愛されタイプ〕

恋愛 大人びたちょい悪タイプが好きかも。

将来 災害にたえる家を建てて、人に喜ばれよう。

友情 世話好き、年下からしたわれることが多いね。

相性 イケメンでみんなに好かれる人気者。

性格はどっち？ 元気 ーーーーー♥ やさしい

♡ ほのり ♡

性格 とてもサバサバして、大人っぽく見えるよ。年上の人とお話するのがラッキーポイントだね。 〔愛されタイプ〕

恋愛 一目ぼれタイプ。思いきって告白してみよう。

将来 人気アニメの声優になってスターになるよ。

友情 お友だちの意見をしっかり聞いてあげてね。

相性 頭の回転が速くユーモアのある人が◎。

性格はどっち？ 元気 ーーー♥ーー やさしい

♡ ほまれ ♡

性格 明るくて元気いっぱい、おひさまみたいな女の子！一緒にいるだけで元気になれそうだよ。 〔愛されタイプ〕

恋愛 話し好きのあなた、聞いてくれる人が◎。

将来 声優を目指してみると成功しそう！

友情 自分の楽しいことやうれしいこと教えてあげて。

相性 頭の回転が速く、みんなのリーダー的存在の彼。

性格はどっち？ 元気 ーー♥ーーーー やさしい

みんなのおまじない ピカピカの5円玉をくつ下に入れタンスに入れるとお小遣いアップ！

ま行の女の子

負けず嫌いタイプ

とにかく一番が好きで負けず嫌い。しっかり者に見られるけど、じつは家ではとっても甘えん坊さんなんだよ。

芯があるタイプ

自分の意見を持っていて、わが道を行くタイプ。がんこで芯が強い。笑顔やしくさが自然にかわいいのがいいところ。

アイドルタイプ

目立ちたがりではなやかだからアイドル的な存在。いろんなことを空想するのが好き。気持ちを表現するのが上手だね。

♡ まあ ♡

性格 人の目なんて気にしない、自由で行動的な女の子。まわりの力を借りるのがとてもうまいよ。

`負けず嫌いタイプ`

- **恋愛** 美形の王子様、クラスのアイドルが好き。
- **将来** 運動神経がよいあなたは、ダンサーがいいよ。
- **友情** 口が軽いので、秘密はしゃべらないように。
- **相性** 趣味や音楽の話がピッタリ合う人がいいよ。

性格はどっち? 元気 ――――♥―― やさしい

♡ まあき ♡

性格 少しずつ確実に目標に向かって進んでいける人。見られてなくてもサボらないのがえらい!

`アイドルタイプ`

- **恋愛** 特別な人が好き。夢や空想で恋する人。
- **将来** デザイナーとして素敵な服を作り有名に。
- **友情** 人見知りだけどすぐ友だちになれるよ。
- **相性** わがままなあなたに我慢強い人が◎。

性格はどっち? 元気 ―♥―――― やさしい

♡ まあこ ♡

性格 だれとでも仲よしになれるね。ちょっぴりあわてんぼうだから忘れ物が多いかな。

`芯があるタイプ`

- **恋愛** 初めて好きになった人と長くつきあうよ。
- **将来** 結婚のお手伝いをするお仕事がいいよ。
- **友情** 友だちの良いところをどんどんほめよう。
- **相性** 話し上手ではなくてもやさしい人。

性格はどっち? 元気 ―――――♥ やさしい

♡ まあさ ♡

性格 おだやかな性格でケンカがニガテ。困っている人をほっておけないやさしい人。

`負けず嫌いタイプ`

- **恋愛** やっぱりイケメンや育ちのいい人が好き。
- **将来** 絵本作家で子供に夢をいっぱい与えよう。
- **友情** あなたは、みんなのファッションリーダー。
- **相性** 笑顔がかわいく楽しい気分になる人。

性格はどっち? 元気 ――――♥― やさしい

♡ まあしゃ ♡

性格 友だちに何かたのまれると断れないお人よしさん!友だち思いはクラス1みたい。

`負けず嫌いタイプ`

- **恋愛** イケメン好き、友情から恋に発展かも。
- **将来** 美容師で人気の店を持ちモテモテかも。
- **友情** 断れない性格なので、みんなが甘えるよ。
- **相性** 笑顔がかわいく、楽しそうに話す人がいいかも。

性格はどっち? 元気 ―――♥―― やさしい

♡ まあず ♡

性格 すみっこの席がお気に入りのおとなしい女の子。小さな子のお世話がとても上手だよ。

`アイドルタイプ`

- **恋愛** ライバルの多い人を好きになるよ。がんばれ。
- **将来** 塾の先生でたくさんの子供に好かれるかも。
- **友情** 友だちの良いところをいっぱい教えてあげてね。
- **相性** 素直な気持ちを伝えてくる人がいいよ。

性格はどっち? 元気 ―――――♥ やさしい

みんなのおまじない ★ 好きな人の電話番号を電話の下に入れているとかかってくるよ。

♡ まあち ♡

性格 明るく元気なイメージだけど、意外とさみしがり屋。クラスのファッションリーダー！ 〈アイドルタイプ〉

- **恋愛** モテモテだね。いろんな人に告白されるよ。
- **将来** 教えることに向いてるあなたは、学校の先生。
- **友情** 悲しい顔した友だちがいたらなぐさめてあげて。
- **相性** いつも前向きな言葉をかけてくれる人が◎。

性格はどっち？ 元気——♥———やさしい

♡ まあな ♡

性格 活発に運動するよりも、女の子らしいお菓子作り、お料理や手芸が好きだね。 〈負けず嫌いタイプ〉

- **恋愛** 好きでもなかった人が告白してくるよ。
- **将来** 映画を製作してアカデミー賞を取ろう。
- **友情** 信頼抜群でだれからも、頼られちゃうかも。
- **相性** 決断力があり、たのもしい彼が似合うよ。

性格はどっち？ 元気——♥———やさしい

♡ まあや ♡

性格 とってもまじめでピュアな心の持ち主！登校前の運勢チェックが欠かせない占い大好き女子。 〈負けず嫌いタイプ〉

- **恋愛** お坊ちゃんタイプでやさしい男の子◎。
- **将来** バスガイドで旅行客に笑顔をハッピー。
- **友情** 自分とお勉強の成績が似ている人が。
- **相性** 笑い顔がかわいらしくて楽しい感じの人。

性格はどっち？ 元気———♥——やさしい

♡ まい ♡

性格 相手の気持ちがよくわかるアナタ。ユーモアがあって明るいので人気者だよ。 〈アイドルタイプ〉

- **恋愛** 熱しやすく冷めやすい恋多き人みたい。
- **将来** 人を美しくできるヘアメイクで人を変身。
- **友情** 味方になってくれる友だちをとことん大切にね。
- **相性** ミステリアスな雰囲気のある人がいい。

性格はどっち？ 元気——♥———やさしい

♡ まいか ♡

性格 本や映画で泣いたり笑ったり、少しのことでドキドキ。心の中がトキメキでいっぱいだね。 〈アイドルタイプ〉

- **恋愛** ドラマのようなロマンチックな恋をしそう。
- **将来** 和菓子やケーキを作り人を幸せにする。
- **友情** ライバルだと思っていた人が友だちになるよ。
- **相性** 少しぽっちゃり型の彼がお似合いかも。

性格はどっち？ 元気——♥———やさしい

♡ まいこ ♡

性格 ゆっくりだけど、少しずつ夢に向かっていける強さを持ったアナタ。とても思いやりのある子だよ。 〈芯があるタイプ〉

- **恋愛** 真剣にその人が好きでたまらない情熱家。
- **将来** 結婚式をお手伝い、幸せがまいこむかも。
- **友情** だれとでも友だちになれるね。うらやましいね。
- **相性** 上品な感じでやさしくて約束を守る人。

性格はどっち？ 元気——♥———やさしい

みんなのおまじない ☆ トランプのハートのAに好きな人の名前を書いて持ち歩くと両思い。

♡ まいさ ♡

性格 友だちの意見を聞いてあげられるね。だれかのためにいつも何かしてあげようと思う人。

 みんなのあこがれの人を好きになるよ。

 手先が器用だから、エステやメイクのお仕事。

 自分とは正反対のお友だちが合うかも。

 素直で自慢話をしない、裏表がない男の子。

♡ まいと ♡

性格 つねに100点を目指し、なっとくできるまでがんばるよ。がんばり過ぎに注意！

 「あなたが好き」って、伝えてみよう◎。

アイデアを生かしてネットでお金もうけ。

 特定の友だちと家族のようなつきあい。

 浮気をしない一途な男の子がいいね。

♡ まいな ♡

性格 気をつかい、敵を作らないやさしいあなた。お友だちを結びつけるみんなのキューピット。

 あなたを特別扱いしてくれる男の子が◎。

 歌を作りヒットソングになって売れるよ。

 自分にないところがある人がいかもも。

 笑顔で楽しそうに話をする人が◎。

♡ まいね ♡

性格 友だちの話をきちんと聞ける聞き上手さん。おとなしいけどみんなに信頼されてるよ。

 好きな人を独り占めにするタイプみたい。

 ファッションモデルになって世界に羽ばたこう。

 お笑い系の楽しい友だちが君に似合うよ。

 やさしく愛を語ってくれるロマンチスト。

♡ まいは ♡

性格 得意のギャグでみんなを笑わせるクラスの人気者！ホントはだれよりやさしいよ。

 好きな人が多いあなた、モテモテだよ。

 インターネットに関するお仕事でときの人。

 勉強やスポーツのできる子と友だちになるよ。

 あなたの話をしっかり聞いてくれる人。

♡ まいみ ♡

性格 難しいことも最後まであきらめずやりとげるよ。チームワークがちょっぴりニガテ。

 何をしても頼りなく何とかしてあげたい人。

どんな仕事もチャレンジすればうまくいく。

 しっかり者なのでみんなが頼ってくるね。

あなたのアドバイスを実行してくれる人。

影を踏まないで登校できたらその日はいいことがある。

♡ まう ♡

性格 人の悪しい顔を見るとなくさめてあげるやさしい人だね。人を笑わせたりするのが好き。

アイドルタイプ

恋愛 好きな人を追いかける恋愛が好きみたい。

将来 あなたの好きなことが仕事にむくので大丈夫。

友情 勉強やスポーツができるお友だちが似合うよ。

相性 話をしっかり聞いてくれる人なつっこい男の子。

性格はどっち？ 元気 ──♡── やさしい

♡ まお ♡

性格 友だちに頼ったり甘えたりしてみると、きっとみんな助けてくれるよ。信頼されてるからだよ。

芯があるタイプ

恋愛 自分と同じタイプの人があってるね。

将来 会社の社長になってみんなの上に立とう。

友情 悩みごとをどんどんお友だちに相談しよう。

相性 話していても気が合う人がお似合い。

性格はどっち？ 元気 ───♡ やさしい

♡ まおか ♡

性格 ちょっぴりあわてんぼうな女の子！先生や先ぱいにかわいがられてトクするタイプかも。

芯があるタイプ

恋愛 自分だけにやさしい男の子が好きかも。

将来 結婚式のお仕事をすると幸せかも。

友情 友だちの良いところをどんどんほめよう。

相性 あなたの言うことを素直に聞く人がいい。

性格はどっち？ 元気 ──♡── やさしい

♡ まおみ ♡

性格 お友だちとの約束もしっかり守り思いやりがあり、頼みごとも聞いてあげるやさしい人だね。

芯があるタイプ

恋愛 やさしい言葉にすぐ好きになるよ。

将来 アイドルになってテレビの人気者になろう。

友情 友だちの良いところをどんどんほめよう。

相性 話し上手ではないけれどやさしい人。

性格はどっち？ 元気 ───♡ やさしい

♡ まおり ♡

性格 考えをきちんと持っていて、粘り強く、ピンチをチャンスに変えることができる性格だね。

芯があるタイプ

恋愛 好きな人ができたらとことんつくす人。

将来 平和な世の中を目指すかっこいい警察官。

友情 友だちと家族みたいなつきあいをするかも。

相性 大らかでミスがあっても怒らない人。

性格はどっち？ 元気 ─♡─── やさしい

♡ まか ♡

性格 まわりをあまり気にしないマイペースだね。のんびりしてるけど意外にピンチに強いよ。

負けず嫌いタイプ

恋愛 自分とはちがうちょいわるタイプの男の子◎。

将来 電車、バスの運転手、女の人も活躍だよ。

友情 いつもみんなの話題の的、アイドルだね。

相性 困ったときは、守ってくれるやさしい人。

性格はどっち？ 元気 ──♡── やさしい

ま

みんなのおまじない　教室に右足から入ると好きな人に近づけるよ。

197

♡ まき ♡

性格 頭の回転が速くって、人のことで喜んだり悲しんだりするんだよね。笑顔がステキ。

アイドルタイプ

恋愛 やさしい言葉をかけてくれる人が運命の人かも。

将来 センスのいいあなたは、洋服のデザイナー。

友情 ライバルと思う人と友だちになるよ、楽しみ。

相性 ほっとする和ませてくれるやさしい男の子が◎。

性格はどっち？ 元気 ♡ やさしい

♡ まきあ ♡

性格 友だちの気持ちが伝わって一緒に泣いたりすることもあるね。寄りそってはげますよ。

アイドルタイプ

恋愛 あなたの笑顔に好きになる子が多いかも。

将来 好きなことをお仕事にして楽しく働こう。

友情 性格がちがう勉強ができる友だち◎。

相性 おしゃべりが上手で目立つ人。楽しい人。

性格はどっち？ 元気 ♡ やさしい

♡ まきえ ♡

性格 怖いもの知らずで明るくて目立つのが大好き。にぎやかでお友だちがたくさんいるよ。

負けず嫌いタイプ

恋愛 ほめてくれたり楽しいことが同じ◎。

将来 動物と触れ合う仕事でいやされるよ。

友情 いっしょにいて楽しい人と思われているよ。

相性 あたたかな性格で感謝の心を持つ人。

性格はどっち？ 元気 ♡ やさしい

♡ まきこ ♡

性格 友だちとの約束もちゃんと守るよ。思いやりがあって、友だちにもやさしいね。

芯があるタイプ

恋愛 自分だけにやさしい人が好きだよね。

将来 世の中を変える政治家になってみんなのために。

友情 しっかりしているあなたは、頼りにされるよ。

相性 口下手な人だけどやさしい人がいいよ。

性格はどっち？ 元気 ♡ やさしい

♡ まきな ♡

性格 やさしくておっとりしてるよ。まわりに気をつかって、思っていることが言えない場面も。

アイドルタイプ

恋愛 言わなくても気持ちをわかってくれる人。

将来 発明家になって世界のみんなの役に立つ人。

友情 自分にない才能を持った人と友だちになるよ。

相性 明るい性格で楽しそうに話をする人よ。

性格はどっち？ 元気 ♡ やさしい

♡ まきの ♡

性格 だれとでもすぐ仲よくなれる素直な人です。困ったときには、みんなが助けてくれるよ。

芯があるタイプ

恋愛 彼ができるとわがままにふりまわすかも！？

将来 本を書きベストセラー。人気作家。

友情 困ったとき助けてくれる友だちがいっぱい。

相性 あなたの心のやさしさがわかる人◎。

性格はどっち？ 元気 ♡ やさしい

「パンダ」を3回唱えてから左手でくじを引くと当たる確率アップ！

♡ まきほ ♡

性格 一度決めたら一直線！ちょっぴりガンコだけど女の子にも男の子にも好かれる人気もの。 〈芯があるタイプ〉

恋愛 相手につくす君はおとなしい人がいいよ。

将来 お金を扱う仕事で、社長になって有名に。

友情 けんかしたら素直にあやまり仲直りしよう。

相性 人に言ったことは、きちんと行う正直な男の子。

性格はどっち？ 元気 ──♥── やさしい

♡ まこ ♡

性格 だれにでも同じように接するから友だちに好かれるよ。自分の考えを最後まで守るよ。 〈芯があるタイプ〉

恋愛 彼のために何でもしてあげたいと思うよ。

将来 芸能人になってテレビにたくさん出よう。

友情 しっかりもの。友だちもたくさんできるよ。

相性 ゲームをするより静かに読書する人。

性格はどっち？ 元気 ──────♥ やさしい

♡ まこと ♡

性格 さみしがり屋だけど友だちの前では明るいよ。ちょっと傷つきやすいところがあるね。 〈アイドルタイプ〉

恋愛 いろんなタイプの人から告白されるかも。

将来 マスコミの関連の仕事でアイドルにあえるかも。

友情 友だちを増やすのが得意。友だち思いだね。

相性 言葉や行動がハキハキした人がグッド。

性格はどっち？ 元気 ────♥── やさしい

♡ まさえ ♡

性格 一度決めた考えは変えないよ。友だちの意見を聞かないところもあるけど、まじめだよ。 〈芯があるタイプ〉

恋愛 まじめで相手につくすタイプだね。

将来 数字を扱う仕事が得意なので銀行員に。

友情 口のかたいあなた。ときには友だちに頼れば。

相性 うそをつかない正直者の人が似合うよ。

性格はどっち？ 元気 ────♥── やさしい

♡ まさき ♡

性格 先生や年上の人から色々なことを教えてもらって成長していくよ。大らかな心の持ち主。 〈アイドルタイプ〉

恋愛 相手の小さな気配りで好きになるタイプ。

将来 世の中の事件や出来事をみんなに伝えよう。

友情 ライバルだと思っていた人が友だちになるよ。

相性 やせ型よりも少しぽっちゃりが似合うよ。

性格はどっち？ 元気 ────♥── やさしい

♡ まさこ ♡

性格 まわりを自然と笑顔にするね。不思議ちゃんなところが可愛くて、お友だちが多いよ。 〈芯があるタイプ〉

恋愛 何かに夢中の男の子を好きになるかも。

将来 芸能人、アイドルになれるよ。がんばってね。

友情 お友だちからの信頼があるね。人気者だね。

相性 ゲームをして遊ぶより勉強や読書が好き。

性格はどっち？ 元気 ──────♥ やさしい

みんなのおまじない ☆ 人に3回親切にすると自分の願いもかなうみたい。

♡ まさの ♡

性格 だれとでもすぐに仲良しになれちゃうよ。まわりに友だちがたくさん集まってくるよ。

芯があるタイプ

恋愛 自分から告白してみたらいい結果がでるかも。

将来 かっこいい秘書や受付に向いてるよ。

友情 まじめで誠実な人が友だちになれるみたい。

相性 勉強やクラブに一生けんめいな人と合うよ。

性格はどっち？ 元気 ─────♡── やさしい

♡ まさみ ♡

性格 とても頭がよくて集中して勉強できちゃうから成績もいいよ。いつも笑顔で明るいね。

アイドルタイプ

恋愛 おもしろくてにぎやかな人を好きになりそう。

将来 センスが光るデザイナーを目指してみては。

友情 自然体でいられる友だちを選んでいくよ。

相性 ホッとするいやし系の人とよく合います。

性格はどっち？ 元気 ──♡─────── やさしい

♡ まさよ ♡

性格 友だちよりも家族のことを一番に考えてるね。自分の意見は、ちゃんと伝えるよ。

芯があるタイプ

恋愛 恋人の前では甘えん坊になっちゃうよ。

将来 自分の心をうつすステキなカメラマンになって。

友情 裏表がないから、けっして人を裏切らないね。

相性 一途に愛してくれる独占欲の強い人と合うよ。

性格はどっち？ 元気 ──────♡── やさしい

♡ まじゅ ♡

性格 友だちの意見に合わせることが得意。とてもノリがよくてその場の雰囲気に合わせるよ。

アイドルタイプ

恋愛 いつもロマンチックな出逢いを求めてるよ。

将来 人の話を聞けるカウンセラーに向いてるよ。

友情 友だちの良いところを見つけるのが上手だよ。

相性 うるさい人がニガテで物静かな人と合うよ。

性格はどっち？ 元気 ─────♡── やさしい

♡ ましろ ♡

性格 しっかり者で、簡単にあきらめないよね。じっくり向かいあうからピンチにも強いよ。

芯があるタイプ

恋愛 相手から連絡がないとすぐ不安になるかも。

将来 テレビなどの情報を発信する仕事にむいてる。

友情 もっと友だちに悩みを打ち明けてみるといいよ。

相性 さばさばして男らしく、リードしてくれる人。

性格はどっち？ 元気 ──♡───── やさしい

♡ ますみ ♡

性格 人見知りしないでだれにでも話しかけちゃうね。まわりを自然に笑顔にしちゃう人気者！

負けず嫌いタイプ

恋愛 ちょっと不良タイプに恋しちゃうかも。

将来 素敵な旅行のツアーコンダクターに。

友情 やさしそうなので、話しかけられやすいね。

相性 自慢したくなるイケメンが好きになるよ。

性格はどっち？ 元気 ♡──────── やさしい

思いきっておでこをだすとライバルにかてるんだって。

♡ まちこ ♡

性格 うっかりすることが多いあわてんぼうさんみたい。とくに先生や年上の人から好かれるよ。

芯があるタイプ

恋愛 オタクの人を好きになっちゃうかも。

将来 やりたいことにチャレンジすればうまくいくよ。

友情 友だちの良いところをほめて仲良くなれるよ。

相性 お金持ちのお坊ちゃまタイプと合うよ。

性格はどっち？　元気 ―♥―｜―｜― やさしい

♡ まつり ♡

性格 太陽のように笑う明るい人。落ち込んでいる友だちを見つけると、助けたくなるね。

負けず嫌いタイプ

恋愛 本気になれる人がなかなか現れないかも。

将来 声優になって声でみんなに元気を届けよう。

友情 友だちの意見を聞いてあげると好かれるよ。

相性 年上で、強引なところがある人と相性◎。

性格はどっち？　元気 ―｜―♥―｜― やさしい

♡ まどか ♡

性格 色々な友だちと仲良くなれるよ。相手によって態度を変えないからリーダーに向いてるね。

芯があるタイプ

恋愛 いつも真剣だから失恋すると引きずりそう。

将来 何でもやりとげるあなたは外交官に向いてる。

友情 友だちを認めてあげることで友情が深まります。

相性 口下手で不器用だけどやさしい人と合うよ。

性格はどっち？　元気 ―｜―｜―♥― やさしい

♡ まな ♡

性格 うそがつけない正直な人だよ。お世辞を言ったり、言われたりするのはちょっとニガテ。

負けず嫌いタイプ

恋愛 一途な人からとことん大切にされそうです。

将来 特技を仕事にして小さな店を開いては。

友情 あなたがいないとみんなさみしがるよ。

相性 弱音やグチを吐かない前向きで我慢強い人。

性格はどっち？　元気 ―｜―｜―♥― やさしい

♡ まなえ ♡

性格 とても負けずぎらいでがんばりや。甘えたり頼ったりできなくてつかれちゃうことも。

芯があるタイプ

恋愛 まじめで一途なので相手につくしちゃいそう。

将来 将来は大物になりそう。社長に向いてる。

友情 ひとりで悩みを抱えずに、相談しよう。

相性 行動と気持ちが同じ、うそのない正直な人。

性格はどっち？　元気 ―｜―♥―｜― やさしい

♡ まなか ♡

性格 はじめはしっかりしてると思われるかも？本当はあまえん坊でかわいいものが大好きだよ。

負けず嫌いタイプ

恋愛 大人びた彼をすきになっちゃいそう。

将来 人と競わずにマイペースに働くといいことが。

友情 恋愛よりも友だちがたくさんできるでしょう。

相性 友だちの多い人。みんなから愛されている人気者。

性格はどっち？　元気 ―｜―♥―｜― やさしい

みんなのおまじない　★　金曜は、ピンク色のリボンをつけて出かけると幸運が！

♡ まなこ ♡

性格 興味のあること、好きなことは追求しちゃうタイプ。自分の意見を通すがんこもの。

芯があるタイプ

恋愛 初めてつきあった人と結婚しちゃうかも。

将来 芸能人やアイドルになれるかもしれないよ。

友情 だれにでも平等にできるからだれからも好かれる。

相性 あなたを立ててくれる人と合いそうだよ。

性格はどっち？ 元気 ——— やさしい

♡ まなつ ♡

性格 どこか大人びた雰囲気を持っているあなた。最新の流行に敏感な、おしゃれさん。

アイドルタイプ

恋愛 好きじゃない人から好きと言われそうだよ。

将来 追求するあなたはエンジニアに向いてるよ。

友情 人と人を結びつけてどんどん友だちができるよ。

相性 話を楽しそうに聞いてくれる人がピッタリ。

性格はどっち？ 元気 ——— やさしい

♡ まなは ♡

性格 わからないことはどんどん調べて自分のものにしていくよ。物知り博士だね。

負けず嫌いタイプ

恋愛 友だちよりも恋愛を優先しちゃうタイプ。

将来 かっこいいダンサーになってみては。

友情 友だちの秘密をもらしてしまいそう。

相性 趣味や音楽などの話がぴったり合う人。

性格はどっち？ 元気 ——— やさしい

♡ まなほ ♡

性格 自分の意見を大切にしていて、友だちの考えに流されないよ。みんなに信頼されてるね。

芯があるタイプ

恋愛 まわりがどんなに反対しても好きになっちゃう。

将来 海外を飛び回るような仕事に向いてます。

友情 あなたからすぐに仲直りしたほうがいいかも。

相性 正直者、わかりやすく実直な人と合うよ。

性格はどっち？ 元気 ——— やさしい

♡ まなみ ♡

性格 しっかり計画を立てて、毎日少しずつ進めていけるね。コツコツ努力するしっかり者だよ。

アイドルタイプ

恋愛 良いところがあったらすぐ好きになっちゃう。

将来 ジャーナリストになってスクープをとろう。

友情 合わせているけど仲が良くなるとわがまま注意。

相性 テストの点数が同じくらいの男の子。

性格はどっち？ 元気 ——— やさしい

♡ まの ♡

性格 大きくなった時のなりたい目標をしっかり持ってるよ。何でも一生けんめいがんばるね。

芯があるタイプ

恋愛 好きな人ができると勉強できなくなるみたい。

将来 文字で気持ちを表現する小説家になってみては。

友情 困ったときに助けてくれそうな友だちが多いね。

相性 ロマンチストで記念日を忘れない人。

性格はどっち？ 元気 ——— やさしい

みんなのおまじない ★ 車のブラックナンバーを3回みると願いがかなうんだって。

♡ まのん ♡

性格 まちがったことが大きらい！どんなことも最後までやりとげる気持ちが大切なんだよね。 **芯があるタイプ**

恋愛 積極的に彼をひっぱっちゃうかもしれない。

将来 映像作家や映画監督なんかに向いてるかも。

友情 信頼されて自然と相談事が多くなりそうだよ。

相性 親や兄弟を大切にする家族思いでまじめな人。

性格はどっち？ 元気 ――― やさしい♡

♡ まひる ♡

性格 かっこいいアイドルが大好き。自分もそうなりたいと思ってとってもがんばってるよね。 **芯があるタイプ**

恋愛 好きになったら待てないから告っちゃう。

将来 アイデアを生かしてネットで起業してみない？

友情 本気でケンカをした子と友だちになるよ。

相性 ささいなことでも感動してくれる人と合うよ。

性格はどっち？ 元気♡ ――― やさしい

♡ まひろ ♡

性格 アイデアいっぱいで、自分の考えに自信まんまんだね。他の人の意見に従うのがニガテ。 **芯があるタイプ**

恋愛 遊びの恋や軽い恋愛はしないよ。いつも真剣。

将来 情報を集めるマスコミ関連に向いてるかも。

友情 物知りな人と友だちになると世界が広がるよ。

相性 リアクションの大きい人と合うよ。

性格はどっち？ 元気 ―♡― やさしい

♡ まほ ♡

性格 とても負けずぎらいでがんばり屋です。人に甘えたり頼ったりすることがニガテな面もあるよ。 **芯があるタイプ**

恋愛 自分の意見に反対しない人が好きみたい。

将来 英語を勉強してキャビンアテンダントに。

友情 友だちに相談したり頼ったりすることも大切よ。

相性 見た目ではなく内面重視で自然体でいられる人。

性格はどっち？ 元気 ――― やさしい♡

♡ まほこ ♡

性格 いつも笑顔で明るいオーラでみんなハッピーに！まちがったことは、はっきり指摘するね。 **アイドルタイプ**

恋愛 さみしがりだからいろいろな人を好きになるよ。

将来 おいしい料理を作るシェフに向いてるよ。

友情 人見知りが強いけど打ち解けると積極的に。

相性 あなたの話に興味を持ってくれる人。

性格はどっち？ 元気 ――― やさしい♡

♡ まほみ ♡

性格 好きなことはとことん調べる学者タイプ。まじめで不器用っぽいけど、将来大物の予感。 **芯があるタイプ**

恋愛 一途だから初めての付き合いで大恋愛できるよ。

将来 難関に挑戦して外交官になってみては。

友情 しっかりしているため、頼りにされがちだね。

相性 ゲームをするよりも勉強や読書が好きな人。

性格はどっち？ 元気♡ ――― やさしい

みんなのおまじない ★ 白い紙を鳥の形に切り抜き好きな人の名前を書くと思いが届くよ。

♡ まみ ♡

性格 一生けんめい、コツコツ物事を進めていけるよ。理科や算数が得意で成績バツグン！

アイドルタイプ

恋愛 やさしい彼に、急な恋の予感があるかもね。

将来 お出かけ好きなあなたはツアーコンダクターに。

友情 ライバルと思っていた人と友だちになれるかも。

相性 不器用だけどやさしい人にひかれちゃう。

性格はどっち？ 元気 ―♡―｜―｜― やさしい

♡ まみか ♡

性格 みんなでワイワイするのはちょっぴりニガテ。なんでも器用にさっとこなせちゃう。

アイドルタイプ

恋愛 仲よくなると、相手をふりまわしてしまいそう。

将来 各地を飛び回るかっこいい記者になってみて。

友情 仲良くなるとふりまわしてしまうよ。

相性 すこしぽっちゃりのクマさんタイプと合うね。

性格はどっち？ 元気 ―♡―｜―｜― やさしい

♡ まみこ ♡

性格 ふわっとした印象で、やわらかくおしとやかな雰囲気。その女の子らしさを大切にするね。

芯があるタイプ

恋愛 やんちゃな男子を好きになっちゃいそう。

将来 みんなのリーダーになる政治家に向いてるかも。

友情 平等な態度が好評。だれからも好かれます。

相性 約束や時間を守る、きっちりした人と合うよ。

性格はどっち？ 元気 ―｜―♡―｜― やさしい

♡ まや ♡

性格 女の子らしく守ってあげたくなる雰囲気を持っているから、男子からモテるみたいよ。

負けず嫌いタイプ

恋愛 お金持ちのお坊ちゃまタイプを好きになるよ

将来 おしゃれなあなたは美容師が向いてるよ。

友情 あなたのファッションセンスをまねしたいよ。

相性 笑い顔を見ているだけで楽しい気分になる人。

性格はどっち？ 元気 ―｜―｜―♡― やさしい

♡ まゆ ♡

性格 シーンとしているのがいやなんだね。グループをもり上げてうまくまとめるリーダー役。

アイドルタイプ

恋愛 ギャップを見るとキュンってなっちゃいそう。

将来 子供の習いごとの先生になるのに向いてるよ。

友情 常にだれかといっしょにいないと不安になるね。

相性 こまめに連絡をくれるマメな人がいいね。

性格はどっち？ 元気 ―｜―｜―♡― やさしい

♡ まゆか ♡

性格 絵や歌が上手で、表現するのが得意！大きくなったらみんなをうっとりさせちゃう芸術家？

アイドルタイプ

恋愛 彼のやさしさに急にすきになっちゃいそう。

将来 和菓子職人になっておいしいお菓子をつくって。

友情 仲よくなると正直に意見を言うようになるよ。

相性 自分の話に興味を持ってくれる男の子が◎。

性格はどっち？ 元気 ―｜―｜―♡― やさしい

みんなのおまじない ☆ 好きな人を思い浮かべながら左手でハートを書くと両思いに。

♡ まゆこ ♡

性格 しっかり者に見られがちだけど、実は甘えん坊なところも。自分の部屋もかわいくかざってる！

負けず嫌いタイプ

恋愛 笑いのツボが同じような人にひかれそうだよ。

将来 笑顔で案内するバスガイドになってみては。

友情 相手から話しかけられやすいかもしれないね。

相性 自慢したくなるイケメンと相性がぴったり。

性格はどっち？ 元気 ——————♡— やさしい

♡ まゆな ♡

性格 相手を気づかって、言いたい事がなかなか言えないね。やさしいキミは友だちも多いね。

アイドルタイプ

恋愛 だまっていてもわかってくれる人が好きかも。

将来 思いを伝える作詞家を目指してみては。

友情 自分にない才能を持った友だちができるよ。

相性 笑顔で楽しそうに話をする人と合うよ。

性格はどっち？ 元気 ——————♡— やさしい

♡ まゆの ♡

性格 いつもはのんびりしているけど、やらなければならない事があると全力でがんばるよ。

負けず嫌いタイプ

恋愛 一途な人からとことん大切にされそうだよ。

将来 ファッションモデルになってデビューして。

友情 よくしゃべってくれる友だちが増えそう。

相性 弱音やグチを吐かない前向きで我慢強い人。

性格はどっち？ 元気 ———♡———— やさしい

♡ まゆは ♡

性格 困ってる子がいると、ほうっておけずに手助けしちゃう。やさしくて思いやりがあるね。

アイドルタイプ

恋愛 自分のミリョクを分かっているので常にモテモテ。

将来 好きなことを仕事にするのが向いてみたい。

友情 性格がちがうタイプの友だちができそうだよ。

相性 個性的で面白い人。平凡な人では物足りない。

性格はどっち？ 元気 ——————♡— やさしい

♡ まゆみ ♡

性格 友だちに大人気！もっと仲よくなりたいみたい。困ったときは助けてくれるよ。

負けず嫌いタイプ

恋愛 強引な人を好きになっちゃいそうだよ。

将来 案内役のツアーコンダクターに向いてるよ。

友情 いつもみんなの話題の中心に自然といる人。

相性 おしの強い情熱的な人があなたに合ってる。

性格はどっち？ 元気 —————♡—— やさしい

♡ まよ ♡

性格 現実的。あまり調子に乗ったり、はしゃいだりしないでしょ？大きな失敗はしないよ。

芯があるタイプ

恋愛 好きな人ができると自然と笑顔になるみたい。

将来 一瞬の芸術をとるカメラマンに向いてるよ。

友情 何事にも手を抜かないひたむきな姿で好感が。

相性 体が大きくてがっちりした頼もしそうな人。

性格はどっち？ 元気 ————♡——— やさしい

みんなのおまじない ★ 彼に言われたい言葉を10回書いて赤い袋に入れると願いがかなう。

205

♥ まよい ♥

性格 まちがっていることは気になってたまらない。正義感いっぱいで男子からも信用されるよ。

芯があるタイプ

恋愛 まじめで長いお付き合いができそう。

将来 数字を扱う仕事なんかに向いてるみたい。

友情 うそをつかない性格で友だちから信頼されるよ。

相性 責任感がある正直でまじめな人と合うよ。

性格はどっち？ 元気 ━━♥━━━ やさしい

♥ まり ♥

性格 自分がどんな風に見られているのか気になっちゃうよ。友だちの態度にも敏感だね。

アイドルタイプ

恋愛 だれからも好かれたいから誤解されちゃうかも。

将来 小さい子にやさしいので保育士に向いてるよ。

友情 グループの仕切り役になりそうだね。

相性 つきあうなら、よく笑ってくれる反応の良い人。

性格はどっち？ 元気 ♥━━━━━ やさしい

♥ まりあ ♥

性格 友だちの行動や気持ちをよく見て思いやることができるよ。表情もくるくる変わるね。

アイドルタイプ

恋愛 すぐにあきちゃうから恋多き人生を歩みそう。

将来 頭の回転がいいから評論家を目指して。

友情 スポーツができる目立つ人と友だちになるよ。

相性 ミステリアスな雰囲気を持った彼がいい。

性格はどっち？ 元気 ━♥━━━━ やさしい

♥ まりい ♥

性格 難しいことやニガテなこともにげ出さないで、出来るまで取り組むがんばりやさん。

芯があるタイプ

恋愛 目立つ人はニガテ。おとなしい人が好きみたい。

将来 数字に強いので経理の仕事がぴったり。

友情 友だちの打ち明け話や相談事もよく聞くよ。

相性 文句を言わずに同意してくれる人がグッド。

性格はどっち？ 元気 ━━━♥━━ やさしい

♥ まりえ ♥

性格 何でも良い方に考える怖いもの知らずのところがあるね。落ち込まずにすぐ立ち直るよ。

負けず嫌いタイプ

恋愛 ちゃんと言葉で言ってくれないとプンプンに。

将来 人が好きなのでショップスタッフに向いてる。

友情 隠しごとのない性格で悩みも打ち明けちゃう。

相性 他人にはない能力を持つ、天才肌な人。

性格はどっち？ 元気 ━♥━━━━ やさしい

♥ まりか ♥

性格 手先が器用で、どんなことでもサラッとこなしちゃうよ。考えごとをするのが好き。

アイドルタイプ

恋愛 仲よくなると、ちょっとわがままになるよ。

将来 栄養士になってみんなの健康の役に立とう。

友情 仲よくなるとふりまわしてしまうかも。

相性 テストの点数が同じくらいの子が合いそう。

性格はどっち？ 元気 ♥━━━━━ やさしい

みんなのおまじない ★ 右太ももに赤ペンで好きな人の名前をかいて風呂でおとすと両思いに。

♡ まりこ ♡

性格 家族や友だちを大切にする思いやりある人。ありがとうが素直にいえるって、とても大切。 　*芯があるタイプ*

恋愛 自分だけにやさしい人を好きになるよ。

将来 アイドルになってもっと人気者になって。

友情 しっかりしているから頼りにされちゃいそう。

相性 あなたのアドバイスを素直に聞いてくれる人。

性格はどっち？　元気 ——♥—|—|— やさしい

♡ まりさ ♡

性格 親や先生の言うことをきちんと聞けてえらいね。もっといろんなことに挑戦できると◎。 　*アイドルタイプ*

恋愛 みんながあこがれる人を好きになってしまいそう。

将来 漫画や雑誌・本の編集者になって発信しよう。

友情 とても気にされたがりのさみしがり屋だね。

相性 素直に表現する、ストレートな人と合います。

性格はどっち？　元気 —|—♥—|—|— やさしい

♡ まりな ♡

性格 自分のお気に入りやこだわりを持っていて、友だちにも教えてあげちゃうやさしい人。 　*アイドルタイプ*

恋愛 好きな人に告白できるようにアピールできる。

将来 独創的なあなたは、発明家になれるかも。

友情 言いたいことが言えないかも。勇気を出して。

相性 大きな夢を語る、自信家の人と合います。

性格はどっち？　元気 —|—|—♥—|— やさしい

♡ まりの ♡

性格 好きな事は夢中で取り組めるよね。いやなこともがんばると自分の世界が広がっちゃうよ。 　*芯があるタイプ*

恋愛 好きな人ができると何もできなくなるみたい。

将来 想像力が豊かなので作家になれるかも。

友情 困ったときに助けてくれそうな友だちが多いね。

相性 いたずらっ子でおおらかな子が合うよ。

性格はどっち？　元気 —|—♥—|—|— やさしい

♡ まりほ ♡

性格 そこにいるだけでみんなの注目のマト。ファンも多いね！曲がったことが大きらい。 　*芯があるタイプ*

恋愛 周りに反対されてもつきあっちゃうかもね。

将来 キャビンアテンダントになって世界を回ろう。

友情 あなたから折れ、すぐに仲直りしましょう。

相性 ペースを合わせてくれるシャイでおとなしい人。

性格はどっち？　元気 —♥—|—|—|— やさしい

♡ まりや ♡

性格 両親のようになりたくて行動をお手本にしているよ。友だちに気を配れるやさしい人だね。 　*アイドルタイプ*

恋愛 おしゃれな人と同じ話題で盛り上がれるよ。

将来 絵など何かを教える先生に向いているよ。

友情 いつも気にしてほしいさみしがり屋さん。

相性 言わなくても気持ちを察してくれる人。

性格はどっち？　元気 —♥—|—|—|— やさしい

みんなのおまじない　★　カギを緑色にぬってずっともち歩くと願いがかなうよ。

♡ まりよ ♡

性格 もしものことをちゃんと考えてるあなた。とても慎重で現実的。ときには大胆になってみて。

芯があるタイプ

恋愛 何年も同じ人に片思いしそう。早く告白して！

将来 一瞬を切り取るカメラマンになれるかも。

友情 親友になった子と一生のつきあいができるよ。

相性 何となく心配で、面倒を見てあげたくなる人。

性格はどっち？ 元気 ♡――――― やさしい

♡ まりん ♡

性格 洋服のセンスがいいね。友だちと自分がちがうところをさりげなく表現することも上手だよ。

アイドルタイプ

恋愛 特別扱いをされるとすぐ好きになっちゃう。

将来 独創的な考えがある発明家になってみては。

友情 好きな芸能人が同じ人と友だちになれるよ。

相性 ふつうの話をしていても楽しい人と合うよ。

性格はどっち？ 元気 ♡――――― やさしい

♡ まれ ♡

性格 負けずぎらいでいつも一番を目指してるよ。ライバルに勝ったときはとってもうれしいね。

芯があるタイプ

恋愛 好きな気持ちが顔にでてにやけちゃうよ。

将来 歌が大好きなので歌手を目指してみてね。

友情 深く付き合うので家族みたいな友だちができる。

相性 さばさばして男らしく、リードしてくれる人。

性格はどっち？ 元気 ♡――――― やさしい

♡ まろん ♡

性格 礼儀正しいまじめながんばりや。友だちの信頼もあって自然にグループのリーダーに。

芯があるタイプ

恋愛 好きな人に冷たくしちゃう。素直になろう。

将来 人を平等に判断できる裁判官に向いてるよ。

友情 お互いの良いところを支え合う友だちができる。

相性 ロマンチストで記念日を忘れない人。

性格はどっち？ 元気 ―――♡― やさしい

ま～み

♡ みあ ♡

性格 ちょっと教えてもらうと全部分かっちゃうよね、頭がいいね。秀才タイプだよ。

アイドルタイプ

恋愛 好きな人ができるとずっと見てしまいそう。

将来 おしゃれだからスタイリストになってみて。

友情 味方になってくれる人のことを大切にしてるよ。

相性 むりしないかざらない自分を受け入れてくれる人。

性格はどっち？ 元気 ―♡――― やさしい

♡ みあい ♡

性格 当たり前のことがきちんとできるってステキだね。グループではリーダーに向いてるよ。

芯があるタイプ

恋愛 目立ちたがり屋より控えめな人を好きになる。

将来 きっちりしてるのでお金を扱う仕事に。

友情 口がかたいので信用されて相談されるみたい。

相性 わかりやすく実直な人とは長続きしそう。

性格はどっち？ 元気 ――――♡ やさしい

208　みんなのおまじない　★　ペンライトに願いをこめて身に着けておくと、願いがかなう。

♥ みあお ♥

性格 目立とうとしてないのに目立つちゃうあなたは、みんなに選ばれクラス委員になっちゃうかも。 *芯があるタイプ*

- **恋愛** 友だちになってからつきあったらいいみたい。
- **将来** 分析するような仕事などに向いてるかもよ。
- **友情** みんなの話を聞かないとトラブルになるよ。
- **相性** シャイでおとなしい人と相性がいいみたい。

性格はどっち? 元気 ♥———— やさしい

♥ みあか ♥

性格 どんな人とも仲よくなれちゃうからみんなに信頼されてるね。いつのまにかリーダーに。 *芯があるタイプ*

- **恋愛** 悩みごとや相談にのってくれる人を好きになるよ。
- **将来** 幸せを届けるブライダルプランナーになって。
- **友情** 大人っぽくてみんなに信頼されてるよ。
- **相性** みんなから愛されている人気者の彼が◎。

性格はどっち? 元気 ♥———— やさしい

♥ みあき ♥

性格 あわてんぼうかな。とくに年上の人から好かれるよ。守ってあげたくなるタイプ。 *芯があるタイプ*

- **恋愛** 世界が広がるような人を好きになっちゃう。
- **将来** 目立つのが好きなので芸能人に向いてる。
- **友情** しっかりものだから、頼りにされるね。
- **相性** ルーズは×。約束や時間を守るきっちりした人。

性格はどっち? 元気 ♥———— やさしい

♥ みあさ ♥

性格 目立つことがきらい！人に見えないところでがんばっちゃう。いつも友だちにやさしいよ。 *アイドルタイプ*

- **恋愛** ひとりの人を長く思い続けるタイプだよ。
- **将来** 器用さを生かして物を作る仕事に向いてるよ。
- **友情** とても気にされたいのですぐ不安になるよ。
- **相性** こまめに連絡をくれるマメな人がいいね。

性格はどっち? 元気 ♥———— やさしい

♥ みあと ♥

性格 困ったときほどがんばれちゃうんだよね。将来、みんながびっくりするような成功をするよ。 *芯があるタイプ*

- **恋愛** 好きになったら自分から告白しちゃうよ。
- **将来** 音楽プロデューサーなど音楽関連に向いてる。
- **友情** 物知りな人と友だちになって、刺激をもらおう。
- **相性** 人見知りしない、社交的な人と相性◎。

性格はどっち? 元気 ♥———— やさしい

♥ みあや ♥

性格 のんびりしていて、人の前で何かをするのがニガテなのね。相手を大切にするやさしい子。 *アイドルタイプ*

- **恋愛** 同じ趣味の人と自然に仲よくなれちゃう。
- **将来** 心のカウンセラーの仕事に向いてるよ。
- **友情** 友だちの良いところを見つけることが得意だね。
- **相性** 裏表がなく誠実な人。けっしてうそをつかない。

性格はどっち? 元気 ♥———— やさしい

みんなのおまじない 発表する日にはホットミルクを飲んでいくと落ち着いて話せるよ。

♡ みあり ♡

性格 負けずぎらいなあなたは、常に一番を目指してる。とにかく何が何でも勝ちたいの！ 〈芯があるタイプ〉

恋愛 彼からのお誘いがないと不安になっちゃいそう。

将来 数字に強いあなたは税理士に向いてるよ。

友情 特定の仲の良い友だちのことを大切にするね。

相性 ミスをしてもあまり怒らなそうな人と合うよ。

性格はどっち？　元気♡━━━━━やさしい

♡ みい ♡

性格 自分の考えを信じて、一度決めたら最後までがんばるよ。うそがつけない人気者だね。〈芯があるタイプ〉

恋愛 いやしてくれそうなやさしい人を好きになるよ。

将来 計算が早いあなたは銀行員を目指して。

友情 ひとりで悩みを抱えずに友だちに相談してみて。

相性 いつも気持ちをわかってくれる人が合うよ。

性格はどっち？　元気♡━━━━━やさしい

♡ みいか ♡

性格 目標に向かってがんばるタイプ。将来は大物になる可能性があるからがんばって。〈芯があるタイプ〉

恋愛 初めておつき合いした人と大恋愛しそう。

将来 自分が社会を変えていくなら政治家もいいよ。

友情 人見知りじゃないからだれとでも気軽に話せる。

相性 ゲームよりも読書が好きな人と合うね。

性格はどっち？　元気━━♡━━やさしい

♡ みいこ ♡

性格 とても純粋で友だち思い。少しきれい好きだから、イライラしてしまうこともあるみたい。〈負けず嫌いタイプ〉

恋愛 世話好きなので、頼りない男子が好きみたい。

将来 マイペースに働くのが向いているよ。

友情 恋愛よりも友だち付き合いを大切にするね。

相性 自信があっていつも堂々としている子が◎。

性格はどっち？　元気━━━━♡やさしい

♡ みいさ ♡

性格 いつも見えないところでがんばってるよね。ちゃんと見てる人はいるから安心して！〈芯があるタイプ〉

恋愛 友だちと同じ人を好きになっちゃいそう。。

将来 刑事になって犯人を捕まえてほしい。

友情 手を抜かないひたむきな姿に尊敬されるよ。

相性 オクテだけど素直で純粋な人が合ってる。

性格はどっち？　元気♡━━━━━やさしい

♡ みいな ♡

性格 目立ったり、何かを進んでやるのはニガテだけど、コツコツがんばるタイプだね。〈芯があるタイプ〉

恋愛 元気いっぱいの人を好きになっちゃいそう。

将来 裁判官になって人を平等に判断して。

友情 良いところを参考にできる友だちができます。

相性 ロマンチストで記念日を忘れない人。

性格はどっち？　元気━━━━♡やさしい

みんなのおまじない　☆　頭のてっぺんを右手で3回なでると勇気がでちゃうよ。

♡ みう ♡

性格 じっとしていることがニガテでおしゃべり大好き。相手の気持ちをよく考えて話してね！ 　*負けず嫌いタイプ*

- **恋愛** クラブでいっしょになった人と、仲よくなれそう。
- **将来** 人と接する仕事ショップスタッフに向いてるよ。
- **友情** 友だちをびっくりさせて楽しむやんちゃもの。
- **相性** されたことにちゃんと感謝する人と合うよ。

性格はどっち？　元気 ♥——— やさしい

♡ みうな ♡

性格 さわやかな人だよ。何かを決めるのが得意で行動力もあるからリーダーにぴったり。　*負けず嫌いタイプ*

- **恋愛** ワイルドな男子を好きになっちゃうよ。
- **将来** お花を使ってフラワーデザイナーを目指そう。
- **友情** あなたはグループの中ではいやし系だね。
- **相性** すらっとした背の高い彼が似合うよ。

性格はどっち？　元気 ♥——— やさしい

♡ みえ ♡

性格 悩みごとがあっても気軽に相談できる友だちがいっぱい。協力してもらって解決するよ。　*負けず嫌いタイプ*

- **恋愛** 友だちの多い人気者を好きになっちゃうよ。
- **将来** お金を扱う仕事に向いてるみたい。
- **友情** 友だちのヒミツはだれにも言っちゃダメだよ。
- **相性** 清潔感がある、さわやかな人と合うよ。

性格はどっち？　元気 ♥——— やさしい

♡ みえこ ♡

性格 気まぐれで、まわりをふりまわしちゃう！？でも、そんなところもカワイイと思われてる。　*アイドルタイプ*

- **恋愛** 思ったことが言えず、素直に表現できないよ。
- **将来** おしゃれなレストラン経営ができるよ。
- **友情** 思いやりがあるけど人の好ききらいが多いね。
- **相性** くよくよしない立ち直りの早いタイプの人。

性格はどっち？　元気 ♥——— やさしい

♡ みお ♡

性格 自分の考えを信じてつきすすむタイプだね。たまには、人の話を聞くとすっきりするよ。　*芯があるタイプ*

- **恋愛** 刺激はいらない、やさしくおだやかな人が好み。
- **将来** 郵便局員などお金を扱う仕事が向いてるよ。
- **友情** 悩みを抱えずに、どんどん友だちに相談しよう。
- **相性** 友だちみたいに話せるフィーリングの合う人。

性格はどっち？　元気 ♥——— やさしい

♡ みおう ♡

性格 とっても素直で、なんでも前向きにがんばるね。男子からも女子からも人気だよ。　*芯があるタイプ*

- **恋愛** 何かにがんばっている人を好きになっちゃうよ。
- **将来** 海外を飛び回る仕事に向いているみたい。
- **友情** 友だちの打ち明け話や相談ごともよく聞くよ。
- **相性** 反対意見を言わずに同意してくれる人と合うよ。

性格はどっち？　元気 ♥——— やさしい

みんなのおまじない　席替えの前にペン交換するとその子と近くの席になれるよ。

♥ みおか ♥

性格 マイペースに物事をすすめていく人。地道にコツコツとがんばるのでいい結果がでるよ。 *芯があるタイプ*

恋愛 悩みごとを聞いてくれる人を好きになりそうだよ。

将来 結婚アドバイザーになって幸せをサポートして。

友情 人見知りが少ないから気軽に話せるね。

相性 口下手で不器用だけどやさしい人と合うよ。

性格はどっち？ 元気 ♥―――― やさしい

♥ みおこ ♥

性格 グループの中にいるだけでみんなをいやすことができる、ほんわかとした雰囲気を持った人。 *負けず嫌いタイプ*

恋愛 お菓子を差し入れして喜んでもらっちゃおう。

将来 地道にコツコツマイペースな仕事が向いてる。

友情 世話好きなので年下から好かれるみたいだよ。

相性 守ってくれる、頼りになる人がうれしいね。

性格はどっち？ 元気 ♥―――― やさしい

♥ みおと ♥

性格 大人っぽくてサバサバしてるね。友だちが子どもに見えちゃう？自信にあふれてステキね。 *負けず嫌いタイプ*

恋愛 色々知っている人を好きになっちゃうよ。

将来 資格をとって専門的な仕事をしよう。

友情 人とぶつかることをきらう、おだやかな性格です。

相性 自分の夢に向かってがんばってる人が◎。

性格はどっち？ 元気 ―♥――― やさしい

♥ みおな ♥

性格 曲がったこと、まちがったことをしている人を見るとカッとしてしまうほど正義感の強い人。 *芯があるタイプ*

恋愛 つき合うと独りじめしたくなりそう。

将来 人の命を救う消防士に向いているよ。

友情 まじめでうそをつかない人と友だちになるよ。

相性 勉強やクラブ活動に手を抜かず一生けんめいな人。

性格はどっち？ 元気 ―♥―― やさしい

♥ みおり ♥

性格 大声で笑う、おひさまみたいに明るいよ。しょんぼりしてる人を見るとすぐ助けちゃう。 *負けず嫌いタイプ*

恋愛 話を聞いてくれる人を好きになっちゃいそう。

将来 専業主婦になって家庭をささえてみても。

友情 自分が楽しいといっしょにやりたいタイプ。

相性 勉強が得意で、やさしく教えてくれる人。

性格はどっち？ 元気 ―♥―― やさしい

♥ みおん ♥

性格 友だちの意見を良く聞くよ。すぐに友だちを頼らないで自分でがんばるしっかり者だね。 *芯があるタイプ*

恋愛 好きな人に冷たくしちゃう。素直になろう。

将来 会社の顔である、受付に向いてるみたい。

友情 色んなことを参考にできる友だちができます。

相性 自分のペースに持っていけそうなシャイな人。

性格はどっち？ 元気 ♥―――― やさしい

み

212　みんなのおまじない ★ 足の裏に赤いペンで星を描くと部活で活躍できちゃうよ。

♡ みか ♡

性格 絵を描いたり、歌を歌ったりすることが上手なあなた、将来は芸術の分野で活躍しそう。 **アイドルタイプ**

- **恋愛** ドラマのような運命的な出会いがあるかも。
- **将来** おしゃれなあなたはアパレル関係の仕事に向いてるよ。
- **友情** 思いやりがあるけど、人の好ききらいが多いみたい。
- **相性** 約束や時間を守る、きっちりした人と合うよ。

性格はどっち？ 元気 ♡———————— やさしい

♡ みかげ ♡

性格 とても人なつっこく、愛嬌がある子。まわりを笑顔にしてしまう天然の愛されキャラ。 **負けず嫌いタイプ**

- **恋愛** 失恋しても、すぐに好きな人ができるよ。
- **将来** 細かい作業が得意なので建築士に向いてるよ。
- **友情** 好きな子より友だちを優先するタイプですね。
- **相性** 元気でやんちゃな人といっしょにいるといいみたい。

性格はどっち？ 元気 ♡———————— やさしい

♡ みかこ ♡

性格 ルールや友だちとの約束をちゃんと守るよ。だれも見てないところでもがんばってるね。 **芯があるタイプ**

- **恋愛** 心配性だからやさしい人を好きになるよ。
- **将来** ブライダルプランナーになって式を作ろう。
- **友情** だれにでも平等な態度、だれからも好かれます。
- **相性** お金持ちのお坊ちゃまタイプがぴったり。

性格はどっち？ 元気 ♡———————— やさしい

♡ みかぜ ♡

性格 困っている友だちを見ると、自分を犠牲にしてでも助けてあげたくなる人。 **負けず嫌いタイプ**

- **恋愛** 告白は恥ずかしくてできず待っているタイプ。
- **将来** 人の役に立つような介護士に向いてるよ。
- **友情** 勉強の成績の近い人と友だちになるね。
- **相性** 常識的でマナーの良い人がいいね。

性格はどっち？ 元気 ♡———————— やさしい

♡ みき ♡

性格 とてもまじめで一生けんめい努力するね。うまくいかないこともあるけどあきらめないで。 **芯があるタイプ**

- **恋愛** やんちゃな男子を好きになっちゃいそう。
- **将来** 目立つのが好きなら芸能人を目指して。
- **友情** だれにでも同じように接するため好かれてる。
- **相性** ゲームをするよりも勉強や読書が好きな人。

性格はどっち？ 元気 ♡———————— やさしい

♡ みきえ ♡

性格 物事の好ききらいははっきりしているね。自分の仲間は全力でかばっちゃうところも。 **負けず嫌いタイプ**

- **恋愛** 気分屋さんのあなたは周りから告白されるよ。
- **将来** ヘアメイクさんになってみんなを美しく変身。
- **友情** 存在をアピールするためにがんばるみたいよ。
- **相性** つきあいの浅いうちからニックネームで呼ぶ人。

性格はどっち？ 元気 ♡———————— やさしい

みんなのおまじない ★ 目をつぶりおでこの真ん中を指でおさえると探し物がみつかるよ。

♡ みきこ ♡

性格 話しかけやすいあなたは、困ったときには周囲がどんどん協力してくれるオトクな性格。

負けず嫌いタイプ

恋愛 やさしい彼をすぐに好きになってしまうかも。

将来 バスや電車の運転手で注目されちゃう。

友情 決断力があり頼りになるリーダー的存在だね。

相性 見た目重視なのでイケメンを好きになるよ。

性格はどっち？ 元気 ——♥——— やさしい

♡ みきな ♡

性格 将来の目標に向かってがんばることが大切なんだ。いつも成長したいと思っているよ。

芯があるタイプ

恋愛 相手のことを好きなほど冷たくしちゃう。

将来 気持ちを考えるのが得意なので秘書もいいよ。

友情 お互いの良いところを支え合う友だちができる。

相性 見た目より性格を見てくれる人と合ってる。

性格はどっち？ 元気 ♥———————— やさしい

♡ みきほ ♡

性格 おしゃべりがだ〜い好き！しゃべり始めたら止まらない。負けずぎらいなところもあるね。

負けず嫌いタイプ

恋愛 共通の話で盛り上がれる人を好きになるよ。

将来 動物と接する仕事についてみよう。向いてみたい。

友情 いつでも話を聞いてくれる人と仲よくなるよ。

相性 人の痛みのわかるあたたかい心の持ち主。

性格はどっち？ 元気 ——♥——— やさしい

♡ みきよ ♡

性格 ケンカは大きらいだよ。友だちと仲良くおだやかに毎日を過ごすのが好きだね。

負けず嫌いタイプ

恋愛 とにかくイケメン好き。デートしたいみたい。

将来 人の命を助ける看護師に向いているよ。

友情 素直で真に受けやすく早とちりしやすいね。

相性 成果などをしっかりほめて認めてくれる人。

性格はどっち？ 元気 ♥———————— やさしい

♡ みく ♡

性格 素直だけど時々こだわりすぎたり、気にしちゃったりするね。いじっぱりもほどほどに。

負けず嫌いタイプ

恋愛 甘えたがりのあなたは、年上に恋をしそう。

将来 素敵な家を建てる建築デザイナーに向いてる。

友情 いつもみんなの話題の中心に自然といる人。

相性 おしの強い情熱的な人がピッタリだよ。

性格はどっち？ 元気 ——♥——— やさしい

♡ みこ ♡

性格 両親が大好きで、感謝の心を忘れないやさしさがステキ。コツコツがんばる努力型！

芯があるタイプ

恋愛 悩みごとを相談したら好きになっちゃうかも。

将来 結婚アドバイザーになってみんなを幸せにしよう。

友情 だれに対しても平等に接するため好かれます。

相性 口下手で不器用だけどやさしい人とうまくいく。

性格はどっち？ 元気 ——♥——— やさしい

みんなのおまじない ★ 緑色のシャーペンを持っていると新しい友だちができるよ。

♡ みこと ♡

性格 記念日やお祭りごとが大好き！にぎやかなあなたはいつもみんなと楽しむみたい。 負けず嫌いタイプ

- **恋愛** 勉強ができる人を好きになっちゃうかも。
- **将来** 声がすてき。アナウンサーに向いてるよ。
- **友情** 困った人を助けてあげたくなるみたい。
- **相性** ちょっと強引なところがある人が◎。

性格はどっち？ 元気 ——♥—— やさしい

♡ みさ ♡

性格 自分から進んで何かをするのはニガテ。友だちとケンカはしたくないの。とっても素直だよ。 アイドルタイプ

- **恋愛** 友だち付き合いから恋愛関係に発展しそう。
- **将来** 美容アドバイザーになってみんなをきれいにして。
- **友情** 自分と似ていない子と友だちになれそうだよ。
- **相性** あまり自慢話をしないひかえめな人と合うよ。

性格はどっち？ 元気 ——♥—— やさしい

♡ みさえ ♡

性格 怖いもの知らずで思い切りがあるね。いつでも前向きであまり落ち込むこともありません。 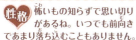負けず嫌いタイプ

- **恋愛** 王子様のような美形の男子が好きみたい。
- **将来** 起業して大成功して大金持ちになる予感。
- **友情** 約束を守ると友だちに信頼されるよ。
- **相性** 他の人にはない能力を持つ、天才肌な人。

性格はどっち？ 元気 ♥—————— やさしい

♡ みさお ♡

性格 あたり前のことがきちんとできて、信用されるよ。うそがだいっきらいな頼れるリーダー！ 芯があるタイプ

- **恋愛** 刺激はいらなくていやし系が好きみたい。
- **将来** データを集め分析するような仕事に向いてる。
- **友情** ひとりで悩みを抱えないで友だちに言ってみて。
- **相性** わかりやすく実直な人とは長続きしそうだよ。

性格はどっち？ 元気 ——♥—— やさしい

♡ みさき ♡

性格 少し不器用に見られがち。とってもマジメだから将来は大物になる可能性大。 芯があるタイプ

- **恋愛** 失恋すると立ち直るのに長くかかっちゃう。
- **将来** どんなことでも挑戦すればうまくいくよ。
- **友情** 人見知りがなくだれとでも気軽に話せるみたい。
- **相性** 約束や時間を守る、きっちりした人。

性格はどっち？ 元気 ♥—————— やさしい

♡ みさこ ♡

性格 まじめでコツコツタイプ。何でも精いっぱい努力するよ。将来はみんながおどろく大物に！ 芯があるタイプ

- **恋愛** あなたにやさしい彼にキュンとなりそう。
- **将来** 外交官になって世界のかけ橋になろう。
- **友情** 友だちの良いところはしっかり認めよう。
- **相性** アドバイスを素直に聞いて実行してくれる人。

性格はどっち？ 元気 ——♥—— やさしい

みんなのおまじない ☆ いい香りのせっけんで手を洗うと悪いうわさがなくなるよ。

♡ みさと ♡

性格 自由な発想の持ち主。みんながあっとおどろくような新しいものを生み出せる力があるよ。 芯があるタイプ

恋愛 突っ走っちゃうから友だちの意見を聞くように。

将来 まじめなあなたは警察官にむいてるよ。

友情 友だちを信用して悩みを打ち明けてみよう。

相性 浮気なんてありえない！一途でまじめな人。

性格はどっち？　元気 ―♡――― やさしい

♡ みさの ♡

性格 友だちの意見はしっかり聞くけど、自分の考えには自信があるね。ちょっぴりガンコ。 芯があるタイプ

恋愛 つきあうとつい、そくばくしたくなっちゃうかも。

将来 想像力を生かした映画監督を目指して。

友情 困ったときに助けてくれそうな友だちが多いね。

相性 夢を追い続けるロマンチックな彼が◎。

性格はどっち？　元気 ――♡―― やさしい

♡ みさほ ♡

性格 とても礼儀正しく、正義感の強い女の子。物事をはっきりさせたいリーダータイプ。 芯があるタイプ

恋愛 何かに夢中でがんばっている人を好きになるよ。

将来 人の上に立つ、リーダーに向いているよ。

友情 ケンカしたらあなたから仲直りしよう。

相性 見た目ではなく、内面重視の人と合うよ。

性格はどっち？　元気 ―♡――― やさしい

♡ みさよ ♡

性格 流行りものより昔ながらの良いものを大切にする子だね。ガンコなところも。 芯があるタイプ

恋愛 しっかり者のあなたは、年下から好かれそう。

将来 コツコツ努力型なので公務員に向いているよ。

友情 何事にも真剣なあなたは尊敬を集めるよ。

相性 まわりの評判はイマイチでもあなたにはいい人。

性格はどっち？　元気 ――♡―― やさしい

♡ みずえ ♡

性格 とてもがんばり屋で、あまえるのがニガテ……。どんな状況でもあきらめない！ 芯があるタイプ

恋愛 自分の考えに賛成してくれる人を選びそう。

将来 人の上に立つような仕事につけるかも。

友情 意地を張らずにあなたから仲直りしましょう。

相性 反対意見を言わずにつくしてくれる人。

性格はどっち？　元気 ―♡――― やさしい

♡ みずか ♡

性格 素直で友だち思いの人。きれい好きなところがあり、気分屋さんの面もあるね。 負けず嫌いタイプ

恋愛 包み込んでくれるような人を好きになるよ。

将来 運転センスを生かして運転手になってみては。

友情 周りがほうっておけない気になる存在だよ。

相性 困ったときに守ってくれる、頼りになる人。

性格はどっち？　元気 ――♡―― やさしい

216　みんなのおまじない　イベント日に右足だけで5回ジャンプすると人気運がアップするよ。

♡ みずき ♡

性格 喜んだり悲しんだりする、感じる力が強い人。明るく笑顔でいることが多いのがミリョク！ 〈アイドルタイプ〉

恋愛 お笑い系でちょっとめだつ人が好きかも。

将来 洋服のデザインやお店の仕事が向いているよ。

友情 思いやりがあるけど好ききらいはけっこうある。

相性 自分の話ばかりしないであなたの話を聞く人。

性格はどっち？ 元気 ——♡—|—|— やさしい

♡ みすず ♡

性格 親を尊敬し、他の人に気くばりできるやさしい人。人の意見に合わせるのが得意。 〈アイドルタイプ〉

恋愛 長く友だちだった人といつのまにか恋愛しそう。

将来 マンガやざっしを作る編集の仕事が向く。

友情 自分と似ていないタイプと仲よくなるかも。

相性 素直に気持ちを伝えてくれるストレートな人。

性格はどっち？ 元気 —|—|—|—♡— やさしい

♡ みずほ ♡

性格 自分の意見は、人になんと言われてもつらぬき通す強さがあるけど守ってあげたくなる。 〈芯があるタイプ〉

恋愛 何かに夢中でがんばっている人が好きかも。

将来 キャビンアテンダントで世界をとびまわる。

友情 たまに自分の意見をゆずるとうまくいくよ。

相性 文句を言わずにあなたにつくしてくれる人。

性格はどっち？ 元気 —|—|—♡—|— やさしい

♡ みその ♡

性格 女の子らしい雰囲気がミリョクだよ。うそがきらいで、思ったことが顔に出やすいかも。 〈負けず嫌いタイプ〉

恋愛 男らしくてワイルドな人にひかれちゃうかも。

将来 ファッションモデルや女優で大成功しそう。

友情 お笑い系の楽しいタイプの友だちができそう。

相性 かなり年上の男性に大人のミリョクを感じる。

性格はどっち？ 元気 ♡—|—|—|— やさしい

♡ みそら ♡

性格 ライバルに負けたくなくてがんばるタイプ。ピンチになると、ぎゃくにやる気が出るよ。 〈芯があるタイプ〉

恋愛 好きになったら自分から告白しちゃうかも。

将来 歌手や音楽プロデューサーでうまくいきそう。

友情 物知りな人と友だちになると、世界が広がるよ。

相性 浮気をしないで、あなたを一途に好きな人。

性格はどっち？ 元気 —♡—|—|—|— やさしい

♡ みち ♡

性格 かっこいい人にあこがれて、自分もそうなれるように努力するタイプ。みんなから人気！ 〈芯があるタイプ〉

恋愛 軽い人はニガテで、真剣に恋はしたいと思う。

将来 テレビやラジオ局、マスコミ関係が向くかも。

友情 友だちにたまには悩みを打ち明けてみるのが◎。

相性 さばさばして男らしくリードしてくれる人。

性格はどっち？ 元気 ♡—|—|—|— やさしい

みんなのおまじない ☆ 友だちとケンカしたら自分の左右の指で指切りすると仲直りできるよ。

♡ みちえ ♡

性格 友だちを笑わせるのが得意。人のこまかい気持ちに気づける思いやりのあるタイプだよ。

アイドルタイプ

恋愛 好きな人がいるとそのことばかり考えちゃう。

将来 歌手や演奏者、音楽関係の仕事で成功しそう。

友情 味方になってくれる人をとても大切にするよ。

相性 いきなりニックネームで呼ぶ人なつっこい人。

性格はどっち？ 元気 ♥━━━━━ やさしい

♡ みちか ♡

性格 とてもまじめ。不器用に見られるけど、がんばり屋さんだから将来はえらい人になるかも！

芯があるタイプ

恋愛 自分の世界があるオタクの人にひかれそう。

将来 どんなことでもチャレンジすればうまくいく。

友情 友だちの良いところをほめると友情が深まるよ。

相性 お金持ちのおぼっちゃまタイプと相性がよい。

性格はどっち？ 元気 ♥━━━━━ やさしい

♡ みちこ ♡

性格 しっかり者に見えて実は甘えんぼう。友だち思いで人が集まってくる雰囲気があるよ。

負けず嫌いタイプ

恋愛 何度もアタックしてくる男子にひかれちゃう。

将来 バスガイドや旅行ガイドで人気者になりそう。

友情 気さくに話しかけやすいので友だちが集まる。

相性 堂々としたオレ様タイプの自信家と相性◎。

性格はどっち？ 元気 ━━♥━━ やさしい

♡ みちの ♡

性格 のんびりに見えてもいざというときに力が出るタイプ。手芸やおかしづくりに向いてるよ。

負けず嫌いタイプ

恋愛 好みでなくても告白されたらOKするかも。

将来 特技を仕事にして小さな店を開いて成功するよ。

友情 あなたがいないとみんながさみしがりそう。

相性 弱音やグチをはかない前向きで我慢強い人。

性格はどっち？ 元気 ━♥━━━ やさしい

♡ みちよ ♡

性格 守ってあげたくなる妹っぽい雰囲気が男子にモテそう。難しいことはきらいかも。

負けず嫌いタイプ

恋愛 めんくいで、イケメンに恋しちゃいそう。

将来 遊園地やテーマパークのスタッフがぴったり。

友情 ことわれない性格なのでみんなが甘えてくる。

相性 新しいことが好きで、情報通、物知りな人。

性格はどっち？ 元気 ━♥━━━ やさしい

♡ みちる ♡

性格 練習より本番に強いタイプ。ハキハキとしゃべって強そうだけど、実はさみしがり屋かも。

芯があるタイプ

恋愛 やさしくしてくれた人を好きになりそう。

将来 小中学校の先生、教える仕事に向いているよ。

友情 人と人を結びつけて友だちを増やすのが得意。

相性 いつでも前向きな言葉をかけてくれる人。

性格はどっち？ 元気 ━♥━━━ やさしい

みんなのおまじない　緊張したときは左足のかかとで3回床をならすとリラックスできるよ。

♡ みつ ♡

性格 明るく、活発でおひさまみたいにみんなをいやすよ。お祭りさわぎするのが大好き。

負けず嫌いタイプ

- **恋愛** あなたの話をよく聞いてくれる人がいいよ。
- **将来** アナウンサーや声優、声をいかす仕事が◎。
- **友情** なんでも友だちといっしょにやりたいと思うタイプ。
- **相性** あっさりした人。口うるさい人はだめかも。

性格はどっち? 元気 ♡ やさしい

♡ みづ ♡

性格 サバサバしていてやることが大たん。ちょっとおとなっぽいので、年上とのつきあいが楽。

負けず嫌いタイプ

- **恋愛** 一目ぼれしやすく好きになったらはなれない。
- **将来** アナウンサーやキャスターの仕事がよさそう。
- **友情** 世話好きなところがあるのでよくしたわれる。
- **相性** 年上でちょっと強引なところがある人がいい。

性格はどっち? 元気 ♡ やさしい

♡ みつえ ♡

性格 みんなからたよりにされて、大きな役わりをまかされることも。がんばり屋さんだよ。

芯があるタイプ

- **恋愛** 好きになったらまわりが反対しても好き!
- **将来** 外国の企業で働き、海外をとびまわるかも。
- **友情** ひとりで悩まず友だちをたよると運気アップ。
- **相性** おとなしくてあなたのペースを守れる人。

性格はどっち? 元気 ♡ やさしい

♡ みつか ♡

性格 まわりをしぜんに笑顔にしてしまう愛されキャラ。かわいいものを集めるのが好きかも。

負けず嫌いタイプ

- **恋愛** ちょいワルで年上っぽい人を好きになりそう。
- **将来** 旅行ガイドさん向き。人と競わない仕事が◎。
- **友情** だれからもすんなり話しかけられやすいよ。
- **相性** 自信家でオレさまタイプの堂々とした人。

性格はどっち? 元気 ♡ やさしい

♡ みつき ♡

性格 毎日コツコツ時間と量を決めてがんばれる。こまやかだけど情熱的なところもミリョク。

アイドルタイプ

- **恋愛** 相手のいいところをみつけるとすぐ好きに!
- **将来** パティシエや和菓子職人になって店をもつ。
- **友情** 気をつかわず自分らしくいられる友だちが◎。
- **相性** 友だちよりもあなたのことを優先してくれる人。

性格はどっち? 元気 ♡ やさしい

♡ みづき ♡

性格 ぱっと考えるのが得意で勉強に集中できるタイプ。ワイワイさわぐのはニガテかも。

アイドルタイプ

- **恋愛** 趣味の合う人と気が合って好きになりそう。
- **将来** 記者やジャーナリストになって活躍しそう。
- **友情** 最初は合わせてしまうけど仲良くなると本音に。
- **相性** わがままでふりまわしても許してくれる人。

性格はどっち? 元気 ♡ やさしい

みんなのおまじない ★ おへその下ででき手を下にして手を重ねると上手に話せるよ。

♡ みつこ ♡

性格 ルールや約束をしっかり守り、コツコツ努力をするタイプ。先生や年上から好かれやすい。 芯があるタイプ

恋愛 つきあったら長く続いて大恋愛になりそう。

将来 政治家や外交官、公務員の仕事がよさそう。

友情 みんなに平等だからだれからも好かれるよ。

相性 ゲームをするより勉強や読書が好きな人。

性格はどっち? 元気 ——❤— やさしい

♡ みつな ♡

性格 気持ちに素直で、思ったことは顔に出てしまうタイプ。正直なのでまわりに信頼される。 負けず嫌いタイプ

恋愛 好きな人にほかの女子が近づくとしっとしちゃう。

将来 ファッションモデルになってずっときれい!

友情 笑わせてくれるにぎやかな友だちが増えそう。

相性 やせ形で、男子の中でもかなり背の高い人。

性格はどっち? 元気 ❤—————— やさしい

♡ みつの ♡

性格 好きなことにはとことん夢中になるタイプ。大変なときもあわてないで落ち着きがある。 芯があるタイプ

恋愛 好きな人ができると勉強が手につかない女子。

将来 秘書や受付の仕事でファンがたくさんできる。

友情 まじめでやさしい人が友だちになりやすいよ。

相性 見た目ではなく性格を重視してくれる人。

性格はどっち? 元気 ————❤— やさしい

♡ みつは ♡

性格 得意科目で人に負けたくなくてがんばるタイプ。おしゃべりでめだちたがりかも。 負けず嫌いタイプ

恋愛 好きな人にほめてもらいたくてがんばる。

将来 自分で会社を作って将来大金持ちになりそう。

友情 友だちのヒミツはもらさないようにすると◎。

相性 清潔感があってさわやかな人と相性がいい。

性格はどっち? 元気 ❤—————— やさしい

♡ みつほ ♡

性格 考えがしっかりしていて、人がどう言おうとかえない強さがある。リーダーに向いてるよ。 芯があるタイプ

恋愛 相手をよく知るまではつきあわないのが◎。

将来 銀行や郵便局でお金をあつかう仕事が向く。

友情 ひとりで悩まずたまには友だちを頼るといいよ。

相性 話していて楽な、フィーリングが合うタイプ。

性格はどっち? 元気 ————❤— やさしい

♡ みと ♡

性格 自分の考えを強くもっていて、かんたんにはあきらめない。勝つことにあつくなるタイプ。 芯があるタイプ

恋愛 好きな気持ちが笑顔やたいどにすぐ出ちゃう。

将来 警察官になってみんなをびっくりさせるかも。

友情 本気でケンカをした後に本当の友だちができる。

相性 人見知りしない、だれとでも話せるタイプ。

性格はどっち? 元気 ——❤— やさしい

HAPPYジンクス 虫にさされてないのに手がかゆくなったら勉強運がアップするよ。

みどり

性格 言葉づかいや行動が大たん。みんなといっしょににぎやかに楽しむのが好きで、明るいよ。 負けず嫌いタイプ

恋愛 ひとめぼれでアタックしちゃうことが多そう。

将来 ホテルや旅館、人をもてなす仕事がぴったり。

友情 友だちの意見をもっと聞いてあげると◎だよ。

相性 頭の回転が速く、ユーモアのセンスがある人。

性格はどっち？ 元気 ━━♥━━ やさしい

みな

性格 何ごとも直感で行動するタイプ。人と少し変わった不思議ちゃんに見られることもある。 アイドルタイプ

恋愛 さりげなく好きな人から告白させちゃう。

将来 宝石を使ったアクセサリーをあつかう仕事。

友情 趣味や好きなタレントが同じ人と気が合う。

相性 ふつうの話をしていても楽しく聞こえる人。

性格はどっち？ 元気 ━━━━♥ やさしい

みなえ

性格 おしゃべりが大好きで話し始めるととまらないかも。思いついたらすぐやりたいタイプ。 負けず嫌いタイプ

恋愛 同じ話題で盛り上がれる人にひかれる。

将来 スポーツやダンス関係の仕事で成功しそう。

友情 かくしごとができず友だちに悩みも話しちゃう。

相性 ほかの人にはない能力をもつ、天才肌の人。

性格はどっち？ 元気 ━♥━━━ やさしい

みなこ

性格 目ひょうが決まるとコツコツ努力するので、将来大物になりそう。まじめさがみりょく。 芯があるタイプ

恋愛 趣味にうちこんでいる人を好きになりそう。

将来 政治家や外交官になって大きな仕事をしそう。

友情 しっかりしていて頼りにされることが多い。

相性 約束や時間を守る、きっちりしたタイプの人。

性格はどっち？ 元気 ━━♥━━ やさしい

みなつ

性格 こまかいことは気にせず明るいので人気があるよ。ちょっと年上っぽい雰囲気がある。 負けず嫌いタイプ

恋愛 好きになったら絶対手に入れたくなるタイプ。

将来 飲食店の仕事で店長になって大成功しそう。

友情 困った人を助けてあげる世話好きなところも。

相性 理想が高く、夢があって努力しようとする人。

性格はどっち？ 元気 ━━♥━━ やさしい

みなと

性格 手をぬかずにがんばる強さがあるので、大変なときほど活やくできる。勝負ごとに強いよ。 芯があるタイプ

恋愛 本気になる人はまだ。いい出会いはこの先！

将来 会計士や税理士、資格がある仕事がよさそう。

友情 浅く広くより、特定の友だちを大切にしそう。

相性 物をそまつにせず大切にして、節約する人。

性格はどっち？ 元気 ━━━♥━ やさしい

HAPPYジンクス　目覚ましが鳴る前に目が覚めるとその日は先生に指されないよ。

221

♡ みなほ ♡

性格 自分でこうと決めたらそれをまげない強い人。しぜんにリーダーになることが多いかも。 *芯があるタイプ*

恋愛 まじめで相手をいつも思ってつくすタイプ。

将来 仕事ではリーダー、社長になり出世しそう。

友情 ケンカしたら先にあやまって仲直りしよう。

相性 うそがつけなくてわかりやすいピュアな人。

性格はどっち？ 元気 ♡――――やさしい

♡ みなみ ♡

性格 人の好ききらいが少なく、だれにでも平等に接する。いつのまにかリーダーに選ばれてる。 *芯があるタイプ*

恋愛 悩みを真剣に聞いてくれた人に恋しそう。

将来 結婚アドバイザーや式のプランナーがいいね。

友情 人見知りが少なくだれとでも気軽に話せる。

相性 あなたを一番に考えて行動してくれる人。

性格はどっち？ 元気 ♡――――やさしい

♡ みなよ ♡

性格 慎重で、まわりをよく見ている。人づきあいがじょうず。年上から好かれやすいよ。 *芯があるタイプ*

恋愛 好きな人ができても友だちには話さないかも。

将来 占い師や心理カウンセラーで有名になりそう。

友情 親友になった人と一生のつきあいができそう。

相性 みんなはノーマークでもあなたが好きな人。

性格はどっち？ 元気 ―♡―――やさしい

♡ みね ♡

性格 さわやかさとふんわりした感じを持ってる。人に言われるまでだまっていることが多いかも。 *負けず嫌いタイプ*

恋愛 好みでないと思っていた人とつきあいそう。

将来 花屋やフラワーデザイナーなど花関連が◎。

友情 よくしゃべるにぎやかな友だちが増えそう。

相性 やせ形であなたよりもずっと背が高い人。

性格はどっち？ 元気 ――♡――やさしい

♡ みねか ♡

性格 みんなをほんわかさせるいやし系。友だち思いだけど気分がのらないとすねちゃうことも。 *負けず嫌いタイプ*

恋愛 おかしを作ってあげて相手を喜ばせると◎。

将来 ペットや動物と接する仕事が向いていきそう。

友情 気さくにだれからも話しかけられるタイプに。

相性 元気でわんぱくな人。おとなしい人はNG。

性格はどっち？ 元気 ―♡―――やさしい

♡ みねこ ♡

性格 気持ちがコロコロかわるところがミリョクで一部の男子にモテる。こまかい作業が得意。 *アイドルタイプ*

恋愛 とりあえずいろいろなタイプとつき合うかも。

将来 アパレル、ファッション関係の仕事が◎。

友情 いったん打ち解けると何でも話せるように！

相性 あなたの話をちゃんと聞く人。自己中は×。

性格はどっち？ 元気 ♡――――やさしい

HAPPYジンクス 先生の黒板の文字まちがいを見つけると次のテストは楽勝！

♡ みの ♡

性格 だれとでもすぐに仲よくなれるタイプ。目立つのは好きでないけど意見はしっかりあるよ。 *芯があるタイプ*

- **恋愛** 笑顔で元気いっぱいの人を好きになりそう。
- **将来** 作家や小説家、書く仕事が向いているよ。
- **友情** 友だちからたよられて相談されることが多そう。
- **相性** 元気いっぱいで、がははと笑う人が好き。

性格はどっち？ 元気 ♥――― やさしい

♡ みのあ ♡

性格 負けずぎらいでがんばり屋。人に甘えたり頼ったりすることがちょっとニガテなタイプかも。 *芯があるタイプ*

- **恋愛** やさしくおだやかでいやされるタイプが好き。
- **将来** 銀行や郵便局、お金をあつかう仕事が向くよ。
- **友情** ひとりで悩まず友だちを頼ると友情運アップ。
- **相性** 責任感があって行動力がある正直な人が◎。

性格はどっち？ 元気 ♥――― やさしい

♡ みのか ♡

性格 まじめでコツコツ努力するので、将来大物になりそう。先生や年上から好かれるよ。 *芯があるタイプ*

- **恋愛** 悩みごとをきいてくれる人が好きかも。
- **将来** チャレンジすればどんな仕事もうまくいく。
- **友情** だれにでも平等なのでみんなに好かれるよ。
- **相性** あなたを女王様のようにあつかってくれる人。

性格はどっち？ 元気 ―♥―― やさしい

♡ みのり ♡

性格 自信をもって行動するので、みんなから頼りにされることが多い。海外で活躍するかも。 *負けず嫌いタイプ*

- **恋愛** 好きになったら言葉や態度についつい出ちゃう。
- **将来** 海外に通用する資格をとって世界で活躍！
- **友情** 自分が楽しいと思うことを友だちにすすめよう。
- **相性** 年上で、ちょっと強引なところがある人。

性格はどっち？ 元気 ―♥―― やさしい

♡ みはな ♡

性格 おしゃれのセンスが高く、人とちがったことをして成功するタイプ。なみだもろいかも。 *アイドルタイプ*

- **恋愛** 好きな人に告白されるようにするのがうまい。
- **将来** 流行を発信する仕事につくと成功しそう。
- **友情** 好きなタレントが同じ友だちが増えていきそう。
- **相性** 落ちこんだらすぐ気づきはげましてくれる人。

性格はどっち？ 元気 ♥――― やさしい

♡ みはね ♡

性格 のんびり自分のペースだと一番力が出せる。自分から前に出なくても人が集まってくるよ。 *負けず嫌いタイプ*

- **恋愛** あなたを好きな人が一途に告白してくるよ。
- **将来** フラワーデザインやショップで人気が出そう。
- **友情** 気まぐれな友だちにふりまわされるけど楽しい。
- **相性** やさしく愛を語る、ロマンあふれる男の子が◎。

性格はどっち？ 元気 ♥――― やさしい

HAPPYジンクス トイレで鼻歌を歌うと成績が下がっちゃうらしいよ。

♡ みはや ♡

性格 人に合わせて雰囲気を楽しくするのが得意。ムードメーカーで、てきをつくらないよ。 **アイドルタイプ**

恋愛 モテる人を好きになってライバルが多いかも。

将来 メイクやエステ、美容関連で成功しそう!

友情 友だちの良いところを見つけるのが得意!

相性 うそをつかない、裏表がなく誠実な人。

性格はどっち? 元気 ─♡─ やさしい

♡ みはる ♡

性格 行動が大たんで友だちをびっくりさせることも。なぜかにくめないお得な性格だね。 **負けず嫌いタイプ**

恋愛 スポーツが得意な人を好きになりやすい。

将来 ホテルや旅館、人をもてなす仕事が向きそう。

友情 友だちの意見をしっかり聞くと好かれるよ。

相性 みんなをまとめるリーダー的なたよれる人。

性格はどっち? 元気 ──♡ やさしい

♡ みひろ ♡

性格 落ちこんでいる人をすぐ助けるやさしいタイプ。笑顔が似合う明るいところがみりょく。 **負けず嫌いタイプ**

恋愛 勉強やスポーツができる人を好きになりそう。

将来 だんなさんの仕事の手伝いや主婦がよさそう。

友情 人とぶつかることがきらいでおだやかだよ。

相性 勉強が得意でやさしく教えてくれる人。

性格はどっち? 元気 ♡── やさしい

♡ みふゆ ♡

性格 人の意見に合わせていい雰囲気をつくるのが得意。あらそいやめだつのはきらいかも。 **アイドルタイプ**

恋愛 相手に意外な発見があると好きになりそう。

将来 マンガや本を作る編集の仕事がうまくいくよ。

友情 友だちの良いところを見つける観察力があるね。

相性 こまめにあなたに連絡をくれるマメな人が◎。

性格はどっち? 元気 ───♡ やさしい

♡ みほ ♡

性格 まっすぐでうそをつかず、正義感が強い。男女から人気があってリーダーになりやすいよ。 **芯があるタイプ**

恋愛 好きになった人を大事にして長くつき合うよ。

将来 海外をとびまわって外国の会社で働きそう。

友情 ケンカしたらあなたから折れて仲直りが◎。

相性 言葉、行動、気持ちが同じ、正直な人。

性格はどっち? 元気 ─♡── やさしい

♡ みほこ ♡

性格 まわりをほんわかさせるムードメーカー。ちょっと甘えんぼうでみんなが助けてくれるよ。 **負けず嫌いタイプ**

恋愛 なりふりかまわずくる人にひかれちゃうかも。

将来 人と競わずにマイペースで働く仕事が合う。

友情 みんなの話題の中心に自然といることが多い。

相性 おしが強くて、あなたを好きで情熱的な人。

性格はどっち? 元気 ──♡─ やさしい

HAPPYジンクス 午前中にしゃっくりがでると勉強がすいすいはかどるんだって。

♡ みや ♡

性格 前もって計画をたてるしっかりさん。かげでだれかを支える世話好きなところがあるよ。 アイドルタイプ

恋愛 長く好きな人にもなかなか告白できないかも。

将来 こまった人を助ける仕事、カウンセラーが◎。

友情 だれかに気にしてもらいたいさみしがりかも。

相性 言わなくても気持ちを察してくれる男子。

性格はどっち？　元気 ——————— やさしい

♡ みやこ ♡

性格 興味があることにとことん取り組み、その道をつき進む！自分の意見はまげないよ。 芯があるタイプ

恋愛 一途なのでつきあった人と結婚するかも。

将来 芸能人やアイドルになってまわりがびっくり。

友情 友だちの長所をみつけてほめるのが得意。

相性 口下手で不器用だけど気持ちはやさしい人。

性格はどっち？　元気 ——————— やさしい

♡ みやび ♡

性格 自分の考えをしっかりもって、きっぱり決めるのが得意。リーダーになりやすいタイプ。 芯があるタイプ

恋愛 自分の意見に反対しない人がおにあいだよ。

将来 人の上に立つ仕事をして社長にまで出世する。

友情 どんどん友だちに相談したり頼ったりしよう。

相性 話していてつかれない、気が合う人が◎だよ。

性格はどっち？　元気 ——————— やさしい

♡ みゆ ♡

性格 だれにでもやさしいので、男子にも女子にも好かれるよ。占いやおまじないを信じやすい。 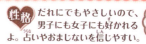負けず嫌いタイプ

恋愛 育ちのよいおぼっちゃまタイプが好きかも。

将来 ナースや介護、人の世話をする仕事が◎だよ。

友情 ファッションセンスが注目されているみたい。

相性 育ちがよくごはんの食べ方やマナーのよい人。

性格はどっち？　元気 ——————— やさしい

♡ みゆう ♡

性格 ぱっと思ったことが当たりやすいカンの強さがある。新しいこともすんなりできるタイプ。 アイドルタイプ

恋愛 あなたのミリョクが男子に伝わってモテそう。

将来 スタイリストやヘアメイクの仕事が合いそう。

友情 友だちからの注目を自分で集めちゃうタイプ。

相性 ミステリアスな雰囲気の人が気になるよ。

性格はどっち？　元気 ——————— やさしい

♡ みゆか ♡

性格 人なつっこく、グループにすぐとけこめるタイプ。かわいいものを集めるのが好きかも！ 負けず嫌いタイプ

恋愛 やさしくしてくれた人をすぐ好きになりそう。

将来 家のデザインや家に関わる仕事が向いている。

友情 恋愛より友だち優先で、友だちがたくさんできる。

相性 友だちが多くて、みんなから頼りにされる人。

性格はどっち？　元気 ——————— やさしい

HAPPYジンクス 移動教室のとき、ほかの学年の知り合いに会うとその日はツイている！

♥ みゆき ♥

性格 手先が器用でどんなことも軽くこなしてしまうタイプ。考えごとをするのが好きかも。

アイドルタイプ

恋愛 ドラマのような恋人があらわれるのに期待！

将来 パティシエ、食に関する仕事が向いている。

友情 人見知りが強いけど一度打ち解ければ平気。

相性 テストの点数が同じくらいの人と気が合う。

性格はどっち？　元気 ♥ やさしい

♥ みゆな ♥

性格 人と競ったり、急いでなにかをしたりするのはニガテ。のんびりマイペースだと力が出る。

負けず嫌いタイプ

恋愛 ちょっと動物っぽいワイルドな人が好きかも。

将来 フラワーショップ、花関係の仕事が向きそう。

友情 みんながいやがることもやるので信頼される。

相性 言いにくいこともはっきり言ってくれる人。

性格はどっち？　元気 ♥ やさしい

♥ みよ ♥

性格 みんなの気持ちをまとめてじょうずにつき合うのがトクイ。年下からしたわれるタイプ。

芯があるタイプ

恋愛 本命にもみんなにも同じように接しちゃう。

将来 お茶やお花、古風な習いごとの先生がピッタリ。

友情 聞き上手だからみんなから話しかけやすい。

相性 からだが大きくてがっちりした頼もしい人。

性格はどっち？　元気 ♥ やさしい

♥ みよか ♥

性格 みんなに「ありがとう」の気持ちをもつ思いやりがある。先生や年上から好かれやすい。

芯があるタイプ

恋愛 自分の悩みをきいてくれる男子が好きかも。

将来 結婚アドバイザーや結婚式を支える仕事を。

友情 みんなに平等だからだれからも好かれるよ。

相性 あなたを大切にする人。オレ様タイプは×。

性格はどっち？　元気 ♥ やさしい

♥ みよこ ♥

性格 自分のペースだとぐんと力を出せるタイプ。友だち思いで人が集まってきやすい雰囲気。

負けず嫌いタイプ

恋愛 やさしくされた相手をすぐ好きになりそう。

将来 人と競わないマイペースにできる仕事がいいね。

友情 世話好きで年下からしたわれることが多そう。

相性 どちらかといえば見た目重視でイケメンが◎。

性格はどっち？　元気 ♥ やさしい

♥ みよし ♥

性格 けんかをじょうずにおさめるのが得意。困った人を助けるやさしさがあり好かれるよ！

負けず嫌いタイプ

恋愛 好きな人に誘われてもことわってしまうかも。

将来 介護士やケアマネージャーとして頼られそう。

友情 勉強の成績が近い人と友だちになりやすいよ。

相性 笑顔がすてきで見ているだけで楽しくなる人。

性格はどっち？　元気 ♥ やさしい

HAPPYジンクス　シャーペンのしんが3回続けて折れると先生に授業で当てられる！

♡ みらい ♡

性格 まちがったことは許せない！正義感が男子からも女子からも信頼されて人気かも。

芯があるタイプ

恋愛 自分の意見に反対しない男子とうまくいくよ。

将来 銀行や郵便局、お金をあつかう仕事が◎。

友情 ひとりで悩まず友だちを頼ることも大切。

相性 見た目ではなく心が大切。気が合って楽な人。

性格はどっち？　元気 ———————— やさしい

♡ みり ♡

性格 自分がかかわっていることではいつも一番をめざすタイプ。競争するごとに力が伸びるよ。

芯があるタイプ

恋愛 相手からいろいろ言われると愛情を感じる。

将来 警察官のように地域の役に立つ仕事をしそう。

友情 本気でケンカをした人といい友だちになりそう。

相性 ささいなことでもたくさん笑ってくれる人。

性格はどっち？　元気 ———————— やさしい

♡ みりあ ♡

性格 目立とうとしなくても目立つ、グループの中心になるタイプ。礼儀正しいのもミリョク。

芯があるタイプ

恋愛 あまり目立たない、おとなしい人が好きかも。

将来 キャビンアテンダントや乗り物関連に向く。

友情 正直でうそをつかない性格で頼りにされるよ。

相性 責任感があって言ったことをちゃんとやる人。

性格はどっち？　元気 ———————— やさしい

♡ みりか ♡

性格 約束を守るのでみんなから信らいされる。コツコツ努力して将来花をさかせるタイプだよ。

芯があるタイプ

恋愛 はじめてつきあった人と結婚しちゃうかも。

将来 芸能人やアイドルになってびっくりするかも。

友情 友だちのよいところをほめると友情運アップ！

相性 あなたのアドバイスを素直に聞いてくれる人。

性格はどっち？　元気 ———————— やさしい

♡ みりや ♡

性格 まわりをよく見てしんちょうに準備するタイプ。年上、年下、どちらとも仲よくなれるね。

芯があるタイプ

恋愛 好きな相手の前ではつい甘えちゃうかも。

将来 役所など公務員になって働き信頼されるよ。

友情 人をうらぎらないので友だちから信頼される。

相性 オクテだけど素直であなたをずっと好きな人。

性格はどっち？　元気 ———————— やさしい

♡ みる ♡

性格 みんなで楽しむイベントやお祭りが好き。明るくてこまかいことを気にしないタイプ。

負けず嫌いタイプ

恋愛 好きになったらかくさないで告白しそう。

将来 声優やナレーター、声を活かす仕事が◎。

友情 なんでも友だちといっしょにやりたいタイプだよ。

相性 勉強が得意でやさしく教えてくれる男の子。

性格はどっち？　元気 ———————— やさしい

HAPPYジンクス テスト中に先生と3回目が合うと点数があがっちゃう。

♡ みるか ♡

性格 甘えじょうずで、ほんわかしたタイプ。マイペースでまわりをあまり気にしないかも。

負けず嫌いタイプ

恋愛 やさしくつついでくれる人にひかれちゃう。

将来 ツアーコンダクターやバスガイドが◎！

友情 だれからも話しかけられやすいタイプだよ。

相性 困ったときに守ってくれる、たよりになる人。

性格はどっち？ 元気 ──❤── やさしい

♡ みるく ♡

性格 言葉づかいや動きが色っぽくて男子をまどわせちゃう！？動物だとねこっぽいミリョク。

アイドルタイプ

恋愛 気まぐれなたいどでカレはあなたにドキドキ。

将来 栄養士、給食づくりなどの仕事がうまくいく。

友情 気をつかわず話せる人と自然に友だちになるよ。

相性 わがままを言っても許してくれるような人。

性格はどっち？ 元気 ─────❤ やさしい

♡ みるな ♡

性格 心が広くてみんなの意見を受け入れるところが人気。さわやかだけど実はのんびりやかも。

負けず嫌いタイプ

恋愛 あなたを好きな人からとことん大切にされる。

将来 家具やインテリアのデザイナーが向いている。

友情 みんながいやがることもやるから信頼される。

相性 言いにくいことでもストレートに指摘する人。

性格はどっち？ 元気 ──❤── やさしい

♡ みれい ♡

性格 人を楽しませるのが得意。新しいものに興味をもって理解するのがじょうずだよ。

アイドルタイプ

恋愛 あなたの笑顔にメロメロになる男子が多そう。

将来 ゲームづくりやインターネット関係が◎。

友情 あの手この手で注目を集めてめだっちゃう。

相性 会話上手で目立つ人。お笑い系で楽しい人。

性格はどっち？ 元気 ───❤─ やさしい

♡ みれな ♡

性格 ふだんはのんびりでもいざとなったら強いタイプ。友だちときょうそうするのはニガテ。

負けず嫌いタイプ

恋愛 好みではなかった人とおつきあいしそう。

将来 インテリアや家具のデザインで活躍するよ。

友情 おしゃべりで積極的な友だちが増えていきそう。

相性 やさしく愛を語ってくれるロマンチストの人。

性格はどっち？ 元気 ─❤─── やさしい

♡ みわ ♡

性格 みんなの意見を先に聞いて気が利くタイプ。遠りょして本音はなかなか言わないかも。

アイドルタイプ

恋愛 好きな人ができると友だちに協力してもらおう。

将来 ジュエリーデザイナーとして有名になるかも。

友情 ときには勇気を出して意見を言うと◎だよ！

相性 空気を読むのが得意で気が利くタイプの人。

性格はどっち？ 元気 ────❤ やさしい

HAPPYジンクス 登校中、ずっと青信号だと勉強のことで先生からほめられるんだって。

♡ みわこ ♡

性格　家族や友だちを大切にしているね。人が見ていないところでコツコツがんばるタイプだよ。

芯があるタイプ

恋愛　ほうっておけないやんちゃな男子にひかれそう。

将来　結婚式のプランナーなど結婚関連に向いてる。

友情　しっかりしてて友だちからたよりにされる。

相性　お金持ちでおぼっちゃまのタイプと相性◎。

性格はどっち?　元気 ――♡――― やさしい

♡ みんと ♡

性格　自分に厳しく、手をぬかないでがんばるタイプ。燃えつきないよう休けいすると運気↑。

芯があるタイプ

恋愛　真剣に恋愛するので、軽い人とはNGかも。

将来　税理士や会計士、資格のある仕事で成功する。

友情　秘密主義なところを少しなおすと友情運アップ。

相性　物を大事にして節約するこまやかさがある人。

性格はどっち?　元気 ―♡――――― やさしい

♡ むあ ♡

性格　整理整とんが得意で、細かいことを計画的にできる。好ききらいははっきりしているかも。

アイドルタイプ

恋愛　ささいなことで相手を急に好きになりそう。

将来　好きなことを仕事にすると成功するタイプ。

友情　勉強やスポーツができる人と友だちになる。

相性　かざらないあなたを受け入れてくれる人が◎。

性格はどっち?　元気 ―――――♡― やさしい

♡ むあん ♡

性格　人のよいところをみつけるのが得意。こまかいことによく気づいて思いやりがあるよ。

アイドルタイプ

恋愛　好きな人のそばにいってふれあいたくなるかも。

将来　スタイリストやヘアメイクが向いていそう。

友情　味方になってくれる友だちを大切にすると◎。

相性　個性的でおもしろい人。ふつうすぎると×。

性格はどっち?　元気 ―――――♡― やさしい

♡ むうあ ♡

性格　みんなの前で話すのはわりとニガテかも。考えがしっかりしていてかんたんにかえないよ。

芯があるタイプ

恋愛　目ひょうに向かってがんばるタイプが好き!

将来　調査をして分析するような仕事が向いている。

友情　がんこにならずに自分の意見をゆずるのも◎。

相性　反対意見を言わずに自分につくしてくれる人。

性格はどっち?　元気 ―――――――♡ やさしい

♡ むうな ♡

性格　好きなことを始めると休むのも忘れてしまうほど。目ひょうに向かってがんばれるタイプ。

芯があるタイプ

恋愛　好きな人をグイグイリードして告白しちゃう。

将来　映像作家や映画の仕事で成功しそう。

友情　おたがい良いところをみとめあえる友だちが◎。

相性　勉強やクラブ活動に手をぬかず一生けんめいな人。

性格はどっち?　元気 ―――――♡― やさしい

HAPPYジンクス　家のそばにツバメの巣が作られると家族の金運がアップするよ。

♡ むつえ ♡

性格 思いっきりがよくて、いつでも明るい前向きさがミリョク。おしゃべりが好き。 『負けず嫌いタイプ』

恋愛 近くにいる人としぜんに仲よくなりそう。

将来 何かを売るセールスの仕事で大成功しそう。

友情 友だちをびっくりさせて楽しむことがある。

相性 なんでも気持ちよく引き受けてくれる人。

性格はどっち？ 元気 ——— やさしい♡

♡ むつき ♡

性格 人を観察したり、何かを感じて表現したりする感性がゆたか。芸術センスにあふれてる。 『アイドルタイプ』

恋愛 理想が高く、ドラマのような出会いを待ってる。

将来 ファッションのお店やデザイナーが合いそう。

友情 打ち解けるまで時間をかけて友だちになる。

相性 あなたの話を自分の話より優先してくれる人。

性格はどっち？ 元気 ——— やさしい♡

♡ むつこ ♡

性格 絵を描いたり歌を歌ったりするのがじょうずかも。おとなしめでさわぐのはニガテかも。 『アイドルタイプ』

恋愛 好きでも相手に気持ちを伝えられないタイプ。

将来 洋服のデザイナーやスタイリストがぴったり。

友情 本音で話せるようになるまで時間がかかる。

相性 少しのことでくよくよしないさっぱりした人。

性格はどっち？ 元気 ——— やさしい♡

♡ むつな ♡

性格 だれとでもすぐ友だちになれるタイプ。責任感が強くしっかりしているのがミリョク。 『芯があるタイプ』

恋愛 自分から告白してめげてもあきらめないタイプ。

将来 裁判官や弁護士など法律関係で成功しそう。

友情 友だちから相談されることが多いタイプだよ。

相性 親や兄弟を大切にする家族思いでまじめな人。

性格はどっち？ 元気 ——— やさしい♡

♡ むつみ ♡

性格 想像するのがじょうずで絵や音楽で活躍することが多い。めだたないけど男子にモテる。 『アイドルタイプ』

恋愛 好きな相手にわがままをつい言っちゃうかも。

将来 作家や小説家になって本を何冊も出すかも！

友情 時間がかかっても仲よくなると本音で話せる。

相性 ほっとするいやし系。ぽっちゃり体型がいい。

性格はどっち？ 元気 ——— やさしい♡

♡ むつよ ♡

性格 人の世話をするのがじょうず。前に出てめだつより、かげでだれかを支えるタイプだよ。 『アイドルタイプ』

恋愛 ひとりの人を長く好きだけど告白はためらう。

将来 音楽や絵、書道など子どもの習い事の先生。

友情 自分にないものがある友だちをつくると◎。

相性 あまり自慢話をしない人。うるさい人は×。

性格はどっち？ 元気 ——— やさしい♡

HAPPYジンクス ホクロから毛がはえるとお金持ちになれるって！

♥ めあ ♥

性格 ニガテなことでもできるまでがんばり、将来大物になりそう。まっすぐで芯が強い。 — *芯があるタイプ*

- **恋愛** やさしくおだやかな男子にひかれちゃうかも。
- **将来** 事務や経理、数字をあつかう仕事がぴったり。
- **友情** 口がかたいので悩みを打ち明けられやすい。
- **相性** 人の痛みのわかるあたたかい心の持ち主。

性格はどっち？ 元気 ♥ やさしい

♥ めあり ♥

性格 記念日やお祭りはとことんにぎやかにまわりと楽しみたいタイプ。明るい太陽のようだよ。 — *負けず嫌いタイプ*

- **恋愛** 好きになったら気持ちをかくさず伝えそう。
- **将来** ナレーターや司会、しゃべりをいかせる仕事。
- **友情** 人とぶつかることがきらいでうまくまとめる。
- **相性** 勉強が得意で、やさしく教えてくれる人。

性格はどっち？ 元気 ♥ やさしい

♥ めい ♥

性格 失敗してもすぐに立ち直る強さがある。人と協力しながら何かをやりとげるのが得意。 — *負けず嫌いタイプ*

- **恋愛** 友だちの多い人気者を好きになりそうだよ。
- **将来** 何かモノを売るショップを作って成功しそう。
- **友情** いっしょにいて楽しい人だと思われている。
- **相性** 趣味や音楽の話が合っていっしょに楽しめる人。

性格はどっち？ 元気 ♥ やさしい

♥ めいか ♥

性格 話しかけやすくて人が集まってくることが多い。こまったときみんなが力をかしてくれる。 — *負けず嫌いタイプ*

- **恋愛** あなたに気がある人をいつのまにか好きに！
- **将来** 建築デザイナーなど家まわりの仕事が合うよ。
- **友情** 恋愛より友だちづきあいを優先するタイプかも。
- **相性** 友だちが多くてみんなから好かれている人気者。

性格はどっち？ 元気 ♥ やさしい

♥ めいこ ♥

性格 おとなしめだけど明るい。まちがったことはちゃんとしないとイヤではっきりしているよ。 — *アイドルタイプ*

- **恋愛** 好きでもことばやたいどで伝えられないかも。
- **将来** カフェやレストランの経営で成功しそうだよ。
- **友情** 人見知りでもいったん仲よしになれば強いよ。
- **相性** やせ形よりぽっちゃりが◎。ほっとする人。

性格はどっち？ 元気 ♥ やさしい

♥ めいさ ♥

性格 自分のことより相手のことを考えられるのでだれからも好かれるよ。あらそいごとはキライ。 — *負けず嫌いタイプ*

- **恋愛** 友だちがいつのまにか彼氏になりそうだよ。
- **将来** 美容師やスタイリストとして人気になりそう。
- **友情** 友だちの言う冗談は本気にしないで笑うのが◎。
- **相性** 声が大きくにぎやかでお祭りや行事好きな人。

性格はどっち？ 元気 ♥ やさしい

HAPPYジンクス アリの行列をくずすとビンボーになっちゃうらしいよ。

♡ めいな ♡

性格 うそがつけない気持ちに正直なタイプ。ふわっとしたやわらかい雰囲気を持ってるよ。

負けず嫌いタイプ

恋愛 好きな人には自分とだけしゃべってほしいかも。

将来 フラワーデザイナー、花屋の仕事がいいかも。

友情 グループのいやし系でなくてはならない存在。

相性 決断力があってグイグイひっぱってくれる人。

性格はどっち? 元気 ♥────── やさしい

♡ めいの ♡

性格 運動神経がよく、まわりがよく見えるので、団体スポーツ向き。かっこいい先輩の代表。

アイドルタイプ

恋愛 アタックする前に失敗を考えてしまいがち。

将来 スポーツ選手かマネージャーで活躍しそう。

友情 時間や約束をしっかり守ると信頼されるよ。

相性 空気を読むのが得意で気づかいが上手な人。

性格はどっち? 元気 ♥────── やさしい

♡ めいり ♡

性格 人前ではハイテンションだけど、さみしがり屋かも。チャンスを手にする運の強さがある。

アイドルタイプ

恋愛 いろいろなタイプの人を好きになりそうだよ。

将来 保育士や幼稚園の先生が向いているかも。

友情 友だちを楽しませることが大好きなタイプ。

相性 自分だけを特別あつかいしてくれる人。

性格はどっち? 元気 ♥────── やさしい

♡ めえ ♡

性格 こまかいところに気づくやさしさがミリョク。いろいろやってみるけどあきるのも早いかも。

アイドルタイプ

恋愛 好きになるのもきらいになるのも早いタイプ。

将来 ヘアメイクやスタイリストで成功しそうだよ。

友情 あなたの性格とちがうタイプの友だちができる。

相性 話をしっかり聞いてくれるとてもやさしい人。

性格はどっち? 元気 ──♥── やさしい

♡ めえてる ♡

性格 みんながあっとおどろく新しいものをつくる力があるね。自由に考えるのが得意だよ。

芯があるタイプ

恋愛 相手が強くおしてくると好きになるかも。

将来 アイデアを商品にして自分で売る仕事が◎。

友情 特定の仲よしの友だちをとても大切にする。

相性 ささいなこともおおげさに感動してくれる人。

性格はどっち? 元気 ♥────── やさしい

♡ めぐ ♡

性格 人の好ききらいが少なく、だれとでもしぜんに話そうとするタイプ。まわりからしたわれるよ。

芯があるタイプ

恋愛 世話したくなるやんちゃな人が好きかも。

将来 結婚プランナーやアドバイスをする仕事向き。

友情 友だちのよいところをみつけてほめると◎。

相性 約束や時間を守る、しっかりきっちりした人。

性格はどっち? 元気 ──♥── やさしい

HAPPYジンクス 月夜に真っ白な猫を見かけると早く結婚するらしいよ。

♡ めぐみ ♡

性格 家族や友だちに思いやりがあるやさしいタイプ。うっかりあわてんぼうでも好かれちゃう。

芯があるタイプ

恋愛 失恋するとひきずるくらい真剣に恋愛するよ。

将来 どんな仕事でもチャレンジするとうまくいく。

友情 友だちを今よりほめるともっと仲よくなれそう。

相性 口下手で不器用だけど心やさしい人と相性◎。

性格はどっち？ 元気 ♥――――― やさしい

♡ めぐむ ♡

性格 グループにいるだけでみんながいやされるタイプ。ほんわかしていて話しかけやすい。

負けず嫌いタイプ

恋愛 手作りのもので相手を喜ばせるのが好き。

将来 家づくりやインテリアコーディネーター。

友情 周りがほうっておけない気になる存在だよ。

相性 元気でわんぱくな人。おとなしい人は×。

性格はどっち？ 元気 ―――――♥ やさしい

♡ めぐり ♡

性格 かっこいい人になる努力をしていて、みんなのあこがれになることが多い。負けずぎらい。

芯があるタイプ

恋愛 好きになったら自分から告白しちゃうかも。

将来 テレビやラジオ局、マスコミの仕事が向いてる。

友情 本気でけんかをした後に友情がめばえそう。

相性 おおらかでミスをしてもあまり怒らない人。

性格はどっち？ 元気 ――♥――― やさしい

♡ めさ ♡

性格 自分の意見は強くもっていても、だまってみんなの話を聞くよ。年下にたよられやすい。

芯があるタイプ

恋愛 好きな人も大切だけど友だちを優先しがち。

将来 カメラマンや探偵がけっこう向いているよ。

友情 聞き上手だからみんなが話しかけやすいよ。

相性 なんとなく心配で面倒を見てあげたくなる人。

性格はどっち？ 元気 ―――♥―― やさしい

♡ めめ ♡

性格 こまかいことがじょうずにできるタイプ。ぱぱっと考えられるので成績もいいみたい。

アイドルタイプ

恋愛 人を笑わせてくれるめだつ人が好みかも。

将来 栄養士や食に関する仕事に向いているよ。

友情 自分をさらけ出せて自然でいられる友だちが◎。

相性 うじうじしないで立ち直りの早い明るい人。

性格はどっち？ 元気 ―♥―――― やさしい

♡ めり ♡

性格 やることも言うことも大きくてパワーがあるタイプ。まわりからたよられることが多いよ。

負けず嫌いタイプ

恋愛 物知りでできる人を尊敬して好きになりそう。

将来 ホテルや旅館で人をもてなす仕事が合いそう。

友情 困った人を助けてあげるから友だちが多いよ。

相性 ユーモアで笑わせてくれるたいくつしない人。

性格はどっち？ 元気 ――――♥― やさしい

HAPPYジンクス 出席番号8の子に朝会うと、その日は人気運がアップしちゃうよ。

233

♡ めりあ ♡

性格 目立つことや、おしゃべり大好き！調べることも好きで、いろんなことを知っているよ。

負けず嫌いタイプ

恋愛 人気者のカレに夢中になっちゃうかも!?

将来 お客さんと関わる仕事で成功しそう。

友情 友だちといつも楽しく盛り上がれちゃう。

相性 心の広い人と楽しく過ごせちゃいそう。

性格はどっち？ 元気 ――♡―― やさしい

♡ める ♡

性格 負けずぎらいで、一番をめざすアナタ。そのがんばりで、自分の夢をかなえる力があるよ。

芯があるタイプ

恋愛 本当に好きな人と、いつかシアワセに！

将来 ウワサのネット起業家になっちゃうかも。

友情 思い切って、親友に悩みを打ち明けて。

相性 アナタだけを好きでいてくれる男の子が◎。

性格はどっち？ 元気 ―――♡ やさしい

♡ めろ ♡

性格 記念日やお祭りが好きなにぎやかな人だよ。自分も友だちも楽しませることが上手。

負けず嫌いタイプ

恋愛 聞き上手なカレにドキッとしそうだよ。

将来 しゃべることに関するお仕事をしそうだよ。

友情 友だちといっしょに楽しむのが好きな人だよ。

相性 あっさりした感じの彼と相性がいいよ。

性格はどっち？ 元気 ――♡―― やさしい

♡ もあ ♡

性格 礼儀正しいアナタは、みんなの人気者で頼られる人だよ。リーダーになりやすいね。

芯があるタイプ

恋愛 スポーツや勉強に夢中な人を好きになるよ。

将来 明るく、銀行の窓口で働いていそう。

友情 友だちの意見を聞くと、悩みが解決するかも。

相性 自分と考え方が同じ人が良さそうだよ。

性格はどっち？ 元気 ―――♡ やさしい

♡ もあい ♡

性格 周りから信頼されて、リーダーになりそう。知らない間に、目立ってしまうタイプ。

芯があるタイプ

恋愛 相手を良く知ってから好きになっちゃうよ。

将来 リーダーや社長になっちゃうかも！？

友情 友だちとケンカしたら自分から謝ると◎。

相性 話や好みの合う人にドキドキしそう！

性格はどっち？ 元気 ♡―――― やさしい

♡ もあな ♡

性格 目立つのが好きではない大人しい人だよ。緊急事態には落ち着いて行動できるね。

芯があるタイプ

恋愛 好きな人には素直になってみると◎。

将来 映画監督でハリウッドデビューかも！？

友情 アナタを助けてくれる友だちが出来そうだよ。

相性 ロマンチックな人と相性がバッチリ！

性格はどっち？ 元気 ―――♡ やさしい

HAPPYジンクス ひとりの人とずーっとつきあって結婚すると子だくさんになるよ。

♡ もあり ♡

性格 がんばり屋さんのアナタ。大人になったら夢がかないそう！でもがんばりすぎには注意して！

芯があるタイプ

恋愛 好きな人に自分で告白しちゃいそう。

将来 やさしく人を助ける仕事をしそうだよ。

友情 本当に仲のいい友だちを大切にできる人。

相性 おおらかでやさしい人と相性ピッタリ！

性格はどっち？ 元気 ♥ーーーー やさしい

♡ もうか ♡

性格 しっかり者に見られるけど、甘えん坊な部分もあるアナタ。カワイイ物を集めちゃうよ。

負けず嫌いタイプ

恋愛 甘えたがりのアナタは、年上がおすすめ。

将来 マイペースに働ける仕事につきそうだね。

友情 恋愛よりも友だちづきあいを大事にするよ。

相性 自信家でオレ様タイプの彼が気になりそう。

性格はどっち？ 元気 ーーー♥ やさしい

♡ もえ ♡

性格 知りたがり屋で勉強好きなので、いろんなことを知っている人だよ。根性もあるね。

負けず嫌いタイプ

恋愛 友だちの多い男の子が気になりそうだね。

将来 動物を育てるようなお仕事をしそうだよ。

友情 話を聞いてくれる人と親友になれるかも！？

相性 人とはちがうワザを持つ人と相性ピッタリ。

性格はどっち？ 元気 ーー♥ー やさしい

♡ もえか ♡

性格 みんなの中にいるだけで、周りを笑顔にしてしまうような、愛されるキャラだよ。

負けず嫌いタイプ

恋愛 甘えたがりのアナタは、やさしい人が好き。

将来 将来は、カリスマのバスガイドさんかも！？

友情 友だちをとても大切にしているね。

相性 元気で、やんちゃな人と相性ピッタリ。

性格はどっち？ 元気 ーーー♥ やさしい

♡ もえぎ ♡

性格 少し大人しいタイプ。友だちとワイワイさわぐより、静かに考えごとをするのが好きだよ。

アイドルタイプ

恋愛 ドラマのようなステキな出会いがあるかも。

将来 かっこいい洋服をデザインしそうだよ。

友情 時には友だちのペースに合わせてみよう。

相性 成績が同じくらいの人と相性バッチリ。

性格はどっち？ 元気 ーー♥ー やさしい

♡ もえこ ♡

性格 目標に向かって一生けんめいなアナタ。大きくなると、みんなが尊敬する人になりそうだよ。

芯があるタイプ

恋愛 好きな人と、とってもラブラブになりそう。

将来 売れっ子芸能人になっちゃうかも！？

友情 友だちの良いところをほめてあげると◎。

相性 約束や時間を守る人が良さそうだよ。

性格はどっち？ 元気 ーーー♥ やさしい

HAPPYジンクス 散歩中の白い犬にほえられるとラッキーな事がおこるよ。

♥ もえな ♥

性格 うそがつけない正直者。お世辞を言われるのがきらいで、気持ちが顔に出やすい人だよ。

負けず嫌いタイプ

恋愛 ワイルドな男子に夢中になりそう！？

将来 ファッションの世界で活躍しそうだね。

友情 グループのいやし系。みんなに愛されるよ。

相性 背が高くて我慢強い人が気になりそう。

性格はどっち？ 元気 ─♥─── やさしい

♥ もえの ♥

性格 自分から前に出る性格ではないけれど、気づくと人の上に立っているタイプだよ。

負けず嫌いタイプ

恋愛 王子様みたいなかっこいい男の子がタイプ。

将来 自分の得意なことを仕事にしそうだよ。

友情 アナタがいないとみんながさみしがるいやし系。

相性 決断力があり引っ張ってくれる人と相性◎。

性格はどっち？ 元気 ──♥── やさしい

♥ もえみ ♥

性格 ニコニコと、いつも笑顔のアナタ。明るい感じが、男の子にも女の子にも人気だよ。

アイドルタイプ

恋愛 みんなを笑わせる人にドキッとしそうだね。

将来 人気ケーキ店のパティシエになりそうだよ。

友情 スポーツが上手な友だちができるかも。

相性 少しのことではクヨクヨしない人が◎。

性格はどっち？ 元気 ─♥─── やさしい

♥ もえり ♥

性格 練習のときよりも本番に強いアナタ。運も強いので、チャンスを逃がさない人だよ。

アイドルタイプ

恋愛 時間をかけて人を好きになるタイプだよ。

将来 芸能リポーターになって、いそがしくなりそう。

友情 落ち込んでる人を元気づけるやさしい人だね。

相性 うそをついてもバレる、わかりやすい人が◎。

性格はどっち？ 元気 ─♥─── やさしい

♥ もか ♥

性格 先生や年上の先輩から好かれるよ。少し不器用な部分もあるけれど、とってもマジメ。

芯があるタイプ

恋愛 心配性のアナタはやさしい人が気になりそう。

将来 頼りにされる政治家になりそうだね。

友情 みんな同じように接するので信頼されるよ。

相性 アナタの言葉をしっかり聞く人が良さそう。

性格はどっち？ 元気 ───♥─ やさしい

♥ もこ ♥

性格 コツコツがんばれる人だね。無理せず計画を立てて、上手にいろいろと進めていけるよ。

アイドルタイプ

恋愛 みんなを楽しませる人にドキッとしそう。

将来 人気レストランのカリスマシェフかも。

友情 人見知りで、友だちとゆっくり仲よくなるよ。

相性 立ち直りの早い人と相性ピッタリだね。

性格はどっち？ 元気 ───♥─ やさしい

HAPPYジンクス 好きな人のおしりに偶然ふれてしまった日は告白のチャンスだよ。

♡ もちこ ♡

性格 ほんわかしたいやし系のアナタ。話しかけやすいので、たくさん友だちが出来そうだよ。

タイプ: 負けず嫌いタイプ

恋愛 恋多き女子。やさしくされるのに弱いみたい。

将来 海外旅行に関係するお仕事をしそうだよ。

友情 やさしい感じなので、話しかけられやすいよ。

相性 自慢したくなるようなイケメンと相性◎。

性格はどっち? 元気 ——♡—— やさしい

♡ もと ♡

性格 明るくて、ハキハキとしゃべるミリョク的なアナタだけど、さみしがり屋のところもあるね。

タイプ: アイドルタイプ

恋愛 お話が上手な人が気になりそうだよ。

将来 生徒に人気の学校の先生になるかも。

友情 友だちの中では、何かを決めることが多いね。

相性 テキパキと動いて、話す人が相性ピッタリ。

性格はどっち? 元気 ————♡ やさしい

♡ もとえ ♡

性格 うそをつかず、いつも堂々としているアナタ。グループのリーダーになりやすいね。

タイプ: 芯があるタイプ

恋愛 いっしょにいていやされる彼と幸せになるよ。

将来 数字の計算や分析する仕事をしそうだよ。

友情 友だちとケンカしたら自分からあやまってみよう。

相性 約束を必ず守る人に安心しそうだね。

性格はどっち? 元気 ——♡—— やさしい

♡ もとか ♡

性格 何でも、きっちりしたいタイプだね。まちがったことをハッキリと言える強い人だよ。

タイプ: アイドルタイプ

恋愛 すぐに好きな人が出来ちゃうタイプだよ。

将来 かわいいショップのカリスマ店員になるかも。

友情 友だちの良いところを見つけるのが得意だよ。

相性 わがままを許してくれる人と相性が良いよ。

性格はどっち? 元気 ———♡— やさしい

♡ もとこ ♡

性格 まわりの人を思いやれる心やさしい人。かわいいものが大好きで、いやし系の人だよ。

タイプ: 負けず嫌いタイプ

恋愛 好きな人に喜んでもらうことが大好きだね。

将来 お客さんに頼られるガイドさんになるかも。

友情 世話好きで、リーダーになりやすいね。

相性 困ったときにそばにいてくれる人と相性◎。

性格はどっち? 元気 ——♡—— やさしい

♡ もとみ ♡

性格 周りの人に愛される性格のアナタ。何か困ったときはだれかが助けてくれそうだよ。

タイプ: 負けず嫌いタイプ

恋愛 やさしくしてくれた人にドキドキしそうだよ。

将来 将来はステキな自分の家をつくるかも！？

友情 初めての人にも話しかけられやすいよ。

相性 どんな時も元気な人と相性ピッタリだよ。

性格はどっち? 元気 ——♡—— やさしい

HAPPYジンクス 席についたときにちょうどチャイムが鳴るとハッピーなことがおこるよ。

♡ もな ♡

性格 未来の夢に向かって、少しずつがんばり続ける人だよ。夢中になりすぎには注意してね。

芯があるタイプ

恋愛 好きになったら自分から告白しそうだよ。

将来 社長を手伝う秘書で、バリバリ働きそう。

友情 マジメな人と、とても仲よくなりそうだよ。

相性 勉強に一生けんめいな人と相性ピッタリ。

性格はどっち? 元気 ──┼──┼──♡── やさしい

♡ もなみ ♡

性格 思いやりがあって、感謝の気持ちを忘れない人。あわてんぼうなところには気をつけて。

芯があるタイプ

恋愛 オタクの人を好きになっちゃうかも!?

将来 外交官や政治家、芸能人になりそう。

友情 友だちも多く、だれからも好かれちゃう。

相性 あなたを一番に思ってくれる人が合いそう。

性格はどっち? 元気 ──♡──┼──┼── やさしい

♡ もにか ♡

性格 とてもまじめで不器用に思われるけれど、しっかり努力して自分の夢をかなえる人。

芯があるタイプ

恋愛 初めてつきあった人とラブラブになりそう。

将来 芸能人やアイドルになっちゃうかも!?

友情 だれとでも、楽しく仲良くすごせちゃうよ。

相性 おとなしくやさしい人と相性ピッタリ。

性格はどっち? 元気 ──┼──♡──┼── やさしい

♡ もね ♡

性格 ふわっとして、おしとやかな雰囲気のアナタ。手芸やお菓子作りにチャレンジしてみない?

負けず嫌いタイプ

恋愛 大好きな人から、大切にされそうだよ。

将来 自分のお店を開いて、大活躍しそうだよ。

友情 にぎやかで楽しい友だちがたくさん出来そう。

相性 背が高く、スラッとした人と相性バッチリ!

性格はどっち? 元気 ──♡──┼──┼── やさしい

♡ もみじ ♡

性格 意見を持っているけど、好きな人の話は素直に聞けるね。男の子にももてるタイプ。

負けず嫌いタイプ

恋愛 お坊ちゃまタイプにときめいちゃうかも。

将来 芸術家や美容師になって活躍しそうだね。

友情 お友だちのファッションリーダーになりそう。

相性 笑顔がステキな子にいやされそうだよ。

性格はどっち? 元気 ──♡──┼──┼── やさしい

♡ もも ♡

性格 絵や歌が上手な人。何かに気づく力があるので、上手なことを生かして活躍しそうだよ。

アイドルタイプ

恋愛 ドラマのような出会いにあこがれる人だね。

将来 新聞記者になって、事件にそうぐうするかも!?

友情 友だちの好ききらいがはっきりしているよ。

相性 わがままを許してくれる人と合いそうだね。

性格はどっち? 元気 ──┼──┼──♡── やさしい

HAPPYジンクス: 爪の中に白い点ができると男の子にモテモテになっちゃうよ。

♡ ももあ ♡

性格 すぐにあきちゃうとこもあるけれど、気になることがいっぱいで、元気に行動する人だね。

アイドルタイプ

恋愛 アナタの笑顔で彼と上手くいくかも！？

将来 人気のヘアスタイリストになるかも！？

友情 味方になってくれる人を大切にするよ。

相性 アナタをニックネームで呼ぶ人が◎。

性格はどっち？ 元気 ──── やさしい♡

♡ ももえ ♡

性格 自分の考えをしっかり持ったアナタ。男の子からも女の子からも信頼されているよ。

芯があるタイプ

恋愛 いっしょにいてホッと出来る人にいやされそう。

将来 社長やリーダーになって大いそがしかも！？

友情 口がたいアナタにみんなが相談しにくるよ。

相性 気楽に話せる男の子が合いそうだね。

性格はどっち？ 元気 ──── やさしい♡

♡ ももか ♡

性格 気まぐれで、ビックリさせることもあるけど、友だちには、アナタがステキに見えるよ。

アイドルタイプ

恋愛 親切にしてもらった人にキュンとしそう。

将来 食べ物に関わる仕事で活躍しそう。

友情 仲良くなると意見を言えるようになるよ。

相性 我慢強くつきあってくれる人がピッタリ。

性格はどっち？ 元気 ──── やさしい♡

♡ ももこ ♡

性格 あたたかく友だち思いのアナタは、みんなに愛されるよ。いつも友だちに囲まれる人だね。

負けず嫌いタイプ

恋愛 自分とちがうタイプの彼にキュンとしそう。

将来 自分のペースでゆったり仕事しそうだよ。

友情 自然と友だちの話題の中心にいるタイプだね。

相性 大人しい人より、元気いっぱいな人が◎。

性格はどっち？ 元気 ──── やさしい♡

♡ ももせ ♡

性格 自分の意見も、友だちの意見も大切にする、おおらかな人で、みんなから愛されるよ。

芯があるタイプ

恋愛 好きな人が出来たら、すぐに告白してみて。

将来 人気カメラマンになって活躍しそうだよ。

友情 親友とは大人になっても友だちでいられるよ。

相性 まわりの人気はイマイチでもステキな人が◎。

性格はどっち？ 元気 ──── やさしい♡

♡ ももな ♡

性格 やさしいアナタは、まわりに気を使いすぎることもあるよ。ときには正直に意見を言うと◎。

アイドルタイプ

恋愛 気持ちに気づいてくれるのを待つ人だね。

将来 将来、スゴイものを発明しちゃうかも！？

友情 アナタとはちがうタイプの友だちが出来るよ。

相性 大きな夢を持つ人が相性ピッタリだよ。

性格はどっち？ 元気 ──── やさしい♡

HAPPYジンクス 目の前に葉っぱがヒラヒラ落ちてくるとだれかに恋されてるんだって。

♡ ももね ♡

性格 好きなことには、がんばれるアナタ。ときには興味のないことにもチャレンジしてみよう。

　芯があるタイプ

恋愛 彼のお手伝いを喜んでするタイプだよ。

将来 大ヒット映画の監督になっちゃうかも！？

友情 友だちから悩みごとを相談されそうだよ。

相性 家族を大事にする人と相性がいいよ。

性格はどっち？　元気──┼──┼──♡──やさしい

♡ ももの ♡

性格 さわやかな雰囲気のアナタ。困ったときに力を発揮する、追いつめられると強いタイプだよ。

負けず嫌いタイプ

恋愛 一人の彼から、とても大事にされそう。

将来 将来は、女優や劇団員になるかも！？

友情 マイペースな友だちにふりまわされるかも。

相性 とても年上の男性が気になりそうだよ。

性格はどっち？　元気──┼──┼──┼──♡やさしい

♡ ももは ♡

性格 好ききらいがはっきりしている人だね。自分の好みを友だちに、しっかり伝えられるよ。

アイドルタイプ

恋愛 好きな人ができると夢中になりそうだよ。

将来 カリスマのヘアメイクさんになるかも。

友情 アナタの味方の友だちを大切にする人だよ。

相性 少し変わった、面白い人と合いそうだよ。

性格はどっち？　元気──┼──♡──┼──やさしい

♡ ももみ ♡

性格 コツコツと自分のペースでがんばれる人だね。そのがんばりで、将来は大成功しそうだよ。

負けず嫌いタイプ

恋愛 アナタを大好きな人とラブラブになりそう。

将来 人気のツアーコンダクターになりそうだよ。

友情 友だちが、いつもアナタを気にしてくれるよ。

相性 アナタを守ってくれる人がピッタリだね。

性格はどっち？　元気──┼──┼──♡──やさしい

♡ ももよ ♡

性格 人とあらそうことがきらいなアナタ。いつもまわりはやさしい雰囲気で、だれからも愛されるよ。

負けず嫌いタイプ

恋愛 イケメンの彼にドキドキしちゃいそう。

将来 やさしい看護師さんになっちゃうかも！？

友情 友だちが言った冗談にビックリしそうだよ。

相性 音楽や絵の上手な人と相性が良さそうだよ。

性格はどっち？　元気──┼──┼──♡──やさしい

♡ もゆ ♡

性格 まっすぐで、ルールをキチンと守る人だよ。友だちにも、マジメにやさしくつきあうよ。

負けず嫌いタイプ

恋愛 友だちに好きな人の相談をしてみてね。

将来 テーマパークで楽しく働いてそうだよ。

友情 友だちの話を落ち着いて聞いてみよう。

相性 声が大きくてにぎやかな人に注目してみて。

性格はどっち？　元気──┼──┼──♡──やさしい

HAPPYジンクス　1日にカラスを7羽以上見ることができたら告白されちゃうよ。

や行の女の子

努力家タイプ

ずるしないでまじめにコツコツがんばれる。かわいい物をあつめるのが大好き！明るく素直な人。

古風タイプ

親やご先祖様をだいじにする古風なタイプ。キレイ好き。シンプルで上品なファッションがとっても似合うみたい。

仲間思いタイプ

困ってる人を放っておけない、仲間をとっても大切にする人。笑顔がかわいいのもミリョク。こだわりの趣味を持ってるね。

♡ やいこ ♡

性格 ルールをキチンと守り、家族や友だちを大切にする人だね。みんなから信頼されるよ。 **古風タイプ**

恋愛 一途で、初恋の人と結婚しちゃうかも！？

将来 どんな仕事でもチャレンジできる人だよ。

友情 しっかりもので、みんなに頼られる人だね。

相性 お金持ちのお坊ちゃまと相性ピッタリ！

性格はどっち？ 元気 ――♡―― やさしい

♡ やえ ♡

性格 自分の考えを持った、しっかりした人。人に甘えることがニガテなリーダータイプだね。 **古風タイプ**

恋愛 がんばっている彼と長くつきあえそう。

将来 銀行員などのお金に関する仕事をするかも。

友情 口がたいところが、みんなに信頼されるよ。

相性 恥ずかしがり屋で大人しい彼と合いそう。

性格はどっち？ 元気 ――♡―― やさしい

♡ やえか ♡

性格 守りたくなるキャラで、年上の人に好かれるよ。うっかり屋さんで、あわてん坊。 **古風タイプ**

恋愛 真剣に恋をするので彼と長続きしそう。

将来 結婚式に関係ある仕事をしそうだね。

友情 だれとでも同じようにつきあえる人だよ。

相性 勉強や読書が好きな人が気になりそう。

性格はどっち？ 元気 ――♡―― やさしい

♡ やえこ ♡

性格 いつも落ち着いていて、マイペースなあなた。友だちもあなたの雰囲気にいやされるね。 **努力家タイプ**

恋愛 大人っぽい雰囲気の彼にドキドキしそう。

将来 お客さんに愛されるバスガイドさんかも！？

友情 年下の友だちに、とても好かれそうだね。

相性 みんなに愛される人気者の彼と相性◎。

性格はどっち？ 元気 ――♡―― やさしい

♡ やえの ♡

性格 のんびりとしたマイペースな人。自分の好きなことをしているときがシアワセみたいだよ。 **努力家タイプ**

恋愛 ワイルドな男の子にドキドキするかも。

将来 自分の好きなことで、お店をひらくかも！？

友情 友だちみんなに信頼されるタイプだよ。

相性 年の離れた男の子と気が合っちゃうかも。

性格はどっち？ 元気 ――♡―― やさしい

♡ やおい ♡

性格 何でもハッキリさせたい性格。正義感も強いので、まわりから頼りにされちゃうね。 **古風タイプ**

恋愛 やさしく静かな人を好きになっちゃうよ。

将来 数字に関係した仕事をしそうだよ。

友情 時には友だちに悩み相談をしてみよう。

相性 うそをつかない正直な人と相性ピッタリ。

性格はどっち？ 元気 ――♡―― やさしい

HAPPYジンクス レジでおつりをまちがわれると良いことがおきるよ。

♡ やくも ♡

性格　何でも、パッと考えられて、集中して勉強できる。成績も良く、頭のいい人だね。　**努力家タイプ**

恋愛　面白くて目立つ人が気になりそうだね。
将来　おしゃれなカフェの店員さんになるかも。
友情　いつもみんなの話題の中心にいるよ。
相性　友だちよりアナタを大切にする人が◎。

性格はどっち？　元気　——♡——　やさしい

♡ やこ ♡

性格　いつも一生けんめいなアナタは、しっかりがんばれる人だね。夢をかなえられそうだよ。　**古風タイプ**

恋愛　初めてつきあった彼と結婚するかも！？
将来　結婚や結婚式を手伝う仕事をしそうだよ。
友情　友だちの良いところを見つけてみよう。
相性　セレブなやさしい人と相性バッチリ。

性格はどっち？　元気　——♡——　やさしい

♡ やさか ♡

性格　あまり人の前に出ない恥ずかしがり屋さん。少し天然キャラで、みんなにかわいがられるよ。　**努力家タイプ**

恋愛　甘えられる年上の人にキュンとしそう。
将来　設計士など家をつくる仕事をしているかも！？
友情　好きな子よりも友だちを優先するタイプだよ。
相性　いつも堂々としている人とピッタリ！

性格はどっち？　元気　——♡——　やさしい

♡ やすえ ♡

性格　自分の考えを持っていて、みんなに信頼されるよ。友だちの意見も参考にするといいね。　**古風タイプ**

恋愛　目標を持っている男の子にドキドキしそう。
将来　外国の会社で、バリバリ働いているかも！？
友情　ひとりで悩まずに、友だちに相談してみよう。
相性　大人しいけれどやさしい人と相性ピッタリ。

性格はどっち？　元気　——♡——　やさしい

♡ やすか ♡

性格　ロマンチックで静かな感じの人だよ。興味のあることに、いろいろ挑戦しそうだね。　**仲間思いタイプ**

恋愛　気持ちを素直に伝えると上手くいくかも。
将来　有名な和菓子店の職人になっちゃうかも。
友情　友だちへの思いやりがある人だね。
相性　ぽっちゃりしたあたたかい感じの人が◎。

性格はどっち？　元気　——♡——　やさしい

♡ やすこ ♡

性格　あまり前に出す相手の言葉をきちんと聞けるね。あたたかい雰囲気で周りに愛されるよ。　**努力家タイプ**

恋愛　親切な男の子を好きになりそうだよ。
将来　お客さんを連れて世界中を旅するかも！？
友情　いつもみんなの輪の中心にいる人だね。
相性　ビックリするようなイケメンと相性。

性格はどっち？　元気　——♡——　やさしい

HAPPYジンクス　薬指の爪が欠けたり割れたりすると両思いになれるよ。

♡ やすな ♡

性格 まわりの人のことが気になるタイプだね。まわりの人の顔や名前を覚えるのが得意だよ。

仲間思いタイプ

恋愛 アナタを特別扱いする人を好きになりそう。

将来 宝石をデザインする仕事をするかも！？

友情 友だちに自分の意見を伝えると楽しくなるよ。

相性 上手に気をつかえる人と相性ピッタリ。

性格はどっち？ 元気 ——————♡—— やさしい

♡ やすの ♡

性格 マイペースでのんびりやさん。だれかと競争するより、自分の好きなことをしたい人だよ。

努力家タイプ

恋愛 好きすぎてヤキモチ焼きになっちゃうかも。

将来 得意なことや好きなことが仕事になりそう。

友情 お笑い系の友だちと仲良くなれそうだよ。

相性 ロマンチストの男の子にビビッときそう。

性格はどっち？ 元気 ——————♡—— やさしい

♡ やすは ♡

性格 整理整頓が得意で、キチンとしたことが好きな人。何でも、計画を立てて進められるよ。

仲間思いタイプ

恋愛 片思いでも、好きな人を追いかける人だよ。

将来 人気バンドのボーカルになっちゃうかも。

友情 勉強が得意な人と友だちになりそうだよ。

相性 話し上手で、みんなを盛り上げる人が◎。

性格はどっち？ 元気 ————♡———— やさしい

♡ やすほ ♡

性格 だまっていることやジッとしていることがニガテなアナタ。とっても元気でにぎやかな人だよ。

努力家タイプ

恋愛 好きと言ってくれる彼にキュンとしちゃう。

将来 家のデザインをする人になりそうだよ。

友情 キチンと話を聞いてくれる親友ができそう。

相性 みんながあこがれるイケメンと相性◎。

性格はどっち？ 元気 ——————♡—— やさしい

♡ やすよ ♡

性格 占いやおまじないが大好きで、不思議なことが気になるタイプだね。

努力家タイプ

恋愛 気になる人から、お誘いがあるかも！？

将来 遊園地でみんなを楽しませる仕事かも！？

友情 ファッションセンスが注目の的だよ！

相性 新しいものが大好きな人がピッタリ。

性格はどっち？ 元気 ——————♡—— やさしい

♡ やまと ♡

性格 ピンチのときほど、諦めずにがんばれるアナタ。がんばりすぎずに、休憩することも大事だよ。

古風タイプ

恋愛 どんなときもいっしょにいてくれる彼が◎。

将来 正義を守る婦人警官になりそうだよ。

友情 本気でケンカした友だちが親友になりそう。

相性 アナタだけを好きでマジメな人が良さそう。

性格はどっち？ 元気 ——————♡—— やさしい

や

HAPPYジンクス 通学中に黄色い車を見ると好きな人から話しかけられるらしいよ。

♡ やや ♡

性格 自分の意見を持っているけど好きな人の意見は聞くタイプ。ニガテな人には無口かも。 　**努力家タイプ**

恋愛 恥ずかしがりで告白されるのを待つタイプ。
将来 看護師など、人を助ける仕事をしそうだね。
友情 勉強の成績の近い子と仲よくなりそう。
相性 笑顔がステキな楽しい人にドキッとしそう。

性格はどっち？ 元気 ――――― やさしい

♡ やよい ♡

性格 負けずぎらいながんばり屋さん。一度決めたら最後までやりきるような、まっすぐな人。 　**古風タイプ**

恋愛 目標に向かってがんばる人を好きになりそう。
将来 外国に関わる仕事や外国で仕事をするかも。
友情 友だちから相談されたり、頼りにされちゃう。
相性 見た目より性格の合う人がピッタリ！

性格はどっち？ 元気 ――――― やさしい

♡ ゆあ ♡

性格 初めてのことも、すぐにできる、勘の良い人だね。友だちや家族思いの部分もあるね。 　**仲間思いタイプ**

恋愛 アナタを気になって仕方ない人が現れそう。
将来 コンピューターを使ってお仕事しそうだよ。
友情 今まで仲良くなかった人と友だちになりそう。
相性 アナタの話を楽しく聞いてくれる人が◎。

性格はどっち？ 元気 ――――― やさしい

♡ ゆあな ♡

性格 すぐに決められない優柔不断な部分もあるけど、じっくりと物事を決める慎重な人だね。 　**仲間思いタイプ**

恋愛 好きな人に上手にアピールできる人だよ。
将来 アナタのアイディアが大ブレークするかも。
友情 思い切って自分の意見を伝えてみてね。
相性 普通の話も面白く話せる人が良さそうだよ。

性格はどっち？ 元気 ――――― やさしい

♡ ゆあり ♡

性格 時々周りをビックリさせることをしちゃいそう。それでもみんなに愛されるタイプだよ。 　**努力家タイプ**

恋愛 勉強が得意な人にドキドキしそうだよ。
将来 おしゃれなカフェの店長さんになるかも！？
友情 アナタを信頼してくれる友だちができそう。
相性 勉強をやさしく教えてくれる人がピッタリ。

性格はどっち？ 元気 ――――― やさしい

♡ ゆあら ♡

性格 さみしがり屋だけれど、一人の時間も大切にするアナタ。オトナっぽい感じの人だよ。 　**仲間思いタイプ**

恋愛 いろんなタイプにモテモテの人だよ。
将来 子供に大人気の保育園の先生かも！？
友情 友だち同士を仲よくさせるのが得意だね。
相性 アナタの話を楽しんで聞いてくれる人が◎。

性格はどっち？ 元気 ――――― やさしい

HAPPY ジンクス コップやマグカップを落とすと友だちにヒミツがバレちゃうよ！

♡ ゆあん ♡

性格 物事の好ききらいがハッキリしてるね。新しいことを勉強するのも得意な秀才タイプ。 —— 仲間思いタイプ

恋愛 自分のミリョクが分かるあなたはモテる人だよ。
将来 テレビのコメンテーターになっちゃうかも。
友情 目立つ人と友だちになることが多いね。
相性 普通の人より、少し変わった人と相性◎。

性格はどっち？ 元気 ——♡—— やさしい

♡ ゆい ♡

性格 だまってジッとしていることはニガテかな。考えるよりも先に、体が動くタイプだね。 —— 努力家タイプ

恋愛 人気者の彼にドキドキしそうだよ。
将来 動物に囲まれるお仕事をしているかも。
友情 約束を守ると友だちともっと仲良くなれるよ。
相性 何でも引き受ける心の広い人がピッタリ！

性格はどっち？ 元気 —♡——— やさしい

♡ ゆいあ ♡

性格 おしゃべりが大好きな明るい人だよ。周りの人の話も聞くと、もっと楽しくなるよ。 —— 努力家タイプ

恋愛 王子様のような男の子にドキドキしそう。
将来 何かのスポーツでプロになっちゃうかも。
友情 友だちの秘密を守ると、もっと仲良くなるよ。
相性 音楽や好きなことが同じ人と相性バッチリ！

性格はどっち？ 元気 ——♡—— やさしい

♡ ゆいか ♡

性格 とても純粋で友だち思いのあなた。きれい好きで、少し気にしすぎるところもあるかも！？ —— 努力家タイプ

恋愛 年上の彼がすぐにできちゃうかも！？
将来 みんなに尊敬される運転手になれそう。
友情 リーダーになって頼りにされそうだよ。
相性 友だちがたくさんいる男の子と合いそうだよ。

性格はどっち？ 元気 ———♡— やさしい

♡ ゆいき ♡

性格 そのばにいるだけでパッと明るくなるようなステキなあなた。男の子にもモテる人だよ。 —— 仲間思いタイプ

恋愛 勉強もスポーツもできる人が気になりそう。
将来 世界的にヒットする小説を書くかも！？
友情 いつも友だちを心配できるやさしい人だよ。
相性 困らせても許してくれる人が合いそうだね。

性格はどっち？ 元気 —♡——— やさしい

♡ ゆいこ ♡

性格 あたたかな人だけど、がんこなところもあるよ。友だちや家族をとても大切にする人だね。 —— 古風タイプ

恋愛 何かに詳しい人にドキドキしそうだよ。
将来 自分のやりたいことが成功しそうだよ。
友情 すぐに仲よしの友だちができる人だよ。
相性 あまり話さないけれどやさしい人が◎。

性格はどっち？ 元気 ———♡— やさしい

 HAPPYジンクス　右耳がチクチクすると自分の良いうわさが流れるんだって。

♡ ゆいさ ♡

性格 人からたのまれると断れないやさしい女の子。用事が多くなって、いつもいそがしくなっちゃいそう。 — 努力家タイプ

- **恋愛** イケメンとのデートにあこがれるタイプ。
- **将来** 遊園地やテーマパークでお仕事しそうだよ。
- **友情** 友だちの冗談をマジメに受けちゃうかも。
- **相性** ご飯の食べ方がきれいな人が気になりそう。

性格はどっち？ 元気 ——♡—— やさしい

♡ ゆいせ ♡

性格 曲がったことが大きらい。おとなしく見られるけど、自分の意見は、しっかり持ってるよ。 — 古風タイプ

- **恋愛** 一度好きになったら、ずっと大切にするよ。
- **将来** 看護師や弁護士になって、人の役にたとう！
- **友情** あなたを理解してくれるおっとりした子が◎。
- **相性** いつも笑顔のやさしい年上男子がお似合い。

性格はどっち？ 元気 ——♡—— やさしい

♡ ゆいと ♡

性格 ライバルに負けたくない気持ちが強い人だね。そのがんばりで、将来は大成功しそうだよ。 — 古風タイプ

- **恋愛** 好きな人に自分から告白できる人だよ。
- **将来** 有名大学の教授になっちゃうかも！？
- **友情** 本気でけんかできる子と親友になっちゃうよ。
- **相性** リアクションが大きい人といると◎。

性格はどっち？ 元気 ————♡— やさしい

♡ ゆいな ♡

性格 何かを決める力、決めたとおり動く力を持つ、強い人。友だちにも頼られるタイプだね。 — 努力家タイプ

- **恋愛** 意外な男の子にドキッとしそうだよ。
- **将来** 困っている人を助ける弁護士がいいね。
- **友情** 笑顔にしてくれる友だちができそうだよ。
- **相性** アドバイスをくれる人が良さそうだよ。

性格はどっち？ 元気 ————♡— やさしい

♡ ゆいね ♡

性格 好きなことに夢中になっちゃう。今を楽しむより、夢に向かってがんばり続ける人だよ。 — 古風タイプ

- **恋愛** 自分から好きな人にアタックしちゃう人。
- **将来** 作家や小説家など物を作る仕事がピッタリ！
- **友情** 真面目で誠実な人と親友になれるかも。
- **相性** 勉強やクラブをがんばる人と相性バッチリ。

性格はどっち？ 元気 ——♡——— やさしい

♡ ゆいの ♡

性格 間違ったことをしている人に、きちんと注意できる人だね。ときには許すことも必要だよ。 — 古風タイプ

- **恋愛** 元気に笑う彼にドキッとしそうだよ。
- **将来** 売れっ子小説家で活躍しちゃうかも。
- **友情** マジメな信じられる親友ができそうだよ。
- **相性** 家族を大切にする人と相性が良さそうだよ。

性格はどっち？ 元気 ——♡——— やさしい

HAPPYジンクス 1日2人以上に消しゴムを貸してといわれると新しい友だちができる。

♡ ゆいは ♡

性格 怖いもの知らずで目立ちたがり屋さん。いつも前向きで、立ち直りも早いタイプ。 *努力家タイプ*

恋愛 クラブや行事でいっしょになった人をチェック！

将来 ダンサーやスポーツ選手で活躍しそうだよ。

友情 友だちに、いっしょにいて楽しいと思われるよ。

相性 人の気持ちのわかる彼だと安心できるよ。

性格はどっち？ 元気 ──♡── やさしい

♡ ゆいみ ♡

性格 手先が器用で、いろいろ上手に作るよ。一人でじっくり何かをするのが好きな人だよ。 *仲間思いタイプ*

恋愛 いろんなタイプの人を好きになりそうだね。

将来 人気レストランをオープンするかも。

友情 いっしょにいてあなたが楽な人と仲よくなるよ。

相性 テストの点が同じくらいの人がピッタリ！

性格はどっち？ 元気 ♡──── やさしい

♡ ゆいら ♡

性格 いつも元気に笑う、おひさまのように明るい人。みんなを元気にするパワフルなタイプ。 *努力家タイプ*

恋愛 スポーツが得意な人にキュンとしそう。

将来 レストランの店長になって活躍しそうだね。

友情 何でも友だちといっしょにするのが好きだね。

相性 話し上手でセンスのある人がおすすめ。

性格はどっち？ 元気 ─♡─── やさしい

♡ ゆいり ♡

性格 強そうに見られるけど、言わなくても気持ちを分かって欲しいと思ってるんじゃない？ *仲間思いタイプ*

恋愛 今までとはちがった人が気になっちゃうかも。

将来 ひらめいたことが大発明につながるかも。

友情 悲しんでいる人にやさしく声をかける人だよ。

相性 ゆったりと話を聞いてくれる人が。

性格はどっち？ 元気 ──♡── やさしい

♡ ゆう ♡

性格 人の意見よりも、自分の意見を大切にする人。とっても正義感が強くて、信頼されるよ。 *古風タイプ*

恋愛 友だちが反対する人を好きになっちゃうかも。

将来 銀行員などの、お金を扱う仕事をするかも。

友情 友だちから信頼されて、相談をされそうだよ。

相性 恥ずかしがり屋な人と相性が良さそうだよ。

性格はどっち？ 元気 ──♡── やさしい

♡ ゆうあ ♡

性格 何でもはっきりさせたい性格の人だよ。しっかりしていてリーダーに選ばれやすいね。 *古風タイプ*

恋愛 スポーツをがんばる姿にキュンとしそう。

将来 研究や調べる仕事をするかもしれないよ。

友情 友だちを信頼して相談すると元気になれそう。

相性 言ったことを本当にがんばる人がピッタリ。

性格はどっち？ 元気 ──♡── やさしい

248　**HAPPYジンクス** 呼びかける前にその子がふり向いたらその子とはずっと仲よし！

♡ ゆうい ♡

性格 いろんなことに興味があるあなた。いろんな話を上手に面白く友だちに話すのが得意だね。 **仲間思いタイプ**

恋愛 好きな人をジッと見つめてしまいそうだよ。

将来 みんながあこがれる、売れっ子歌手になるかも。

友情 グループで目立とうとがんばってしまうよ。

相性 自然なアナタを好きでいてくれる人が。

性格はどっち？　元気 ――――♡ やさしい

♡ ゆうか ♡

性格 ロマンチックなあなたは、記念日を大切にする人。友だちや親の誕生日も大切にするね。 **古風タイプ**

恋愛 悩みを聞いてくれる彼にキュンとしそう。

将来 外国の大臣と話し合う仕事をするかも！？

友情 しっかりしているので頼りにされちゃうよ。

相性 静かだけれどやさしい人に安心しそう。

性格はどっち？　元気 ――――♡ やさしい

♡ ゆうが ♡

性格 思いやりのあるやさしい人。うっかりと、あわてんぼうな部分もあるので気をつけてね。 **古風タイプ**

恋愛 あまりしっかりしていない人に好かれそう。

将来 売れっ子アイドルになっちゃうかも！？

友情 友だちが、いつもあなたを頼りにしているよ。

相性 本が好きで、無口な人が良さそうだよ。

性格はどっち？　元気 ――――♡ やさしい

♡ ゆうき ♡

性格 何かに気づいたり、発見する力が強い人だよ。音楽や絵などの芸術家になるかも。 **仲間思いタイプ**

恋愛 みんなの人気者にドキドキしちゃうかも。

将来 新聞記者になって世界を飛び回りそうだね。

友情 仲の良くなかった人と友だちになりそうだよ。

相性 いっしょにいると安心できる人と相性ピッタリ。

性格はどっち？　元気 ――――♡ やさしい

♡ ゆうこ ♡

性格 頭が良く、わかりやすくきちんと説明ができる人だよ。理科や算数が得意なタイプだね。 **仲間思いタイプ**

恋愛 突然、好きな人ができちゃうかも！？

将来 行列ができるレストランの店長になるかも。

友情 自分らしくいられる友だちができそうだね。

相性 立ち直りが早くおだやかな人が良さそうだね。

性格はどっち？　元気 ――――♡ やさしい

♡ ゆうな ♡

性格 だれとでもすぐに仲良くなれるんだよ。たくさんの友だちが困ったときに助けてくれそうだね。 **古風タイプ**

恋愛 いつも元気な人が気になりそうだよ。

将来 困った人を助ける弁護士になるかも！？

友情 いろんな友だちに相談をされそうだね。

相性 一生けんめいな人や家族を大事にする人が。

性格はどっち？　元気 ――――♡ やさしい

HAPPYジンクス うっかりガムをふんじゃうと好きな人に話しかけられるよ。

♡ ゆうね ♡

性格 面倒くさいことや嫌なことも、進んでやるあなたは、みんなから頼りにされる人だよ。 （努力家タイプ）

恋愛 今まで気にならなかった彼にドキドキ！？

将来 お花や小物をデザインする仕事をするかも。

友情 あなたがいないとみんなさみしがる人気者。

相性 困ったときにアドバイスをくれる人が◎。

性格はどっち？ 元気 ―――― やさしい

♡ ゆうの ♡

性格 みんなとちがう服を着るような、おしゃれな人だよ。友だちとちがう感じが好きな人だね。 （仲間思いタイプ）

恋愛 好きな人ができると友だちに助けられそう。

将来 大ヒット曲の作曲家になっちゃうかも！？

友情 友だちとの約束を守ると、親友ができるよ。

相性 まわりを見て気をつかえる人が良さそうだよ。

性格はどっち？ 元気 ―――― やさしい

♡ ゆうは ♡

性格 自然と、目立ってしまう人だよ。自分の考えを持っているのでリーダーになりやすいね。 （古風タイプ）

恋愛 自分の意見に賛成してくれる人が◎。

将来 キャビンアテンダントで活躍しそうだよ。

友情 悩みごとを友だちに相談すると解決しそう。

相性 ピュアな人と長くつきあえそうだよ。

性格はどっち？ 元気 ―――― やさしい

♡ ゆうひ ♡

性格 友だちのちょっとした気持ちや行動に気づく人だよ。良いところを発見するのも上手だよ。 （仲間思いタイプ）

恋愛 モテモテで好きな人がたくさんできるかも。

将来 有名人のスタイリストになっちゃうかも。

友情 友だちの中でも目立つのが好きな人だね。

相性 ふしぎな感じがする人と相性良さそうだよ。

性格はどっち？ 元気 ―――― やさしい

♡ ゆうほ ♡

性格 友だちとはちがうアイデアを持った人だね。あなたの考えを、友だちは楽しく聞いているよ。 （仲間思いタイプ）

恋愛 モテモテですぐに彼ができそうだよ。

将来 新聞に文章を書くコラムニストになるかも。

友情 大切な友だちの味方になれる人だね。

相性 楽しい話をしてくれる人とピッタリだよ。

性格はどっち？ 元気 ―――― やさしい

♡ ゆうみ ♡

性格 小さなことでも喜んだり悲しんだりできるアナタ。いろいろなことを経験できる人だよ。 （仲間思いタイプ）

恋愛 ちょっと助けてくれた人にキュンとしそう。

将来 かわいい洋服を作る人になっちゃうかも。

友情 ライバルだと思っていた人と親友になるよ。

相性 少しぽっちゃりしたやさしい人が合いそう。

性格はどっち？ 元気 ―――― やさしい

HAPPYジンクス 図書室で「枕草子」を借りるとステキな出会いがあるみたい。

♡ ゆうゆ ♡

性格 守ってあげたいタイプのあなたは、男子にモテモテ。でも相手をキチンと見てね。

努力家タイプ

恋愛 仲良しの男子といい感じになりそうだよ。

将来 漫画家など、お話を書く仕事をしそうだよ。

友情 みんなのファッションリーダーになりそう。

相性 声が大きくにぎやかな彼が気になりそう。

性格はどっち？ 元気 ー｜ー｜ー♡ やさしい

♡ ゆうら ♡

性格 ずっとがんばり続ける力を持つあなた。ときには力を抜いて休憩すると、もっと力を出せる。

古風タイプ

恋愛 好きな気持ちが言葉や態度に出そうだよ。

将来 お金のアドバイスをする仕事をしそうだよ。

友情 物知りな友だちが助けてくれそうだよ。

相性 小さなことでも感動してくれる人が◎。

性格はどっち？ 元気 ー｜ー｜ー♡ やさしい

♡ ゆうり ♡

性格 何事にも挑戦するチャレンジ精神がある人だよ。ワクワクすることが大好きだね。

仲間思いタイプ

恋愛 はげましてくれた人にキュンとしちゃうかも。

将来 人気アイドルのマネージャーになるかも！？

友情 友だちを楽しませることが好きな人だよ。

相性 記念日を大切にする人と相性ピッタリ。

性格はどっち？ 元気 ー｜ー｜♡ー やさしい

♡ ゆえ ♡

性格 人の前で話すのはニガテなところがあるね。頼られてめんどうなお願いされるかも。

古風タイプ

恋愛 ドキドキするよりもホッとする人が◎。

将来 テキパキと数字を計算する仕事をするかも。

友情 正直なところが、友だちに信頼されるよ。

相性 かっこよさよりも性格の良い人が◎。

性格はどっち？ 元気 ー｜ー｜ー♡ やさしい

♡ ゆか ♡

性格 目標をたてて、マジメにコツコツがんばれる人。サボらないので、成績もいいタイプだよ。

仲間思いタイプ

恋愛 思いがけない人を好きになりそうだよ。

将来 小説で、大きな賞をもらうかもしれないよ。

友情 たまに、友だちを困らせてしまうかも。

相性 あなたの話を楽しく聞いてくれる人が◎。

性格はどっち？ 元気 ー｜ー｜ー♡ やさしい

♡ ゆかこ ♡

性格 ほんわかした感じで、知らないうちに、まわりの人をホッとさせるよ。愛される人だね。

古風タイプ

恋愛 好きと言ってくれる人が気になってきそう。

将来 友だちの家をデザインして感謝されるかも！？

友情 好きな人より友だちを大切にする人だね。

相性 いつも元気な人といると楽しめるよ。

性格はどっち？ 元気 ー｜ー｜ー♡ やさしい

HAPPYジンクス 給食のとき、好きな人と同時に同じものを食べると両思いに！

251

♡ ゆかり ♡

性格 みんなからいつのまにか頼りにされちゃう、お姉さんみたいなしっかり者の女の子だよ。

努力家タイプ

恋愛 勉強が得意な男の子を好きになりそう。

将来 好きな人と結婚して専業主婦になるかも。

友情 友だちの話をきちんと聞いてあげるといいよ。

相性 年上で強引なくらいの人と相性ぴったり。

性格はどっち？　元気────♡やさしい

♡ ゆき ♡

性格 かわいらしいアイドルタイプ。ちょっぴり甘えん坊だけどみんなに愛されてるよ。

努力家タイプ

恋愛 自分とはちがったタイプの男子にひかれそう。

将来 ほっこりする絵柄のイラストレーター。

友情 世話好きなので年下の友だちができるよ。

相性 あなたを守ってくれる男子がおすすめ。

性格はどっち？　元気──♡──やさしい

♡ ゆきあ ♡

性格 いつも前向き、行動力ばつぐんだよ。口調がちょっときつい時があるかも。やさしくね。

努力家タイプ

恋愛 面白いって思うことが同じ男の子がタイプ。

将来 トリマー、飼育員など動物と接する仕事。

友情 いっしょにいると楽しいって思われてるよ。

相性 気持ちを言葉に出してくれる彼が最高。

性格はどっち？　元気───♡──やさしい

♡ ゆきえ ♡

性格 しっかり者で人に甘えるのがニガテなあなた。たまには友だちに相談すると喜ばれるよ。

古風タイプ

恋愛 やさしいおっとりした男子と仲良くなりそう。

将来 会社を作って自分が社長になっちゃうかも。

友情 困ったら友だちにすぐ相談できる頼り上手。

相性 大人しい彼だとあなたに合わせてくれる。

性格はどっち？　元気──♡──やさしい

♡ ゆきか ♡

性格 じっとしていること、だまっていることがニガテ、とても行動的で元気な女の子だよ。

努力家タイプ

恋愛 ちょっとやさしい男子がいると好きになるよ。

将来 素材にこだわりを持った家具職人だよ。

友情 かざらない性格が人気、友だちが多いよ。

相性 自慢したくなるようなイケメンと仲よしに。

性格はどっち？　元気──♡──やさしい

♡ ゆきこ ♡

性格 いつも友だちや家族への感謝を忘れない誠実な女の子だよ。先生からかわいがられるよ。

古風タイプ

恋愛 何かに熱中している男子にひかれるよ。

将来 アレンジメントが得意なお花屋さん。

友情 男の子より友だちとの約束を大切にするよ。

相性 自信たっぷりな男の子と急接近しそう。

性格はどっち？　元気──♡──やさしい

HAPPYジンクス 鼻の頭にニキビができると両思いになれる。

252

♡ ゆきな ♡

性格 いつもマイペースなのんびり屋さんタイプみたい。競争やあらそいごとがとてもニガテだよ！

努力家タイプ

恋愛 気さくに声をかけてくる男子にどきどき。

将来 フラワーアレンジメントが得意なお花屋さん。

友情 あなたがいるだけで友だちはいやされるみたい。

相性 あなたより背が高い男の子とうまくいくよ。

性格はどっち？ 元気 ──♡── やさしい

♡ ゆきね ♡

性格 目立つことはニガテ、自己主張はあまりしないけど現実的なしっかり者みたい。

古風タイプ

恋愛 断られても積極的にアタックしちゃう。

将来 スケジューリングが得意な社長や役員秘書。

友情 気まぐれな友だちにふりまわされてしまいそう。

相性 年上のお兄さんがあなたにはぴったり。

性格はどっち？ 元気 ──♡── やさしい

♡ ゆきの ♡

性格 夢に向かって一歩ずつ進んでいけるタイプだよ。自分の考えをしっかり持っている子。

古風タイプ

恋愛 元気いっぱいの男の子を好きになりそう。

将来 映画監督など創造的な仕事がぴったり。

友情 みんなが嫌がる係も引き受けてみてね。

相性 勉強もクラブ活動も一生けんめいな人がいいよ。

性格はどっち？ 元気 ──♡── やさしい

♡ ゆきほ ♡

性格 最後まであきらめずに地道にがんばる性格だよ。将来は大物になれるかも。

古風タイプ

恋愛 がんばっている男の子にときめくよ。

将来 お客様第一、証券会社の営業レディー。

友情 約束をやぶらないように気をつけてね。

相性 いつも味方してくれる人が最高の相手だよ。

性格はどっち？ 元気 ──♡── やさしい

♡ ゆきみ ♡

性格 大人しいけど、人の見ていないところでも自分のペースで努力できる女の子だよ。

仲間思いタイプ

恋愛 お姫様のような運命の出会いを夢見そう。

将来 使う人のことを考えたカバンを作る職人。

友情 決断力があるから相談されちゃいがち。

相性 いっしょにいるとやさしくなれる人が運命の彼。

性格はどっち？ 元気 ──♡── やさしい

♡ ゆきよ ♡

性格 まじめなので年上から気に入られるタイプ。慎重なので失敗はとても少ないみたいだよ。

古風タイプ

恋愛 年下の男の子から甘えられそうだよ。

将来 シェフになっておいしい料理を作ってね。

友情 友だちの冗談をあまり本気にしないでね。

相性 目立たない男の子と急に仲よくなりそう。

性格はどっち？ 元気 ──♡── やさしい

HAPPYジンクス 新しいくつを買った次の日に雨が降ると両思いになれるよ。

♡ ゆさ ♡

性格 どんなときもまわりを良く見ている子、友だちのことを一番に大事にするやさしい性格だよ。

仲間思いタイプ

恋愛 気になる彼は人気者、ライバルだらけかも。

将来 手先が器用なあなたは、習いごとの先生が◎。

友情 グループの盛り上げ役、ムードメーカー。

相性 まめに連絡してくれる男子と合うみたい。

性格はどっち？ 元気 ーーーー♡ やさしい

♡ ゆず ♡

性格 頭の良い人、いわゆる秀才タイプだよ。先生や両親からとても信頼されているよ。

古風タイプ

恋愛 好きな人より友情を大切にするタイプかも。

将来 みんなを幸せに毎日に導く占い師だよ。

友情 おしゃべりで面白い友だちができそうだよ。

相性 裏表がないまじめな男子と相性ばっちり。

性格はどっち？ 元気 ーーーー♡ やさしい

♡ ゆずか ♡

性格 どんな人にもやさしい、親孝行な女の子だよ。友だちの誕生日は忘れずに覚えているよ。

古風タイプ

恋愛 何かに熱中してる男の子にときめきそう。

将来 患者さんの心によりそう白衣の天使。

友情 好ききらいせず色んな子とつきあってみて。

相性 あなたの話をまじめに聞く男子とぴったり。

性格はどっち？ 元気 ーー♡ーー やさしい

♡ ゆずき ♡

性格 理科や算数が得意。頭の回転がとてもいい女の子！お友だちにも気を配ってあげられる人。

仲間思いタイプ

恋愛 意外な男の子を好きになっちゃうかも。

将来 町で人気のベーカリーの看板娘だよ。

友情 自分をさらけ出せる人なら友だちになれるよ。

相性 あなたとの約束が一番の人を選んでね。

性格はどっち？ 元気 ーーーー♡ やさしい

♡ ゆずこ ♡

性格 いつも笑顔、明るいオーラの女の子だよ。あなたといるだけでみんな楽しくなるよ。

仲間思いタイプ

恋愛 いろんなタイプの男の子と仲良くなる予感。

将来 心に響く言葉をつむげるコピーライター。

友情 心を許した子にわがままになっちゃうかも。

相性 わがままも包み込んでくれる人がぴったり。

性格はどっち？ 元気 ーーーー♡ やさしい

♡ ゆずな ♡

性格 家族のことをとても大切にする女の子。そのためやりたいことを我慢しちゃうことも。

古風タイプ

恋愛 ダメ元のアタックが成功しちゃいそうだよ。

将来 いつまでも心に残るＣＭを作る作家だよ。

友情 好きな芸能人の話で盛り上がれそうだよ。

相性 無邪気な男の子と意気投合しちゃいそう。

性格はどっち？ 元気 ーーーー♡ やさしい

HAPPYジンクス 右のくつヒモがほどけると両思いになれるんだって。

♡ ゆずは ♡

性格 自分の意見をしっかり持ったリーダータイプ。学校行事の時は先頭に立って行動するよ。 古風タイプ

恋愛 目立たないけどやさしい男の子にひかれそう。

将来 あなたは、数字を扱う仕事が向いてるね。

友情 うそをつかないので、とても信頼されてるよ。

相性 自然と話がはずむ男の子と長続きするよ。

性格はどっち？　元気 ——— やさしい

♡ ゆずほ ♡

性格 まわりに対する心づかいや思いやりを忘れない女の子だよ。とにかくやさしい子。　仲間思いタイプ

恋愛 あきっぽいので好きな人が次々変わりそう。

将来 ささやかな毎日をていねいにつづるエッセイスト。

友情 時々は友だちの意見を聞いてみると良いよ。

相性 いっしょにいるとほっとする男子が良いみたい。

性格はどっち？　元気 ——— やさしい

♡ ゆつき ♡

性格 ちょっぴり気まぐれな子猫のような女の子だよ。気まぐれなのににくめない不思議な子。　仲間思いタイプ

恋愛 ドラマみたいな出会いにあこがれそう。

将来 かわいいお洋服がお似合い、洋服の販売員。

友情 だれにでもやさしいのでみんなに好かれてるよ。

相性 クマさんみたいな彼といるとほっこりするよ。

性格はどっち？　元気 ——— やさしい

♡ ゆづき ♡

性格 みんなでワイワイさわぐのはちょっとニガテなおとなしい人。神秘的な雰囲気があるよ。　仲間思いタイプ

恋愛 クラスの人気者男子に夢中になりそう。

将来 気に入らない作品は売らないがんこな陶芸家。

友情 友だちに相談されたら真剣に聞いてあげてね。

相性 物静かで物知りの男の子と相性ばつぐん。

性格はどっち？　元気 ——— やさしい

♡ ゆな ♡

性格 運動神経ばつぐん！リーダーの素質があるので、運動部のキャプテンにぴったり。　仲間思いタイプ

恋愛 気持ちを素直に伝えるのがとても上手。

将来 自転車が恋人？全身きたえた競輪選手。

友情 いっしょに成長していける友だちができそう。

相性 悲しいときにす声をかけてくれる人が一番。

性格はどっち？　元気 ——— やさしい

♡ ゆね ♡

性格 目立つことはニガテ、責任感の強いしっかりした子。めだたない係もしっかりこなします。　古風タイプ

恋愛 大好きな男の子に冷たくしちゃいそう。

将来 鋭い感性を生かしてウェブデザイナー。

友情 困ったときに助けてくれる友だちがいっぱい。

相性 内面を見てくれる男の子ならうまくいくよ。

性格はどっち？　元気 ——— やさしい

HAPPYジンクス テスト中に好きな人と目があったら両思いになれる。

♡ ゆの ♡

性格　おしとやかでやわらかい雰囲気を持っているけれど、実は芯のしっかりした女の子だよ。

努力家タイプ

恋愛　ちょっぴりワイルドな男の子にときめきそう。

将来　弁護士、デザイナーなど特技を生かす仕事。

友情　とてもにぎやかなお笑い系の友だちができそう。

相性　悪いところも教えてくれる子がいいよ。

性格はどっち？　元気 ――― やさしい

♡ ゆのん ♡

性格　にぎやかなグループの中心人物。「ゆのんがいないと始まらない！」と思われてるよ。

努力家タイプ

恋愛　王子様みたいなかっこいい男の子がタイプ。

将来　丁寧な応対で評判のショップスタッフ。

友情　話を良く聞いてくれる子と気が合うみたい。

相性　好きな音楽や趣味の合う子がベストだよ。

性格はどっち？　元気 ――― やさしい

♡ ゆま ♡

性格　物静かだけど、笑顔がすてきな女の子だよ。想像力が豊かなのでアーティスト向き。

仲間思いタイプ

恋愛　さみしがり屋、いつも好きな男の子がいそう。

将来　宝石のようなスイーツを作るパティシエ。

友情　いつもみんなの話題の的、人気者になる。

相性　立ち直りの早いさっぱりした彼がグッド。

性格はどっち？　元気 ――― やさしい

♡ ゆまこ ♡

性格　何もしなくてもみんなに愛される末っ子タイプ。わがままも許されちゃうよ。

努力家タイプ

恋愛　ちょっと大人っぽい男子にドキドキしそう。

将来　肉体を極限まできたえる女性アスリート。

友情　悩んでいる友だちにはアドバイスしてあげて。

相性　明るい男子となら楽しく付きあえそうだよ。

性格はどっち？　元気 ――― やさしい

♡ ゆまな ♡

性格　すぐに涙が出ちゃう心のやさしい女の子。まわりが心配するわりに立ち直りは早いよ。

仲間思いタイプ

恋愛　さりげなくやさしくしてくれる子がタイプだよ。

将来　洋服大好きファッションコメンテーター。

友情　友だちの係を手伝うと、もっと仲よくなるよ。

相性　心が広くてがんこじゃない男子と合うよ。

性格はどっち？　元気 ――― やさしい

♡ ゆみ ♡

性格　話しやすくてかわいらしい雰囲気の女の子。まわりが助けたくなっちゃう愛されキャラ。

努力家タイプ

恋愛　失恋しても、すぐちがう子を好きになるよ。

将来　ワインでみんなを幸せにするソムリエ。

友情　頼りにされて甘えられることが多いみたい。

相性　友だちが多い男子とならわいわい楽しめるよ。

性格はどっち？　元気 ――― やさしい

HAPPYジンクス　曲がった名札に好きな人が気づいてくれたら両思いになれる。

♡ ゆみえ ♡

性格 負けずぎらいのがんばりやさん。コツコツ努力していつのまにか夢をかなえているみたい。

古風タイプ

恋愛 おさななじみの男の子を好きになるかも。

将来 人に使われるより人を使うのが得意。社長さん。

友情 友だちから秘密の悩みごとを相談されそう。

相性 シャイで大人しい男の子と気が合いそう。

性格はどっち？ 元気 ——♡—— やさしい

♡ ゆみか ♡

性格 マイペースな努力家タイプ。だれとでもすぐ打ち解けて友だちになれちゃうみたい。

努力家タイプ

恋愛 甘えん坊なので年上の男子を好きになるよ。

将来 恋愛マンガが得意分野、少女漫画家。

友情 友だちの良いところをもっとほめてみてね。

相性 口下手だけどやさしい彼と相性ばつぐん。

性格はどっち？ 元気 ———♡— やさしい

♡ ゆみこ ♡

性格 まじめなので先生や大人から信頼されているよ。責任のある役もきちんとこなすよ。

古風タイプ

恋愛 悩みごとをやさしく聞いてくれる男子がタイプ。

将来 ニューヨーク帰りの人気ダンサー。

友情 しっかりしているから頼りにされているよ。

相性 あなただけを見てくれる人が最高の相手。

性格はどっち？ 元気 —♡——— やさしい

♡ ゆみな ♡

性格 大人しいのになぜかピンチには強い女の子。友だちがびっくりしちゃうかも。

努力家タイプ

恋愛 彼が自分だけを見てくれないとイライラ。

将来 劇団員など表現する仕事に縁があるよ。

友情 口がかたいので秘密を打ち明けられそう。

相性 あなたをリードしてくれる彼がいい感じだよ。

性格はどっち？ 元気 ——♡—— やさしい

♡ ゆみほ ♡

性格 ちょっぴりがんこなリーダータイプ。まわりの意見を取り入れるようにすればいいよ。

古風タイプ

恋愛 一人の男の子をずーっと好きでいそう。

将来 大金を動かすのが快感、証券ディーラー。

友情 表裏がないあなたは友だちに信用されてるよ。

相性 気持ちに正直な男の子がぴったりみたい。

性格はどっち？ 元気 ———♡— やさしい

♡ ゆみり ♡

性格 はやりものが大好きなおしゃれ番長、クラスのファッションリーダーといえばあなたです。

仲間思いタイプ

恋愛 彼はあなたを独り占めしたいみたいだよ。

将来 日本と外国をつなぐ日本語学校の先生。

友情 みんなが認めてついていくリーダーだよ。

相性 自信を持たせてくれる彼が理想の相手。

性格はどっち？ 元気 ———♡— やさしい

HAPPYジンクス 流れ星が消えるまでに3回願いごとを唱えると願いがかなう。

♡ ゆめ ♡

性格 とにかくまじめな努力家だよ。みんなが遊んでいるときもペースをくずさずがんばれるよ。

古風タイプ

恋愛 やんちゃな男子から目が離せなくなる予感。

将来 芸能人、政治家どんな分野でも成功できるよ。

友情 ケンカした時は自分からあやまるといいよ。

相性 あなたをお姫様扱いしてくれる彼が最高。

性格はどっち？ 元気 ——— やさしい

♡ ゆめあ ♡

性格 曲がったことが大きらいな学級委員タイプ！難しいことも最後までやりとげるよ。

古風タイプ

恋愛 やさしいおだやかな男の子がタイプみたい。

将来 貿易関係、海外に縁があるみたいだよ。

友情 友だちの意見も取り入れるとうまくいくよ。

相性 いつもあなたひとすじの男子を選ぼう。

性格はどっち？ 元気 ——— やさしい

♡ ゆめか ♡

性格 夢のためにひたすらがんばる努力家タイプ。だれも見ていなくてもこつこつがんばるよ。

古風タイプ

恋愛 はじめてつき合った男の子と結婚するかも。

将来 心づかいがステキな結婚式場のスタッフ。

友情 転校生に親切にすると、親友になれるかも。

相性 頼りがいのある先輩と相性ばつぐんみたい。

性格はどっち？ 元気 ——— やさしい

♡ ゆめこ ♡

性格 とても器用で物づくりが得意な個性派だよ。自分らしさを大切にしていこう。

仲間思いタイプ

恋愛 ちょっとしたきっかけで好きになることも。

将来 すぐれた味覚を生かして調理師として成功。

友情 一人ぼっちの子がいたら声をかけてあげて。

相性 わがままも許してくれるいやし系男子が◎。

性格はどっち？ 元気 ——— やさしい

♡ ゆめな ♡

性格 つるむのがきらいなしっかり者タイプ。あっさりしていて不思議と人にきらわれないよ。

古風タイプ

恋愛 好きな男の子に冷たくしちゃうことが。

将来 希望通りのお家を探すよ、不動産屋さん。

友情 信頼できる友だちと大切に長くつきあえるよ。

相性 家族思いのそぼくな男子ならうまくいくよ。

性格はどっち？ 元気 ——— やさしい

♡ ゆめの ♡

性格 やさしいので、まわりに気をつかいすぎて、自分の言いたいことを我慢することがあるよ。

仲間思いタイプ

恋愛 自分に自信を持つとうまくいくよ。

将来 制服がお似合いの鉄道・船舶バーサー。

友情 困った時に支えあえる友だちができそう。

相性 落ち込んだ時はげましてくれる子が◎。

性格はどっち？ 元気 ——— やさしい

HAPPYジンクス 朝、学校で一番に男の子に声をかけてもらえたら恋愛運は最高！

♡ ゆめほ ♡

性格 人を楽しませることが大好きな明るい女の子。あなたがいるとみんなまで楽しくなるよ。

仲間思いタイプ

恋愛 好きになる男の子がどんどん変わるかも。

将来 プログラマー、ゲーム製作など趣味が仕事に。

友情 全然タイプがちがう友だちができそうな予感。

相性 個性的で面白い男の子が運命の相手だよ。

性格はどっち？ 元気 ──♡── やさしい

♡ ゆめみ ♡

性格 思わず守ってあげたくなるような女の子。特に年上からはとてもかわいがられるよ。

古風タイプ

恋愛 ちょっぴり頼りない男の子が気になるよ。

将来 幸せを形にするブライダルプランナー。

友情 ライバルといつのまにか仲良くなりそう。

相性 ゲームより読書好きの彼と気が合うよ。

性格はどっち？ 元気 ─♡─── やさしい

♡ ゆめり ♡

性格 いつも目指すのは一番、超体育会系の女の子だよ。ピンチになるほど燃えてくるよ。

古風タイプ

恋愛 好きになったら自分から告白しちゃいそう。

将来 きりっとかっこいい自衛官、海上保安官。

友情 元気のない友だちがいたら声をかけてね。

相性 ささいなことで喜んでくれる男子とぴったり。

性格はどっち？ 元気 ──♡── やさしい

♡ ゆら ♡

性格 さみしがり屋なのに、一人も大好きな研究者タイプだよ。調べ物が大好きだよ。

仲間思いタイプ

恋愛 いつもニコニコしてるから勘ちがいされることも。

将来 学校の先生など人に教える仕事がいいね。

友情 友だちの輪を広げるのが得意！毎日大いそがし。

相性 サプライズ大好き男子と楽しく過ごせそう。

性格はどっち？ 元気 ──♡── やさしい

♡ ゆり ♡

性格 いつもさばさば、ボーイッシュな女の子だよ。話しやすいから男子にも女子にも人気。

努力家タイプ

恋愛 難しい問題をすらすら解く男子に胸キュン。

将来 きれいで才能もある女子アナがおすすめ。

友情 あなたがいるとクラスが団結するみたい。

相性 頭の回転が速い彼なら楽しく会話できそう。

性格はどっち？ 元気 ──♡── やさしい

♡ ゆりあ ♡

性格 負けずぎらいでどんどん前に進んでいく積極的な女の子。話し始めると止まらないみたい。

努力家タイプ

恋愛 趣味が似てる男の子と仲良くなれそう。

将来 旅のアドバイザー、ホテルコンシェルジュ。

友情 はなやかな雰囲気のグループの一員だよ。

相性 心の広いおおらかな男子と相性がいいよ。

性格はどっち？ 元気 ──♡── やさしい

HAPPYジンクス 緑のビーズで作ったブレスレットを左手につけると友だちが増えるよ。

♡ ゆりえ ♡

性格 正義感が強いまっすぐな女の子だけど、がんこなところも。友だちのアドバイスを大切にね。 （古風タイプ）

恋愛 スポーツに夢中な男の子にひかれちゃう。

将来 キャビンアテンダントなど海外に縁があるよ。

友情 困った時は友だちに相談すると解決できるよ。

相性 気持ちと行動が同じ正直男子と気が合うよ。

性格はどっち？ 元気 ——♡—— やさしい

♡ ゆりか ♡

性格 自然とまわりに助けてもらえるトクなタイプだよ。ちょっと天然でラブリーな女の子。 （努力家タイプ）

恋愛 大人っぽい男の子にあこがれちゃうかも。

将来 冷静に仕事を進めるシステムエンジニア。

友情 人見知りしないので友だちが増えそうだよ。

相性 オレ様タイプの彼となぜか相性ばつぐん。

性格はどっち？ 元気 ——♡—— やさしい

♡ ゆりな ♡

性格 手芸やお菓子作りが大好きなおしとやかな女の子。追いつめられると意外に強いよ。 （努力家タイプ）

恋愛 一途な男子にとっても大事にされそう。

将来 特技を生かしてお店を開いたり会社を作る。

友情 お互いに支えあえる良い友だちができそう。

相性 ロマンチックな男の子といい感じになれそう。

性格はどっち？ 元気 ——♡—— やさしい

♡ ゆりの ♡

性格 好きなこと以外は何も見えない超マイペース！？熱中すると食事も忘れるよ。 （古風タイプ）

恋愛 好きな男の子に素直になれないかも。

将来 福祉系など人を助ける仕事に向いているよ。

友情 友だちのアドバイスがとても役に立つよ。

相性 無邪気な弟タイプとなぜか相性ぴったり。

性格はどっち？ 元気 ——♡—— やさしい

♡ ゆりは ♡

性格 何があってもくよくよしない前向きな女の子。失敗してもすぐ新しいことに挑戦するよ。 （努力家タイプ）

恋愛 同じ班の男子といつのまにか仲良しに。

将来 スポーツの楽しさを教えるインストラクター。

友情 おせじはニガテだけど正直な友だちができるよ。

相性 さりげなくやさしい彼と相性抜群みたい。

性格はどっち？ 元気 ——♡—— やさしい

♡ ゆりや ♡

性格 たのまれると断れない、やさしくてお人よしな子。無理なときは無理って言っても大丈夫。 （努力家タイプ）

恋愛 品の良い王子様タイプの子にドキドキ。

将来 イルカは友だち、水族館の職員だよ。

友情 たまには友だちの意見を聞くことも大切だよ。

相性 絵がうまい男の子とグループ活動で接近。

性格はどっち？ 元気 ——♡—— やさしい

HAPPYジンクス 背中についた髪の毛をだれかに取ってもらうといいことがある。

♡ ゆれ ♡

性格 みんながあこがれるはなやかな女の子。がんばり屋さんだけどたまには息抜きもしてね。

　努力家タイプ

恋愛 好きな人に自分から告白しちゃうことも。

将来 税理士、公認会計士などお金に関わる仕事。

友情 ケンカした後に本当の親友になれるかも。

相性 おおらかで社交的な男子と相性がいいよ。

性格はどっち？　元気 ――――♡―― やさしい

♡ ゆわ ♡

性格 個性的な不思議ちゃんタイプの女の子。つかみどころのないところもミリョクだね。

仲間思いタイプ

恋愛 自分だけを特別扱いしてくれる男子がタイプ。

将来 感性を生かし世界で活躍するデザイナー。

友情 困ったときに助けてくれる友だちがたくさん。

相性 笑顔で夢を語る彼といると幸せになれそう。

性格はどっち？　元気 ―――――♡― やさしい

♡ ゆん ♡

性格 好奇心旺盛、新しいものが大好きな女の子だよ。ユーモアたっぷり、人気者だね。

仲間思いタイプ

恋愛 あきっぽいので好きが長続きしなさそう。

将来 爪がキャンバス！予約が取れないネイリスト。

友情 悩みごとは思い切って友だちに相談してみて。

相性 ちょっと神秘的な男子と仲良くなれそう。

性格はどっち？　元気 ―――♡――― やさしい

♡ よあ ♡

性格 ニガテなこともがんばる向上心のある女の子。人の意見に流されりしないよ。

古風タイプ

恋愛 大人しい男子といつのまにか仲良くなるよ。

将来 コツコツ働ける経理や事務の仕事が適職。

友情 友だちのほうが正しいこともあるみたいだよ。

相性 いっしょにいて楽な男子が運命の相手だよ。

性格はどっち？　元気 ――――♡―― やさしい

♡ よいこ ♡

性格 かわいいものが大好きな甘えん坊の女の子。お部屋も超ラブリーにまとめるよ。

努力家タイプ

恋愛 失恋してもすぐに別の人を好きになるよ。

将来 アニメーター。みんなの大好きなアニメのお仕事。

友情 友だちの良いところをどんどん伝えてみてね。

相性 困ったときに助けてくれる人が未来の彼だよ。

性格はどっち？　元気 ―――♡――― やさしい

♡ よう ♡

性格 グループの中心人物で目立つのが大好き！積極的に行動して道を切り開いていくよ。

努力家タイプ

恋愛 彼にほめてもらえないと不安になりそう。

将来 お花で絵を描くよ。人気ガーデナー。

友情 ケンカしても大丈夫、すぐに仲直りするよ。

相性 きちんとあいさつしてくれる男子と仲よしに。

性格はどっち？　元気 ――――♡―― やさしい

HAPPYジンクス 一つの授業で2回さされると次の日彼とおしゃべりできる。

♡ ようか ♡

性格 ちょっと天然ないやしキャラタイプ。グループにあなたがいると、みんなほっとするみたい。 〈努力家タイプ〉

恋愛 不良っぽい男の子にときどきしちゃいそう。

将来 いつもニコニコお客様をサポートするツアーコンダクター。

友情 友だちを大事にするので、信頼されているよ。

相性 元気でやんちゃな男子と相性ぴったりだよ。

性格はどっち？　元気 ——————♡—— やさしい

♡ ようき ♡

性格 とってもやさしい女の子。ちょっとあわてんぼうだから、忘れ物がないかよく確認してね。 〈古風タイプ〉

恋愛 やさしく話を聞いてくれる男子にときめきそう。

将来 日本を良い国にするという野望を持つ政治家。

友情 グループのリーダーとして信頼されてるよ。

相性 約束や時間をきちんと守る彼なら安心だよ。

性格はどっち？　元気 ———♡———— やさしい

♡ ようこ ♡

性格 だれとでも仲良くできる思いやりのある女の子。歌がうまいからカラオケも得意かも。 〈古風タイプ〉

恋愛 まじめなので失恋すると引きずりそう。

将来 子供たちにしたわれる絵画教室の先生。

友情 友だち思いなので、みんなに大事にされるよ。

相性 勉強が得意な彼と本の話で意気投合しそう。

性格はどっち？　元気 —————♡—— やさしい

♡ ようつ ♡

性格 チャレンジ精神たっぷりの明るい女の子。家族にはわがまま言っちゃうかも。 〈仲間思いタイプ〉

恋愛 困ったとき助けてくれた男子にときめくよ。

将来 気が利くから芸能人のマネージャーかな。

友情 時には自分の意見をはっきり言ってみよう。

相性 リアクションが大きい男子と合うみたい。

性格はどっち？　元気 —♡—————— やさしい

♡ よさの ♡

性格 ファッション大好き個性派の女の子。みんな、あなたのおしゃれを真似したいみたい。 〈仲間思いタイプ〉

恋愛 ライバルの行動が気になってあせるかも。

将来 司法書士になってトラブルを解決するよ。

友情 積極的な友だちの影響で、あなたも変わるよ。

相性 いつも楽しそうな男子と接近しそうだよ。

性格はどっち？　元気 ————♡——— やさしい

♡ よし ♡

性格 いつも良く考えてから行動するとても慎重な女の子。たまには大胆になってもいいかも。 〈古風タイプ〉

恋愛 ライバルが動きだす前に告白しちゃう。

将来 センス抜群！インテリアコーディネーター。

友情 頼みごとを断れなくて悩んじゃいそうだよ。

相性 あわてんぼうの男子となぜか相性ぴったり。

性格はどっち？　元気 —————♡—— やさしい

HAPPYジンクス 割りばしを左右同じ大きさにわれたら彼と両思いになれる。

♡ よしえ ♡

性格 グループの盛り上げ係、個性的な女の子。まわりの子とはちがう考え方がミリョク的だよ。　*仲間思いタイプ*

恋愛 いつもモテモテだけど追いかける方が好き。
将来 スタイリスト、ヘアメイクなど！センスで勝負。
友情 ピンチの時も仲間を守りぬく強さがあるよ。
相性 気さくで人なつっこい彼といると楽しいよ。

性格はどっち？ 元気 ——♡—— やさしい

♡ よしか ♡

性格 約束をきちんと守るまじめな女の子。みんなからとても信頼されているみたい。　*努力家タイプ*

恋愛 まじめに一人の男の子を思いつづけそう。
将来 歌っておどれるスーパーアイドルだよ。
友情 仲よしになると友だちをふりまわしちゃうかも。
相性 お金持ちのおぼっちゃまと相性がいいよ。

性格はどっち？ 元気 ——♡—— やさしい

♡ よしき ♡

性格 いっしょにいるとまわりまで笑顔になる子。何もしなくても空気をなごませる力があるよ。　*努力家タイプ*

恋愛 ちょっと強引な男の子を好きになるかも。
将来 素敵な旅のお手伝い、グランドホステス。
友情 気をつかわないでいられるのが親友だよ。
相性 おしの強いくらいの男子がベストパートナー。

性格はどっち？ 元気 ——♡—— やさしい

♡ よしこ ♡

性格 自然とまわりに友だちが集まってくるタイプ。いつも友だちの輪の中にいるよ。　*努力家タイプ*

恋愛 ちょっと変わった男の子にひかれるかも。
将来 笑顔がやさしい薬局の薬剤師さんだよ。
友情 ニガテだと思っていた子と仲良くなれそうだよ。
相性 クラスの人気者とラブラブになれそうだよ。

性格はどっち？ 元気 ——♡—— やさしい

♡ よしの ♡

性格 のんびりしていてマイペース。急ぐのがニガテだね。思ってることがすぐ顔にでちゃう。　*努力家タイプ*

恋愛 好きな男の子は独り占めしたくなるよ。
将来 たくさんの人を感動させられるピアニスト。
友情 自分にない才能の持ち主と知りあえるよ。
相性 くちを言わない男らしい子と相性がいいよ。

性格はどっち？ 元気 ——♡—— やさしい

♡ よしほ ♡

性格 失敗してもあまり気にしない前向きな子だね。じっとしているのがニガテだね。　*努力家タイプ*

恋愛 彼にいつも好きって言ってほしいみたい。
将来 お料理を最高に魅せるフードデザイナー。
友情 友だちになかなか悩みを相談できないかも。
相性 運動神経ばつぐんの男子とラブラブに。

性格はどっち？ 元気 ——♡—— やさしい

HAPPYジンクス 5円玉をひろうと近々ステキな人とご縁があるかも。

♡ よしみ ♡

性格 とても人懐っこくて、甘えん坊の女の子。困ったときはまわりが必ず助けてくれるよ。

努力家タイプ

恋愛 やさしくしてくれる男の子をすぐ好きになるよ。

将来 建築デザイナー、建築士などに向いているよ。

友情 とてもフレンドリーで、友だちの数も多いみたい。

相性 イケメンで人気者の彼があなたにぴったり。

性格はどっち？ 元気 ── やさしい

♡ よつば ♡

性格 おしゃべり大好き、負けずぎらいな女の子だよ。いたずら好きなところがあるよ。

努力家タイプ

恋愛 クラブ活動・委員会が同じ男子にひかれそう。

将来 仕事が生きがい、トップセールスレディー。

友情 友だちの秘密をうっかり話さないようにね。

相性 清潔感のあるさわやかな男子と気が合うよ。

性格はどっち？ 元気 ── やさしい

♡ よな ♡

性格 いつも落ち着いた雰囲気のお姉さんタイプ、正義感が強くてまちがいはビシッとしてき。

古風タイプ

恋愛 好きな人ができると宿題も忘れちゃいそう。

将来 クライアントの希望をかなえる敏腕弁護士。

友情 あなたがいないとみんながさみしがるみたい。

相性 性格を良く選んでくれる男子が超おすすめだよ。

性格はどっち？ 元気 ── やさしい

♡ より ♡

性格 がんばり屋さんだけど甘えることがニガテ。困った時は友だちに声をかけてね。

古風タイプ

恋愛 ノリの軽い男の子はちょっとニガテかも。

将来 アイデアを生かしたネットショップの運営。

友情 友だちの話を良く聞こう。きずなが深まるよ。

相性 物を大切にする男の子と気が合いそう。

性格はどっち？ 元気 ── やさしい

♡ よりか ♡

性格 好ききらいせず、色々な人とつきあえるタイプ！人によって態度を変えたりしない子。

古風タイプ

恋愛 ゲームが得意な男子と意気投合する予感。

将来 キュートな笑顔が人気のグラビアアイドル。

友情 同じ委員会の後輩と仲よくなっちゃいそう。

相性 セレブな感じの男の子に気に入られそう。

性格はどっち？ 元気 ── やさしい

♡ よりこ ♡

性格 こつこつマイペースにがんばって、いつのまにか夢をかなえてしまうよ。かめさんタイプ。

努力家タイプ

恋愛 ちょっと個性的な男の子が気になるよ。

将来 手品みたいに痛みをとる整体師かな。

友情 面倒見が良いので下級生に好かれそう。

相性 明るく元気な男子と昼休みに意気投合。

性格はどっち？ 元気 ── やさしい

道で10円玉をひろうと近々彼と別れちゃうんだって。

ら行の女の子

情熱的タイプ

情熱的で正直だから、気持ちがつい態度に出てしまうタイプ。ウソをつくのがへただからすぐにバレちゃうよ。

クールタイプ

クールで大人っぽい、興味を持ったことはトコトンきわめるタイプ。ちょっとガンコなところもあるかな。

頭脳派タイプ

頭が良くて繊細な人。神経質で気分屋さんでもあるから、キツイことを言っちゃうことも。流行にはびんかんなタイプ。

♡ らい ♡

性格 とても活発で好奇心いっぱいの女の子！計画をたてるのが得意で、テスト前も余裕だよ。

頭脳派タイプ

恋愛 好きな人をふりむかせるのが得意だよ。

将来 独自の世界観を音楽で表現！作詞作曲家。

友情 勉強やスポーツが得意な子と仲よくなるよ。

相性 会話がウケるお笑い系の男子と気が合うよ。

性格はどっち？　元気 ───♥─── やさしい

♡ らいあ ♡

性格 感情豊か、泣いたり笑ったり、大いそがしの女の子！ドキドキすることが大好き。

頭脳派タイプ

恋愛 ステキな笑顔にひかれる男子がいっぱい。

将来 声優、アニメーターなど趣味を仕事に。

友情 味方になってくれる友だちを大切にしてね。

相性 いきなり名前で呼んでくる男子と仲よしに。

性格はどっち？　元気 ─♥───── やさしい

♡ らいか ♡

性格 一人静かに考えごとをするのが好きみたい。大人しいけど頭が良く器用な女の子だよ。

頭脳派タイプ

恋愛 クラスのリーダー的な男子にひかれそう。

将来 真実を伝えたい、度胸満点の報道記者。

友情 人見知りだけど友だちとは長くつきあえるよ。

相性 テストの点が同じくらいの彼が相性抜群。

性格はどっち？　元気 ─♥───── やさしい

♡ らいと ♡

性格 競争が大好き、超負けずぎらいな性格。そのぶん人の何倍も努力するよ。

クールタイプ

恋愛 友だちより好きな男の子を大事にするよ。

将来 見ると元気になれる人気ドラマの脚本家。

友情 みんなが認めるグループのリーダーに。

相性 他の女子に目移りしない男子を選ぼう。

性格はどっち？　元気 ───♥─── やさしい

♡ らいな ♡

性格 やさしすぎて思っていることを言えないことがあるよ。嫌な時は嫌って言おうね。

頭脳派タイプ

恋愛 好きな人に気持ちを伝えるのがニガテかも。

将来 一流芸能人御用達の有名スタイリスト。

友情 勇気を出して正直な気持ちを話してみて。

相性 誕生日を覚えてくれた男子と気が合いそう。

性格はどっち？　元気 ─♥───── やさしい

♡ らいむ ♡

性格 困ったときはみんなが助けてくれる得なタイプだよ。やわらかい雰囲気が人気みたい。

情熱的タイプ

恋愛 わがままを聞いてくれる子がぴったり。

将来 暮らしをいろどる工業デザイナーに。

友情 自然体でいられる友だちを大切にしてね。

相性 自信たっぷりの男子に気に入られそう。

性格はどっち？　元気 ───♥─── やさしい

ヒコーキ雲が2本並んでいるのをみるとラブハプニングの前触れ。

♡ らいる ♡

性格 自分に厳しくて負けずぎらい、ピンチになればなるほど実力を出せるところがあるよ。 —— クールタイプ

恋愛 好きな人ができると夢中になっちゃうタイプ。

将来 テレビ局、ラジオ局やマスコミ関連の仕事。

友情 少人数の友だちと姉妹のようにつき合うよ。

相性 失敗してもやさしく許してくれる彼がおすすめ。

性格はどっち？ 元気 ―――♡――― やさしい

♡ らき ♡

性格 大人しいけど想像力豊かな芸術家タイプ。つるまないけどきらわれたりしないよ。 —— 頭脳派タイプ

恋愛 にぎやかなクラスの人気者を好きになりそう。

将来 どんな分野でも成功するすごい人だよ。

友情 友だちからとっても頼りにされているみたい。

相性 わがままを許してくれる男子が最高だよ。

性格はどっち？ 元気 ――♡―――― やさしい

♡ らな ♡

性格 いつものんびりマイペースだから競争がニガテ……。せかされるのも大きらいだよ。 —— 情熱的タイプ

恋愛 好みじゃない男子を急に好きになるかも。

将来 ランウェイを華麗に歩くファッションモデル。

友情 まじめで正直な人と友だちになれそうだよ。

相性 弱音を吐かない強い男の子と合みたい。

性格はどっち？ 元気 ―――♡――― やさしい

♡ らぶ ♡

性格 困っている人を見過ごせないやさしい女の子だよ。意外と本番に強いタイプ。 —— 頭脳派タイプ

恋愛 好きな人をずっと見つめちゃいそう。

将来 おしゃれなファッションアドバイザー。

友情 悩みがあるなら一人で抱えず友だちに話して。

相性 話していて楽しい男子が彼氏候補だよ。

性格はどっち？ 元気 ―――♡――― やさしい

♡ らぶり ♡

性格 明るくて大胆、ものごとにあまりこだわらないよ。将来は海外で活躍してるかも。 —— 情熱的タイプ

恋愛 物知りでない男子が気になり始めるよ。

将来 海外でも人気のお店のオーナーとして活躍。

友情 物知りな子と友だちになることで良い刺激に。

相性 勉強をやさしく教えてくれる人とうまくいくよ。

性格はどっち？ 元気 ――♡―――― やさしい

♡ らむ ♡

性格 計画的にものごとを進めるタイプ。いつもがんばってるから急なテストもあわてないよ。 —— 頭脳派タイプ

恋愛 いろんな男の子とつきあっちゃいそう。

将来 ダンナさんのお仕事のサポートをするよ。

友情 やさしい雰囲気でグループの人気者だよ。

相性 あなたの話をまじめに聞く子と仲よしに。

性格はどっち？ 元気 ―――♡――― やさしい

HAPPYジンクス 朝一番にあった人がおじさんだとリーダーに選ばれるよ。

♡ らら ♡

性格 太陽みたいに明るいさっぱりした性格だよ。男の子にも女の子にも人気があるタイプ。

情熱的タイプ

恋愛 スポーツや勉強が得意な男子にひかれそう。

将来 アナウンサー、ナレーターなど声をつかう仕事。

友情 自分の好きな遊びを友だちとやってみよう。

相性 口うるさいのはダメ！あっさり系の子と合うよ。

性格はどっち？ 元気 ♡ やさしい

♡ らん ♡

性格 こわいもの知らずの行動的なリーダータイプ。仲間をとても大事にする性格だよ。

情熱的タイプ

恋愛 自分をほめてくれる男子を好きになるよ。

将来 さわやかなスポーツインストラクター。

友情 サプライズで友だちをびっくりさせちゃおう。

相性 特技を持つ天才肌の彼と話が合いそう。

性格はどっち？ 元気 ♡ やさしい

♡ らんこ ♡

性格 ルールをしっかり守るマジメな女の子だよ。規則を平気で破る人がとってもニガテ。

クールタイプ

恋愛 弟みたいなかわいい男の子にひかれそう。

将来 婦人警官になって違反を取りしまるよ。

友情 初めて会う人ともすぐに打ち解けられるよ。

相性 約束を守る誠実な男の子があなたに合うよ。

性格はどっち？ 元気 ♡ やさしい

♡ りあ ♡

性格 ユーモアたっぷりで、サービス精神旺盛な人だよ。グループではいつも輪の中心にいるよ。

頭脳派タイプ

恋愛 気まぐれなのに、いつも男子にモテモテ。

将来 料理も掃除も得意、美人カリスマ主婦。

友情 あなたといると友だちも元気になれるみたい。

相性 ずうずうしいのににくめない彼といい感じに。

性格はどっち？ 元気 ♡ やさしい

♡ りあな ♡

性格 いつも明るくハキハキ、本番にとっても強いよ。ここぞというとき大活躍できるよ。

頭脳派タイプ

恋愛 手作りお菓子で男の子のハートをゲット。

将来 ステキな音楽を届けたい、レコード会社社員。

友情 あなたがいると、みんな仲よしになれるよ。

相性 自由な感じの男の子と自然に仲よくなるよ。

性格はどっち？ 元気 ♡ やさしい

♡ りあの ♡

性格 目の前の楽しみより先のことをきちんと考えるかしこい子。衝動買いはしないタイプだね。

クールタイプ

恋愛 彼のまわりにいる女子にイライラしそう。

将来 迷える人達を導く宗教家になるかも。

友情 にぎやかな友だちにふりまわされちゃうかも。

相性 何でも全力投球の男子といい感じになるよ。

性格はどっち？ 元気 ♡ やさしい

HAPPYジンクス 朝一番にあった人がお年よりだと人気運がアップ！

♡ りあら ♡

性格 ちょっぴり大人っぽいおしゃれな女の子！まさにみんなのあこがれの的って感じだよ。

頭脳派タイプ

恋愛 あなたの笑顔にたくさんの男子がドキドキ。

将来 保育士や幼稚園の先生など教える仕事。

友情 サービス精神おうせいで、友だちを楽しませる。

相性 言葉も行動もハキハキしている彼がいいよ。

性格はどっち？ 元気───♡────やさしい

♡ りあん ♡

性格 活発で元気な女の子。ちょっぴりあきっぽいよ。色んなタイプの友だちがいるね。

頭脳派タイプ

恋愛 小あくま的なミリョクでいつもモテモテだよ。

将来 歌手、演奏者など好きなことを仕事に。

友情 色んなタイプの子とつき合うといいよ。

相性 かざらない自分でいられる相手がいいみたい。

性格はどっち？ 元気──♡──────やさしい

♡ りい ♡

性格 困っている人をほうっておけないやさしい性格。きちょうめんなので頼りにされるよ。

クールタイプ

恋愛 大人しい、素朴なタイプを好きになるよ。

将来 お金の計算は任せてね、きびきび銀行員。

友情 優秀な友だちと競い合って成長していけるよ。

相性 うそをつかないピュアな男子と相性がいいよ。

性格はどっち？ 元気♡──────────やさしい

♡ りいか ♡

性格 一人で静かに考えごとをするのが好きだけど、友だちも多くてみんなにしたわれている。

クールタイプ

恋愛 ぼーっとした男子のお世話が好きかも。

将来 女子のおしゃれを応援する雑誌編集者。

友情 つき合いが長くなるとわがままになりそう。

相性 宝物のように扱ってくれる彼が一番だよ。

性格はどっち？ 元気♡──────────やさしい

♡ りいこ ♡

性格 友だち思いでまっすぐな女の子だよ。マイペースすぎてがんこになることがあるかも。

情熱的タイプ

恋愛 ちょっと強引なタイプに弱いみたいだよ。

将来 ものをつくるのが得意なので映像作家かな。

友情 仲良くなるにつれて自分勝手になるかも。

相性 ちょっと悪そうな男の子とひかれあうかも。

性格はどっち？ 元気───♡────やさしい

♡ りいさ ♡

性格 とてもおだやかで、マジメ。年下からしたわれるよ。クラブ活動のキャプテンにぴったり。

クールタイプ

恋愛 自信を持って素直な気持ちを伝えよう。

将来 トリマーになるよ。動物の美容師さんのこと。

友情 さみしがり屋なのでいつも友だちと行動。

相性 体が大きい男子といつのまにか仲よしに。

性格はどっち？ 元気♡──────やさしい

HAPPYジンクス 朝一番にあった人が若い女性だとすてきなニュースが訪れるよ。

♡ りいな ♡

性格 目標に向かう努力家。好きなことには夢中でだれとでも仲良し。責任感も強いよ。 —— クールタイプ

恋愛 恋に積極的で彼のことは独り占めしたい。

将来 才能を生かして有能な秘書が向いているかも。

友情 マジメで誠実な友だちが多い。お互い支え合う。

相性 一生けんめいな人。家族思いで性格重視な人。

性格はどっち? 元気 ───♡─────── やさしい

♡ りえ ♡

性格 目立ちたがり屋でおしゃべりが好きだよ。負けずぎらいで勉強家。根性がある人だよ。 —— 情熱的タイプ

恋愛 いつのまにか恋に発展。人気者や美形が好き。

将来 アスリートに向いている性格だよ。

友情 やんちゃで楽しい人。オープンな子と友だちに。

相性 趣味をいっしょに楽しめる、心の広い人。

性格はどっち? 元気 ♡─────────── やさしい

♡ りえか ♡

性格 いやし系で愛嬌があり、話しかけやすい人だよ。純粋で友だち思いな女の子だよ。 —— 情熱的タイプ

恋愛 強引で包容力のある人。ちがうタイプの人。

将来 愛嬌があるからツアーコンダクターがいいかも。

友情 話しかけやすい。リーダーで中心人物。

相性 見た目のかっこいいイケメン。情熱家。

性格はどっち? 元気 ─────♡───── やさしい

♡ りえこ ♡

性格 おとなしそうに見えるけど、いろんなことにチャレンジしていける人だよ。頭の回転も◎。 —— 頭脳派タイプ

恋愛 にぎやかで目立つ人を好きになるかも。

将来 感性を生かしてデザイナーがいいかも。

友情 気をつかわない友だちを選ぶといいよ。

相性 ぼっちゃりとしたいやし系。忍耐強い人が◎。

性格はどっち? 元気 ──♡───────── やさしい

♡ りえな ♡

性格 正直者で心が広く人気者だよ。女の子らしくのんびり屋で、マイペースだけど頼れる存在。 —— 情熱的タイプ

恋愛 ワイルド系が好み。自然な流れで恋に発展。

将来 女の子らしくお花屋さんがいいかも。

友情 いやし系だけどまわりにはにぎやかな子が集まる。

相性 我慢強くてやさしい、年上の人が◎。

性格はどっち? 元気 ──♡───────── やさしい

♡ りお ♡

性格 自分の意見をしっかりと言えるよ。みんなからも信頼されて頼りにされるリーダーかな。 —— クールタイプ

恋愛 彼につくすタイプ。やさしく前向きな人が好き。

将来 お金を使う仕事が向いてるみたい。

友情 信頼される相談役。頼ることも大切だね。

相性 似たもの同士のカップルになりそう。

性格はどっち? 元気 ───♡──────── やさしい

HAPPYジンクス 彼の洋服の糸くずを結び大切に持っていると彼と結婚できる!

♡ りおこ ♡

性格 そこにいるだけで場の空気がやわらかくなるような、ムードメーカーの女の子みたい。 — 情熱的タイプ

恋愛 少しやさしくされるとすぐ好きになっちゃう。

将来 トークも歌もイケてる人気バスガイドかな。

友情 決断力があるから、みんながついていくよ。

相性 みんなに自慢できるイケメンを狙うよ。

性格はどっち？ 元気 ──♡── やさしい

♡ りおな ♡

性格 大人しい女の子なのに意外と動じないよ。トラブルに冷静に対処、友だちをおどろかせるかも。 — クールタイプ

恋愛 好きな人ができると何も手につかないよ。

将来 社長のスケジュールは頭の中に！社長秘書。

友情 マジメで誠実な子と仲よくなれるよ。

相性 ロマンチストの彼とならうまくいきそう。

性格はどっち？ 元気 ──♡── やさしい

♡ りおん ♡

性格 礼儀正しく正義感の強い女の子！存在感のあるリーダーで男子にも女子にも人気。 — クールタイプ

恋愛 一人の人と誠実に長くおつき合いしそう。

将来 ベビーシッター会社を設立、社長になる。

友情 信頼されているけど友だちの意見も聞いてね。

相性 フィーリングが合う人とうまくいくよ。

性格はどっち？ 元気 ♡──── やさしい

♡ りか ♡

性格 友だちとつるむのはニガテ、一人でぼーっと考えごとをするのが大好き。感受性の強い女の子。 — 頭脳派タイプ

恋愛 うまくいったらたん相手をふりまわすかも！？

将来 洋菓子大会で金賞を取り、パリに修業に。

友情 自然体でいられる相手がベストフレンド。

相性 わがままを聞いてくれる彼がベスト。

性格はどっち？ 元気 ──♡── やさしい

♡ りかこ ♡

性格 自分の意見をしっかり持ち、それを貫く芯の強い女の子。とても人柄がいい子だよ。 — クールタイプ

恋愛 心配性だから、よそ見する男の子は無理。

将来 初恋の相手と結婚、いい奥さんになるよ。

友情 裏表のない性格をみんなが信頼しているよ。

相性 あなたの意見をちゃんと聞く人がいいよ。

性格はどっち？ 元気 ──♡── やさしい

♡ りこ ♡

性格 あこがれのあの人に近づきたくて努力するうち、どんどんステキな女の子になっていくよ。 — クールタイプ

恋愛 浮気しそうな男子はNG！私だけを見て。

将来 女子アナになり、ニュース番組を担当。

友情 いつもぶれない態度で信頼されているよ。

相性 約束をきちんと守る信頼できる人がベスト。

性格はどっち？ 元気 ──── やさしい♡

HAPPYジンクス 運のよい数字である3のつく日に告白すると願いがかなうよ。

♡ りさ ♡

性格 友だちの意見を否定したりしない合わせ上手な子だよ。つかみどころがないかも。

頭脳派タイプ

恋愛 ライバルだらけ！モテる男の子が大好き。

将来 困った人の話をやさしく聞く、カウンセラー。

友情 自分にない部分を持つ人と親しくなるよ。

相性 うるさい人はNG！ひかえめな人がタイプ。

性格はどっち？ 元気 ——♥—— やさしい

♡ りさこ ♡

性格 感謝の気持ちを忘れない親孝行な女の子。少しあわてん坊で目上の人にかわいがられるよ。

クールタイプ

恋愛 真剣に好きになるから失恋は引きずるよ。

将来 病棟を笑顔で明るく照らす、人気看護師。

友情 だれの前でも態度が同じ！信用されているよ。

相性 勉強や読書が好きな物静かな人と合うよ。

性格はどっち？ 元気 ——♥—— やさしい

♡ りず ♡

性格 守ってあげたくなる妹みたいな雰囲気で、あらゆる男子からモテモテ。ピュアな性格だよ。

情熱的タイプ

恋愛 彼氏はとにかくイケメンじゃないとダメ。

将来 芸能人の予約が殺到、カリスマ美容師。

友情 あなたはみんなのファッションリーダー。

相性 笑顔がステキな彼とうまくいきそうだよ。

性格はどっち？ 元気 ——♥—— やさしい

♡ りせ ♡

性格 たのみごとをされると断れない性格のため、いつもいそがしそう。友だち思いのため好かれるよ。

情熱的タイプ

恋愛 お金持ちのおぼっちゃまタイプが好みだよ。

将来 介護士になりお年寄りのアイドルになる。

友情 友だちに甘えられ大いそがし、でも嫌じゃないよ。

相性 ご飯の食べ方がきれいな彼と相性◎。

性格はどっち？ 元気 ——♥—— やさしい

♡ りつ ♡

性格 大人っぽくて先生や年上の人と話が合うよ。英語が得意で将来は海外で活躍するかも。

情熱的タイプ

恋愛 好きになったらつきあえるまであきらめないよ。

将来 得意の語学を生かし国際会議の通訳に。

友情 ハマっている趣味はみんなで楽しみたいよ。

相性 年上でリードしてくれる男の人が運命の人。

性格はどっち？ 元気 ——♥—— やさしい

♡ りっか ♡

性格 先輩や先生から色々なことを教わり、たくさんの経験をするよ。観察力がすごい人。

頭脳派タイプ

恋愛 物語の主人公の様な運命的な恋にあこがれるよ。

将来 いつも正確な仕事をする臨床検査技師に。

友情 大きらいだったあの子と急に仲よくなるかも。

相性 自分との約束を優先してくれる彼なら◎。

性格はどっち？ 元気 ——♥—— やさしい

HAPPYジンクス 水玉もようのハンカチをかすとその子と大親友になれるかも。

♥ りつか ♥

性格 マジメなので、友だちとの約束を決して破ったりしないよ。とても信用できる女の子だよ。

クールタイプ

- **恋愛** オタク男子にひかれそう。世界が広がるよ。
- **将来** ステキな企画で大活躍ブライダルプランナー。
- **友情** 裏表のない公平な態度で信用されるよ。
- **相性** いっしょにいてホッとできる人がぴったり。

性格はどっち？ 元気 ─♥─┼─┼─ やさしい

♥ りつき ♥

性格 器用なので初めてのことでも上手にできちゃう女の子だよ。色々なことに次々挑戦しよう。

頭脳派タイプ

- **恋愛** お笑い系の明るい男子にひかれていくよ。
- **将来** 社会のやみをあばく、正義のジャーナリストに。
- **友情** やさしいけど人の好ききらいが多いみたい。
- **相性** 立ち直りの早いサバサバした彼とぴったり。

性格はどっち？ 元気 ─┼─♥─┼─ やさしい

♥ りつこ ♥

性格 見られていないときもコツコツ努力するよ。当然まわりからの信頼はクラス1って感じ！

クールタイプ

- **恋愛** 失恋すると長い間、立ち直れないよ。
- **将来** 栄養士になり、子供たちの食育本を出版。
- **友情** 初めて会った子とすぐに仲良しになるよ。
- **相性** 読書が好きな落ち着いた彼と合うよ。

性格はどっち？ 元気 ─┼─┼─♥─ やさしい

♥ りな ♥

性格 友だちの話を聞いてぼろぼろ泣いちゃう様な情にもろい女の子。敵を作らないやさしい性格。

頭脳派タイプ

- **恋愛** 相手から告白するように上手にアピール。
- **将来** ファッション雑誌編集者になり流行を発信。
- **友情** 時には自分の意見をはっきり言っていいよ。
- **相性** 細やかな気づかいができる人がぴったり。

性格はどっち？ 元気 ─┼─┼─♥─ やさしい

♥ りの ♥

性格 まちがったことは注意しないと気がすまない！正義感あふれる女の子だね。

クールタイプ

- **恋愛** 告白を待てずに自分からこくっちゃうほうだよ。
- **将来** 公正な判断を下せる女性裁判官がいいよ。
- **友情** 友だちの観察が悩み解決の糸口になるよ。
- **相性** 記念日を大事にしてくれる人がベスト。

性格はどっち？ 元気 ─♥─┼─┼─ やさしい

♥ りのん ♥

性格 よく考えてから行動するかしこい女の子。人に流されない強さがあるので頼られるよ。

クールタイプ

- **恋愛** 一人の人と長くつき合うことになりそう。
- **将来** 税理士など数字を扱う仕事に向いてるよ。
- **友情** うそがつけないまっすぐさが愛されてるよ。
- **相性** あなたの考えを理解してくれる人がいいよ。

性格はどっち？ 元気 ─┼─┼─♥─ やさしい

り

HAPPYジンクス サイコロを10回ふって3回同じ目がでたら試験に合格できる！

♡ りほ ♡

性格 自分の考えがしっかりあって他人の意見にまどわされないよ。ちょっぴりがんこかもね。

クールタイプ

恋愛 一人の男の子を一途に思い続けるよ。

将来 お金の計算が得意だよ。銀行の窓口係。

友情 口がかたいから秘密を打ち明けられそう。

相性 シャイで大人しい男子がタイプだよ。

性格はどっち？　元気 ♡———— やさしい

♡ りほこ ♡

性格 いやし系で笑顔のかわいい女の子。時々すねて意地っ張りになっちゃうこともあるよ。

情熱的タイプ

恋愛 ちょい悪男子になぜかドキドキしちゃうよ。

将来 ハリウッドスターを御案内、通訳ガイド。

友情 世話好きだから年下の友だちもたくさん。

相性 やんちゃで、明るい男子とうまくいくよ。

性格はどっち？　元気 ——♡—— やさしい

♡ りみ ♡

性格 グループの中心人物。いたずら好きで友だちをびっくりさせてゲラゲラ笑っているような子。

クールタイプ

恋愛 私がいないと…と頼りない男子と仲良く。

将来 授業が面白くて人気の予備校講師だよ。

友情 気さくな雰囲気が人気！話して楽しい子。

相性 話を素直に聞いてくれる彼と相性◎。

性格はどっち？　元気 ♡———— やさしい

♡ りむ ♡

性格 初対面ではしっかり見えるけど甘えん坊な部分もあるよ。きれい好きでちょっと神経質。

情熱的タイプ

恋愛 わがままを許してくれる年上がタイプだよ。

将来 流行のファッションに身を包む販売員に。

友情 みんなが迷う時、決断を下すのはあなた。

相性 自信家のオレ様タイプとばっちり合いそう。

性格はどっち？　元気 ——♡—— やさしい

♡ りゆ ♡

性格 今日の運勢のチェックは欠かせない占い大好き女子。あらそいがニガテな平和主義者だよ。

情熱的タイプ

恋愛 友だちがいつのまにか恋人になるかもね。

将来 読むとやさしい気持ちになれる絵本の作家。

友情 同じくらいの成績の友だちと親しくなるよ。

相性 話題豊富な彼となら楽しく過ごせそうだよ。

性格はどっち？　元気 ——♡—— やさしい

♡ りゅうか ♡

性格 我慢強く一つのことにコツコツ努力する子だよ。裏表がない性格なので好かれるよ。

クールタイプ

恋愛 やさしく話を聞いてくれる男子とつき合うよ。

将来 会社の事務で他の社員をサポートしよう。

友情 性格のよさで、みんなから尊敬されてるよ。

相性 読書家で頭の良い彼と相性がいいみたい。

性格はどっち？　元気 ————♡ やさしい

HAPPYジンクス オレンジ色のものを近くにおくと心を元気づけてくれるよ。

♡ りゅうこ ♡

性格 想像力が豊かで、絵や歌が得意。わがままなところがあるのに不思議とにくめないキャラ。 —— 頭脳派タイプ

恋愛 理想が高く運命の出会いを待ち続けるよ。

将来 子供たちに夢を与える絵本の挿絵画家。

友情 ライバルと競い合っているうちに親友に。

相性 お姫様扱いしてくれる人じゃなきゃだよ。

性格はどっち？　元気 ——｜——｜——｜——♡ やさしい

♡ りよ ♡

性格 ほかの人と考えがちがっても、相手の考えをきちんと認められるよ。友だちづき合いが上手。 —— クールタイプ

恋愛 彼と二人きりになると甘えん坊に変身。

将来 きらめく新人を発掘！音楽プロデューサー。

友情 親友とは一生のつき合いができそうだよ。

相性 奥手だけどピュアな彼と相性がいいよ。

性格はどっち？　元気 ——｜——♡——｜——｜ やさしい

♡ りょう ♡

性格 一番が大好き！とにかく負けずぎらい！根性のある女の子だよ。言葉の失敗に注意。 —— 情熱的タイプ

恋愛 いつでもほめてくれる男子がお気に入り。

将来 会社を作って、大成功。社長になれるよ。

友情 話をよく聞いてくれる子と親友になるよ。

相性 お礼をちゃんと言ってくれる人と相性抜群。

性格はどっち？　元気 ——｜——｜——｜♡——｜ やさしい

♡ りょうか ♡

性格 グループの中にいるだけでみんながいやされちゃう、まるでゆるキャラのような女子だよ。 —— 情熱的タイプ

恋愛 不良っぽい男子にキュンってなるみたい。

将来 バスガイドになり修学旅行生から人気に。

友情 友情を大切にするから友だちは大勢だよ。

相性 ちょっぴりやんちゃな彼といると幸せ。

性格はどっち？　元気 ——♡——｜——｜——｜ やさしい

♡ りょうこ ♡

性格 地味だけど、ゆっくり成長するがんばり屋さん！だれに対しても態度を変えないよ。 —— クールタイプ

恋愛 自分の話をまじめに聞いてくれる人がタイプ。

将来 患者さんの気持ちがよく分かる理学療法士。

友情 好ききらいがあまりないのでだれとでも仲よく。

相性 不器用だけど思いやりのある彼と仲よしに。

性格はどっち？　元気 ——｜——｜——｜——♡ やさしい

♡ りよこ ♡

性格 やさしい感じの女の子だから、とても話しかけやすいみたい。ちょっぴり天然が入ってるよ。 —— 情熱的タイプ

恋愛 やさしく包みこんでくれる年上男子がタイプ。

将来 商社マンと結婚し、海外で生活するよ。

友情 存在感はグループで一番、話題の中心。

相性 自信家で男らしい彼と大接近しそうだよ。

性格はどっち？　元気 ——｜——♡——｜——｜ やさしい

HAPPYジンクス 音楽室のピアノをさわりながら告白すると成功するよ。

♡ りら ♡

性格 強そうに見えるけど、実は繊細でさみしがり屋なところがあるよ。おしゃれな女の子だよ。 　**頭脳派タイプ**

- **恋愛** タイプ以外の男子にもモテ、誤解されるかも。
- **将来** いつも笑顔、子供のアイドル、保育士。
- **友情** 友だちの恋のキューピッドになるかも。
- **相性** テンポよく会話できる人が好きだよ。

性格はどっち？ 元気 ───♡─┼───┤ やさしい

♡ りり ♡

性格 華やかな雰囲気で、みんながあこがれる女の子。どんな分野でも一番を目指し努力するよ。 　**クールタイプ**

- **恋愛** 束縛されると好かれているとかんちがいしそう。
- **将来** 夏フェスや学園祭に大忙しのシンガーだよ。
- **友情** 数少ない友だちと深くつきあうタイプだよ。
- **相性** 男らしくリードしてくれる人と相性抜群。

性格はどっち？ 元気 ♡─┼───┼──┤ やさしい

♡ りりあ ♡

性格 難しいことやニガテなこともがんばる人だよ。大人になったら、すっごく偉くなるかも。 　**クールタイプ**

- **恋愛** おだやかで物静かな彼が一番落ち着くよ。
- **将来** 海外を飛び回り、個人輸入で大成功。
- **友情** 秘密を守れるから、信用はグループ1かな。
- **相性** シャイで大人しい彼となら仲良くなれるよ。

性格はどっち？ 元気 ♡─┼───┼──┤ やさしい

♡ りりい ♡

性格 思い切りがよく怖いもの知らず。バンジージャンプもすぐ飛んじゃうかも？お茶目な子。 　**情熱的タイプ**

- **恋愛** クラスのみんなが狙ってるイケメンに夢中。
- **将来** コメンテーターになり世の中をきりまくる。
- **友情** 何でもオープンに友だちに打ち明けるタイプ。
- **相性** 天才肌の彼にどこまでもついてくよ。

性格はどっち？ 元気 ♡─┼───┼──┤ やさしい

♡ りりえ ♡

性格 何でも計画的にこなすから、夏休みの宿題が終わらないなんてことがないタイプだよ。 　**頭脳派タイプ**

- **恋愛** 追われるより追いかける恋が好きみたい。
- **将来** 納期をきちんと守れるプログラマーだよ。
- **友情** どんなシーンでも仲間のことは必ず守るよ。
- **相性** 気さくで人懐っこい彼といつのまにか両思い。

性格はどっち？ 元気 ┼──♡─┼──┤ やさしい

♡ りりか ♡

性格 相手の気持ちを考えて行動できる女の子！あまり自己主張しない方なのに友だちが多い。 　**クールタイプ**

- **恋愛** やんちゃ系の男子がほうっとけないみたい。
- **将来** 患者さんの心に寄り添える医師になるよ。
- **友情** 頼りがいのあるお姉さん的立ち位置だよ。
- **相性** あなたのアドバイスを聞いてくれる彼に◯。

性格はどっち？ 元気 ┼──┼─♡─┤ やさしい

HAPPYジンクス 土曜日にくしゃみがでると次の日、彼との間で何かが起こるよ。

♡ りりこ ♡

性格 人なつっこくて、かわいい天然ちゃん。甘えん坊で、かわいいキャラクターが大好きかも。

情熱的タイプ

恋愛 手作りのお菓子で彼のハートをゲット。

将来 とっても気が利くツアーコンダクター。

友情 どんな時にも友情第一に行動するよ。

相性 いつでも明るいクラスの人気者がタイプ。

性格はどっち? 元気 ──♡──── やさしい

♡ りりさ ♡

性格 石橋をたたいてわたる慎重派なアナタ。失敗は少ないけどときには積極的に行動してみて。

クールタイプ

恋愛 年下のかわいい男の子から好かれそう。

将来 書類のミスは見逃さない！まじめな公務員。

友情 人を裏切らないので、信用があるみたい。

相性 面倒を見てあげたくなるような彼と合うよ。

性格はどっち? 元気 ♡───── やさしい

♡ りりな ♡

性格 責任感が強く簡単に人に甘えたりしない子。正義感が強いので、人を許せないことも。

クールタイプ

恋愛 いつのまにか彼氏をリードする立場に。

将来 救急救命士になり、多くの人の命を救う。

友情 冷静だから、ここぞというとき頼られるよ。

相性 性格を重視してくれる人と波長が合いそう。

性格はどっち? 元気 ────♡─ やさしい

♡ りりは ♡

性格 白黒きっちりつけないとすまないタイプ。がんこなとこが玉にきずのグループのリーダー。

クールタイプ

恋愛 大人しくて地味なくらいの人がいいみたい。

将来 経理の仕事で信頼され、社長の息子と結婚。

友情 意地を張らずに友だちの意見を聞き入れよう。

相性 有言実行の男の子なら相性いいみたい。

性格はどっち? 元気 ♡───── やさしい

♡ りるあ ♡

性格 覚えたてのことも自信たっぷりに発表してみせる目立ちたがり屋さん。さっぱりした子。

情熱的タイプ

恋愛 クラブ活動や行事で自然と近づいていくよ。

将来 メーカーの営業レディーになり大成功。

友情 いたずらが大好き！やり過ぎないようにね。

相性 趣味の話で盛り上がれる相手がベストだよ。

性格はどっち? 元気 ───♡── やさしい

♡ りるは ♡

性格 うじうじしたところがない、さっぱりとした性格で男子の友だちも結構いるよ。もちろん女子も。

クールタイプ

恋愛 まわりに反対されても自分の気持ちをつらぬくよ。

将来 世界中からステキな物を買いつけるバイヤー。

友情 たまには友だちに悩みを相談してみてね。

相性 分かりやすいピュア男子とラブラブに。

性格はどっち? 元気 ──♡─── やさしい

HAPPYジンクス 左足の小指にピンクのペディキュアをぬると告白成功！

♡ りわ ♡

性格 言葉と気持ちがいっしょじゃないことがあるのは気をつかっちゃうから？やさしい子だよ。 —— 頭脳派タイプ

恋愛 お姫様あつかいしてくれる男の子が好きだよ。

将来 みんなに勇気をあたえる歌を作る作詞家。

友情 気をつかいすぎ！もっと自分を出していいよ。

相性 えがおで夢を語る男子と気が合いそう。

性格はどっち？ 元気 ——♡—— やさしい

♡ りん ♡

性格 かなしい顔をしている子を見ると自分まで胸がいたむやさしい子。面白い発想をするよ。 —— 頭脳派タイプ

恋愛 あきっぽいから、たくさん恋をしそうだね。

将来 ヘアメイクの仕事でイケメン歌手と接近？

友情 性格がちがうタイプの人と仲よくなれそう。

相性 ミステリアスなふんいきの彼とぴったりだよ。

性格はどっち？ 元気 —♡——— やさしい

♡ りんあ ♡

性格 ユーモアがあり、友だちを笑わせるのが大好き！お楽しみ会ではクラスを盛り上げるよ。 —— 頭脳派タイプ

恋愛 自分のみせ方を知っている人。モテるよ。

将来 お笑い芸人になって、美人ランキング1位に。

友情 勉強やスポーツで目立つ子とつきあうよ。

相性 個性的で面白い彼なら長くつきあえるよ。

性格はどっち？ 元気 —♡——— やさしい

♡ りんか ♡

性格 いろんなタイプの子と仲良くできるから大人気。学級委員にすいせんされるかも。 —— 頭脳派タイプ

恋愛 ちょっといいところがあるとすぐ好きに。

将来 栄養士になりレシピ本を出版！テレビ出演。

友情 心をゆるした相手にだけ正直な意見を言うよ。

相性 大柄ないやし系男子といると幸せを感じそう。

性格はどっち？ 元気 ——♡—— やさしい

♡ りんこ ♡

性格 ドジなところがかわいくて、守ってあげたいと思われるタイプ。年上に目をかけられるよ。 —— クールタイプ

恋愛 頼りない男の子をほうっとけないみたい。

将来 子どもたちをやさしく見守る幼稚園の先生かな。

友情 とにかく人が好き！友だちにめぐまれるタイプ。

相性 あなたのアドバイスを実行する彼となかよく。

性格はどっち？ 元気 —♡——— やさしい

♡ りんご ♡

性格 友だちとさわいでいても先生が来ると急に真面目に変身！まわりの空気にびんかんだよ。 —— クールタイプ

恋愛 真剣につきあうから失恋するとキズが深いよ。

将来 ちょっぴり厳しい、学校の先生になるよ。

友情 話しやすい子、いつも友だちといっしょだよ。

相性 不器用だけど信頼できる人が運命の人。

性格はどっち？ 元気 ——♡—— やさしい

り

HAPPYジンクス　スキな人の上ぐつをはき見られないよう3回ジャンプすると両思いに！

♡ りんな ♡

性格 おしゃれにも生き方にもこだわりがあるタイプ。まわりの友だちを冷静に分析してるかも。

頭脳派タイプ

恋愛 失恋がこわくてなかなか告白できないみたい。

将来 個性的なジュエリーが人気のデザイナー。

友情 好きな芸能人がおんなじ子と気が合うよ。

相性 たのしく会話がはずむ男子と相性バツグン。

性格はどっち？ 元気 ——♥—— やさしい

♡ りんね ♡

性格 お世辞を言うのも言われるのもニガテ。正直で、思ってることが態度に出ちゃうみたい。

情熱的タイプ

恋愛 気軽に話しかけてくれる男子を好きに。

将来 おしゃれなアレンジメントが大人気の花屋。

友情 話がおもしろい！明るい友人ができる予感。

相性 年がかなりはなれた人と気が合うみたい。

性格はどっち？ 元気 ——♥—— やさしい

♡ るあ ♡

性格 人の気持ちの変化にとても敏感。なかまに何かあると必死になってかばってあげるよ。

頭脳派タイプ

恋愛 片思いだったのが両思いになると冷めちゃう？

将来 システムエンジニアになり、スキルアップ。

友情 友だちの趣味にいっしょにハマるかも。

相性 会話上手であきさせない人と相性ぴったり。

性格はどっち？ 元気 ————♥ やさしい

♡ るあん ♡

性格 自分の失敗もおもしろおかしく話して笑いをとる子。でもじつは、デリケートなところも。

頭脳派タイプ

恋愛 好きな相手にボディタッチしまくりでせまるよ。

将来 アニメの声優になり人気に。80歳まで活躍。

友情 グループの中では目立っていたいみたい。

相性 かざらない自分を好きでいてくれる人が◎。

性格はどっち？ 元気 ——♥—— やさしい

♡ るい ♡

性格 落ち込むことがあっても立ち直りの早さはクラスで一番！バイタリティーあふれる女子。

情熱的タイプ

恋愛 笑いのツボが同じ！盛り上がっちゃうよ。

将来 女子サッカーチームの熱血トレーナー。

友情 聞き上手が好き！やさしい口調で話そうね。

相性 いっしょに話して盛り上がれる彼が合うよ。

性格はどっち？ 元気 ——♥—— やさしい

♡ るいか ♡

性格 これぞ女の子って感じのタイプ。少し幼くて、気分屋でぶいっとすねちゃうことも。

情熱的タイプ

恋愛 失恋しても、すぐ新しい恋を始められるよ。

将来 大好きな人と結婚して専業主婦になるかも。

友情 警戒心が少ないから話しかけやすいよ。

相性 人気のあるイケメンとうまくいく予感。

性格はどっち？ 元気 ——♥—— やさしい

HAPPYジンクス 好きな人の写真を3日間まくらの下にしいて寝ると恋がかなう。

♥ るいこ ♥

性格 みんなが嫌がるトイレ掃除も一生けんめいやるようないい子だよ。少しうっかりさん。

クールタイプ

恋愛 心配性。自分だけを見てくれる人が好き。

将来 守ってあげたくなるかれんなアイドル。

友情 友だちをほめると、もっと仲よくなれそう。

相性 いいところのおぼっちゃまとぴったり！

性格はどっち？ 元気／やさしい

♥ るいな ♥

性格 受け身なのにリーダー役をまかされがち。友だちの意見を受け入れる広い心のせいかな。

情熱的タイプ

恋愛 好みじゃない男子とつきあっちゃうかも。

将来 モデルになりガールズコレクションに出演？

友情 あなたがいないとみんながさみしがるよ。

相性 スラッとした背の高い人とうまくいきそう。

性格はどっち？ 元気／やさしい

♥ るう ♥

性格 竹を割ったようなまっすぐな性格だよ。決断力があるので、みんながついていっちゃう。

クールタイプ

恋愛 反対されても自分がえらんだ人とつきあうよ。

将来 子ども服ブランドの社長になって活躍。

友情 わるいと思ったら自分からあやまろうね。

相性 言葉と行動が同じであれば、彼は大丈夫だよ。

性格はどっち？ 元気／やさしい

♥ るか ♥

性格 計画をたててコツコツ努力を続ける性格。鋭い感性を持つ芸術家タイプの女の子だよ。

頭脳派タイプ

恋愛 ユーモアがあるおもしろい男子がタイプだよ。

将来 作詞作曲した曲が大ヒット、印税でぜいたく。

友情 気をつかわずにすむ相手と友だちになるよ。

相性 わがままをゆるしてくれる彼が一番みたい。

性格はどっち？ 元気／やさしい

♥ るき ♥

性格 マイペースな天然女子。親しみやすい雰囲気で友だちがたくさん。時々すねちゃうことも。

情熱的タイプ

恋愛 自分と正反対の性格の子が新鮮に見えるよ。

将来 絶品スイーツがたくさんあるケーキ屋さん。

友情 いつもみんなの話題の的！リーダータイプ。

相性 パワフルなお笑い系男子となぜか仲よしに。

性格はどっち？ 元気／やさしい

♥ るな ♥

性格 マネのできないおしゃれなコーディネイトが大評判だよ！個性的な生き方をするかも。

頭脳派タイプ

恋愛 友だちに恋の橋渡しをたのんじゃいそうだよ。

将来 センスあるステキなジュエリーデザイナーに。

友情 自分にはない才能を持つ友だちができそう。

相性 要領のいい彼となら仲よくなれそうだよ。

性格はどっち？ 元気／やさしい

HAPPYジンクス　つめの中に白い点が出たらモテモテになれる。

♡ るね ♡

性格 目先の遊びより先のことをきちんと考えて行動する女の子。目立つのは好きじゃないよ。 *クールタイプ*

恋愛 ダメもとでも告白！チャレンジャーだよ。

将来 海外でも大ヒット！ベストセラー作家。

友情 おたがいに助けあえる親友ができそう。

相性 勉強も運動も真剣な彼なら気が合いそう。

性格はどっち? 元気 ――♡―― やさしい

♡ るの ♡

性格 趣味は手芸やお菓子作り。女子の中の女子って感じ！おしとやかな女の子だよ。 *情熱的タイプ*

恋愛 好きな人は独り占めしたいタイプだよ。

将来 まちでとつぜんスカウトされ、女優になっちゃう。

友情 グループになくてはならないいやし系だよ。

相性 くちっぽくないさっぱりした人と合いそう。

性格はどっち? 元気 ――♡―― やさしい

♡ るみ ♡

性格 やさしいオーラが友だちをたくさんひきつけてる！マイペースだけど友だち思いだよ。 *情熱的タイプ*

恋愛 少し強引な人になぜかひかれちゃう。

将来 アロマショップを開き、つかれた人をいやす。

友情 まよった時はみんながあなたに相談するよ。

相性 おしの強い情熱的な彼と相性びったり。

性格はどっち? 元気 ―♡――― やさしい

♡ るみか ♡

性格 いつもニコニコしてるからまわりも自然と笑顔に。みんなに助けられてばかりかも。 *情熱的タイプ*

恋愛 手作りのお菓子で気持ちを伝えてみよう。

将来 建築デザインのしごとで大ブレイクするかも。

友情 あなたがいるとふしぎと和気あいあいに。

相性 堂々と自信に満ちた人とラブラブになるよ。

性格はどっち? 元気 ――♡―― やさしい

♡ るみこ ♡

性格 自分の意見をしっかり持ち、それをつらぬく芯の強い女の子。とても性格がいい子だよ。 *クールタイプ*

恋愛 自分の世界を持っている人が気になるよ。

将来 コミュニケーション能力を生かし、外交官。

友情 気軽に接してくれるから、相手も心を開くよ。

相性 口下手だけどやさしい彼が一番落ち着くよ。

性格はどっち? 元気 ――♡―― やさしい

♡ るり ♡

性格 イベントや行事にわくわくが止まらない！お祭り大好き女子。おひさまみたいに明るいよ。 *情熱的タイプ*

恋愛 好きな人の前で気持ちを素直に表現するよ。

将来 司会業につき、ステージを盛り上げるよ。

友情 友だちの意見をしっかり聞いてあげてね。

相性 得意な勉強を教えてくれる彼とうまくいくよ。

性格はどっち? 元気 ――♡―― やさしい

HAPPY ジンクス 額のニキビは「思われ」ニキビ。

♡ るりあ ♡

性格 失敗しても、すぐ立ち直り、けろっとしてる元気な女の子！いばらないように注意して。 情熱的タイプ

恋愛 王子様タイプの男子が大好き。恋愛命だよ。

将来 お客様のありがとうが嬉しい、ショップ店員。

友情 友だちのヒミツをもらさないよう注意して。

相性 清潔感があるさわやかな彼とうまくいきそう。

性格はどっち？ 元気 ♡ やさしい

♡ るりか ♡

性格 部屋も持ち物もラブリー！だれよりもピンク色がにあう女の子。愛されキャラナンバー1。 情熱的タイプ

恋愛 甘えたがりだから年上とうまくいきそう。

将来 デザインしたキャラクターが大人気に。

友情 話しやすいから友だちの数がとても多いよ。

相性 頼りがいがあってリードしてくれる彼が◎。

性格はどっち？ 元気 ♡ やさしい

♡ るりこ ♡

性格 興味のおもむくままいろんなことにねばり強く取り組んで、いつのまにかきわめちゃう予感。 クールタイプ

恋愛 え？初恋の相手と結婚？意外とあるかも。

将来 趣味で描いていたマンガが大ヒットするよ！

友情 趣味の話でタイプのちがう子と仲良くなる。

相性 おだやかで心のあったかい人となら合うよ。

性格はどっち？ 元気 ♡ やさしい

♡ るりな ♡

性格 面倒なたのみごとを嫌な顔もせず引き受けてくれる頼れる子。自然と人の上に立つ存在に。 情熱的タイプ

恋愛 積極的な男の子にかなりよわいみたいだよ。

将来 趣味のお店を開いて、しあわせにくらすよ。

友情 よくしゃべるにぎやかな友だちに好かれるよ。

相性 ぐいぐい引っ張ってくれる彼が運命の人。

性格はどっち？ 元気 ♡ やさしい

♡ るりは ♡

性格 負けん気の強い女の子。おしゃべりが大好きで止まらないよ。要領のいいタイプかも。 情熱的タイプ

恋愛 友だちの多い人気者の彼がタイプだよ。

将来 持ち前の明るさで大はんじょう、カフェの店長。

友情 かざらないから、すぐに人と親しくなれるよ。

相性 同じ歌が好きな彼なら相性ぴったりだよ。

性格はどっち？ 元気 ♡ やさしい

♡ るる ♡

性格 自由な発想で新しいものを作る力があるみたい。他人から指図されるのが大きらい。 クールタイプ

恋愛 クラス1の美系アイドルくんに恋しそう。

将来 アイデアを生かしてアプリの開発に成功。

友情 特定の友だちと姉妹のようにつきあうよ。

相性 ミスしてもあまり怒らない彼と仲よしに。

性格はどっち？ 元気 ♡ やさしい

HAPPYジンクス 白猫を見かけたらその日1日、白猫が横切れば3日間幸せ。

♡ るるか ♡

性格 家族や友だちを大切にする思いやりのある子だよ。先生や先輩に気に入られるよ。

クールタイプ

恋愛 ワイルド系の男子が気になっちゃうみたい。
将来 幸せのお手伝い、結婚アドバイザー。
友情 初めての子とも気軽に話せそうだよ。
相性 不器用だけどやさしい彼とうまくいくよ。

性格はどっち？　元気　———♡　やさしい

♡ るるな ♡

性格 グループに入らず、一人で好きなことに熱中する毎日。なのに味方がいっぱいいるよ。

クールタイプ

恋愛 明るくて元気な男の子にときめきそうだよ。
将来 放浪の天才画家になり、パリで個展開催。
友情 相談事をもちかけられやすいみたい。
相性 無邪気な男の子となら楽しく過ごせそう。

性格はどっち？　元気　———♡　やさしい

♡ れあ ♡

性格 自然と目立っちゃう子。人前で話すのがニガテなのに気づくと司会とかしちゃってます。

クールタイプ

恋愛 自分の意見に賛成してくれる人が好き。
将来 キャビンアテンダントになり海外を飛び回る。
友情 友だちのアドバイスを聞くようにしてね。
相性 不器用だけどいつも味方してくれる彼と◯。

性格はどっち？　元気　♡———　やさしい

♡ れあな ♡

性格 なりたい自分がちゃんとあり、そこに向け着々と努力できる賢い子。ちょっぴりがんこ。

クールタイプ

恋愛 好きな人ができるとぼーっとしてばかりに。
将来 弁護士になり担当した裁判で勝訴する。
友情 友だちの良いところを真似してみよう。
相性 家族思いでまじめな人と仲よくなるよ。

性格はどっち？　元気　♡———　やさしい

♡ れい ♡

性格 分からないことはそのままにせず、わかるまで質問するよ。グループの真ん中にいる子。

情熱的タイプ

恋愛 恋人ができると友だちより大切にするかも。
将来 動物大好き！ペットブリーダーになるかも？
友情 悩みはすぐに相談する、頼り上手だよ。
相性 頼りがいのある心の広い彼が運命の相手。

性格はどっち？　元気　♡———　やさしい

♡ れいあ ♡

性格 じっとしているのが何よりニガテ！目的に向かって走り続けるパワフルな女の子だよ。

情熱的タイプ

恋愛 シャワーのようにほめ言葉がほしいよ。
将来 自分で会社を作り社長になって活躍するよ。
友情 悩みは常に友だちといっしょに解決していくよ。
相性 心の広い男の子と仲よくなりそうだよ。

性格はどっち？　元気　♡———　やさしい

HAPPYジンクス 一番茶に茶柱が立っていると、その日は良いことがあるよ！

る〜れ

283

♥ れいか ♥

性格 自分と他人を比較したりしないマイペースな女の子。自然とまわりに人が集まってくる子。

情熱的タイプ

恋愛 失恋してもすぐ新しい恋を見つけるタイプ。

将来 家族が幸せになる家を作る、建築士。

友情 友だちから心を開いてもらえそうだよ。

相性 守ってくれる頼れる人とうまくいくみたい。

性格はどっち？ 元気 ——♥—— やさしい

♥ れいこ ♥

性格 理科や算数が得意。頭が良く集中力もあるので成績も優秀だよ。一人が好きかも。

頭脳派タイプ

恋愛 映画の主人公みたいな彼氏じゃなきゃ嫌。

将来 敏腕税理士になり、バリバリ仕事にまい進。

友情 ライバル視してた子と少しずつ友だちに。

相性 自分を最優先にしてくれる彼が一番。

性格はどっち？ 元気 —♥—— やさしい

♥ れいら ♥

性格 あっさりしたボーイッシュなキャラでみんなに愛されているね。まるで太陽みたいな子だよ。

情熱的タイプ

恋愛 勉強が得意の頭の良い男の子がタイプ。

将来 ナレーターになり有名番組を担当するよ。

友情 人とぶつかるのがニガテ、聞き上手だよ。

相性 頭の回転が速い年上の彼と相性が良いよ。

性格はどっち？ 元気 ——♥— やさしい

♥ れお ♥

性格 常に前のめりで、やりたいことに突進していく女の子。言葉が強くなり過ぎないように。

情熱的タイプ

恋愛 気持ちを言葉にしてくれないと嫌。

将来 外国のバレエ団に入り、世界中で公演。

友情 いっしょにいると楽しいって思われているよ。

相性 ありがとうをちゃんと言ってくれる人が◎。

性格はどっち？ 元気 ———♥— やさしい

♥ れおな ♥

性格 うそがつけず、思っていることがそのまま顔に出ちゃうみたい。心がとっても広いよ。

情熱的タイプ

恋愛 かざらない笑顔で話しかけてくれる人が好き。

将来 かわいい手作り雑貨を売るお店の経営者。

友情 いつも笑わせてくれる友だちがそばにいるよ。

相性 スリムで背の高い彼とラブラブになる予感。

性格はどっち？ 元気 ——♥—— やさしい

♥ れおん ♥

性格 何でもポジティブにとらえ行動できる明るい性格。世わたり上手ですいすい生きていくよ。

情熱的タイプ

恋愛 友だちが多い彼なら安心してつきあえそう。

将来 めずらしい動物を販売して大成功するかも。

友情 いつも友だちとわいわい楽しく過ごすよ。

相性 趣味が合う彼と盛り上がりそうだよ。

性格はどっち？ 元気 ———♥— やさしい

HAPPYジンクス 午前中に右の眉毛がかゆくなると両思いになれる。

♡ れむ ♡

性格 家族や友だちの誕生日は必ず覚えていてプレゼントを用意するきちょうめんな女の子。 *クールタイプ*

恋愛 悩みを真剣に聞いてくれる子にひかれそう。
将来 子どもたちの未来のために働く政治家だよ。
友情 だれからも好かれるし、人気があるよ。
相性 約束や時間をちゃんと守る彼と合うよ。

性格はどっち？ 元気 ──♥── やさしい

♡ れもん ♡

性格 いつまでたってもしゃべってるにぎやかな明るい子。じっとしてるのは病気のときだけかも。 *情熱的タイプ*

恋愛 同じところで笑える彼と恋におちる予感。
将来 トップセールスレディーになり豪遊しちゃう。
友情 サプライズで友だちを感激させるのが大好き。
相性 音楽の好みがいっしょの彼と相性が良いよ。

性格はどっち？ 元気 ──♥── やさしい

♡ れる ♡

性格 ピンチの時ほどメラメラ燃えてくる子だよ。良いライバルと競い合ってのびるタイプだね。 *クールタイプ*

恋愛 そくばく大好きな男子とつき合っちゃうかも。
将来 婦人警官になり違法駐車をつかまえるよ。
友情 ケンカのあと、ますます絆が強まりそう。
相性 男らしく引っ張ってくれる人が運命の人。

性格はどっち？ 元気 ──♥── やさしい

♡ れん ♡

性格 いつも前向きでわが道を進んでいくタイプかな。他の人の意見もちゃんと聞くように。 *クールタイプ*

恋愛 何かに一生けんめいがんばる人にときめくよ。
将来 得意の語学をいかし外資系企業で大活躍。
友情 意見をゆずれないことがあるよ、注意してね。
相性 責任感のあるピュアな彼と仲よしに。

性格はどっち？ 元気 ──♥── やさしい

♡ れんか ♡

性格 おっとりしているけれど目標を持つと努力をおしまないよ。きっと夢もかなうはずだよ。 *クールタイプ*

恋愛 大切に大切に恋を育てていくよ。ピュア。
将来 オーディションに合格！ＣＭタレントだよ。
友情 友だちのここがすごいってことを伝えよう。
相性 読書家の彼と本の話で意気投合しそう。

性格はどっち？ 元気 ──♥── やさしい

♡ れんげ ♡

性格 ちょっぴり内気な女の子。みんなで盛り上がるのはニガテ。手先がとても器用みたい。 *頭脳派タイプ*

恋愛 さみしくなるとタイプ外の子とつき合うかも。
将来 パティシエになり和風デザートで大ブレイク。
友情 親しくなると少しわがままが出るみたい。
相性 テストの点数が同じ位の彼と仲よしに。

性格はどっち？ 元気 ──♥── やさしい

HAPPYジンクス 階段を後ろ向きにおりると恋人ができるんだって。

♡ れんな ♡

性格 自分が好きなものしか見ないところがあるみたい。視野を広げると新しい発見があるよ。

クールタイプ

恋愛 好きなのに素直になれなくて苦しくなるよ。

将来 いつまでも記憶に残る作品を作る映像作家。

友情 ピンチのときに助けてくれる子がたくさん。

相性 内面をきちんと見てくれる人が良いよ。

性格はどっち? 元気 ━━━♡━┼━━ やさしい

♡ ろあ ♡

性格 こだわりの強さは職人並み？自分の考えを決して曲げない、しっかり者だよ。

クールタイプ

恋愛 ドキドキじゃなくいやされる恋がしたいの。

将来 外資系企業に就職しアメリカ人と結婚？

友情 悩みがあったら抱えこまず友だちに話して。

相性 うそをつかないまじめな人とならぴったり。

性格はどっち? 元気 ━━━━━┼━♡━ やさしい

♡ ろか ♡

性格 うっかりしているところがあるよ。自然とまわりにかわいがられて守られる女の子みたい。

クールタイプ

恋愛 頼りない男子の世話を焼きたくなるかも。

将来 アイドルグループでセンターをとっちゃう。

友情 友だちの長所を見つけてほめてあげよう。

相性 品の良いおぼっちゃまとラブラブになるよ。

性格はどっち? 元気 ━━━━━┼━♡━ やさしい

♡ ろこ ♡

性格 理論的で頭の良い女の子。算数の難問に挑戦するのがマイブーム。未来のリケジョ。

頭脳派タイプ

恋愛 次々とつきあう相手が変わるかもね。

将来 難病を治す薬を発明し、多くの人を助けるよ。

友情 仲良くなると、わがままになっちゃうかも。

相性 頭脳めいせきな彼と話しているときが一番幸せ。

性格はどっち? 元気 ━━━━━┼━♡━ やさしい

♡ ろな ♡

性格 少し消極的なところがあるけど責任感が強いしっかりした女の子。リアリストだよ。

クールタイプ

恋愛 大きな声で笑うおおらかな感じの人が好き。

将来 一流企業の受付でお客様をご案内してるよ。

友情 相談されるのは信頼されている証拠だよ。

相性 明るい無邪気な彼といると幸せを感じそう。

性格はどっち? 元気 ━━━━♡┼━━━ やさしい

♡ ろみ ♡

性格 直感の鋭い女の子！うそをついてもばれちゃうかも？考えるより勘を頼りに行動するよ。

クールタイプ

恋愛 個性的な子とつき合って自分も変わるかも。

将来 占い師になり、テレビに出演し大人気に。

友情 しっかりした友だちが常に隣にいるみたい。

相性 面白い本を教えてくれた男子とうまくいくよ。

性格はどっち? 元気 ━━━━━┼━♡━ やさしい

HAPPYジンクス 右の手のひらが痒くなったら臨時収入が入る予感。

わ行の女の子

いやしタイプ

いやし系でみんなのマスコットキャラ。素直でお人よしなところが好かれてるね。ちょといじっぱりなところもあるよ。

正義の味方タイプ

責任感が強い正義の味方タイプ。弱い人を助けて困った人にはつくすから、みんなから信頼されてるよ。

安心感タイプ

自分をぎせいにしてでも仲間を守るから、お友だちに安心感をあたえる人。人からどう思われるか気にする面もあるみたいだね。

♡ わか ♡

性格 話しやすい雰囲気が人気！困ったときはだまっていても友だちが助けてくれるでしょ！？ （いやし系タイプ）

恋愛 甘えさせてくれる男の子を好きになるよ。

将来 美人CAになり芸能人に見初められ結婚？

友情 いつもみんなの話題の中心にいるよ。

相性 自信たっぷりオレ様タイプの彼とぴったり。

性格はどっち？ 元気 ——♡—— やさしい

♡ わかこ ♡

性格 少し不器用だけど、目標を見つけると努力をおしまないよ。将来は大物になりそう！ （正義の味方タイプ）

恋愛 初めての彼とゴールインする可能性あり。

将来 飼育員になってパンダの子どもを増やすよ。

友情 しっかりしているから、頼りにされる存在。

相性 お金持ちのおぼっちゃまタイプと合うよ。

性格はどっち？ 元気 ————♡—— やさしい

♡ わかな ♡

性格 とってもマイペースで競争がきらいだよ。急いで！とか言われると泣きたくなっちゃう。 （いやし系タイプ）

恋愛 一途な男の子にとても大切にされるよ。

将来 インテリアデザインで成功、お店を開く。

友情 友だちの気まぐれにふりまわされる予感。

相性 言いにくいことを伝えてくれる彼と合うよ。

性格はどっち？ 元気 ———♡——— やさしい

♡ わかば ♡

性格 分からないことはどんどん人に聞いて解決！世わたりがとっても上手なちゃっかり女子。 （いやし系タイプ）

恋愛 友だちの存在は忘れたように恋に夢中に。

将来 アスリートになりオリンピックに出場？

友情 約束をきちんと守ると信頼されるよ。

相性 心の広い彼となら幸せになれそうだよ。

性格はどっち？ 元気 ——♡———— やさしい

♡ わき ♡

性格 まじめで何事もきっちりさせておきたいタイプ。いがうことはちがうとはっきり指摘しそう。 （安心感タイプ）

恋愛 相手のふとしたやさしさでハートに火がつくよ。

将来 和の匠！和菓子職人として独立するよ。

友情 信頼している子にだけ本心を打ち明けるよ。

相性 クマさんみたいな大柄男子と縁がありそう。

性格はどっち？ 元気 ———♡——— やさしい

♡ わこ ♡

性格 友だちや家族のために献身的につくすよ。ケンカの声が何よりニガテな平和主義者。 （正義の味方タイプ）

恋愛 初恋の相手とバージンロードを歩くかも。

将来 ナイチンゲールのような白衣の天使だよ。

友情 尊敬できるような人と友だちになれそう。

相性 お姫様扱いしてくれる男子と仲よしに。

性格はどっち？ 元気 ————♡—— やさしい

HAPPYジンクス クリスマスに貯金箱をもらうと幸運がついてくる。

恋愛相性診断

◎ とても相性がいい　● 相性がいい

あなた／彼	♡あ行♡	♡か行♡	♡さ行♡	♡た行♡	♡な行♡
あ行	毎日いっしょにいたくなるよ。相性は最高！	たくさん話しているうちに、両思いになりそう。	しゃべりすぎはダメ。彼の話を聞いてね。	じっくり時間をかけてアタック！焦らないで！	いつも笑いのたえないカップルになるはず。
か行	彼はあなたの笑顔にいつも癒されているよ。	楽しい話も真剣な話もできる仲よしカップル。	あなたの気持ちをわかってくれる人だよ。	彼はまじめなコが好き。せいじつに接して。	そくばくはダメだよ。ときには待つことも大切。
さ行	彼の髪型やファッションをほめてあげると◎。	あなたのやさしさに安らぎを感じるよ。	彼は運命のお相手かも。積極的にアタック！	ふたりはオシャレでお似合いのカップルだよ。	ためらわずに好きな気持ちを言葉に出そうね。
た行	ときには弱みを見せると彼に好かれるよ。	彼のがんばりをしっかり認めてあげてね。	あなたより彼のほうが夢中になっちゃう。	彼はあなたといるときが一番楽しいみたい。	彼は元気いっぱいのあなたを好きになるよ。
な行	彼はあなたともっと話をしたいみたいだよ。	毎日元気よくあいさつ！恋がめばえるよ。	ちょっとしたプレゼントが彼には効果アリ！	あなたがリードするつき合いになるかもね。	まわりがうらやむくらい、すごくお似合いだよ。
は行	まるで家族みたい。すぐに仲よくなれちゃう！	せいじつな態度で印象よく。相性はいいよ。	いっしょの趣味を作って盛り上がってみよう！	あまり考えすぎずに気軽に話しかけてみて。	ふたりはケンカするほど仲がいいみたい。
ま行	笑いのツボが似てるね。たくさん話してみて。	あなたのことだけを愛してくれそうだよ。	目が合ったらニコッと笑う！恋がはじまるよ。	彼が落ち込んでたら声をかけてあげようね。	おたがいに意地張りだね。素直になろう！
や行	とてもてれ屋な彼。あなたがリードしよう。	彼と目が合ったら、笑顔で返してあげよう。	お似合いのふたり。性格や趣味が似てるね。	思い切ってデートにさそえば彼はOKだよ。	彼の家族をほめてみて！気に入られるよ。
ら行	まずは友だちから。だんだん恋人になれる。	ふたりだけのヒミツを作ってみるといいかも。	あなたのがんばりを彼はいつも見ているよ。	彼とは趣味が合うみたい。大恋愛に発展？	彼は物知りだから話を聞いてあげようね。
わ行	彼の夢を応援してあげると好かれるよ。	彼の好みを聞いて理想の女子を目指そう。	からかっちゃダメ。ちゃんとほめてあげてね。	グループ行動からはじめると恋人になれそう。	真剣に思いを伝えて。きっとうまくいくよ。

気になる彼との相性はどうかな？
チェックしてアタックしてみよう！

◎ とても相性がいい　　○ 相性がいい

あなた＼彼	♡ は行 ♡	♡ ま行 ♡	♡ や行 ♡	♡ ら行 ♡	♡ わ行 ♡
あ行	似たもの同士だからいつも心が通じ合うよ。	はやりの歌やテレビの話題で盛り上がるよ。	気になることを言って彼の気を引いてみよう！	強引なのはダメ。彼のペースに合わせてね。	ときにはじょうだんを言ってみて。仲よくなれるよ。
か行	きげんがよさそうな時が告白のチャンス！	付き合ったらラブラブだよ。相性はぴったり！	ふたりだけのヒミツの恋を楽しみそうだね。	お笑いキャラはダメだよ。おしとやかにね。	彼ははずかしがり。ゆっくり仲よくなろう。
さ行	ときにはそっけなくして気持ちを引きよせて。	彼は愛嬌たっぷりのあなたが好きみたい。	さわやかカップル。長いつき合いになるよ。	あなたにほめられた言葉を彼は忘れないよ。	たくさん話すことが恋人になれる近道だよ。
た行	彼を目で追って気持ちを気づかせてみて。	ときには冗談でからかってみてもいいよ。	女の子らしいしぐさに彼はくぎづけ。	情熱的なふたり。燃え上がるような恋かもよ。	彼だけにとびっきりの笑顔を見せてあげて！
な行	何度もアピールすればきっとうまくいくよ。	彼のワガママにふりまわされちゃうかも。	あなたの好みよりも彼の好みに合わせてみて。	いつもとちがう表情を見せて！彼はドキドキ！	あなたのかわいらしいしぐさに彼は夢中！
は行	相性はぴったり！すぐ仲よくなれるはずだよ。	いつも手をつなぎたい、甘えん坊のふたり。	はっきりしたコが好きだよ。もっとアピール！	「好き」って言わなきゃ彼に伝わらないよ。	困ったとき、きっと彼は守ってくれるよ。
ま行	彼の誕生日に告白！プレゼントも喜ぶよ。	彼はあなたのことが毎日気になっているよ。	いつでも彼の意見に賛成してあげると◎。	おしとやかな女の子になれば好かれるよ。	彼はすぐ決められない人。待ってあげてね。
や行	待っていてはダメ。はっきり気持ちを伝えて！	思わせぶりな言葉で彼の心を引きよせて！	すてきな恋愛をするよ。将来は結婚するかも？	彼はヤキモチやき。一途に愛そうね。	オクテな彼をやさしくリードしてあげてね！
ら行	やさしい彼にワガママを言いすぎちゃだめ。	彼に頼ってみて。やさしく応えてくれるはず。	彼はあなたと話しているとやすらぐよ。	時間をかけて愛が育つよ。運命の人かも？	いつもやさしい彼についつい甘えてしまいそう。
わ行	彼をほめてみて！あなたを意識し始めるよ。	彼の夢や目標を応援してあげるといいよ。	彼のいいところをいっぱいほめてみてね。	さびしがりどうし。いっしょにいたくなるよ。	あなたのことをずっと大切にしてくれるよ。

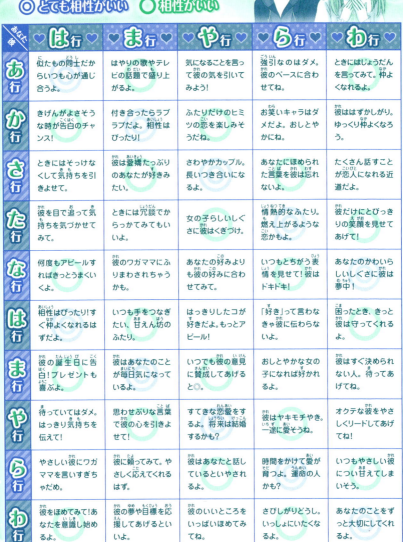

あ行の男の子

素直タイプ

気持ちをかくさずいつも素直なこわいもの知らず。時々相手がドキッとするような発言をしちゃうこともあるね。

努力家タイプ

みんなと一緒にはしゃいでいても、いざという時にはしっかりしているたよれる男。努力家で友だち思いのきみはだれからも大人気。

人情派タイプ

友だち思いで感動してもらい泣きしちゃうことも。あわてん坊なところが玉にきずだけど、みんなを楽しませるのが大好きだね。

☆ あいが ☆

性格 静かで落ちついたところのほうが好き。何に対しても、まじめでがんばるタイプだよ。

人情派タイプ

恋愛 さみしがりやで、目立つ人を好きになりそう。

将来 コツコツと続けられる作家がいいかも。

友情 自分がラクでいられる友だちを作るよ。

喜ぶこと 彼が好きなことを、話しかけるといいよ。

性格はどっち？ 元気 ★—┼—┼— やさしい

☆ あいたろう ☆

性格 まっすぐな性格でガンコなところがたまにキズ。みんなから好かれるリーダーだよ。

努力家タイプ

恋愛 がんばっていて、やさしい人が好きみたい。

将来 海外で活躍したり、社長になりそう。

友情 男女とわずに好かれるよ。みんなの人気者！

喜ぶこと 落ちこんでいたら大丈夫？とひと声かけて。

性格はどっち？ 元気 —┼—★—┼— やさしい

☆ あいと ☆

性格 勝負ごとでは、ぜったいに勝つ！というタイプ。そのための努力もいっぱいしているよ。

努力家タイプ

恋愛 好きになったら、ずっと大切にしてくれるよ。

将来 アイデアを生かしてネットで会社を作って社長！

友情 物知りな友だちが、よく手だすけしてくれるよ。

喜ぶこと 彼をほめてあげたり、やさしく話しかけて。

性格はどっち？ 元気 —┼—★—┼— やさしい

☆ あお ☆

性格 曲がったことがきらいな人。できるまでがんばるから、みんなの中心にいることが多いよ。

努力家タイプ

恋愛 自分が好きだと思う人が、好みのタイプ。

将来 人の上にたつ仕事がいいんじゃないかな？

友情 けんかのときには、自分からあやまってみよう！

喜ぶこと 「遊びにいこう」とさそってみたら◎。

性格はどっち？ 元気 —┼—┼—★ やさしい

☆ あおい ☆

性格 自分の考えをキチンと持った信頼できる人。みんなから頼られリーダーになることも。

努力家タイプ

恋愛 今よりもっとがんばる、っていう人が好き！

将来 数字を使う仕事とかが、いいかもね！

友情 言いふらさないし頼りになるから相談◎。

喜ぶこと 素直に好きって言ってあげて。喜ぶよ。

性格はどっち？ 元気 —★—┼—┼— やさしい

☆ あおと ☆

性格 明るくてハキハキしゃべってとても楽しい。まわりからどうみられているかが気になる人。

人情派タイプ

恋愛 いつも笑ってノリの良い子が好きみたい。

将来 リーダーとして人に教えたりする仕事！

友情 好きなテレビの話をして。盛り上がりそう。

喜ぶこと 困っていたら、手伝うよとひと声かけて。

性格はどっち？ 元気 —┼—┼—★ やさしい

HAPPYジンクス パック牛乳のストロー口がキレイにはがれたら良いことがある。

☆ あきお ☆

性格 いつもきちんとしていて、みんなから頼られる存在。曲がったことがきらいだよ。 —— 努力家タイプ

- **恋愛** 目立つ人より、大人しい人が好きみたい。
- **将来** 銀行員などしっかりした仕事が向いてるよ。
- **友情** 正直な人。人に相談されることが多いよ。
- **喜ぶこと** 彼が悩んでいたら話をきいてあげてね。

性格はどっち？ 元気 ——★—— やさしい

☆ あきかず ☆

性格 みんなに好かれる、やさしさがあるよ。困った人を見ると助けてあげたくなっちゃう。 —— 素直タイプ

- **恋愛** まずは親しい友だちから、恋に進むよ！
- **将来** 医者や弁護士。人の役に立つ仕事がいいよ。
- **友情** 頼まれると断れない。頼りになるアニキ！
- **喜ぶこと** 服やヘアスタイルを、ほめてあげて。

性格はどっち？ 元気 —★—— やさしい

☆ あきぞう ☆

性格 自分の考えをもっていてとてもまじめ。何に対してもにげないで、できるまでがんばるよ。 —— 努力家タイプ

- **恋愛** すごく仲良くなってから好きになるみたい。
- **将来** 落ち着いて数字を使う仕事がいい。
- **友情** ガンコだけど、みんなから頼られるタイプ。
- **喜ぶこと** たまにはワガママ言ってみるのも◎。

性格はどっち？ 元気 ————★ やさしい

☆ あきたか ☆

性格 何事もキッチリさせておきたい人。ワイワイさわぐより一人で考えるほうが好き。 —— 人情派タイプ

- **恋愛** ドラマのような出会いを夢みているよ。
- **将来** 新聞記者や作家のような文章を書く仕事が○。
- **友情** 人見知りがあるけど、大事にしてくれるよ。
- **喜ぶこと** 彼にかんすることをいろいろ質問してみて。

性格はどっち？ 元気 ——★— やさしい

☆ あきつぐ ☆

性格 とても器用でどんなことでもできちゃう。静かで落ちついた場所にいることが好き。 —— 人情派タイプ

- **恋愛** 人の良いところをみると好きになりそう。
- **将来** シェフなど食べモノに関する仕事がグッド。
- **友情** 好ききらいはあるけれど、思いやりもあるよ。
- **喜ぶこと** さみしそうな表情で彼のそばに行ってみて。

性格はどっち？ 元気 ————★ やさしい

☆ あきつね ☆

性格 つねに目標に向かって成長しようとする人。責任感が強く、とてもしっかりしているよ。 —— 努力家タイプ

- **恋愛** 自分からアタックできる、男らしい人。
- **将来** 消防士など人をすくう仕事に向いてそう。
- **友情** まわりに助けてくれる友だちがたくさんいるよ。
- **喜ぶこと** いそがしそうなら手伝うよ、と声をかけて。

性格はどっち？ 元気 —★—— やさしい

HAPPYジンクス 運動会のときに好きな人のハチマキをとると、カップルになれる。

あ

☆ あきと ☆

性格 うらおもてがない正直者。みんなから好かれていて、いつの間にか目立ってしまうよ。 　努力家タイプ

恋愛 好きになったら自分から告白するタイプ。
将来 正義感が強いので警察官とかが向いてそう。
友情 大ゲンカのあとに親友になったりするよ。
喜ぶこと 彼から告白されるように、笑顔で話してね。

性格はどっち？　元気 ───★─┼─┼─ やさしい

☆ あきとし ☆

性格 あらそいごとがきらいで頼まれると断れない。だれにでもやさしいから好かれるよ。 　素直タイプ

恋愛 おしとやかな、かわいい子が好きみたい。
将来 パイロットでコントロール力を生かそう！
友情 勉強の成績の近い人が友だちになりそうだよ。
喜ぶこと 弱い一面をみせて、彼を頼って！

性格はどっち？　元気 ─★─┼─┼─┼─ やさしい

☆ あきなり ☆

性格 かっこいい！を目指して、ピンチのときほど燃える人。大物になりそうだよ。 　努力家タイプ

恋愛 まじめなので、本気の恋しかしないよ。
将来 アイデアを生かして、自分で会社を作りそう。
友情 友だちは、家族みたいに大切にするよ。
喜ぶこと みんなで遊ぶときには、彼もさそって！

性格はどっち？　元気 ★─┼─┼─┼─┼─ やさしい

☆ あきのり ☆

性格 パワーあふれる太陽のように明るい人。サバサバした話しかたで、みんなにやさしいよ。 　素直タイプ

恋愛 スポーツがとくいな人を好きになりそう。
将来 楽しい話を届けるニュースキャスターが○。
友情 何でもいっしょにやろう！って言ってくるよ。
喜ぶこと 本やえんぴつを貸したり借りたりしてみて。

性格はどっち？　元気 ─┼─★─┼─┼─ やさしい

☆ あきはる ☆

性格 お祭り大好きで細かいことは気にしない！落ちこんでいる人を助けてあげようとする人。 　素直タイプ

恋愛 自分の話を聞いてくれる人を好きになるよ。
将来 ホテルや食べ物屋。人と接する仕事がいいよ。
友情 けんかがきらいで、いつもやさしいよ。
喜ぶこと いっしょに帰ろう、とさそってみて！

性格はどっち？　元気 ─┼─┼─★─┼─ やさしい

☆ あきひこ ☆

性格 まわりを笑顔にすることができる、ほんわかした人。話しかけやすいので人も集まるよ。 　素直タイプ

恋愛 親切にしてくれる人を好きになりそう。
将来 みんなをまとめるツアーコンダクター。
友情 お世話好きなので、年下にも好かれるよ。
喜ぶこと 彼のこと、ニックネームで呼んでみよう！

性格はどっち？　元気 ─┼─★─┼─┼─ やさしい

HAPPYジンクス　学校に行く前に、くつをたたき合わせるといじめにあわないって。

☆ あきひで ☆

性格 ひとつのものを、いろんな見方ができる人だよ。練習より本番に強いタイプ。

人情派タイプ

- **恋愛** 存在感があるのでひとめぼれされることも。
- **将来** 困っている人を助けようとするキミは先生が◎。
- **友情** 困っている人がいたらすぐにきづくよ。
- **喜ぶこと** 誕生日にはメッセージつきプレゼントで。

性格はどっち？ 元気 ★———— やさしい

☆ あきひと ☆

性格 みんなで楽しむのが大好き！あっけらかんとした話や行動がすべてほほえましい人。

素直タイプ

- **恋愛** 物知りな人や勉強できる人が好きだよ。
- **将来** おしゃべりを生かして海外で活躍しそう。
- **友情** 自分が楽しかったことにドンドンさそうよ。
- **喜ぶこと** となりの席にすわって、彼と話してみて。

性格はどっち？ 元気 ★———— やさしい

☆ あきひろ ☆

性格 自信たっぷりでにぎやか。落ちこんでいる人がいたら声をかけてあげるやさしい人だよ。

素直タイプ

- **恋愛** 好きなことは態度でわかるよ。かくさない。
- **将来** とくい分野の資格をとって仕事にしよう。
- **友情** とてもやさしいから、人とあらそわないよ。
- **喜ぶこと** すごいね！すてき！と、ほめ言葉を伝えて。

性格はどっち？ 元気 —★——— やさしい

☆ あきふみ ☆

性格 無理することもサボることもなくコツコツとがんばるタイプ。勉強もできるよ。

人情派タイプ

- **恋愛** ちょっとした親切で好きになることも。
- **将来** 器用さを生かせるパティシエが向いてるよ。
- **友情** 気をつかわない友だちがいごこちいいみたい。
- **喜ぶこと** 盛り上がりそうな話題で彼に話しかけて。

性格はどっち？ 元気 ——★—— やさしい

☆ あきほ ☆

性格 よい悪いをはっきりさせたい性格。グループの中ではリーダーで頼られるタイプだよ。

努力家タイプ

- **恋愛** とことんつくすから、長くつきあえるよ。
- **将来** ものごとを整理してわけるような仕事が◎。
- **友情** 正直だから信頼されるよ。時々ガンコ。
- **喜ぶこと** 勉強など、彼ができたことをほめてあげて。

性格はどっち？ 元気 —★——— やさしい

☆ あきまさ ☆

性格 ノリがいいよ。その場に合わせることがとても上手で、いっしょにいると安心できるタイプ。

人情派タイプ

- **恋愛** みんなのあこがれの人を好きになりそう。
- **将来** 悩んでいる人を助けるカウンセラー。
- **友情** 盛り上げることが上手なムードメーカー。
- **喜ぶこと** 夢について話をきいて彼に自信をもたせて。

性格はどっち？ 元気 ——★—— やさしい

HAPPYジンクス 先生がうつっているプリクラを持っていると成績が上がる。

☆ あきみつ ☆

性格 おしゃれ好きでさみしがり屋なところもある。ワクワクできる何かをいつも探してるよ。 　人情派タイプ

恋愛 よく見てからつきあうので時間がかかるよ。

将来 人に教えるインストラクターとかいいかも。

友情 グループですることを決めたりする人だよ。

喜ぶこと ちょっとずつ時間をかけて思いを伝えて。

性格はどっち? 元気 ——★——— やさしい

☆ あきよし ☆

性格 相手にまごころをもって接する人。自分より相手。やさしいからみんなの人気者だよ。 　素直タイプ

恋愛 好きな子の話は友だちにもナイショにするよ。

将来 センスを生かしてカリスマ美容師になるよ。

友情 友だちのおしゃれの相談をうけたりするよ。

喜ぶこと 守ってあげたくなるような人になって。

性格はどっち? 元気 ———★—— やさしい

☆ あきら ☆

性格 何ごとにもチャレンジ！チャンスをモノにして成功する強運の持ち主でリーダー向き。 　人情派タイプ

恋愛 いろいろなタイプの人を好きになりそう。

将来 人を楽しませる芸能人のマネージャー。

友情 友だちを楽しませることが何よりも好き。

喜ぶこと 断られるのがこわい人。告白はあなたから。

性格はどっち? 元気 —★——— やさしい

☆ あけし ☆

性格 自分の考えがちゃんとあるけれど、好きな人の言うことは素直にきくよ。お人よしかな。 　素直タイプ

恋愛 仲の良い友だちからだんだん恋になるかも。

将来 人を楽しませるテーマパークのスタッフ。

友情 素直で、からかわれても本気にしちゃう。

喜ぶこと ウデをポンポンとたたいてから、話しかけて。

性格はどっち? 元気 —★——— やさしい

☆ あさと ☆

性格 勝負して勝つ努力をおしまない負けずぎらい。どんなことでも手をぬかないがんばり屋。 　努力家タイプ

恋愛 他の子と話しちゃダメというワガママも好き。

将来 口がかたいのでマスコミ関係がいいかも。

友情 ひみつが多いけれど、友だちは大切にするよ。

喜ぶこと からかうのはダメ。やさしく話しかけて。

性格はどっち? 元気 ———★— やさしい

☆ あさひ ☆

性格 いろんなことにチャレンジして人を楽しませることが大好き。整理整頓が得意だよ。 　人情派タイプ

恋愛 自分が好きな人をおいかける恋をしそう。

将来 みんなを喜ばせるゲーム制作とか楽しそう。

友情 見て!とアピール上手な目立ちたがり屋さん。

喜ぶこと うち明け話や悩みを相談してみて。

性格はどっち? 元気 ——★—— やさしい

HAPPYジンクス 三毛猫と目が合うと1ヶ月以内に恋が芽生える。

☆ あすま ☆

性格 友だちの気持ちが良くわかるよ。いつも落ち着いていて何でも上手にできちゃうよ。 〔人情派タイプ〕

恋愛 人の良いところを見ると好きになるかも。
将来 器用だから和菓子職人が向いてるね。
友情 意見が出れば、仲良しになったしょうこ。
喜ぶこと 「これ、だれにも言っちゃダメだよ」に弱いよ！

性格はどっち？ 元気 ─┼─┼─☆─┼─ やさしい

☆ あつお ☆

性格 こわいもの知らずで何にでもチャレンジ！おしゃべり大好きで話し始めたら止まらない。 〔素直タイプ〕

恋愛 笑うところがいっしょの人が好きみたい。
将来 人を楽しませるショップスタッフや営業マン。
友情 友だちをびっくりさせて楽しませることも。
喜ぶこと 楽しかったことを一番最初に話してあげて。

性格はどっち？ 元気 ─┼─┼─┼─☆─ やさしい

☆ あつき ☆

性格 相手を喜ばせることが上手で、とても話しかけやすい人。きれい好きすぎるところも？ 〔素直タイプ〕

恋愛 好きなことを行動で表してくれる人が好き。
将来 コツコツと組み立てることが好き。建築士はどう？
友情 恋より友だち！グループの話の中心にいるよ。
喜ぶこと ふだん言えないことを電話で話して。

性格はどっち？ 元気 ─┼─┼─☆─┼─ やさしい

☆ あつし ☆

性格 うらないやおまじないなど不思議なことが好き。何にでもマジメに向きあう人気者。 〔素直タイプ〕

恋愛 顔立ちがかわいい子と、遊びたいみたい。
将来 オシャレ上手だから美容師がいいかも。
友情 頼りがいがあるからみんなに甘えられるよ。
喜ぶこと 守ってあげたい！と思わせるように接して。

性格はどっち？ 元気 ─┼─┼─☆─┼─ やさしい

☆ あつと ☆

性格 サバサバした性格なので同級生が年下に見えそう。年上にかこまれて笑っているのが楽。 〔素直タイプ〕

恋愛 好きになったらあきらめず追いかけるよ。
将来 海外に行って、人をもてなす仕事で活躍！
友情 困った人を助けてあげるお世話好き。
喜ぶこと どんな子が好きなの？って声かけてみて。

性格はどっち？ 元気 ─┼─┼─☆─┼─ やさしい

☆ あつのり ☆

性格 一番を目指して決してあきらめないので、みんながおどろくようなものを作りあげるよ。 〔努力家タイプ〕

恋愛 まじめな恋愛をしたい。軽い人はニガテ。
将来 ひとりでじっくりできる仕事がいいよ。
友情 親友と、ずっといっしょにすごすタイプだよ。
喜ぶこと 目があったら、ニコっと笑いかけてね。

性格はどっち？ 元気 ─┼─┼─┼─☆─ やさしい

HAPPYジンクス 救急車を見たら親指をかくそう！いやなことがおきないよ。

☆ あつひこ ☆

性格　約束をキチンと守るから信頼される。ありがとうの気持ちも忘れない思いやりのある人。

努力家タイプ

恋愛　初めてつきあった人とそのまま結婚しそう！

将来　芸能人！チャレンジあるのみ。

友情　良いところをほめてあげよう！友情が深まるよ。

喜ぶこと　何かあった？って悩みを聞いてみて。

性格はどっち？　元気 ——————★— やさしい

☆ あつひろ ☆

性格　考え方がやわらかいからアイデアをたくさん持っている人。かっこいい人が多いよ。

努力家タイプ

恋愛　だれが好きなのか？話し方とかに出ちゃうよ。

将来　音楽プロデューサーなどが向いてそう。

友情　けんかしたあとに親友になることもあるよ。

喜ぶこと　話題のイケメン芸能人っぽい、ってほめて。

性格はどっち？　元気 ———★——— やさしい

☆ あつや ☆

性格　人に合わせることができる人。目立つよりもだれかをささえるタイプだから頼りになるよ。

人情派タイプ

恋愛　ロマンある出会いや恋愛を求めているよ。

将来　塾や習いごとなど子ども向けの先生は？

友情　自分と似ていない、正反対の友だちを作るよ。

喜ぶこと　ありがとうの気持ちを手紙にしてわたそう。

性格はどっち？　元気 ——————★— やさしい

☆ あつろう ☆

性格　ちょっとしたことで喜んだりへコんだり。人を喜ばせるのが大好きな、盛り上げ役だよ。

人情派タイプ

恋愛　恋多き人。ステキな笑顔にみんなのドキドキ。

将来　好きなことや趣味を仕事にするといいよ！

友情　味方になってくれる人を大切にするよ。

喜ぶこと　彼の話を聞くときは大きくうなずいて。

性格はどっち？　元気 ————★—— やさしい

☆ あのん ☆

性格　目立つけれどみんなの前で話すのはニガテ。がんばり屋だから信頼を集めているよ。

努力家タイプ

恋愛　やさしくて、お日さまのような人が好き。

将来　銀行などお金に関する仕事が向いているよ。

友情　ナイショ話をしても大丈夫。信頼できる。

喜ぶこと　買いものに行くのにつきあって、と声をかけて。

性格はどっち？　元気 ——————★— やさしい

☆ あやひと ☆

性格　ライバルがいたら勝負しにいくよ！人から指図されるのがニガテ。自分で決めたい人。

努力家タイプ

恋愛　他の子と仲良くしたらおこってほしいみたい。

将来　数字に強い税理士や会計士が向いてるよ。

友情　特別な友だちと家族みたいにすごすよ。

喜ぶこと　やさしくされたら、やさしいねと声かけて。

性格はどっち？　元気 ———★——— やさしい

HAPPYジンクス　緑のナンバープレートを1日に5台見ると願いがかなう！

298

☆ あゆと ☆

性格 思いきった行動をする人。あまり細かいことも気にしない。みんなの中心にいるよ。 **素直タイプ**

恋愛 スポーツなど、得意なものがある人が好き。

将来 話をする仕事、司会者がいいね。

友情 楽しいよ。いっしょにやろう！と言ってくれる。

喜ぶこと 仲良くしてね！からだんだん近づいて。

性格はどっち？ 元気 ——————★—— やさしい

☆ あゆむ ☆

性格 だれにでも平等に接し、先生や年上から好かれやすい人。守ってあげたくなるタイプだよ。 **努力家タイプ**

恋愛 自分にだけ、やさしくしてほしいみたい。

将来 幸せを見守るブライダルプランナーが◎。

友情 人見知りしないし平等だから好かれるよ。

喜ぶこと かわいいしゃべり方で話しかけてみて。

性格はどっち？ 元気 ————————★ やさしい

☆ あらし ☆

性格 人への気づかいができるやさしい人。人と言いあらそったりもしない。心配性な面もあるよ。 **人情派タイプ**

恋愛 好きになった人に、長い片思いをしそう。

将来 全体をまとめるのが上手なので編集者は？

友情 グループに欠かせない。そばにいると安心。

喜ぶこと 彼が好きなタレントの話で盛り上がろう。

性格はどっち？ 元気 —★———————— やさしい

☆ あらた ☆

性格 あっけらかんとした性格で、気持ちよく笑うよ。太陽みたいに明るくて楽しい人。 **素直タイプ**

恋愛 おしゃべりをニコニコ聞いてくれる子が◎。

将来 人が楽しく過ごせる食べ物屋の店長さん。

友情 困った友だちがいたら、すぐにきづくよ。

喜ぶこと すごいね！さすが！っていう言葉に弱いよ。

性格はどっち？ 元気 ————★———— やさしい

☆ あると ☆

性格 自信をもっているから、いつもどうどうとしているよ。パワーあふれるたくましい人。 **素直タイプ**

恋愛 好きになったらどんどんアタックしていく。

将来 しゃべり上手だし、アナウンサーがいいな。

友情 ケンカをするのがきらいだよ。おだやかな人。

喜ぶこと ギャップが好き。時にはそっけなくしても。

性格はどっち？ 元気 —————————★ やさしい

☆ いえたか ☆

性格 まわりにいる人たちを笑顔にできる人。話しかけやすいので、自然に人が集まってくるよ。 **素直タイプ**

恋愛 ダメだったらまた次の恋がすぐできるよ。

将来 人をひきいるツアーコンダクターがいいね。

友情 まわりがほうっておかない気になる存在だよ。

喜ぶこと 耳元で話しかけてみて。ドキドキするかも。

性格はどっち？ 元気 ————★———— やさしい

HAPPYジンクス 友だちにくしを貸したら3回振ってから使わないと失恋しちゃうよ。

☆ いおり ☆

性格 にぎやかでお祭りが大好きな人。悲しそうな人を放っておけないやさしさがあるよ。

素直タイプ

恋愛 勉強ができる人を、あこがれから好きに。

将来 声がいいから声優は？話す仕事がいいね。

友情 楽しいことはひとりじめしない。さそうよ。

喜ぶこと 忘れモノしたら彼に貸して！ってお願いしてみて。

性格はどっち？ 元気 ———★——— やさしい

☆ いくお ☆

性格 決めたら人の意見に流されない。自分の考えを信じて、できるまでがんばるよ。

努力家タイプ

恋愛 おとなしくてやさしい人がタイプみたい。

将来 最後まで信じてやりとげる。銀行員向き。

友情 けんかのあとゴメンネがなかなか言えないね。

喜ぶこと 彼が落ちこんでいたら、そばにいてあげて。

性格はどっち？ 元気 ——————★— やさしい

☆ いくと ☆

性格 目標のためには我慢してがんばる人。かっこいいから、みんなのあこがれになるよ。

努力家タイプ

恋愛 好きな人と出会ったら、一生大事にしそう。

将来 自分の力でじっくりできる仕事がいいかも。

友情 ずっと同じ人たちといることが多いよ。

喜ぶこと 言葉づかいはやわらかく、やさしく言って。

性格はどっち？ 元気 —————★—— やさしい

☆ いくま ☆

性格 とても心がきれいな友だち思いの人。まわりが協力してくれる得な性格だよ。

素直タイプ

恋愛 悪いところも受け入れてくれる人がいいよ。

将来 人と競わないキミは、電車の運転士が。

友情 大事にするので友だちがたくさんできるよ。

喜ぶこと いきなりグイグイはダメ。まずは友だちから。

性格はどっち？ 元気 —————★—— やさしい

☆ いさ ☆

性格 人のお世話が大好きな頼りになる人。失敗しないように、準備に時間をかけるところも。

人情派タイプ

恋愛 楽しめることがいっしょの人を好きになるよ。

将来 子どもに絵や習字を教える人に向いてそう。

友情 自分にないものをもつ、友だちを作るみたい。

喜ぶこと みんなの話はしないで。彼だけをほめてね。

性格はどっち？ 元気 ———★——— やさしい

☆ いさお ☆

性格 人としての正しい道を外すことが、何よりイヤ。いつでも上を目指してがんばる人。

努力家タイプ

恋愛 相手が何がほしいのか、知りたくなるよ。

将来 経理がいいね。算数を使う仕事にやりがい！

友情 ガンコなので自分の意見を曲げないことも。

喜ぶこと 意外とドンカン。好きってそのまま伝えて。

性格はどっち？ 元気 ———★——— やさしい

HAPPYジンクス 玄関を右足から出るとハッピーな出来事が起きるよ。

☆ いさむ ☆

性格 人を安心させる、ほんわかしたやさしい人。人なつっこくてみんなの人気者だよ。 　素直タイプ

恋愛 大人っぽいなど自分とちがうタイプの人が◎。

将来 まわりを笑顔にするツアーガイドがいいね。

友情 にこやかでかわいいから、話しかけやすい。

喜ぶこと ふざけて遊びで言葉でからかってみて。

性格はどっち? 元気 ー★ー やさしい

☆ いちと ☆

性格 気持ちよく笑って大きな夢を話す人。まわりはそれをほほえましく見ているよ。 　素直タイプ

恋愛 話したがりなので、聞いてくれる人が好き。

将来 資格を生かして、特別な分野でがんばる人。

友情 自分が面白いものを人にすすめたりするよ。

喜ぶこと 思い切って、いっしょに下校してみて！

性格はどっち? 元気 ー★ー やさしい

☆ いちろう ☆

性格 グループのリーダーになれる人。まじめで、行動が正しくて立派だからとても目立つよ。 　努力家タイプ

恋愛 注意ぶかく相手をみてから、つきあうよ。

将来 まじめだから、お金をあつかう経理。

友情 よくうち明け話や相談をうける人だよ。

喜ぶこと 頼みがあるんだけど、と話しかけて。

性格はどっち? 元気 ★ー やさしい

☆ いつき ☆

性格 ひとつのことをずっとではなく、たくさんのことをサラッとできちゃう人。とても器用。 　人情派タイプ

恋愛 気をつかってくれた相手に、急に恋心が？

将来 センスのよいデザイナーが向いていそう。

友情 自分らしくいれる人といっしょにいるみたい。

喜ぶこと 彼との間だけの、ヒミツを作ってみよう！

性格はどっち? 元気 ★ー やさしい

☆ いっさ ☆

性格 人の話に反対することはしない。ノリが良くてグループをもりあげる。頼りになるよ。 　人情派タイプ

恋愛 運命の出会いなど恋に夢みるところあり。

将来 よいアドバイスをくれる美容アドバイザー。

友情 その場にいるだけでその場がよい雰囲気に。

喜ぶこと 応援してるよ、がんばって！と声をかけて。

性格はどっち? 元気 ★ー やさしい

☆ いっしん ☆

性格 心をひらいて人と関わろうとするまっすぐな性格。自然にグループの中心人物となるよ。 　努力家タイプ

恋愛 つきあうまでにじっくりと時間がかかるよ。

将来 数字とむきあうような仕事が向いているよ。

友情 ガンコだけど正直だから、頼りにされてる。

喜ぶこと かわいいワガママを言ってドキドキさせて。

性格はどっち? 元気 ★ー やさしい

HAPPYジンクス 願いことを過去形で書くとかなうんだって。

☆ いっせい ☆

性格 気になることをトコトン調べる人。人を笑わせたり喜ばせることが好きな楽しい人だよ。

人情派タイプ

恋愛 かっこいい見せ方を知っていてモテモテ。

将来 テレビでしゃべるコメンテーターがいいね。

友情 スポーツなどで目立つ人を友人にするよ。

喜ぶこと 目をしっかりみつめ瞳をキラキラさせて話して。

性格はどっち？ 元気 ★━━┼━━┼━━┼━━ やさしい

☆ いっぺい ☆

性格 人のいいところを見つけることが得意。気が利いて何でもわかる秀才タイプだよ。

人情派タイプ

恋愛 片思いの人を追いかけるときが一番好き。

将来 頭がいいからシステムエンジニアが向いてるよ。

友情 自分の味方は何があっても絶対にかばうよ。

喜ぶこと 彼の会話のテンポにあわせて、うなずいて。

性格はどっち？ 元気 ★━━┼━━┼━━┼━━ やさしい

☆ いづる ☆

性格 ひとつのものをいろいろな角度から見る研究者タイプ。チャンスをモノにする強運の持ち主。

人情派タイプ

恋愛 弱ったとき、はげましてくれる人を好きに。

将来 人に教える学校の先生が向いているね。

友情 グループの進んでいく目標を決める人だよ。

喜ぶこと 彼のとくいな勉強を調べて、教えてもらおう。

性格はどっち？ 元気 ━━┼━━★━━┼━━ やさしい

☆ いぶき ☆

性格 気まぐれでふりむいてくれなくて、でもたまに甘えてくるネコのような人。算数が得意。

人情派タイプ

恋愛 目立つお笑い系のにぎやかな人が好きだよ。

将来 気が向いたときに書ける小説家がいいね。

友情 なれて意見をいうまでちょっと時間がかかる。

喜ぶこと あいさつは基本。おはよう！は忘れずに。

性格はどっち？ 元気 ━━┼━━★━━┼━━ やさしい

☆ うきょう ☆

性格 人のすることや気持ちをキチンと見ているよ。とても気が利いて思いやりがある人。

人情派タイプ

恋愛 笑顔が一番。みんなそれで好きになるよ。

将来 本などで注目される評論家とか向いている。

友情 はい注目して！と目立ちたい行動をするよ。

喜ぶこと ちょっと相談してもいいかな？と声かけて。

性格はどっち？ 元気 ━━┼━━┼━━┼━━★ やさしい

☆ うさ ☆

性格 その場の雰囲気に合わせ行動することができる人。素直で親の言うことをよく聞くよ。

人情派タイプ

恋愛 恋にはオクテ。長い片思いになりそうだよ。

将来 職人さんとか器用さが生かせる仕事がいい。

友情 仲良しの子といっしょじゃないとちょっと不安。

喜ぶこと かわいいメモで、いつもありがとうって伝えて。

性格はどっち？ 元気 ━━┼━━┼━━★━━ やさしい

スケジュール帳に四つ葉のクローバーを挟んでおくと恋がかなう！

☆ うみ ☆

性格 パッと見しっかり者だけど実は甘えんぼう。ほんわかしていて行動も自分のペース。 — 素直タイプ

恋愛 自分とちがうタイプの人が好き。

将来 自分のペースで人と競わない仕事がいいよ。

友情 友だちおおぜい。特に年下から好かれるよ。

喜ぶこと 耳もとでそっと、かっこいいねって言って。

性格はどっち？ 元気 ——★—— やさしい

☆ うみと ☆

性格 ルールにしばられない自由な考え方ができるよ。得意なことでは一番を目指すよ。 — 努力家タイプ

恋愛 好きな人をナイショにしても行動でわかる。

将来 ヒミツを守るから警察官は？

友情 いつも自分のことをあまり話さない人だよ。

喜ぶこと みんなで遊ぶよ。いっしょに行こう！とさそって。

性格はどっち？ 元気 ——★— やさしい

☆ うみひこ ☆

性格 友だちとの約束はきっちり守る。人が見ていないところでもコツコツ努力。信頼できる人。 — 努力家タイプ

恋愛 自分の好きなことに、くわしい人が好き。

将来 信頼できる政治家として活躍するよ。

友情 友だちどうしでわかりあって友情が深まるよ。

喜ぶこと はずかしがりやだからこっそりと告白して。

性格はどっち？ 元気 —★—— やさしい

☆ うみひと ☆

性格 あきらめることなく努力し続ける人。がんばりすぎることもあるので休けいも大切だよ。 — 努力家タイプ

恋愛 好きな人ができたら一生大事にするよ。

将来 税理士や会計士。お金のプロはどう？

友情 親友とは一度大ゲンカしたこともあるかも。

喜ぶこと やさしい言葉を選んでから彼に話しかけて。

性格はどっち？ 元気 —★—— やさしい

☆ えいいち ☆

性格 ぜったいに負けないと、勝てるまでがんばる人。みんなのあこがれになるよ。 — 努力家タイプ

恋愛 恋も待たない。勝ち取るまでつっぱしるよ。

将来 努力して成功するから音楽関係がいいな。

友情 こういう方法も、と言う友だちをみつけるよ。

喜ぶこと 告白は彼から。少しずつ好きを伝えてね。

性格はどっち？ 元気 ★——— やさしい

☆ えいいちろう ☆

性格 自分で決めたことに自信をもっている人。人に甘えない性格で、みんなの人気ものだよ。 — 努力家タイプ

恋愛 話していてどこかホッとする人が好きみたい。

将来 海外でも自信をもってやっていけそう！

友情 意地っぱりだけどウソをつかない信頼ある人。

喜ぶこと 彼の意見をきいて、うんうんと賛成しよう。

性格はどっち？ 元気 ★——— やさしい

HAPPYジンクス 階段を降りるとき、自然に上履きが脱げたらステキな人に会えるかも。

303

え

☆ えいき ☆

性格 ネコみたいに気まぐれなところがあるけれど、笑顔がたえない明るいタイプだよ。 （人情派タイプ）

恋愛 気持ちとちがうことをしてふりまわすことも。

将来 じっくり考える小説家などがいいかも。

友情 人見知りするけれど、仲良くなれるよ。

喜ぶこと 彼にだけ、やさしくしたほうが印象◎。

性格はどっち？ 元気 ———★——————— やさしい

☆ えいこう ☆

性格 いつも前向き落ちこむことがないから大きな成功をするよ。ビックリさせることも大好き。 （素直タイプ）

恋愛 いっしょのクラブで仲良くなって恋しそうだよ。

将来 スポーツマンのキミ。選手やコーチがいいね。

友情 明るくて、いたずらしてもにくめない人だよ。

喜ぶこと 彼の好きそうなヘアスタイルにしてみて。

性格はどっち？ 元気 ———————★——— やさしい

☆ えいさく ☆

性格 とてもまじめで努力家。人の好ききらいがないから自然と人の上にたつ人になっていくよ。 （努力家タイプ）

恋愛 悩み相談していたうちに好きになりそう。

将来 やさしさを生かして結婚アドバイザーとか。

友情 しっかりしていて、みんなから頼られるよ。

喜ぶこと 今ハマっていることを、彼に話してみて！

性格はどっち？ 元気 ——★————————— やさしい

☆ えいし ☆

性格 人のためにかげで力になったり努力したりできる人。けんかはキライ。頼りになるよ。 （人情派タイプ）

恋愛 みんなが一番好きな人気者を好きになるよ。

将来 美容関係で人をキレイにするのがいいかも。

友情 もりあげるのが上手。グループに必要だよ。

喜ぶこと 絶対になれるよ！って彼の夢を応援してね。

性格はどっち？ 元気 ——————★——— やさしい

☆ えいじ ☆

性格 あとになって先でこまらないように準備してから行動するよ。だから安心できる人。 （人情派タイプ）

恋愛 ずっと友だちだと思っていた人が恋人に？

将来 真実を見ぬける警察官がいいね！

友情 相手の心のおくにあるものを見ぬける人。

喜ぶこと 人のうわさは×。話題は明るいものを選んで。

性格はどっち？ 元気 ———★——————— やさしい

☆ えいしろう ☆

性格 楽しく元気で、どこの場所へも心配せずに行ける人。人のいいところを発見できるよ。 （人情派タイプ）

恋愛 好きになるとずっと目で追っちゃいそう。

将来 どこでも、やりたいことを仕事にできるよ！

友情 好ききらいがはっきりしていて、かくさず伝えるよ。

喜ぶこと 彼が話している間、聞く人になるといいよ。

性格はどっち？ 元気 ———★——————— やさしい

HAPPYジンクス　ムラサキ色のペンで勉強したら頭が良くなる。

☆ えいすけ ☆

性格 順序だてて考えられるので、理科や算数が得意。落ちついて考えることが好き。　*人情派タイプ*

恋愛 ささいな気づかいから恋がめばえることも。

将来 アドバイザーやコンサルタントに向いているよ。

友情 気をつかわなくていい友だちを大事にするよ。

喜ぶこと ナイショの話を彼にだけするといいよ。

性格はどっち? 元気 ——★———— やさしい

☆ えいた ☆

性格 まわりもいっしょになって楽しむのが大好き。思い切ったことを言うけれどそれが面白いよ。　*素直タイプ*

恋愛 おとなしく話を聞いてくれる人が好き。

将来 しゃべる仕事。アナウンサーがいいね。

友情 すぐに手をさしのべてくれるやさしい人。

喜ぶこと からかう日とそっけない日をつかいわけて。

性格はどっち? 元気 ★———————— やさしい

☆ えいたろう ☆

性格 何かあっても立ち直りが早いから大成功しそう。じっとしていられない、にぎやかな人。　*素直タイプ*

恋愛 委員会とかでいっしょにいるうちに好きに?

将来 動物にかかわる仕事が向いてそうだよ。

友情 人に頼るのが上手で、いっしょにいて楽しい人。

喜ぶこと チャンスがあればふざけてうでをくんで。

性格はどっち? 元気 ———★—— やさしい

☆ えいと ☆

性格 ここってときに成功する強運を持っているよ。一つのことがニガテであきっぽい。　*人情派タイプ*

恋愛 キラキラした存在感があるので好かれるよ。

将来 毎日刺激がある保育士や幼稚園の先生!

友情 グループをひっぱって決めていくのが得意。

喜ぶこと バレンタインのプレゼントに手紙をそえて。

性格はどっち? 元気 ——★———— やさしい

☆ えつし ☆

性格 自分とちがう相手の考えをわかってあげる人。友だちより家族が大事で、どこか古風な人。　*努力家タイプ*

恋愛 しっかりものなので年下から好かれるよ。

将来 茶道など古風な習いごとの先生がいいよ。

友情 親友は大事に、一生のおつきあいをしそう。

喜ぶこと あどけなくかわいいしぐさで彼の話を聞くと◎。

性格はどっち? 元気 ————★—— やさしい

☆ えつじ ☆

性格 人づきあいでちょうどいい感覚があるから、うまくまわりとやっていける人。リーダー格。　*努力家タイプ*

恋愛 ライバルがいたらえんりょしちゃうかも。

将来 口がかたいから刑事や探偵があうかも。

友情 約束をやぶらないからみんな信頼するよ。

喜ぶこと 親の話題で、おかあさんをほめて。

性格はどっち? 元気 ——★———— やさしい

HAPPYジンクス 好きな人と一緒に虹を見ると、その人と両思いになれる。

☆ おう ☆

性格 話し出したら止まらない、おしゃべり大好き。一番が好きな負けずぎらいな面もあるよ。

素直タイプ

恋愛 委員会でいっしょに行動しているうちに恋へ?

将来 話し上手なのでショップスタッフや接客!

友情 悩みは友だちに相談するよ。かなりオープン。

喜ぶこと 彼の好きそうな洋服を着て近づいてみて。

性格はどっち? 元気 ——————★—— やさしい

☆ おうたろう ☆

性格 目立ちたがり屋で、あいきょうあるイタズラが好き。得意なものは一番を目指す人だよ。

素直タイプ

恋愛 友だちより恋愛。恋に夢中になりそうだよ。

将来 会社を作って大成功!大金持ちになるかも?

友情 おしゃべりなので聞き役の人がそばにいる。

喜ぶこと 彼の前ではハキハキと意見を言ってみて。

性格はどっち? 元気 ——————★—— やさしい

☆ おおが ☆

性格 絵をかいたり歌ったり、どんなことでもできる。がんばり屋だから勉強もできるよ。

人情派タイプ

恋愛 お笑い系で目立った人を好きになりそう。

将来 センスあるデザイナーが向いているかも。

友情 ライバルでも、友だちになれることがあるよ。

喜ぶこと 自分の話ばかりじゃダメ。彼の話もきいて。

性格はどっち? 元気 ——————★—— やさしい

☆ おさむ ☆

性格 他人と比べず、自分のペースを守る人。コツコツと努力して大成功することができるよ。

素直タイプ

恋愛 好きなことを直接言ってくれるとうれしい。

将来 コツコツ作る仕事、建築士がいいかも。

友情 話しかけやすいし、友だちもたくさんいるよ。

喜ぶこと まずは友だちのように、自然に声をかけてね。

性格はどっち? 元気 ——————★—— やさしい

☆ おとや ☆

性格 素直に親や先生の言うことをちゃんと聞くよ。いっしょにいる人に安心感をあたえる人だよ。

人情派タイプ

恋愛 好きなものがいっしょな人と話すうちに恋へと?

将来 困った人を助ける仕事があうとおもうよ。

友情 グループに必要な人。その場の空気がよくなる。

喜ぶこと 彼の行動や結果をきいて、ほめてあげて。

性格はどっち? 元気 ——————★—— やさしい

☆ おりおん ☆

性格 人の話に口をはさんだりしちゃう、とても明るくにぎやかな人。グループの中心だよ。

素直タイプ

恋愛 笑うツボもいっしょで、話があう人が好き。

将来 楽しいトークがさえる営業とかいいかもね。

友情 おしゃべり。自分の悩みもどんどん言うよ。

喜ぶこと 楽しい話題を選んで、彼に最初に話して。

性格はどっち? 元気 ——————★—— やさしい

HAPPYジンクス 部屋の西側に黄色いものを置くと、おこづかいがアップする。

か行★の男の子

てれ屋タイプ

シャイで人みしりなところがあるね。本当はさびしがりやでおしゃべり好きだよ。ワイワイとじょうだんを言ったりするのも大好き。

信念タイプ

どんな時も決して信念を曲げない男の子だね。好きな事には夢中で取り組み、最後まできちんとやりとげるパワーがあるよ。

かっこいいタイプ

とにかく見た目やかっこよさにこだわっていて、オシャレが得意！ そんなイケメンなキミは、もちろん女子にもやさしくてモテモテだ。

☆ かい ☆

性格 好きなことを面白おかしく話す楽しい人。ドキドキすることないかなと探しているよ。

かっこいいタイプ

恋愛 好きな子ができたらその子に夢中になるよ。

将来 ドキドキする好きなことを仕事にできそう。

友情 スポーツができて目立つ子と友だちになるよ。

喜ぶこと 彼の話にわりこんじゃダメ。おとなしくね。

性格はどっち？ 元気 ──★──┼──┼── やさしい

☆ かいしん ☆

性格 人づきあいがとても上手。曲がったことがきらいなのでみんなから信頼されるよ。

信念タイプ

恋愛 まじめで相手のことだけをみる人だよ。

将来 数字に強そう。経理の仕事がいいよ。

友情 友だちから相談にのって、とたのまれる人。

喜ぶこと ニブいのでストレートに好きって伝えて。

性格はどっち？ 元気 ──★──┼──┼── やさしい

☆ かいせい ☆

性格 人と考え方がちょっとちがう面白い人。人を笑わせることが大好きで、明るくて楽しいよ。

かっこいいタイプ

恋愛 笑った顔がいい！みんな好きになるよ。

将来 インターネットを使った仕事をしそう。

友情 ちょっと好ききらいあり。友だちにも伝えるよ。

喜ぶこと こっそり、ないしょ話や悩みごとを相談して。

性格はどっち？ 元気 ★──┼──┼──┼── やさしい

☆ かいた ☆

性格 悪く思われたくないので、相手をいつも気にしている人。おぼえが早くてとてもものしり。

かっこいいタイプ

恋愛 ノリがよくて楽しい人を好きになるよ。

将来 気がきくから芸能人のマネージャー！

友情 元気出して！って落ち込んでもすぐに気づいてくれるよ。

喜ぶこと 小さな親切を、くりかえし彼にしてね。

性格はどっち？ 元気 ──┼──★──┼── やさしい

☆ かいと ☆

性格 ピンチのときこそ力を出そうとする。手かげんしないで一番を目指す努力家だよ！

信念タイプ

恋愛 告白は待たないよ。自分からアタック。

将来 ラジオ局やテレビ局の仕事がいいね。

友情 ものしりの友だちが物の見方をかえてくれそう。

喜ぶこと 大人気のイケメンとそっくり！とほめて。

性格はどっち？ 元気 ──┼──★──┼── やさしい

☆ かいり ☆

性格 強いライバルがいると絶対あきらめずにがんばる人。たくさんのアイデアを持ってるよ。

信念タイプ

恋愛 恋にはつっ走るタイプ。追いかけたい人。

将来 ヒミツ主義なので会計士が向いてるね。

友情 自分の悩みをうち明けるのがニガテだよ。

喜ぶこと おおぜいで遊ぶチャンスには彼もさそって！

性格はどっち？ 元気 ──┼──┼──┼──★ やさしい

HAPPYジンクス ふと見たデジタル時計がゾロ目だと、ハッピーな1日になるよ。

☆ かえで ☆

性格 何にでもチャレンジする明るい人だよ!強そうに見えてじつは、傷つきやすいくさみしがり屋。

かっこいいタイプ

恋愛 気にかけて心配してくれる人を好きに?

将来 子どもが大好きなキミは、幼稚園の先生が◎。

友情 自分がおどけて相手を楽しませたりするよ。

喜ぶこと 様子をみて話してね。しつこくしちゃダメ。

性格はどっち? 元気 ──★─┼─┼─ やさしい

☆ かおる ☆

性格 わはは!と笑う太陽のように明るい人。自信たっぷりの態度が信頼をえて人を集めるよ。

てれ屋タイプ

恋愛 話していて頭がいい人を好きになりそう!

将来 人を喜ばせ、むかえいれるホテルスタッフ。

友情 お世話好き。困った人を放っておけない。

喜ぶこと ステキだね、すごいねって彼をほめて。

性格はどっち? 元気 ─┼─┼─┼─★ やさしい

☆ かく ☆

性格 マメな人。コツコツと時間と量をきめて物事を進めるよ。算数や理科が得意かな。

かっこいいタイプ

恋愛 思ったこととちがうことを言っちゃいそう。

将来 パティシエや食に関する仕事がいいよ。

友情 人見知りがあるよ。好ききらいもハッキリ。

喜ぶこと 彼に質問!話題を引き出して盛り上がろう!

性格はどっち? 元気 ─┼─┼─★─ やさしい

☆ がくと ☆

性格 細かいことは気にしない。力強く気持ちのよい行動をするから、みんなの人気者。

てれ屋タイプ

恋愛 好きな人には気持ちをかくさずに伝えるよ。

将来 食べもの関係で、人気のお店の店長さん!

友情 おだやかだから、決してけんかはしないよ。

喜ぶこと 彼が忘れものをしたら、ぜひ貸してあげて。

性格はどっち? 元気 ─┼─┼─★─ やさしい

☆ かげちか ☆

性格 ほんわかしていて、ちょっと天然な愛されキャラ。人なつっこくてまわりを笑顔にするよ。

てれ屋タイプ

恋愛 気にかけてやさしく話してくれる人が好き。

将来 楽しい旅ができそうなツアーコンダクター!

友情 好きな人より友だちの約束をとっちゃうかも。

喜ぶこと ちょっと言いづらいことがあれば電話して。

性格はどっち? 元気 ─┼─★─┼─ やさしい

☆ かける ☆

性格 とても負けずぎらい。絶対に手をぬかないよ。アッというようなことを思いつくことも!

信念タイプ

恋愛 軽いつきあいはイヤ。本気の恋しかしない。

将来 音楽関連で活躍しそう。演奏家とかかな?

友情 いつもいっしょにいる友だちが決まっているよ。

喜ぶこと 彼と目があったなら、にっこりと笑ってね。

性格はどっち? 元気 ─┼─┼─★─ やさしい

HAPPYジンクス 木曜日にくしゃみが出ると、幸運なことが起こる。

☆ かずあき ☆

性格 人なつっこくて甘えん坊。みんなをいやす愛されキャラ。友だちをすごく大切にするよ。

でれ屋タイプ

恋愛 甘えん坊で、積極的なアタックに弱いみたい。

将来 建築デザイナーや建築士が向いてるよ。

友情 恋愛よりも友だちづきあいを大事にするタイプ。

喜ぶこと 人気者の彼は、ニックネームで呼ぶと◎

性格はどっち？ 元気 ━━━━★━━ やさしい

☆ かずお ☆

性格 おしゃべりが大好きで目立ちたがり屋な彼は、すごく前向きだけど負けずぎらいな一面も。

でれ屋タイプ

恋愛 笑いのツボが同じ女の子にひかれるよ。

将来 おしゃべり好きな彼はサービス業が◎

友情 彼の話の聞き役になると距離がちぢまるよ。

喜ぶこと 思ったことをはっきり言うと喜ぶよ。

性格はどっち？ 元気 ━━━━★━━ やさしい

☆ かずき ☆

性格 少し神経質なところはあるけれど、とても話しかけやすく、天然な一面もある男の子。

でれ屋タイプ

恋愛 自分とちがうタイプの人にひかれちゃう。

将来 人と競わずにマイペースに働くのが◎。

友情 純粋な心の持ち主で、友だち思いだよ。

喜ぶこと 耳元でささやくと一気に距離がちぢまるよ。

性格はどっち？ 元気 ━━━━★━━ やさしい

☆ かずし ☆

性格 あらそいごとがきらいな平和主義者で、人から何か頼まれると断れないお人好しな性格。

でれ屋タイプ

恋愛 タイプはお嬢様系のかわいい女の子。

将来 漫画家やイラストレーターが向いてるよ。

友情 勉強の成績の近い人と友だちになりやすいよ。

喜ぶこと 女の子らしくおしとやかなふるまいが◎

性格はどっち？ 元気 ━━━━★━━ やさしい

☆ かずしげ ☆

性格 興味を持ったら、じっくりとねばり強く取り組む。納得するまであきらめないしっかりもの。

信念タイプ

恋愛 真剣に相談にのってくれる人にひかれるよ。

将来 しっかり者だから、政治家がおすすめ。

友情 だれにでも平等で、みんなから好かれるよ。

喜ぶこと てれ屋な彼にはこっそり好きと伝えよう。

性格はどっち？ 元気 ━★━━━━ やさしい

☆ かずたか ☆

性格 マメでコツコツがんばるあなたは、泣いたり笑ったり、とても感受性の強い人。

かっこいいタイプ

恋愛 ちょっとした気配りから恋心がめばえるよ。

将来 感性があるから作家や小説家が◎

友情 自然体でいられる友だちを選ぶよ。

喜ぶこと 彼とだけのヒミツを共有。親密に！

性格はどっち？ 元気 ━━━★━━ やさしい

310 HAPPYジンクス 上り階段でつまずくと、だれかがあなたを好きだという証拠。

☆ かずてる ☆

性格 だいたんな性格だよね。記念日やお祭りごとが大好きで、明るい太陽のような存在。 **でれ屋タイプ**

恋愛 勉強やスポーツが得意な子が好きだよ。
将来 世話好きな性格から、人をもてなす仕事が◎
友情 友だちとワイワイするのが大好きだよ。
喜ぶこと 好きな子のタイプを聞くと意識するかも。

性格はどっち？ 元気 ――――★―― やさしい

☆ かずと ☆

性格 細かいことを気にしないサバサバとした性格で、みんなから頼りにされるたくましい人。 **でれ屋タイプ**

恋愛 ひとめぼれしやすく、アピールは積極的。
将来 資格を取って専門的な仕事につきそう。
友情 困った人を助けてあげる世話好きな一面も。
喜ぶこと いっしょに下校するともっと仲良くなるよ。

性格はどっち？ 元気 ――――★― やさしい

☆ かずとし ☆

性格 友だちよりも家族が好き！自分の気持ちははっきり言えちゃうよね。リーダータイプ。 **信念タイプ**

恋愛 何年も同じ人に片思いするほど一途だよ。
将来 刑事や探偵の仕事が向いているよ。
友情 人にしたわれ、聞き上手。信頼される存在。
喜ぶこと かげの努力家の彼をほめると恋に近づく！

性格はどっち？ 元気 ―★――――― やさしい

☆ かずとも ☆

性格 うっかり者のあわてん坊だけど、自分の意見を通すガンコな一面もある努力家。 **信念タイプ**

恋愛 どこか頼りない女の子にひかれやすい。
将来 努力家なあなたには外交官が向いてるよ。
友情 人見知りが少なくだれとでも気軽に話せるよ。
喜ぶこと 彼の悩みやグチをしっかり聞くと喜ぶよ。

性格はどっち？ 元気 ―――――★ やさしい

☆ かずなり ☆

性格 サバサバしてるけど、落ちこんでいる人を見ると手だすけせずにはいられないやさしい人。 **でれ屋タイプ**

恋愛 物知りな人や勉強のできる人がタイプ。
将来 将来、アナウンサーとして活躍するかも。
友情 世話好きで、みんなからしたわれているよ。
喜ぶこと 彼の良いところをほめると喜んでくれるよ。

性格はどっち？ 元気 ―――★――― やさしい

☆ かずのぶ ☆

性格 人を笑わせたり喜ばせたりするのが大好きなあなた。人の長所を発見するのが得意。 **かっこいいタイプ**

恋愛 熱しやすく冷めやすいから、恋は多そう。
将来 好奇心が強いから、趣味を仕事にすると◎
友情 性格のちがうタイプの友だちと仲良くなるよ。
喜ぶこと 彼の会話はさえぎらないことが大切だよ。

性格はどっち？ 元気 ―――――★ やさしい

HAPPYジンクス ヘアピンがいつの間にか取れてたら、好きな人から思われている。

☆ かずのり ☆

性格 自分に厳しく負けずぎらい。心が強く困ったことがあってもあきらめない性格だよ。

信念タイプ

恋愛 真剣に恋愛するから、軽い人はニガテみたい。

将来 警察官や税理士、会計士が向いてるよ。

友情 悩みをうち明けるとぐっと仲良くなれるよ。

喜ぶこと さりげなく好きと伝えるとうまくいくかも。

性格はどっち？ 元気 ――――★― やさしい

☆ かずはる ☆

性格 ルールや常識を気にしない、自由な発想の持ち主。他人から指図されるのはニガテ……。

信念タイプ

恋愛 好きな人には自分から告白するタイプ。

将来 音楽プロデューサーで有名になれる！

友情 本気のケンカが真の友情をめばえさせるよ。

喜ぶこと みんなで遊ぶときは必ず彼をさそおう。

性格はどっち？ 元気 ―――――★ やさしい

☆ かずひこ ☆

性格 ルールや約束を守るので、信用される。マジメで、かげで努力するがんばり屋。

信念タイプ

恋愛 話をまじめに聞いてくれる人にひかれるよ。

将来 人気者のキミ、大人気アイドルも夢じゃない！

友情 しっかり者で頼もしいね。信用されてるよ。

喜ぶこと かわいいしゃべり方で話しかけると◎。

性格はどっち？ 元気 ―――――★ やさしい

☆ かずひさ ☆

性格 頼まれごとを断れないお人好し。いつもいそがしいけど、信頼されてだれにでも好かれるよ。

てれ屋タイプ

恋愛 はずかしがり屋で自分から告白できないよ。

将来 ケアマネージャー。人につくす仕事が◎。

友情 成績の近い人と友だちになることが多いよ。

喜ぶこと かたやうでを軽くタッチしながら話すといいよ。

性格はどっち？ 元気 ――★――― やさしい

☆ かずひで ☆

性格 負けるのがきらいで、一番になるためにがんばっちゃう。ライバルには負けられない！

信念タイプ

恋愛 好きになったら一直線。軽い人はニガテ。

将来 自然や人をとるカメラマンになると成功するよ。

友情 親友とは一生のつきあい。大切にするよ。

喜ぶこと 努力家の彼には「がんばってるね」と声をかけて。

性格はどっち？ 元気 ★――――― やさしい

☆ かずひと ☆

性格 ピンチの時ほどもえて、立ち向かうタイプ。アイデアも多く、大成功をつかみそう。

信念タイプ

恋愛 気持ちが顔や声に出るので、自然に笑顔に。

将来 会社をつくって社長になると成功するよ。

友情 物知りな人と友だちになると、視野が広がるよ。

喜ぶこと 目があったらにっこりほほ笑むとドキドキ。

性格はどっち？ 元気 ―――★―― やさしい

HAPPYジンクス 唇がかゆくなると、だれかが自分のウワサをしているよ。

☆ かずひろ ☆

性格 アイデアが豊かで、自由な発想の持ち主だね。びっくりするようなひらめきをするよ。 信念タイプ

恋愛 好きになったら一直線、恋愛には積極的。

将来 アイデアを生かしてネットで起業するのも◎

友情 家族のように友だちを大切にしてくれるよ。

喜ぶこと 目があった時にニコっと笑うと恋に。

性格はどっち？ 元気 ──┼──┼──★ やさしい

☆ かずま ☆

性格 とてもマメでコツコツがんばれる人。理論派だから算数が得意だよ。 かっこいいタイプ

恋愛 なかなか気持ちを素直に言えないね。

将来 デザイナーになって世界を飛び回ろう！

友情 ライバルといつのまにか友だちに。

喜ぶこと 毎日おはようとあいさつしてあげて。

性格はどっち？ 元気 ──┼──┼──★ やさしい

☆ かずまさ ☆

性格 人前に出るよりも、かげでだれかを支える縁の下の力持ち的存在が合っているみたい。 かっこいいタイプ

恋愛 友だちから恋愛にはってんするよ。

将来 大工さんのようなカッコいい職人さん！

友情 自分とぜんぜんにてない人と友だちになる。

喜ぶこと 趣味や芸能人の話で盛り上がろう！

性格はどっち？ 元気 ──┼──★──┼ やさしい

☆ かずみつ ☆

性格 ここぞという本番に強いタイプ。ふだんから友だちにやさしくすると運がアップ！ かっこいいタイプ

恋愛 知らない子からも好かれちゃうほど人気者！

将来 好きなことを研究してみると面白いよ。

友情 落ちこんでいる人を助けてあげられる。

喜ぶこと 彼にとくい科目を教えてもらって。

性格はどっち？ 元気 ──┼──┼──★ やさしい

☆ かずや ☆

性格 計画的に何でもきちんとやる人。ちょっとしんちょうすぎるかも。 かっこいいタイプ

恋愛 ずっとひとりの子を大切に思いつづけるよ。

将来 絵の先生になると大成功まちがいなし。

友情 友だちのいいところを見つけるのが得意。

喜ぶこと してもらったら必ずありがとうを言おう。

性格はどっち？ 元気 ──┼──┼──★ やさしい

☆ かずゆき ☆

性格 手先が器用でなんでもサラッとこなしてしまう。考えごとが好きな人。 かっこいいタイプ

恋愛 気をつかってくれる人を好きになるよ。

将来 記者になって世界中を飛び回ろう。

友情 人の好ききらいが多いみたいだね。

喜ぶこと 彼以外の男の子にはやさしくしないで。

性格はどっち？ 元気 ──┼──┼──★ やさしい

HAPPYジンクス てんとう虫が身体に止まったら、近いうちに良いことがある。

☆ かずよし ☆

性格 自分の考えをおしつけず、みんなの話もよく聞いてうまくまとめちゃうリーダーだね。 **信念タイプ**

恋愛 友だちのためなら好きな子もあきらめちゃう。

将来 うらない師とかカウンセラーが向いてるよ。

友情 親しくなった友だちとは一生仲よしだよ。

喜ぶこと 「いつもがんばってるね」と言われたい。

性格はどっち? 元気 ──┼──┼──★─ やさしい

☆ かつ ☆

性格 同学年の子たちより、どこか大人びていておしゃれ。ファッションリーダー的存在。 **かっこいいタイプ**

恋愛 いつもにこにこ笑顔でノリがいい人が好き!

将来 先生やコーチ、人に教える仕事が向いてるね。

友情 グループを上手に仕切ってくれる。

喜ぶこと やさしい気づかいがうれしいみたい。

性格はどっち? 元気 ─┼──┼──┼─★ やさしい

☆ かつあき ☆

性格 とっても純粋で友だち思い。ちょっと神経質なところがあるので注意! **てれ屋タイプ**

恋愛 フラれてもすぐに立ち直れる強さがあるね。

将来 電車かバスの運転手さんが向いてるね。

友情 世話好きで年下から好かれるみたい。

喜ぶこと 電話でいつも言えないことを話してみたら?

性格はどっち? 元気 ──┼─★─┼──┼─ やさしい

☆ かつき ☆

性格 人とくらべないで、自分のペースでさくさくすすめちゃう。コツコツと努力できるね。 **てれ屋タイプ**

恋愛 あまえられる人がタイプみたいだね。

将来 建築士になってスゴい家をつくってほしいね。

友情 恋愛より友だちが大切! 思いやりがあるね。

喜ぶこと 友だちのように自然体でせっしてね。

性格はどっち? 元気 ──┼──┼─★┼── やさしい

☆ かつと ☆

性格 とっても負けずぎらいで、自分の得意分野では一番でいたい人。 **てれ屋タイプ**

恋愛 勉強ができる人を尊敬して好きになるよ。

将来 いま人気の声優なんていいんじゃないかな。

友情 友だちとはケンカしたくないよね。

喜ぶこと 好きなタイプの女の子を聞いてみたら?

性格はどっち? 元気 ──┼──┼──★─ やさしい

☆ かつとし ☆

性格 とてもまじめでせいじつ。友だちに信頼されるしっかりした人。 **信念タイプ**

恋愛 積極的にぐいぐいアタックしてみちゃおう。

将来 刑事なんてかっこいいんじゃない?

友情 友だちをうらぎらない、信用ナンバー1!

喜ぶこと 家族のことをほめられるとうれしいって。

性格はどっち? 元気 ─┼──┼──┼─★ やさしい

HAPPYジンクス お釣りでもらった5円玉の製造年が偶数だったらラッキー。

☆ かつなり ☆

性格: 話すことやすることが大たんで、友だちをビックリさせちゃうことも！クラスの人気者。 *(てれ屋タイプ)*

- **恋愛**: 勉強ができる子を好きになっちゃうよ。
- **将来**: アナウンサーになってニュースをよもう。
- **友情**: 勉強のできる人と友だちになれる。
- **喜ぶこと**: 物を貸したり借りたりするとうれしいみたい。

性格はどっち？　元気 ――――★―― やさしい

☆ かつのり ☆

性格: ついついがんばりすぎちゃう人。時々休憩するとうまくいくよ。 *(信念タイプ)*

- **恋愛**: 好きになったら自分から告白しちゃう。
- **将来**: 警察官になってみんなと社会の平和を守ろう！
- **友情**: 本気でケンカした後は親友になれるよ。
- **喜ぶこと**: やさしくされたら、ありがとうを伝えてね。

性格はどっち？　元気 ――――★― やさしい

☆ かつひで ☆

性格: ルールや常識にとらわれない自由な発想で新しいものを生み出す人。 *(信念タイプ)*

- **恋愛**: しんけんな恋愛しかしないまじめさん。
- **将来**: 大人気のテレビやラジオの番組をつくるかも。
- **友情**: もっと友だちに悩みをうち明けよう。
- **喜ぶこと**: みんなで遊ぶときは彼もさそって。

性格はどっち？　元気 ―★―――― やさしい

☆ かつひと ☆

性格: アイデアが豊富で自分に自信がある人。人に甘えたり頼ったりするのは苦手かな。 *(信念タイプ)*

- **恋愛**: そくばくされると愛を感じるんだって。
- **将来**: なんでも知ってる物知り博士と仲よしに。
- **友情**: みんなに人気のアイドル歌手も夢じゃない！
- **喜ぶこと**: 目が合ったらニコッと笑うといいみたい。

性格はどっち？　元気 ―――★―― やさしい

☆ かつひろ ☆

性格: 芯が強くてねばり強い。困ったときもなかなかあきらめない人。 *(信念タイプ)*

- **恋愛**: 本気になれる相手をさがしてるんだね。
- **将来**: マイペースにできる仕事がいいよ。
- **友情**: 刺激的な友だちで世界を広げよう。
- **喜ぶこと**: さりげなく好きだと伝えてあげてね。

性格はどっち？　元気 ――――★ やさしい

☆ かつみ ☆

性格: 友だちが自然と集まってくるから困ったときはだれかに助けてもらえる人。 *(てれ屋タイプ)*

- **恋愛**: 実はちょっとワルい感じの人が好きかも。
- **将来**: 人と競争しない仕事が向いてるみたいだよ。
- **友情**: みんなをまとめてくれるリーダーと相性◎。
- **喜ぶこと**: 近くで話して彼をドキドキさせて。

性格はどっち？　元気 ―――★― やさしい

HAPPYジンクス: 真っ白な犬や猫が自分の方に歩いてきたら新しい恋のチャンス！

☆ かつや ☆

性格 あわせ上手でノリが良く、その場の雰囲気がよめる男の子だよ。 かっこいいタイプ

恋愛 みんながあこがれる人を好きになりそう。

将来 警察官や消防士になって人を助けよう！

友情 盛り上げるのがうまい、クラスの人気者。

喜ぶこと 彼だけを見つめて、ほめてあげてね。

性格はどっち？ 元気 ──── やさしい ★

☆ かつゆき ☆

性格 頭の回転がとっても速い。集中力があるので成績もバツグン！ かっこいいタイプ

恋愛 ドラマの主人公のような出会いをまってるよ。

将来 作ることが好きならシェフがおすすめ。

友情 自然体でいられる友だちが最高！

喜ぶこと ときにはさびしそうな顔をすると効果的。

性格はどっち？ 元気 ──── ★ やさしい

☆ かなた ☆

性格 行事やお祭りや記念日が大好きなにぎやかな人。明るい太陽みたいだね。 てれ屋タイプ

恋愛 好きな人にはすぐ好きと言っちゃう。

将来 レストランのオーナーなんてカッコいい。

友情 人とぶつからないおだやかな性格だね。

喜ぶこと 勇気をだして一緒に帰ろうとさそって。

性格はどっち？ 元気 ── ★ ── やさしい

☆ かなで ☆

性格 カッコいい人にあこがれて自分もそうなりたいとがんばれる人。 信念タイプ

恋愛 好きな人には自然と笑顔になっちゃう。

将来 ネットでスゴい会社を作っちゃおう。

友情 特別な友だちを大切にするよ。

喜ぶこと やさしく話しかけられるのが好きなんだって。

性格はどっち？ 元気 ── ★ ── やさしい

☆ かなと ☆

性格 自分に厳しく手をぬかない人。がんばりすぎず、たまには息ぬきも必要だよ。 信念タイプ

恋愛 おとなしい子が好きなタイプのまじめクン。

将来 税理士とかお金のプロになるといいかも。

友情 ヒミツはなかなかうち明けない主義。

喜ぶこと イケメン芸能人に似てると言ってあげて。

性格はどっち？ 元気 ──── ★ やさしい

☆ かなめ ☆

性格 うっかりが多いあわてんぼうさん。つい守ってあげたくなるキャラ。 信念タイプ

恋愛 ひたすら思いつづけて、大恋愛になるよ。

将来 政治家になって日本を動かそう！

友情 人見知りせずだれとでも仲良し。

喜ぶこと てれ屋だからこっそり好きと言ってあげて。

性格はどっち？ 元気 ── ★ ── やさしい

HAPPYジンクス　雨の日最初に見かけた人の傘がピンク色だったらその日はラッキー。

☆ かねひら ☆

性格　太陽のように明るい人。落ちこんでる人をほっとけない、いい人。
てれ屋タイプ

恋愛　よく話を聞いてくれる子が気になるみたい。
将来　資格をとって専門職につくのがおすすめ。
友情　友だちの意見を聞いてあげると好かれる。
喜ぶこと　良いところをほめて、認めてあげると喜ぶよ。

性格はどっち？　元気　←→　やさしい

☆ がもん ☆

性格　だれとでもすぐ仲良くなれる人。困ったときはみんなが助けてくれるよ。
信念タイプ

恋愛　好きな人ができると何も手につかない。
将来　売れっ子作家になれるかもしれないよ。
友情　おたがいにささえあう友だちがたくさん！
喜ぶこと　あなたが一番話しやすいといってあげて。

性格はどっち？　元気　←→　やさしい

☆ かんじ ☆

性格　ちょっぴりはずかしがり屋。とっても素直でかわいいね。親の言うこともきちんと聞くよ。
かっこいいタイプ

恋愛　ロマンチックな恋愛にあこがれてる。
将来　まんがを描いたり、本を作ったりする仕事が◯。
友情　さびしがりでだれかと一緒がいいみたい。
喜ぶこと　こっそり小声で「えらいね」ってささやいて。

性格はどっち？　元気　←→　やさしい

☆ かんた ☆

性格　パワーいっぱいでたくましいね。みんなからいつも頼りにされる人。
てれ屋タイプ

恋愛　スポーツが得意な人がいいみたい。
将来　人をもてなす仕事が向いてるみたい。
友情　友だちと楽しいことをするのが大好き。
喜ぶこと　ギャップがあるとおもしろいと思ってくれる。

性格はどっち？　元気　←→　やさしい

☆ きいち ☆

性格　社会の役にたつ大きな人間になりたいって夢があるんだね。がんばる姿がカッコイイよ！
てれ屋タイプ

恋愛　スポーツが好きで、活発な子が好きみたい。
将来　専門的な仕事が楽しいみたいだね。
友情　人の世話を焼くのが好きみたいだよ。
喜ぶこと　いきなり告白せずはじめは友だちから。

性格はどっち？　元気　←→　やさしい

☆ きいちろう ☆

性格　わからないことは自分でなんでも調べちゃう根性がある人。
てれ屋タイプ

恋愛　元気で明るいクラスの人気者を好きになるよ。
将来　会社をおこして大金持ちになれるかも！
友情　話題が豊富でいっしょにいてとっても楽しい。
喜ぶこと　じょうだん半分に腕をくんでみようよ。

性格はどっち？　元気　←→　やさしい

HAPPYジンクス　1カ月間片思いの彼の席に1日1回座ることができたら急接近。

☆ きお ☆

性格 目立ちたがり屋でグループの中心人物だよ。ちょっぴりいばりんぼうかも。 （信念タイプ）

恋愛 自分の意見に賛成してくれる子が好きだよ。

将来 市場調査や分析の仕事に向いているみたい。

友情 正直なので仲間にとても信頼されているよ。

喜ぶこと 気軽に遊びにさそってあげるといいみたい。

性格はどっち？ 元気 ——★———— やさしい

☆ きくお ☆

性格 目立ちたがり屋じゃないのに存在感がある男の子。大役をまかされそう。 （信念タイプ）

恋愛 相手につくしまくり長く一途につきあうよ。

将来 社員の個性をのばす理解のある社長だよ。

友情 友だちのヒミツをちゃんと守る信頼できる男子。

喜ぶこと わがままを言ったり甘えたり、彼を頼る。

性格はどっち？ 元気 ————————★ やさしい

☆ きっぺい ☆

性格 困っている人を見ると手を差しのべずにいられないやさしい子。サービス精神いっぱい。 （かっこいいタイプ）

恋愛 自分のミリョクを知りつくしたモテ男くんだよ。

将来 子どもに夢と希望を与えるゲームの制作。

友情 タイプが全くちがう友だちができそうな予感。

喜ぶこと 彼への態度に変化をつけ、気をひいてみては？

性格はどっち？ 元気 ———★—— やさしい

☆ きみあき ☆

性格 いるだけでまわりの雰囲気をなごませる男の子だよ。グループのムードメーカー。 （てれ屋タイプ）

恋愛 失恋してすぐちがう子とつきあい始めるかも。

将来 おしゃれなクルーズトレインの運転手かな。

友情 女の子より友だち！ゆかいな仲間といつもいっしょ。

喜ぶこと ことあるごとに話しかけ心の距離をちぢめる。

性格はどっち？ 元気 ———★——— やさしい

☆ きみたか ☆

性格 興味のあることだけにピンポイントでのめりこむよ。目標ができると急にエンジン全開に。 （信念タイプ）

恋愛 オタク女子とつきあい新しい世界を発見？

将来 ギタリストになり、海外でも大活躍！

友情 友だちにさりげなく気持ちを察してほしい人。

喜ぶこと 彼の様子を見て機嫌のよい時に話しかける。

性格はどっち？ 元気 ★——————— やさしい

☆ きみのり ☆

性格 チャレンジ精神旺盛な明るい男子！やる気満々で取り組むけど一気にあきちゃうこも。 （かっこいいタイプ）

恋愛 モテるから、色んなタイプの子とつきあうよ。

将来 整備士など車に関する仕事に向いているよ。

友情 サービス精神があり、遊びの計画が得意だよ。

喜ぶこと テレビ番組の話題などでいっしょに盛り上がる。

性格はどっち？ 元気 ★——————— やさしい

HAPPYジンクス テスト中、消しゴムを落とした子を見たら、その子より成績がよくなるよ！

☆ きみはる ☆

性格 明るく活発な男の子！外ではデキる優等生だけど、家に帰るとわがまま王子かも。

かっこいいタイプ

恋愛 悲しい時に笑顔ではげましてくれる子にドキッ。

将来 新聞、テレビなどマスコミ関係の仕事かな。

友情 グループを仕切るのはいつもキミ！頼れる子。

喜ぶこと 誕生プレゼントに手書きのカードをそえる。

性格はどっち？ 元気 ─★─┼─┼─┼─ やさしい

☆ きみひこ ☆

性格 感受性が豊かで、芸術分野の才能にあふれてるよ。一人ですごすのが好きみたい。

かっこいいタイプ

恋愛 少しでもよいところを見つけると好きに。

将来 パティシエになり洋菓子界のプリンスになる。

友情 仲が悪かったライバルと親友になりそう。

喜ぶこと 彼だけに声をかけ、彼だけにやさしくしよう。

性格はどっち？ 元気 ─┼─★─┼─┼─ やさしい

☆ きみひで ☆

性格 自分の考えに絶対の自信がある男の子だよ。もっと人のアドバイスを聞くようにすると◎。

信念タイプ

恋愛 遊びの恋なんて無理！軽い子はNGかな。

将来 会社経営のサポーター、税理士として活躍。

友情 友だちにもっと心を開いて頼ってみてね。

喜ぶこと からかったりせずやさしく声をかける彼に。

性格はどっち？ 元気 ─┼─┼─┼─★─ やさしい

☆ きみひと ☆

性格 はやりに敏感なおしゃれ男子の代表！自分がどう見られているかいつも気にするタイプ。

かっこいいタイプ

恋愛 だれにでも笑顔をふりまくので誤解されがち。

将来 大学のファッション科の教授になり大活躍。

友情 友だちを友だちに紹介、広がる友だちの輪。

喜ぶこと いきなり告白せず、時間をかけて仲良くなる。

性格はどっち？ 元気 ─┼─┼─★─┼─ やさしい

☆ きみひろ ☆

性格 グループのリーダータイプ！プライドが高く、まわりを自分のペースにまきこんで行くよ。

かっこいいタイプ

恋愛 キラキラした笑顔がたくさんの女子をとりこに。

将来 教えるのが得意！小学校のカリスマ教師。

友情 落ちこんだ友だちに一番に気づき声をかけるよ。

喜ぶこと あまりしつこくせず、さりげなく気持ちを伝える。

性格はどっち？ 元気 ─★─┼─┼─┼─ やさしい

☆ きみゆき ☆

性格 物事を深く考える性格。初めは地味でも努力で夢をかなえるよ。やさしい人格者。

信念タイプ

恋愛 頼りない女の子を見ると守りたくなっちゃうよ。

将来 スムーズな裁判を目指し働く、裁判所の職員。

友情 意外に根性がある子！実は尊敬の的だよ。

喜ぶこと 彼のグチを一生けんめいに聞いてあげる。

性格はどっち？ 元気 ─┼─★─┼─┼─ やさしい

HAPPYジンクス 自分に一番似合うアクセを着けて出かけるとすてきな出会いがあるよ。

☆ きよあき ☆

性格 話しやすくて人なつっこい男の子だよ。純粋で友だち思いなので自然と友だちに囲まれるよ。

でれ屋タイプ

恋愛 少しやさしくされただけですぐ好きになるよ。

将来 気配り上手で親切なツアーコンダクターかな。

友情 場の空気をやわらかくする、グループの調整役。

喜ぶこと おたがいをニックネームで呼びあうと◎。

性格はどっち? 元気 —★——— やさしい

☆ きょう ☆

性格 行動を起こす前に悩むことはなく、動きながら考えるタイプ。スーパーポジティブだよ。

でれ屋タイプ

恋愛 面白いと思うことが同じ人と気があうよ。

将来 お客様に愛されるセールスマンになりそう。

友情 いっしょにいるとすごく楽しい子、友だち多数！

喜ぶこと 彼が好きそうな髪型やファッションにする。

性格はどっち? 元気 ———★— やさしい

☆ きょういち ☆

性格 自分に厳しく決して手をぬいたりしない子だよ。無理をしすぎないよう少し注意してね。

信念タイプ

恋愛 好きな子の前では自然と笑顔になっちゃう。

将来 警察官になり、市民の安全な生活を守るよ。

友情 時には友だちのアドバイスを聞いてみよう。

喜ぶこと 遊ぶ時には、必ず彼をメンバーに入れる。

性格はどっち? 元気 —★——— やさしい

☆ きょういちろう ☆

性格 ドキドキするのが大好きな好奇心の固まり！もり上げるのは俺の役目と思っている。

かっこいいタイプ

恋愛 気分で相手をふりまわすのにモテモテだよ。

将来 好きなことを仕事に、プログラマーになるよ。

友情 味方だと思った相手のことはとことん大事に。

喜ぶこと 彼の話に感心しながら、大きくうなずこう。

性格はどっち? 元気 ————★ やさしい

☆ きょうご ☆

性格 自分の考えを最後まで貫き通すガンコな男の子！好きなことに対してはトコトンがんばるよ。

信念タイプ

恋愛 他の男子に目移りしないまじめな女子が好き。

将来 最高の結婚式を演出！結婚式場のスタッフ。

友情 友だちの得意なことをどんどん教えてもらおう。

喜ぶこと 女の子らしいかわいい感じで話しかけてみる。

性格はどっち? 元気 ————★ やさしい

☆ きょうじ ☆

性格 自分の考えがちゃんとあるのに、きちんと人の意見も聞ける人。人づきあいがうまいよ。

信念タイプ

恋愛 長い間一人の子に片思いしちゃいそうだよ。

将来 現場を何度も訪れる、まじめな刑事だよ。

友情 親友とは一生のつきあいをするタイプだよ。

喜ぶこと いつもがんばってるねとかげの努力を認める。

性格はどっち? 元気 ———★— やさしい

HAPPYジンクス りんごの形をしたお菓子をこっそり食べると気になる子と急接近！

☆ きょうしろう ☆

性格 裏表がなく、いつも正々堂々とした態度で頼りがいのある男子だよ。少しガンコかなぁ。 *信念タイプ*

恋愛 友だちにつきあいを反対されても気にしないよ。

将来 経理など数字に関する仕事に向いているね。

友情 ケンカの後は勇気を出して自分から謝ってみて。

喜ぶこと 彼にはっきり分かるように好意を伝えよう。

性格はどっち？ 元気 ——★—— やさしい

☆ きょうすけ ☆

性格 規則や時間をきっちり守るまじめな男子だよ。先輩や先生からの信頼が厚いみたい。 *信念タイプ*

恋愛 頼りない甘えん坊のカノジョが好きみたい。

将来 海の安全を守る海上保安官、海猿かなぁ。

友情 だれに対してもフェアでフレンドリー！いい奴。

喜ぶこと 可愛く甘えるようなしくさで彼に接する。

性格はどっち？ 元気 ———— やさしい ★

☆ きょうた ☆

性格 あっけらかんと大きな夢を語る姿がほほえましい男の子。明るい太陽みたいな子だよ。 *これ屋タイプ*

恋愛 知的で物静かな女の子にひかれそうだよ。

将来 ミュージシャンになり、ヒットを連発するかも？

友情 マイブームの遊びを友だちとやってみよう。

喜ぶこと どんな女の子が好きなの？と聞いてみる。

性格はどっち？ 元気 ——★—— やさしい

☆ きょうたろう ☆

性格 失敗してもすぐ立ち直り、目標にむかって走り出す前向きな男の子！おしゃべりかも？ *これ屋タイプ*

恋愛 面食いだよ。ルックスのよい女の子に夢中。

将来 ペット訓練士になり、多くの動物をしあわせに。

友情 頼り上手で、要領良く人づきあいするタイプ。

喜ぶこと はっきりストレートに意見を言うようにする。

性格はどっち？ 元気 ——★—— やさしい

☆ きょうへい ☆

性格 友だちにいたずらをしかけるのが大好きなお調子者！話しだすと止まらない男子だよ。 *これ屋タイプ*

恋愛 シャワーのようにほめ言葉をくれる子がタイプ。

将来 動物のすばらしさを伝える飼育員になる。

友情 かくしごとをしないオープンな性格で好かれるよ。

喜ぶこと 勇気を出して彼の手にふれながら話しかける。

性格はどっち？ 元気 ————★— やさしい

☆ きょうま ☆

性格 やさしくおだやかないやし系男子！いるだけでグループがまとまるよ。男子にも女子にも人気。 *これ屋タイプ*

恋愛 大人びた雰囲気の女子にあこがれちゃうかも。

将来 安全かつ美しい建物を設計、建築デザイナー。

友情 世話好きなので、後輩からとてもしたわれる。

喜ぶこと 自然体で接し、まずは仲良しの友だちになる。

性格はどっち？ 元気 ————★ やさしい

HAPPYジンクス プリクラに好きな人の名前の数のハートスタンプをおすと両思いに！

☆ きょうや ☆

性格 いつも正しい行動を心がけ、みんなに誠実に接する子だよ。だれからも好かれる男の子。 （でれ屋タイプ）

恋愛 シャイだから自分から告るなんて絶対無理。

将来 奇想天外なストーリーをつむぐ大人気漫画家だよ。

友情 友だちのジョークを本気にして、あわてそうだよ。

喜ぶこと すごいね！よく知ってるね！と彼をほめる。

性格はどっち？ 元気 ──★── やさしい

☆ きよし ☆

性格 ものごとをあまり難しく考えないタイプ！色々なことがすんなりいきやすい。人気者だよ。 （でれ屋タイプ）

恋愛 せいそなお嬢様系女子に恋しちゃいそう。

将来 薬剤師になり、病気の人のために働くよ。

友情 頼みごとに嫌と言えないタイプ。お人よし君。

喜ぶこと 彼の前では女の子らしく、上品にふるまう。

性格はどっち？ 元気 ──★── やさしい

☆ きよずみ ☆

性格 家族思い、友だち思いの男の子！わけへだてをせず色んなタイプの友だちとつきあえるよ。 （信念タイプ）

恋愛 めっちゃ一途だよ！初恋の相手と結婚かも。

将来 官僚になり、住みやすい日本をつくるよ。

友情 社交的な性格で色んな友だちに恵まれそう。

喜ぶこと だれもいない時そっとそばに行き好きと伝える。

性格はどっち？ 元気 ★── ── やさしい

☆ きよたか ☆

性格 地味な仕事もコツコツがんばるまじめ男子。約束をきちんと守るので信頼されているよ。 （信念タイプ）

恋愛 まじめだから失恋するとダメージが大きいよ。

将来 国民の生活を良くするためがんばる政治家に。

友情 態度がぶれないので友だちからの信頼が抜群。

喜ぶこと 趣味の話題でいっしょに盛り上がってみよう。

性格はどっち？ 元気 ──★── やさしい

☆ きよてる ☆

性格 人生、楽しまなきゃ損！って思ってる男の子。友だちと毎日面白おかしくすごすよ。 （でれ屋タイプ）

恋愛 自分の話を静かに聞いてくれる子に夢中だよ。

将来 司会者になり、面白い番組をたくさん作る。

友情 人とあまりぶつからず、おだやかに長くつきあうよ。

喜ぶこと 尊敬しているよすごいよ！と長所を見つけほめる。

性格はどっち？ 元気 ──★── やさしい

☆ きよと ☆

性格 大胆で豪快な行動で、まわりをびっくりさせる男の子。いやみのないキャラで愛されるよ。 （でれ屋タイプ）

恋愛 さっぱりした体育会系女子と仲良くなりそう。

将来 声を生かすアナウンサーのような仕事がいいよ。

友情 友だちの意見をきちんと聞くと、もっと仲良く。

喜ぶこと 勇気を出していっしょに下校するようにしよう。

性格はどっち？ 元気 ──★── やさしい

HAPPYジンクス 手の平に好きな人のイニシャルを書きその手で彼に触れば両思いに！

☆ きよはる ☆

性格 負けずぎらいな性格！トップを取るための努力はおしまないよ。はなやかさのある子だよ。 **信念タイプ**

恋愛 気持ちのまま突っぱしり失敗しないようにね。
将来 お笑い番組のプロデューサー！高視聴率かくとく。

友情 雑学王みたいな友だちにいろいろ教えてもらえそう。
喜ぶこと ていねいな言葉づかいでやさしく話しかける。

性格はどっち？ 元気 ──┼──┼──┼──★── やさしい

☆ きよひこ ☆

性格 少し内気な男の子。理科や算数が得意で頭が切れるよ！考えごとをするのが好きみたい。 **かっこいいタイプ**

恋愛 女子のささいな気配りで恋に落ちそうだよ。
将来 分かりやすい取説を書くテクニカルライター。

友情 人見知りだけど友だちとは深くつきあうよ。
喜ぶこと コレだれにも言わないでと秘密を共有する。

性格はどっち？ 元気 ──┼──┼──┼──── やさしい

☆ きよひで ☆

性格 本番に強いタイプ、ここぞという場面でチャンスをしっかりモノにできそう。リーダー向き。 **信念タイプ**

恋愛 好きになったら止まらないよ。すぐに告白かも。
将来 ネットでペット用の高級ざっかを売り大成功。

友情 苦手な子とも話してみて！世界を広げよう。
喜ぶこと かっこいい芸能人にそっくりだね！とほめる。

性格はどっち？ 元気 ──★──┼──┼──── やさしい

☆ きよひろ ☆

性格 物事を色んな角度から見られるかしこい子。ものしりで友だちにアドバイスを求められるよ。 **かっこいいタイプ**

恋愛 話がはずむいっしょにいて楽しい相手が好き。
将来 エンジニアなど車関係の仕事に向いてるよ。

友情 落ちこむ仲間をほうっておけないやさしい子だよ。
喜ぶこと 彼の得意な科目を調べて教えてもらおう。

性格はどっち？ 元気 ──★──┼──┼──── やさしい

☆ きよまさ ☆

性格 決して調子にのったりしない落ちついた性格の男の子！伝統的なものにひかれるよ。 **信念タイプ**

恋愛 好きな子を取られる前に勇気を出して告白して。
将来 心理カウンセラーになりクライアントを幸せに。

友情 親友になると、大人になるまで親しくつきあう人。
喜ぶこと 明るく無邪気に、ニコニコしながら話しかける。

性格はどっち？ 元気 ──┼──★──┼──── やさしい

☆ きよみち ☆

性格 繊細でさみしがり屋なのに、一人でいるのも好きな男の子！態度と心の中がちがうことも。 **かっこいいタイプ**

恋愛 いつまでもみんなの人気者でいたいみたい。
将来 教える仕事が天職、先生やインストラクター。

友情 友だちのことをちゃんと理解し気づかう子だよ。
喜ぶこと 自分の方から積極的にアプローチしよう。

性格はどっち？ 元気 ──★──┼──┼──── やさしい

HAPPYジンクス 赤いビー玉に彼が好きな色と自分の好きな色でハートを書くと両思いに。

☆ きらと ☆

性格 常識にしばられず自由な発想で新しいアイデアを生み出せる男の子！カリスマ性があるよ。 信念タイプ

恋愛 本気になりにくい人！つきあうと一途だよ。

将来 人気作詞家になって、ヒット曲をつくるかも。

友情 ケンカしても気まずくならず、もっと仲良しに。

喜ぶこと 彼を見つめ、目が合ったらほほえもう。

性格はどっち？ 元気 ──★─┼─┼─ やさしい

☆ ぎんじ ☆

性格 いつもさいあくな場合にそなえ、準備している慎重派。バランス感覚がいい世わたり上手。 信念タイプ

恋愛 好きな子の名前は親友にも絶対秘密。

将来 マジメな公務員になり市民のために働くよ。

友情 困った時に必ず助けてくれる頼れる男子。

喜ぶこと でしゃばらずひかえ目に、おしとやかに。

性格はどっち？ 元気 ─┼─┼─★─ やさしい

☆ くうが ☆

性格 少しうっかりしたところのある男の子かも？先輩や先生にかわいがられるよ。 信念タイプ

恋愛 自分だけにやさしい女子じゃないとダメみたい。

将来 タレントになりお笑い番組で大ブレイクかも。

友情 勉強や運動のコツを先輩に教わってみよう。

喜ぶこと チャンスがあれば、となりにすわり話しかける。

性格はどっち？ 元気 ─┼─┼─┼─★ やさしい

☆ くにあき ☆

性格 どんなこともスルリとこなしてしまう器用な子。少し内気だけど、頭のよい男の子だよ。 かっこいいタイプ

恋愛 理想が高く運命の相手を待ち続けるよ。

将来 一流の料理人になり和食を世界に広めるよ。

友情 気をつかわずにすむ友だちが一番好きみたい。

喜ぶこと 彼の特技を見つけ、そのことを話題にする。

性格はどっち？ 元気 ─┼─★─┼─ やさしい

☆ くにお ☆

性格 独自の考えを持っている、こだわりが強いタイプだよ。少しガンコだけど頼りがいがあるよ。 信念タイプ

恋愛 少し地味で大人しい感じの女の子がタイプだよ。

将来 パイロットになり、かいてきな空の旅をていきょう。

友情 悩んでいることは友だちに相談して解決しよう。

喜ぶこと 元気のない時には、そばで話を聞いてあげる。

性格はどっち？ 元気 ─┼─┼─★─ やさしい

☆ くにし ☆

性格 人前でリーダーシップを取るより縁の下の力持ちでいたいタイプ。とても世話好きだよ。 かっこいいタイプ

恋愛 人気者に恋してライバルの多さにびっくり。

将来 ものづくりが得意、かわ細工の工房の職人さん。

友情 いつも友だちといっしょに行動したいさみしがり屋。

喜ぶこと 彼の前では、いつも彼のことだけをほめる。

性格はどっち？ 元気 ─┼─★─┼─ やさしい

☆ くにとし ☆

性格 相手の意見をきちんと認めてあげられる広い心の持ち主。慎重で現実的なタイプだよ。　**信念タイプ**

恋愛 何年も一人の人を思う一途なタイプだよ。

将来 まわりから信頼されているあなたは刑事に。

友情 裏表がなく人を裏切らないので信頼されるよ。

喜ぶこと 彼の話を真剣に聞いてさんせいしよう。

性格はどっち？ 元気 ★——————— やさしい

☆ くにひこ ☆

性格 まじめでおっちょこちょいだね。年上の人が、守ってあげたくなっちゃうみたい。　**信念タイプ**

恋愛 一途なので初恋の相手と結婚しちゃうかも。

将来 愛されキャラを生かしてアイドルに！

友情 好ききらいが少ないのでだれからも好かれるよ。

喜ぶこと かわいらしくアプローチ。甘えてみて！

性格はどっち？ 元気 —★————— やさしい

☆ くらのすけ ☆

性格 好ききらいが少なくみんなに平等に接する思いやりのある人。まわりから信頼されるよ。　**信念タイプ**

恋愛 真剣に恋をするので失恋は長くひきずるかも。

将来 他の人を幸せにするブライダルプランナー。

友情 しっかり者で友だちから頼りにされるよ。

喜ぶこと 彼の横にすわり、さりげなくアプローチ。

性格はどっち？ 元気 —————————★ やさしい

☆ くれは ☆

性格 一番が大好きな負けずぎらいだよ。怖いもの知らずで思い切りが良く、前向きな性格だよ。　**信念タイプ**

恋愛 好きな人にたくさんほめてもらいたいタイプ。

将来 一番を目指して世界的スポーツ選手に！

友情 思わず秘密を話してしまうことも。注意！

喜ぶこと たまには冗談ぽく大胆にうでを組んで！

性格はどっち？ 元気 ——★——— やさしい

☆ けい ☆

性格 いつでも前向きでにぎやかなグループの中心にいる目立ちたがり屋だよ。　**てれ屋タイプ**

恋愛 クラスの中でアイドル的な子を好きになるよ。

将来 ダンサーになってみんなを笑顔にしよう！

友情 友だちをびっくりさせて楽しむタイプだよ。

喜ぶこと 二人きりではなく友だちを誘って出かけよう！

性格はどっち？ 元気 —★————— やさしい

☆ けいいち ☆

性格 常識にとらわれない自由な発想の持ち主だよ。アイデア豊富で新しいことに挑戦するよ。　**信念タイプ**

恋愛 ほうっておかれると不安になってしまうよ。

将来 自由な発想を生かしてステキな音楽を作ろう！

友情 本気のケンカをして仲を深めるタイプだよ。

喜ぶこと からかったりせず、やさしく話しかけよう！

性格はどっち？ 元気 ★——————— やさしい

HAPPYジンクス たい焼きを頭から食べると頭がよくなるよ！

325

☆ けいいちろう ☆

性格 物事を白黒はっきりさせたい人だよ。人の意見に流されにくくガンコな性格の持ち主。

信念タイプ

恋愛 いやし系のおだやかな人を好きになりがち。

将来 きちんとしているあなたはお金を扱う銀行員。

友情 ガンコなあなたは人の話もきちんと聞こう。

喜ぶこと 告白は遠回しではなくストレートに！

性格はどっち？ 元気 ── やさしい

☆ けいご ☆

性格 地道にコツコツがんばるタイプだよ。手先が器用なので何でもこなしてしまう人だよ。

かっこいいタイプ

恋愛 理想が高く、ドラマのような恋愛を求めるよ。

将来 感性が豊かなあなたはデザイナーデビュー！

友情 ライバルだった人といつのまにか友だちに。

喜ぶこと やきもちやきの彼の前で他の男子の話はダメ。

性格はどっち？ 元気 ── やさしい

☆ けいし ☆

性格 合わせ上手でノリが良く、人の世話をするのが好きだよ。グループ内では盛り上げ係。

かっこいいタイプ

恋愛 ふとした時のギャップにひかれるかも。

将来 困った人の手助けをするカウンセラー。

友情 さみしがり屋でだれかといっしょじゃないと不安だよ。

喜ぶこと みんなとはちがう呼び方で名前を呼ぶ。

性格はどっち？ 元気 ── やさしい

☆ けいじ ☆

性格 受け身の性格であらそうことが大きらい。縁の下の力持ちタイプのやさしい男の子だよ。

かっこいいタイプ

恋愛 趣味の合う人と仲良くなると恋に発展するよ。

将来 本の編集者になってベストセラーのお手伝い！

友情 自分にない物を持ってる人と友だちになるよ。

喜ぶこと あなただけの呼び方で特別な存在に！

性格はどっち？ 元気 ── やさしい

☆ けいしろう ☆

性格 好奇心があり、ユーモアたっぷりな人だよ。友だちを笑わせたり喜ばせるのが好き。

かっこいいタイプ

恋愛 自分を表現するのが得意。モテモテだよ。

将来 世界的な歌手になって注目を集めよう！

友情 自分を見てもらいたい目立ちたがり屋だよ。

喜ぶこと 彼に悩みごとや秘密の話を相談してみよう！

性格はどっち？ 元気 ── やさしい

☆ けいじろう ☆

性格 物事の好ききらいがはっきりしている人だよ。友だちにもそれをきちんと伝えられるよ。

かっこいいタイプ

恋愛 自分のミリョクをわかっているので恋愛マスター。

将来 自分の好きなことを仕事にするとうまくいくよ。

友情 自分とはちがったミリョクの人と友だちになる。

喜ぶこと 聞き役になって彼の話をよく聞いてあげよう。

性格はどっち？ 元気 ── やさしい

たい焼きをしっぽから食べると足が早くなるんだって！

☆ けいすけ ☆

性格 理科や算数が得意な頭のいい男の子だよ。色んなことに次々とチャレンジしていくよ。

かっこいいタイプ

恋愛 理想がかなり高いよ。目立つタイプが好み。

将来 ジャーナリストになって真実を報道。

友情 だれに対しても公平で好かれるみたい。

喜ぶこと 彼の前で他の男子にやさしくしないこと！

性格はどっち？ 元気 ──★────── やさしい

☆ けいた ☆

性格 いつも自信たっぷり、明るくてにぎやかなお祭り男君だよ。将来は海外で活躍するかも。

てれ屋タイプ

恋愛 ひとめぼれしやすいかも？でしゃばりはニガテ。

将来 日本のすばらしさを伝える通訳ガイド。

友情 友だちの意見をきちんと聞くとうまくいくよ。

喜ぶこと 好きな女の子のタイプについて質問して。

性格はどっち？ 元気 ──★────── やさしい

☆ けいたろう ☆

性格 度胸があり、何をやらせてもうまくこなすよ。おしゃべり好きで話し出すと止まらないよ。

てれ屋タイプ

恋愛 友情より恋愛！クラスの人気者女子に夢中。

将来 心に残るCMを作りみんなを感動させる。

友情 とてもオープン。友だちに相談し悩みはすぐ解決。

喜ぶこと 暗い話はせず明るい話題を選んで話そう。

性格はどっち？ 元気 ─────★── やさしい

☆ けいと ☆

性格 人前では常にハイテンション、仲良しにはちょっぴりわがままな態度をとることもあるよ。

かっこいいタイプ

恋愛 じっくり相手を観察してからつきあうよ。

将来 自動車のすみずみまで知りつくす整備士。

友情 友だちと友だちを結びつけるのが得意だよ。

喜ぶこと プレゼントにはメッセージをそえてみて。

性格はどっち？ 元気 ─────★── やさしい

☆ けん ☆

性格 自分の考えをしっかり持った男の子だよ。いつも堂々としていて頼りにされるリーダー。

信念タイプ

恋愛 好きな子ができると何も手につかないかも。

将来 数字のプロフェッショナル、会計士。

友情 友だちの良いところを伝えて仲良くなろう。

喜ぶこと 落ちこんでいる時は横で話を聞いてあげて。

性格はどっち？ 元気 ───★──── やさしい

☆ けんいち ☆

性格 強そうに見えるけど、繊細でさみしがりやなところもあるよ。覚えが早くて物知りだよ。

かっこいいタイプ

恋愛 いつもはげましてくれる女の子が好きだよ。

将来 学校の授業を変えるかも。教育心理学者。

友情 グループを一つにまとめて導くタイプ。

喜ぶこと 毎日やさしく彼を気づかい少しずつ近づこう。

性格はどっち？ 元気 ──★────── やさしい

HAPPYジンクス りんごの皮が途切れずにむけるとハッピーなことが起こるよ。

327

☆ けんいちろう ☆

性格 感受性が豊かで歌や絵が得意。いわゆる芸術家タイプかな?!ちょっぴりシャイだよ。 —かっこいいタイプ—

恋愛 熱しやすく冷めやすいけど、おしが強いよ。
将来 歌手になって、みんなに夢を与えるよ。
友情 正直でうそをつかないから信頼されてるよ。
喜ぶこと 彼だけに秘密のうちあけ話をしてあげて。

性格はどっち? 元気 ——★——— やさしい

☆ げんき ☆

性格 とても話しかけやすい愛きょうのある男子。困ったときはみんなが助けてくれる得な人。 —でれ屋タイプ—

恋愛 ちょっとやさしくされるとすぐ好きになるよ。
将来 おしゃれな建物をつくる建築デザイナーかな。
友情 世話好きで、年下からもしたわれるよ。
喜ぶこと 彼をからかったり、言葉でいじってみて。

性格はどっち? 元気 —★———— やさしい

☆ けん ☆

性格 曲がったことが大きらいなまっすぐな男の子。正義感が強く、男女問わず人気者だよ。 —信念タイプ—

恋愛 いっしょにいて楽な、大人し目のいやし系がタイプ!
将来 まじめな銀行マンになり、大出せなかな。
友情 がんこになりがち、仲間の意見を良く聞こう。
喜ぶこと 彼がしたことを聞き「すごいね」とほめよう。

性格はどっち? 元気 ——★——— やさしい

☆ けんご ☆

性格 人なつっこくて愛きょうがあるタイプ。ちょっと神経質だったり潔癖だったりするところが。 —でれ屋タイプ—

恋愛 個性的なタイプが好き。ギャルもOKかも。
将来 海のことなら、おれに任せろ。大型客船の船長。
友情 とても親しみやすい雰囲気で友だちが多いよ。
喜ぶこと だれもいないところで耳元にささやいて。

性格はどっち? 元気 ———★—— やさしい

☆ けんさく ☆

性格 いつもまわりに対する感謝の気持ちを忘れない子だよ。黙々と努力して夢をかなえるよ。 —信念タイプ—

恋愛 ほれっぽい、ささいなことで恋に落ちるよ。
将来 お金の計算なら任せて。経理の達人。
友情 しっかりしているので頼られていそう。
喜ぶこと 彼の悩みやグチを静かに聞いてあげて。

性格はどっち? 元気 ————★— やさしい

☆ けんじ ☆

性格 調子にのったりしないので、とても失敗が少ない慎重なタイプ。ときには大胆になってOK。 —でれ屋タイプ—

恋愛 友だちがいつのまにか恋人になっているよ。
将来 まほうの手を持つと評判、伝説の外科医。
友情 友だちのジョークを真に受けて悩むかも。
喜ぶこと 上品でおしとやかな女の子でいること。

性格はどっち? 元気 ———★—— やさしい

HAPPYジンクス 好きな人の前でうそをついていると口が曲がるらしいよ。

☆ げんじ ☆

性格 何かたのまれるといやとは言えないやさしいお人よしな男の子だよ。友だちはとっても多いよ。 （でれ屋タイプ）

恋愛 お嬢様系の女子が好きみたい。受け身。

将来 介護福祉士など福祉の仕事がいいよ。

友情 たのみごとは断れない性格、甘えられまくり。

喜ぶこと すごい！さすが！とほめてあげてね。

性格はどっち？ 元気 —★———— やさしい

☆ けんしろう ☆

性格 いつも前向き、何があってもすぐ立ち直る明るい子。友だちにいたずらするのが大好き。 （でれ屋タイプ）

恋愛 同じ話題で盛り上がれる女の子が好きだよ。

将来 テレビに出ちゃったりする人気ダンサー。

友情 悩みがあれば友だちに相談する。頼り上手。

喜ぶこと 仲の良い友だちも誘い、みんなで出かけよう。

性格はどっち？ 元気 ————★—— やさしい

☆ けんじろう ☆

性格 みんなに協力させてクラスをまとめるのが得意。リーダー格だよ。いばらないようにね。 （でれ屋タイプ）

恋愛 席がえで、となりになった女子と仲よくなるよ。

将来 選手と一心同体、スポーツ選手の監督。

友情 約束をきちんと守れば、もっと信頼されるよ。

喜ぶこと 思ったことはハキハキと彼に伝えてみて。

性格はどっち？ 元気 ———★——— やさしい

☆ けんしん ☆

性格 人の協力をえて、ぐんぐん目的を達成していく行動力ばつぐんの男の子。にぎやか。 （でれ屋タイプ）

恋愛 気持ちを言葉で表現してくれる子が好き。

将来 心が折れない、メンタル最強のアスリート。

友情 いつも友だちとわいわいさわいでるよ。

喜ぶこと 自分の意見をはっきり言うようにしよう。

性格はどっち？ 元気 ——★———— やさしい

☆ けんすけ ☆

性格 まわりがあまり気にならないみたい、いつも自分流だよ。笑顔で話しやすい男子。 （でれ屋タイプ）

恋愛 甘えられる年上のお姉さんタイプが好き。

将来 公平な判断を下せる冷静な裁判官だよ。

友情 面倒見がいいから年下に人気があるよ。

喜ぶこと まずはいい友だちになるところから始めて。

性格はどっち？ 元気 —————★— やさしい

☆ けんぞう ☆

性格 忘れ物が多い、うっかりした性格みたい。先生や世話好きの先輩からかわいがられるよ。 （かっこいいタイプ）

恋愛 相手におされると引いてしまうみたいだよ。

将来 未来の扉をひらく、ロボット設計技術者。

友情 性格が反対の友人とも仲良くするよ。

喜ぶこと 悩みごとがあったら彼に相談してみよう。

性格はどっち？ 元気 —————★— やさしい

HAPPYジンクス 車の黄色ナンバーを10台続けてみると良いことがあるらしいよ。

☆ けんた ☆

性格 負けずぎらいで、ライバルに打ち勝つのが君の生きがい。たまにはゆっくり休もうね。 信念タイプ

 しっと深いそくばくタイプ。軽い子は正直苦手。

 警察官になり、市民を守る人になるかもね。

 特定の仲良しと、せまく深くつきあうタイプ。

 みんなで遊ぶ時は必ず彼をさそおう。

 性格はどっち？ 元気 ── ★ ── やさしい

☆ げんた ☆

性格 ピンチの時ほどもえるがんばり屋男子。はなやかな雰囲気でみんなのあこがれのまと。 信念タイプ

 好きな子ができたら積極的に告白していくよ。

 お客様の信頼絶大な、敏腕税理士。

 秘密主義、悩み事はだれにも言わないよ。

 やさしくされたら「やさしいね」「ありがとう」を。

 性格はどっち？ 元気 ★ ── ── やさしい

☆ けんたろう ☆

性格 自分の仲間は絶対に守る、りちぎな男子。好ききらいは、はっきりしているタイプだよ。 かっこいいタイプ

 両思いになったとたん、さめちゃうタイプかも。

 イケメンのメイクアップアーティストに？

 特技のある人を友だちに選んでつきあうよ。

 日によって態度を変えて接してみてね。

 性格はどっち？ 元気 ── ── ★ やさしい

☆ げんたろう ☆

性格 友だちが悲しい顔をしていると、心を痛めて助けてあげたくなるやさしいハートの持ち主。 かっこいいタイプ

 自分のミリョクを理解してるモテモテクンだよ。

 お花の気持ちが分かるやさしい花屋の店長。

 目立ちたがり、グループのムードメーカー。

 彼の話に大げさに感心して見せよう。

 性格はどっち？ 元気 ── ── ── ★ やさしい

☆ けんと ☆

性格 おひさまのような笑顔でまわりをてらすハッピーな男の子。憎めないキャラで大人気。 でれ屋タイプ

 好きになったら態度にはっきり出ちゃう。

 自然なよい表情を引き出せる写真家。

 友だちの話を良く聞いてあげるといいよ。

 彼が自信を持っているところをほめよう。

 性格はどっち？ 元気 ── ★ ── やさしい

☆ けんのすけ ☆

性格 だれも見てなくても、そうじをさぼったりしない。約束は必ず守るから信頼されてるよ。 信念タイプ

 初めて、つき合った子と結婚するかも。

 のめりこんだら止まらないＣＧデザイナー。

 だれとでもすぐ仲良くなれる性格だよ。

 彼ががんばっていることを見つけてほめる。

 性格はどっち？ 元気 ── ── ★ やさしい

HAPPYジンクス くつを投げて表に落ちたら翌日晴れ、裏に落ちたら翌日雨らしいよ。

☆ けんや ☆

性格 とてもまじめで、よけいなことは話さない物静かで大人っぽい男子。年下から大人気。 — 信念タイプ

恋愛 女の子より友情！好きになると一途だよ。

将来 茶道の先生、日本の伝統を伝えるよ。

友情 親友とは一生のつきあいができそうだよ。

喜ぶこと あまり出すぎず、ひかえ目にふるまうといいよ。

性格はどっち？ 元気 ——★—— やさしい

☆ こう ☆

性格 何でも一番じゃなきゃ気がすまない負けずぎらい。お調子者だけど、とっても世わたり上手。 — でれ屋タイプ

恋愛 友だちが多いクラスの人気者を好きになりそう。

将来 お客さんと話すのが大好きなセールスマン。

友情 口が軽いので友だちの秘密を話さないように。

喜ぶこと 思い切って冗談ぽく、うでを組んでみよう。

性格はどっち？ 元気 —★——— やさしい

☆ ごう ☆

性格 疑問があれば先生に聞いてどんどん解決、行動力ばつぐんの男子だよ。友だちが多いよ。 — でれ屋タイプ

恋愛 みんながあこがれる学年一の美少女が好きだよ。

将来 動物の言葉が分かっちゃうやさしい獣医。

友情 友だちをおどろかせるのが好きなムードメーカー。

喜ぶこと 言葉に出して毎日彼をほめてあげて。

性格はどっち？ 元気 ——★—— やさしい

☆ こういち ☆

性格 ルールや常識にしばられない自由な発想をする男子。すごい発明しちゃうかも。 — 信念タイプ

恋愛 好きになったら、つっ走るタイプだよ。

将来 アイデアが光るメーカーの商品開発部。

友情 本気のケンカの後で友情がめばえるかも。

喜ぶこと 冗談でも絶対に彼をからかわないこと。

性格はどっち？ 元気 ———★— やさしい

☆ こういちろう ☆

性格 自分に厳しく向上心のある男子。何でもはっきり言うけど、友情にはあついタイプだよ。 — かっこいいタイプ

恋愛 相手を良く知ってから、つきあい出すよ。

将来 選手よりあつくなるスポーツキャスター。

友情 人見知りだけど心を許すと積極的に。

喜ぶこと 彼の話をきちんと最後まで聞くようにして。

性格はどっち？ 元気 ———★— やさしい

☆ こうき ☆

性格 人を選ばず、どんな相手ともうまくやっていける子。夢が見つかると一心に打ちこむよ。 — 信念タイプ

恋愛 心配性で、自分だけを見てくれる子が好き。

将来 番組のためならてつ夜もOK、テレビ局AD。

友情 仲間の良さを認めることでより仲良く。

喜ぶこと いつでも彼だけを特別扱いしてあげる。

性格はどっち？ 元気 ———★— やさしい

HAPPYジンクス 教室のドアを開ける時、好きな人と同時にドアを開ければ両思い。

331

☆ ごうき ☆

性格 ちょっぴりあわてんぼうで不器用な男子。友だちとの約束は必ず守るやさしい、いいやつ。

信念タイプ

恋愛 まじめ！失恋するとずっと引きずるタイプ。

将来 外交官になり海外で活躍するかもね。

友情 友だちの長所をほめると、絆が深まるよ。

喜ぶこと 彼の悩みやグチを一生懸命聞いてあげる。

性格はどっち？ 元気 ——————★—— やさしい

☆ こうさく ☆

性格 頭の回転が速く、成績がいい男の子。気まぐれでまわりをふりまわすのに、なぜかミリョク的。

かっこいいタイプ

恋愛 素直に気持ちが言えず、相手を悩ませそう。

将来 女子に大人気、有名ホテルのパティシエ。

友情 自然体でいられる友だちを選んでつきあうよ。

喜ぶこと 時にはさみしそうな表情を見せてみよう。

性格はどっち？ 元気 ——————★—— やさしい

☆ こうし ☆

性格 とても慎重で現実的な男の子。目立たないけど努力家だから最後はゼッタイ成功するよ。

信念タイプ

恋愛 何年も思い続けてるのに告白できないよー。

将来 心のひだを読み取る心理カウンセラーに。

友情 友だちを決して裏切らない、人望のある人。

喜ぶこと 彼の両親や兄弟を「うらやましい」とほめる。

性格はどっち？ 元気 ——————★—— やさしい

☆ こうじ ☆

性格 あまり思ったことを口にしない秘密主義のところがあるよ。家族を大切にする人だよ。

信念タイプ

恋愛 友だちと好きな子がいっしょだとあきらめるよ。

将来 大事な家族の思い出を残す写真屋さん。

友情 聞き上手で、みんなに信頼されているよ。

喜ぶこと 「いつもがんばってるね」と努力をほめる。

性格はどっち？ 元気 ——————★—— やさしい

☆ こうしろう ☆

性格 信念にもとづいて行動しているので、人から信頼されるよ。いつも集団の中心にいるよ。

信念タイプ

恋愛 自分が好きなら反対されても突き進むよ。

将来 外国語ペラペラの国際線パイロット。

友情 まっすぐな性格だけど少しがんこかな。

喜ぶこと はっきり言葉にして好意を伝えてあげて。

性格はどっち？ 元気 ——————★—— やさしい

☆ こうじろう ☆

性格 人前で話すのがニガテなのに、なぜか頼りにされて大役になってきされることが多い。

信念タイプ

恋愛 何かに夢中でがんばってる子にひかれるよ。

将来 お客様を大切にする町の親切な郵便局員。

友情 うそがきらい、友だちから信頼されてるよ。

喜ぶこと 時々少し無理を言って困らせてみよう。

性格はどっち？ 元気 ——————★—— やさしい

HAPPYジンクス 猫が後ろ足を片方上げているときに、触りながらお願いをするとかなう。

☆ こうすけ ☆

性格 どんな人ともうまくやっていけるタイプだよ。ニガテなことにも最後まで取り組むがんばり屋。 —信念タイプ—

恋愛 ドジっ子女子が気になる世話好き男子だよ。

将来 バリバリの商社マン、世界で大活躍だね。

友情 初対面の相手とも、すぐに友だちになれるよ。

喜ぶこと 少し甘えたかわいい話し方でアプローチ。

性格はどっち？　元気 ――――― やさしい ★

☆ こうせい ☆

性格 おしゃべりで行動的、いつもグループの真ん中にいるよ。言葉で人を傷つけないようにね。 —てれ屋タイプ—

恋愛 好きな子にたくさんほめてほしいみたいだよ。

将来 動物の気持ちが分かるペット訓練士。

友情 聞き役でいてくれる友だちが好きみたい。

喜ぶこと 彼の好みの髪型やファッションにしてみて。

性格はどっち？　元気 ――★―― やさしい

☆ こうた ☆

性格 さっぱりしてるけど、自信家だよ。まわりがおどろいちゃうことをしでかすことも。 —てれ屋タイプ—

恋愛 好きな気持ちをおさえられず、すぐ行動するよ。

将来 親切ていねいなホテルのコンシェルジュ。

友情 面白いことには友だちをまきこんで楽しむよ。

喜ぶこと 彼の良いところを見つけ「さすが」とほめる。

性格はどっち？　元気 ――――★― やさしい

☆ ごうた ☆

性格 精神的に大人。年上といる方が楽みたい。細かいことは気にしないおおらかな人だよ。 —てれ屋タイプ—

恋愛 聞き役になってくれる女の子が好きだよ。

将来 歌も歌っちゃう、人気アニメの声優だよ。

友情 遊びも勉強も友だちといっしょにやりたいタイプ。

喜ぶこと 元気なあなた、上品なあなた、演じ分けて。

性格はどっち？　元気 ――――★― やさしい

☆ こうだい ☆

性格 しっかり者でがんばり屋。人に甘えたり頼ったりするのがニガテみたい。大物になるかも。 —信念タイプ—

恋愛 地味な大人しい女の子がタイプだよ。

将来 コミュニケーション能力バツグンの外交官。

友情 少し意地っぱり、ケンカの後は素直にね。

喜ぶこと 頼みごとをして彼に頼ってみよう。

性格はどっち？　元気 ――――★― やさしい

☆ こうたろう ☆

性格 覚えたてのことでもすぐ実行。自信にみちあふれるにぎやかな男子。たくましい性格。 —てれ屋タイプ—

恋愛 すごい、さすがってほめてくれる子が好き。

将来 一秒をあらそう現場で活躍。救急救命士。

友情 友だちに上手に頼り相談できるタイプ。

喜ぶこと 彼を観察し、長所や特技をほめまくろう。

性格はどっち？　元気 ―――★―― やさしい

HAPPYジンクス　しっぽが鉤のように曲がっている猫は、金運を呼んでくれる。

333

☆ こうのすけ ☆

性格 みんなとさわぐより、一人で工作や読書をしたりするのが好き。気まぐれなとこがあるよ。 **かっこいいタイプ**

恋愛 超さみしがり屋！色んな女子の間をフラフラ。

将来 評論家、鋭い視点で世の中をきるよ。

友情 ライバルだと思っていた人と、しだいに友だちに。

喜ぶこと 毎朝必ず「おはよう」のあいさつをしてね。

性格はどっち？ 元気 ——— やさしい★

☆ こうへい ☆

性格 知識欲がおうせいで調べ物が得意。好きな教科では絶対負けたくないと思ってるよ。 **でれ屋タイプ**

恋愛 気持ちを言葉にしてほしいと思うタイプだよ。

将来 起業して大成功、大金持ちになるかも。

友情 いっしょにいる友だちを楽しませてくれるみたい。

喜ぶこと 遠まわしでなく、ストレートな表現をしよう。

性格はどっち？ 元気 ——★— やさしい

☆ こうめい ☆

性格 だまっていること、じっとしていることが大の苦手。ちゃっかりしているのに憎めない子。 **でれ屋タイプ**

恋愛 笑いのツボが同じ女子がお気に入りだよ。

将来 お客様は神さまです。接客業が天職。

友情 自己主張が強すぎてぶつかることがあるよ。

喜ぶこと 面白かったテレビの話題でいっしょに笑おう。

性格はどっち？ 元気 ——★— やさしい

☆ ごくう ☆

性格 きれい好きで整理整とんが得意。計画的なので、あわてることが少ない男の子。 **かっこいいタイプ**

恋愛 自分のみせ方を知っていて、モテるよ。

将来 きらめく感性で音楽をかなでる演奏家。

友情 友だちと楽しいイベントを企画して楽しむよ。

喜ぶこと 彼の話のテンポをくずさないようにね。

性格はどっち？ 元気 ———★ やさしい

☆ ここあ ☆

性格 ちょっとしたことで落ちこむタイプ。感受性が豊かでカンが鋭いよ、一人が好きかも。 **かっこいいタイプ**

恋愛 アピール上手、女子はキュンキュンしそう。

将来 世界一の科学者に！大発見をしちゃいそう。

友情 何があろうと友だちのことをかばうよ。

喜ぶこと あまりずけずけ話しかけないようにね。

性格はどっち？ 元気 ———★ やさしい

☆ ごろう ☆

性格 職人のようなこだわりを持つがんこな男の子。難しいことも最後までやりきるみたい。 **信念タイプ**

恋愛 目立つ人は苦手、おだやかに長くつきあうよ。

将来 売れる商品を見のがさない目利きバイヤー。

友情 正直でまっすぐ、友情に厚いタイプ。

喜ぶこと あまりでしゃばらず、やさしく話しかけて。

性格はどっち？ 元気 ———★ やさしい

HAPPYジンクス たまたま異性の足を踏んでしまうと、その人から告白される。

さ行の男の子

個性的タイプ

個性的なファッションで友だちの視線はあなたにくぎづけ。男女とも仲間がたくさんできるよ。存在感たっぷりのモテモテ男子！

熱血タイプ

思いをストレートに伝え、どんなことでも白黒はっきりさせたい人。えんりょなく自分の意見を言うアツいハートの持ち主だね。

独特タイプ

他の子とはひと味ちがったオーラを持つ男の子。自然なしくさが女の子のハートをキャッチ。気分屋だけど思いやりもあるね。

☆ さい ☆

性格 面白おかしくトークで盛り上げる、クラスのムードメーカー！パソコンも得意みたい。 **独特タイプ**

恋愛 笑顔がさわやか、モテる男子だよ。ライバル多数。

将来 得意を生かしてプログラマーの道へ進むよ。

友情 味方をとことん大切にし、守る性格だよ。

喜ぶこと 彼の目をしっかり見ながら話しかけて。

性格はどっち？ 元気 ──────── やさしい

☆ さくたろう ☆

性格 とってもまじめでこつこつがんばるね。友だちのいいところをちゃんと見てるんだね。 **独特タイプ**

恋愛 相手の気持ちを自分に向けさせるのが得意。

将来 冷静に世の中を見つめるコメンテーター。

友情 友だちの間でも何とかして目立ちたいみたい。

喜ぶこと むやみなボディータッチはしないであげて。

性格はどっち？ 元気 ──────── やさしい

☆ さくと ☆

性格 いつも大きなことをあっけらかんと口にする男の子。ふしぎとみんなに愛されるキャラ。 **個性的タイプ**

恋愛 好きになったらつきあえるまでがんばるよ。

将来 ランチが毎日売り切れ！人気の定食屋さん。

友情 困っている友だちを見過ごせないみたいだよ。

喜ぶこと 会うたびにちがう表情でギャップを出そう。

性格はどっち？ 元気 ──────── やさしい

☆ さとし ☆

性格 夢に向かって一生けんめい努力してるよ。わかってくれる人は必ずいるからがんばって！ **熱血タイプ**

恋愛 のんびりしてて、好きな子をとられるかも。

将来 市民のためにまじめにがんばる公務員。

友情 何事もがんばる姿が、友だちから尊敬のまと。

喜ぶこと 明るく無邪気に笑顔で彼に話しかけよう。

性格はどっち？ 元気 ──────── やさしい

☆ さとみ ☆

性格 誕生日や記念日は必ず覚えていてプレゼントを用意するよ。とっても努力家みたい。 **熱血タイプ**

恋愛 仲良くなると急に相手をふりまわすかも。

将来 牛は家族、広々北海道でのびのび、らく農。

友情 社交的で、たくさんの友だちができるよ。

喜ぶこと あまりおしまくるとひかれるよ。やさしくね。

性格はどっち？ 元気 ──────── やさしい

☆ さとや ☆

性格 まわりに流されず自分をつらぬく芯の強い子。協調性がありグループをまとめるのが上手。 **熱血タイプ**

恋愛 好きな子の前ではひょう変！甘えん坊に変身。

将来 役わりをきっちりこなすデータベース管理者。

友情 聞き上手、グループにいないと困る人。

喜ぶこと つねに笑顔をたやさないように接する。

性格はどっち？ 元気 ──────── やさしい

HAPPYジンクス くしゃみが3回続けて出たあと願いごとを呟くと夢がかなう。

☆ さとる ☆

性格 大きな夢を持った豪快な男の子。楽しいことが大好き、学校行事の企画は任せて。

個性的タイプ

恋愛 勉強やスポーツの得意な女子にひかれそう。

将来 美声を生かしてアナウンサーになり活躍。

友情 楽しいことは何でも友だちと共有したいよ。

喜ぶこと 本や文具をお互いに貸し借りし合って。

性格はどっち？ 元気 ──── やさしい ★

☆ さな ☆

性格 気持ちが顔に出る正直者。マイペースでいつものんびり。きらいな言葉は「急げ」だよ。

個性的タイプ

恋愛 気さくに話しかけてくる女の子が好きみたい。

将来 人気俳優になって美人女優と結婚かも。

友情 にぎやかで積極的な友だちがたくさんいるよ。

喜ぶこと 体育の時間や運動会でがんばって、と応援を。

性格はどっち？ 元気 ─★── やさしい

さ〜し

☆ さねひこ ☆

性格 手先が器用でどんなことも簡単にこなしてしまう男の子。まちがいを見過ごせない性格。

独特タイプ

恋愛 ドラマのような出会いを求めてる！理想は高め。

将来 デザインした車がカーオブザイヤーに輝く。

友情 思いやりはあるけど、人の好ききらいが多いよ。

喜ぶこと 彼だけに秘密を教えて共有してみよう。

性格はどっち？ 元気 ─★── やさしい

☆ さんた ☆

性格 パワフルでたくましい男の子。楽しいことが大好きで、いっしょにいる人を笑顔にするよ。

個性的タイプ

恋愛 勉強ができる理知的な女子が好きだよ。

将来 本も出しちゃう話題の男性料理家。

友情 自分が楽しいことは友だちに教えたがるよ。

喜ぶこと 彼に「尊敬してるよ！」と素直に伝えよう。

性格はどっち？ 元気 ─★── やさしい

☆ しき ☆

性格 友だちや家族思いのやさしい性格。好きなことはとことん！その道の専門家になるかも。

熱血タイプ

恋愛 手作りのお菓子の差し入れに弱いかも。

将来 地球は青かった。期待の日本人宇宙飛行士。

友情 わけへだてせずだれとでも仲良くできる子。

喜ぶこと 一人でいる時に、さりげなく話しかけて。

性格はどっち？ 元気 ──── やさしい ★

☆ しげあき ☆

性格 想像力が豊かなアーティストタイプ。人が気づかないことに心を揺らすナイーブくん。

独特タイプ

恋愛 話がはずむ、にぎやかで明るい女子がタイプ。

将来 大事なおしゃれアイテム、ぼうしデザイナー。

友情 大人しいのはつきあい始めだけかも。

喜ぶこと 悲しそうな表情で彼の気を引いてみて。

性格はどっち？ 元気 ★─── やさしい

HAPPYジンクス　出たばかりの三日月を右肩越しに見たら幸せになる。

337

☆ しげお ☆

性格 しっかり自分の考えをつらぬくリーダータイプの男の子。みんなから頼りにされてるよ。

独特タイプ

恋愛 好きな子を追い続け必ずふりむかせるよ。

将来 人気ゲームを次々作り、有名になるかも。

友情 得意なことがあり目立つ人を友だちに選ぶよ。

喜ぶこと 冷たくしたりやさしくしたり、ドキドキさせて。

性格はどっち？ 元気 ——★———— やさしい

☆ しげき ☆

性格 ゆたかな表現力で将来は芸術方面で活躍？感情の波が大きいほうかも。

独特タイプ

恋愛 タイプでなくてもちょっとしたことで好きになるよ。

将来 デザイナーになり、パリコレデビュー。

友情 協調性があるけど仲良しにはわがままに。

喜ぶこと さりげなく彼のとなりにすわり話しかけよう。

性格はどっち？ 元気 ★———————— やさしい

☆ しげたか ☆

性格 ピュアで友だち思い、話しやすい雰囲気でいつもたくさんの友だちにかこまれているよ。

個性的タイプ

恋愛 失恋してもすぐ好きな子ができるタイプだよ。

将来 キレッキレの頭を使い、ブログラム開発。

友情 友情を大事にするので友だちがとても多い。

喜ぶこと いつもフレンドリーに接し心の距離を近く。

性格はどっち？ 元気 ————★—— やさしい

☆ しげなり ☆

性格 チャレンジ精神おうせいで、ワクワクすることを探してるよ。あきっぽいのが玉にきず。

独特タイプ

恋愛 好みのタイプがなく色んな子とつきあうよ。

将来 人気アイドルのマネージャー。毎日大いそがし。

友情 友だちをまとめて、動かすのがとてもうまいよ。

喜ぶこと あまりしつこくせず話すのは、機嫌のいいときに。

性格はどっち？ 元気 ★———————— やさしい

☆ しげのぶ ☆

性格 いつも前を向いてどんどん進んでいくガッツのある子。人を傷つけないよう言葉づかいに注意。

個性的タイプ

恋愛 自分の意見に反対しない子が好きみたい。

将来 動物博士になってテレビにもひっぱりだこ。

友情 サプライズ好き！いっしょにいると楽しい人。

喜ぶこと 彼が好きな芸能人の髪型をまねしてみて。

性格はどっち？ 元気 —————★— やさしい

☆ しげはる ☆

性格 スポーツでも勉強でも得意な分野では一番を目指す熱い男子だよ！超モテるよ。

熱血タイプ

恋愛 慎重で、なかなか好きな子ができないよ。

将来 天気の不思議を追いかける予報士。

友情 もっと友だちのことを信用していいよ。

喜ぶこと イケメン芸能人に似てるねとほめる。

性格はどっち？ 元気 ————★—— やさしい

HAPPYジンクス 3日間、連続して静電気が起きたら、だれかに恋されている。

☆ しげみつ ☆

性格 困った人がいると自然に手をさしのべられるやさしい子。先生からも信頼されてるよ。

個性的タイプ

恋愛 クラブや委員会が同じ子と意気投合しそう。

将来 みんなにやさしい、ホテルのフロントマン。

友情 困った人を助ける世話好きなところがあるよ。

喜ぶこと 思い切っていっしょに登下校してみよう。

性格はどっち？ 元気 ―★―|―|― やさしい

☆ しげゆき ☆

性格 おっとりやさしい雰囲気の男子。実は甘えん坊のさみしがり屋。いつも人の輪の中にいるよ。

個性的タイプ

恋愛 大人っぽい子がタイプ。強引なタイプに弱い。

将来 たくみのわざがきらりと光る和菓子職人。

友情 女の子より友だちづきあいをつねに優先。

喜ぶこと かっこいいね！と時々言ってあげよう。

性格はどっち？ 元気 ―|―★―|― やさしい

☆ しげる ☆

性格 手をぬくことが大きらい。自分に厳しいのでがんばりすぎてつかれないように注意。

熱血タイプ

恋愛 まじめなので、軽いノリは苦手。いつも真剣。

将来 アイデアを形にし、ネットショップの経営。

友情 友だちと家族みたいに親密なつきあいに。

喜ぶこと やさしい言葉づかいで話しかけるようにして。

性格はどっち？ 元気 ―|―|―|―★ やさしい

☆ しどう ☆

性格 感受性が強く気分が上がったり下がったり大いそがし。人を楽しませ、笑わせるのが得意。

熱血タイプ

恋愛 相手にとことんつくし、長くつきあうよ。

将来 人気のお笑い芸人。みんなを笑顔にするよ。

友情 ケンカのあとは、自分から素直に謝ろう。

喜ぶこと お願い事をしたり、わがままを言ってみる。

性格はどっち？ 元気 ―|―|―|―★ やさしい

☆ しゅう ☆

性格 正義感が強くて白黒はっきりさせたいタイプ。ちょっぴりがんこなところがあるみたい。

熱血タイプ

恋愛 グループ活動で一気に仲良くなる予感。

将来 町の平和を守るため、今日も働く警察官。

友情 自分の意見をまげられず、ぶつかるかも。

喜ぶこと 反対意見は言わず静かに話を聞いてあげて。

性格はどっち？ 元気 ―|―|―|―★ やさしい

☆ しゅういち ☆

性格 いつも好き放題やりたい放題なのに、ふしぎと人に愛される男子。実はやさしい性格。

個性的タイプ

恋愛 優等生女子がタイプ。図々しい子はニガテ。

将来 スピード大好き、レーシングドライバー。

友情 好きな音楽やゲームを教えたがるよ。

喜ぶこと いつもさりげなくそばにいるようにして。

性格はどっち？ 元気 ―|―★―|― やさしい

HAPPYジンクス 2時や7時ちょうどの時間に電話がかかってきたら告白かも！

☆ しゅういちろう ☆

性格　はきはきしていていつも元気いっぱい。目立ちたがりでいたずら好きのところもあるね。

個性的タイプ

恋愛　クラスのアイドル、美形女子に夢中みたい！

将来　得意のトークでトップセールスマンになる。

友情　友だちをびっくりさせるサプライズが大好き。

喜ぶこと　楽しかったことを一番に報告してあげて。

性格はどっち?　元気 ──┼──┼──┼──┼──★ やさしい

☆ しゅうご ☆

性格　友だちとつるむより、一人で考えごとをするのが好きな大人しめの男子。とても器用みたい。

独特タイプ

恋愛　さみしがり屋、次々に色んな子とつきあうよ。

将来　さりげない日常を切りとるエッセイスト。

友情　しっかりしているので、友だちに頼られるよ。

喜ぶこと　自分の話ばかりせず彼を話題の中心に。

性格はどっち?　元気 ──┼──┼──┼──┼──★ やさしい

☆ しゅうさく ☆

性格　初対面ではしっかり者に見えるけど、実は甘えん坊。たまにすねちゃうこともあるよ。

個性的タイプ

恋愛　自分とはちがう雰囲気の女の子にひかれるよ。

将来　フリーライターになり取材に走り回るよ。

友情　自然とグループの中心人物になるみたい。

喜ぶこと　ふだんは言えないことを電話で話してみて。

性格はどっち?　元気 ──┼──┼──┼──┼──★ やさしい

☆ しゅうじ ☆

性格　人に合わせるのが得意なかげで支える縁の下の力持ちタイプ。世話好きみたい。

独特タイプ

恋愛　友だちから恋に自然に発展するタイプだよ。

将来　人気マンガ家を支えるコミックの編集者。

友情　友だちと行動をともにしたいさみしがり屋。

喜ぶこと　彼の好きな趣味、芸能人の話をするといいよ。

性格はどっち?　元気 ──┼──┼──┼──┼──★ やさしい

☆ しゅうすけ ☆

性格　大人しい性格だけど地道にコツコツがんばる子。先ばいや先生から学んでいくよ。

独特タイプ

恋愛　ちょっぴり不良っぽい子にひかれちゃうよ。

将来　人気翻訳家。訳した小説がベストセラーに。

友情　思いやりがあるけど仲良しにはわがままも。

喜ぶこと　だれにも言えない悩みを彼だけにうち明ける。

性格はどっち?　元気 ──┼──┼──┼──┼──★ やさしい

☆ しゅうた ☆

性格　大きな夢ばかり追いかけるロマンチスト。海外に縁があるみたい。将来は大物になりそう。

熱血タイプ

恋愛　好きな子の前では自然と笑顔になるよ。

将来　子どもの笑顔が見たい、国際ボランティア。

友情　ぶつかって、どんどん仲良くなれるよ。

喜ぶこと　彼を見つめ目が合ったらにっこり笑って。

性格はどっち?　元気 ──┼──┼──┼──┼──★ やさしい

HAPPYジンクス　本を逆さまに開いてしまったら、新しい恋が舞い込むしるし。

☆ しゅうたろう ☆

性格 ちょっとがんこだけど、まっすぐな性格で男子にも女子にも人気。将来大物になるかも。 （熱血タイプ）

- **恋愛** 性格重視！やさしくておだやかな子が好み。
- **将来** 自分で会社を作って社長になっちゃうよ。
- **友情** 口がたいので相談をもちかけられそう。
- **喜ぶこと** 気軽にデートにさそおう。OKしてくれるよ。

性格はどっち? 元気 ——☆—— やさしい

☆ しゅうと ☆

性格 明るくハキハキしている男の子。流行に敏感でおしゃれ。本番に強いタイプみたいだよ。 （独特タイプ）

- **恋愛** 気持ちに素直だけど、ちょっぴり浮気者かも。
- **将来** おしゃれな男性ファッション誌の編集者。
- **友情** 友だちの輪を広げていくのが得意みたい。
- **喜ぶこと** 彼の得意な教科をさぐり、教えてもらおう。

性格はどっち? 元気 ——☆—— やさしい

☆ しゅうへい ☆

性格 こうと決めたらなかなか人の意見がきけないね。かげで人一倍がんばる努力家だよ。 （熱血タイプ）

- **恋愛** まじめで一途、一心に彼女を大切にするよ。
- **将来** 専門知しきを使い証券アナリストとして成功。
- **友情** ときには一人でかかえず、友だちに相談して。
- **喜ぶこと** ストレートに「好き！」って伝えてみよう。

性格はどっち? 元気 ——☆—— やさしい

☆ しゅうま ☆

性格 まじめだけど少し不器用なところのある人。だれに対しても公平なので信用されてるよ。 （熱血タイプ）

- **恋愛** 自分だけにやさしい子じゃないと無理だよ。
- **将来** いつも笑顔の明るいホームヘルパー。
- **友情** 人見知りしないからだれとでも気軽に話せる。
- **喜ぶこと** 彼の近くに行き甘えた口調で話しかけて。

性格はどっち? 元気 ——☆—— やさしい

☆ しゅうや ☆

性格 友だちとのつきあい方がとっても上手。まじめでやさしいからみんなから頼られるよ。 （熱血タイプ）

- **恋愛** 好きな子ができてもだれにも言えないよ。
- **将来** 快適な旅をサポート、ステキなホテルマン。
- **友情** ひたむきなところが友だちから尊敬の的。
- **喜ぶこと** 彼の話を真剣に聞き同意しながらうなずく。

性格はどっち? 元気 ——☆—— やさしい

☆ じゅき ☆

性格 やわらかい雰囲気のある天然系男の子。実はかわいいものが大好きだったりするよ。 （個性的タイプ）

- **恋愛** 親切にされるとコロッとまいっちゃうみたい。
- **将来** おすすめ上手、トーク上手なアパレル販売員。
- **友情** いつも友だちにかこまれ楽しそうだよ。
- **喜ぶこと** 彼を下の名前で呼ぶようにしてみて。

性格はどっち? 元気 ——☆—— やさしい

HAPPYジンクス 誕生日に観覧車に乗ると悩みごとが解消するよ。

☆ しゅん ☆

性格 いつもドキドキを求めてる、ちょっと個性的な男の子。一を聞いて十を知るほど賢いよ。

独特タイプ

 好きな子には積極的にアプローチするよ。

 個性的なセンスのカリスマスタイリストに。

 少しがんこ。友だちのアドバイスは聞こう。

 いつも聞き役になって彼の話にうなずいて。

 性格はどっち？ 元気 —★— やさしい

☆ じゅん ☆

性格 発想がユニークで、人を笑わせるのが大好きな人気者だよ。意外と落ちこみやすいよ。

独特タイプ

 モテるしあきっぽいので恋が長続きしないよ。

 感性を生かして音楽プロデューサーに。

 何かにひいでた人を選んで友だちにするよ。

 彼が何か話しているときはじっと見つめよう。

☆ しゅんいち ☆

性格 さみしがりなのに一人も好きな、あまのじゃく？他人がどう見てるかをいつも気にするよ。

独特タイプ

 キラキラした雰囲気でひとめぼれされやすいよ。

 教えるのがとてもうまい小学校の先生だよ。

 グループをしきる人。遊びの計画も得意。

 時間をかけてゆっくり好きを伝えていこう。

☆ じゅんいち ☆

性格 ここぞというとき成功する本番に強いタイプ。友だちに親切にすると、運気が上がるかも。

独特タイプ

 警戒心が強くつきあうまで時間がかかる。

 子供たちのやる気を引き出す学校の先生。

 友だちの悲しい表情にはだれより先にきづくよ。

 勇気を出して自分から告白してあげて。

☆ しゅんいちろう ☆

性格 裏表がなく、いつも正々堂々としている人。男子からも女子からもすごく人気だよ。

熱血タイプ

 相手が自分に夢中になるとにげたくなるよ。

 あなたの心の中を読みときます、心理学者。

 相談されるけど自分は相談できない性格。

 遊びに行こうって軽い感じでさそって。

☆ じゅんいちろう ☆

性格 自然に人の目をひいちゃうところがあるね。いつのまにかリーダーになってることも。

熱血タイプ

 彼女のジェラシーに愛情を感じて喜ぶかも。

 面白い本のことなら聞いて、図書館の司書。

 物知りな子と仲良くして世界を広げて。

 さりげなく好意を伝え告白を待って。

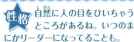

HAPPYジンクス 東京タワーにある「タワー大神宮」にお参りすると、両思いに。

☆ しゅんご ☆

性格 みんなを自然と笑顔にできるいやし系男子。天然なところがかわいく年上にも大人気。

個性的タイプ

恋愛 甘えたがり、先輩や大人っぽい子がタイプ。

将来 子供たちに大人気のバス・電車の運転手。

友情 決断力のある頼れるグループのリーダー。

喜ぶこと お互いをニックネームで呼び合ってみよう。

性格はどっち？ 元気 ─── やさしい ★

☆ しゅんじ ☆

性格 自分より相手のことを考えて行動するやさしい男の子。守ってあげたくなる弟タイプだよ。

個性的タイプ

恋愛 面食いでかわいい女子が大好き。常に受け身。

将来 ほのぼのする画風のイラストレーターに。

友情 成績が同じくらいの人と友だちになりそう。

喜ぶこと 彼の前ではお笑いキャラは封印。上品にね。

性格はどっち？ 元気 ─★─ やさしい

☆ しゅんすけ ☆

性格 とにかくマイペース！無理をせず、さぼりもせず、コツコツ進んでいくよ。笑顔がミリョク。

個性的タイプ

恋愛 告白なんて無理。誘われても断るほどシャイ。

将来 西に東に、パワフル長距離ドライバー。

友情 リーダーシップがあるので頼りにされるよ。

喜ぶこと できるだけ彼の近くで話しかけてみてね。

性格はどっち？ 元気 ───★ やさしい

☆ じゅんすけ ☆

性格 いるだけで場が和む、ふしぎキャラの持ち主。気分がのらないと、意地をはることも。

個性的タイプ

恋愛 やさしい言葉にドキドキ、すぐ好きになるよ。

将来 鮮やかな色づかいが特ちょうのイラストレーター。

友情 男の子どうしでつるむのが何より好き。

喜ぶこと おしが強い子がニガテだから。さりげなく接して。

性格はどっち？ 元気 ─★─ やさしい

☆ しゅんた ☆

性格 イマドキのおしゃれ男子！自分が他人からどう見られているか常に気にするよ。

独特タイプ

恋愛 好きな子とつきあえるまで、おしまくるよ。

将来 徹底的に楽しませるよ。イベントプランナー。

友情 グループのかじとり役にぴったりみたい。

喜ぶこと 彼のプライドを絶対傷つけないように注意。

性格はどっち？ 元気 ───★ やさしい

☆ じゅんた ☆

性格 外では優等生なのに、家に帰ると甘ったれのわがまま王子？プライドが高いよ。

独特タイプ

恋愛 手だすけしてくれた女子が天使に見えるかも。

将来 みんなを健康にしてみせます、薬学者。

友情 みんなを楽しませるのが大好きみたい。

喜ぶこと 彼が得意なことを調べ、教えてもらおう。

性格はどっち？ 元気 ─── やさしい ★

HAPPYジンクス 乗り物の中で誰かに足を踏まれると、あなたのミリョクが高まる暗示！

343

☆ しゅんたろう ☆

性格 好奇心のかたまり。行動的でいつも何か面白いことをさがしているよ。あきっぽいかも。 *独特タイプ*

恋愛 追いかけるのが好き。追われると冷めるよ。

将来 ヘアメイクの大会で優勝、カリスマ美容師に。

友情 性格が全くちがう人と友だちになれそうだよ。

喜ぶこと 彼が話している間、決してさえぎらないで。

性格はどっち? 元気 ─────★─ やさしい

☆ しゅんと ☆

性格 大胆で豪快なたくましい男子だよ。考え方が大人っぽいので年上や先生と話が合うよ。 *個性的タイプ*

恋愛 話を良く聞いてくれるやさしい女の子が好き。

将来 独自の語り口が大人気！司会業で成功。

友情 人とぶつかるのがニガテ。協調性があるよ。

喜ぶこと 友だちから、じょじょに距離をちぢめて。

性格はどっち? 元気 ──────★── やさしい

☆ しゅんのすけ ☆

性格 ルールや約束をしっかり守るまじめな男の子。とても親孝行で思いやりのある性格。 *熱血タイプ*

恋愛 頼りない女の子を見ると、ほうっておけないよ。

将来 幸せをコーディネイトする、結婚アドバイザー。

友情 友だちの長所を認めて、もっと仲良しに。

喜ぶこと ハマっている趣味の話でいっしょに盛り上がる。

性格はどっち? 元気 ─────────★ やさしい

☆ じゅんのすけ ☆

性格 うっかりすることが多いあわてんぼう。先生や先輩など年上にかわいがられるよ。 *熱血タイプ*

恋愛 オタク系の女子と意外に気が合うかも。

将来 海外をまたにかけて活躍する商社マン。

友情 友だちの悲しい表情にはだれよりも先に気づくよ。

喜ぶこと 彼が忘れ物をしていたらそっと助けてね。

性格はどっち? 元気 ─────────★ やさしい

☆ しゅんぺい ☆

性格 難しいこと、ニガテなことからも決してにげないよ。あまり人の言うことは聞かないかも。 *熱血タイプ*

恋愛 自分を好きな子には見向きもしないみたい。

将来 心に残る一言を、売れっ子コピーライター。

友情 悩みは一人でかかえず友だちに相談して。

喜ぶこと たまにわがままを言って困らせちゃおう。

性格はどっち? 元気 ──★──── やさしい

☆ じゅんぺい ☆

性格 決めたことは最後までやりとおす子。自分の考えにすごく自信を持っているよ。 *熱血タイプ*

恋愛 向上心のあるまじめな女の子が好きだよ。

将来 おいしいと、ここちいいを提供、カフェの経営。

友情 あまり意地をはらないことも大切だよ。

喜ぶこと 彼が何かに成功したら見のがさずほめる。

性格はどっち? 元気 ──★──── やさしい

HAPPYジンクス 牛乳を使った料理が洋服についたら、新しい友だちができる暗示。

☆ しゅんま ☆

性格 勉強していると、どこが大事かすぐ分かるよ。成績が良く、考えごとが好きな男の子。 *独特タイプ*

恋愛 いいことをすると急に好きになるかもよ。

将来 新聞や雑誌の記事を書くジャーナリスト！

友情 ライバルだった人もだんだん友だちになるよ。

喜ぶこと ほかの男子にやさしくしないで。彼を特別に。

性格はどっち？ 元気 ——★—— やさしい

☆ しゅんや ☆

性格 みんなとちがう少数意見にも反対しないよ。ノリが良くていっしょにいると安心できる人。 *独特タイプ*

恋愛 ライバル多し。みんなのあこがれの人が好き。

将来 まとめる人。本やマンガの編集がいいかな。

友情 まわりをみてみんなが参加できる話をするよ。

喜ぶこと 彼の好きな芸能人のことで盛り上がろう！

性格はどっち？ 元気 ——★—— やさしい

☆ じゅんや ☆

性格 まわりの空気にあわせて行動できる人。世話好きなのでとても頼りになり安心できるよ。 *独特タイプ*

恋愛 友だちづきあいの長い人ほど恋へすすむかも？

将来 人を盛りあげるのが上手なカウンセラー！

友情 その場を良くするムードメーカー役だよ。

喜ぶこと 今ハマっているものは？って聞いてみて。

性格はどっち？ 元気 ——★—— やさしい

☆ しょう ☆

性格 自信いっぱいでこわいものなしの人。勇気があって積極的だから、大きな成功をしそう。 *個性的タイプ*

恋愛 いっしょに笑えるような話をする人が好き。

将来 お客さんを楽しませるような、接客とか。

友情 サプライズ好き。友だちにいたずらしそう。

喜ぶこと 明るい話はない？それで彼に話しかけよう。

性格はどっち？ 元気 ——★—— やさしい

☆ じょう ☆

性格 いつも積極的で明るい考えを持つよ。何かあっても立ち直りも早い。グループでは中心。 *個性的タイプ*

恋愛 いっしょのクラブの人とか？そこから恋も。

将来 切れのいいダンサーとか向いているかも。

友情 ねぇ聞いて、と悩みを相談してくるよ。

喜ぶこと 友だちとダブルデートに誘って。盛り上がるよ。

性格はどっち？ 元気 ——★—— やさしい

☆ しょういち ☆

性格 自分の考えは曲げない。負けずぎらいで、一番になるようにがんばるしっかり者の男の子。 *熱血タイプ*

恋愛 好きな人はバレバレ。顔や話し方に出るよ。

将来 キッチリしているので、会計の専門家がいいね。

友情 なかなか自分の悩みは言えないみたい。

喜ぶこと いっしょに行こう！ってみんなのところへ。

性格はどっち？ 元気 ——★—— やさしい

HAPPYジンクス 車のナンバーなどで3けたのゾロ目を見たら、願いがかなう。

☆ しょうえい ☆

性格 おしゃべり大好きな目立ちたがり屋。いたずら好きで、静かなのはニガテみたいよ。 **個性的タイプ**

恋愛 行事でいっしょになった人と仲良くなるよ。

将来 話し上手なセールスマンが向いているかな。

友情 オープンな性格で、みんなに悩そうだんするよ。

喜ぶこと 笑ってふざけて彼とうでをくんでみて。

性格はどっち？ 元気 ━━━★━━━ やさしい

☆ しょうご ☆

性格 ルールを守る人。人が見ていないところでもコツコツ努力するよ。うっかりすることも。 **熱血タイプ**

恋愛 好きな人ができたら、他は絶対見ないよ。

将来 まじめだから結婚アドバイザーがいいかも。

友情 好ききらいがないから、みんなとつきあう。

喜ぶこと ちょっと甘えたしゃべりかたで話して。

性格はどっち？ 元気 ━━━━━━★ やさしい

☆ しょうじ ☆

性格 なかなか努力が実らないけど続ければ最後は大成功につながるよ。まじめでリーダー格。 **熱血タイプ**

恋愛 恋人の前でだけ、甘えんぼうになりそう。

将来 まじめな人が多い公務員とか向いてそう。

友情 友だちはぜったいに裏切らない。信用できる。

喜ぶこと いつもがんばっているね、って声かけて。

性格はどっち？ 元気 ━━━━━━★ やさしい

☆ じょうじ ☆

性格 もしこうならと考えてキチンと準備できる人。まじめだから友だちにも頼りにされてるよ。 **熱血タイプ**

恋愛 オクテ。長い時間、片思いをしそうだよ。

将来 じっくり聞いてくれる心理カウンセラー？

友情 みんなから話しかけられるよ。聞き上手。

喜ぶこと いつも笑顔でおしとやかに話しかけてね。

性格はどっち？ 元気 ━━━━━★━ やさしい

☆ しょうすけ ☆

性格 家族や友だちを大切にする思いやりがある人。ちょっとあわてんぼう。コツコツ努力するよ。 **熱血タイプ**

恋愛 何かに夢中になっている人などが好きかも。

将来 ちょうせんしたら、どんな仕事でも大丈夫！

友情 人なつっこく、だれでも話しかけやすいよ。

喜ぶこと てれ屋さん。告白はだれもいないところでね。

性格はどっち？ 元気 ━━━━━━★ やさしい

☆ しょうた ☆

性格 細かいことは気にしない。さわぐのが大好きなお祭り好き。明るく太陽のような人。 **個性的タイプ**

恋愛 すごいなぁの気持ちから好きになることも？

将来 食べるとホッできる、食べ物屋さんとか。

友情 いるだけでその場があたたかくなる人だよ。

喜ぶこと すごいね、カッコイイね！って言ってあげて。

性格はどっち？ 元気 ━━━★━━━ やさしい

HAPPYジンクス ミカンの房の数が奇数ならすぐに願いがかなうよ。

☆ じょうた ☆

性格 ヘコんでいる人に気づくやさしい人。まわりもいっしょに笑って楽しむのが好きだよ。 — 個性的タイプ

恋愛 かけっこで足が速い人を好きになるかも？

将来 おもてなしをする仕事。ホテルや旅館とか。

友情 楽しいことを、いっしょに、ってさそうよ。

喜ぶこと 私のことどう思う？って、聞いてみて。

性格はどっち？ 元気 ――★― やさしい

☆ しょうたろう ☆

性格 一番が大好きな負けずぎらい。わからないことはどんどん調べるよ。にぎやかな人。 — 個性的タイプ

恋愛 友だちがたくさんいる人気者を好きになるよ。

将来 一番をめざすアスリートになれそうだよ。

友情 いたずら好き。いっしょにいるととても楽しい。

喜ぶこと 分かりやすく、まっすぐ気持ちをつたえて。

性格はどっち？ 元気 ―――★ やさしい

☆ しょうへい ☆

性格 自分より友だちを優先できる心やさしい人。正義感が強いから、だれからも好かれるよ。 — 個性的タイプ

恋愛 はずかしがり屋。自分から告白できないよ。

将来 責任感の強いパイロットとか合いそう。

友情 みんなに甘えられて、頼られる人だよ。

喜ぶこと か弱い女の子風に、彼のそばによりそって。

性格はどっち？ 元気 ―★―― やさしい

☆ しょうま ☆

性格 自分のペースでコツコツつみあげていき、やがて大きな成功をしそう。みんなの人気者。 — 個性的タイプ

恋愛 もし失恋しても、相手はすぐに見つかる人。

将来 こつこつできる建築デザイナーがいいかも。

友情 恋人より友だち？友だちもたくさんいるよ。

喜ぶこと 顔をみて言えないことも電話では言えるかも。

性格はどっち？ 元気 ―――★ やさしい

☆ しょうや ☆

性格 自分の意見も強いけど好きな人の言うことも聞くよ。ニガテな相手にはだまっちゃうかも。 — 個性的タイプ

恋愛 顔のかわいい子が好きっぽい。メンクイ。

将来 人をキレイにできる美容師さんとか。

友情 勉強の成績が近い人と友だちになりそうだよ。

喜ぶこと これいいね！どこで買ったの？って聞いて。

性格はどっち？ 元気 ――★― やさしい

☆ しょうよう ☆

性格 勇気いっぱいで思い切りがいいよ。静かなのはニガテ、にぎやかなほうが好き。 — 個性的タイプ

恋愛 何かを見ていて同時に笑うような人が好き。

将来 やる気にさせるスポーツインストラクター。

友情 しゃべりたいから聞いてくれる友だちがいい。

喜ぶこと 彼の好きなヘアスタイルにチェンジ！

性格はどっち？ 元気 ―――★ やさしい

HAPPYジンクス 自分の誕生日と同じ時間に時計を見たら、いいことがあるかも。

347

☆ しろう ☆

性格 曲がったことがきらいで自分を信じる強さがあるよ。ちょっとガンコだけど信頼されるね。 （熱血タイプ）

恋愛 好きになったらまわりの意見はきかないよ。

将来 人の上に立つ社長さんとかが向いているよ。

友情 うそつかないかみんなも信用しているよ。

喜ぶこと ちょっと出かけない？ってさそってみて。

性格はどっち？ 元気 ―――★― やさしい

☆ じろう ☆

性格 いつでも上をめざしていてカッコイイね。とってもミリョク的でなぜか目立っちゃうよ。 （熱血タイプ）

恋愛 ドキドキより安心な恋愛をしたいタイプ。

将来 ごまかしがないので銀行員が向いているよ。

友情 口がかたいのでみんなから相談をうけるよ。

喜ぶこと 彼が何かできたら、すごいね！ってほめて。

性格はどっち？ 元気 ――★―― やさしい

☆ しん ☆

性格 わからないことはトコトン調べるよ。笑わせることが大好き。ユーモアあるもり上げ役だよ。 （独特タイプ）

恋愛 好きな人ができると他のことに手がつかないかも。

将来 人が楽しめるゲーム制作とかがいいかもね。

友情 勉強のできる目立つ人と友だちになるかも。

喜ぶこと 話をきいてほしいな、って彼に相談して。

性格はどっち？ 元気 ―★――― やさしい

☆ じん ☆

性格 人を笑わせたり喜ばせたりするのが好き。落ちこんでいる人がいるといっしょに悲しむ人。 （独特タイプ）

恋愛 ドキドキしたり、急にさめたりするかも。

将来 自分の好きなものを仕事にするといいよ！

友情 自分のそばにいてくれる人を大切にするよ。

喜ぶこと すごいね！そうなんだ！と感心してあげて。

性格はどっち？ 元気 ―★――― やさしい

☆ しんいち ☆

性格 おひさまのように明るくてにぎやかだよ。まわりのみんなを引きつけるパワーがあるね。 （個性的タイプ）

恋愛 スポーツのできる人にひとめぼれしやすいかも。

将来 パワーあるニュースキャスターが合いそう！

友情 やさしくてその場をやわらかくできるよ。

喜ぶこと 会うたびにちがうことをしてギャップを！

性格はどっち？ 元気 ――★―― やさしい

☆ しんいちろう ☆

性格 得意な科目はぜったいに負けないようにがんばる人。おしゃべり好きで目立ちたがり屋。 （個性的タイプ）

恋愛 いっしょにいて安心できる人を好きになるよ。

将来 犬を訓練する人や育てる人がいいと思うよ。

友情 うっかりヒミツをもらしちゃう？口は軽め。

喜ぶこと 彼と話すときはストレートにハキハキと。

性格はどっち？ 元気 ――★―― やさしい

HAPPYジンクス　自分が入ったときにトイレットペーパーがなくなったらいいことがある。

☆ しんげん ☆

性格 わからないことをドンドン調べる人。こわいもの知らずでいろいろチャレンジするよ。 個性的タイプ

恋愛 学校のアイドルみたいな子を好きになるよ。

将来 会社を作って大きくしそう！大金持ちに？

友情 イタズラ好きでみんなビックリしそうだよ。

喜ぶこと えいっ！って彼の腕を組んでみちゃって。

性格はどっち？ 元気 ─★──┼──┼── やさしい

☆ しんご ☆

性格 ありがとうの気持ちを忘れない親思いの人。友だちも大事にするし、とても信頼できるよ。 熱血タイプ

恋愛 悩みごとを相談できる人を好きになりそう。

将来 意見をまとめるブライダルプランナーとか？

友情 話しかけやすいからだれとでも話せるよ。

喜ぶこと チャンスがあったら彼の隣をゲットして！

性格はどっち？ 元気 ──┼─★─┼── やさしい

☆ しんじ ☆

性格 かげの努力が大きな成功につながりそう。時間にキッチリ。約束も守るよ。 熱血タイプ

恋愛 しっかりしているので年下から好かれそう。

将来 日本舞踊みたいな古風な習い事の先生など。

友情 信頼できるいい人だと思われているよ。

喜ぶこと 彼の兄弟やお父さん、お母さんをほめて。

性格はどっち？ 元気 ──┼──┼─★─ やさしい

☆ しんじろう ☆

性格 曲がったことがきらいだよ。自分の考えを信じていてリーダー格。正義感が強いよ。 熱血タイプ

恋愛 自分の意見に賛成してくれる人が好きだよ。

将来 正義感が強いので、海外の銀行の人とか。

友情 ケンカしたらなかなかあやまれないかも。

喜ぶこと ちょっとワガママなお願いをしてみて。

性格はどっち？ 元気 ─★─┼──┼── やさしい

☆ しんすけ ☆

性格 好きなことは、ずっと続けてトップに立つことができるよ！その努力もしている人。 熱血タイプ

恋愛 はじめてつき合った人と、結婚までしそう！

将来 ねばりづよく話し合う外交官とか向いてる！

友情 友だちのここがいい！ってことを言い合って。

喜ぶこと 楽しい話題をふって、いっしょに盛り上がって。

性格はどっち？ 元気 ──┼─★─┼── やさしい

☆ じんせい ☆

性格 とても気をつかう思いやりがある人。活発で、ドキドキすることをいつも探している。 独特タイプ

恋愛 日によって好きだったり、きらいだったり？

将来 好きなことを書ける評論家とか向いてそう。

友情 あの手この手をつかい存在をアピール！

喜ぶこと 彼の目をじっと見てドキドキさせちゃえ。

性格はどっち？ 元気 ──┼─★─┼── やさしい

HAPPYジンクス トンビやタカが頭の上を飛んでいくと、評判や成績がアップ！

☆ しんたろう ☆

性格 最初に決めたことを通す人。負けずぎらいでがんばり屋。人に甘えることがニガテだよ。 〈熱血タイプ〉

恋愛 ホッとできるようなやさしい人が好きだよ。

将来 強いから、海外を飛び回る仕事ができそう。

友情 人の相談役。自分のことは言い出せないよ。

喜ぶこと やるね！立派だよね！ってほめてみて。

性格はどっち？ 元気―★―やさしい（やさしい寄り）

☆ しんのすけ ☆

性格 人なつっこくてまわりを笑顔にできる人。ほんわかして自分のペースで物事を進めるよ。 〈個性的タイプ〉

恋愛 フツーとちがうちょっとワルぶった人とか？

将来 自分のペースをキープできる仕事がいいよ。

友情 みんなの話の中心になる放っておけない人。

喜ぶこと 彼のことをニックネームでよんでみて！

性格はどっち？ 元気―★―やさしい（中央寄り）

☆ しんば ☆

性格 ユーモアあふれる子だね。人を喜ばせたり笑わせたりするのが好き。思いやりもあるよ。 〈独特タイプ〉

恋愛 にあう格好が分かっているからモテモテ！

将来 いろんなところを飛び回る歌手や演奏者。

友情 自分とちがう性格を友だちに求めているにように。

喜ぶこと 人には言えないうち明け話を彼だけにして。

性格はどっち？ 元気―★―やさしい

☆ しんぺい ☆

性格 あとで困らないようキッチリとスケジューリング！楽しくてユーモアたっぷりの男子。 〈独特タイプ〉

恋愛 追いかける恋が好き。冷めやすいところも。

将来 ステキに変身させるスタイリストがいいね！

友情 自分の側面についてくれた人を大事にするよ。

喜ぶこと 彼にはふれないで。まずは目をみて話して。

性格はどっち？ 元気―★―やさしい

☆ しんや ☆

性格 まわりをよく見ていて、みんなが楽しめる話を選ぶよ。とても世話好きで頼りになるよ。 〈独特タイプ〉

恋愛 甘い恋を夢見ているよ。おしゃれな人が好き。

将来 キレイな人をつくるメイクの仕事。

友情 自分のタイプと全くちがう友だちができそう。

喜ぶこと 彼の夢を聞き、きっとかなうよって応援して。

性格はどっち？ 元気―★―やさしい

☆ すぐる ☆

性格 みんなとわいわい楽しむのが好きだね。困っている人を放っておけないやさしさがあるよ。 〈個性的タイプ〉

恋愛 何かにくわしい人。話していて好きになりそう。

将来 とくいな分野で活躍する人になりそうだね。

友情 困っている人にどうした？と声をかけるよ。

喜ぶこと 友だちからはじめよう。声をかけて仲良くね。

性格はどっち？ 元気―★―やさしい

350　HAPPYジンクス　真っ白な猫を見たら、願いごとを心の中で唱えるとかないやすい。

☆ すすむ ☆

性格 とっつきやすく話しかけやすい人。たまにすねたりすることも。まわりを笑顔にできるよ。 **個性的タイプ**

恋愛 ちょっと甘えんぼう。年上の人がいいかな。

将来 人を連れて楽しませるツアーコンダクター！

友情 どんなことも友だち優先、友だちたくさん。

喜ぶこと いつもカッコイイよね！って言ってみて。

性格はどっち？　元気　———★—　やさしい

☆ すなお ☆

性格 話し出したら止まらない。たまにビックリするイタズラも。にぎやかな目立ちたがり屋。 **個性的タイプ**

恋愛 みんなが好きなあの子が好き。負けない！

将来 メインでおどるダンサーがいい。目立つよ。

友情 やんちゃだけど、いっしょにいると楽しいよ！

喜ぶこと 彼が好きな髪型を聞いて！それをしてみて。

性格はどっち？　元気　—★———　やさしい

☆ すばる ☆

性格 勝つまであきらめない。その努力がみんなのあこがれ。強いライバルがいると燃えるよ。 **熱血タイプ**

恋愛 つっぱしりがち。恋をしたら友だちに相談！

将来 絶対ヒットさせる音楽プロデューサー！

友情 ものの見方が広がる、物知りな友人がいい！

喜ぶこと 彼もさそおうよ！とみんなに言ってみて。

性格はどっち？　元気　————★　やさしい

☆ すみお ☆

性格 人のつきあい方がほどよくて上手。曲がったことがきらいでまじめ。リーダーになるよ。 **熱血タイプ**

恋愛 目標に向かってがんばっている子が好き！

将来 信頼できるから人の上に立つ仕事がいいよ。

友情 人に意見をゆずらなくてガンコなところも。

喜ぶこと ストレートに好きを伝えて。彼はドンカン。

性格はどっち？　元気　——★——　やさしい

☆ すみと ☆

性格 手をぬかない。考えも自由だから、みんながあっというようなものを生み出すかも。 **熱血タイプ**

恋愛 好きな人を作るのも大変。できたら大事に。

将来 たくさんのアイデアをもとにネットで起業！

友情 悩みをみんなに話してみるといいのにね。

喜ぶこと やさしくして。彼にもやさしいねと言って。

性格はどっち？　元気　————★　やさしい

☆ すみや ☆

性格 あらそったりけんかしたりするのが大きらい。だれにでもやさしいお兄さんキャラだよ。 **個性的タイプ**

恋愛 気持ちをつたえるのがへた。素直じゃないよ。

将来 やさしいからケアマネジャーが良さそう！

友情 友だちからの頼みごとを断れない、いい人。

喜ぶこと 困った感じで頼られるとうれしいかも。

性格はどっち？　元気　——★——　やさしい

HAPPYジンクス 手のひらを虫に刺されるのは、ステキな恋人が現れる前ぶれ。

☆ せい ☆

性格 いつも前向き。何があっても立ち直りが早いから大成功するよ。チャレンジも人好き。　*個性的タイプ*

恋愛 お姫さまタイプの子を好きになりそう。

将来 話が上手なセールスマンで大出世するかも。

友情 かくしごとしないでズバズバ言う、オープン。

喜ぶこと 面白かったことを楽しそうに話してみて。

性格はどっち? 元気 ――★――― やさしい

☆ せいいち ☆

性格 かっこいい人をお手本にしているのでとてもはなやか。ピンチのときほど燃える人だよ。　*熱血タイプ*

恋愛 めくりあった好きな人を一生大事にしそう!

将来 新聞やテレビでほう道するマスコミ関係!

友情 いっしょにいるのはいつも同じ仲良しの人たち。

喜ぶこと からかいは冗談でもダメ。やさしくね。

性格はどっち? 元気 ―★――― やさしい

☆ せいいちろう ☆

性格 人に合わせず自分の意見を大事にするよ。ガンコだけど正直で信頼できるリーダーだよ。　*熱血タイプ*

恋愛 相手にトコトンつくす。大事にするよ。

将来 貸し借りをキチっとする銀行員が向いてる!

友情 口がたいからうち明け話などをされるよ。

喜ぶこと ふざけて無理なお願いをして困らせてみる?

性格はどっち? 元気 ★――――― やさしい

☆ せいし ☆

性格 合わせ上手!みんなが参加できるよう、いつも気を配っている人。とても安心できるよ。　*独特タイプ*

恋愛 ファッションセンスのある女の子が好き!

将来 おしゃれ好きだから美容アドバイザーとか!

友情 自分にないものを持っている友だちがいいよ!

喜ぶこと ポジティブな話が好き!彼と盛り上がって!

性格はどっち? 元気 ―――★― やさしい

☆ せいじ ☆

性格 目立つよりだれかを支えたい人。よくまわりを見ていてその場に合わせ、とても頼りになる人。　*独特タイプ*

恋愛 すてきな出会いや恋にあこがれているよ。

将来 困っている人に手をさしのべるような仕事。

友情 さみしがり屋。いつもかまってほしいタイプ。

喜ぶこと 他の人をほめるとヤキモチ。彼だけほめて。

性格はどっち? 元気 ★――――― やさしい

☆ せいしろう ☆

性格 整理整頓が上手。何事もチャレンジすることが好き。不明なことは最後まで調べるよ。　*独特タイプ*

恋愛 ちょっと気分屋。その部分もミリョクな人だよ。

将来 きちんとしているのでプログラマーなど!

友情 スポーツができる子が友だちになりそう。

喜ぶこと 彼の話に大きくうなずくだけ。笑顔でね。

性格はどっち? 元気 ――★―― やさしい

HAPPYジンクス 右の手のひらがかゆくなったら、好きな人とバッタリ出会える!

☆ せいた ☆

性格 力強く、気持ちいい話し方や行動をするよ。お祭り好きな、明るくて太陽みたいな人。

個性的タイプ

恋愛 自分が話したいので聞いてくれる相手が好き。

将来 話し上手で、場をもりあげる司会業がいいね。

友情 どんなことでも、いっしょにやろうよって。

喜ぶこと えんぴつを借りてみよう！返す時はお礼を。

性格はどっち？ 元気 ★━━━━ やさしい

☆ せいや ☆

性格 自分のことよりも相手、お人好しな男の子。やさしくて正義感あふれるタイプ。

個性的タイプ

恋愛 はずかしくて自分からは好きって言えない。

将来 人をすくう、お医者さんや看護師さんとか。

友情 友だちの冗談を本気にしちゃうところもある。

喜ぶこと 勇気が必要だよ。彼の右肩に手をのせて話しかけてみて。

性格はどっち？ 元気 ★━━━━ やさしい

☆ せな ☆

性格 あわてないクールなところがミリョク的だよ。好きなものへの集中力もすごいね。

熱血タイプ

恋愛 恋人をぐいぐいひっぱっていくタイプだよ。

将来 物事をシロクロつける裁判官や弁護士むき。

友情 友だちにお手本にされることも。

喜ぶこと あなたが一番話しやすいよ、と言ってあげて。

性格はどっち？ 元気 ━★━━━ やさしい

☆ せんり ☆

性格 サバサバした話し方で行動はおおらか。明るい太陽みたいな人。とてもやさしいよ。

個性的タイプ

恋愛 頭がいいなと思う人を好きになりそう。

将来 資格が必要な何かのスペシャリストがいい。

友情 世話好き。困った友だちを放っておけない。

喜ぶこと 勇気を出し、いっしょに帰ろう！ってさそって。

性格はどっち？ 元気 ━━━★━ やさしい

☆ そう ☆

性格 思い切りがよく得意なものは一番になりたい人。話し出したら止まらないおしゃべり。

個性的タイプ

恋愛 いつも友だちにかこまれてる、いい子が好き。

将来 人を楽しませるような仕事。接客向きだよ。

友情 やんちゃなイタズラ好き。楽しい人だよ。

喜ぶこと えんりょがちな話はダメ。ストレートに。

性格はどっち？ 元気 ━━━★━ やさしい

☆ そういち ☆

性格 型にはまらないアイデアをたくさん持っているよ。あきらめないから大成功しそう。

熱血タイプ

恋愛 好きだと気づいたらすぐ告白。待たないよ。

将来 会社を作る。アイデアがヒットになるかも。

友情 あまり自分のこととは話さない秘密主義。

喜ぶこと 何かあるたびありがとう、やさしいねって言って。

性格はどっち？ 元気 ━★━━━ やさしい

HAPPYジンクス 右ひじや右ひざがかゆいと、好きな人とおしゃべりできるよ。

☆ そういちろう ☆

性格 興味がたくさんあって、それを面白おかしく人に話すのが得意。あきっぽいけど秀才。 （独特タイプ）

恋愛 恋多き人？冷めやすいところもあるかも。

将来 何かの専門のコラムニストがいいかな。

友情 自分の味方になってくれる友だちが大事！

喜ぶこと 彼の話すテンポに合わせて聞いて。

性格はどっち？ 元気 ——————★— やさしい

☆ そうご ☆

性格 どんな人にも平等に接するので自然とリーダーになることも。人との約束を絶対に守る人。 （熱血タイプ）

恋愛 恋人になったらよそ見しない。結婚しそう。

将来 とても信用されるので議員さんになるかも。

友情 どんどん話しかけられ友だちもふえるよ。

喜ぶこと てれ屋だから告白はだれもいない場所でね。

性格はどっち？ 元気 ——————★— やさしい

☆ そうじろう ☆

性格 キチンとした行動ができる人。存在感があるのでリーダー格だよ。だから人に甘えられない。 （熱血タイプ）

恋愛 すぐには決めない。恋人になるまで時間がかかる。

将来 海外を飛び回る仕事でもやっていけるよ！

友情 グループの中で友だちの悩みや相談にのる人。

喜ぶこと 彼が賞状をもらったらさすがだね！って。

性格はどっち？ 元気 —★———————— やさしい

☆ そうすけ ☆

性格 ルールをしっかりと守るよ。見ていないところでもコツコツ努力。とても信頼できる人。 （熱血タイプ）

恋愛 自分だけにやさしくしてくれる人が好き。

将来 国どうしの約束が何より大事な外交官とか。

友情 しっかりものして友だちの中でも頼られるよ。

喜ぶこと 彼の悩みを上手に聞き出して相談にのろう。

性格はどっち？ 元気 ——————★— やさしい

☆ そうま ☆

性格 人なつっつこくてまわりを笑顔にできる人。すねたりもするけど、ほんわかしていて人気者。 （個性的タイプ）

恋愛 たとえダメでも新しい恋を次々にできるよ。

将来 旅はおまかせ！ツアーコンダクターが合うよ。

友情 世話好きだから年下から好かれることも。

喜ぶこと まず友だちになる。だんだんと近づいてみて。

性格はどっち？ 元気 ——————★— やさしい

☆ そら ☆

性格 手をぬかないで一番を目指す努力家。ライバルに勝つまであきらめないかっこいい人。 （熱血タイプ）

恋愛 自分だけを見てよそ見をしない人が好き。

将来 ひみつを守る警察官とかが合っていそう。

友情 だれとでも、ではなく特定の友だちといるよ。

喜ぶこと 彼と目があったならニコッて笑いかけて。

性格はどっち？ 元気 ——————★— やさしい

HAPPYジンクス ナンバープレートが全部奇数の車を見たら、その日いいことがある。

た行 の男の子

愛されタイプ

おっちょこちょいで少しズレた発言や行動もありの愛されキャラ。時々見せる照れ笑いがミリョク的なはずかしがりやさんだよ。

負けず嫌いタイプ

負けずぎらいで、自分の考えや態度を曲げられないガンコ者。意地っ張りだけど誰とでも仲良くなれるのでいつも人気者だね。

気さくタイプ

からだを動かすのが好きで活動的な男の子。話しかけやすくて人なつっこいので、いつもたくさんの友だちに囲まれちゃうよ。

☆ だい ☆

性格 わからないことはトコトン調べ一番を目指す人。前向きで何かあっても立ち直りが早い。

気さくタイプ

恋愛 恋人が大事なタイプ。友だちより優先するよ。

将来 トップを目指せ！アスリートとか合うかも。

友情 開けっぴろげ。悩んでいることを話すよ。

喜ぶこと 面白かった話題を真っ先に彼に話してみて。

性格はどっち？ 元気 ★―｜―｜― やさしい

☆ たいが ☆

性格 ほんわかした話しかけやすい人。まわりもどんどん協力してくれる得なタイプ。

気さくタイプ

恋愛 ちょっと親切にされるとすぐ好きになるかも。

将来 いろいろな意見を組みこむ建築デザイナー。

友情 グループの中では決めることができる人。

喜ぶこと 機嫌がよいときに冗談でからかってみて。

性格はどっち？ 元気 ―★―｜―｜ やさしい

☆ たいき ☆

性格 コツコツ努力するタイプ。うっかりするところもあるけど、とても思いやりがあるよ。

負けず嫌いタイプ

恋愛 悩みごとを真剣に聞いてくれる人を好きに。

将来 どんな仕事もチャレンジすればうまくいく。

友情 おだやかでだれからも話しかけられやすいよ。

喜ぶこと かわいいしぐさでアプローチ。やさしくね。

性格はどっち？ 元気 ★―｜―｜― やさしい

☆ だいき ☆

性格 家族を大事にする思いやりがあるよ。ありがとうの気持ちも忘れない信頼できる人。

負けず嫌いタイプ

恋愛 何かに熱中している人を好きになるかも。

将来 人に好かれるので芸能人やアイドルに？

友情 みんなに平等だから友だちに信用されるよ。

喜ぶこと 隣にすわって話せるチャンスをねらって！

性格はどっち？ 元気 ―★―｜―｜ やさしい

☆ だいご ☆

性格 先生や年上の人から好かれる人。器用ではないけれど、コツコツ努力して大成功しそう。

負けず嫌いタイプ

恋愛 恋を大事にする。ダメだったら引きずるよ。

将来 努力して国を動かす公務員になりそう。

友情 みんなに平等だからだれからでも好かれるよ。

喜ぶこと 自分が今、夢中になっている話題を話して。

性格はどっち？ 元気 ―｜★―｜― やさしい

☆ たいし ☆

性格 自分とちがう意見も認めるとても話が分かる人。はしゃいだりしない。まじめで頼れるよ。

負けず嫌いタイプ

恋愛 しっかりしているから年下から好かれそう。

将来 ヒミツ主義だから心理カウンセラーがいい！

友情 ひたむきな姿を友だちはお手本にしたいかも。

喜ぶこと 彼の前では明るく無邪気にふるまって。

性格はどっち？ 元気 ―★―｜―｜ やさしい

HAPPYジンクス 彼氏とデート中に、落ちている手袋を見たら、その彼と結婚する。

☆ たいじゅ ☆

性格 普段から正しい行動を心がけている人。うらないやおまじないなど不思議なものが好き。 （愛されタイプ）

恋愛 親しい友人から恋人になることが多そう。
将来 薬剤師さんなど人のためになる仕事がいいよ。
友情 頭の良さがいっしょくらいの人が友だちになるよ。
喜ぶこと 彼の前で弱ったフリしてみて。頼って。

性格はどっち？　元気 ━━★━┼━┼━ やさしい

☆ たいしゅう ☆

性格 ドキドキ感がほしい人。いろんなことを面白おかしく人に話すよ。整理整頓がとくい。 （気さくタイプ）

恋愛 自分のみせかたを知っているからモテモテ。
将来 ゲーム制作する人になってめざせヒット作！
友情 目立ちたい。あの手この手で存在アピール。
喜ぶこと そっけなくする日も。ドキドキさせよう。

性格はどっち？　元気 ━┼━┼━┼━★ やさしい

☆ たいすけ ☆

性格 まわりへの思いやりを忘れないね。こつこつがんばり夢をかなえる努力家さん！ （負けず嫌いタイプ）

恋愛 守ってあげたいタイプ。頼りない子にひかれそう。
将来 外国とやりとりする外交官になれそう。
友情 だれとでも話せるよ。人見知りしないよ。
喜ぶこと 甘えんぼうなイメージで彼に話しかけて。

性格はどっち？　元気 ━┼★┼━┼━ やさしい

☆ だいすけ ☆

性格 興味あることに集中、続けることでトップになれる人。平等でみんなにやさしいよ。 （負けず嫌いタイプ）

恋愛 心配性。自分だけかまってほしいみたい。
将来 みんなをくっつける結婚アドバイザーとか？
友情 みんなから頼られる、しっかりものだよ。
喜ぶこと 彼がつらそうなとき、話をきいてあげて。

性格はどっち？　元気 ━★━┼━┼━ やさしい

☆ たいせい ☆

性格 悲しそうな人がいるといっしょに悲しくなるやさしい人。人を笑わせたり喜ばせるのが好き。 （気さくタイプ）

恋愛 好きになるとずっと目で追いかけるかも。
将来 ぱっとできちゃう秀才。ブログラマーとか？
友情 自分の側にいる人はとことんかばうよ。
喜ぶこと 目を大きくキラキラするように感心して。

性格はどっち？　元気 ━┼━┼━★━ やさしい

☆ たいぞう ☆

性格 こうと決めたら曲げない！礼儀正しく正義感が強いから、とても信頼できるよ。 （負けず嫌いタイプ）

恋愛 やさしくおだやかな、いやし系の人が好き。
将来 期限までにきちんと届ける郵便屋さんとか。
友情 融通きかないことも。でも信用できる。
喜ぶこと 気がるにデートにさそう。案外大丈夫かも。

性格はどっち？　元気 ━┼━┼━┼━★ やさしい

HAPPYジンクス 銀色のカギを拾うと、手の届かない存在と思っていた人と結ばれる。

☆ たいち ☆

性格 ライバルがいると倒れるまでがんばっちゃう男の子。一番を目指す姿はかっこいい！ 　**負けず嫌いタイプ**

恋愛 よそ見しないで！と言われるとうれしいタイプ。

将来 インターネット上の会社を作って一番を！

友情 本気のケンカのあとに大親友になれるかも。

喜ぶこと みんなで遊ぶ計画のときには、彼もぜひ！

性格はどっち？ 元気 ★———｜———｜——— やさしい

☆ だいち ☆

性格 まわりの目を気にしない、のびのびとした性格！どんなときでも手を抜かないがんばり屋。 　**負けず嫌いタイプ**

恋愛 やっと出会えた恋人を一生大事にするよ。

将来 発想を生かし歌手など音楽関係がいいかも。

友情 なかなか自分の悩みを言わないタイプだよ。

喜ぶこと ゆっくりと彼の気持ちを自分に向けさせて。

性格はどっち？ 元気 ★———｜———｜——— やさしい

☆ たいと ☆

性格 自分の考えがあって人に指図されるのはニガテ。みんながあっとおどろくものを作りそう。 　**負けず嫌いタイプ**

恋愛 遊びや軽いつきあいはしないよ。真剣に。

将来 アイデアをネットショップで売り出すとか？

友情 決まった友だちと家族みたいに大事に過ごす。

喜ぶこと やさしくされたら、やさしいね、と言って。

性格はどっち？ 元気 ———｜———★———｜——— やさしい

☆ だいと ☆

性格 ゆるぎない自分を持っているよ。むずかしくてもあきらめない。たまには人に甘えて。 　**負けず嫌いタイプ**

恋愛 本気で好きになったら態度に出ちゃうよ。

将来 ひみつ主義だから税理士さんが向いてそう。

友情 うちあけ話をしてくれるのに時間がかかる。

喜ぶこと 言葉えらびに注意。やさしい言葉を選んで。

性格はどっち？ 元気 ———｜★———｜——— やさしい

☆ たいよう ☆

性格 目立とうとしなくても自然にリーダーになり目立つ人。礼儀正しくがんばり屋だよ。 　**負けず嫌いタイプ**

恋愛 おとなしくて目立たない人が好きだよ。

将来 キチンとしてるのでお金の仕事がいいね。

友情 相談役。ときには意地っ張りになることも。

喜ぶこと 気づきにくいから、ストレートに好きを伝えて。

性格はどっち？ 元気 ———｜———｜———★ やさしい

☆ たかあき ☆

性格 頭の回転が速い。考えてから行動するタイプ。手先が器用でどんなこともこなす人。 　**気さくタイプ**

恋愛 人の笑いの中心にいる目立つ人が好き。

将来 とっさの判断ができるジャーナリストとか。

友情 ライバルからだんだん友だちになることも。

喜ぶこと だれにもいえないとっておきの話をする。

性格はどっち？ 元気 ———｜———★———｜——— やさしい

HAPPYジンクス 席替えのとき、手のひらに隣になりたい子に向けて矢印を書くと隣になれる。

☆ たかお ☆

性格 上へ上へ目指す人。大勢の前で話すのはニガテだけどみんなから大役を任されることも。

負けず嫌いタイプ

恋愛 目標に向かって一生けんめいがんばるひとが好き。

将来 数字を分けて整理するような仕事がいいね。

友情 口がかたい。うち明け話などをされるよ。

喜ぶこと かわいらしいワガママを言ってみる。

性格はどっち? 元気 ——————★— やさしい

☆ たかし ☆

性格 クラスがシーンとすると、得意のギャグでもりあげるよ。とてもノリがいい人気者だね。

気さくタイプ

恋愛 ひとりの人に長く片思いしそう。オクテ。

将来 スイミングなど子ども相手の先生がいいよ。

友情 まわりのことをよくみて、友だちの長所も発見。

喜ぶこと 彼の目標を聞き出そう。そして応援して。

性格はどっち? 元気 ——————★— やさしい

☆ たかしげ ☆

性格 グループの中にいるだけでみんなをいやせるよ。話しかけやすく、自然に人が集まる。

愛されタイプ

恋愛 ちょっと親切にされると好きになっちゃう。

将来 人と競争しない自分のペースでできる仕事。

友情 放っておけない。みんなの話題の中心だよ。

喜ぶこと まずは友だちと同じように話しかける。

性格はどっち? 元気 —★———————— やさしい

☆ たかてる ☆

性格 自分に厳しく手をぬかない。負けずぎらいで一番を目指しているけど、ときどき休もう。

負けず嫌いタイプ

恋愛 軽い人はニガテ。真剣な恋愛しかしない。

将来 信頼できる税理士さんとか向いているかも。

友情 固定の友だちをずっと大事にしてそばにいる。

喜ぶこと みんなで遊ぶときには必ず彼もさそってね。

性格はどっち? 元気 ——★—————— やさしい

☆ たかと ☆

性格 ライバルにぜったいに勝ちたい気持ちが強い人。努力してあきらめないから成功するよ。

負けず嫌いタイプ

恋愛 電話したり少しそくばくしないと心配みたい。

将来 負けずぎらいだから歌手になっても成功かな?

友情 悩みをうちあけるまでに時間がかかるよ。

喜ぶこと 目があったらにっこりとやさしくしてね。

性格はどっち? 元気 ——————★— やさしい

☆ たかとし ☆

性格 人の好ききらいがなくて誰とでもつきあえるよ。一生けんめいだから年上から好かれるね。

負けず嫌いタイプ

恋愛 しっかりものだけど恋人には甘えんぼう。

将来 人づきあいが上手だから公務員がいいかな。

友情 ぜったいに友だちをうら切らない。信用◎。

喜ぶこと いつもがんばっているモンね!って話して。

性格はどっち? 元気 ———★———— やさしい

HAPPYジンクス 自然に落ちてきた落ち葉が、左肩に触れると恋人ができる。

359

☆ たかなり ☆

性格 ひと恋しいさみしがり屋だけど一人の時間もほしい人。まわりのひょうばんを気にするよ。 （気さくタイプ）

恋愛 笑って話を盛り上げてくれる人が好きだよ。

将来 人と車をつなぐエンジニアなどの車関連。

友情 人と人、グループ同士をむすびつけるよ。

喜ぶこと 誕生日にはかわいい便せんで手紙を書いて。

性格はどっち？ 元気 ——★—— やさしい

☆ たかのぶ ☆

性格 にぎやかで思い切りのいい人。ポジティブで立ち直りが早いから大きな結果を出しそう。 （愛されタイプ）

恋愛 笑うきっかけやタイミングが同じ人が好き。

将来 持ち前の明るさで会社を作る。成功しそう！

友情 自分の話を聞いてくれる友だちといるよ。

喜ぶこと 彼の好きなファッションを取り入れて！

性格はどっち？ 元気 ————★ やさしい

☆ たかはる ☆

性格 チャレンジすることが好きな明るい人。練習より本番。チャンスをものにする運をもっている。 （気さくタイプ）

恋愛 つらいときにそばにいた人を好きになるよ。

将来 子どもと関わる小学校や中学校の先生とか？

友情 グループの人を楽しませるのが好きだよ。

喜ぶこと プライド高くて彼からの告白はむずかしい。

性格はどっち？ 元気 ————★ やさしい

☆ たかひこ ☆

性格 約束は絶対に守る人。みんなに平等に接するから信頼されてリーダーに選ばれるよ。 （負け嫌いタイプ）

恋愛 いっしょに悩んでくれる人を好きになりそう。

将来 チャレンジすればどんな仕事も大丈夫！

友情 人見知りしない。みんなに話しかけられる。

喜ぶこと 彼の相談に親身になってのってあげて。

性格はどっち？ 元気 —★—— やさしい

☆ たかひさ ☆

性格 ノリのいい人。まわりをよく見ていて全員が参加できる話題をふるなど気をつかえるよ。 （気さくタイプ）

恋愛 恋の成功には積極性がほしいかな。オクテ。

将来 人の悩みをきいて解決してあげる仕事。

友情 グループのだれかがそばにいないと不安。

喜ぶこと グチはきらいみたい。明るい話題で話して。

性格はどっち？ 元気 ——★—— やさしい

☆ たかひで ☆

性格 あっけらかんとした行動すべてがほほえましくうつる人。にぎやかで明るい太陽みたい。 （愛されタイプ）

恋愛 何かとても得意なことがある人を好きに。

将来 はなやかなニュースキャスターがいいかも。

友情 楽しいことがあると友だちも誘いたくなるよ。

喜ぶこと 彼のいいところを見つけ、ほめてみよう。

性格はどっち？ 元気 ——★—— やさしい

HAPPYジンクス 好きな人に偶然足を踏まれたら、将来結婚できる。

☆ たかひと ☆

性格 負けずぎらい。一番を目指してがんばる人。人の意見を聞くのがニガテでソンしてる部分も。 〈負けず嫌いタイプ〉

- **恋愛** 遊びや軽い恋愛はしない。本気で愛を探すよ。
- **将来** 自分の正義を信じているから警察官とか？
- **友情** 自分のことを相手に甘えて相談できない人。
- **喜ぶこと** 人気のイケメン芸能人に似ているね！って。

性格はどっち？ 元気 ★━━━━━ やさしい

☆ たかひろ ☆

性格 得意なことではトップになりたくて努力するよ。他人から指示されるのはニガテ。 〈負けず嫌いタイプ〉

- **恋愛** 恋をしたら待てない。すぐに告白しにいく。
- **将来** テレビ局やラジオ局での仕事が合うよ！
- **友情** みんなとではなく決まった人といつもいっしょ。
- **喜ぶこと** 彼に視線を送って。目が合ったらにっこり。

性格はどっち？ 元気 ━━━★━━ やさしい

☆ たかふみ ☆

性格 心やさしく友だち思いの人。キレイ好きかな。話しかけやすいからまわりに人も集まるよ。 〈愛されタイプ〉

- **恋愛** 普通の人よりちょっとワルっぽい人が好き？
- **将来** キッチリしているから建築デザイナーとか？
- **友情** グループの方針を決めることが多いかも。
- **喜ぶこと** 心のきょりを縮めよう！ニックネームとか！

性格はどっち？ 元気 ━━★━━━ やさしい

☆ たかまさ ☆

性格 きれいで正しい心の持ち主。人にはマジメに接する人。みんなに平等だから好かれるよ。 〈愛されタイプ〉

- **恋愛** メンクイだからかわいい子とのデートが夢。
- **将来** キレイを生み出す美容師さんがいいかも。
- **友情** みんなのおしゃれのお手本になっているよ。
- **喜ぶこと** おふざけなし。おしとやかな女の子で接近。

性格はどっち？ 元気 ━━━★━━ やさしい

☆ たかみち ☆

性格 自分の意見を持っている人。ライバルには絶対勝つ！気が強くて、一番を目指すよ。 〈負けず嫌いタイプ〉

- **恋愛** 少し束ばくされていないと不安になりそう。
- **将来** 音楽関係がいいかも。トップを目指せるよ！
- **友情** ケンカしたあとに本当の友だちになることも？
- **喜ぶこと** さりげなく好きを伝えて。告白は彼から。

性格はどっち？ 元気 ★━━━━━ やさしい

☆ たかみつ ☆

性格 力強く気持ちのよい行動をするからほほえましい。ヘコんでいる人は放っておけない人。 〈愛されタイプ〉

- **恋愛** ひとめぼれしやすい。好きな人にすぐ接近。
- **将来** 明るく人をもてなす仕事。ホテルや旅館？
- **友情** おだやかで人と言いあらそいは絶対にしないよ。
- **喜ぶこと** どんな子が好きなの？とじっと見て聞いて。

性格はどっち？ 元気 ━━━━★━ やさしい

HAPPYジンクス 左のくつヒモが自然にほどけたら好きな人から告白されるよ。

361

☆ たかや ☆

性格 友だちのアドバイスをすなおに聞けるんだね。たのみごとを断れないおひとよし。

愛されタイプ

恋愛 育ちのよいせいそうなお嬢さまが好きそう。

将来 人のためにつくす仕事。ケアマネジャー。

友情 友だちも断れないのを知ってて甘えてくるよ。

喜ぶこと 彼の肩や腕をポンポンとボディタッチ！

性格はどっち？ 元気 ——★—— やさしい

☆ たかやす ☆

性格 宿題やテスト前の勉強をまじめにやっちゃうよ。ちょっと内気なところがあるかもね。

気さくタイプ

恋愛 友だちでいた時間が長い人が恋人になるかも。

将来 計画的なので本やマンガを編集する人とか？

友情 とてもさみしがり屋でだれかといてほしい人。

喜ぶこと 彼の好きな芸能人の話で盛り上がってみて。

性格はどっち？ 元気 ———★— やさしい

☆ たかゆき ☆

性格 初めて会った子ともすぐに仲良くなれちゃうね。困ったときには友だちが助けてくれるよ。

愛されタイプ

恋愛 なりふりかまわず強引な人が好きらしいよ。

将来 競争しないもの。マイペースでできる仕事。

友情 恋より友情。とても友だちを大事にするよ。

喜ぶこと すごい、かっこいいね！って言ってみよう。

性格はどっち？ 元気 ——★—— やさしい

☆ たく ☆

性格 ひとりでしずかに考えごとをするのが好きなんだね。器用で絵や工作が得意だよ。

気さくタイプ

恋愛 目立つ人でお笑い系が好きになりそう。

将来 ざん新なデザインをするデザイナーとか。

友情 人の好ききらいはあるけれど思いやりもある。

喜ぶこと 毎朝おはよう！とのあいさつは忘れずに。

性格はどっち？ 元気 ————★ やさしい

☆ たくじ ☆

性格 いつも正しくあろうとする人。うらないやミステリーなど不思議なものが好き？

愛されタイプ

恋愛 せいそなお嬢さまタイプが好き。メンクイ。

将来 責任感あるお医者さんとか向いてそう。

友情 同じくらい頭のいい子が友だちになるよ。

喜ぶこと 彼の持ちものや服装、髪型をほめてみて！

性格はどっち？ 元気 ———★— やさしい

☆ たくと ☆

性格 イベントやお祭りが大好き！にぎやかで明るい太陽みたいで、友だちがいっぱいだね。

愛されタイプ

恋愛 目立つよりひかえめで聞き上手な人が好き。

将来 しゃべり上手を生かしてアナウンサーとか？

友情 楽しいことはいっしょにやろう！とさそうよ。

喜ぶこと すごい、尊敬！っていう言葉に弱いらしい。

性格はどっち？ 元気 ————★ やさしい

HAPPYジンクス 新しい服を着た日、ポケットに糸が入っていたら、告白されるかも！

☆ たくま ☆

性格: すぐ喜んだり悲しんだり、想像したりするよ。いろんなことにチャレンジするタイプ。 — 気さくタイプ

恋愛: 少しのやさしさから、急に恋に落ちそう。
将来: いろんな洋服のデザインが浮かびそう。
友情: ライバルだと思っていた人と、友だちに。
喜ぶこと: 彼の前で、他の男子にやさしくしないでね。

性格はどっち？ 元気 ——★—— やさしい

☆ たくみ ☆

性格: いるだけでみんなをいやす、ほんわかとした人。いつもまわりに人が集まっているよ。 — 愛されタイプ

恋愛: やさしい言葉をかけられるとすぐに好きに！
将来: 安全運転をするバスの運転手になりそう。
友情: まわりの人に話しかけられやすいタイプ。
喜ぶこと: 冗談言い合ったり、からかったりしてみて！

性格はどっち？ 元気 —★—— やさしい

☆ たくむ ☆

性格: 友だちとの約束をきちんと守るから、信頼されているよ。コツコツ努力できる人だね。 — 負けず嫌いタイプ

恋愛: 一途だから、初めてつきあった人と結婚も。
将来: なんでもやってみよう！うまくいくよ。
友情: 友だちの良いところをほめて、もっと仲よく。
喜ぶこと: 彼の悩みやグチを聞いてあげるといいよ。

性格はどっち？ 元気 ———★ やさしい

☆ たくや ☆

性格: まわりに合わせられる人で相手の意見に反対しないよ。つかみどころのないところも。 — 気さくタイプ

恋愛: ライバルの多い人気者にひかれるタイプ。
将来: みんなにうける雑誌や漫画の編集者。
友情: グループに欠かせない、ムードメーカー！
喜ぶこと: 彼の好きな話でいっしょに盛り上がってみて。

性格はどっち？ 元気 ——★— やさしい

☆ たくろう ☆

性格: いろいろなことに興味アリ。ちょっとあきっぽいけど、とっても活発で元気いっぱい！ — 気さくタイプ

恋愛: 熱しやすく冷めやすい。恋多き人生かも。
将来: 好きなことを仕事にすると活躍するよ。
友情: みんなに注目されるため、いろいろするよ。
喜ぶこと: 彼の話をさえぎったりしちゃダメだよ。

性格はどっち？ 元気 ———★ やさしい

☆ たけあき ☆

性格: とっても人なつっこい人だよ。いるだけでまわりを笑顔にする、少し天然な愛されキャラ。 — 愛されタイプ

恋愛: ふられても前向きで、立ち直りが早いよ。
将来: 旅を楽しくしてくれるツアーコンダクター。
友情: いつもみんなの話題の中心に自然といる人。
喜ぶこと: さりげなく話しかけてきょりを縮めると◎。

性格はどっち？ 元気 —★—— やさしい

HAPPYジンクス: 2月13日の夜に夢に出てきた男の子が運命の人。

☆ たけお ☆

性格 こわいもの知らずで思い切りがあるよ。いつも前向きで、落ちこまず、立ち直りも早い！ 〈愛されタイプ〉

恋愛 クラブなどでいっしょの人と仲良くなりそう。

将来 売上ナンバーワンの営業マンになれるかも！

友情 友だちをびっくりさせるのが好きなんだよ。

喜ぶこと 楽しかったら一番に彼に報告してみて！

性格はどっち？ 元気 ─☆─ やさしい

☆ たけし ☆

性格 自分の意見が強いけど、好きな人の言うことはすなおに聞くよ。ニガテな人には無口に。 〈愛されタイプ〉

恋愛 おじょうさま系の女子を好きになりそう。

将来 薬剤師など人につくす仕事がいいよ。

友情 断れない性格の彼に、みんな甘えちゃう。

喜ぶこと 「すごいね！」「さすが！」とほめてみて。

性格はどっち？ 元気 ─☆─ やさしい

☆ たけと ☆

性格 先生や先ぱいなど、年上とのつきあいが楽しみたい。大人になったら海外で働いてそう。 〈愛されタイプ〉

恋愛 勉強ができる人を好きになるみたいだよ。

将来 資格をとって専門的な仕事がいいよ。

友情 困った人を助ける世話好きなところが。

喜ぶこと 本や文具などを貸し借りをすると仲良く。

性格はどっち？ 元気 ─☆─ やさしい

☆ たけとし ☆

性格 人前へ出て目立つより、かげでみんなを支えるタイプ。とても頼りになる男子なんだよ。 〈気さくタイプ〉

恋愛 長い友だちづきあいから自然に彼氏彼女に。

将来 困った人の話を聞いて助けるカウンセラーが○。

友情 自分とちがうタイプと友だちになりたいかな。

喜ぶこと 悪口やグチは嫌がるから気をつけて！

性格はどっち？ 元気 ─☆─ やさしい

☆ たけのり ☆

性格 人前ではものすごくテンションが高いよ。仲良しにはついわがままを言っちゃうことも。 〈気さくタイプ〉

恋愛 感じがいいからいろんな子から好かれるよ。

将来 元気いっぱい、子どもに人気の保育士。

友情 友だちと友だちを結びつけることができるよ。

喜ぶこと 彼の好きな科目を、教えてもらっちゃおう！

性格はどっち？ 元気 ─☆─ やさしい

☆ たけはる ☆

性格 とってもねばり強いから、ピンチのときほど逆に燃える！将来は大きなことができそう。 〈負けず嫌いタイプ〉

恋愛 口を出されると、愛情を感じちゃうよ。

将来 アイデアを生かして会社を作っちゃうかも。

友情 親友を家族のようにずっと大切にするよ。

喜ぶこと みんなで遊ぶとき彼もさそうといいよ。

性格はどっち？ 元気 ─☆─ やさしい

HAPPYジンクス つめを切るときに一言も喋らず両手分切ったら、いいことがある。

☆ たけひこ ☆

性格 絵を描いたり、歌を歌うのが上手だよ。センスもあるので芸術の分野で仕事をしそう。 —《気さくタイプ》

恋愛 彼は運命的な出会いをしたいみたい。

将来 絵画のような美しい料理を作るシェフ。

友情 気をつかわなくてすむ人を友だちにするよ。

喜ぶこと 毎朝、「おはよう」と元気よく言ってみて！

性格はどっち？ 元気 ←★———→ やさしい

☆ たけひろ ☆

性格 ちょっと大人っぽい感じ。流行にくわしく、おしゃれだからみんながマネすることも。 —《気さくタイプ》

恋愛 みんなに好かれたいと思っているところが。

将来 センスを生かしてテレビの仕事をしそう。

友情 グループをまとめるのが好きなんだよ。

喜ぶこと いきなり「好き」と言うとびっくりしちゃうよ。

性格はどっち？ 元気 ←—★——→ やさしい

☆ たけふみ ☆

性格 家族や友だちを大切にする、思いやりがある男子。記念日のプレゼントも欠かさないよ。 —《負けず嫌いタイプ》

恋愛 ちょっとオタクな女子を好きになるかも。

将来 世界をまたにかける外交官になるかも。

友情 人によって態度を変えないから好かれるよ。

喜ぶこと かわいいしゃべり方をしてドキっとさせて。

性格はどっち？ 元気 ←★———→ やさしい

☆ たけまさ ☆

性格 人が見ていないところでがんばっているタイプ。がんばりを続ければ最後は成功するよ。 —《負けず嫌いタイプ》

恋愛 ずっと何年も同じ人に片思いしちゃいそう。

将来 地道に調べる探偵や刑事に向いてるよ。

友情 親友になった人とは、一生つきあうよ。

喜ぶこと 彼の話を真剣に聞いてうなずいてあげて。

性格はどっち？ 元気 ←—★——→ やさしい

☆ たけみち ☆

性格 明るく元気で、強そうだけど、実は気にするタイプ。さみしがり屋なとこもあるみたい。 —《気さくタイプ》

恋愛 いつも笑顔でノリがいい女子にひかれるよ。

将来 生徒をやる気にさせる、小中学校の先生。

友情 相手を楽しませることが大好きなんだ。

喜ぶこと バレンタインに手紙つきのプレゼントを。

性格はどっち？ 元気 ←★———→ やさしい

☆ たけみつ ☆

性格 自分に厳しく、手を抜くのがきらい。がんばりすぎて、燃えつきないよう気をつけて。 —《負けず嫌いタイプ》

恋愛 ひとりでつっ走って、失敗しちゃうことも。

将来 みんなの安全を守る警察官がピッタリ。

友情 もっと友だちに悩みをうち明けてみよう。

喜ぶこと やさしくされたら、すぐお礼を言うと◎。

性格はどっち？ 元気 ←—★——→ やさしい

HAPPYジンクス 前髪を切るとき、好きな子のことを考えると、両思いになれる。

☆ たけゆき ☆

性格 うっかりすることが多い、あわてんぼうなところが。ボーっとしているのがニガテだよ。

負けず嫌いタイプ

恋愛 自分だけにやさしくしてくれる人が好き。

将来 みんなが話しやすい政治家になれるかも。

友情 だれとでも気軽に話せるタイプなんだよ。

喜ぶこと さりげなくとなりに座って話しかけちゃえ。

性格はどっち? 元気 ―★―――― やさしい

☆ たける ☆

性格 すごい負けずぎらいで、いつも一番を目指してる。ライバル心もハンパじゃないよ！

負けず嫌いタイプ

恋愛 本気で好きになると、一生大切にするよ。

将来 会計士などの資格をとってバリバリ働く！

友情 ヒミツ主義なところが。もっとオープンに。

喜ぶこと けなしたりからかったりするのは絶対ダメ。

性格はどっち? 元気 ―――★―― やさしい

☆ ただあき ☆

性格 頭の回転が速く、集中して勉強をすることができるから、成績もバツグンにいいよ。

気さくタイプ

恋愛 にぎやかな、目立つ人がタイプなんだよ。

将来 スクープ連発の記者になるの夢じゃない。

友情 自分を出せる友だちを選ぶところがあるよ。

喜ぶこと 悲しげな顔に彼はキュンとしちゃいそう。

性格はどっち? 元気 ―★―――― やさしい

☆ ただかず ☆

性格 人の意見に合わせることが得意だけど、心配性で気にしすぎるところがちょっとあるよ。

気さくタイプ

恋愛 すてきな恋や出会いを待ってるみたい。

将来 職人になって、日本の伝統的な技をつく！

友情 自分にないものを持っている人と友だちに。

喜ぶこと 彼以外をほめちゃダメ。彼だけほめてあげてね。

性格はどっち? 元気 ―――★―― やさしい

☆ ただし ☆

性格 とっても素直な性格。仲良しの前では明るくできるけど、引っこみ思案なところも。

気さくタイプ

恋愛 ひとりの人をずーっとながく思うタイプ。

将来 器用さを生かして物を作る仕事などが◎。

友情 いつもだれかといっしょにいないと不安かな。

喜ぶこと 彼に自信がつく言葉をかけてあげよう。

性格はどっち? 元気 ――★――― やさしい

☆ ただとし ☆

性格 じっくり考えてから行動するね。大きな失敗はしないけど、ときには思い切りよく行こう！

負けず嫌いタイプ

恋愛 しっかり者だから、年下から好かれそう。

将来 気まじめだから公務員とか合ってるよ。

友情 とっても聞き上手だから話しかけやすいよ。

喜ぶこと 彼の前ではひかえめに、おしとやかに！

性格はどっち? 元気 ――★――― やさしい

HAPPYジンクス 青い帽子をかぶって出かけたら、探していたものが見つかる。

☆ ただはる ☆

性格 イマドキのおしゃれ男子！みんなが注目してるよ。ちょっぴりあきっぽいところもあるね。 『気さくタイプ』

恋愛 悲しいとき、はげましてくれる人を好きに。

将来 コーチなど教えることに向いているよ。

友情 困っている人にすぐ気づいてあげるよ。

喜ぶこと 好きな番組の話題でいっしょに盛り上がろう！

性格はどっち？　元気 ——★— やさしい

☆ ただひこ ☆

性格 ちょっと不器用だけど目標を持つとすごくがんばれるよ。将来はエライ人になるかもね。 『負けず嫌いタイプ』

恋愛 悩み相談にのってくれる人にひかれそう。

将来 世界中を飛び回るジャーナリストは？

友情 しっかり者だから頼りにされてるよ。

喜ぶこと あなたが今ハマっていることを話してみて。

性格はどっち？　元気 —★—— やさしい

☆ ただふみ ☆

性格 ひとつのところにじっとしていられない、フットワークの軽い人。いそがしいのが好き。 『愛されタイプ』

恋愛 甘えられる年上の人を好きになりそう。

将来 いろんなところに行ける旅行関係がいいよ。

友情 恋愛よりも友だちづきあいを大事にするよ。

喜ぶこと 電話でいつもは言えないことを話してみて。

性格はどっち？　元気 ——★— やさしい

☆ ただまさ ☆

性格 あまり難しく考えないので思い切りもよく、友だちよりうまくいくことが多いかも。 『愛されタイプ』

恋愛 見た目を重視で、かわいい子が好きだよ。

将来 本番に強いからアナウンサーに向いてそう。

友情 早とちりなので、ジョークも本気にしがち。

喜ぶこと 彼のヘアスタイルをほめてみて。喜ぶよ。

性格はどっち？　元気 ——★— やさしい

☆ ただみち ☆

性格 ルールにしばられない、自由な人。みんなががっくりする新しいものを生み出せるよ。 『負けず嫌いタイプ』

恋愛 好きになったらすぐに告白したい！タイプ。

将来 新しいジャンルの音楽をプロデュース。

友情 ケンカをした後に真の友情が生まれそう。

喜ぶこと 彼と目が合ったら、ニコッと笑ってみて。

性格はどっち？　元気 ★——— やさしい

☆ ただゆき ☆

性格 笑顔がやさしくて話しかけやすいからモテモテだよ。きれい好きでおそうじが得意！。 『愛されタイプ』

恋愛 グイグイおして来る人にひかれそう。

将来 細かい仕事が苦にならないから、建築士。

友情 めんどうみがいいので、年下に好かれるよ。

喜ぶこと ドキッとするよう、近づいて話しかけてみて。

性格はどっち？　元気 ——★— やさしい

HAPPYジンクス 速く走りたいときは、髪ゴムを黄色にすると効果あり！

☆ ただよし ☆

性格 本当の気持ちをあえて言わない秘密主義なところも。考え方はちょっと古めかも。
負けず嫌いタイプ

恋愛 好きな人より友だちとのつきあいの方が大事。

将来 カメラマンになって独特な写真を撮ると◎。

友情 親友になったら一生のつきあいになるよ。

喜ぶこと 話す時しっかり目を見て。グッとくるはず。

性格はどっち? 元気 ━━★━━━━ やさしい

☆ たつお ☆

性格 わからないことはどんどん聞いたり調べたり、そのままにしておけない知りたがり屋さん。
愛されタイプ

恋愛 好きな子をどんどんほめてアピールしてる。

将来 ダンサーになって個性的な動きを披露して。

友情 いっしょにいると楽しい人と思われてるよ。

喜ぶこと さっぱりした子が好き。モジモジしちゃダメ。

性格はどっち? 元気 ━━━━━━★━ やさしい

☆ たつき ☆

性格 しっかり者っぽい印象だけど、実は甘えん坊のおちゃめな子。ちょっと天然な人気者。
愛されタイプ

恋愛 ちょっと大人っぽい雰囲気の子が好き。

将来 自分のペースで働ける仕事が合ってるよ。

友情 ビシっと決める力があって信頼されてるよ。

喜ぶこと ニックネームで呼ぶときょりがグッと縮まるよ。

性格はどっち? 元気 ━━━━★━━━ やさしい

☆ たつし ☆

性格 人の好ききらいがけっこう態度に出ちゃう。だけどあまり深刻じゃないからまわりは平和。
愛されタイプ

恋愛 育ちのいいお嬢さまっぽい子が好みかも。

将来 イラストレーターなど絵に関係する仕事。

友情 成績が同じくらいの子と親友になるよ。

喜ぶこと 女子力をアピールしてみて!気に入られるよ。

性格はどっち? 元気 ━━━━★━━━ やさしい

☆ たつのり ☆

性格 常識を超えて、新しい発想のできるニュータイプ。みんなをおどろかせるのも得意。
負けず嫌いタイプ

恋愛 好きになったらどんどんアピール!積極的。

将来 テレビやラジオで何かを発信するのが◎。

友情 なかなか本当の自分を友だちにも見せないかな。

喜ぶこと 冗談よりもストレートな表現にグッとくるよ。

性格はどっち? 元気 ━━━━━━★━ やさしい

☆ たつひこ ☆

性格 人が見ていないところでも努力し続ける粘り強さがあるよ。みんなからの信用もあつい。
負けず嫌いタイプ

恋愛 すごく真剣に、まじめに、一生けんめい恋をする。

将来 いい大学を出て、エリートな人になりそうよ。

友情 しっかりしてるから友だちに頼りにされてるよ。

喜ぶこと 彼の見える場所にいつもいるといいよ。

性格はどっち? 元気 ━━━━━━★━ やさしい

HAPPYジンクス サンダルを履くときは、ぜひ左足から!偶然、彼に会えるかも。

☆ たつまさ ☆

性格　ノリがよく、その場の雰囲気にあわせて行動できる。いろんなキャラを演じられる器用者。

気さくタイプ

恋愛　学校一のカワイイ子を好きになりそう。

将来　人気マンガの編集者になってバリバリ働く。

友情　友だちには自分にないものを求めてるよ。

喜ぶこと　テレビの話題でいっしょに盛り上がるといいよ！

性格はどっち?　元気 ｜—｜—｜—｜—｜ やさしい

☆ たつみ ☆

性格　男の子だけど「かわいい」と思われちゃうほんわかタイプ。自然とみんながよってくるよ。

愛されタイプ

恋愛　失恋しても立ち直りが早く、ケロっとしてる。

将来　電車の運転手になってみんなに安心安全を！

友情　恋より友情が大事で、友だちはたくさんいるよ。

喜ぶこと　からかったり、いじってあげると意識するよ。

性格はどっち?　元気 ｜—｜—｜—｜—｜ やさしい

☆ たつや ☆

性格　まわりのことを考えて行動できるやさしい人だよ。少し人見知りなところがあるかも。

気さくタイプ

恋愛　友だちから少しずつ恋心がめばえるよ。

将来　塾や体操など子供の習いごとの先生が◎。

友情　友だちのいいところを見つけるのが得意。

喜ぶこと　彼以外をほめちゃダメ！彼だけをほめて！

性格はどっち?　元気 ｜—｜—｜—｜—｜ やさしい

☆ たつゆき ☆

性格　想像力が豊かで絵や歌が上手な芸術家タイプだね。ちょっぴりガンコな気まぐれ屋さん。

気さくタイプ

恋愛　気配りができる女の子にひかれてる。

将来　フランス料理店のシェフになり人気者に！

友情　盛り上げ上手で、グループにはかかせない。

喜ぶこと　毎朝笑顔で「おはよう」をかかさず言ってね。

性格はどっち?　元気 ｜—｜—｜—｜—｜ やさしい

☆ たつろう ☆

性格　少しのことで喜んだり悲しんだりしちゃう。機嫌のいいときと悪いときがわかりやすい。

気さくタイプ

恋愛　ほれっぽく、好きな子はちょくちょく変わる!?

将来　音楽をつくるとみんなに感動をあたえるよ。

友情　グループで目立つためにたくさん発言するよ。

喜ぶこと　ツンデレな態度で彼の気をひいてみて。

性格はどっち?　元気 ｜—｜—｜—｜—｜ やさしい

☆ たもつ ☆

性格　イベントごとではしゃぐタイプ。嫌味がなく、見ていて思わず笑っちゃう存在かな。

愛されタイプ

恋愛　「すごいな」と思える子を好きになるよ。

将来　アナウンサーなど話をする仕事が向いてるよ。

友情　いいと思うものを友だちによくすすめるよね。

喜ぶこと　いっしょに下校するときよりがグッと近づくよ。

性格はどっち?　元気 ｜—｜—｜—｜—｜ やさしい

HAPPYジンクス　自分の前を黄色い車が横切ったらその日はとってもラッキー！

☆ たろう ☆

性格　思い切りがよくて、どんどん発言できる目立ちたがり屋さん。いばらないよう気をつけて。　*愛されタイプ*

恋愛　いっしょのクラブで活動する内に恋に発展する!?

将来　いい商品を売って成功できるサラリーマン。

友情　約束ごとを守るとみんなから信頼されるよ。

喜ぶこと　楽しい話が好き。グチや悪口は嫌がりそう。

性格はどっち?　元気───★──やさしい

☆ ちかお ☆

性格　目立とうとしなくても、なぜかみんなの注目の的。男らしさが存在感あってかっこいい子。　*負けず嫌いタイプ*

恋愛　相手のことをよく知らないと踏み出せない。

将来　銀行や郵便局でお金を扱う仕事がピッタリ。

友情　ケンカをしたらまずは謝る方向で考えてみて。

喜ぶこと　ほめられると喜ぶよ。とことんほめてあげて!

性格はどっち?　元気─★───やさしい

☆ ちから ☆

性格　堂々としてるように見えるけど、実は人からどう思われてるかすごく気にしてるよ。　*気さくタイプ*

恋愛　女の子があなたの見た目にひかれるかも。

将来　小学校の先生になって子供の人気者に!

友情　どんな遊びをするか、いつもあなたが決める。

喜ぶこと　勉強のわからないところを質問するといいよ。

性格はどっち?　元気─★──やさしい

☆ ちとせ ☆

性格　何をするときもしっかり用意して取り組んで。計画的だね。おだやかでおとなしいよ。　*気さくタイプ*

恋愛　勇気が出なくてなかなか告白できないかな。

将来　人の相談にのるカウンセラーが向いてるよ。

友情　つきあいにつかれて、一人になりたい時がある。

喜ぶこと　ありがとうを手紙やメモで伝えると効果アリ。

性格はどっち?　元気──★─やさしい

☆ つかさ ☆

性格　前もっていろいろ準備しておかないと不安で眠れない。計画と余裕を大切にしてるよ。　*気さくタイプ*

恋愛　マンガみたいな出会いの恋にあこがれてるよ。

将来　細かいものづくりをする仕事がぴったり!

友情　ちょっと人見知り。なじむまで時間がかかる。

喜ぶこと　人の悪口は絶対ダメ!明るい話で盛り上げて!

性格はどっち?　元気──★─やさしい

☆ つぐなり ☆

性格　練習より本番に強く、ここぞというときに力を発揮するかっこいい子。頭もいいよ。　*気さくタイプ*

恋愛　いろんな女の子からアプローチされそうよ。

将来　あなたのパワースポット、ＴＶ局で仕事が◎。

友情　楽しい場で盛り上げるのが得意だね。

喜ぶこと　じわじわと好きの気持ちをアピールしてみて。

性格はどっち?　元気───★─やさしい

ゲッケイジュの葉っぱを持っていると、勇気が出る。

☆ つぐみ ☆

性格 手先が器用で、ゲームや図工が得意だね。集中力があるから成績もバツグンだよ。 *気さくタイプ*

恋愛 好きな子に誤解されること言っちゃうかも。

将来 レストランを開店！ステキなお店になりそう。

友情 自分とはちがうタイプの子と親友になるよ。

喜ぶこと 二人だけの秘密をつくると特別な関係になる。

性格はどっち？ 元気 ——————★— やさしい

☆ つぐみち ☆

性格 すごい言葉を言ってまわりをびっくりさせることがあるかも。でも自分はのほほんとしてる。 *愛されタイプ*

恋愛 顔の好みがあって、ひとめぼれしやすいかも。

将来 テレビの司会者になるとすごくウケそうだよ。

友情 友だちの意見をちゃんと聞くと輪が広がるよ。

喜ぶこと 頭がいい子が好きみたい。勉強がんばって！

性格はどっち？ 元気 ———★——— やさしい

☆ つとむ ☆

性格 パッパと状況を判断し、器用に無駄なく動ける。勉強もできて、先生からも信頼されてる。 *気さくタイプ*

恋愛 映画みたいなステキな恋を夢見てるよ。

将来 社会を切りさくジャーナリストがぴったり！

友情 ひとりでいるのが不安。いつもだれかといっしょ。

喜ぶこと ちょっとさみしそうな表情を見せてみて。

性格はどっち？ 元気 ————————★ やさしい

☆ つねのり ☆

性格 楽しむために生きていて、明るい太陽みたいな子。先のことはあまり考えていないけどね。 *愛されタイプ*

恋愛 あまり目立たない子をけっこう気にしてるよ。

将来 ホテルや旅館で人をもてなす仕事が◎。

友情 話をよく聞いてあげられると好かれるよ。

喜ぶこと いきなり告白よりだんだん近づく方がいいよ。

性格はどっち？ 元気 ———★——— やさしい

☆ つねひこ ☆

性格 人を気にせず、自分のペースで進んでいくよ。時間はかかるけど、なんでもできる。 *愛されタイプ*

恋愛 女の子のやさしさとあたたかさを求めてるよ。

将来 ステキな家をプロデュース！建築士がグッド。

友情 年下の子からも人気のあるやさしいお兄さん。

喜ぶこと 電話をつかって、二人の仲を深めてみて。

性格はどっち？ 元気 ————★—— やさしい

☆ つねひさ ☆

性格 慣れないことにとても慎重。普段もすごくにぎやかにはしゃぐことはあまりしないかな。 *負けず嫌いタイプ*

恋愛 好きをどう伝えたらいいか迷ってるかも。

将来 悪いことを許さない！正義の警察官。

友情 友だちは多くはなくても、すごい親友ができる。

喜ぶこと どんな話も笑顔でよく聞いてあげると◎。

性格はどっち？ 元気 —★——————— やさしい

HAPPYジンクス ウサギの尻尾のグッズを身に着けていると、幸運を呼ぶ。

☆ つねまさ ☆

性格 今までこうだった、という経験を大事に、慎重に行動するタイプ。家族を大事にしてる。 **負けず嫌いタイプ**

恋愛 好きな人には甘えちゃうタイプかも！？

将来 うらない師やカウンセラーで心にうったえて。

友情 友だちを絶対裏切らないと信じられているよ。

喜ぶこと とにかく明るく無邪気にたくさん話しかけて！

性格はどっち？ 元気 ─┼─┼─┼─★─ やさしい

☆ つねみち ☆

性格 将来自分はエラくなる！と確信していて、自分に自信がある。パワーのある人だね。 **愛されタイプ**

恋愛 「好き！」な態度をストレートに出すタイプ。

将来 資格をとって専門的な仕事につくといいよ。

友情 ケンカを上手にさけて、楽しく遊べるね。

喜ぶこと 本や文房具など物の貸し借りの時を狙って！

性格はどっち？ 元気 ─┼─★─┼─┼─ やさしい

☆ つねゆき ☆

性格 興味のあることにはだれにも負けない粘り強さを発揮！きらいなことはさっぱりだけどね。 **負けず嫌いタイプ**

恋愛 ひとめぼれなんて絶対ない！恋に慎重派。

将来 テレビに出てあなたの良さをぜんめんに出して◎。

友情 思いやりのあるやさしい子って思われてるよ。

喜ぶこと 悩みやグチを聞いてあげるとポイントアップ。

性格はどっち？ 元気 ─┼─┼─┼─★─ やさしい

☆ つばさ ☆

性格 シーンとしてしまうのがつらくって、ちょっと無理して盛り上げ役をやったりする。 **気さくタイプ**

恋愛 恋のライバルが多そう。がんばって！

将来 本の編集者になってステキな本をつくるよ。

友情 ひとりでいるのがニガテ。いつもだれかといっしょ。

喜ぶこと かわいい服を着ると彼の目にとまるよ。

性格はどっち？ 元気 ─┼─┼─★─┼─ やさしい

☆ つよし ☆

性格 あまり今どきっぽくなく、ちょっと素朴な性格。そこがまたおもしろくっていいところ。 **負けず嫌いタイプ**

恋愛 告白のときはわかりやすい言葉で伝えてね。

将来 公務員になって地域の人から信頼されるよ。

友情 ちがうクラスや学年にも知り合いが多い。

喜ぶこと 彼の家族をほめると機嫌よくなるよ。

性格はどっち？ 元気 ─┼─┼─┼─★─ やさしい

☆ てつ ☆

性格 いろんなことを思いつくアイディアマン。人からの指示より、自分の気持ちで動きたい。 **負けず嫌いタイプ**

恋愛 軽い恋はしない。いつでも本気の真剣モード。

将来 税理士や会計士などきっちりしたお金の仕事。

友情 すごいケンカの後に真の友情に出会えるかも。

喜ぶこと 丁寧な言葉づかいをするとよい印象に。

性格はどっち？ 元気 ─┼─┼─┼─★─ やさしい

あごにできたニキビはだれかに思われている、鼻の上は両思い。

☆ てつあき ☆

性格　いつでも感謝の気持ちを忘れない、心あたたかなやさしい子。将来は大物になりそう。　*負けず嫌いタイプ*

恋愛　ひとつの恋が長く初恋の人と結婚するかも！？
将来　みんなのために世界を良くする政治家向き。
友情　頼れるリーダーだってしたわれてるよ。
喜ぶこと　かわいい話し方で彼の気をひいてみて！

性格はどっち？　元気 ——★—— やさしい

☆ てつお ☆

性格　いろんなことに興味があって、そのことにまわりを巻きこんで楽しむ。活発で明るい性格。　*気さくタイプ*

恋愛　楽しそうにしているキミはいつもモテモテ。
将来　趣味が発展して仕事になるよ。気持ちが大事！
友情　自分とはちがう性格の子と仲良くなるよ。
喜ぶこと　内緒の話を彼だけにするときょりが近づくよ。

性格はどっち？　元気 —————★ やさしい

☆ てつし ☆

性格　人の知らないところで努力してもなかなかうまくいかないことも。でも続けることが大事！　*負けず嫌いタイプ*

恋愛　告白できず意外とグズグズしちゃうかも。
将来　ドラマに出るような人情ある刑事がお似合い。
友情　だれとでも仲よくできる親しみやすい人。
喜ぶこと　話すとき、目を見てうなずくのがポイント。

性格はどっち？　元気 —★——— やさしい

☆ てつじ ☆

性格　あいさつや感謝を忘れない礼儀正しい子。きちんとしたところがいい個性になってるよ。　*負けず嫌いタイプ*

恋愛　もっと強引なくらいのアタック。
将来　人のいいところを写せるカメラマンが似合う！
友情　がんばるあなたのことをみんな尊敬してるよ。
喜ぶこと　いつも明るく楽しそうにしてるのが一番！

性格はどっち？　元気 ——★— やさしい

☆ てつと ☆

性格　ハヤリのものに敏感で、おしゃれ。大人ウケがよく、しっかり者って思われてるよ。　*気さくタイプ*

恋愛　好みのタイプがなくって、いろんな人が好き。
将来　クルマに関係する仕事で実力を発揮しそう。
友情　友だちの表情から、気持ちに気づいてあげてね。
喜ぶこと　バレンタインを狙って！プレゼント作戦が◎。

性格はどっち？　元気 ————★ やさしい

☆ てっぺい ☆

性格　だれに対しても同じように話すことができる気持ちのいい子。人に甘えるのはニガテかな。　*負けず嫌いタイプ*

恋愛　「オレについてこい！」って言いたいタイプ。
将来　パソコンを使っていろいろ調べる仕事が◎。
友情　秘密を守れる信用できる子と思われてるよ。
喜ぶこと　ただのアピールはダメ。直接好きを伝えて。

性格はどっち？　元気 ★———— やさしい

HAPPYジンクス　抜けたまつげを握りこぶしの上にのせて願いごとを唱えるとかなう。

☆ てつや ☆

性格　もしもの時に備えて、準備はいつも完璧。けっこう心配性で、ちょっとソワソワする時も。（負けず嫌いタイプ）

恋愛　友だちと同じ人を好きになると遠慮しそう。

将来　地域のためにがんばる公務員がいいよ。

友情　みんなから尊敬される学級委員タイプ。

喜ぶこと　家族をほめるといい子だなって思われるよ。

性格はどっち？　元気―――★―やさしい

☆ てつろう ☆

性格　負けずぎらいながんばり屋。運動会では熱すぎるくらいがんばって、みんなを引っ張るよ。（負けず嫌いタイプ）

恋愛　ドキドキする子より落ち着く子が好み。

将来　会社をつくって社長になるのが一番合う！

友情　人の意見もちゃんと聞くと信頼されるよ。

喜ぶこと　落ちこんでるときにはげましてあげよう。

性格はどっち？　元気――★――やさしい

☆ てるあき ☆

性格　うっかりな忘れ物とか多いけど、笑って許されてしまうラッキーな愛されキャラ。（負けず嫌いタイプ）

恋愛　自分だけにやさしくしてくれる人が好き。

将来　どんなことでも挑戦し続ければ成功するよ。

友情　いいと思うことを話すと友情が深まるよ。

喜ぶこと　自然と隣に座ったり話したりが一番いいカンジ。

性格はどっち？　元気―★―――やさしい

☆ てるお ☆

性格　人がどう思っているかをすごく考え、悲しんだり苦しんでいる人を見逃せない。（気さくタイプ）

恋愛　好きな子を目で追うからみんなにバレバレ。

将来　ゲームを作るなど、コンピュータ関係が◎。

友情　優等生の子といっしょにいるといいカンジ。

喜ぶこと　触れ合うほどの近さはダメ。距離感が大事。

性格はどっち？　元気――★――やさしい

☆ てるき ☆

性格　すごく目立つわけではないけど、ジワジワと実力を発揮し、将来は立派な人物になるよ。（負けず嫌いタイプ）

恋愛　自分とは全然ちがうタイプの人にひかれそう。

将来　結婚式などははなやかな職場がぴったりだよ。

友情　友だちの好きぎらいを言わないから好かれてるよ。

喜ぶこと　人前で好きのアピールはダメ。こっそりと。

性格はどっち？　元気―★―――やさしい

☆ てるひこ ☆

性格　しぐさがかわいい愛されキャラで、困っているとすぐだれか助けてくれる得なタイプ。（愛されタイプ）

恋愛　やさしい言葉ですぐキュンとしちゃうよ。

将来　ツアーコンダクターになってステキな旅を！

友情　やさしい雰囲気で、男女ともに友だちたくさん！

喜ぶこと　かっこいい！って言ってあげると喜ぶよ。

性格はどっち？　元気―――★―やさしい

HAPPYジンクス　ノートに孔雀の羽をはさんでおくと願いがかなうよ。

☆ てるまさ ☆

性格　自分の意見はあるけど、人にそれをおしつけない。おおらかでちょっとクールな印象かも。

　　　　　　　　　　　　　　　　負けず嫌いタイプ

恋愛　片思いを何年もひっそり続ける一途な恋。

将来　日本の伝統芸能の先生が合ってるよ。

友情　聞くのが上手だと、友だち関係うまくいくよ。

喜ぶこと　彼ががんばってることにはいっしょに熱くなろう！

性格はどっち？　元気　———★———　やさしい

☆ てるみつ ☆

性格　ちょっとやり過ぎじゃないの？って思う程がんばっちゃうね。たまにはゆっくり休んでね。

　　　　　　　　　　　　　　　　負けず嫌いタイプ

恋愛　本当の恋に出会うまでには時間がかかるかも。

将来　テレビ番組のプロデューサーになって活躍！

友情　親友は少ないけど家族レベルで濃いつきあい。

喜ぶこと　「かっこいい！」が一番喜ぶほめ言葉だよ。

性格はどっち？　元気　———★———　やさしい

☆ てるや ☆

性格　人の話をよく聞いてあげられちゃうやさしさがあるね。敵がいないから毎日おだやかだね。

　　　　　　　　　　　　　　　　負けず嫌いタイプ

恋愛　友だちにも好きな人のことは絶対言わないしょ！

将来　カウンセラーになり悩める人を救ってあげて。

友情　一生仲良くできる友だちに出会えるよ。

喜ぶこと　でしゃばり過ぎに注意！おしとやかも大事。

性格はどっち？　元気　———★———　やさしい

☆ てるゆき ☆

性格　まじめなんだけど、ちょっと不器用で、だからこそがんばりがよく伝わってステキだよ。

　　　　　　　　　　　　　　　　負けず嫌いタイプ

恋愛　オタクっぽい人を好きになるかも！？

将来　地域に根差した政治家になり信頼されそう。

友情　とてもつきあいやすい子って思われてるよ。

喜ぶこと　趣味の話で楽しく盛り上がれるとグッド。

性格はどっち？　元気　———————★　やさしい

☆ てるよし ☆

性格　清く正しい優等生タイプ。面倒なことは上手に避けられる器用なところもあるよ。

　　　　　　　　　　　　　　　　愛されタイプ

恋愛　恥ずかしくって自分から告白なんて絶対無理！

将来　人の命に係わるお医者さんがおすすめ。

友情　服のセンスをみんないいね！と思ってる。

喜ぶこと　すごい！さすが！とほめてあげると喜ぶよ。

性格はどっち？　元気　———★———　やさしい

☆ てんしょう ☆

性格　なんとなくで事態を理解できちゃう、直感タイプ。コンピュータの操作が得意だよ。

　　　　　　　　　　　　　　　　気さくタイプ

恋愛　好かれるより好きな子を追い続けたいタイプ。

将来　人に「なるほど」と言わせるコラムニスト。

友情　自分の味方になってくれる子と仲良くする。

喜ぶこと　会話は聞き役になって。大きくうなずくと◎。

性格はどっち？　元気　———★———　やさしい

HAPPYジンクス　トンビやタカが頭の上を飛んでいくと、成績がぐ〜んとアップ！

☆ てんせい ☆

性格 一度こうと決めたらめったに変えないガンコ者。でもその分みんなからの信頼も厚いよ。

負けず嫌いタイプ

恋愛 好きな子のためならなんでもしてあげちゃう！

将来 海外の大きな会社でバリバリ働けるよ。

友情 ひとりで悩まず、時には友だちに相談してみな。

喜ぶこと 軽くデートにさそうとあっさりOKしそうだよ。

性格はどっち？ 元気 ——★—————— やさしい

☆ とうが ☆

性格 おもしろいことを言ってみんなを笑わせてる。でも機嫌そこねて、よくふてくされている。

愛されタイプ

恋愛 かわいいよりきれいな子がタイプかも。

将来 地域の人に信頼されるバスの運転手が◎。

友情 いつもみんなの話題の中心。注目の的！

喜ぶこと 仲良くなるにはたくさん話して近づいて！

性格はどっち？ 元気 —————★—— やさしい

☆ とうご ☆

性格 目標を決めると、それに向かって一生けんめいがんばるよ。そんなキミをみんな尊敬してる。

負けず嫌いタイプ

恋愛 失恋すると悲しみをかなり引きずるよ。

将来 外交官になって国同士の仲をとりもって！

友情 人見知りしないからだれとでも気軽に話せるよ。

喜ぶこと 告白はみんなにバレないようこっそりが◎。

性格はどっち？ 元気 ————★——— やさしい

☆ とうま ☆

性格 すごく純粋で、人を思いやることができる人。少しずつがんばれるコツコツタイプ。

愛されタイプ

恋愛 普通の子じゃ物足りない！刺激を求めてる。

将来 みんながおどろく建物をつくる建築デザイナー。

友情 話しかけやすい雰囲気だから友だちは増える。

喜ぶこと グイグイこられるのはニガテ。自然体で接近！

性格はどっち？ 元気 ——————★— やさしい

☆ とうや ☆

性格 あんまり考えないで行動しちゃうね。こうと決めたら思い切りよくチャレンジして大成功！

愛されタイプ

恋愛 好きな人のことは友だちにさえ言えない！

将来 人をきれいにする美容師がぴったりだよ。

友情 友だちの冗談を本気にして笑われちゃうかも。

喜ぶこと 弱ったところを見せると守ってもらえるよ。

性格はどっち？ 元気 ——————★— やさしい

☆ とおる ☆

性格 これまでの発想にとらわれず、自分のいいと思うことをやれる。やり手で目立ってる！

負けず嫌いタイプ

恋愛 好きな気持ちが声や態度に出ちゃう素直な人。

将来 歌手や演奏家など音楽関係で成功。

友情 友だちは多くないけど、すごく深くつきあうよ。

喜ぶこと アイコンタクトが大事！目が合ったら笑顔を。

性格はどっち？ 元気 ——————★— やさしい

HAPPYジンクス ウエディングケーキのビーンズが当たった人は幸せに。

☆ ときお ☆

性格 みんなを上手にまとめて、大きなことを成功させるよ。がんばり屋で、おちゃめな部分も。 *愛されタイプ*

恋愛 クラスのアイドルのような子を好きになるよ。

将来 動物園の飼育員とか動物の仕事がおすすめ。

友情 人をおどろかせて楽しんでるところがある。

喜ぶこと 二人っきりより、グループで遊ぶと◎。

性格はどっち? 元気 ──★── やさしい

☆ ときなり ☆

性格 いつも前向きでたくましい！大胆な行動にまわりはハラハラ。 *愛されタイプ*

恋愛 友だちからだんだんと恋に発展するタイプ。

将来 家族でお店をやったりするのがピッタリ！

友情 困った人を助けてあげて。感謝されるよ。

喜ぶこと 運動が得意な子が好きだから体育で目立って！

性格はどっち? 元気 ──★── やさしい

☆ ときふみ ☆

性格 見ててほほえましいあわてんぼう。年上の人に好かれて守ってもらえちゃうキャラだよ。 *負けず嫌いタイプ*

恋愛 守ってあげたい気持ちから恋がめばえるかも。

将来 かわいいキャラがアイドルで大ウケするかも。

友情 友だちとほめあうとキズナが強まるよ。

喜ぶこと 甘えん坊な女の子にキュンキュンくるみたい！

性格はどっち? 元気 ★── やさしい

☆ ときまさ ☆

性格 目立たないけれど、とても努力家。そんなあなたを見ている人がちゃんといるよ。 *負けず嫌いタイプ*

恋愛 やさしいあなたは年下からもモテそうよ。

将来 歌舞伎や能など、ちょっと古風な場面で活躍。

友情 気軽に話しかけやすい人って思われてるよ。

喜ぶこと ライバルが多いかも!?女子から告白も◎。

性格はどっち? 元気 ──★── やさしい

☆ としあき ☆

性格 細かいことを気にして、ふでばこのエンピツの長さもバランス考えて使っているかも。 *愛されタイプ*

恋愛 失恋してもどんどん次の相手が現れるよ。

将来 バスや電車、乗り物に関係する仕事がいいよ。

友情 なぜかみんなが気になっちゃう注目の人。

喜ぶこと 顔と顔が近くにあるとドキドキして効果的！

性格はどっち? 元気 ──★── やさしい

☆ としお ☆

性格 目立ちたがりで、最近覚えた新しいことをどんどん披露してくれるにぎやかな人だね。 *愛されタイプ*

恋愛 言葉で好きを言わないと満足しないタイプ。

将来 お店の販売員になるとすごくうまくいきそう。

友情 話をよく聞いてくれる子と仲良くなる。

喜ぶこと 彼の好きな髪型にしてみて。喜ぶよ！

性格はどっち? 元気 ──★── やさしい

HAPPYジンクス 片思いのカレの席に1日1回すわれたら思いがかなうかも。

☆ としかず ☆

性格 みんなの前で自分の意見をはっきり言うリーダータイプ。年下に頼られるアニキ的な存在。

〈負けず嫌いタイプ〉

恋愛 しっかり者でだれからも好かれているよ。

将来 心理カウンセラーでみんなを支えてあげて。

友情 表裏がないからみんなから頼りにされるよ。

喜ぶこと 笑顔で話しかけると好意をもってくれるよ。

性格はどっち？　元気 ——————★ やさしい

☆ としき ☆

性格 ほんわかとした雰囲気でいやし系の彼。話しかけやすくて、いつも友だちに囲まれている。

〈愛されタイプ〉

恋愛 やさしくされるとすぐ好きになってしまうかな。

将来 人とふれあえる旅行などのガイドをしてる。

友情 警戒心がないからすぐ打ち解けあえるよ。

喜ぶこと あだ名で呼んだりして仲良くなるといいよ。

性格はどっち？　元気 ————★—— やさしい

☆ としたか ☆

性格 まじめで努力家の彼。友だち思いで、約束したことはしっかり守ってくれるやさしい人。

〈負けず嫌いタイプ〉

恋愛 わりと個性的な子がタイプだったりするよ。

将来 興味のあることにチャレンジして成功するよ。

友情 友情を深めるにはいいところをほめてあげて！

喜ぶこと 悩みごとやグチを聞いてあげるといいかも。

性格はどっち？　元気 —★—— やさしい

☆ としなり ☆

性格 太陽のように明るくて笑顔がとても印象的。心のやさしい人であったかい気持ちになるよ。

〈愛されタイプ〉

恋愛 好きになるとその子しか見えなくなるかも。

将来 ホテルマンや飲食店などもてなす仕事が◎。

友情 ケンカがきらいでおだやかに過ごしたいと思ってる。

喜ぶこと 友だちとして仲良くなってから告白すると◎。

性格はどっち？　元気 —★—— やさしい

☆ としのぶ ☆

性格 好ききらいがはっきりしているよ。親友のためならどんなことでも協力してつくすタイプ。

〈気さくタイプ〉

恋愛 素直で正直なキミをみんなが放っておかない。

将来 歌手か演奏者になっているかもしれない。

友情 自分とはまったく正反対の友だちができそう。

喜ぶこと 彼の前では聞き役になってあげると◎。

性格はどっち？　元気 ———★ やさしい

☆ としのり ☆

性格 とっても明るくて、チャレンジ精神旺盛なタイプ。でも、あきっぽいところもあるかな。

〈気さくタイプ〉

恋愛 ひとめぼれされやすい性格だから気をつけてね。

将来 小学校の先生など人に教える立場になるよ。

友情 落ちこんでいる子を見るとほっとけない。

喜ぶこと テレビ番組などの話でいっしょに盛り上がると◎。

性格はどっち？　元気 ——★— やさしい

HAPPYジンクス 観覧車の一番高い所でキスをすると永遠に結ばれる。

☆ としはる ☆

性格：努力家で、アイデアマン。友だちをおどろかせるのが好きだよ。指図されるのはニガテかも。 （負けず嫌いタイプ）

- **恋愛**：好きになると真面目につきあってくれるよ。
- **将来**：マスコミ関係で力を発揮することができるよ。
- **友情**：本気でケンカしてさらに友情が深まりそう。
- **喜ぶこと**：目が合ったらニコッと笑いかけると◎。

性格はどっち？ 元気 ——★—— やさしい

☆ としひこ ☆

性格：頭の回転がとっても速くて、がんばり屋さんなタイプ。得意な教科は理科や算数だよ。 （気さくタイプ）

- **恋愛**：仲良くなると相手をふりまわしてしまうかも。
- **将来**：シェフやパティシエになってお店を出すよ。
- **友情**：自分の本心をさらけだせる友だちを選ぶかな。
- **喜ぶこと**：さみしかったり悩みごとがあれば相談してみて！

性格はどっち？ 元気 —★—— やさしい

☆ としひで ☆

性格：何をするにも一生けんめいがんばっている男の子。そして、友だちと競い合うのが大好きだよ！ （負けず嫌いタイプ）

- **恋愛**：本気で好きな子にはとても大切にあつかうよ。
- **将来**：警察官やIT関係。マイペースにがんばるよ。
- **友情**：秘密主義をやめて友だちをもっと信用しよう。
- **喜ぶこと**：やさしく接しているとあなたにときめくかも。

性格はどっち？ 元気 ★——— やさしい

☆ としひろ ☆

性格：プライドが高くて自己中心的。でも、リーダー的存在でみんなをひっぱっていく人だよ。 （気さくタイプ）

- **恋愛**：恋に発展するまでには時間がかかりそうかな。
- **将来**：先生やトレーナー。教える立場になると◎。
- **友情**：率先してみんなをひっぱっていってくれるよ。
- **喜ぶこと**：断られるのがきらいだからアタックしてみて！

性格はどっち？ 元気 —★—— やさしい

☆ としまさ ☆

性格：人づきあいがうまく色んなタイプと仲良くできるよ。約束は必ず守るまじめな面も。 （負けず嫌いタイプ）

- **恋愛**：ずっと片思いをしている子がいるかもね。
- **将来**：カメラマンとしていいところを引き出せるよ。
- **友情**：親友を大切にして一生つきあっていくタイプ。
- **喜ぶこと**：彼の話を真剣に聞いてうなずいてあげて。

性格はどっち？ 元気 ——★—— やさしい

☆ としみち ☆

性格：明るくていつもテンションが高かったりする。その反面、さみしがり屋なところがあるよ。 （気さくタイプ）

- **恋愛**：本当に好きな人に誤解されやすいタイプ。
- **将来**：保育士や幼稚園の先生として人気あるかも。
- **友情**：みんなの仲を取り持つのが得意だったりする。
- **喜ぶこと**：いつもやさしく気づかってあげるといいよ。

性格はどっち？ 元気 —★——— やさしい

HAPPYジンクス：彼氏の部屋をきれいに掃除しすぎると別れるんだって。

☆ としみつ ☆

性格 粘り強くがんばる男の子。頭の回転が速く行動力バツグン！将来はビッグになるかも。

負けず嫌いタイプ

恋愛 突っ走りやすいから友だちの意見も聞こう！

将来 警察官やそのトップとしてがんばっているかも。

友情 うそつかないからみんなも信用しているよ。

喜ぶこと 「やさしいね」と言ってあげると喜ぶよ。

性格はどっち？ 元気 ★ やさしい

☆ としや ☆

性格 がんこ者で、自分の考えをはっきり言うタイプ。みんなのリーダー的存在でもあるよ。

負けず嫌いタイプ

恋愛 あなたよりも友だちを優先するタイプかな。

将来 書道や柔道などの習いごとの講師をしているよ。

友情 一生けんめいな彼をみんなが応援してくれるよ。

喜ぶこと 彼の大切な親や兄弟をほめてあげてね。

性格はどっち？ 元気 ★ やさしい

☆ としゆき ☆

性格 何でも自分で考え決めてしまうがんこ者。でも、ねばり強くてとってもがんばり屋さん。

負けず嫌いタイプ

恋愛 自分とはちがうタイプの子を好きになるかも。

将来 将来のためにもいろんなことにチャレンジして！

友情 友だちのいいところを探してほめてあげると◎。

喜ぶこと 何か悩んでいるようなら話を聞いてあげて。

性格はどっち？ 元気 ★ やさしい

☆ としろう ☆

性格 好奇心のかたまりのような子だね。活発でみんなをアッと驚かすことが大好きだよ。

気さくタイプ

恋愛 モテモテの彼。でも、がんばってアタック！

将来 ゲーム制作やシステムエンジニアとして活躍。

友情 自分の味方になると大切にしてくれるよ。

喜ぶこと 目を見て話をすれば好感をもってくれるよ。

性格はどっち？ 元気 ★ やさしい

☆ ともあき ☆

性格 ニコニコ笑顔でおっとりしたいやし系だよ。みんなが自然とまわりに集まってくるね。

愛されタイプ

恋愛 やさしい子がタイプ。親切にしてあげると◎。

将来 旅行者の手だすけをするガイドになってるかも。

友情 警戒心がまったくないので話しやすいよ。

喜ぶこと 冗談を言いあったりしてきょりを縮めてみて！

性格はどっち？ 元気 ★ やさしい

☆ ともかず ☆

性格 忍耐強くてかげで努力をしているよ。いつかは大きな成果を上げているかもしれないよ。

負けず嫌いタイプ

恋愛 しっかりしているようで甘えん坊さんだよ。

将来 カメラマンとして成功か、カウンセラーかも。

友情 決して友だちを裏切らないと信頼されてる。

喜ぶこと 無邪気に人なつっこく話しかけるといいよ。

性格はどっち？ 元気 ★ やさしい

HAPPYジンクス 携帯やアクセサリーをピンクにすると恋愛運が上がるよ。

☆ ともき ☆

性格 友だち思いでやさしいね。自分の気持ちを表に出すのがちょっぴりニガテなあまえん坊！ 〈愛されタイプ〉

恋愛 少しでもやさしくされると好きになるタイプ。

将来 旅行者に人気のあるツアーコンダクター。

友情 気軽に話しかけやすくてフレンドリーだよ。

喜ぶこと 冗談を言ってからかってきょりを縮めて◎。

性格はどっち？ 元気 ――★―― やさしい

☆ ともたか ☆

性格 絵や歌が大好きでとっても上手！いつも相手の気持ちを考えて行動できちゃうね。 〈気さくタイプ〉

恋愛 ちょっとした気配りで急接近できるかも。

将来 デザイナーや服飾関係のお仕事が向いてるよ。

友情 ライバルがいつのまにか友だちになってるかも。

喜ぶこと 彼の前で他の男の子にやさしくするのはダメ！

性格はどっち？ 元気 ―――★― やさしい

☆ ともなり ☆

性格 明るくて、にぎやかなことが大好き！いつもたくさんの友だちとワイワイ遊んでいるよ。 〈愛されタイプ〉

恋愛 勉強をがんばっている子がタイプみたい。

将来 人をもてなすのが好き。ホテルで働くよ。

友情 友だちとけんかになるのをきらうタイプだよ。

喜ぶこと ゆっくり時間をかけて仲良くなっていくよ。

性格はどっち？ 元気 ―★――― やさしい

☆ とものり ☆

性格 自信家で負けずぎらいなところがあるよ。本心をさらけ出すのがちょっとだけニガテかな。 〈負けず嫌いタイプ〉

恋愛 好きになると自分から告白するタイプだよ。

将来 将来はテレビやラジオで活躍しているよ。

友情 本気でケンカをしてもすぐに仲良くなれるよ。

喜ぶこと 「イケメン芸能人に似てる」と言うと喜ぶよ。

性格はどっち？ 元気 ――★―― やさしい

☆ ともはる ☆

性格 いろいろ教えられるのがきらい。でも、いろんなアイデアを出してくれるよ。 〈負けず嫌いタイプ〉

恋愛 真剣につきあいたいから軽いノリの子はニガテ。

将来 テレビなどのプロデューサーとして活躍する。

友情 好奇心旺盛で物知りな子と友だちになると◎。

喜ぶこと 彼に視線を送ってみて！目があえば◎。

性格はどっち？ 元気 ―★――― やさしい

☆ ともひこ ☆

性格 何でも自分で決めてしまうがんこ者。でも、その道のプロとして活躍することができるよ。 〈負けず嫌いタイプ〉

恋愛 相手が自分だけにやさしくしてくれると◎。

将来 芸能人やプランナーなどプロの道を進むよ。

友情 しっかり者でまわりから頼りにされている。

喜ぶこと さりげなく近寄ってやさしく話しかけると◎。

性格はどっち？ 元気 ―――★― やさしい

HAPPYジンクス 四つ葉のクローバーを見つけると幸せになれるよ。

381

☆ ともひさ ☆

性格 好きな人の前ではとても素直になるタイプ。でも、ニガテな人だと口数が減ってしまう。 愛されタイプ

恋愛 育ちのよいお嬢様タイプの子が好みみたい。

将来 絵本作家やイラストレーターになってるかも。

友情 たのまれると断れないからみんなが甘えてくる。

喜ぶこと 女の子らしくおしとやかにふるまうと◎。

性格はどっち？ 元気 ──★── やさしい

☆ ともひで ☆

性格 とても負けずぎらい、目指すのは一番！ライバルがいるとますます張り切っちゃう。 負けず嫌いタイプ

恋愛 本気で好きになるとずっと大切にしてくれる。

将来 ネットで起業して売り上げを伸ばしていくよ。

友情 悩みをうち明ければ親身になってくれるよ。

喜ぶこと 言葉づかいに気をつけて！からかうのもダメ。

性格はどっち？ 元気 ──★── やさしい

☆ ともひろ ☆

性格 さわやかで明るいクラスの人気者だよ。誰にでもやさしいからみんなのあこがれの的！？ 負けず嫌いタイプ

恋愛 好きな子の前では思わず素直になってるよ。

将来 音楽関係やマスコミなどで活躍できそう！

友情 物知りな子と友だちになると刺激になるよ。

喜ぶこと さりげなく好きと伝えて。気になる存在に！

性格はどっち？ 元気 ─★──── やさしい

☆ ともまさ ☆

性格 友だち思いで、相手の立場になって行動ができる人。でも、つかみどころがない人でもある。 気さくタイプ

恋愛 みんながあこがれてる子を好きになるよ。

将来 雑誌や本の編集者としてバリバリ働くよ。

友情 盛り上げ上手で、ムードメーカー的存在。

喜ぶこと 趣味など同じ話題を見つけて盛り上がると◎。

性格はどっち？ 元気 ───★─ やさしい

☆ ともみち ☆

性格 さみしがり屋でわがままなところがあるよ。でも、一人になりたい時もあるみたいだね。 気さくタイプ

恋愛 いろんな子から好かれてしまうタイプだよ。

将来 同じ仲間が集まる整備士などでがんばってる。

友情 友だちを増やすのが得意。すぐ仲良くなるよ。

喜ぶこと 彼に勉強を教えてもらうと急接近できる！

性格はどっち？ 元気 ─★──── やさしい

☆ ともや ☆

性格 その場の雰囲気に合わせられる人だよ。みんなにいろんな面を見せて楽しませてくれるよ。 気さくタイプ

恋愛 同じ趣味同士とおつきあいに発展するよ。

将来 人を助けるカウンセラーのような仕事をする。

友情 さみしがり屋でいつもだれかといないと不安。

喜ぶこと みんなとはちがうあだ名で彼を呼んでみる。

性格はどっち？ 元気 ───★─ やさしい

382　HAPPYジンクス　小石にスマイルを描き彼の家の方角に投げるとかんたんに仲直り！

な行の男の子

前向きタイプ

かわいらしくて、明るくてにぎやかだね。やさしい性格で、正直者でうそがつけないよ。くよくよしないで考えこまない前向きな子。

ユーモアタイプ

ユーモアたっぷりであいきょうのあるいたずらっ子。そのわりにしっかりしていてまっすぐ芯のある人。友だちから頼りにされる。

とことんタイプ

気になることが多くて、わくわくすることも大好き。ひとつのことに熱中してのめりこむけど、興味のないことには見向きもしないよ。

心理テスト Q　あなたの前に白と黒のウサギがいます。それぞれ何羽いるでしょう？

☆ なお ☆

性格 ニガテなことでも最後までがんばり続けるがんばりやさん。将来は一流になりそうな予感。

ユーモアタイプ

恋愛 何事にも夢中でがんばる人が大好き。

将来 人の上に立つ社長タイプだよ。

友情 ケンカしたら意地を張らずに仲直りしよう。

喜ぶこと 彼の得意分野をほめてあげると喜ぶよ。

性格はどっち? 元気 ――――★― やさしい

☆ なおあき ☆

性格 ちょっとそそっかしい、あわてんぼうさん。先生や年上の人にかわいがられてトクするよ。

ユーモアタイプ

恋愛 ちょっと心配性なので、落ちついた人が好み。

将来 チャレンジ精神でどんな職業もうまくいくよ。

友情 だれにでも好かれる得な性格。仲間のまとめ役。

喜ぶこと 彼の悩みやグチを聞いてあげると喜ぶよ。

性格はどっち? 元気 ―★――――― やさしい

☆ なおかず ☆

性格 あらそいごとがきらいな平和主義者。友だちに助けられて物事がうまくいくことが多いよ。

前向きタイプ

恋愛 面食いかも。とにかくかわいい子が好きだよ。

将来 看護師や医師など人のためにつくす仕事向き。

友情 断れない性格なので、みんなが甘えてくるよ。

喜ぶこと 「すごいね！」「さすが！」とストレートにほめて◎。

性格はどっち? 元気 ――――★― やさしい

☆ なおき ☆

性格 意志が強く、しっかりしているね。好きなことに夢中になると止まらないよ。

ユーモアタイプ

恋愛 相手をよく知ってからおつきあいする慎重派。

将来 政治家、官僚や外交官などを目指してみよう。

友情 だれからも好かれて頼られるリーダー的存在。

喜ぶこと てれ屋なので、こっそり好きと伝えてみよう。

性格はどっち? 元気 ―★――――― やさしい

☆ なおすみ ☆

性格 人を見て態度を変えないまっすぐなところがいいね。みんなに信用されているよ。

ユーモアタイプ

恋愛 相談にのってもらううちに好きになるかも。

将来 芸能人やお笑い芸人、アイドルも夢じゃない。

友情 オープンな雰囲気がミリョク。人見知りしないよ。

喜ぶこと ハマっている趣味を彼に話して盛り上がろう。

性格はどっち? 元気 ――――★― やさしい

☆ なおた ☆

性格 理想に近づけるようコツコツ努力してるね。本当はまわりの友だちから尊敬されてるよ。

ユーモアタイプ

恋愛 相手からそくばくされていないと不安になるよ。

将来 税理士、会計士など、お金に関係する仕事が◎。

友情 悩みをうち明けられる友だちが必要なタイプ。

喜ぶこと 「やさしいね」「ありがとう」などほめ言葉が大事。

性格はどっち? 元気 ――――★― やさしい

白の数はあなたのことが好きな人、黒の数はあなたが好きな人の数。

☆ なおたか ☆

性格 自然に目立ってしまう存在感がある人。いつの間にかグループの中心にいるタイプだよ。 （ユーモアタイプ）

恋愛 オタク系に興味あり。共通の趣味を持とう。

将来 芸能人やアイドルになるかもしれないよ。

友情 人見知りしないフレンドリーさがミリョクだよ。

喜ぶこと 甘えん坊に弱いよ。かわいらしく話しかけて。

性格はどっち？ 元気 ├─┼─┼─★─┤ やさしい

☆ なおと ☆

性格 人前ではハイテンションで元気で強そうに見えるけど、実は繊細でさみしがりなところあり。 （とことんタイプ）

恋愛 趣味がいっしょの人とつきあう可能性大。

将来 クルマ関連、整備士、エンジニアが向いているよ。

友情 仲間やグループを仕切るリーダー的存在だよ。

喜ぶこと プライドが高いので、あなたから告白して◎。

性格はどっち？ 元気 ├─┼─★─┼─┤ やさしい

☆ なおのり ☆

性格 パワフルで行動が大胆。自信満々で細かいことは気にしない、男らしいタイプ。 （前向きタイプ）

恋愛 常に自分の聞き役になってくれる人が好き。

将来 声、しゃべりを生かす仕事がおすすめだよ。

友情 趣味などなんでもいっしょにやりたいタイプ。

喜ぶこと 友だちから時間をかけて徐々に仲良くなろう。

性格はどっち？ 元気 ├─┼─★─┼─┤ やさしい

☆ なおはる ☆

性格 あっけらかんとしていて、人気者。大きな夢があって、将来は大物になれると思っているよ。 （前向きタイプ）

恋愛 好きになったら、ストレートに表現するよ。

将来 人をもてなす仕事や飲食店がピッタリだよ。

友情 友だちの意見を聞くので、信頼されるしっかり者。

喜ぶこと おしとやかと元気のギャップを見せると◎。

性格はどっち？ 元気 ├─┼─┼─★─┤ やさしい

☆ なおひこ ☆

性格 いつもニコニコ、話しやすくて人気！おおらかで一緒にいるだけでまわりをホッとさせるよ。 （前向きタイプ）

恋愛 相手を喜ばせるのが好きで、大事にしてくれるよ。

将来 人と競わずにマイペースに働ける職業が◎。

友情 決断力があり、頼りになるリーダータイプ。

喜ぶこと ニックネームで呼びあうと効果的だよ。

性格はどっち？ 元気 ├─┼─★─┼─┤ やさしい

☆ なおひさ ☆

性格 まじめで礼儀正しく、約束を守るよ。はやりのものよりも昔からのものが好きだよ。 （ユーモアタイプ）

恋愛 しっかり者だけど、恋人の前では甘えん坊。

将来 警察官を含む公務員が向いているよ。

友情 裏表なく、人望が厚い男っぽさで好かれるよ。

喜ぶこと 努力家なので「いつもがんばってるね」とほめて。

性格はどっち？ 元気 ├─★─┼─┼─┤ やさしい

心理テストQ　夜空を思い浮かべてください。あなたが見た星の数は？

☆ なおひろ ☆

性格 ちょっと大人っぽいところがあるよ。言葉づかいや行動も大胆で、友だちが多い明るい性格。 **前向きタイプ**

恋愛 自分より勉強やスポーツができる人が好み。

将来 ホテルなど人をもてなす仕事向きだよ。

友情 世話好きで、困った人を助けてくれるよ。

喜ぶこと いっしょに下校すればあなたを意識し出すよ。

性格はどっち？ 元気 ──┼──★──┼── やさしい

☆ なおふみ ☆

性格 ルールや約束をしっかり守るから、信頼されるよ。人が見ていないところでもがんばる努力家。 **ユーモアタイプ**

恋愛 世話好きなので、頼りない女子にひかれそう。

将来 世話好きなので結婚アドバイザーなど相談役。

友情 どんどんほめてくれるので、友だちが多いタイプ。

喜ぶこと いっしょに盛り上がれる共通の話題を見つけよう。

性格はどっち？ 元気 ──┼──┼──┼──★ やさしい

☆ なおみち ☆

性格 記念日やイベントが大好き。まわりもまきこんで楽しむよ。明るい太陽のような存在だよ。 **前向きタイプ**

恋愛 前に出たがりの人はニガテなので控えめに。

将来 資格をとって専門的な仕事で成功するよ。

友情 人とぶつかることをきらう、おだやかな性格。

喜ぶこと 本や文具など物を貸し借りすると急接近。

性格はどっち？ 元気 ──★──┼──┼── やさしい

☆ なおや ☆

性格 考え方のちがう友だちの意見もちゃんと認めてあげられるね。男子にも女子にもモテモテ！ **ユーモアタイプ**

恋愛 友だちにえんりょしないで、積極的にアタック。

将来 刑事、警察官、探偵など人のためになる仕事が。

友情 ひたむきで努力家。まわりからの尊敬を集めるよ。

喜ぶこと おしとやかな女性が好きなので、ひかえめに。

性格はどっち？ 元気 ──┼──┼──★── やさしい

☆ なおゆき ☆

性格 友だちの誕生日にはプレゼントを用意したり、思いやりがあるね。ねばり強いところも◎。 **ユーモアタイプ**

恋愛 真剣に相談にのってくれる人にひかれそう。

将来 チャレンジ精神でとり組めば成功間違いなし。

友情 友だちにアドバイスすることで、友情が深まるよ。

喜ぶこと 彼の悩みやグチを聞いてあげるときょりが縮まるよ。

性格はどっち？ 元気 ──┼──┼──★── やさしい

☆ なつお ☆

性格 黙っていること、じっとしていることがニガテでにぎやかだね。調べものが得意だよ。 **前向きタイプ**

恋愛 お礼やほめ言葉はちゃんと口に出してね。

将来 動物関連で飼育員、訓練士などがおすすめ。

友情 サプライズが大好きなやんちゃな面あり。

喜ぶこと サバサバした女子が好み。意見ははっきり言おう。

性格はどっち？ 元気 ──┼──┼──★── やさしい

心理テストA　あなたにとっての良い友だち（親友）の数です。

☆ なつき ☆

性格 最初はしっかり者の印象だけど、実は甘えん坊。笑顔がステキで、みんなの人気者。

前向きタイプ

恋愛 年上でやさしい頼れるタイプが好みだよ。

将来 建築デザイナー、建築士がおすすめだよ。

友情 世話好きなので、年下からしたわれるよ。

喜ぶこと 彼と思い切って電話で会話してみよう！

性格はどっち？ 元気 ―――★――― やさしい

☆ ななと ☆

性格 夢に向かって一生けんめいがんばるガッツある一面も！友だちのアドバイスが役に立つよ。

ユーモアタイプ

恋愛 好きな気持ちが表情にはっきりと出ちゃうよ。

将来 テレビ、新聞などマスコミ関係がピッタリ。

友情 少数の友だちを大事にして長くつきあうタイプ。

喜ぶこと しっかり目を見てお礼やあいさつをするといいよ。

性格はどっち？ 元気 ――――★― やさしい

☆ にしき ☆

性格 ほんわかとした雰囲気を持つたいやし系。話しかけやすいから、自然に友だちが集まるよ。

前向きタイプ

恋愛 失恋しても前向きで、立ち直りが早いよ。

将来 電車、バスの運転手や旅行関係の仕事向き。

友情 まわりがほうっておけない気になる存在だよ。

喜ぶこと 自然体で話しかけ、じょじょに心のきょりを縮めよう。

性格はどっち？ 元気 ★――――― やさしい

☆ ねいと ☆

性格 物事をいろいろ分析する研究者タイプ。物知りなので、人にアドバイスしたり教えることが得意。

とことんタイプ

恋愛 八方美人なので、本命の人に誤解されることも。

将来 教えるのが上手だから先生やインストラクター。

友情 友だちをふやすのが得意で、仲間のしきり屋だよ。

喜ぶこと 誕生日にメッセージ入りのギフトをあげよう。

性格はどっち？ 元気 ★――――― やさしい

☆ のぞみ ☆

性格 天然な愛されキャラ。しっかり者に見られるけど、実は甘えん坊でマイペースな面あり。

前向きタイプ

恋愛 甘えたがり、年上で包容力のある相手に弱い。

将来 バスガイドやツアーコンダクターなど旅行関係。

友情 いつもみんなの話題の中心に自然といるタイプ。

喜ぶこと 近づいて話しかけて、彼をドキドキさせよう。

性格はどっち？ 元気 ―――★―― やさしい

☆ のぞむ ☆

性格 そそっかしいけどなぜかにくめないおちゃめさん。つい守ってあげたくなるキャラだよ。

ユーモアタイプ

恋愛 オタク系女子を好きになりそうな傾向あり。

将来 目標を立ててチャレンジすれば大丈夫。

友情 オープンな雰囲気で男女ともに友だちが多いよ。

喜ぶこと キュートな甘えた話し方でアプローチを。

性格はどっち？ 元気 ―――――★ やさしい

心理テストQ あなたの正面から人が歩いてきました。その人の年齢は？

☆ のぶあき ☆

性格 家族や友だちを大切にする、思いやりのある子。ちょっとがんこなところを直すといいよ。 **ユーモアタイプ**

恋愛 一途で、好きな人ができたらまっしぐら。

将来 政治家や外交官を目指すといいよ。

友情 しっかり者でみんなのリーダー的存在。

喜ぶこと てれ屋なので、告白はふたりきりで。

性格はどっち？ 元気 ─────★── やさしい

☆ のぶお ☆

性格 負けずぎらいでがんばり屋さん。人に頼ったりすることがニガテだよ。曲がったことはきらい。 **ユーモアタイプ**

恋愛 まじめで一途。相手にとことんつくすよ。

将来 海外を飛び回る外資系の仕事が向いているよ。

友情 正直でうそをつかない性格で友だちの信頼が厚い。

喜ぶこと 落ちこんでいたら、そばで話を聞いてあげてね。

性格はどっち？ 元気 ─────★── やさしい

☆ のぶき ☆

性格 いろんな経験をして、ゆっくりと成長していくよ。将来びっくりするような大物になる？ **ユーモアタイプ**

恋愛 真剣に恋愛をするタイプなので、まじめに交際を。

将来 チャレンジ精神で、どんな仕事でも成功。

友情 だれとでも気軽に話せて、いつも話題の中心。

喜ぶこと 甘えん坊な感じでアプローチすると効果的。

性格はどっち？ 元気 ─────★── やさしい

☆ のぶと ☆

性格 負けずぎらいで、つねに一番を目指したい！自分に厳しく、手をぬかない、まじめな人だよ。 **ユーモアタイプ**

恋愛 軽い人がニガテ。相手にも一生けんめいを望むよ。

将来 ひとりでマイペースにやる仕事やネット関連。

友情 本気のケンカ後に真の友情がめばえそう。

喜ぶこと 絶対にからかってはダメ。ほめ上手になろう。

性格はどっち？ 元気 ─────★── やさしい

☆ のぶなり ☆

性格 次に何をするか予測できないユニークな子だね。あっと驚くアイデアをどんどん出すよ。 **ユーモアタイプ**

恋愛 遊びの恋や軽い恋愛はなし。軽い人はニガテ。

将来 歌手、演奏家、音楽プロデューサーなど音楽関連。

友情 もともと秘密主義の性格で、少人数とつきあうよ。

喜ぶこと 人気のアイドルに似ていると言ってあげて。

性格はどっち？ 元気 ─────★── やさしい

☆ のぶはる ☆

性格 プライドが高く、グループの中では自分のペースをキープ。チャレンジ精神と好奇心がおうせい。 **とことんタイプ**

恋愛 あの子もこの子もって目移りしちゃうかも？

将来 TV・マスコミ関連全般に向いているよ。

友情 落ちこんだら、元気づけてくれるやさしい人。

喜ぶこと 彼の好きな趣味の話題でいっしょに盛り上がろう。

性格はどっち？ 元気 ─────★── やさしい

心理テストA　その年齢が、あなたの精神年齢です。

☆ のぶひこ ☆

性格 何でもコツコツがんばるタイプ。いろいろなことにチャレンジするのが大好きな人だよ。

とことんタイプ

恋愛 理想が高いけど、ほれやすい一面もあるよ。

将来 人気作家や小説家になれちゃうかも。

友情 仲良くなると友だちをふりまわしちゃうことも。

喜ぶこと 彼の話を聞いてあげると、とても喜ぶよ。

性格はどっち？ 元気 ――――★― やさしい

☆ のぶひと ☆

性格 みんなをまきこんで、引っぱっていく人。でも、さみしがり屋の一面も持っているよ。

とことんタイプ

恋愛 いつも笑顔でノリのいい女の子がタイプだよ。

将来 学校の先生になると、子どもから大人気に。

友情 だれとでも仲良くなれて、友だちがたくさん！

喜ぶこと 彼の得意な教科を教えてもらっちゃおう。

性格はどっち？ 元気 ――――★― やさしい

☆ のぶひろ ☆

性格 ちょっと大人っぽくて、おしゃれにも興味津々！ワクワクすることが大好きだよ。

とことんタイプ

恋愛 恋には慎重。おつきあいまで時間がかかるよ。

将来 人を楽しませるテレビ関係のお仕事が◎。

友情 まわりの人を楽しませるムードメーカーだよ。

喜ぶこと 彼の機嫌がいい時に、話しかけてあげて。

性格はどっち？ 元気 ――――★― やさしい

☆ のぶや ☆

性格 正義感が強くて、心やさしい人。困っている人を放っておけないお人よしなところもあるよ。

前向きタイプ

恋愛 自分からの告白はニガテ。かわいい子が好き。

将来 やさしさで人につくすお医者さんになると◎。

友情 みんなから頼られるたのもしい存在になりそう。

喜ぶこと 彼の肩や腕にボディータッチするといいよ。

性格はどっち？ 元気 ――――★― やさしい

☆ のぶゆき ☆

性格 少し天然で、愛されキャラ。人なつっこく、自然に人が集まってくるオーラがあるよ。

前向きタイプ

恋愛 やさしくされるだけで、好きになることも。

将来 人と競いあわないマイペースな仕事が◎。

友情 自然に友だちが集まってくるクラスの人気者。

喜ぶこと 耳元でささやいて、ドキドキさせちゃおう。

性格はどっち？ 元気 ――――★― やさしい

☆ のぼる ☆

性格 とても負けずぎらいで、とことん努力する人。みんなからあこがれられる存在だよ。

ユーモアタイプ

恋愛 好きな人の前では、態度が変わっちゃうかも。

将来 会計士など難しい資格にチャレンジすると◎。

友情 本気でケンカした相手と親友になっちゃうよ。

喜ぶこと 彼のやさしさには、「ありがとう」を伝えて！

性格はどっち？ 元気 ――――★― やさしい

心理テストQ あなたの部屋にゴミが落ちています。何個、落ちていますか？

☆ のりあき ☆

性格 いやし系で人を笑顔にさせる天然キャラ。友だち思いで、コツコツ努力し、大成する。 —— 前向きタイプ

恋愛 親切に好意をいだく。ちがうタイプが好き。

将来 世界を舞台に建築物を建ててみよう！

友情 リーダー格で年下からしたわれるよ。話題の人。

喜ぶこと いじったり、からかったり、ほめたり◎。

性格はどっち？ 元気 ─────★─── やさしい

☆ のりお ☆

性格 怖いもの知らずの目立ちたがり屋。負けん気が強く、おしゃべり好き。知識欲おうせい。 —— 前向きタイプ

恋愛 自然な恋愛を好むよ。アイドル女子。

将来 起業家目指して一攫千金も夢じゃない！

友情 やんちゃ。オープンな性格。お口に注意！

喜ぶこと 彼好みに染まれば◎。サバサバ女子が好み。

性格はどっち？ 元気 ────★──── やさしい

☆ のりかず ☆

性格 まじめでコツコツがんばっちゃうね。遠回りしているみたいだけど将来は大成功だよ。 —— ユーモアタイプ

恋愛 好きな子のことは親友にもヒミツだよ！

将来 不正をあばく、刑事や探偵に向いているかも。

友情 聞き上手で、みんなから好かれちゃう。

喜ぶこと 聞き上手な女性が◎。笑顔でおしとやかに！

性格はどっち？ 元気 ───────★ やさしい

☆ のりたか ☆

性格 約束重視、思いやりがあり親孝行。ガンコなところも年上から好かれる大器晩成型。 —— ユーモアタイプ

恋愛 やさしい人でオタク好み。一途に真剣交際へ。

将来 国を動かす政治家や高級官僚に向いている！

友情 ほめ上手だよ。だれにでも親切にできる。

喜ぶこと かわいく彼のグチを聞いてあげると◎。

性格はどっち？ 元気 ─★─────── やさしい

☆ のりやす ☆

性格 世わたりがとっても上手！要領はいいけど、努力もしっかりするタイプ。リーダー的存在。 —— ユーモアタイプ

恋愛 一途だけど片思いしやすいみたい。

将来 地域に貢献する公務員に向いているかも。

友情 親友とは長いおつきあいになりそうだよ。

喜ぶこと 聞き役で、ほめ上手な子が◎。笑顔でひかえめに！

性格はどっち？ 元気 ──────★── やさしい

☆ のりゆき ☆

性格 約束はきちんと守る。粘り強い努力家だから、将来大物になる可能性あり。 —— ユーモアタイプ

恋愛 一途だから裏切っちゃダメ。頼りない子が好き。

将来 チャレンジ精神おうせい！芸能人も夢じゃないよ。

友情 公平でだれに対してもフレンドリー。

喜ぶこと てれ屋な彼、グイグイアプローチすると◎。

性格はどっち？ 元気 ───★───── やさしい

心理テスト A　その数が、あなたの恋のライバルの人数です。

は行の男の子

太陽タイプ

素直で悪気がなく、ミリョク的な笑顔の持ち主。一緒にいる人を自然に明るくする太陽みたい。ピンチの時は誰かが助けてくれるよ。

しっかり者タイプ

人気者でしっかり自分を持っているので、年下から頼りにされちゃうよ。ハキハキした元気のいいあいさつが好感をもたれるね。

プライドタイプ

ものしりで感性がするどく、他の人とは少しちがう趣味をもつよ。おくびょうだけど気配り上手。プライドが高いのがたまにキズ。

心理テスト Q　トンネルに誰かいます。それは誰？

☆ はくあ ☆

性格 道ばたの花に感激したり、夕日を見て涙ぐんだり、豊かな心を持っていて、やさしいよ。

プライドタイプ

恋愛 モテモテで恋多きタイプ。追いかけるのが好き。

将来 音楽関係の仕事につけば大成功するかも！

友情 目立ちたがり屋。自分とは反対のタイプがラク。

喜ぶこと 目を見て、悩みごとを相談してみよう。

性格はどっち？ 元気 |—|—|★|—| やさしい

☆ はじめ ☆

性格 いやし系で、愛きょうがある男の子。神経質なところがあってけっこうマイペースだよ。

太陽タイプ

恋愛 やさしい言葉にホロリ。変わった子が好き。

将来 世界を旅するツアーコンダクターがいいかも。

友情 決断力があり、リーダー格。世話好きで友だち思い。

喜ぶこと ふざけてからかうと◎。秘密を話すと親しく？

性格はどっち？ 元気 |—|★|—|—| やさしい

☆ はやお ☆

性格 失敗をこわがらず自分の意見をはっきり言えるよ。頼りがいのあるかっこいいリーダー。

しっかり者タイプ

恋愛 ひとすじに思い続けるよ。いやし系の子が好み。

将来 世界を相手にする銀行マンがいい。

友情 うそをつかない、口がかたい人。友だちの相談役。

喜ぶこと デートに誘うと◎！好きと言ってみよう。

性格はどっち？ 元気 |—|★|—|—| やさしい

☆ はやた ☆

性格 大きな夢をもってる、たくましいタイプ。男らしく、大胆な行動をとることがあるよ。

太陽タイプ

恋愛 勉強やスポーツが好きな子がタイプ。恋には一途。

将来 ニュースキャスターになってもいいかも。

友情 世話好きで人の意見をよく聞く、おだやかな性格。

喜ぶこと 意外なところを見せると一気に近づけそう。

性格はどっち？ 元気 |—|—|★|—| やさしい

☆ はやて ☆

性格 いつも一番を目指してチャレンジしつづけるよ！ライバルがいるとますます燃える！

しっかり者タイプ

恋愛 そくばくされたいタイプ。正直で真剣な恋愛をするよ。

将来 正義感を生かし警察官が向いているかも。

友情 親友とは家族ぐるみの真の友情をはぐくむよ。

喜ぶこと 怒ってはダメ！彼に視線をおくろう。

性格はどっち？ 元気 |—|★|—|—| やさしい

☆ はやと ☆

性格 ルールを決めるのは自分！自信まんまんでのびのび行動する姿はみんなのあこがれのマト！

しっかり者タイプ

恋愛 本気になると一直線！気持ちをおさえられないよ。

将来 はなやかなマスコミ関係の仕事がいいかも。

友情 仲が良くなると、まるで兄弟みたいにトコトン親しくなるよ。

喜ぶこと やさしくほめると◎。素直に好意を表してOK！

性格はどっち？ 元気 |—|—|★|—| やさしい

心理テストA 思い浮かんだ人が、あなたのこの世で一番大切な人です。

☆ はるあき ☆

性格 ほんわかな雰囲気のいやし系男子。話しやすいところが人気で、いつも人の輪の中に。 　太陽タイプ

恋愛 やさしい言葉に弱く、親切にされると好きに。

将来 ツアコン、電車、バスの運転手がおすすめかな。

友情 気難しそうに見えないので話しかけられやすいよ。

喜ぶこと ちょっぴりからかってみるときより距離が縮まるかも。

性格はどっち？　元気 ——★—— やさしい

☆ はるき ☆

性格 クラスで目立つ中心的な存在。イタズラをしかけ、相手をおどろかすお茶目な一面も。　太陽タイプ

恋愛 手りょうりやおかしをプレゼントされるのが好き。

将来 建築士や建築デザイナーが向いてるよ。

友情 世話好きなところが年下の人からしたわれそう。

喜ぶこと おしが強いと引いちゃうかも。自然が一番。

性格はどっち？　元気 ——★—— やさしい

☆ はるし ☆

性格 ふだんから正しい行動をする、まっすぐな心の持ち主。おまじないや神秘的なことが大好き。　太陽タイプ

恋愛 さそわれても断ることが多いみたい。勇気を出して。

将来 お医者さんや薬剤師など医りょう系が◎。

友情 ファッションセンスあり、みんなが参考にするよ。

喜ぶこと 肩や腕をポンポンして。ボディータッチが◎。

性格はどっち？　元気 ——★—— やさしい

☆ はるたか ☆

性格 相手のことを自分のことのように感じちゃうところがあるね。芸術的な才能がいっぱい。　プライドタイプ

恋愛 ドラマのような運命的な出会いを望む。

将来 アドバイザーやデザイナーが向いてるよ。

友情 人の好ききらいは多いがとても思いやりがある人。

喜ぶこと 「おはよう」と毎朝かかさずあいさつすると◎。

性格はどっち？　元気 ——★—— やさしい

☆ はると ☆

性格 お祭りごとや楽しいことが大好き。まわりもいっしょにさそい楽しむ、明るい太陽みたいな存在。　太陽タイプ

恋愛 いつも自分の話を聞いてくれる人を探している。

将来 飲食店の店長など食に関する仕事がgood。

友情 何でもいっしょにやりたくて友だちをさそいたがるよ。

喜ぶこと 好きなタイプを聞いて意識させちゃおう。

性格はどっち？　元気 ——★—— やさしい

☆ はるのぶ ☆

性格 初めてのこともあまり難しく考えずスイスイこなしちゃう器用だよ。のみこみが早いね。　プライドタイプ

恋愛 気持ちに正直すぎて少し気分屋なところあり。

将来 システムエンジニアやプログラマーが◎。

友情 スポーツや勉強ができる友だちを選びがちだよ。

喜ぶこと 彼の話のテンポをみださないようにしよう。

性格はどっち？　元気 ——★—— やさしい

心理テストQ あなたの前に花が咲いています。それは何本ですか？

☆ はるひこ ☆

性格 まじめで不器用だけど、コツコツと努力するがんばり屋さん。将来が楽しみな大器晩成型。 — **しっかり者タイプ**

- **恋愛**：一途で初めてつきあった人と結婚するかも。
- **将来**：積極的だから外交官とかに向いてそう。
- **友情**：だれに対しても平等でだれからも好かれるよ。
- **喜ぶこと**：かわいく甘えん坊な感じのアプローチが◎。

性格はどっち？ 元気 ——★——— やさしい

☆ はるひさ ☆

性格 人に頼まれると断れないお人好しでいそがしい。相手を思いやれるからみんなに好かれてるよ。 — **太陽タイプ**

- **恋愛**：さそいを断らず、たまにはのってみて。
- **将来**：漫画家や絵本作家など描く仕事が◎。
- **友情**：素直な反面、早とちりしてだまされやすい。
- **喜ぶこと**：弱い面を見せて、彼を頼りにしちゃおう。

性格はどっち？ 元気 ——★—————— やさしい

☆ はるひと ☆

性格 なりたい自分の目標を持っていて、それに向かってがむしゃらにがんばっちゃうね。 — **しっかり者タイプ**

- **恋愛**：つっ走って失敗しやすい。意見は聞こう。
- **将来**：音楽プロデューサーや歌手に向いてるよ。
- **友情**：あさく広くじゃなく決まった人と深くつきあう。
- **喜ぶこと**：イケメン人気芸能人に似てると言ってあげて。

性格はどっち？ 元気 ————————★— やさしい

☆ はるひろ ☆

性格 負けずぎらいで得意分野では一番を目指す。ライバルへの対抗意識はハンパない！ — **しっかり者タイプ**

- **恋愛**：本気の相手が見つかったら一生大事にする。
- **将来**：テレビやラジオ局、マスコミ関連が◎。
- **友情**：秘密主義な性格。友だちに悩みをうち明けて。
- **喜ぶこと**：彼と目があったら「にこっ」とほほえんで。

性格はどっち？ 元気 ————————★— やさしい

☆ はるま ☆

性格 頭の回転が速く集中して勉強できるよ。先生や年上の人から学び、成長していく人。 — **プライドタイプ**

- **恋愛**：ストレートに伝えられず、素直に言えない。
- **将来**：小説家や作家、物書きの仕事が向いてるよ。
- **友情**：友だちに合わせているが、しだいにふりまわすかも。
- **喜ぶこと**：彼の前で彼以外の男子と仲良くするのは×。

性格はどっち？ 元気 ————————★— やさしい

☆ はるまさ ☆

性格 あらそいごとがきらいでおっとりしておだやか。知らない子がいるとモジモジしちゃうかも。 — **プライドタイプ**

- **恋愛**：恋を実らせるには積極的にいくことも必要だよ。
- **将来**：器用さを生かせる物を作る仕事、職人が◎。
- **友情**：友だちの良いところを見つけるのが得意。
- **喜ぶこと**：何かしてもらったら感謝の気持ちを伝えて。

性格はどっち？ 元気 ——★——————— やさしい

心理テスト A　今、あなたのことを好きな人の数です。

☆ はるや ☆

性格 友だちを喜ばせるためならピエロにもなっちゃうよ。ノリのいい人気のお祭り男！ **プライドタイプ**

恋愛 友だちづきあいから恋愛関係に発展するかも。

将来 困った人を助けたい。カウンセラーに◎。

友情 自分にないものを持ってる友だちを選ぶよ。

喜ぶこと 芸能人や好きなことの話で盛り上がるよ。

性格はどっち？ 元気 ――――★― やさしい

☆ ひかる ☆

性格 明るくてたくましくて、活発なところがいいね。いつも楽しそうで自然に人が集まるよ。 **太陽タイプ**

恋愛 勉強ができたり、物知りな人を好きになる。

将来 旅館やホテルなど人をもてなす仕事が◎。

友情 自分が楽しいことを友だちといっしょにやりたい人。

喜ぶこと いきなり告白はダメ！ゆっくりきょりを縮めて。

性格はどっち？ 元気 ―★――― やさしい

☆ ひさし ☆

性格 さいあくの場合にそなえて準備するほど慎重。だから失敗しないよ。たまには思いきって！ **しっかり者タイプ**

恋愛 日ごろはしっかり屋、恋人の前では甘えん坊。

将来 刑事、探偵、カメラマンを目指しちゃおう。

友情 一生のつきあいができる親友ができるかも。

喜ぶこと 前に出すぎず、ひかえめなおしとやかな女の子が◎。

性格はどっち？ ★元気―――― やさしい

☆ ひさしげ ☆

性格 友だちとの約束を守り、ルールもしっかり守るから信頼される。コツコツと努力できる人だよ。 **プライドタイプ**

恋愛 ささいな相手の気配りで恋心がめばえるかも。

将来 シェフや栄養士など食に関する仕事が◎。

友情 自分をさらけ出せる気をつかわない友だちを選ぶ。

喜ぶこと 自分の話ばかりは×。彼の話題を中心に。

性格はどっち？ 元気 ――★―― やさしい

☆ ひさてる ☆

性格 あこがれのスターの伝記が愛読書！生き方をマネして自分もかっこよくなっちゃうよ。 **しっかり者タイプ**

恋愛 好きになったら我慢できず伝えちゃうかも。

将来 アイデアを生かしたネット起業がぴったり。

友情 ほんとの友情がめばえるのは本気のけんかの後。

喜ぶこと さりげなく告白し相手からの好きを待って。

性格はどっち？ 元気 ―★――― やさしい

☆ ひさと ☆

性格 自分の力を心から信じているね。あきらめずに挑戦しつづけると大成功まちがいなし！ **しっかり者タイプ**

恋愛 恋愛に対していつも真剣。軽い恋愛はしない。

将来 会計士や税理士などお金関連の仕事が◎。

友情 物知りな友だちから刺激を受け視野を広げよう。

喜ぶこと みんなで遊ぶときは必ず彼をさそって。

性格はどっち？ 元気 ―――★― やさしい

心理テストQ 金魚すくいをして捕まえた数、にげた数は何匹？

☆ ひさとし ☆

性格 自分の意見が強いけど好きな人の話は聞くよ。ニガテに思う人の前では口数が少なくなるかも。 （太陽タイプ）

恋愛 恥ずかしくて告白できず待っているタイプ。

将来 イラストレーターや漫画家に向いてるかも。

友情 勉強の成績が似た人と友だちになりやすいね。

喜ぶこと 「さすが！」「すごいね！」の言葉に喜ぶよ。

性格はどっち？ 元気 ──★─┼─┼─ やさしい

☆ ひさなり ☆

性格 いつでも全力でとことんがんばってるね。難しい目標もいつのまにかクリアしちゃうよ。 （しっかり者タイプ）

恋愛 好きな相手にそっけなくされると愛情だと思いがち。

将来 一人でマイペースにできる仕事がぴったり。

友情 ガチのケンカをした後で、友情がめばえ親友に。

喜ぶこと からかうのはダメ！言葉に注意だよ。

性格はどっち？ 元気 ─★─┼─┼─┼─ やさしい

☆ ひさのぶ ☆

性格 がんこで一度こうと思ったら曲げない。人から信頼されグループの中心人物になるタイプ。 （しっかり者タイプ）

恋愛 まじめで一途。好きな人にとことんつくすよ。

将来 郵便局員や銀行員などお金をあつかう仕事が◎。

友情 正直で、うそがない性格。まわりに信頼されている人。

喜ぶこと 鈍感な彼にはストレートに好きと伝えてね。

性格はどっち？ 元気 ─┼─┼─┼─★─ やさしい

☆ ひさのり ☆

性格 サバサバしているから同級生が効く見えることも。年上の人とのつきあいが楽にできる。 （太陽タイプ）

恋愛 好きな相手は手に入れないと気がすまない。

将来 資格をとる、専門的な職業がおすすめ。

友情 おだやかな性格で人とぶつかることを嫌がる。

喜ぶこと 彼の良いところを見つけてほめると◎。

性格はどっち？ 元気 ─┼─★─┼─┼─ やさしい

☆ ひさひと ☆

性格 小さなことは気にしないでいつもパワフルだね。友だちと楽しく盛り上がるのが大好き。 （太陽タイプ）

恋愛 聞き上手な子が好き。出しゃばりな人はニガテ。

将来 アナウンサー、ナレーターが向いてるよ。

友情 人とぶつかるのが嫌な、おっとりした性格。

喜ぶこと 会うたびにちがう表情を見せると◎。

性格はどっち？ 元気 ─┼─★─┼─┼─ やさしい

☆ ひさひろ ☆

性格 スケールの大きな夢を堂々と話しちゃう。自信たっぷりだからみんなも応援しちゃうよ。 （太陽タイプ）

恋愛 好きな相手に気持ちをかくさず、おしていく。

将来 人をもてなすホテルなどの仕事がぴったり。

友情 好かれるコツは友だちの意見をしっかり聞くこと。

喜ぶこと 本やCDなど、物の貸し借りがgood。

性格はどっち？ 元気 ─┼─★─┼─┼─ やさしい

心理テスト A　捕まえた数は好きな人の人数、にげた数はあなたを好きな人の人数。

☆ ひさみち ☆

性格 ちょっとのことでは怒ったり、あわてたりせず落ち着いてるね。年上と話があいそうだよ。 **太陽タイプ**

恋愛 好きになる人は勉強ができる人が多いかも。

将来 声優などの声やしゃべりを生かす仕事が◎

友情 おだやかな性格で人とぶつかることを嫌がる。

喜ぶこと 隣の席に座ったり、きょりを近づけると◎。

性格はどっち？ 元気 ★———|———|——— やさしい

☆ ひさよし ☆

性格 守ってあげたくなる弟キャラでモテモテだけど、相手を見る目を養わないとダメ。 **太陽タイプ**

恋愛 美人好き、かわいい子とのデートにあこがれる。

将来 テーマパークや遊園地のスタッフがgood。

友情 断れない性格がみんなから甘えられるかも。

喜ぶこと お笑いキャラを封印し上品にふるまって。

性格はどっち？ 元気 |———|———|——— やさしい

☆ ひすい ☆

性格 ものの見方が人とちがってとってもユニーク！友だちの長所を見つけるのがうまいよ。 **プライドタイプ**

恋愛 熱しやすく冷めやすい、恋多き人生かも。

将来 ゲーム制作やプログラマーがおすすめ。

友情 味方になってくれる人をとても大切にする。

喜ぶこと 悩みごとの相談やうち明け話をするといいよ。

性格はどっち？ 元気 |———★———|——— やさしい

☆ ひであき ☆

性格 算数や理科が得意で難しい問題に挑戦するのがマイブーム！考え事をするのが好き。 **プライドタイプ**

恋愛 にぎやかでお笑い系の目立つ人が好きかも。

将来 レストランやカフェのオーナーがぴったり。

友情 最初は合わせるが次第に友だちをふりまわすかも。

喜ぶこと 時にはさみしい表情を見せると効果的。

性格はどっち？ 元気 |———|———★——— やさしい

☆ ひでお ☆

性格 初めての人や場所でもすぐになじめて楽しめるよ。いつもドキドキしていたいんだね。 **プライドタイプ**

恋愛 愛されるより追いかける恋愛がしたい。

将来 コメンテーター、コラムニストがぴったり。

友情 自分とは性格のちがう友だちができるかも。

喜ぶこと いつも聞き役で大きく感心するのが◎。

性格はどっち？ 元気 |———★———|——— やさしい

☆ ひでかず ☆

性格 流行に流されるのはきらいだよ。古風にみられるけど、ミリョク的な個性に。 **しっかり者タイプ**

恋愛 友だちと好きな人が同じだとあきらめちゃう。

将来 心理カウンセラーやうらない師が向いてるよ。

友情 ひたむきで手を抜かないとこが尊敬される。

喜ぶこと 明るく無邪気に常に笑顔で話しかけて。

性格はどっち？ 元気 |———★———|——— やさしい

心理テストQ 好きな人に会いに電車に乗りました。何駅で着く？

397

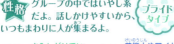

性格 グループの中ではいやし系だよ。話しかけやすいから、いつもまわりに人が集まるよ。 プライドタイプ

恋愛 さみしがりでいろんな人とおつきあいしそう。

将来 芸能人やアイドルにも向いているかも。

友情 人見知りするけど、慣れれば親友になるよ。

喜ぶこと 2人のひみつを持つといい関係になれそう。

性格はどっち？ 元気 ★——|——|——|—— やさしい

性格 パワーあふれるたくましいタイプ。自分に自信があるからみんなから頼りにされるよ。 プライドタイプ

恋愛 目立つからひとめぼれされやすいかも。

将来 インストラクターやトレーナーに向いてるよ。

友情 みんなの先頭に立って仕切るのが得意だよ。

喜ぶこと 意外と女の子からの告白を待っているかも。

性格はどっち？ 元気 ——★——|——|—— やさしい

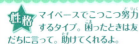

性格 マイペースでこつこつ努力するタイプ。困ったときは友だちに言って。助けてくれるよ。 太陽タイプ

恋愛 自分とちがうタイプにひかれることが多そう。

将来 電車やバスの運転手に向いてるかも。

友情 世話好きだから友だちがたくさんできるよ。

喜ぶこと あだ名で呼ぶときょりが縮まりそう。

性格はどっち？ 元気 ——★——|——|—— やさしい

性格 家族や友だちを大切にするよ。思いやりがあるからみんなから信頼されるよ。 しっかり者タイプ

恋愛 悩みを聞いてくれる人を好きになりそう。

将来 外交官になって世界中で大活躍するかも！

友情 人見知りしないから、だれとでも話せるよ。

喜ぶこと 2人の時にこっそり好きと伝えてみて。

性格はどっち？ 元気 ★——|——|——|—— やさしい

性格 明るくてハキハキしてるけど、実はさみしがり屋。みんながお手本にするおしゃれさん。 プライドタイプ

恋愛 予想外の人から好かれることがありそう。

将来 テレビやマスコミのお仕事で活躍できそう。

友情 人を楽しませることがとても得意だよ。

喜ぶこと 時間をかけて気持ちを伝えたほうが吉。

性格はどっち？ 元気 ——★——|——|—— やさしい

性格 自分の意見をしっかり持っているけど、相手の意見もちゃんと聞ける心の広さがあるよ。 しっかり者タイプ

恋愛 好きな人はだれにも教えないひみつ主義。

将来 刑事や探偵になって弱い人の味方になるよ。

友情 友だちは家族と同じくらい大事にするよ。

喜ぶこと 話をたくさん聞いて努力をほめてあげよう。

性格はどっち？ 元気 ★——|——|——|—— やさしい

心理テスト A 何回目のデートでキスしちゃうかわかるよ！

☆ ひでひこ ☆

性格 家族や友だちがとっても大事。だれよりも親孝行だよ。素直にお礼も言えてやさしいね。 **しっかり者タイプ**

恋愛 世話好きだから、頼りない子が気になる？

将来 政治にかかわる仕事、政治家とか向いてる？

友情 しっかりしてるから、頼りにされるよ。

喜ぶこと 友だちの悩みごとを聞いてあげるといいよ。

性格はどっち？ 元気 ★————— やさしい

☆ ひでふみ ☆

性格 グループの中にいるだけでみんなをいやす、ほんわかとしたいやし系の人だね。 **太陽タイプ**

恋愛 強引にアプローチしてくる人が好きかな？

将来 いつも笑顔のバスガイドさんがお似合い？

友情 お友だちに平等に接するから、好かれるはず。

喜ぶこと 電話で普段は言えないことを言うといいよ。

性格はどっち？ 元気 —★———— やさしい

☆ ひでほ ☆

性格 しっかりものでビシっとしているね。整理せいとんが上手で予定を立てて進めるのが得意。 **プライドタイプ**

恋愛 好きな人のことは、目で追ってしまいそう。

将来 ヘアメイクとか美術系がお似合いかも。

友情 自分とちがうタイプの友人ができるかも。

喜ぶこと 大きくうなずいて聞き役になるといいよ。

性格はどっち？ 元気 —★——— やさしい

☆ ひでまさ ☆

性格 自分の意見はきちんと持っているけど、好きな人の言うことはとても素直に聞くんだね。 **太陽タイプ**

恋愛 美人好き、かわいい子とデートしたい？

将来 空を駆け巡るパイロットにあこがれてる？

友情 勉強の成績の近い人と友だちになる傾向が。

喜ぶこと ボディタッチは効果的かも。試してみて。

性格はどっち？ 元気 ——★—— やさしい

☆ ひでみつ ☆

性格 言葉づかいや行動が大胆で、みんなはびっくりするけど、なぜか笑いたくなる得な性格ね。 **太陽タイプ**

恋愛 ひとめぼれし、たくさんアプローチしそう。

将来 資格をとり、専門職につくかもしれないね。

友情 困った人を助けてあげるやさしい一面あり。

喜ぶこと 文具など物を貸し借りすると仲良くなるよ。

性格はどっち？ 元気 ——★—— やさしい

☆ ひでや ☆

性格 心がきれいで友だちや大人にも自然に好かれちゃうよ。うらないやおまじないが好き。 **太陽タイプ**

恋愛 告白は恥ずかしい。待ってるタイプかな？

将来 医者とか、人のためにつくすのに向いてそう。

友情 断れない性格のあなたに、甘えられちゃう？

喜ぶこと 髪型や服装や持ち物をほめてあげよう。

性格はどっち？ 元気 ——★—— やさしい

心理テストQ とつぜん、目の前に何かが落ちてきました。それは何？

399

☆ ひでゆき ☆

性格 ほんわかムードの持ち主で天然の人気者。何でもマイペースで進めていくタイプだよ。 太陽タイプ

恋愛 やさしさや親切な行動に心を動かされちゃう。

将来 世界を飛び回るツアーコンダクター。

友情 頼りになるリーダーで決断力があるよ。

喜ぶこと あだ名で呼ぶとグンときょりが縮まるよ。

性格はどっち？ 元気 ——★—— やさしい

☆ ひとし ☆

性格 自分の考えをしっかり持っている男の子。でも好きな人の意見は素直な気持ちで聞くよ。 太陽タイプ

恋愛 好きなタイプはお行儀がいい上品なお嬢様！

将来 芸術のセンスを生かして漫画家をめざそう。

友情 周囲に頼られるとついがんばっちゃいそう！

喜ぶこと 女の子らしさを大切に！恋への第一歩よ。

性格はどっち？ 元気 —★—— やさしい

☆ ひなた ☆

性格 単調なくり返しよりも変化が好きなタイプ。いつもアンテナをはって周囲を見ているよ。 プライドタイプ

恋愛 恋にはちょっぴりためらいがあるみたい。

将来 テレビに関係のある仕事がピッタリみたい。

友情 仲間うちではすぐリーダーシップをとるよ。

喜ぶこと 彼の気分をさぐってから話しかけよう！

性格はどっち？ 元気 ——★—— やさしい

☆ ひびき ☆

性格 フレンドリーな性格で自然と人気者になっているタイプ。みんなに愛されるキャラだよ。 太陽タイプ

恋愛 好きになった相手には心からつくしちゃう。

将来 向いている仕事は電車やバスの運転手。

友情 自然と話題の中心になることが多いよ。

喜ぶこと 電話で秘密を話すと仲良くなれちゃう。

性格はどっち？ 元気 ——★—— やさしい

☆ ひゅうが ☆

性格 まわりの人みんなと仲良くしたいと思う性格。公平なところがとても好かれてるよ。 しっかり者タイプ

恋愛 女の子を守りたい気持ちが強いタイプ。

将来 日本のために働く外交官を目指してみたら？

友情 友だちの長所を発見するのが上手だよ。

喜ぶこと てれ屋の彼とは二人きりの時間を大切に。

性格はどっち？ 元気 ————★ やさしい

☆ ひゅうご ☆

性格 頭が良くて、どちらかというと理数系が得意。冷静で色々なことをわかっているよ。 プライドタイプ

恋愛 思いっきりわがままを受けとめてほしい！

将来 作家になってひそかに賞をねらいます！

友情 最初ははずかしがるけど、実は友情優先。

喜ぶこと 彼の悩みをそっと聞き出してあげて。

性格はどっち？ 元気 ————★ やさしい

心理テストA 落ちてきたのは、今あなたが欲しいものだよ。

400

☆ ひゅうま ☆

性格 ルールや約束をしっかり守るきちんとした人。裏表のないまじめな性格がとてもミリョク的。 *しっかり者タイプ*

恋愛 世話好きだから頼られるとうれしくなるよ。

将来 芸能人やアイドルタレントがピッタリ。

友情 だれとでも平等に仲良くできる性格だよ。

喜ぶこと さりげなく隣に座って話しかけてみよう。

性格はどっち? 元気 ——————★ やさしい

☆ ひろあき ☆

性格 第一印象はしっかり者に見えるけどちょっと甘えん坊なかわいいところも持っているよ。 *太陽タイプ*

恋愛 自分とちがうタイプにミリョクを感じる!

将来 細やかな気配りで大人気の建築士に!

友情 世話好きだから年下からも頼られちゃう。

喜ぶこと 強引にならないで最初は親友を目指して!

性格はどっち? 元気 ★—————— やさしい

☆ ひろかず ☆

性格 とてもていねいに行動していくので大きなミスをしない人。家族思いのやさしさがあるね。 *しっかり者タイプ*

恋愛 好きな子よりも友だちを優先する時も。

将来 日本の文化にかかわる仕事がいいよ。

友情 はっきりした行動は男の子らしくて人気。

喜ぶこと まっすぐなほめ言葉にグッときちゃう。

性格はどっち? 元気 —————★— やさしい

☆ ひろき ☆

性格 時々見せる甘えんぼうなところがかわいくて、周囲がいつの間にか笑顔になっちゃう。 *太陽タイプ*

恋愛 大人っぽい女の子が気になるみたいだよ。

将来 お客さんに親切なホテルマンになれそう。

友情 やさしくて友だちをとても大切にする人だね。

喜ぶこと 内緒話をするときは耳元でこっそりと。

性格はどっち? 元気 ——★———— やさしい

☆ ひろし ☆

性格 頼られると引き受けてしまうのでいつもいそがしそう。少し人見知りかもしれないね。 *太陽タイプ*

恋愛 友だちから彼女になるパターンが多いよ。

将来 パイロットになって空を飛び回ろう!

友情 素直な人柄に心をひらく友だちがたくさん。

喜ぶこと 服や持ち物をほめてあげると◎だよ。

性格はどっち? 元気 ——★———— やさしい

☆ ひろたか ☆

性格 思いやりがあって感謝の気持ちを忘れないステキな男の子。目上の人も大切にするよ。 *しっかり者タイプ*

恋愛 一度恋愛で傷つくとおくびょうになりそう。

将来 するどい観察力を生かしてうらない師に○だよ。

友情 気さくなので友だちが多いタイプだね。

喜ぶこと 彼が話しやすいムードを作ってあげよう!

性格はどっち? 元気 ——★———— やさしい

心理テストQ 初めてパンを作ったよ。一番上手にできたパンをだれにあげたい?

☆ ひろただ ☆

性格　ピンチのときほど負けん気を出してがんばる熱いタイプ。将来は大物まちがいなしかも！　*しっかり者タイプ*

恋愛　好きになったら一直線。よそ見しない人。

将来　マジメなキミは警察官がピッタリだよ。

友情　親友を家族のように大切にするやさしい人柄。

喜ぶこと　てれずにほめ言葉をかけるとバッチリだよ。

性格はどっち？　元気 ――★―― やさしい

☆ ひろと ☆

性格　サッパリしていてとても大人っぽい性格。世界にも目を向ける国際派タイプだよ。　*太陽タイプ*

恋愛　尊敬する気持ちから恋心がめばえてきそう。

将来　話し上手だからアナウンサーがおすすめ。

友情　困っている人がいたら全力で助けます！

喜ぶこと　本や文房具の貸し借りはラッキーチャンス！

性格はどっち？　元気 ――★―― やさしい

☆ ひろなお ☆

性格　思いきりがよくていつも前向き。明るさいっぱいでみんなの気持ちをひきつける！　*太陽タイプ*

恋愛　同じことで笑える子を好きにすることが多いよ。

将来　お客さんと接する仕事がいいみたい。

友情　友だちがうれしくなるサプライズが上手！

喜ぶこと　楽しい話題をえらぶと、きっと喜ぶハズ！

性格はどっち？　元気 ――★―― やさしい

☆ ひろなり ☆

性格　太陽のように明るくて自信がある男の子。キラキラしていてとってもミリョク的だよ！　*太陽タイプ*

恋愛　好きになった子にどんどんアタックするよ。

将来　飲食店の店長さんはとってもおすすめ。

友情　友だちと同じ趣味を持つのが大好きだよ。

喜ぶこと　彼を尊敬しているってアピールしてみて！

性格はどっち？　元気 ――★―― やさしい

☆ ひろのぶ ☆

性格　やさしさにあふれていて、人の気持ちをすぐに思いやるタイプ。とてもびんかんだよ。　*プライドタイプ*

恋愛　好きになった相手を長く思い続ける人だよ。

将来　クールさを生かして評論家がいいね。

友情　さみしがり屋なので楽しく過ごすのが好き！

喜ぶこと　目を見て話すと仲良くなれちゃうよ。

性格はどっち？　元気 ――★―― やさしい

☆ ひろのり ☆

性格　器用なので何でもさらりとこなしていくよ。じっくり考えごとをするのも得意な男の子。　*プライドタイプ*

恋愛　やさしくされると突然恋心がめばえちゃう。

将来　食べ物に関係のある仕事がピッタリだね！

友情　仲よくなると素の部分を見せてくれるよ。

喜ぶこと　素直につらいことをうち明けると急接近。

性格はどっち？　元気 ――★―― やさしい

心理テストA　あなたがつきあって損はない相手だよ。

☆ ひろふみ ☆

性格 とても親孝行でやさしさがいっぱい。みんなにプレゼントも忘れない気配りのある男の子。

しっかり者タイプ

恋愛 恋に対して真剣。結婚へのあこがれも強い。

将来 責任感の強い政治家が向いているみたい。

友情 しっかりしていて頼られることが多い人。

喜ぶこと てれ屋だから好きと伝える時はこっそりと。

性格はどっち？ 元気 ──★──── やさしい

☆ ひろみち ☆

性格 流行をすぐにキャッチするオシャレ上手。キミをお手本にする友だちもたくさんいるよ。

プライドタイプ

恋愛 だれにでも親切なので勘ちがいされないか心配。

将来 車に関係のある仕事はとっても合ってるよ。

友情 空気をよむのが上手で気配りのできる性格。

喜ぶこと おくり物する時はメッセージを忘れないで！

性格はどっち？ 元気 ──★──── やさしい

☆ ひろみつ ☆

性格 みんなにはないヒラメキを持っているタイプよ。だれから見てもキラキラしてるね。

しっかり者タイプ

恋愛 軽い気持ちでの恋はしないマジメなタイプ。

将来 1人でコツコツとやる職人タイプだよ！

友情 ミステリアスだからヒミツを守れる子が◎。

喜ぶこと 素直にお礼を言う女の子に恋しちゃう？

性格はどっち？ 元気 ──★──── やさしい

☆ ひろむ ☆

性格 たまにうっかりしちゃうけど、根がマジメなので特に年上の人に信頼されているよ。

しっかり者タイプ

恋愛 アドバイスしてくれる子が気になるかも。

将来 結婚式場で働いて幸せのお手伝いが◎。

友情 初めて会ってもすぐ友だちになれるタイプ。

喜ぶこと 女の子らしい話し方で会話をしてみて！

性格はどっち？ 元気 ────★── やさしい

☆ ひろや ☆

性格 だれも見ていない場所でもコツコツと努力を続ける性格。将来きっとみとめられるよ。

しっかり者タイプ

恋愛 とくに年下から見るとあこがれの存在。

将来 器用さを生かして職人を目指すのが◎。

友情 自分とは似ていないタイプと大親友に！

喜ぶこと 家族をほめられると喜んでくれるよ。

性格はどっち？ 元気 ──★──── やさしい

☆ ひろやす ☆

性格 家族をとても大切にする古風なタイプ。そのマジメさが新鮮なミリョクになるよ！

しっかり者タイプ

恋愛 心の中でそっと静かに恋を育てていくよ。

将来 けんじつな道にあこがれるので公務員。

友情 友だち思いで心から信頼されるタイプ。

喜ぶこと 彼が大切にしているものをほめてみて！

性格はどっち？ 元気 ──★──── やさしい

心理テストQ 順に赤、青、紫、緑で異性を思い浮かべてみて。

☆ ひろゆき ☆

性格 男らしくガンコなところがミリョク的。その粘り強さですばらしい結果を出していくよ。 **しっかり者タイプ**

恋愛 マニアックな人とすごく話が合うみたい。

将来 チャレンジ精神が強いので何にでもなれる！

友情 ほめ上手な彼と話すと気分よくなれそう。

喜ぶこと いっしょに盛り上がれる話題をさがそう。

性格はどっち？ 元気 ─★─ やさしい

☆ ふうた ☆

性格 面白いアイデアをたくさんもった自由人。競争することでみがかれていく性格だよ。 **しっかり者タイプ**

恋愛 気持ちをかくせない彼の正直さがステキ。

将来 保育士になったらきっと大人気だよ！

友情 友だちといっしょに挑戦するとどんどん伸びる！

喜ぶこと そっと気持ちを伝えたら告白を待ってみて。

性格はどっち？ 元気 ─────★ やさしい

☆ ふみあき ☆

性格 ちょっとあわてんぼうなところがあるけど、かわいらしくて守ってあげたくなるね。 **プライドタイプ**

恋愛 真剣に語り合える相手をさがしてるみたい。

将来 公平な目で記事を書く新聞記者が◎だよ！

友情 多くの友だちと平等につきあっていける人。

喜ぶこと 色々な質問をして彼を楽しませちゃおう！

性格はどっち？ 元気 ──★── やさしい

☆ ふみお ☆

性格 礼儀正しい彼は正義の味方だから、だれからも頼りにされることまちがいなし！ **しっかり者タイプ**

恋愛 おとなしい女の子につい目がいってしまう。

将来 数字に強いので銀行員がバッチリだよ。

友情 口がかたいので何でも話したくなっちゃう。

喜ぶこと 落ちこんでいる時はよく話を聞いてあげて。

性格はどっち？ 元気 ─────★ やさしい

☆ ふみかず ☆

性格 ノリがよくてその場を楽しく盛り上げるのが上手。ふしぎな性格で注目を集めるよ。 **プライドタイプ**

恋愛 たくさんのライバルと競いあう恋が多そう。

将来 聞き上手なカウンセラーになれそう。

友情 グループには欠かせない明るさが長所。

喜ぶこと 仲良くしたいタイプは明るい女の子だよ！

性格はどっち？ 元気 ───★─ やさしい

☆ ふみし ☆

性格 ケンカがニガテなのでみんな仲良くすることに気を配る彼。だれからも好かれるよ。 **プライドタイプ**

恋愛 オシャレ上手な女の子にひとめぼれ。

将来 ぴったりなのは人をきれいにする仕事！

友情 友だちが楽しく過ごすためにがんばっちゃう。

喜ぶこと 気をつかう彼をそっといたわってあげて。

性格はどっち？ 元気 ────★ やさしい

心理テスト A 順にライバル、理想の恋人、良き友人、浮気相手だよ。

☆ ふみと ☆

性格 手抜きをしない努力家だね。負けずぎらいなので色んなことに一生けんめい。 〔しっかり者タイプ〕

恋愛 好きになったら一直線。ハートもまっすぐ！

将来 じまんの歌を生かして歌手をめざそう。

友情 真の友情のためならケンカも気にしない。

喜ぶこと 言葉づかいのきれいな女の子が大好き。

性格はどっち？ 元気 ——★—— やさしい

☆ ふみとし ☆

性格 広い心の持ち主。相手の気持ちをよく考えてつきあうおだやかな性格がステキだよ。 〔しっかり者タイプ〕

恋愛 一度好きになると思い続ける一途な人。

将来 カメラマンになると集中力が生かされる！

友情 聞き上手だからみんなが相談したくなる。

喜ぶこと 笑顔が大好き！いつもニコニコ接してみて。

性格はどっち？ 元気 ——————★ やさしい

☆ ふみなり ☆

性格 練習よりも本番で力が出るところが本当にかっこいいから、みんなのあこがれだね。 〔プライドタイプ〕

恋愛 みんなに親切でとってもモテる男の子。

将来 スポーツのコーチにぴったりの性格。

友情 彼のおかげで色んな人が仲良くやれる。

喜ぶこと 女の子からの勇気ある告白を待ってるよ！

性格はどっち？ 元気 —★———— やさしい

☆ ふみのり ☆

性格 あこがれに向かってひたすら努力するがんばり屋。負けずぎらいなのでトップをめざす！ 〔しっかり者タイプ〕

恋愛 好きだという気持ちをかくさない正直者。

将来 税理士になったら大活躍できそうだよ！

友情 親友だと思った相手を一生大切にする性格。

喜ぶこと 好きという思いはさりげなく伝えると◎。

性格はどっち？ 元気 —★———— やさしい

☆ ふみひろ ☆

性格 自分に厳しく手抜きをしない性格。びっくりするようなアイデアがひらめくよ！ 〔しっかり者タイプ〕

恋愛 本命を見つけるまでに時間がかかるタイプ。

将来 インターネットを使った販売の仕事が◎。

友情 友だちにも秘密を告白することは少なめ。

喜ぶこと 素直にお礼を言える女の子にドキドキ！

性格はどっち？ 元気 —★———— やさしい

☆ ふみや ☆

性格 思い切りがいいので色んなことが上手くいく！いつも注目の的になっちゃう存在。 〔太陽タイプ〕

恋愛 はずかしがってひかえめになることが多いね。

将来 遊園地のスタッフがすごく向いているよ！

友情 似た性格の子と過ごすのが落ち着くみたい。

喜ぶこと 彼と話す時はいつもより少し上品に。

性格はどっち？ 元気 ——★——— やさしい

心理テストQ 時計はあなたにとってどんな存在？

☆ ふゆき ☆

性格 たくさんのことに興味を持つ細やかな性格の人。笑顔が多いからみんなの人気者。 **プライドタイプ**

- **恋愛** 運命の出会いを待っているロマンチスト。
- **将来** おしゃれなセンスを生かしてデザイン関係。
- **友情** ライバルといつの間にか親友になりそう。
- **喜ぶこと** きちんとあいさつする子に弱いみたい。

性格はどっち？ 元気 ───── やさしい

☆ ぶんた ☆

性格 好奇心がいっぱいでいつも新しいものをさがしているよ。流行にもビンカンだね！ **プライドタイプ**

- **恋愛** 相手の性格をよく見てから好きになる！
- **将来** 大学でじっくり研究するのがいいかも。
- **友情** 友だちを楽しませるのが好きなサービスマン！
- **喜ぶこと** 同じアイドルを応援して盛り上がろう！

性格はどっち？ 元気 ───── やさしい

☆ へいが ☆

性格 キミのまわりには不思議と人があつまっちゃうね。みんなが助けたくなる存在なんだって。 **太陽タイプ**

- **恋愛** 自分とはちがう相手と恋におちちゃうよ。
- **将来** サービス業の才能があるみたいだね。
- **友情** 頼りになるお兄さんタイプでお世話上手。
- **喜ぶこと** ワンパターンでは彼の心はうばえない！

性格はどっち？ 元気 ───── やさしい

☆ へいた ☆

性格 明るくてとてもにぎやかな人。考え方もすごく前向きでみんなを元気にしてくれる。 **太陽タイプ**

- **恋愛** ひとめぼれで恋しちゃうことが多い。
- **将来** 刑事になったらねばり強く調べるよ。
- **友情** 友だちのえいきょうで新しいことに目が向くよ。
- **喜ぶこと** あなたの色んな面を見せると興味を持つよ。

性格はどっち？ 元気 ───── やさしい

☆ ほうせい ☆

性格 おしゃべりが得意で話がどんどん広がるよ。自然と周囲もにぎやかになっちゃう。 **太陽タイプ**

- **恋愛** 好きな子ができたらもう毎日夢中だよ！
- **将来** 動物と接する仕事なら楽しくやれる！
- **友情** 人を頼るのが上手で悩みもうち明ける性格。
- **喜ぶこと** 彼の好みの髪型にしてみるといいよ！

性格はどっち？ 元気 ───── やさしい

☆ ほくと ☆

性格 あこがれの目標に向かってしっかりと努力を続ける人だよ。がんばる姿がステキ！ **しっかり者タイプ**

- **恋愛** しっかり見つめてくれる女の子が大好き。
- **将来** あざやかな個性あふれる演奏家になれそう。
- **友情** 困った時に助け合うことを忘れないタイプ。
- **喜ぶこと** 女の子から誘われるととても喜んでくれる！

性格はどっち？ 元気 ───── やさしい

ふ〜ほ

心理テストA　好きな人の存在と同じ意味だよ。

ま行の男の子

ギャップタイプ

まわりからはしっかりしているようにみられるが、実はあまえん坊だよ。そのギャップに女の子はメロメロになっちゃうみたい。

信念タイプ

自分にとてもきびしく、やると決めたことはとことんやり通すまじめな人。時々おもしろいことをいうおちゃめな面も。

情報通タイプ

いろいろなところに気を配れて、頭の回転が速くてアイデアがいっぱいだね。いろんな情報や芸能情報も知っている頭のいい人だよ。

心理テストQ　きらいな食べ物はいくつある？

☆ まこと ☆

性格 さみしがり屋だけど素直になれないところもあるよ。人前ではとてもテンションが高い。

情報通タイプ

恋愛 明るい笑顔が◎。だけど少し気が多いかな。

将来 頼りになる学校の先生が向いてるかな。

友情 友だちを作るのが得意でリーダータイプだね。

喜ぶこと わからないことを質問してみると仲よしに。

性格はどっち？ 元気 ――――★― やさしい

☆ まさ ☆

性格 とっても清らかで正しい心の持ち主。じつはうらないを信じてる一面もあるよ。

ギャップタイプ

恋愛 かわいくてスタイルも◎の子がお気に入り。

将来 病院の先生や看護師が向いているかな。

友情 素直さがミリョク。かんちがいには注意して。

喜ぶこと スキンシップは二人のきょりを近づけるよ！

性格はどっち？ 元気 ―★――――― やさしい

☆ まさあき ☆

性格 頭の回転が速くて集中力があるから勉強もバッチリできるタイプ。頼りになるよ。

情報通タイプ

恋愛 にぎやかで明るい女の子が大好きみたい！

将来 キラキラしたお菓子を作るパティシエに！

友情 好みがはっきりしているから自然な人が◎。

喜ぶこと 二人だけの秘密は恋のきっかけになるよ！

性格はどっち？ 元気 ――★――― やさしい

☆ まさお ☆

性格 難しいことに出会ってもにげずにぶつかっていく芯の強い性格。努力家だよ。

信念タイプ

恋愛 がんばり屋の女の子を応援したくなる。

将来 結婚相手をしっかり支えるタイプだよ。

友情 意見がちがう時はちゃんと話しあおうね。

喜ぶこと ほめ言葉でパワーが出てくるみたい！

性格はどっち？ 元気 ―――――★ やさしい

☆ まさおみ ☆

性格 まわりの人たちとしっかりした信頼関係を作っていけるから、いつのまにかリーダーに。

信念タイプ

恋愛 好きな子のやさしさはひとりじめしたい！

将来 俳優に挑戦すると道が開けていきそう！

友情 おたがいを認めあえるよい親友を作れる人。

喜ぶこと 会話がはずむと喜んでくれるよ。

性格はどっち？ 元気 ――★――― やさしい

☆ まさかず ☆

性格 とても計画的で何をするにも準備をきちんとするよ。将来がたのしみなまじめタイプ。

情報通タイプ

恋愛 時々慎重になりすぎてしまうことも。

将来 子どもに指導していく才能があるね。

友情 なかよしの友だちの前では明るく話をするよ。

喜ぶこと 彼を応援する言葉をかけてあげて！

性格はどっち？ 元気 ――――★― やさしい

心理テスト A　あなたがきらいな人の人数だよ。

408

☆ まさき ☆

性格 コツコツ型で、何でもうまくできちゃう。テストの点数もみんなよりいいかもしれないね！ 〈情報通タイプ〉

- **恋愛** ちょっとやさしくされると好きになっちゃう。
- **将来** 細かい作業があう。パティシエなどステキ！
- **友情** いっしょにいて楽で何でも言える関係が◎。
- **喜ぶこと** 毎日少しだけでも話すと気にしてくれるよ。

性格はどっち？ 元気 ★――――― やさしい

☆ まさし ☆

性格 まわりの人をよく見て助けてあげることのできるやさしい人。頼りにされることも多いね。 〈情報通タイプ〉

- **恋愛** ずっと近くにいてくれる人を好きになるよ！
- **将来** 気配り上手なので人と話ができるしごとが◎。
- **友情** 自分に似ていない友だちと長くつきあえそう！
- **喜ぶこと** 彼の良いところを、ほめてあげるといいよ。

性格はどっち？ 元気 ――★――― やさしい

☆ まさしげ ☆

性格 ちょっと気分屋さんだけど、いつもまわりに人が集まる人気者だよ。あまえん坊な面も。 〈ギャップタイプ〉

- **恋愛** あまえん坊なのでお姉さんぽい子が好みだよ。
- **将来** ツアコンのような頼りにされるしごとが良い。
- **友情** 友だちが多く、頼りになるリーダー的な存在。
- **喜ぶこと** たまには電話でお話をしてみるとたのしいよ！

性格はどっち？ 元気 ――★――― やさしい

☆ まさたか ☆

性格 マイペースな彼。いじっぱりなところもあるけど友だち思いで、友だちもたくさんいるよ。 〈ギャップタイプ〉

- **恋愛** とにかく話しかけて！やさしい言葉に弱いよ。
- **将来** マイペースにできるおしごとがあっているよ。
- **友情** 同級生はもちろん、年下の友だちも多いよ。
- **喜ぶこと** ニックネームで呼ぶと急接近できるかもよ！

性格はどっち？ 元気 ―――★― やさしい

☆ まさてる ☆

性格 すごく負けずぎらいで得意なことでは一番を目指す人。やると決めたらあきらめないよ。 〈信念タイプ〉

- **恋愛** 好きになった女の子しか見えなくなるよ。
- **将来** 音楽関係の仕事だったら楽しくできるかも。
- **友情** 友だちは少なくても大切な友だちがいれば◎。
- **喜ぶこと** 負けずぎらいの彼なので、からかうのはダメ！

性格はどっち？ 元気 ――――★ やさしい

☆ まさと ☆

性格 他の子にあれこれ言われるのがニガテなんだ。自分で思った通りに進めていきたい人だよ。 〈信念タイプ〉

- **恋愛** 好ききらいがはっきりしていてわかりやすい。
- **将来** じっくりと考えるしごとが似合っているよ！
- **友情** 兄弟のようにつきあえる友だちができるよ。
- **喜ぶこと** さりげなく好きと伝えるとうまくいくかも。

性格はどっち？ 元気 ―――★― やさしい

心理テストQ　青と白、それぞれの色からイメージした男の子は？

☆ まさとし ☆

性格 少しガンコで不器用なところがあるけど、まじめで男らしくてとても頼りになるよ！ （信念タイプ）

恋愛 恥ずかしがり屋で、恋にはオクテなタイプ。

将来 まじめでかっこいい刑事を目指してみて！

友情 一度できた友だちのことは一生大切にするよ。

喜ぶこと 彼のがんばりを笑顔でほめてあげると◎。

性格はどっち？　元気 ――★―――― やさしい

☆ まさなお ☆

性格 まっすぐ自分を信じてつき進むん。がんばり屋でみんなから頼られて人気があるよ。 （信念タイプ）

恋愛 いっしょにがんばれる人を好きになるかも。

将来 みんなをひっぱる社長さんが向いているよ。

友情 真面目で正直だからだれからも信用されるよ。

喜ぶこと ストレートに「好き」と言うと効果的かも。

性格はどっち？　元気 ―――――★ やさしい

☆ まさなり ☆

性格 強そうに見えるけど本当はさみしがり屋さん。本番に強くチャンスをものにできるよ！ （情報通タイプ）

恋愛 いつも笑顔で楽しい人と恋に落ちるかも。

将来 頭の良さを生かして学校の先生を目指しそう。

友情 友だちを楽しませて元気づけることが得意！

喜ぶこと まずは共通の話で彼の心をつかんでみて！

性格はどっち？　元気 ―★――――― やさしい

☆ まさのぶ ☆

性格 前向きで負けずぎらいの性格。おしゃべり好きでみんなを盛り上げることが得意だよ。 （ギャップタイプ）

恋愛 クラスの人気者的な女の子を好きになるよ。

将来 やり手のセールスマンとして大成功しそう。

友情 友だちをびっくりさせて楽しませてくれるよ。

喜ぶこと 積極的に楽しい話をすると好感度がアップ！

性格はどっち？　元気 ―――★――― やさしい

☆ まさのり ☆

性格 ピンチをチャンスに変えられるねばり強い性格。自由な発想力とアイデア力はバツグン！ （信念タイプ）

恋愛 好きな人に一直線に気持ちを伝えるタイプ。

将来 音楽プロデューサーになって能力を生かそう！

友情 仲良しは少なくても友情の深さはピカイチ。

喜ぶこと 彼をひたすらほめて好意をそっと伝えて。

性格はどっち？　元気 ――――★―― やさしい

☆ まさはる ☆

性格 人と楽しむことが大好きだけど、一人の時間も大切にするよ。かなりのおしゃれさん。 （情報通タイプ）

恋愛 恋に発展するまでは少し時間がかかりそう。

将来 いろんな発見ができる研究者が向いてるよ。

友情 たくさんの友だちがまわりに集まってくるよ。

喜ぶこと 彼に近づくには勉強を教えてもらうと◎。

性格はどっち？　元気 ――――★―― やさしい

心理テスト A　青は恋人、白は理想の人。

☆ まさひこ ☆

性格 友だちとの約束をしっかり守る人。友だちや家族を大事にする思いやりのある男の子。 **信念タイプ**

恋愛 初めてつき合った人と結婚するかも。
将来 芸能人でもチャレンジすればうまくいくよ。
友情 しっかり者のキミはみんなに頼りにされるね。
喜ぶこと 悩みを相談すると頼りにされてるって喜ぶよ。

性格はどっち？ 元気 ——★———— やさしい

☆ まさひで ☆

性格 あっさりした性格で同い年が幼くみえてしまうかも。年上と気が合うみたい。 **ギャップタイプ**

恋愛 勉強ができても物知りな子を好きになりそう。
将来 資格をとって専門職が向いてるみたい。
友情 困っている子を助けたい世話好きだよ。
喜ぶこと 本やペンを貸し借りすると急接近しちゃう！

性格はどっち？ 元気 ——★———— やさしい

☆ まさひと ☆

性格 アイデアが豊富で自分の考え方に自信がある人。友だちの意見も聞けるともっといいよ。 **信念タイプ**

恋愛 出会ったらいつまでも大事にするね。
将来 ひとりでマイペースにできる仕事がいいね。
友情 本気でケンカしたらいい友だちになれちゃう。
喜ぶこと イケメン芸能人に似てるねっていうと喜ぶよ。

性格はどっち？ 元気 —★————— やさしい

☆ まさひろ ☆

性格 ルールや常識にとらわれない、自由な発想の持ち主。みんながおどろくものを作る人。 **信念タイプ**

恋愛 好きな子の前では自然と笑顔になっちゃう。
将来 芸能人になれる可能性あり。
友情 広いつきあいより本当の友だちだよ。
喜ぶこと まずはさりげなく好きと言ってみて。

性格はどっち？ 元気 ——★——— やさしい

☆ まさふみ ☆

性格 人と自分を比べずに自分のペースで物事を進めていける人。 **ギャップタイプ**

恋愛 ちょっと強引にアピールされると弱いみたい。
将来 かっこいい建物を建てる建築デザイナーが◎。
友情 世話好きのキミは年下にも人気があるよ。
喜ぶこと 彼がドキドキするように話しかけて。

性格はどっち？ 元気 ———★—— やさしい

☆ まさみち ☆

性格 ピンチの時ほど大きなことを成しとげちゃう人。将来は大物だね。 **信念タイプ**

恋愛 好きになったら、自分から告白しちゃう。
将来 こわがらないでやりぬく力でいつか社長に！
友情 少ない友だちと深いつきあいができる。
喜ぶこと じっと見つめてにっこりほほ笑むと恋の予感！

性格はどっち？ 元気 ——★——— やさしい

心理テストQ 森の中を散歩中、動物が出現。もう少し歩くとまた別の動物が。

☆ まさみつ ☆

性格 自分の考えを持っていてねばり強いよ。大変なときでも最後までがんばれちゃうね。

ギャップタイプ

恋愛 相手にいつも自分のことを考えていてほしいね。

将来 税理士、会計士、おまわりさんもあり。

友情 本気でけんかした子と親友になれる予感。

喜ぶこと 遊ぶときは必ず一番にさそってあげて。

性格はどっち？ 元気 ——★—— やさしい

☆ まさむね ☆

性格 やりたいことを我慢しても、将来の目標に向ってがんばれるんだね。

信念タイプ

恋愛 自分から告白するかもしれないよ。

将来 大人っぽくてがんばるキミは映画監督に！

友情 まじめでキミのことを思ってくれる子と仲良く。

喜ぶこと 急にだまって見つめられるとキュンとしそう。

性格はどっち？ 元気 ——★—— やさしい

☆ まさや ☆

性格 あらそいごとがきらいで平和が好きな人。あまり難しいことを考えず思い切りがいいね。

ギャップタイプ

恋愛 告白はするよりもだまって待つタイプみたい。

将来 介護士や看護師が向いてるみたい。

友情 親友とは一生のつきあいができるよ。

喜ぶこと 持っているものをオシャレとほめると喜ぶよ。

性格はどっち？ 元気 ——★—— やさしい

☆ まさやす ☆

性格 人に合わせるのがじょうずな人。相手の意見も尊重できるのがいいところ。

情報通タイプ

恋愛 クラスであこがれの女の子に恋しちゃいそう。

将来 器用でモノ作りが得意なキミはガラス職人！

友情 盛り上げ上手だから友だちが多いね。

喜ぶこと 彼の夢や目標を聞いて応援してあげて！

性格はどっち？ 元気 ——★—— やさしい

☆ まさゆき ☆

性格 どんなときもマイペースで努力するよ。少し時間はかかっても最後には大成功できるよ。

ギャップタイプ

恋愛 クラブ活動で一緒の子と自然となかよく。

将来 のりもの好きなキミは電車の運転手で。

友情 いつもたくさんの友だちが集まるよ。

喜ぶこと 大きな声でニックネームでよんでみて！

性格はどっち？ 元気 ——★—— やさしい

☆ まさよし ☆

性格 友だちづきあいのバランスがよくて世わたり上手。年上からも好かれやすい人。

信念タイプ

恋愛 友だちと同じ人を好きだとえんりょしちゃう。

将来 花や虫の美しさを残す人気のカメラマンに。

友情 時間や約束を守るキミは信頼されているよ。

喜ぶこと 出しゃばらずひかえ目に、ほほえんでみて。

性格はどっち？ 元気 ——★—— やさしい

心理テスト A 最初の動物は自分、2番目の動物は理想のタイプ。

☆ まさる ☆

性格 さみしがり屋なのに、ひとりも好きな人。大人っぽいところがある、おしゃれさん。 —— 情報通タイプ

恋愛 タイプじゃない人からも好かれてちゃいそう。

将来 アドバイス上手で人に教える先生向きだね。

友情 グループで意見をまとめて仕切るのが得意。

喜ぶこと 得意科目を聞いて勉強を教えてもらおう。

性格はどっち？ 元気 ――――★―― やさしい

☆ まつき ☆

性格 グループの中にいるだけでみんなをホッとさせる人。ほんわかやさしい感じがあるね。 —— ギャップタイプ

恋愛 自分とはちがうタイプを好きになりそう。

将来 人と競わないマイペースな仕事がいい。

友情 みんなが頼りになる、すごいリーダー的存在。

喜ぶこと カッコいいとほめられたらキュンとしちゃう。

性格はどっち？ 元気 ―――――★ やさしい

☆ まなと ☆

性格 負けずきらいで、得意分野はいつも一番になりたい人。がんばり屋さんだね。 —— 信念タイプ

恋愛 真剣に好きになるから大事にしてくれるよ。

将来 努力してみんなのあこがれの歌手に!

友情 もっと友だちを信じて悩みを相談してみたら?

喜ぶこと 彼と目があったらにっこり笑いかけて!

性格はどっち？ 元気 ―――――★ やさしい

☆ まなぶ ☆

性格 友だちの様子をよくみているから、相手の気持ちがわかるんだね。頼りになるね。 —— 情報通タイプ

恋愛 好かれるより自分が好きになる方がいいね。

将来 世界で大注目のコンピュータープログラマーに。

友情 自分とちがうタイプの友だちは大事だよ。

喜ぶこと 彼の話を楽しそうに最後まで聞いてあげて。

性格はどっち？ 元気 ―――――★ やさしい

☆ まもる ☆

性格 パワーいっぱいのたくましい人。細かいことはあんまり気にしない性格。 —— ギャップタイプ

恋愛 話を聞いてくれる聞き上手の女の子が好き。

将来 レストランオーナーができると思うよ。

友情 やさしくてケンカにならないタイプの子が◎。

喜ぶこと いつもとちがったところがあるとドキドキ!

性格はどっち？ 元気 ――――★―― やさしい

☆ みう ☆

性格 何でも一人で抱えこまずに、素直に人に聞けるのがいいところ。みんなと仲よくできる子。 —— ギャップタイプ

恋愛 クラスのアイドルみたいな活発な子が好き。

将来 ダンス好きならダンサーになれるかも。

友情 やんちゃな子と相性がいいみたいだよ。

喜ぶこと はっきり意見を言う子が好きみたい。

性格はどっち？ 元気 ―――★――― やさしい

心理テストQ 春夏秋冬、それぞれだれを思い浮かべる?

☆ みきお ☆

性格 こわいもの知らずで、思い切ってなんでもできるのは本当にすごいね！

ギャップタイプ

恋愛 笑いのつぼが同じ人を好きになりそう。

将来 動物と接するペット関係がいいかも。

友情 友だちをびっくりさせるのが好き。

喜ぶこと はっきり言う子が好きみたいだよ。

性格はどっち？ 元気 ──★── やさしい

☆ みきと ☆

性格 あっけらかんと大きなことを言える男子。でも嫌味な感じが全然ないのがいいね。

ギャップタイプ

恋愛 スポーツが得意な人が好きみたい。

将来 ホテルや旅館でおもてなしをする仕事が◎。

友情 友だちの話を聞いてあげると好かれるよ。

喜ぶこと なるべくきょりを縮めるようにしてみて。

性格はどっち？ 元気 ─★─── やさしい

☆ みきのり ☆

性格 チャレンジ精神がおうせいで、とても明るい人。あきっぽいところもあるみたい。

情報通タイプ

恋愛 おつきあいには時間がかかるかも。

将来 教えるのがとっても上手な小中学校の先生。

友情 友だちを増やすのがとっても得意だよ。

喜ぶこと 機嫌の良さそうなときに話しかけてみよう！

性格はどっち？ 元気 ★──── やさしい

☆ みきひこ ☆

性格 いつも笑顔がたえない明るいオーラを持った男子。まちがいははっきり言う人。

情報通タイプ

恋愛 お笑い系でにぎやかな目立つ人が好き。

将来 世界の出来事を伝えるジャーナリスト。

友情 ライバルがいつの間にか友だちになるよ。

喜ぶこと 彼と2人だけのヒミツがあると急接近！

性格はどっち？ 元気 ★──── やさしい

☆ みきひさ ☆

性格 人から何かたのまれたら断れない人。自分より友だちのことを考えるから好かれるね。

ギャップタイプ

恋愛 告白なんてはずかしくてできません。

将来 みんなが大好きなアニメを作る漫画家が◎。

友情 断れない性格だから、あなたに甘えちゃう。

喜ぶこと 弱い面を見せると守ってあげたくなるはず！

性格はどっち？ 元気 ───★─ やさしい

☆ みきや ☆

性格 大切なことを秘密にするところがあるよ。時間にとても正確で約束を破ったりしないよ。

信念タイプ

恋愛 恋愛より友達の方が大切って思ってるよ。

将来 華道や茶道、日本舞踊などの先生が◎。

友情 話しかけやすいところがいいみたい。

喜ぶこと いつも笑顔で人なつっこく話しかけよう！

性格はどっち？ 元気 ─★─── やさしい

心理テスト A　春は初恋の人。夏は相性抜群。秋は恋人。冬は結婚する人。

☆ みずき ☆

性格 いつも笑顔で明るい雰囲気を持った人だよ。まちがいは、違うよってはっきり言うよ。　情報通タイプ

恋愛 ドラマみたいな出会いがほしいみたい。

将来 みんなが大好きなお菓子を作るパティシエ◎。

友情 ライバルだと思っていた人が友だちになるよ。

喜ぶこと 毎朝、おはようって元気なあいさつをしよう！

性格はどっち？ 元気 ──★──┼── やさしい

☆ みちお ☆

性格 得意科目じゃ絶対に負けない！根性のある人。分からないことも自分で調べちゃう。　ギャップタイプ

恋愛 アイドルみたいな子がタイプのよう。

将来 スポーツ選手になってオリンピックに出場！

友情 友だちの秘密を言わないように注意しよう！

喜ぶこと 彼の好きな髪型やファッションを聞こう！

性格はどっち？ 元気 ──★──┼── やさしい

☆ みちてる ☆

性格 太陽みたいにとっても明るい人。落ちこんでる人をすぐ助けてあげるやさしさがミリョク。　ギャップタイプ

恋愛 勉強ができる人を好きになっちゃうよ。

将来 ホテルや旅館での仕事がいいみたい。

友情 友だちとはぶつからない性格だね。

喜ぶこと 彼の良いところを見つけてほめると◎。

性格はどっち？ 元気 ──┼─★─┼── やさしい

☆ みちなお ☆

性格 だまっていることやじっとしていることが大のニガテ……。いつもにぎやかだね。　ギャップタイプ

恋愛 クラブ活動で一緒になると仲良しに！

将来 会社をつくるとお金持ちになれるかも。

友情 オープンな性格で友だちいっぱいだね。

喜ぶこと 楽しかった出来事を一番に話してみよう！

性格はどっち？ 元気 ──★──┼── やさしい

☆ みちなり ☆

性格 みんなではしゃいだり、にぎりやかなのが大好き。人生を楽しめる明るさがあるね。　ギャップタイプ

恋愛 スポーツが得意な人を好きになるよ。

将来 アナウンサーやキャスターがいいね。

友情 困った人を助けてあげる世話好きな人だよ。

喜ぶこと いっしょに下校するとうれしいって。

性格はどっち？ 元気 ──┼─★─┼── やさしい

☆ みちのぶ ☆

性格 苦手なことも、自分の力で一生けんめいがんばるよ。途中で投げ出さない強さがあるね。　信念タイプ

恋愛 目立つ人より、少しおとなしい人が好き。

将来 海外を飛び回る仕事が向いてるよ。

友情 ひとりで悩まないで友だちに相談しよう。

喜ぶこと 気軽に遊びやデートにさそってみると◎。

性格はどっち？ 元気 ──┼─★─┼── やさしい

心理テストQ ヤシの木が生えている無人島にいます。実は何個落ちていますか？

☆ みちのり ☆

性格 物事をいろんな角度から考える研究者タイプ。けっこうプライドが高いみたい。　*情報通タイプ*

恋愛 いつも笑顔でノリノリの人が好きだよ。

将来 車関係やエンジニアが向いているよ。

友情 落ち込んでる人に気付いてあげるやさしい人。

喜ぶこと バレンタインや誕生日にプレゼントして◎。

性格はどっち？ 元気 ★———+———+———+——— やさしい

☆ みちひこ ☆

性格 小さいことで喜んだり悲しんだりしちゃうよ。1つのことにこだわらず色々な経験をするよ。　*情報通タイプ*

恋愛 気持ちを素直にひょうげんできないかも。

将来 みんなが喜ぶ美味しい料理を作るシェフ。

友情 人見知りだけど仲良くなると積極的に！

喜ぶこと 他の男子とはなかよくしないようにして。

性格はどっち？ 元気 ———+———+———★——— やさしい

☆ みちひろ ☆

性格 プライドが高くて、グループのみんなをどんどん巻きこんでひっぱっていく男子。　*情報通タイプ*

恋愛 皆から好かれるより本命に好かれよう！

将来 有名な芸能人のマネージャーになれるよ。

友情 友だちをいつも楽しませるのが好きだよ。

喜ぶこと あんまりしつこくしないであげようね。

性格はどっち？ 元気 ★———+———+———+——— やさしい

☆ みちまさ ☆

性格 みんなから見えないところでがんばるからなかなか認められないけど、必ず成功する人だよ。　*信念タイプ*

恋愛 何年もずっと同じ人を片想いする人だよ。

将来 困っている人の悩みを調べる探偵が○。

友情 友だちを裏切らないから信頼されているよ。

喜ぶこと 話を聞いて、そうだねって言ってあげよう！

性格はどっち？ 元気 ★———+———+———+——— やさしい

☆ みちや ☆

性格 流行よりも昔ながらの伝統とか習慣が好きな人。個性的でいいね。　*信念タイプ*

恋愛 好きな人がいても家族には絶対言わないよ。

将来 みんなの住んでいる国や町の仕事をする公務員。

友情 親友になった人は大人になっても友だちに。

喜ぶこと いつもがんばってるねってほめる。

性格はどっち？ 元気 ★———+———+———+——— やさしい

☆ みつあき ☆

性格 絵を描いたり歌をうたったりすることが得意。将来は芸術分野で活躍しそうな人。　*情報通タイプ*

恋愛 気持ちを正直に伝えられなくてもどかしい。

将来 洋服のデザイナーなんてどうかな。

友情 ライバルが仲良しの友だちになるよ。

喜ぶこと 自分の話ばかりはダメ。彼の話を聞こう！

性格はどっち？ 元気 ———+———★———+———+——— やさしい

心理テスト A　これから恋愛する数なんだよ。

☆ みつお ☆

性格 とても正義感が強くて礼儀正しい人。グループの中ではリーダーみたいな存在だね。 　*信念タイプ*

恋愛 まじめで、好きな人にとことんつくすよ。

将来 お金や数字を扱う仕事がいいかも。

友情 ケンカしたらすぐにあやまって仲直りしよう！

喜ぶこと お願いごとや、少しわがままを言ってみよう！

性格はどっち？ 元気 ——★— やさしい

☆ みつき ☆

性格 頭の回転が速くて集中力があるね。先生や先ぱいからドンドン勉強していける人。 　*情報通タイプ*

恋愛 さみしくっていろんな人を好きになるかも。

将来 レストランをやってみるといいかも。

友情 ありのままの自分でいられる友だちが◎。

喜ぶこと 彼の前で他の男子にやさしくしちゃダメ。

性格はどっち？ 元気 —★—— やさしい

☆ みつたか ☆

性格 取っ付きやすくてやさしい雰囲気があるから、自然と仲間が集まってくる人。 　*ギャップタイプ*

恋愛 失恋するとなかなか立ち直れないよ。

将来 電車やバスの運転手さんがおすすめ。

友情 友だちのいいところをほめていこう。

喜ぶこと 近くで話しかけてドキドキさせちゃおう。

性格はどっち？ 元気 ——★— やさしい

☆ みつてる ☆

性格 カッコいい人にあこがれるので、いつの間にか自分も注目の的になっているはなやかな人。 　*信念タイプ*

恋愛 好きになったら自分から告白しちゃうよ。

将来 たくさんの人に歌を届ける歌手がおすすめ。

友情 もっと友だちに悩みをうち明けてみて。

喜ぶこと みんなで遊ぶときには必ず彼もさそおう。

性格はどっち？ 元気 ——★— やさしい

☆ みつなり ☆

性格 練習のときより本番に強いタイプ。ここぞというときに力を出せる、強運の持ち主。 　*情報通タイプ*

恋愛 だれからも好かれたい八方美人。

将来 好きな勉強を仕事にできる大学教授。

友情 友だちを楽しませるのが得意だね。

喜ぶこと 好きな芸能人の話題で一緒に盛り上がろう。

性格はどっち？ 元気 —★—— やさしい

☆ みつのぶ ☆

性格 得意な科目では絶対に負けたくないよ。分からないことがあると、分かるまで調べるよ。 　*ギャップタイプ*

恋愛 笑いのツボが同じような人を好きになるよ。

将来 動物と接する飼育員や訓練士がおすすめ。

友情 いつでも話を聞いてくれる人と仲良し。

喜ぶこと 思い切って好きな人と腕を組んでみると◎。

性格はどっち？ 元気 ——★— やさしい

心理テストQ 美人で頭の良い転校生が来ました。その子の秘密は何？

☆ みつのり ☆

性格　負けずぎらいで、自分が好きなことでは絶対負けたくない人。いつも一番を目指してる。　*信念タイプ*

恋愛　好きな気持ちが顔や声に出て笑顔になるよ。

将来　アイデアを生かしてネットで起業はどう?

友情　物知りな人と友だちになって刺激をもらおう!

喜ぶこと　やさしくされたら、ありがとうを忘れずに。

性格はどっち?　元気 ——★—— やさしい

☆ みつはる ☆

性格　明るくてハキハキ話すところがいいね。男らしいけど実はさみしがり屋さんな人。　*情報通タイプ*

恋愛　女子からひとめぼれされちゃうかもしれない。

将来　テレビやマスコミに関わる仕事が◎。

友情　友だちを楽しませるのが大好きだよ。

喜ぶこと　誕生日には名前入りプレゼントがうれしい。

性格はどっち?　元気 ——★—— やさしい

☆ みつひこ ☆

性格　うっかりが多いあわてんぼうさん。先生や年上の人から好かれているよ。　*信念タイプ*

恋愛　悩みごとを聞いてくれる人が好き。

将来　外交官になって外国で活躍できる。

友情　しっかり者はいつも頼りにされちゃうね。

喜ぶこと　だれもいないところで好きと伝えて。

性格はどっち?　元気 ——★—— やさしい

☆ みつひろ ☆

性格　自分に厳しくて、がんばりすぎるところがあるよ。ときには休憩することも大切だよ。　*信念タイプ*

恋愛　相手にいつも気にされてないと不安だよ。

将来　危険から皆を守る警察官がおすすめ。

友情　本当の友だちは少なくていいんだよ。

喜ぶこと　冗談でもけなさないよ!言葉づかいに注意!

性格はどっち?　元気 ——★—— やさしい

☆ みつる ☆

性格　自分がどう見られているのか気になっちゃう人。相手の表情に敏感なところがあるね。　*情報通タイプ*

恋愛　困ってるときに助けてもらうと好きになる。

将来　芸能人のマネージャーは楽しいよ。

友情　グループをまとめて悩みを解決しちゃうよ。

喜ぶこと　彼から言えないから好きって告白して◎。

性格はどっち?　元気 ——★—— やさしい

☆ みなと ☆

性格　とても負けずぎらいだよ。自分が関わっている事ではいつも一番を目指しているよ!　*信念タイプ*

恋愛　本命があらわれたら一生大切にするよ。

将来　芸能人の情報をキャッチするマスコミが◎。

友情　本気でケンカするから分かりあえる。

喜ぶこと　かわいいしゃべり方がいいみたい。

性格はどっち?　元気 ——★—— やさしい

心理テスト A　自分の欠点、コンプレックスのあるところだよ。

☆ みのる ☆

性格: かっこいい人にあこがれて自分もそうなりたいとがんばる人。みんなのあこがれの的になれる！ （信念タイプ）

恋愛: 自分から告白することもありそう

将来: テレビやラジオ局での仕事がおすすめだよ。

友情: いつも仲良しの友だちは家族みたいに大切。

喜ぶこと: やさしく話しかけて。言葉づかいには注意！

性格はどっち？　元気 ——★—— やさしい

☆ みらい ☆

性格: いつも正々堂々としているね。曲がったことは大きらいで、いつもまっすぐな人。 （信念タイプ）

恋愛: 少し地味でおとなしい人が好みたいね。

将来: 人の上に立つ社長がとても向いてるよ。

友情: ひとりで悩まず友だちに相談すると◎。

喜ぶこと: ストレートに「好き」といってあげて。

性格はどっち？　元気 ★—————— やさしい

☆ むさし ☆

性格: 困った人がいると放っておけない。自分をぎせいにしても助けちゃういい人。 （ギャップタイプ）

恋愛: さそわれても断ることが多いけど勇気を出して。

将来: ステキなヘアスタイルにする美容師がいいね。

友情: 友だちの冗談は真に受けないで！

喜ぶこと: 肩をポンッとたたくといいみたい。

性格はどっち？　元気 ———★— やさしい

☆ むつき ☆

性格: 手先が器用で、どんなことでもさらっとこなしちゃうから、みんなに感心されるかも。 （情報通タイプ）

恋愛: 仲良くなると相手を振り回しちゃうかも。

将来: 美味しい和菓子を作る職人さんが◎。

友情: 自然体でいられる友だちが一番！

喜ぶこと: ときには、さみしそうな表情をすると効果大！

性格はどっち？　元気 ——————★ やさしい

☆ むつひこ ☆

性格: とっても友だち思いでピュアな。ちょっと神経質なところもあるみたい。 （ギャップタイプ）

恋愛: やさしい言葉をかけられると好きにっこり

将来: 住みやすい家を作る建築士はどうかな？

友情: 恋愛より友だちつきあいを優先するよ。

喜ぶこと: 彼がドキドキするように接近して話そう！

性格はどっち？　元気 —————★— やさしい

☆ むねあき ☆

性格: とてもまじめで少し不器用なところがあるよ。目標があると努力して成功する人だよ。 （信念タイプ）

恋愛: 自分にだけやさしい人を求めているよ。

将来: 日本の国を良くしていく政治家が◎。

友情: 誰にでも同じように接するから好かれるよ。

喜ぶこと: 彼の悩みやグチを聞いてあげよう！

性格はどっち？　元気 ——★——— やさしい

心理テストQ　四つ葉のクローバーを探しています。何個見つかりましたか？

419

☆ むねかず ☆

性格 人から何か頼まれると断れないタイプ。いつも用事が多くっていそがしくなっちゃうね。
ギャップタイプ

恋愛 育ちの良いお嬢様系の女の子が好きだよ。

将来 漫画家やイラストレーターがいいよ。

友情 成績の近い人と友だちになれるよ。

喜ぶこと すごいね！さすが！と言ってあげてね。

性格はどっち？ 元気 ――★―― やさしい

☆ むねとし ☆

性格 ふだんから正しいことをしたいと思っているよ。友だちにもうそをつかないね。
ギャップタイプ

恋愛 とにかくかわいらしい女の子が大好き。

将来 パイロットで世界中を飛び回ろう。

友情 ファッションセンスでリーダーだよ。

喜ぶこと 「さすが！」という言葉に弱いみたい。

性格はどっち？ 元気 ―★――― やさしい

☆ むねひこ ☆

性格 人なつっこい性格で、自然と友だちが集まってくる人。困ったら友だちが助けてくれる。
ギャップタイプ

恋愛 大人びた雰囲気で自分とちがうタイプが好き。

将来 素敵な建物を考える建築デザイナー。

友情 決断力があるとても頼りになるリーダー。

喜ぶこと 友だちのように自然体が好きだって。

性格はどっち？ 元気 ――★― やさしい

☆ むねひさ ☆

性格 友だちより家族第一。がんこだけどリーダーとして年下から好かれる頼れる男子。
信念タイプ

恋愛 恋愛よりも友だちつきあいの方が大切だよ！

将来 ステキな写真を撮るカメラマンが◎。

友情 何事にも手を抜かないから尊敬されてるよ。

喜ぶこと 大切にしている親や兄弟をほめてあげよう！

性格はどっち？ 元気 ―★―― やさしい

☆ もとあき ☆

性格 初めて会う人にはしっかり者にみられるけど、実はあまえんぼう。そのギャップがミリョク。
ギャップタイプ

恋愛 やさしくて親切にされると好きになるよ。

将来 マイペースで自分らしい仕事をさがそう。

友情 周りがほうっておけない気になる存在だよ。

喜ぶこと 電話でいつもは言えないことを話してみよう！

性格はどっち？ 元気 ――★― やさしい

☆ もとかず ☆

性格 何事も最悪を考えてじゅんびしているね。とても慎重で、はしゃいだりしないクールな人。
信念タイプ

恋愛 しっかり者だけど恋人の前では甘えちゃう。

将来 悪い人を捕まえるカッコイイ刑事になろう！

友情 親友とは一生のつきあいができるはず。

喜ぶこと いつもがんばってるよね！ってほめてみよう。

性格はどっち？ 元気 ―――★ やさしい

心理テストA あなたを思ってくれている人の数。

☆ もとき ☆

性格 とっても話しかけやすくて、気がつくとまわりにお友だちがたくさん集まっているよ。 **ギャップタイプ**

恋愛 好きな子を得意なことで喜ばせちゃおう。

将来 いろんな所に行ける運転手さんになれるかも。

友情 友だち思いで小さい子から人気があるよ。

喜ぶこと かっこいい！って言われるとうれしいかも。

性格はどっち？ 元気 ──★── やさしい

☆ もとちか ☆

性格 みんなの中にいるだけでいやされちゃう。みんなをいつの間にか笑顔にする人気者だよ。 **ギャップタイプ**

恋愛 やさしい言葉にドキッ、好きになっちゃう。

将来 かっこいいおうちやビルを考えるのはどう？

友情 とっても頼りになる、みんなのリーダー。

喜ぶこと いつもは言えないことを電話で話すと◎。

性格はどっち？ 元気 ──★── やさしい

☆ もとなり ☆

性格 みんなといっしょに楽しく遊ぶことが大好き。大きな声で笑う、お日様みたいに明るい人。 **ギャップタイプ**

恋愛 勉強ができて色んなことを知ってる人が好き。

将来 アナウンサーになってテレビに出ちゃう？！

友情 友だちのお話をきいてあげると好感度アップ。

喜ぶこと えん筆や消しゴム、本を貸し借りしよう。

性格はどっち？ 元気 ───★ やさしい

☆ もとのり ☆

性格 とってもがんばり屋さん。かっこよくなりたいな。おしゃれが得意で、お友だちが注目！ **信念タイプ**

恋愛 好きになったら、好きって言っちゃう。

将来 歌手になれる？テレビやラジオで大人気！

友情 ケンカした友だちは大切なお友だちになれるよ。

喜ぶこと イケメン芸能人に似てるって言ったら◎。

性格はどっち？ 元気 ──────★ やさしい

☆ もとはる ☆

性格 大変なことがあってもあきらめないよ。色んなことを思いついて友だちをおどろかしちゃう。 **信念タイプ**

恋愛 好きな人とは、ずっといっしょにいたいな。

将来 困った人を助けてあげる警察官はどうかな？

友情 友だちに悩みをきいてもらうといいよ。

喜ぶこと みんなで遊ぶときはいつもさそってね！

性格はどっち？ 元気 ──────★ やさしい

☆ もとひこ ☆

性格 お友だちとの約束は絶対守るよ。みんなのことが大好きだから、みんなで仲よくあそぼうよ。 **信念タイプ**

恋愛 悩みを聞いてくれると好きになっちゃう。

将来 がんばればなりたいものになれちゃうかも。

友情 知らないお友だちともすぐ仲良くなっちゃう。

喜ぶこと だれもいないところで、好きって言うと◎。

性格はどっち？ 元気 ──────★ やさしい

心理テストQ プラネタリウムに彼と二人できています。何個の星が見えますか？

☆ もとひろ ☆

性格 ピンチになるほどがんばるよ。お友だちと競争するといつも一番になりたくなっちゃう。 （信念タイプ）

恋愛 好きな気持ちが顔や言葉で分かっちゃう。

将来 かっこいい音楽番組を作る人になれそう。

友情 色んなことを知ってる友だちといると楽しいよ！

喜ぶこと 目が合ったらニッコリ笑顔を見せちゃおう。

性格はどっち？ 元気 ─┼─┼─┼─★─ やさしい

☆ もとや ☆

性格 とても素直で先生や親の言うことを良く聞く子だよ。いっしょにいるとみんなが楽しくなるよ。 （情報通タイプ）

恋愛 おしゃれな服を着てる子が大好きかも。

将来 面白いマンガや本を作れちゃうかも。

友情 お友だちのいいところ、見つけちゃうぞ！

喜ぶこと 好きなことや芸能人の話をすると◎。

性格はどっち？ 元気 ─┼─┼─┼─★─ やさしい

☆ もとゆき ☆

性格 絵を描いたり、歌をうたったりすることが上手だよ。理科や算数の勉強も得意だね。 （情報通タイプ）

恋愛 ずっとお友だちだった子を好きになるかも。

将来 きれいな顔に変身させるメイクさん！

友情 いつもだれかといないと不安になっちゃう。

喜ぶこと 何かしてもらったらありがとうを伝えよう。

性格はどっち？ 元気 ─┼─┼─┼─★─ やさしい

☆ もりひろ ☆

性格 ワクワクすることをいつも探しちゃう！練習より本番でばっちり決めちゃうんだよね。 （情報通タイプ）

恋愛 いつも笑顔で楽しく話す人が好きなんだ。

将来 色んなことを教えちゃう小中学校の先生。

友情 悲しんでる友だちがいたら元気にしちゃうよ。

喜ぶこと 機嫌のいい時だけ話しかけてみると◎。

性格はどっち？ 元気 ─┼─★─┼─┼─ やさしい

☆ もりみち ☆

性格 今、人気のあるおしゃれをするのが大好き。ちょっぴりさみしがり屋さんのところも。 （情報通タイプ）

恋愛 いつも笑顔で楽しく話せる子にドキドキ。

将来 かっこいい車を考えて道路で走らせちゃう。

友情 お友だちを楽しませることが大好きだよ。

喜ぶこと 得意な教科を教えてもらっちゃおう。

性格はどっち？ 元気 ─★─┼─┼─┼─ やさしい

☆ もんた ☆

性格 こうだって思ったらすぐ行動しちゃう。嫌なことがあってもすぐ忘れちゃうんだ。 （信念タイプ）

恋愛 お友だちの意見を聞いてから行動すると◎。

将来 お金の使い方を考える税理士、会計士。

友情 仲良しのお友だちはずっと大切にするよ。

喜ぶこと 言葉づかいに気をつけて。やさしく話そう。

性格はどっち？ 元気 ─┼─┼─┼─★─ やさしい

心理テスト A　星の数が多ければ多いほど、両思い度が高いんだって。

や行の男の子

コツコツタイプ

人がみてないところで、まじめにコツコツとがんばっちゃう。ズルいことができないから、みんなに信頼されるよ。

さわやかタイプ

さわやかで自分の気持ちに正直でまっすぐな子だよ。声にやさしいあたたかみがあり、自然にしていても女の子の目をひくモテる子。

気づかいタイプ

困ってる人をほうっておけず、気くばりがとてもこまやか。知っていることをつい教えてあげたくなる先生のような一面もあるよ。

ペットを飼うとしたら、猫？犬？小鳥？

☆ やすあき ☆

性格 しっかりして見えるけど、本当は甘えんぼうのところも。とっても話しかけやすいよ。 *コツコツタイプ*

恋愛 好き好きって言われると好きになっちゃう。

将来 旅行の計画を立てるツアーコンダクター。

友情 恋をするより、お友だちと遊ぶ方が好き。

喜ぶこと あだ名で呼ぼう。もっと仲よくなれちゃう。

性格はどっち? 元気 ——★—— やさしい

☆ やすお ☆

性格 おしゃべりするのが大好き。イタズラして、お友だちをびっくりさせて喜んじゃう。 *コツコツタイプ*

恋愛 友だちよりも好きな子といっしょにいたいな。

将来 動物と接する仕事。飼育員や訓練士。

友情 友だちのヒミツを言わないようにしよう。

喜ぶこと 仲よしの友だち同士みんなで出かけよう。

性格はどっち? 元気 ————★ やさしい

☆ やすき ☆

性格 とても友だち思いだから、逆に困ったときはお友だちがどんどん協力して助けてくれるよ。 *コツコツタイプ*

恋愛 甘えんぼうなところがあるからお姉さんが好き。

将来 建物を考える建築士や建築デザイナー。

友情 すぐに決められる、頼れるリーダー。

喜ぶこと 時には冗談でふざけると仲よし度アップ。

性格はどっち? 元気 ——★—— やさしい

☆ やすし ☆

性格 困った人を見ると自分は我慢しても助けたくなっちゃう、とてもやさしい人だよ。 *コツコツタイプ*

恋愛 とにかく顔のかわいい子が大好きだよね。

将来 雲の上を飛ぶかっこいいパイロット。

友情 勉強が同じくらいできる人と友だちになるよ。

喜ぶこと すごいね！さすが！って言ってあげよう。

性格はどっち? 元気 ———★— やさしい

☆ やすたか ☆

性格 頭の回転が速くて集中して勉強できちゃうから成績もいいはず！考えごとをするのが好き。 *気づかいタイプ*

恋愛 お笑い系の明るい目立つ人が好きかも。

将来 色々なことを取材する記者、ジャーナリスト。

友情 ライバルだと思っていた人と友だちになるよ。

喜ぶこと 毎日かかさず、おはようって元気に言おう。

性格はどっち? 元気 ————★ やさしい

☆ やすなり ☆

性格 記念日やお祭りが大好きなにぎやかな男子。自分だけじゃなくみんなで楽しむのが好き。 *コツコツタイプ*

恋愛 色々な人を好きになっちゃうんだよ。

将来 ひとつのことを深く勉強する大学教授や研究員。

友情 知らないお友だち同士を仲よくさせちゃう。

喜ぶこと いきなり、好きって言っちゃだめだよ。

性格はどっち? 元気 ———★— やさしい

心理テストA 猫は甘え上手。犬は冒険好き。小鳥は包容力があるんだって。

☆ やすのり ☆

性格 すごく負けずぎらいでいつも一番がいいな。ルールは気にせず自由に色々考えるのが好き。 **さわやかタイプ**

恋愛 好きな子のことを考えただけで笑顔になるよ。

将来 色んな情報をキャッチするマスコミ関係。

友情 友だちを信じて悩みを話してみると◎。

喜ぶこと さりげなく好きな気持ちを伝えてみよう。

性格はどっち? 元気 ――――★―― やさしい

☆ やすはる ☆

性格 かっこいい人が目標。自分もそうなりたくてがんばるよ。アイデアもたくさんあるよ。 **さわやかタイプ**

恋愛 彼女からいつも気にされてるのが安心だよ。

将来 みんなを危険から守ってあげる警察官。

友情 仲よしの友だちは家族みたいに思ってるよ。

喜ぶこと からかったり、けなしたら絶対ダメだよ。

性格はどっち? 元気 ―――――★ やさしい

☆ やすひこ ☆

性格 うっかりすることが多くて、あわてんぼうな人だよ。つい守ってあげたくなっちゃう。 **さわやかタイプ**

恋愛 どこか頼りない子を好きになっちゃう。

将来 芸能人になってテレビに出られるかも。

友情 しっかりしてるから頼りにされちゃう。

喜ぶこと さりげなくとなりにすわって話しかけよう。

性格はどっち? 元気 ――――★―― やさしい

☆ やすひで ☆

性格 みんながあっとおどろくような新しいものを考えちゃう。自分の意見に自信があるよ。 **さわやかタイプ**

恋愛 なかなか本当に好きな人には会えないかも。

将来 アイデアをもとにパソコンで会社を作ろう。

友情 物知りな人と友だちになるとおもしろいかも。

喜ぶこと やさしいね、ありがとうって伝えよう。

性格はどっち? 元気 ――――★―― やさしい

☆ やすひろ ☆

性格 とってもねばり強くて、続けることが難しくなってもなかなかあきらめないよ。 **さわやかタイプ**

恋愛 まじめに恋するから、うその恋はしないよ。

将来 歌手になってステキな歌をとどけよう。

友情 本気でケンカした友だちは本当の友だちだよ。

喜ぶこと 目が合ったらニッコリ笑ってみよう!

性格はどっち? 元気 ――――★―― やさしい

☆ やすふみ ☆

性格 手先が器用で、どんなこともすんなりできちゃうよ。友だちとワイワイさわぐのはニガテ。 **気づかいタイプ**

恋愛 思ったことを素直に言えないところがあるよ。

将来 おいしいものを作るシェフ、パティシエ。

友情 自分がありのままでいられる友だちを選ぶよ。

喜ぶこと ときには、さみしそうな表情を見せると◎。

性格はどっち? 元気 ――――★―― やさしい

心理テストQ 海にイルカが泳いでいます。何匹いますか?

☆ やすゆき ☆

性格 いつも笑顔で明るい雰囲気があるよ。まちがったことは、まちがってるっていえるよ。 〈気づかいタイプ〉

恋愛 ちょっとやさしくされると恋しちゃうかも。

将来 おしゃれなカフェやレストランを開こう！

友情 いつも自分らしくいられる友だちと仲よし。

喜ぶこと 彼と二人だけのヒミツがあると急接近！！

性格はどっち？ 元気 ——★— やさしい

☆ やまと ☆

性格 自分に厳しくていいかげんなことはしないがんばり屋さん。お友だちの意見も聞くと◎。 〈さわやかタイプ〉

恋愛 好きになったら、すぐ気持ちを伝えちゃう。

将来 人の役に立つ警察官を目指してみよう！

友情 ヒミツにすることが多いけど友だちも信じよう。

喜ぶこと 彼を見つめて目が合ったら笑顔で◎。

性格はどっち？ 元気 ——★— やさしい

☆ ゆいと ☆

性格 かっこよくなりたくてがんばったら、いつの間にかみんなのあこがれになることも。 〈さわやかタイプ〉

恋愛 すぐ大好きになるから友だちの意見も聞こう。

将来 心を一つにしてステキな合奏をする演奏家。

友情 色んな友だちより仲よしの友だちがとても大切。

喜ぶこと 有名なイケメン芸能人に似てるって言おう。

性格はどっち？ 元気 ——★— やさしい

☆ ゆう ☆

性格 難しそうなことやニガテなことでもにげださずできるまでがんばるよ。れいぎ正しいよ。 〈さわやかタイプ〉

恋愛 やさしくておだやかな人が好きだよ。

将来 空の旅のおもてなしキャビンアテンダント。

友情 ケンカしたらすぐあやまって仲直りしよう。

喜ぶこと デートにさそって◎。意外とOKかも！

性格はどっち？ 元気 ——★— やさしい

☆ ゆういち ☆

性格 とてもさっぱりしてて同じ年の友だちが年下に見えることも。大声で笑う明るい人だよ。 〈コツコツタイプ〉

恋愛 スポーツが得意な人を好きになっちゃう。

将来 しゃべることが上手なアナウンサー。

友情 楽しいことはなんでもいっしょにやりたいな。

喜ぶこと 初めは友だちから。少しずつ仲よくなって◎。

性格はどっち？ 元気 —★—— やさしい

☆ ゆういちろう ☆

性格 おしゃべり大好きで、話し出したら止まらなくなっちゃう。得意な科目では負けないよ。 〈コツコツタイプ〉

恋愛 クラブ活動や行事でいっしょだと仲よしに。

将来 運動大好き。オリンピック選手を目指そう！

友情 友だちをびっくりさせるのが楽しいんだよね。

喜ぶこと 楽しかった出来事を一番に伝えよう！

性格はどっち？ 元気 ——★— やさしい

や〜ゆ

心理テストA　あなたの心の友の人数だよ。

☆ ゆうが ☆

性格　みんなが見てないところでコツコツがんばるよ。記念日にはプレゼントを忘れないよ。　*さわやかタイプ*

- **恋愛**　悩みをちゃんと聞いてくれる人が好き。
- **将来**　外国を相手に仕事をする外交官になろう。
- **友情**　人見知りしないから色んな人と話せるよ。
- **喜ぶこと**　かわいい話し方で急接近。甘えん坊で。

性格はどっち？　元気 ――――― やさしい★

☆ ゆうき ☆

性格　ネコみたいに気分で行動しちゃうこともあるよ。集中して勉強できるので成績もいいよ。　*気づかいタイプ*

- **恋愛**　ドラマみたいな運命の出会いにドキドキ。
- **将来**　色んなお話を作る小説家を目指そう！
- **友情**　仲よくなると自分の意見もちゃんと言うよ。
- **喜ぶこと**　彼の前で他の男子にやさしくしないでね。

性格はどっち？　元気 ――――― やさしい★

☆ ゆうさく ☆

性格　とっても人なつっこくて、気がつくとみんなが笑顔になってるよ。話しかけやすいよ。　*コツコツタイプ*

- **恋愛**　気持ちを表現してくれると好きになっちゃう。
- **将来**　お客さんを乗せるバスや電車の運転手。
- **友情**　まわりがほうっておけない気になる人だよ。
- **喜ぶこと**　彼がドキドキするように近づいて話そう。

性格はどっち？　元気 ――――― やさしい★

☆ ゆうじ ☆

性格　人をお世話をするのが好きだから頼りになるよ。いつも準備をちゃんとするよ。　*気づかいタイプ*

- **恋愛**　おしゃれな人を好きになっちゃうよ。
- **将来**　何かものを作る仕事や職人さんを目指そう！
- **友情**　いつも気にしてほしいさみしがり屋さん。
- **喜ぶこと**　彼の好きな趣味や芸能人の話をして◎。

性格はどっち？　元気 ――――― やさしい★

☆ ゆうじろう ☆

性格　人を笑わせたり喜ばせたりするのが大好き。友だちのいいところを見つけるのも得意！　*気づかいタイプ*

- **恋愛**　笑顔がステキだからモテモテで大人気。
- **将来**　ファッションならおまかせのスタイリスト。
- **友情**　味方になってくれる友だちを大切にするよ。
- **喜ぶこと**　悩みごとの相談をしてみるといいかも。

性格はどっち？　元気 ――――― やさしい★

☆ ゆうすけ ☆

性格　先生や年上の人から色々なことを学んでどんどん成長するよ。少し内気なところも。　*気づかいタイプ*

- **恋愛**　良いところを見つけると好きになっちゃう。
- **将来**　日本の色々なお菓子を作る和菓子職人。
- **友情**　思いやりがあるけど、好ききらいがあるかな。
- **喜ぶこと**　自分の話より彼の話で盛り上がろう！

性格はどっち？　元気 ――――― やさしい★

心理テストQ　分かれ道に立っています。右左？それとも戻る？

☆ ゆうた ☆

性格 ルールや常識を気にしない自由な考えを持っているよ。人の意見を聞くといいよ。

さわやかタイプ

恋愛 好きな人の前では笑顔になっちゃう。

将来 テレビやラジオ局で色んな情報を発信。

友情 物知りな友だちを作って刺激をもらおう。

喜ぶこと さりげなく気持ちを伝えると告白される？

性格はどっち？ 元気 ―――――★ やさしい

☆ ゆうだい ☆

性格 かなしい表情を見ると自分もかなしくなり、その人を助けてあげたくなるやさしい人。

気づかいタイプ

恋愛 好きな人を目で追いかけちゃうんだ。

将来 ゲームを作ってみんなを楽しませちゃおう。

友情 目立ちたがりで、友だちも目立つ人が好き。

喜ぶこと 大きくうなずいて話を聞いてあげて◎。

性格はどっち？ 元気 ―――――★ やさしい

☆ ゆうたろう ☆

性格 だれかに甘えたり頼ったりすることがニガテだな。とても負けずぎらいでがんばり屋だよ。

さわやかタイプ

恋愛 何かに夢中でがんばってる人が好き。

将来 お金をあつかう銀行員や郵便局員になろう。

友情 ときには自分の意見をゆずってみよう。

喜ぶこと お願いごとをしたり少しわがままを言って◎。

性格はどっち？ 元気 ――★―――― やさしい

☆ ゆうと ☆

性格 流行にびんかんでおしゃれに興味があるよ。みんなのお手本になっちゃう。明るい人。

気づかいタイプ

恋愛 困ったときに気にかけてくれると急接近。

将来 子供のお世話をする保育士や幼稚園の先生。

友情 相手を楽しませることが大好きだよ。

喜ぶこと 時間をかけて好きって気持ちを伝えて。

性格はどっち？ 元気 ――――――★ やさしい

☆ ゆうのすけ ☆

性格 気分が乗らない時にはすねちゃうこともあるよ。ほんわかした雰囲気の人だよ。

コツコツタイプ

恋愛 大人っぽい人や自分とちがうタイプが好き。

将来 自分のペースで働く職業をめざそう！

友情 気づくとみんなの話題の中心にいるよ。

喜ぶこと 友だちになってからゆっくり近づこう！

性格はどっち？ 元気 ―――★――― やさしい

☆ ゆうへい ☆

性格 一度こうと決めたら曲げないガンコなところがあるよ。人の意見に流されにくいよ。

さわやかタイプ

恋愛 相手にとことんつくしちゃうよ。まじめ。

将来 海外を飛び回る外資系が向いてるよ。

友情 口がかたいから友だちからよく相談されるよ。

喜ぶこと 彼は遠回しではダメ。好きって伝えて◎。

性格はどっち？ 元気 ――――★―― やさしい

心理テストA　右はさっぱりした性格。左は個性的な性格。戻るのは慎重派。

☆ ゆうま ☆

性格 とてもまじめで、不器用そうだけど目標に向かってがんばる人だよ。とてもガンコな人。 **さわやかタイプ**

恋愛 オタクの人を好きになって、世界が広がる？

将来 日本のために力をつくす政治家が◎。

友情 友だちの良いところをほめてみとめると親友に。

喜ぶこと 彼の悩みやグチを聞いてあげて。

性格はどっち？ 元気 ——————★ やさしい

☆ ゆうや ☆

性格 友だちより家族を一番に考えてるよ。ガンコだけど自分の意見は素直に伝えるよ。 **さわやかタイプ**

恋愛 恋も大切だけど友だちの方が大切だよ。

将来 気持ちをくみ取る心理カウンセラー。

友情 聞き上手だからみんなが話しかけてくれるよ。

喜ぶこと いつも笑顔で人なつっこく話して◎。

性格はどっち？ 元気 ——————★ やさしい

☆ ゆきあき ☆

性格 頭が良くて集中して勉強できるから成績がすごくいいよ。理科や算数が得意だよ。 **気づかいタイプ**

恋愛 お笑い系の楽しくて目立つ人が好き。

将来 ごちそうを作るシェフがおすすめだよ。

友情 仲良くなると色々つきあわせちゃうかも。

喜ぶこと だれにも言わないでってヒミツを作ろう。

性格はどっち？ 元気 —★—————— やさしい

☆ ゆきお ☆

性格 ガンコだけど、男子にも女子にも人気で信頼があるよ。とても負けずぎらい。 **さわやかタイプ**

恋愛 目立つ人はニガテ。おとなしい人が好き。

将来 人の上に立つ、リーダーや社長を目指そう。

友情 一人で悩まないで友だちにそうだんしよう。

喜ぶこと 元気がない時はたくさん話を聞いて◎。

性格はどっち？ 元気 ——————★ やさしい

☆ ゆきと ☆

性格 自分の考えに自信があるからだれかに命令されたくないよ。手を抜くことがきらいだよ。 **さわやかタイプ**

恋愛 本当に好きじゃない人とは恋できないよ。

将来 お金にくわしい税理士や会計士になろうよ。

友情 友だちを信じて悩みをうち明けて◎。

喜ぶこと やさしく話しかけて、目が合ったらニコッ。

性格はどっち？ 元気 —————★— やさしい

☆ ゆきなり ☆

性格 みんなの前では大はしゃぎしちゃう。自分がみんなにどう思われているのか気になるよ。 **気づかいタイプ**

恋愛 時間をかけてじっくり相手を観察するよ。

将来 芸能人のマネージャーになっちゃおう！

友情 相手を楽しませることが大好きだよ。

喜ぶこと やさしくして好きな気持ちを伝えていこう。

性格はどっち？ 元気 ——————★ やさしい

心理テストQ 森を歩いていました。会った動物は、あなたより大きい？小さい？

☆ ゆきのり ☆

性格 負けずぎらいな性格だよ。努力家で何でも一番を目指すので将来はすごい人になるかも。　さわやかタイプ

恋愛 好きになったら一途。マジメタイプだよ。

将来 コツコツ努力家なので会計士などがいいよ。

友情 仲よしの友だちを家族のように大事にするよ。

喜ぶこと 感謝や気持ちを言葉にしてあげよう。

性格はどっち？　元気 —★—|—|— やさしい

☆ ゆきひさ ☆

性格 人から頼まれごとをされると断れない性格。誠実で困った人をほっとけないやさしい人だよ。　コツコツタイプ

恋愛 恥ずかしがり屋で告白を待つタイプだよ。

将来 介護士など人の役に立つ仕事をするといいよ。

友情 断れないやさしい性格にみんなが寄ってくるよ。

喜ぶこと 弱い面を見せて彼を頼ってあげると喜ぶよ。

性格はどっち？　元気 —|—★—|— やさしい

☆ ゆきひろ ☆

性格 アイデア豊富で自由な発想の持ち主だよ。みんながアッとおどろくような発明をするかも。　さわやかタイプ

恋愛 マジメな恋愛をするので、軽い人がニガテだよ。

将来 アイデアを生かして会社をつくるといいかも。

友情 友だちと本音でぶつかると親友になれるかも。

喜ぶこと 彼を見つめてさりげなく「好き」と伝えよう。

性格はどっち？　元気 —★—|—|— やさしい

☆ ゆきまさ ☆

性格 自分の意見をしっかり持っているけど、好きな人の言うことはちゃんと聞く素直な人だよ。　コツコツタイプ

恋愛 お嬢さまタイプのかわいい女の子が好きだよ。

将来 センスを生かして美容師なんていいかも。

友情 ファッションの話をすると仲よくなれるかも。

喜ぶこと ボディタッチで彼をドキッとさせちゃおう。

性格はどっち？　元気 —|—|—★— やさしい

☆ ゆきや ☆

性格 あらそいごとがきらいな平和主義な人。困った人を見るとほっとけないやさしい心の持ち主だよ。　コツコツタイプ

恋愛 恥ずかしがりやなので、積極的にアタック！

将来 人のためにつくす医者や看護師を目指そう！

友情 素直でマジメなので冗談が通じないことも。

喜ぶこと 彼のすごいところを見つけてほめてあげよう。

性格はどっち？　元気 —|—|—★— やさしい

☆ ゆずる ☆

性格 落ちこんでいる人をほうっておけないやさしい人だよ。みんなから頼りにされているよ。　コツコツタイプ

恋愛 物知りな人など尊敬できる人を好きになるよ。

将来 アナウンサーなど声で人を幸せにしよう。

友情 友だちの意見を聞いてあげると好かれるよ。

喜ぶこと 好きな女の子のタイプを聞いてみるといいよ。

性格はどっち？　元気 —|—|—|—★ やさしい

心理テストA　大きいと将来男の子、小さいと女の子のママになるんだって。

☆ ゆたか ☆

性格 色々なものを観察したり、表現することが得意だから、大きくなったら絵や音楽で活躍！ 〈気づかいタイプ〉

恋愛 ひとめぼれしやすい。明るく目立つ人が好き。

将来 感性が豊かなので小説家などもいいかも。

友情 人見知りで好ききらいがはっきりしているよ。

喜ぶこと 彼に質問して、彼の話をよく聞いてあげよう。

性格はどっち？ 元気 ——★— やさしい

☆ ゆづる ☆

性格 サバサバしていて太陽のように明るくにぎやかな人。楽しいことが大好きな性格だよ。 〈コツコツタイプ〉

恋愛 自分よりすぐれている人を好きになるよ。

将来 人をもてなす、旅館の若旦那なんかいいかも。

友情 友だちとなんでもいっしょに楽しみたいタイプだよ。

喜ぶこと 彼のいいところをたくさんほめてあげよう。

性格はどっち？ 元気 ——★— やさしい

☆ よう ☆

性格 目立ちたがり屋でいつでもグループの中心にいるのが好きだよ。明るく前向きな人だよ。 〈コツコツタイプ〉

恋愛 友だちの多い、アイドル的な人が好きだよ。

将来 人とかかわるサービス業が向いてるよ。

友情 聞き役になってくれる人と仲良くなれるよ。

喜ぶこと 友だちをさそってみんなで出かけると喜ぶかも。

性格はどっち？ 元気 ———★ やさしい

☆ よういち ☆

性格 かっこいい人にあこがれて努力するので、いつの間にか自分もみんなの人気者になってるよ。 〈さわやかタイプ〉

恋愛 好きな人には自分から告白するタイプだよ。

将来 みんなの注目の的！歌手で人気者になろう。

友情 友だちを信用して悩みをうち明けるといいよ。

喜ぶこと 芸能人に似てると言って彼を喜ばせよう。

性格はどっち？ 元気 ——★— やさしい

☆ よういちろう ☆

性格 ユーモアたっぷりで人を笑わせたり、喜ばせたりするのが好きだよ。盛り上げ役の人気者。 〈気づかいタイプ〉

恋愛 好きになった相手をその気にさせる天才だよ。

将来 好きなことを仕事にすると成功するよ。

友情 味方になってくれる人のことを大切にするよ。

喜ぶこと ツンデレ効果で彼をその気にさせよう！

性格はどっち？ 元気 ———★ やさしい

☆ ようさく ☆

性格 コツコツがんばるマジメタイプだよ。頭の回転が速く、集中力があるので成績がいいよ。 〈気づかいタイプ〉

恋愛 思ったことを素直に言えないタイプだよ。

将来 頭の回転の速さを生かしてジャーナリストに！

友情 気をつかわない自然体でいられる相手を選ぶよ。

喜ぶこと 笑顔であいさつして彼の気になる存在になろう。

性格はどっち？ 元気 ———★ やさしい

ゆ〜よ

心理テストQ お店で自分のほしい商品を、横取りした女の人は何歳くらいの人？

431

☆ ようじ ☆

性格 どんなことにも一生けんめいでまじめな性格。相談相手として友だちから頼りにされているよ。

さわやかタイプ

恋愛 好きな人の前では甘えん坊になっちゃう！

将来 人の悩みを聞くカウンセラーが向いてるよ。

友情 お友だちを絶対に裏切ったりしないよ。

喜ぶこと 彼の話を真剣に聞いて！恋がめばえるかも。

性格はどっち？ 元気 ——★— やさしい

☆ ようすけ ☆

性格 目標に向かって努力できるがんばり屋さん。思いやりがあり家族や友だちを大切にできるよ。

さわやかタイプ

恋愛 一途なあなたは初恋の人と結婚するかも。

将来 人づきあいが上手で外交官がいいかも。

友情 人見知りせずだれとでも仲よくなれちゃう。

喜ぶこと 少し甘えた態度で接してキュンとさせよう。

性格はどっち？ 元気 ———★ やさしい

☆ ようせい ☆

性格 わからないことはとことん調べる勉強家。得意科目はだれにも負けたくないと思っている。

コツコツタイプ

恋愛 笑いのツボが同じ人を好きになるかも。

将来 トークが面白いセールスマンになれるよ。

友情 まわりから、楽しい人だと思われているよ。

喜ぶこと 友だちをさそってグループデートがおすすめ。

性格はどっち？ 元気 —★— やさしい

☆ ようた ☆

性格 楽しいことが大好きな明るい性格。イベントやお祭りがあると、ウキウキしちゃうよ。

コツコツタイプ

恋愛 勉強ができる頭のいい子にひかれちゃう。

将来 ホテルなど人をもてなす仕事がぴったり。

友情 楽しいことはみんなでいっしょにやりたいタイプだよ。

喜ぶこと 本などの貸し借りが◯。恋へ発展するかも。

性格はどっち？ 元気 ———★ やさしい

☆ ようへい ☆

性格 いつも前向きなポジティブ思考！怖いもの知らずな面もあり、どんなことにも全力投球。

コツコツタイプ

恋愛 学校行事でいっしょに行動した子に恋しそう。

将来 アドバイス上手なショップ店員になれるよ。

友情 友だちに隠し事なし！オープンな仲になれる！

喜ぶこと 彼の好みをリサーチ！好みの髪型にかえて。

性格はどっち？ 元気 —★— やさしい

☆ よしあき ☆

性格 「自分は自分」とマイペースで物事を進めていけるタイプ。時間をかけて成功をつかむよ！

コツコツタイプ

恋愛 失恋しても引きずらず、早く立ち直れるよ。

将来 おしゃれな建物をデザインする仕事が◯。

友情 友だちがたくさん！話題の中心になることも。

喜ぶこと あだなで呼んで！二人のきょりが近づくよ。

性格はどっち？ 元気 —★— やさしい

心理テストA　自分の精神年齢なんだって。

☆ よしお ☆

性格 いたずら好きなおちゃめな性格だよ。目立ちたがり屋でグループのリーダー的な存在！ （コツコツタイプ）

恋愛 おしゃれでかわいい子にドキッとしちゃう！

将来 社長になって面白い商品を開発し大金持ち！

友情 おどろくようなサプライズでみんなを笑顔に！

喜ぶこと 冗談で腕を組んでみて。仲よくなれるよ。

性格はどっち？ 元気 ──★── やさしい

☆ よしかず ☆

性格 自分の意見を持ったしっかり者。リーダーシップがあり年下からも人気があるよ！ （さわやかタイプ）

恋愛 しっかり者で頼れるので、年下にモテモテ！

将来 しっかり者のあなたは刑事がピッタリ！

友情 親友とは、一生のつきあいになりそう。

喜ぶこと 彼の前ではひかえめにふるまって好感度アップ！

性格はどっち？ 元気 ────★ やさしい

☆ よしかつ ☆

性格 負けずぎらいで常にトップを目指している。どんな状況になっても手を抜かないがんばり屋！ （さわやかタイプ）

恋愛 好きになったら一直線！告白も自分から！

将来 音楽関連のプロデューサーになれるかも。

友情 友だちとは、家族のように仲よしになれるよ。

喜ぶこと ミスをしても、怒らずフォローしてあげて！

性格はどっち？ 元気 ─★─── やさしい

☆ よしき ☆

性格 ほんわかとしたオーラを持ったいやし系。人なつっこく周囲から愛されるお得なキャラ！ （コツコツタイプ）

恋愛 甘えん坊で年上や包容力のある子がタイプ。

将来 電車やバスの運転手さんが向いてるよ！

友情 恋より友だち優先！友だちがたくさんできるよ。

喜ぶこと 耳元で内緒話をしてみて。ドキドキするよ！

性格はどっち？ 元気 ──★── やさしい

☆ よしたか ☆

性格 ルールや約束をしっかり守る優等生。人が見ていないところでもコツコツ努力をしているよ。 （さわやかタイプ）

恋愛 おっちょこちょいな女の子にひかれそう。

将来 どんな仕事でもがんばれば大成功するよ！

友情 しっかり者なので、みんなから頼られちゃうよ。

喜ぶこと 悩みやグチを聞いてあげて。とても喜ぶよ！

性格はどっち？ 元気 ─★── やさしい

☆ よしたけ ☆

性格 絵を描いたり歌を歌うのが上手！表現力が豊かで、将来は芸術の分野で活躍しそう。 （気づかいタイプ）

恋愛 気配り上手な女の子に恋しちゃうよ。

将来 自分の作品をかざっておしゃれなカフェを！

友情 ライバルと仲よしの親友になれるかも。

喜ぶこと 毎朝元気にあいさつして。仲よくなれるよ。

性格はどっち？ 元気 ──★── やさしい

心理テストQ 夜空をながめていると、流れ星が。いくつおちてきた？

☆ よしと ☆

性格 あっけらかんとした性格でみんなに愛されるキャラだよ。お祭り大好き、明るい男の子。

コツコツタイプ

恋愛 好きな子には気持ちを素直に表現するよ。

将来 声優など声を生かした仕事に向いているよ。

友情 困った人を助ける世話好きな部分があるよ。

喜ぶこと 長所を見つけてほめてあげるといいよ。

性格はどっち？ 元気 ――★―― やさしい

☆ よしなり ☆

性格 自分が将来大物になると信じて疑わない男の子。まわりを巻きこんで楽しむのが得意。

コツコツタイプ

恋愛 話好きなので、聞き上手な女の子がタイプ。

将来 資格を取って専門職として活躍しそうだよ。

友情 友だちの意見をしっかり聞くと好かれるよ。

喜ぶこと 本や文具などをお互いに貸し借りしよう。

性格はどっち？ 元気 ―★――― やさしい

☆ よしのぶ ☆

性格 好奇心おうせいで、色々なことに興味を持つみたい。仲間のピンチにはすぐ駆けつけるよ。

気づかいタイプ

恋愛 熱しやすく冷めやすいよ。常にモテモテ。

将来 趣味を生かしてゲームクリエイターになる。

友情 味方になる子をとことん大切にするみたい。

喜ぶこと 聞き役になりうなずきながら彼を見つめる。

性格はどっち？ 元気 ―――★― やさしい

☆ よしのり ☆

性格 ハキハキ話す明るい男の子！強そうに見えて繊細でさみしがり屋なところがあるよ。

気づかいタイプ

恋愛 キラキラした雰囲気で人をひきつけるよ。

将来 車関係の仕事に縁があるよ、整備士かな。

友情 サービス精神おうせい、みんなを楽しませるよ。

喜ぶこと 時間をかけてゆっくり好意を伝えよう。

性格はどっち？ 元気 ――★―― やさしい

☆ よしはる ☆

性格 自分に絶対の自信を持っている子。他人の意見をあまり聞き入れないところがあるかも。

さわやかタイプ

恋愛 好きな子といると自然と笑顔になりそうだよ。

将来 みんなを危険から守る正義の警察官だよ。

友情 特定の友人と兄弟みたいに深くつきあうよ。

喜ぶこと やさしくされたらすぐにありがとうと言う。

性格はどっち？ 元気 ―――★― やさしい

☆ よしひこ ☆

性格 図工や音楽が得意、芸術の才能があるみたい。一人で静かに考えごとをするのが好きだよ。

気づかいタイプ

恋愛 仲よくなると相手をふりまわしちゃうみたい。

将来 和を強調した洋服のブランドを作り海外進出。

友情 思いやりのある子、少し人の好ききらいあり。

喜ぶこと 話題の中心は常に彼のことにしてみよう。

性格はどっち？ 元気 ―――★― やさしい

心理テストA　あなたともっと仲良くなりたいと思っている人の数だよ。

☆ よしひさ ☆

性格 たのみごとをされたら断れないお人よしなところがあるよ。常に相手の気持ちを考える子。 *コツコツタイプ*

恋愛 育ちのよいお嬢様が好みのタイプだよ。

将来 人のためにつくす仕事、医師が適職だよ。

友情 成績が同じくらいの人と仲良くなりそう。

喜ぶこと 女の子らしく、おしとやかにふるまってね。

性格はどっち？ 元気 —★———— やさしい

☆ よしひで ☆

性格 困難にも立ち向かっていくパワフルな男子だよ。ライバルへの対抗意識は相当だよ。 *さわやかタイプ*

恋愛 好きになったら突っ走る人！即、告白だよ。

将来 自由な発想を生かし、ネットで起業するよ。

友情 友だちを信じて悩みをうち明けてみよう。

喜ぶこと 絶対けなさず、いつもやさしく話しかける。

性格はどっち？ 元気 ★———————— やさしい

☆ よしひと ☆

性格 地道にコツコツがんばる人。頭の回転が速く手先も器用！初めてのことも上手にこなすよ。 *気づかいタイプ*

恋愛 やさしくはげましてくれる子を好きになりそう。

将来 教えるのがうまいので学校の先生向きだよ。

友情 友だち同志をつなげ、輪を広げるのが得意みたい。

喜ぶこと 彼の得意な教科をリサーチし教えてもらう。

性格はどっち？ 元気 ——★—————— やさしい

☆ よしひろ ☆

性格 流行にとても敏感なおしゃれ男子くん。単調なことはニガテでいつもワクワクを探してるよ。 *気づかいタイプ*

恋愛 いつも笑顔なのでたくさんの女子から好かれてそう。

将来 アイドルをやさしくサポート、マネージャー。

友情 落ちこんでいる友だちに真っ先にきづくよ。

喜ぶこと しつこくせず機嫌の良い時に話しかける。

性格はどっち？ 元気 ———★———— やさしい

☆ よしふみ ☆

性格 まじめで少し不器用な男の子だよ。目標ができるとたくさんがんばって大成功するよ。 *さわやかタイプ*

恋愛 悩みごとを真剣に聞いてくれる子を好きに。

将来 人気映画やドラマに出演！個性派俳優だよ。

友情 人見知りしないのでだれとでも気軽に話すよ。

喜ぶこと 彼の悩みやグチをやさしく聞いてあげる。

性格はどっち？ 元気 ——★—————— やさしい

☆ よしまさ ☆

性格 調子に乗ったり、はしゃいだりしない慎重な性格。たまには大胆に行動してみてね。 *さわやかタイプ*

恋愛 何年も同じ人に片思いしそう。勇気を出して。

将来 茶道の先生など伝統的なものと縁があるよ。

友情 親友になると一生のつきあいになりそう。

喜ぶこと やさしくおしとやかにふるまうようにしよう。

性格はどっち？ 元気 ————★——— やさしい

心理テストQ あなたに水がかかりました。それはどこ？

☆ よしみ ☆

性格 グループの中にいるだけで、仲間をほっこりさせちゃういやし系の男の子だよ。人気だよ。 コツコツタイプ

恋愛 失恋しても立ち直りが早いタイプだよ。

将来 子供たちに大人気、電車の運転手だよ。

友情 友だちづき合いが最優先！大勢仲間がいるよ。

喜ぶこと とにかくどんどん彼に話しかけよう。

性格はどっち？ 元気 ───★─────── やさしい

☆ よしみち ☆

性格 さみしがり屋のくせに、自分一人の時間を大切にしたいタイプ。おしゃれな男の子だよ。 気づかいタイプ

恋愛 だれからも好かれてたい八方美人。誤解に注意。

将来 車関係の仕事に縁あり。カーデザイナーかな。

友情 グループを仕切るのが得意みたいだよ。

喜ぶこと 彼の好きな趣味の話でいっしょに盛り上がる。

性格はどっち？ 元気 ──★──────── やさしい

☆ よしみつ ☆

性格 みんながアッと驚くような新しいアイデアを持っているよ。自分の考え方に自信があるよ！ さわやかタイプ

恋愛 本気で好きになったら一途に大事にするよ。

将来 鋭い感性を生かし音楽プロデューサー！

友情 特定の仲良しと、兄弟のようにつきあうよ。

喜ぶこと からかったりせず、さりげなく好意を伝える。

性格はどっち？ 元気 ─────★─── やさしい

☆ よしゆき ☆

性格 家族や友だちを大切にして思いやりがあるよ。先生や年上の人からかわいがられるね。 さわやかタイプ

恋愛 真剣だから、失恋は長く引きずりそうだよ。

将来 カップルを輝かせるブライダルプランナー。

友情 だれに対しても公平で大勢から好かれるよ。

喜ぶこと だれもいないところでこっそり好きって言う。

性格はどっち？ 元気 ────★──── やさしい

☆ よしろう ☆

性格 好奇心があって色々なことに興味があるよ。あきっぽいところもあるけど、とても活発だよ。 気づかいタイプ

恋愛 好きになった相手には素直にアプローチ。

将来 音響技術のプロ、サウンドエンジニアだよ。

友情 勉強や運動が得意なタイプとつきあうよ。

喜ぶこと 彼の話を聞きながら感心してみせよう。

性格はどっち？ 元気 ──────★── やさしい

☆ よりふみ ☆

性格 うっかりすることの多いあわてんぼう。お友だちの良いところを発見するのが得意だよ。 さわやかタイプ

恋愛 頼りないドジな女の子が気になるかも。

将来 プロのスポーツ選手になり海外チームで活躍。

友情 友だちのよいところを真似してみるとよいよ。

喜ぶこと さりげなく隣にすわって近くで話しかける。

性格はどっち？ 元気 ────★──── やさしい

心理テストA　そこはあなたが自信を持っているところです。

ら行の男の子

正直者タイプ
正直なので自分の気持ちが態度に出てばれちゃうよ。しぐさや雰囲気がかっこよくて、女の子からモテモテの人気者になるよ！

クールタイプ
冷静でかっこよくってガンコだけど情熱的な一面もあるよ。自分が興味を持ったことはとことんやり続ける職人タイプ。

エンタメタイプ
人の喜ぶ顔を見るのが好きで、みんなをびっくりさせるのが好きなエンターテイナーだよ。じつは、さびしがりやのかまってちゃん！

あなたの前に大きなお城があります。窓はいくつ？

☆ らいが ☆

性格 感受性が鋭いアーティストタイプだね。大勢でつるむのはニガテ、一人が好きみたい。 **エンタメタイプ**

恋愛 ささいなことで急にハートに火がつくかも。

将来 センスの良さでファッション関係の仕事が○。

友情 自分が自然体でいられる人と親しくなるよ。

喜ぶこと 彼だけに毎朝欠かさず笑顔であいさつ。

性格はどっち? 元気 ──★────── やさしい

☆ らいと ☆

性格 自分に厳しく決して手抜きなどしない性格だね。がんばり過ぎるところがあるみたい。 **クールタイプ**

恋愛 いつも真剣につきあうので、軽い子がニガテ。

将来 税理士などマイペースに働ける仕事だよ。

友情 ケンカのあとで前よりもっと仲良くなるよ。

喜ぶこと 彼を見つめ目が合ったらにこっとほほえむ。

性格はどっち? 元気 ──★────── やさしい

☆ りお ☆

性格 一度決めたことを絶対に曲げないガンコな性格の持ち主だよ。グループのリーダー格かな。 **クールタイプ**

恋愛 相手を良く知ってからしかつき合わないよ。

将来 会計士など数字を扱う仕事に向いているよ。

友情 まっすぐで正直、友だちに好かれているよ。

喜ぶこと 遠まわしでなくストレートに好きって伝える。

性格はどっち? 元気 ├──┼──★─┤ やさしい

☆ りき ☆

性格 人が見ていなくても、コツコツ努力できる子。好ききらいなく色んなタイプとつきあうよ。 **クールタイプ**

恋愛 一途に真面目に一人の人を思い続けるよ。

将来 歌って踊れる人気アーティストになりブレイク。

友情 友だちの長所をほめるとますます絆が強くなるよ。

喜ぶこと いまハマってることを話し盛り上がろう。

性格はどっち? 元気 ──★────── やさしい

☆ りきや ☆

性格 リーダータイプで後輩からしたわれるよ。古風なところがあるけど、かえってミリョク的。 **クールタイプ**

恋愛 好きな人が出来てもだれにも話さないタイプ。

将来 美しい空や海の写真を撮るカメラマンだよ。

友情 聞き上手、みんなが話しかけたがってるよ。

喜ぶこと 彼の親や兄弟をうらやましいなとほめてみよう。

性格はどっち? 元気 ★───────── やさしい

☆ りく ☆

性格 とってもマイペースな男の子。困っていると不思議とまわりから助けてもらえるみたい。 **正直者タイプ**

恋愛 甘えん坊なので年上の人とうまくいきそう。

将来 夢を形にする仕事、建築士に向いているよ。

友情 話しやすい雰囲気なので友だちが多いよ。

喜ぶこと かっこいいね!最高!とほめまくろう。

性格はどっち? 元気 ──────★── やさしい

ら〜り

438 心理テストA それはあなたのナルシスト度を表しています。

☆ りくと ☆

性格 常に一番を目指し他人と競って勝つことが生きがい。反対意見にはイラっとしそう。 クールタイプ

恋愛 好きになると表情や態度にはっきり出るよ。

将来 面白い企画で大当たりテレビプロデューサー。

友情 物知りな子と仲良くして一杯刺激をもらおう。

喜ぶこと 人気イケメンタレントに似てるねと褒める。

性格はどっち？　元気 ――――― やさしい ★

☆ りくや ☆

性格 友だちとケンカするのは嫌いだな。困っている人を見ると自分はガマンしても助けるよ。 正直者タイプ

恋愛 仲のよい女の子をだんだん好きになるかも。

将来 いつも患者さんにやさしく接する薬剤師さんだよ。

友情 グループのファッションリーダーみたい。

喜ぶこと とにかく困った時は彼に頼るようにしよう。

性格はどっち？　元気 ――★―― やさしい

☆ りゅう ☆

性格 曲がったことが大きらい、まっすぐな性格の男子！男子にも女子にも絶大な人気があるよ。 クールタイプ

恋愛 やさしくておだやかな女の子がタイプだよ。

将来 銀行員などお金を扱う仕事に向いているよ。

友情 口がかたいので相談事をされやすみたい。

喜ぶこと 時々わがままなお願いをしてみよう。

性格はどっち？　元気 ――――― やさしい ★

☆ りゅういち ☆

性格 大人っぽい男の子なので年上とのつきあいが楽しみたい。将来は海外で活躍するかも。 正直者タイプ

恋愛 勉強が良く出来る女の子を好きになりそう。

将来 海外のホテルで働く日本人コンシェルジュ！

友情 人とぶつかるのがきらいなおだやかな男子だよ。

喜ぶこと 尊敬されるのに弱いよ、とにかく彼をほめる。

性格はどっち？　元気 ――★―― やさしい

☆ りゅういちろう ☆

性格 怖いもの知らず、大胆な性格の男子だよ。失敗しても落ちこんでも、すぐ立ち直るよ。 正直者タイプ

恋愛 アイドルみたいにかわいい女の子がタイプ。

将来 コミュニケーションスキル抜群の営業マン。

友情 友だちから楽しい奴と思われているみたい。

喜ぶこと 冗談ぽく彼に近づき、腕を組んでみよう。

性格はどっち？　元気 ――★―― やさしい

☆ りゅうが ☆

性格 きまりや時間をきちんと守るまじめな男の子。好きなことはあきらめないでがんばるよ。 クールタイプ

恋愛 自分だけにやさしくしてくれる女の子が好き。

将来 チャレンジ精神を生かし世界で活躍、外交官。

友情 しっかりしているから、友だちに頼られそう。

喜ぶこと 隣に座り、少し甘えた感じで話しかける。

性格はどっち？　元気 ――――― やさしい ★

り

心理テストQ 長いトンネルがありました。その先にいたのはだれですか？

☆ りゅうき ☆

性格　論理的な考え方が得意。好きな教科は算数や理科だよ。ちょっぴり気まぐれみたい。（エンタメタイプ）

恋愛　理想の相手との運命の出会いを夢見そう。

将来　真実を報道し続けるのが使命、ジャーナリスト。

友情　ライバルと思っていた人と仲良しになるよ。

喜ぶこと　彼の前で他の男子にやさしくしたりしない。

性格はどっち？　元気 ―――★― やさしい

☆ りゅうじ ☆

性格　合わせ上手、その場の空気に合わせて変幻自在だよ。少しつかみどころがないかも。（エンタメタイプ）

恋愛　人気者に恋をしそう。ライバルが多いみたい。

将来　文芸雑誌の編集者になり有名作家をサポート。

友情　グループのムードメーカー、盛り上げ役。

喜ぶこと　悪口はＮＧ！明るい話題で盛り上がろう。

性格はどっち？　元気 ――――★ やさしい

☆ りゅうすけ ☆

性格　どんなことにもマメに努力する子。少し大人しいけれどまちがいはしっかり指摘する面も。（エンタメタイプ）

恋愛　惚れっぽく、色んな女の子とつき合いそう。

将来　シェフなど食に関する仕事に向いているよ。

友情　仲良くなってくると、わがままになるかも。

喜ぶこと　彼について質問し話題を引き出し盛り上げる。

性格はどっち？　元気 ―――★― やさしい

☆ りゅうせい ☆

性格　負けずぎらいでがんばり屋さんだよ。人の意見に流されにくくグループの中心になる人。（クールタイプ）

恋愛　マジメで一途。おとなしい人が好きだよ。

将来　人の上に立つ社長などの仕事が向いているよ。

友情　正直でうそをつかないので信頼できる人。

喜ぶこと　気軽にデートにさそうと意外と来てくれるかも。

性格はどっち？　元気 ――――★ やさしい

☆ りゅうた ☆

性格　粘り強い性格でどんな壁にぶつかってもあきらめない人。ピンチのときにも頼りになるよ。（クールタイプ）

恋愛　恋にも真剣で好きになった人を大事にするよ。

将来　みんなのヒーロー警察官を目指そう！

友情　特に仲よくなった人と深くつきあう人だよ。

喜ぶこと　彼を見つめてニコッと笑ってみよう。

性格はどっち？　元気 ――――★ やさしい

☆ りゅうたろう ☆

性格　がんこで人の意見に流されにくい人だよ。礼儀正しく正義感が強いまっすぐな性格だよ。（クールタイプ）

恋愛　慎重派で相手を良く知ってから好きになるよ。

将来　きちんとした性格は銀行員にピッタリ！

友情　がんこな性格なのでまわりの意見も聞こう。

喜ぶこと　鈍感な彼には、ストレートに好きと伝えて！

性格はどっち？　元気 ――――★ やさしい

り

心理テストA　それはあなたの運命の人です！

☆ りゅうと ☆

性格 強そうに見えるけど実は繊細でさみしがり屋。いつもまわりの評判が気になる性格だよ。 エンタメタイプ

恋愛 タイプがなく、好きになった子が好きだよ。

将来 リーダータイプのあなたはインストラクター。

友情 グループを仕切るのが得意。リーダーだよ。

喜ぶこと 記念日にメッセージ入りプレゼントを！

性格はどっち？ 元気 ──┼──┼──┼──★ やさしい

☆ りゅうのすけ ☆

性格 ほんわかしたいやし系。あいきょうがあるのでグループのみんなのアイドル的存在だよ。 正直者タイプ

恋愛 甘えん坊なあなたはやさしい人が好きだよ。

将来 愛されキャラで人気者のバスガイド！

友情 ほうっておけないタイプでみんなの中心。

喜ぶこと 冗談を言ってからかうときょりが縮まるかも。

性格はどっち？ 元気 ──┼──┼──┼──★ やさしい

☆ りゅうへい ☆

性格 大勢の前で話すのがニガテな人だよ。でも存在感があるのでみんなから頼りにされるよ。 クールタイプ

恋愛 目立たないおとなしい人を好きになるよ。

将来 礼儀正しく、きちんとした性格で経理事務に。

友情 ケンカしたら意地を張らず自分から謝ろう！

喜ぶこと 彼が落ちこんだ時はそばにいてあげよう。

性格はどっち？ 元気 ──┼──┼──★──┼ やさしい

☆ りゅうま ☆

性格 家族や友だちを大切にする思いやりのある人だよ。約束もしっかり守るので信頼できるよ。 クールタイプ

恋愛 世話好きで、頼られたいタイプだよ。

将来 政治家や官僚になって世の中を変えよう。

友情 人見知りをしないので友だちになりやすいよ。

喜ぶこと 世話好きなので彼にちょっと甘えてみよう。

性格はどっち？ 元気 ──┼──┼──┼──★ やさしい

☆ りょう ☆

性格 グループの中で中心になる目立つ存在。一番になりたい負けずぎらいな性格の人だよ。 正直者タイプ

恋愛 クラスのアイドル的な人気者を好きになるよ。

将来 人と接するサービス業が向いてるかも。

友情 サプライズ好きでいっしょにいると楽しい人だよ。

喜ぶこと 彼の好みの髪型を聞いて取り入れてみよう。

性格はどっち？ 元気 ──┼──★──┼──┼ やさしい

☆ りょういち ☆

性格 アイデアがたくさんあって自分の考えに自信があるよ。好きなことは一番を目指してるよ。 クールタイプ

恋愛 好きになったら真剣。大事にしてくれるよ。

将来 アイデア豊富なあなたはラジオDJに！

友情 仲よくなった友だちをとても大事にするよ。

喜ぶこと イケメン芸能人に似ていると言うと喜ぶよ。

性格はどっち？ 元気 ──┼──★──┼──┼ やさしい

心理テストQ あなたのきらいな人の条件を三つ言ってください。

☆ りょうが ☆

性格 人なつっこく甘えん坊、みんなを和ませるいやし系。マイペースで天然キャラな性格だよ。

正直者タイプ

恋愛 甘えん坊で押しに弱く、強引な人が好きだよ。

将来 旅をプロデュースするツアーコンダクター。

友情 世話好きで年下にしたわれるよ。友だち優先。

喜ぶこと 自然に話しかけて、時にはほめてみよう！

性格はどっち？ 元気 ――――★―― やさしい

☆ りょうじ ☆

性格 友だちよりも家族を大事にするタイプ。流行よりも古風なもの、習慣が好きな人だよ。

クールタイプ

恋愛 好きな人ができてもだれにも話さない秘密主義。

将来 古風なあなたは茶道の人気講師が似合う。

友情 聞き上手でみんなが話しかけやすいよ。

喜ぶこと 大切にしている家族をほめてあげよう。

性格はどっち？ 元気 ――★――――― やさしい

☆ りょうすけ ☆

性格 ルールや約束を守るので信頼できる人だよ。好ききらいが少なくだれにでも平等に接するよ。

クールタイプ

恋愛 悩みごとを真剣に聞いてほしいタイプだよ。

将来 世界で国と国をつなぐ外交官を目指そう。

友情 人見知りが少なく、だれとでも友だちになれるよ。

喜ぶこと てれ屋の彼にはこっそり告白してみて。

性格はどっち？ 元気 ―――――★― やさしい

☆ りょうせい ☆

性格 だまっていることやじっとしているのが大のニガテ。グループ内ではにぎやかな人だよ。

正直者タイプ

恋愛 笑いのツボが同じような人を好きになるよ。

将来 人を楽しませるダンサーを目指してみて！

友情 サプライズが好きで人を楽しませるのが得意。

喜ぶこと 彼の好みを聞き、チャレンジしてみよう。

性格はどっち？ 元気 ――――★―― やさしい

☆ りょうた ☆

性格 記念日やお祭りが大好きなにぎやかな子だね。友だちと一緒に皆で楽しむのが好きだよ。

正直者タイプ

恋愛 勉強ができる人や物知りな人が好きだよ。

将来 レストランの店長になって人をもてなそう。

友情 友だちの意見をきちんと聞いてあげるといいよ。

喜ぶこと 彼のいいところをたくさんほめてあげよう。

性格はどっち？ 元気 ―――――★― やさしい

☆ りょうたろう ☆

性格 とにかく目立ちたがりでおしゃべりが好き。グループの中心的存在な楽しい人だよ。

正直者タイプ

恋愛 笑いのツボが同じような人を好きになるよ。

将来 おしゃべりが好きなあなたはセールスマン。

友情 サプライズでみんなを楽しませるのが好き。

喜ぶこと 仲のよい友だちもさそってみんなでお出かけ！

性格はどっち？ 元気 ――――★―― やさしい

442 | 心理テスト A | 二つ目の条件は、あなたの短所です！

☆ りょうへい ☆

性格 思い切りがよく、失敗しても引きずらないですぐに立ち直るポジティブな人だよ。 〈正直者タイプ〉

恋愛 共通の話題で盛り上がれる話の合う人が好き。

将来 自分で会社を作って社長。大金持ちに!

友情 オープンな性格で友だちに隠しごとはしないよ。

喜ぶこと ノリで腕を組んで、彼をドキッとさせよう!

性格はどっち? 元気 ──★── やさしい

☆ りょうま ☆

性格 少し神経質で意地をはってしまうところがあるよ。でも友だち思いの純粋なやさしい人だよ。 〈正直者タイプ〉

恋愛 失恋しても前向きで、すぐに立ち直るよ。

将来 きちんとした細かい仕事ができる建築士!

友情 ほんわかした雰囲気で話しかけやすいよ。

喜ぶこと 彼の耳元でささやいて、ドキドキさせよう!

性格はどっち? 元気 ─────★ やさしい

☆ りん ☆

性格 プライドが高く、おしゃれに敏感な人だよ。自分のうわさ話や評判を気にする人。 〈エンタメタイプ〉

恋愛 落ちこんだ時にはげましてくれる人が好きだよ。

将来 学校の先生になると、人気者になれるかも。

友情 人を楽しませるのが好きで友だちが多いよ。

喜ぶこと プライドが高いので、あなたから告白して。

性格はどっち? 元気 ─★─── やさしい

☆ りんた ☆

性格 練習よりも本番に強いタイプ!ここぞというときにはチャンスを逃さない強運で大成功! 〈エンタメタイプ〉

恋愛 だれからも好かれてたいタイプ。誤解に注意!

将来 センスを生かしてテレビの仕事で力を発揮。

友情 グループをしきるのが好きなリーダーだよ。

喜ぶこと 彼に勉強を教えてもらって、急接近!!

性格はどっち? 元気 ★──── やさしい

☆ りんたろう ☆

性格 難しいことやニガテなことにもにげ出さずできるまでがんばる人。将来大物になるかも。 〈クールタイプ〉

恋愛 マジメで一途なので相手にとことんつくすよ。

将来 まわりに信頼されるあなたは社長になろう!

友情 うそをつかない性格が友だちに信頼されるよ。

喜ぶこと 少しわがままを言って彼に甘えてみよう!

性格はどっち? 元気 ───★─ やさしい

☆ るい ☆

性格 目立ちたがりで負けずぎらいの性格がいばって見えることも。信用をなくさないように注意して! 〈正直者タイプ〉

恋愛 ちゃんと言葉にしてほめられたいタイプだよ。

将来 みんなのあこがれスポーツ選手で注目の的!

友情 サプライズが大好きないっしょにいて楽しい人。

喜ぶこと 彼の好みのファッションや髪型を探ろう!

性格はどっち? 元気 ───★─ やさしい

り〜る

心理テストQ あなたの前に壁があります。高さはどれぐらい?

443

☆ るか ☆

性格 笑顔がたえない明るいオーラをもった人だよ。気まぐれでまわりをふりまわしてしまいがち。 —— エンタメタイプ

恋愛 ドラマのような運命的な出会いにあこがれるよ。

将来 想像力をふくらませてベストセラー小説家に！

友情 人の好ききらいが多くなりがちなので注意！

喜ぶこと 彼にだけ秘密を教えて、きょりを縮めよう。

性格はどっち？ 元気 ——————★— やさしい

☆ れい ☆

性格 あまり落ちこまない、いつでも前向きだよ。人に気軽に相談したり頼ったりできる人だよ。 —— 正直者タイプ

恋愛 友だちより彼女を優先するタイプだよ。

将来 みんながあこがれるスポーツ選手がおすすめ。

友情 口が軽くひみつをもらしてしまいそう。注意！

喜ぶこと 思いきって腕をくんで彼をドキッとさせよう。

性格はどっち？ 元気 ———★———— やさしい

☆ れいいち ☆

性格 みんながアッとおどろくような自由な発想の持ち主だよ。負けずぎらいで常に一番をめざすよ。 —— クールタイプ

恋愛 好きになったら一直線。わかりやすいよ。

将来 アイデアを生かしてテレビの仕事で成功！

友情 友だちを信頼していろいろ相談するといいよ。

喜ぶこと さりげなく「好き」と伝えて、告白をまとう。

性格はどっち？ 元気 ★———————— やさしい

☆ れいじ ☆

性格 人に合わせるのが上手であらそいごとがきらいな性格。まわりに気配りができるやさしい人だよ。 —— エンタメタイプ

恋愛 長い友だちづきあいから自然に恋に発展するよ。

将来 人の話をよく聞けるあなたはカウンセラー。

友情 ムードメーカー的な存在。盛り上げ上手だよ。

喜ぶこと 彼の夢を応援し、自信をつけてあげよう！

性格はどっち？ 元気 ————————★ やさしい

☆ れお ☆

性格 分からないことは、とことん調べる好奇心おうせい。負けずぎらいな根性のある人だよ。 —— 正直者タイプ

恋愛 クラブ活動など共通の話題で盛り上がると◎。

将来 知識力を生かして動物の飼育員をめざそう！

友情 約束をきちんと守って信頼をえよう！

喜ぶこと 彼への気持ちはストレートに伝えて！

性格はどっち？ 元気 ———★—————— やさしい

☆ れん ☆

性格 一度決めたら曲げない、がんこな性格。グループ内ではリーダー的存在で頼りになるよ。 —— クールタイプ

恋愛 いやし系が好き。おだやかな人が好みだよ。

将来 リーダー的存在のあなたは社長向き！

友情 一人で悩まず、友だちに相談してみよう。

喜ぶこと お願いごとをして彼に甘えてみよう。

性格はどっち？ 元気 ———★———— やさしい

心理テストA　それはあなたのプライドの高さです。

わ行の男の子

いやし系タイプ

素直で純粋な子だよ。まわりにいる人をほんわかさせちゃうタイプ。人の話をうそでも本当でも簡単に信じちゃうから心配だね。

安心感タイプ

誰でも平等に話せるから、一緒にいる子に安心感を与えるよ。面倒見がよくて、人なつっこくすぐに人とうちとけられるね。

ユーモアタイプ

まじめそうに見えるけど、本当はとってもユーモアがあって面白いキャラ！慣れると人なつっこいけどちょっと人見知りな面も。

心理テストQ　大きなりんごの木があります。その木にりんごは何個ありますか？

☆ わいち ☆

性格 自分に厳しく手を抜くことがきらい。自分の好きなことはとことん極めたいタイプの人だよ。

安心感タイプ

恋愛 好きになったら一直線。自分から告白するよ。

将来 自分に厳しいあなたは警察官に向いてるかも。

友情 物知りな人と友だちになって視野をひろげよう。

喜ぶこと 遊ぶときは彼もさそわないとやきもちを焼くよ。

性格はどっち？ 元気 ─★─┼─┼─ やさしい

☆ わかと ☆

性格 自分に厳しく、手を抜くことがきらいながんばり屋さん。もっとまわりの人に甘えてもいいかも。

安心感タイプ

恋愛 そくばくされるのが好きな、かまってちゃん。

将来 マジメながんばり屋さんは税理士を目指して！

友情 ちゃんと意見を言い合うと友情が深まるかも。

喜ぶこと やさしくされたら、ちゃんと感謝を伝えよう！

性格はどっち？ 元気 ─┼─┼─★─ やさしい

☆ わかひろ ☆

性格 何をするときも手をぬかず、自分にもとても厳しいよ。がんばりすぎないで！ちょっと休憩。

安心感タイプ

恋愛 失敗しやすいから友だちの話をよく聞いて。

将来 アイデアあふれるキミは、ネットの仕事◎。

友情 秘密はやめて！もっと友だちに相談しよう。

喜ぶこと やさしいね、ありがとうは欠かさず言おう。

性格はどっち？ 元気 ─┼─★─┼─ やさしい

☆ わかふみ ☆

性格 グループのみんながいやされるほんわかした雰囲気。話しかけやすく人があつまりやすい。

いやし系タイプ

恋愛 やさしくされるとすぐ好きになっちゃう。

将来 人と競うのがニガテ。何事もマイペースが◎。

友情 頼られるとほうっておけない。お世話好き。

喜ぶこと 距離を縮めるにはニックネームで呼んで！

性格はどっち？ 元気 ─┼─★─┼─ やさしい

☆ わく ☆

性格 頭がよく、努力もするから成績は◎。先生や年上の人から吸収してどんどん成長できる。

ユーモアタイプ

恋愛 理想が高くドラマのような出会いがしたい。

将来 シェフやパティシエなど食べ物関連が◎。

友情 自分が自然でいられる友だちをえらぶよ。

喜ぶこと 毎朝忘れず「おはよう」と言ってみて。

性格はどっち？ 元気 ─┼─┼─★─ やさしい

☆ わこう ☆

性格 人に気軽に頼ったり相談したりするのが得意で、まわりの協力を得て成長する人だよ。

いやし系タイプ

恋愛 友だちよりも恋を優先。恋愛第一の人だよ。

将来 人と自然に関われるあなたはショップ店員。

友情 いつも話を聞いてくれる人といっしょにいるよ。

喜ぶこと 彼の好きなファッションを取り入れよう。

性格はどっち？ 元気 ─┼─┼─★─ やさしい

心理テストA あなたのことを好きな人の数です。

☆ わすけ ☆

性格 きまりをしっかり守り、友だちとの約束も大切にする人。信頼が厚くコツコツ努力家。

安心感タイプ

恋愛 世界観が広くてオタク系の人が好きかも。

将来 チャレンジすればなんでもうまくいくよ。

友情 友だちのいいところをどんどんみつけてね。

喜ぶこと 機会があれば隣に座って話しかけちゃお。

性格はどっち？ 元気 ――――★― やさしい

☆ わたる ☆

性格 練習よりも本番に強いタイプ。ここぞというところで力を発揮できる強運の持ち主だよ。

ユーモアタイプ

恋愛 警戒心が強く、ひとめぼれはしないタイプだよ。

将来 友だちが多いあなたはマスコミ関係で情報発信。

友情 人と人をつなぐのが得意。友だちが多いよ。

喜ぶこと 好きな芸能人の話題で盛り上がろう！

性格はどっち？ 元気 ――――★― やさしい

☆ わたろう ☆

性格 グループではいつも中心で目立つこと大好き。いたずらで相手をびっくりさせることも。

いやし系タイプ

恋愛 笑うところが同じ人を好きになりそう。

将来 営業やセールスで、トップ成績も夢じゃない！

友情 頼り上手で悩みも友だちにどんどん話すよ。

喜ぶこと 一番始めは楽しかったことを話してみて。

性格はどっち？ 元気 ―★――― やさしい

☆ わづき ☆

性格 パッと見はしっかりもの、実はあまえん坊。部屋も持ち物もかっこいい、いやしの人。

いやし系タイプ

恋愛 自分とはちがうタイプの人を好きになるよ。

将来 センスを生かして世界でも有名な建築家！

友情 決めるのがとっても早いリーダータイプ。

喜ぶこと おしが強いと嫌がるかも。自然体が一番。

性格はどっち？ 元気 ――――★ やさしい

☆ わへい ☆

性格 覚えたこと思ったことをすぐに表現できる人だよ。おしゃべりで、言葉で失敗することも。

いやし系タイプ

恋愛 好きな人にたくさんほめてほしいタイプ。

将来 おしゃべりが得意なあなたはセールスマン。

友情 話をよく聞いてくれる人と仲良くなるよ。

喜ぶこと 楽しかった出来事を話して彼と急接近。

性格はどっち？ 元気 ―★――― やさしい

☆ わるつ ☆

性格 ライバルに対抗意識を燃やす負けずぎらい。ピンチの時ほど燃え、大きな力を発揮するよ。

安心感タイプ

恋愛 好きになったら自分から積極的に告白するよ。

将来 演奏家になって世界の大舞台で大活躍！

友情 物知りな人と友だちになると、視野が広がるよ。

喜ぶこと さりげなく彼を見つめて好きにさせちゃおう！

性格はどっち？ 元気 ――――★ やさしい

監修　植田健吾（うえだ けんご）

姓名鑑定士。名前に含まれる音の抑揚に着目し、音を数字に変換する
独自のロジックを用いた姓名判断法を確立する。docomo、au、
SoftBank公式占いサイトや国内有数の人気ポータルサイトの姓名判
断の監修を手掛ける。著書に「5秒でわかる姓名判断」（文芸社）、「なま
えだけ占い」（講談社）などがある。

カバーイラスト	坂巻あゆむ
イラスト	あいはらせと
カバーデザイン	小口翔平＋岩永香穂（tobufune）
デザイン	佐々木麗奈
DTP	長野大蔵（フォルマージュ・デザインスタジオ）
	伏田光宏（F's factory）
編集	コンセント
編集協力	キャリア・マム（青木悦子、佐手みどり、西岡恭子）

本書の内容に関するお問い合わせは、**書名、発行年月日、該当ページを明記の上**、書面、FAX、お
問い合わせフォームにて、当社編集部宛にお送りください。電話によるお問い合わせはお受けしてお
りません。また、本書の範囲を超えるご質問等にもお答えできませんので、あらかじめご了承ください。
　FAX：03-3831-0902
　お問い合わせフォーム：http://www.shin-sei.co.jp/np/contact-form3.html

落丁・乱丁のあった場合は、送料当社負担でお取替えいたします。当社営業部宛にお送りください。
本書の複写、複製を希望される場合は、そのつど事前に、（社）出版者著作権管理機構（電話：
03-3513-6969、FAX：03-3513-6979、e-mail：info@jcopy.or.jp）の許諾を得てください。
[JCOPY]＜（社）出版者著作権管理機構　委託出版物＞

めちゃカワ!!
名前うらない2500 トキメキコレクション

監 修 者	植　田　健　吾
発 行 者	富　永　靖　弘
印 刷 所	株 式 会 社 高 山

発行所　東京都台東区　株式
　　　　台東2丁目24　会社　新星出版社
　　　　〒110-0016　☎03（3831）0743

Ⓒ Kengo Ueda　　　　　　　　　　　Printed in Japan

ISBN978-4-405-07201-5